Handbuch Informationskompetenz

Handbuch Informations- kompetenz

—

Herausgegeben von
Wilfried Sühl-Strohmenger

Unter Mitarbeit von Martina Straub

DE GRUYTER
SAUR

ISBN 978-3-11-025473-0
e-ISBN 978-3-11-025518-8

Library of Congress Cataloging-in-Publication Data
A CIP catalog record for this book has been applied for at the Library of Congress.

Bibliografische Information der Deutschen Nationalbibliothek
Die Deutsche Nationalbibliothek verzeichnet diese Publikation in der
Deutschen Nationalbibliografie; detaillierte bibliografische Daten
sind im Internet über http://dnb.dnb.de abrufbar.

© 2012 Walter de Gruyter GmbH & Co. KG, Berlin/Boston
Datenkonvertierung/Satz: jürgen ullrich typosatz, 86720 Nördlingen
Druck und Bindung: Hubert & Co. GmbH & Co. KG, Göttingen
∞ Printed on acid free paper
Printed in Germany

www.degruyter.com

Inhalt

Informationskompetenz im Studium

Informationskompetenz in der Wissenschaft

Horizonte der Informationskompetenz

Wilfried Sühl-Strohmenger

Informationskompetenz und die Herausforderungen der digitalen Wissensgesellschaft

Abstract: Das digitale Zeitalter und die damit verbundene Informationsexplosion stellen in einer Wissensgesellschaft hohe Anforderungen an die Informationspraxis der Menschen, die aus der Fülle der Daten und der Informationen das für sie Wichtige auswählen, verarbeiten und in das eigene Wissen integrieren wollen. Informationskompetenz ermöglicht dies, und sie wird im Prozess des Lebenslangen Lernens in der Schule, in der weiterführenden Bildung, in der Erwachsenenbildung, aber auch durch informelles Lernen erworben. Über die informationstechnischen Fähigkeiten und Fertigkeiten hinaus zielt Informationskompetenz in der digitalen Welt letztlich auf Strategie-, auf System- und auf Transformationswissen, begnügt sich also nicht mit Metainformation und „e-shopping". Auf der Basis gut entwickelter Kompetenzen der Informationssuche, der Auswahl, der Bewertung und der Verarbeitung von Information ist bedarfsgerechtes, effizientes persönliches Wissensmanagement möglich. Die Bibliotheken können im Verbund mit anderen Bildungsträgern wie Schule, Hochschule und Institutionen der Erwachsenenbildung erheblich zur Förderung von Informationskompetenz beitragen, wenn sie sich als Lehr-Lernorte verstehen, sich der einschlägigen didaktischen und lernpsychologischen Erkenntnisse bedienen, ihr Personal pädagogisch qualifizieren und sich der Möglichkeiten des e-Learning und der Lernplattformen bedienen.

Keywords: Bibliothek, Bologna-Prozess, Digitale Revolution, Information, Informationsexplosion, Informationspraxis, Lebenslanges Lernen, Lernen, Schlüsselkompetenz, Studium, Wissen, Wissensgesellschaft, Wissensmanagement

Dr. Wilfried Sühl-Strohmenger: Ist Bibliotheksdirektor und leitet an der Universitätsbibliothek Freiburg im Breisgau das Dezernat Bibliothekssystem. In seiner Funktion als Fachreferent für Pädagogik, Psychologie, Politikwissenschaft, Soziologie und Sportwissenschaft sowie als Lehrbeauftragter an verschiedenen Universitäten in Deutschland, Österreich und der Schweiz ist er seit gut 15 Jahren mit der Konzeption und Realisierung von Kursangeboten zur Förderung von fachübergreifender und fachbezogener Informationskompetenz befasst. Er hält Vorträge und publiziert zu den Themenfeldern der Teaching Library, der Informationskompetenz und des Informationsverhaltens im Hochschulbereich.

Digitales Informationszeitalter

Die Herausforderungen, die das Informationszeitalter oder das digitale Zeitalter für nahezu alle Bereiche der Gesellschaft darstellt,[1] werden schon fast sprichwörtlich und bildlich ausgedrückt als „Informationsüberflutung" oder als „Informationsdschungel" beschworen. Bereits 1995 hat André Gauron eindringlich beschrieben, dass die Informationsgesellschaft zunehmend unter dem Signum der Digitalisierung steht, sich insofern auch von der Gutenberg-Galaxis, wie sie McLuhan mit Blick auf das Medium Fernsehen beschrieben hat,[2] emanzipiert hätte. Gauron hebt vornehmlich auf die Möglichkeiten von Multimedia ab, er prophezeit aber auch schon die Risiken des heraufziehenden digitalen Zeitalters: „Es eröffnet den Massen das Tor zum Wissen, doch gleichzeitig wird das riesige Angebot neue Ungleichheiten hervorbringen. Wir müssen lernen, uns in der Fülle zurechtzufinden. Dabei wird uns Software helfen, die dem Benutzer eine ‚Führung' anbietet. Doch dann werden wir die digitalen Bibliotheken und andere Dienste so durcheilen wie ein Touristenführer, d.h. wir werden exzessiv selektieren und nur das zu Gesicht bekommen, was die Mehrzahl sehen will."[3] Die Perspektive auf das für die Bewältigung der Informationsexplosion unumgängliche Lebenslange Lernen sowie auf die individuelle Medien- und Informationskompetenz, die eine überlegte Mediennutzung ermöglichen, klingen hier bereits an, auch wenn zunächst der Ausweg in eher technischen Lösungen gesehen wird. Diese reichen indes nicht aus, um den komplexen Anforderungen, die sich beim täglichen Umgang mit der Informations- und Medienvielfalt stellen, angemessen begegnen zu können. Die Fähigkeit zur Aufnahme von möglichst vielen Informationen ist sicherlich nicht zu unterschätzen, jedoch geht es wesentlich darum, die als wichtig empfundene Information in Wissen zu transformieren.

Information und Wissen

Information ist zu einem Schlüsselbegriff des digitalen bzw. des virtuellen Zeitalters geworden, bewegt sich allerdings in einem latenten Spannungsverhältnis zu dem Begriff des Wissens. Information ist nicht gleichzusetzen mit Wissen, sondern: „Charakteristisch für diesen Begriff ist, dass er nicht, jedenfalls nicht in dem bisher geltenden Maße, auf der Seite dessen, der sich Wissen in Informationsform aneig-

---

[1] Siehe dazu: Castells, Manuel: Das Informationszeitalter. 3 Bde. Opladen: Leske + Budrich 2001–2003.
[2] Vgl. McLuhan, Marshall: Die Gutenberg Galaxis. Das Ende des Buchzeitalters. Düsseldorf: Econ 1968.
[3] Gauron, André: Das digitale Zeitalter. In: Lettre International (1995) H. 8. S. 9.

net, eigene Wissensbildungskompetenzen voraussetzt. Erforderlich sind vielmehr Verarbeitungskompetenzen und das Vertrauen darauf, dass die Information „stimmt", Information muss man glauben, wenn man ihr Wissen, das über die Information transportierte Wissen, nicht prüfen kann. Eben diese Prüfung war bisher konstitutiv für den Begriff der Wissensbildung."[4]

Kompetenzen der Informationsgewinnung wie auch der Informationsverarbeitung sind notwendig, ferner bedarf es eines Vertrauens, dass die jeweiligen Informationen zutreffend sind. Den Zusammenhang von Daten, Informationen, Wissensbildung und Weisheit (DIKW) beschreibt Kuhlen wie folgt: „Wissen als Gesamtheit von Wissensobjekten, die zu einem gegebenen Zeitpunkt als Aussagen über Objekte und Ereignisse der realen oder fiktiven/virtuellen Welt von einem Individuum erworben/ gelernt worden sind, entsteht also durch Aufnahme von Informationen, die aus Daten dadurch zu Informationen geworden sind, dass sie in einem bestimmten Kontext oder aufgrund eines aktuellen Bedarfs aufgenommen oder gezielt gefunden und durch Vergleich mit bestehendem Wissen interpretierbar und anwendbar wurden".[5] Von zentraler Bedeutung ist der Zusammenhang, in den vorgefundene Daten integriert werden, denn erst durch diese Einbindung gewinnen sie die Qualität von Informationen.

Gespeicherte Informationen müssen aktualisiert werden, und dazu bedarf es der Informations- und Medienkompetenz als Basis- oder Schlüsselqualifikationen. Computer können permanent ohne menschliche Hilfe neue Daten hervorbringen, und diese Ergebnisse wären als Informationen zu bezeichnen. Ob sie aber tatsächlich Informationen enthalten, ist eine andere Frage. Nur ein menschliches Wesen kann die Bedeutung erkennen, die Informationen von Daten unterscheidet.

Informations- und Wissensgesellschaft

Leben wir nun in einer Informations- oder Wissensgesellschaft? In der medialen Öffentlichkeit hat sich die Marke „Wissensgesellschaft" weitgehend durchgesetzt. „Wissen grenzt sich zu Informationen dadur ch ab, dass ersteres – für das jeweilige Individuum – als vorhanden, als ‚gewusst' gelten kann. Informationen sind dagegen

---

4 Mittelstraß, Jürgen: Leonardo-Welt. Über Wissenschaft, Forschung und Verantwortung. Frankfurt a. M.: Suhrkamp 1992 (Suhrkamp-Taschenbuch Wissenschaft 1042). S. 226 f.
5 Kuhlen, Rainer: Information. In: Grundlagen der praktischen Information und Dokumentation. Hrsg. von Rainer Kuhlen, Thomas Seeger u. Dietmar Strauch. Begründet von Klaus Laisiepen, Ernst Lutterbeck u. Karl-Heinrich Meyer-Uhlenried. 5., völlig neu gefasste Ausgabe. Band 1: Handbuch zur Einführung in die Informationswissenschaft und -praxis. München: Saur 2004. S. 3–20.

akut benötigt und werden dementsprechend beschafft. Wissen ist in diesem Sinne inaktiv und wartet auf Abruf".[6]

Spinner betont vor allem die treibende Kraft der technischen Innovationen, d. h. der elektronischen Datenverarbeitung, der medialen Kommunikationsformen und der globalen Informationsnetze, die den technischen Durchbruch zum Informationszeitalter markieren.[7] Wesentlich geht es um den qualifizierten Umgang mit kodifizierter Information und Kommunikation, wie ihn der produktive Wissenseinsatz mithilfe von IuK-Technologien erfordert. Nur dadurch ergibt sich laut Spinner auch tatsächlich ein funktioneller Mehrwert für die (besser) informierte Gesellschaft. Wünschenswert und schrittweise erreichbar sei dadurch „eine allgemeine Hebung des Wissensniveaus infolge von Leistungsverbesserungen der gesellschaftlichen Wissensarbeitsteilung [...] – insbesondere bei den Funktionsgruppen der Wissensverarbeitung, -verbreitung und -nutzung".[8]

Insofern wird die Informations- bzw. die Wissensgesellschaft heute wesentlich komplexer und stärker in gesellschaftliche, politische, ökonomische und kulturelle Kontexte eingeflochten betrachtet, als das früher der Fall war. Hingewiesen wird auch auf die Tatsache, dass Wissen unter maßgeblichem Einfluss der Wissenschaft riskant geworden sei und seine Absolutheit verloren habe.[9] Mehr Wissen führe nicht automatisch zu mehr Kontrolle, sondern man spricht heute – auch unter dem Eindruck der „Risikogesellschaft – von ‚unsicherem Wissen' oder sogar von „Nicht-wissen":

> „Die Kehrseite der Emanzipation durch Wissen ist das Risiko des emanzipatorischen Potentials des Wissens. Die zunehmende gesellschaftliche Verbreitung von Wissen und der damit zusammenhängende Zuwachs an Handlungsoptionen produziert soziale Unsicherheit. Wissenschaft kann keine Wahrheiten (im Sinne von beweisenden Kausalketten oder universellen Gesetzen) liefern, sondern nur mehr oder weniger gut begründete Hypothesen und Wahrscheinlichkeiten. Statt Quelle von gesichertem Wissen und Gewissheit zu sein, ist Wissenschaft damit vor allem Quelle von Ungewissheit und gesellschaftspolitischen Problemen".[10]

Die Betonung einer bloß informationstechnischen Basisqualifikation scheint also zu kurz gegriffen. Für die Wissens- oder die Informationsgesellschaft – aufgrund des bisherigen Diskussionsstandes lässt sich zur Zeit weder eine trennscharfe Unterscheidung zwischen diesen beiden Begriffen noch eine substantiellere termi-

---

6 Lehmann, Kai: Der lange Weg zur Wissensgesellschaft. In: Die Google-Gesellschaft. Vom digitalen Wandel des Wissens. Hrsg. von Kai Lehmann u. Michael Schetsche. Bielefeld: Transcript 2005. S. 34.
7 Vgl. Spinner, Helmut F.: Informationsgesellschaft. In: Handwörterbuch zur Gesellschaft Deutschlands. Hrsg. von Bernhard Schäfers u. Wolfgang Zapf. 2. erw. u. erg. Aufl. Opladen: Leske + Budrich 2001. S. 321.
8 Ebd., S. 332.
9 Siehe: Stehr, Nico: Moderne Wissensgesellschaften. In: Aus Politik und Zeitgeschichte 36 (2001). S. 13.
10 Ebd.

nologische Absicherung treffen – bedarf es, insbesondere auch mit Blick auf die Erfordernisse in Studium und Wissenschaft, weiterer informationeller Kompetenzen, die eine gezielte Verarbeitung und Bewertung von Informationsinhalten gestatten. Die bloße Konzentration auf Verfahrenskompetenzen greift eventuell zu kurz, denn in Zukunft spielen das Orientierungs-, das System- und das Transformationswissen, das die Fähigkeit zum Erkennen von Zusammenhängen und zur Entwicklung von Handlungszielen erlaubt,[11] eine immer wichtigere Rolle.

Informationskompetenz und Lebenslanges Lernen

Der Begriff der Informationskompetenz hat sich in Anlehnung an das anglo-amerikanische Verständnis von Information Literacy seit den 1990er Jahren in Deutschland zunächst zögerlich, später aber nachhaltig unter maßgeblicher Mitwirkung der wissenschaftlichen Bibliotheken etablieren können, wenn auch zunächst noch ohne eine differenzierte theoretische Begründung. Das Aneignen und das intellektuelle Verarbeiten von medial vermittelter Information betrifft zentrale Forschungsgegenstände der Lern- und Wissenspsychologie.[12]

Die Karriere dieses Konzepts, das ganz allgemein auf eine reflektierte und strategisch ausgerichtete Form der Informationspraxis im Kontext von Lernen, Studium und Weiterbildung abzielt, korrespondiert mit der Herausbildung der digital geprägten Informations- oder Wissensgesellschaft, die besondere Herausforderungen mit sich bringt: Information wird vorwiegend als digital hervorgebracht und vermittelt erfahren, und ist in dieser Form dann auch der „Rohstoff" der individuellen und der kollektiven Wissensbildung. Die (wissenschaftsrelevanten) Informationsmengen – also über die klassischen wissenschaftlichen Publikationen hinaus auch Forschungs- und Rohdaten und ehemals als unwissenschaftlich verworfene Materialien, wie sie insbesondere im Kontext der Web 2.0-Applikationen ausgetauscht werden – wachsen erheblich stärker als früher, die wissenschaftliche Information wird insofern disparater, weil der Anteil an Internetpublikationen im Vergleich zu im Wissenschaftsverlag publizierter wissenschaftlicher Information zunimmt. Der Stellenwert der Metainformation, des sekundären Wissens steigt, zu Lasten der zeitlich intensiven Beschäfti-

---

11 Küpers, Hannelore: Synergieeffekte in der Hochschulentwicklung durch fachübergreifende wissenschaftliche Einrichtungen. In: Studentischer Kompetenzerwerb im Kontext der Hochschulsteuerung und Profilbildung. Dokumentation zur HIS-Tagung am 3. 11. 2009 in Hannover. Hrsg. von Susanne In der Smitten u. Michael Jaeger. Hannover 2010 (HIS: Forum Hochschule 13). S. 39.
12 Vgl. dazu u. a.: Seel, Norbert M.: Psychologie des Lernens. Lehrbuch für Pädagogen und Psychologen. 2. Aufl. München, Basel 2003; Mangold, Roland: Informationspsychologie. Wahrnehmen und Gestalten in der Medienwelt. München 2007.

gung mit dem primären Wissen.[13] Das Informationsverhalten verändert sich in Richtung auf die „Google-Generation" und den Typ des „e-shopper".[14]

Da die sich laufend vermehrende Information vorwiegend elektronisch produziert und verbreitet wird, setzt sie entsprechende Kompetenzen bei der Informationspraxis im Prozess des Lernens, Studierenden, Forschens und der Weiterbildung voraus – eben Informationskompetenz, auch als Grundlage für das persönliche Wissensmanagement (Reinmann/Eppler, 2008). Nicht nur das Identifizieren bedeutsamer Informationsquellen, das Recherchieren und das Finden der Information, die bedarfsorientierte, gezielte Auswahl der benötigten Information und deren praktisch-technische Verarbeitung sowie Verbreitung gehören zur Informationskompetenz, sondern vor allem die strategischen Fähigkeiten des Transfers auf die Lösung neuer Informationsprobleme, der Orientierung in multiplen, heterogenen Informationskulturen, der kritischen Bewertung und der Verknüpfung mit dem bereits früher erworbenen individuellen Wissen.

Eine solche umfassende Informationskompetenz kann nicht ausschließlich „vermittelt" werden, sondern erwächst in einem längeren Prozess der eigenständigen Konstruktion von Wissen, von Fähigkeiten und Fertigkeiten, beginnend mit den anhand klassischer Textmedien zu entwickelnden Schreib- und Lesekompetenzen im Kindesalter, sich dann fortsetzend mit den komplexeren Fähigkeiten und Fertigkeiten des Suchens und Findens von fachbezogener Information – sowohl analog als auch digital, teilweise auch multimedial – für den Unterricht, daran anschließend der Umgang mit wissenschaftsrelevanter und spezialisierter Information im Hochschulstudium, in der Forschung und in der Weiterbildung. Im Sinne des situierten Lernens wird dieser letztlich nie abzuschließende Prozess desto erfolgreicher verlaufen, je mehr er von einem konkreten Informationsbedarf ausgeht, an den dann eine unterstützende Lehrstrategie in schulischen oder außerschulischen Lernorten – einschließlich der Bibliotheken – und in der Hochschule anknüpfen kann.

Informationskompetenz in einer digitalen Welt wird jedoch teilweise durch selbstorganisiertes, informelles Lernen erworben, denn zum einen ergibt sich dies aus der Allgegenwart des Internet und der vielfältigen Kommunikationstechnologien, die Heranwachsende heute fast ständig nutzen, zum anderen beinhaltet der Bologna-Prozess zur Schaffung eines Europäischen Hochschulraums in den neuen Studiengängen hohe Anteile eigenständigen Lernens.

Es sollte deutlich geworden sein, dass eine digital geprägte Informations- oder Wissenschaftsgesellschaft von den Menschen die Bereitschaft zum Lebenslangen Ler-

---

13 Vgl. Degele, Nina: Informiertes Wissen. Eine Wissenssoziologie der computerisierten Gesellschaft. Frankfurt a. M.; New York: Campus 2000.
14 Vgl. Nicholas, David u. Ian Rowlands (Eds.): Digital consumers. Reshaping the information professions. London: Facet Publ. 2008.

nen zwingend erwarten und fördern muss.[15] Verschiedene Formen des Lernen sind dabei anerkannt: „[...] formales, non-formales und informelles Lernen über den gesamten Lebenszyklus eines Menschen hinweg".[16] Die Entwicklung und die Förderung von Informationskompetenz stellt in diesem Zusammenhang eine wichtige Herausforderung für die produktive Bewältigung des Informationswachstums dar.

Rolle der Bibliotheken

Über die herkömmlichen Benutzerschulungen hinaus gewinnt die Bibliothek eine neue Aufgabe als Vermittlerin von Informations- und Medienkompetenz, wird also zu einer pädagogischen Einrichtung. „Die Bibliotheken verstehen sich daher zu Recht als Lernzentren. Sie wirken zum Teil in Kooperation mit anderen Einrichtungen, zum Teil als selbstständiger Anbieter daran mit, selbstgesteuertes Lernen zu lernen, vor allem die Fähigkeit zu vermitteln, sich selbst aktiv Informationen zu beschaffen und den Zugang zu Wissen zu finden".[17] Wissensmanagement und Informationskompetenz („information literacy") werden zu Schlüsselqualifikationen, über die Menschen im Prozess des Lebenslangen Lernens verfügen müssen und an deren Vermittlung die Bibliotheken mitwirken. Gleichzeitig bieten die Bibliotheken als Lernorte eine für das selbst organisierte Lernen günstige Infrastruktur mit technologischer und fachbibliothekarischer Lernunterstützung (Learning Library).

Die Teaching Library ist in vielen wissenschaftlichen Bibliotheken bereits Wirklichkeit geworden. Nach der Deutschen Bibliotheksstatistik (DBS) realisieren mittlerweile die Hochschulbibliotheken in Deutschland und in Österreich Kurse und Einführungen zur Informationskompetenz in einem Umfang von rund 55.000 Stunden pro Jahr. Nach dem Vorbild der wissenschaftlichen Bibliotheken in den Vereinigten Staaten, in Australien und Neuseeland sollen die Kursangebote der Teaching Library nach Möglichkeit an Standards der Informationskompetenz ausgerichtet sein, beispielsweise nach dem Vorbild der ACRL-Standards (Association of College & Research Libraries). Beschrieben werden damit die Stadien der Informationsbedarfserkennung, des Zugangs zur Information, der Bewertung, der effizienten Verwendung sowie der

---

15 Vgl. Wolter, Andrä, Gisela Wiesner u. Claudia Koepernik (Hrsg.): Der lernende Mensch in der Wissensgesellschaft. Perspektiven lebenslangen Lernens. Weinheim, München: Juventa 2010.
16 Koepernik, Claudia: Lebenslanges Lernen als bildungspolitische Vision. Die Entwicklung eines Reformkonzepts im internationalen Diskurs. In: Der lernende Mensch in der Wissensgesellschaft. Hrsg. von Andrä Wolter u. a. 2010. (Anm. 15). S. 90.
17 Wolter, Andrä u. Claudia Koepernik: Wissensgesellschaft, lebenslanges Lernen und die Zukunft des Bibliothekswesens. In: Geschichte und Zukunft von Information und Wissen. Hrsg. von Hermann Kokenge. In: Wissenschaftliche Zeitschrift der Technischen Universität Dresden (2006). H. 1–2. S. 71.

Berücksichtigung ökonomischer, rechtlicher und ethischer Aspekte der Information und ihrer Nutzung.

Das Veranstaltungsangebot umfasst auf der grundlegenden Stufe vor allem Bibliothekskompetenzen wie Einführungen in den Katalog, in die Medienkunde, die Buchausleihe, die Präsenzbenutzung, auf der Vertiefungsstufe Einführungen in die Aufsatzrecherche mithilfe von Fachdatenbanken, in den Umgang mit der Elektronischen Zeitschriftenbibliothek und den E-Journals und in die Möglichkeiten und Grenzen der Internetsuchmaschinen. Ergänzt wird dieses inhaltliche Spektrum in einigen Bibliotheken durch Übungen zum korrekten Zitieren, zu rechtlichen und ethischen Regeln der Informationsnutzung, ferner zur Informationsverarbeitung mit Literaturverwaltungssystemen.

Unterstützt oder auch partiell ersetzt werden solche Präsenzveranstaltungen der Teaching Library durch Online-Tutorials oder durch E-Learning-Module, die zunehmend auf gängigen Lernplattformen (ILIAS, CLIX, Moodle usw.) verfügbar sind.

Die Teaching Library dürfte aufgrund der durch die Studienreform günstigen Rahmenbedingungen, aber auch wegen der unbestrittenen Bedeutung, die den Schlüsselqualifikationen Informations- und Medienkompetenz im digitalen Zeitalter für das Studium und für das Lebenslange Lernen zukommt, gute Realisierungschancen im deutschsprachigen Raum haben. Allerdings bedarf es, auch angesichts knapper Personalressourcen, des verstärkten Einsatzes von E-Learning-Konzepten sowie der pädagogisch-didaktischen Fortbildung des Bibliothekspersonals.

Weiterführende Literatur

Gapski, Harald u. Thomas Tekster: Informationskompetenz in Deutschland. Überblick zum Stand der Fachdiskussion und Zusammenstellung von Literaturangaben, Projekten und Materialien zu einzelnen Zielgruppen. Düsseldorf: Landesanstalt für Medien Nordrhein-Westfalen (LfM) 2009.

Hochholzer, Rupert u. Christian Wolff: Informationskompetenz – Status quo und Desiderate für die Forschung. Regensburg: Philosophische Fakultät IV, Sprach- und Literaturwissenschaften 2006. http://www.opus-bayern.de/uni-regensburg/volltexte/2006/747/ (29. 3. 2011).

Homann, Benno: Informationskompetenz – Grundlage für ein effizientes Studium und lebenslanges Lernen. In: Buch und Bibliothek (2001), S. 553–559.

Homann, Benno: Standards der Informationskompetenz. Eine Übersetzung der amerikanischen Standards der ACRL als argumentative Hilfe zur Realisierung der „Teaching Library". In: Bibliotheksdienst (2002) H. 5. S. 625–637.

Homann, Benno: Information Literacy. Ein Beitrag der Bibliotheken für eine demokratische Informationsgesellschaft. In: Bibliotheksdienst (2002) H. 12. S. 1681–1688.

Ingold, Marianne: Das bibliothekarische Konzept der Informationskompetenz. Ein Überblick. Berlin: Institut für Bibliothekswissenschaft der Humboldt-Universität zu Berlin 2005 (Berliner Handreichungen zur Bibliothekswissenschaft 128).

Krauß-Leichert, Ute (Hrsg.): Teaching Library – eine Kernaufgabe für Bibliotheken. Frankfurt a. M., Bern, Berlin, Wien: Peter Lang 2007.

Kübler, Hans-Dieter: „Informations"- und/oder „Wissensgesellschaft"? Anmerkungen zu einem eher politischen denn analytischen Diskurs. In: Das Buch in der Informationsgesellschaft: ein buchwissenschaftliches Symposium. Hrsg. von Ludwig Delp. Wiesbaden: Harrassowitz 2006 (Buchwissenschaftliche Forschungen 6). S. 299–335.

Kuhlen, Rainer: Informationsethik. Umgang mit Wissen und Information in elektronischen Räumen. Konstanz: UVK 2004.

Lux, Claudia u. Wilfried Sühl-Strohmenger: Teaching Library in Deutschland. Vermittlung von Informations- und Medienkompetenz als Kernaufgabe öffentlicher und wissenschaftlicher Bibliotheken. Wiesbaden 2004 (B.I.T.-Online Innovativ 9).

Reinmann, Gabi u. Martin J. Eppler: Wissenswege. Methoden für das persönliche Wissensmanagement. Lernen mit neuen Medien. Bern: Verlag Hans Huber 2008.

Schmidmaier, Dieter: Von der Benutzerschulung zur „Information Literacy": ein Überblick. In: Innovation for Information: International contributions to librarianship. Festschrift in Honour of Dr. Ahmed H. Helal. Hrsg. von Joachim E. Weis: Universitätsbibliothek 1992. S. 159–168.

Sühl-Strohmenger, Wilfried: Digitale Welt und Wissenschaftliche Bibliothek – Informationspraxis im Wandel. Determinanten, Ressourcen, Dienste. Kompetenzen. Eine Einführung. Wiesbaden: Harrassowitz 2008 (Bibliotheksarbeit; 11).

Marianne Ingold
Informationskompetenz und Information Literacy

Abstract: Informationskompetenz ist heute als Begriff, Konzept und praktisches Tätigkeitsfeld von Bibliotheken weltweit etabliert. Entstehung, Verbreitung und Entwicklung von „Informationskompetenz" im deutschsprachigen Raum stehen in engem Zusammenhang mit dem in den USA und international seit den 1980er Jahren diskutierten und praktisch umgesetzten Konzept der „Information Literacy". Auch wenn die beiden Begriffe in der Regel gleichbedeutend verwendet werden, zeigt ein Vergleich der vorwiegend aus englischsprachigen Ländern – insbesondere den USA, Australien und Großbritannien – stammenden Literatur zur Information Literacy mit deutschsprachigen Publikationen zur Informationskompetenz neben zahlreichen Gemeinsamkeiten auch unterschiedliche Tendenzen und Schwerpunkte, die sich einerseits auf die zeitverschobene historische Entwicklung, andererseits auf unterschiedliche bildungs- und berufspolitische, institutionelle und terminologische Rahmenbedingungen zurückführen lassen. Einige dieser Gemeinsamkeiten und Unterschiede werden aus historischer Perspektive sowie mit Blick auf aktuelle inhaltliche Themen und Desiderate näher beleuchtet.

Keywords: Benutzerschulung, Bildungspolitik, Berufspolitik, Information, Information Literacy, Informationskompetenz, Informationsverhalten, Kompetenz, Profession, Wissenschaftliche BibliothekarInnen

Marianne Ingold: Studium der Geschichte, Anglistik und Filmwissenschaft in Zürich und Lawrence/ USA; Lehrtätigkeit an Gymnasien, in der Berufs- und Erwachsenenbildung; Ausbildung zur wissenschaftlichen Bibliothekarin an der Universitätsbibliothek Basel, anschliessend Tätigkeit im Informationszentrum der Credit Suisse und an der ETH-Bibliothek; seit 2008 an der Fachhochschule Nordwestschweiz. Berufsbegleitendes Promotionsprojekt zu Informationskompetenz in Unternehmen und Organisationen an der Humboldt-Universität zu Berlin. Präsidentin der Interessengemeinschaft der wissenschaftlichen Bibliothekarinnen und Bibliothekare der Schweiz.

Entstehungskontext

Die erstmalige Verwendung des Begriffs Information Literacy in einem bibliotheksnahen Kontext wird im Allgemeinen Paul Zurkowski zugeschrieben. 1974 benutzte der damalige Präsident der US Information Industry Association den Ausdruck in einem Report für die National Commission for Libraries and Information

Science (NCLIS).[1] Von Haus aus Jurist mit Spezialgebiet geistiges Eigentum und Urheberrecht, forderte Zurkowski ein nationales Schulungsprogramm, um innerhalb von zehn Jahren die gesamte amerikanische Bevölkerung zur Problemlösung und Entscheidungsfindung im beruflichen Kontext zu befähigen, nicht zuletzt, um die nationale Wirtschaft konkurrenzfähig zu erhalten. Sein Fokus lag dabei auf der Nutzung von kommerziellen Informationsangeboten, die aufgrund neuer technologischer Entwicklungen vermehrt zur Verfügung standen. Zurkowskis Verständnis von Information und Information Literacy bezog sich daher auch nicht in erster Linie auf Bibliotheken: „Zurkowski always had the broad view that information literacy is something that should be possessed by the population as a whole and that it relates to every type of information the average citizen encounters, whether or not it ever appeared in a library."[2]

Der stark informationswirtschaftlich und am praktischen Nutzen für die Berufswelt orientierte Entstehungskontext von Information Literacy lange vor der Einführung von PC und Internet ist heute oft nicht (mehr) präsent, war aber durchaus zeittypisch. Jenseits des Eisernen Vorhangs wurde verblüffend ähnlich argumentiert, auch wenn der Begriff „Informationskompetenz" noch nicht geprägt war:

> „Die entscheidenden Gründe für die Forderung nach einer Schulung der ... Informationsnutzer sind ökonomischer Natur. [...] Wir sehen den Nutzer als zentrale Größe des Informationsprozesses, und zwar nicht nur im Sinne des Zielpunktes der Informationsarbeit, sondern auch als Erzeuger neuer Quellen und am gesamten Informationsprozeß bewußt Mitwirkender. [...] Daraus ergibt sich das objektive Erfordernis, allen Mitgliedern der Gesellschaft, entsprechend ihrer tatsächlichen oder voraussichtlichen Stellung im Arbeitsprozess, ein Grundwissen über Information und Dokumentation zu vermitteln [...] [und] den Informationsbegriff so weit zu fassen, daß alle für die Anwendung bezogenen Informationen [...] mit in das Blickfeld der Ausbildung gerückt werden."[3]

Ein funktionales Verständnis von Information Literacy bzw. Informationskompetenz spielt – mehr oder weniger ausgeprägt – bis heute auch im bibliothekarischen Diskurs eine wichtige Rolle. O'Connor weist es insbesondere für die frühen amerikanischen

---

1 Zurkowski, Paul G.: The Information Service Environment. Relationships and Priorities. Related Paper No. 5. Washington, D.C.: National Commission on Libraries and Information Science, National Program for Library and Information Services 1974. http://www.eric.ed.gov/PDFS/ED100391.pdf (25. 11. 2011). Für einen historischen Überblick vgl. Behrens, Shirley J.: A Conceptual Analysis and Historical Overview of Information Literacy. In: College & Research Libraries 55 (1994). S. 309–322 sowie Bawden, David: Information and digital literacies. A review of concepts. In: Journal of Documentation 57 (2001). S. 218–259. DOI:10.1108/EUM0000000007083 (25. 11. 2011).
2 Badke, William: Foundations of information literacy. Learning from Paul Zurkowski. In: Online 34 (2010). S. 48– 50, Zitat S. 50.
3 Schulung von Informationsnutzern. Arbeitsseminar des ZIID (DDR) und des ÚVTEI (ČSSR) vom 24. bis 26. April 1973 in Berlin. Tagungsbericht. Berlin: Zentralinstitut für Information und Dokumentation der DDR 1973. S. 5–7 und S. 52. Rechtschreibung gemäß Vorlage.

Positionspapiere nach, in denen Information Literacy als normative Grundlage für mehr Effizienz, Produktivität und Erfolg in Schule, Studium und Arbeitsleben beschrieben wird, die in Standards und Leistungsmessgrößen gefasst werden kann und wird.[4]

In der zweiten Hälfte der 1970er Jahre wurde der Begriff Information Literacy in den USA in einem engeren bibliothekarischen Umfeld aufgegriffen, konnte sich aber erst in den 1980er Jahren etablieren. Von Anfang an war das Thema eng verknüpft mit bildungs- und berufspolitischen Bestrebungen von BibliothekarInnen. Katalysator für die Reaktivierung und Neubenennung von seit längerem bestehenden Schulungsaktivitäten[5] unter dem Begriff Information Literacy war der Report „A Nation at Risk" von 1983.[6] Als Reaktion auf den weitgehenden Ausschluss von Bibliotheken aus der amerikanischen Bildungsreformdiskussion, wie er in diesem Report besonders deutlich zum Ausdruck kam, erschienen ab Mitte der 1980er Jahre mehrere Publikationen,[7] die den Grundstein für das bibliothekarische Konzept der Information Literacy legten. Dieses konnte sich in den folgenden Jahren im Schul- und Hochschulbereich als „top down" Bewegung etablieren, unterstützt von Berufsverbänden und wichtigen Exponentinnen und Exponenten des amerikanischen Bibliotheks- und Bildungswesens.

Definitionen, Modelle und Standards wurden entwickelt; Diskussionen um eine Integration in Schulunterricht und Hochschullehre, Kooperationen mit Lehrkräften und Dozierenden, geeignete didaktische Methoden und Anforderungen für lehrende BibliothekarInnen wurden geführt. Auch in anderen Ländern fasste Information Literacy ab den 1990er Jahren Fuß. Diese Entwicklung ist gut dokumentiert und soll deshalb hier nicht weiter ausgeführt werden.[8]

---

4 O'Connor, Lisa: Information Literacy as Professional Legitimation. A Critical Analysis. In: Journal of Education for Library and Information Science 50 (2009). S. 79–89, hier S. 83.
5 Vgl. dazu u. a. Hopkins, Frances L.: A century of bibliographic instruction. The historical claim to professional and academic legitimacy. In: College & Research Libraries 43 (1982) May. S. 192–198; Hernon, Peter: Instruction in the Use of Academic Libraries. A Preliminary Study of the Early Years as Based on Selective Extant Materials. In: Journal of Library History 17 (1982). S. 1–38 und Hardesty, Larry L., John P. Schmitt u. John Mark Tucker (Hrsg.): User Instruction in Academic Libraries. A Century of Selected Readings. Metuchen: Scarecrow Press 1986.
6 National Commission on Excellence in Education: A Nation at Risk. The Imperative for Educational Reform. Washington D.C.: U.S. Department of Education 1983. http://www2.ed.gov/pubs/NatAtRisk/index.html (25. 11. 2011).
7 Schlüsseldokumente sind u. a. Breivik, Patricia Senn u. E. Gordon Gee: Information literacy. Revolution in the library. New York: American Council on Education 1989 sowie American Library Association, Presidential Committee on Information Literacy: Final Report. Chicago: American Library Association 1989. http://www.ala.org/ala/mgrps/divs/acrl/publications/whitepapers/presidential.cfm (25. 11. 2011). Vgl. auch Ridgeway, Trish: Information literacy. An introductory reading list. In: College & Research Libraries News 51 (1990). S. 645–648.
8 Vgl. u. a. Ingold, Marianne: Das bibliothekarische Konzept der Informationskompetenz. Ein Überblick. Berlin: Institut für Bibliothekswissenschaft der Humboldt-Universität zu Berlin 2005.

Obwohl die bibliothekarische Benutzerschulung auch in Deutschland bereits eine längere Tradition hatte und sich in den 70er Jahren verstärkt etablierte,[9] erschien der Ausdruck „Informationskompetenz" in der deutschsprachigen Fachliteratur erst in den 1990er Jahren[10] und damit mit etwa zehnjähriger Verspätung gegenüber dem englischsprachigen Bibliothekswesen. Benno Homann,[11] Thomas Hapke,[12] Detlev Dannenberg[13] und andere verankerten den Begriff in Verbindung mit demjenigen der „Teaching Library" in der bibliothekarischen Diskussion. „Teaching Library" stammt zwar ursprünglich ebenfalls aus der amerikanischen Fachliteratur,[14] wird aber im deutschsprachigen Raum wesentlich häufiger verwendet und hat sich erfolgreich als Marke etabliert.[15]

Im Unterschied zur Entstehungszeit von Information Literacy in den 1980er Jahren waren Ende der 1990er Jahre OPACs, Endnutzerzugang zu Datenbanken und das Internet bereits selbstverständlich. Umso mehr wurden in der deutschsprachigen Diskussion um Informationskompetenz von Beginn weg Aspekte wie Informationsflut und die Fähigkeit zum Umgang mit elektronischen Informationen betont. Schlüsseldokument und Pendant zum amerikanischen „A Nation at

---

(Berliner Handreichungen zur Bibliothekswissenschaft 128). http://www.ib.hu-berlin.de/~kumlau/ handreichungen/h128/ (25. 11. 2011) und Rauchmann, Sabine: Bibliothekare in Hochschulbibliotheken als Vermittler von Informationskompetenz. Eine Bestandsaufnahme und eine empirische Untersuchung über das Selbstbild der Bibliothekare zum Thema Informationskompetenz und des Erwerbs methodisch-didaktischer Kenntnisse in Deutschland. Dissertation. Humboldt-Universität zu Berlin 2010, insb. S. 34–54. http://edoc.hu-berlin.de/docviews/abstract. php?lang=ger&id=36882 (25. 11. 2011).

9 Vgl. Schmidmaier, Dieter: Von der Benutzerschulung zur „Information Literacy": ein Überblick. In: Innovation for Information. International Contributions to Librarianship. Festschrift in honour of Dr. Ahmed H. Helal. Hrsg. von Joachim W. Weiss. Essen: Universitätsbibliothek Essen 1992. (Publications of Essen University Library 16). S. 157–168.

10 Vgl. Schulz, Ursula: Informationsdidaktik als bibliothekarische Dienstleistung. In: Laurentius – von Menschen, Büchern und Bibliotheken 10 (1993). S. 139–152. http://www.bui.haw-hamburg.de/ pers/ursula.schulz/publikationen/infodidaktik.pdf (25. 11. 2011).

11 Vgl. z. B. Homann, Benno: Informationskompetenz als Grundlage für Bibliothekarische Schulungskonzepte. In: Bibliotheksdienst 34 (2000). S. 968–978. http://bibliotheksdienst.zlb. de/2000/2000_06_Benutzung01.pdf (25. 11. 2011).

12 Vgl. z. B. Hapke, Thomas: Recherchestrategien in elektronischen Datenbanken. Inhaltliche Elemente der Schulung von Informationskompetenz (nicht nur) an Universitätsbibliotheken. In: Bibliotheksdienst 33 (1999). S. 1113–1129. http://bibliotheksdienst.zlb.de/1999/1999_07_ Informationsvermittlung01.pdf (25. 11. 2011).

13 Vgl. z. B. Dannenberg, Detlev: Wann fangen Sie an? Das Lernsystem Informationskompetenz (LIK) als praktisches Konzept einer Teaching Library. In: Bibliotheksdienst 34 (2000). S. 1245–1259. http://bibliotheksdienst.zlb.de/2000/2000_07u08_Informationsvermittlung03.pdf (25. 11. 2011).

14 Vgl. z. B. Spencer, Robert C.: The Teaching Library. In: Library Journal 103 (1978). S. 1021–1024.

15 Vgl. Lux, Claudia u. Wilfried Sühl-Strohmenger: Teaching Library in Deutschland. Vermittlung von Informations- und Medienkompetenz als Kernaufgabe für Öffentliche und Wissenschaftliche Bibliotheken. Wiesbaden: Dinges & Frick 2004.

Risk"-Report ist die sogenannte SteFi-Studie[16] (SteFi = Studieren mit elektronischer Fachinformation) von 2001. Die darin festgestellten Defizite im Umgang mit elektronischer Fachinformation bei Studierenden dienten Bibliotheken als Legitimation für ihre Schulungsangebote. Hilfreich für die Thematisierung von Informationskompetenz im Bildungswesen und die Neuorientierung von Bibliotheken als „Teaching Libraries" waren auch die für Deutschland wenig erfreulichen Ergebnisse der ersten PISA-Studie, die ebenfalls 2001 publiziert wurde und eine größere bildungspolitische Diskussion auslöste.[17] Nicht zuletzt bot die unter der Bezeichnung „Bologna-Prozess" ab Anfang der 2000er Jahre in Europa umgesetzte Hochschulreform Bibliotheken die Möglichkeit, ihre Informationskompetenz-Angebote in Studiengänge zu integrieren und sich so ein weiteres Standbein zu schaffen.[18]

Professionelle Legitimierung

Bereits 1979 bezeichnete Robert S. Taylor Information Literacy als eines von vier Zukunftsfeldern, die BibliothekarInnen als Profession (nicht Bibliotheken als Institutionen) besetzen sollten: „Information literacy is a skill that can be learned. [...] The profession has not only a responsibility here, but an opportunity to affect the way people utilize information systems and services."[19]

Wie Lisa O'Connor aufzeigt,[20] fand der Wandel von „bibliographic" oder „library instruction" zu „information literacy" in den USA nicht zufällig in den 1980er Jahren

---

16 Vgl. Klatt, Rüdiger u. a.: Nutzung elektronischer wissenschaftlicher Information in der Hochschulausbildung. Barrieren und Potenziale der innovativen Mediennutzung im Lernalltag der Hochschulen. Endbericht. Dortmund 2001. http://opus.bsz-bw.de/hdms/volltexte/2004/334/ (25. 11. 2011).
17 Vgl. dazu Hütte, Mario: Zur Vermittlung von Informationskompetenz an Hochschulbibliotheken – Entwicklung, Status quo, und Perspektiven. Master Thesis Fachhochschule Köln 2006, insb. S. 49–51. http://www.informationskompetenz.de/fileadmin/DAM/documents/Zur%20 Vermittlung%20von%20_69.pdf (25. 11. 2011).
18 Vgl. dazu z. B. Kohl-Frey, Oliver: Beyond the Bachelor. Informationskompetenz für Anfänger und Fortgeschrittene an der Universität Konstanz. In: Teaching Library – eine Kernaufgabe für Bibliotheken. Hrsg. von Ute Krauß-Leichert. 2. Aufl. Frankfurt a. M.: Peter Lang 2008, S. 149–164.
19 Taylor, Robert S.: Reminiscing About the Future. Professional Education and the Information Environment. Library Journal 104 (1979). S. 1871–1875.
20 Vgl. für diesen und die beiden folgenden Abschnitte O'Connor, Lisa: Information Literacy as Professional Legitimation. A Critical Analysis. In: Journal of Education for Library and Information Science 50 (2009). S. 79–89; O'Connor, Lisa: Information literacy as professional legitimation. The quest for professional jurisdiction. In: Library Review 58 (2009). S. 272–289. DOI:10.1108/ 00242530910952828 (25. 11. 2011) sowie O'Connor, Lisa: Information literacy as professional legitimation. The quest for a new jurisdiction. In: Library Review 58 (2009). S. 493–508. DOI:10.1108/00242530910978190 (25. 11. 2011).

statt. In dieser, wie sie es nennt, „Periode der Identitätskrise" wurden Bibliotheken nicht nur bei der Bildungsreform außer Acht gelassen, sondern litten gleichzeitig unter massiven Budgetkürzungen und mussten sich zudem mit dem drohenden Verlust ihrer Gatekeeper-Rolle durch die Demokratisierung des Informationszugangs auseinandersetzen.

Während des Großteils ihrer Geschichte war Zugang (access) das wichtigste und unbestrittene Aufgabenfeld von Bibliotheken. Schulungstätigkeit war zwar – zumindest für wissenschaftliche Bibliotheken – spätestens seit dem 19. Jahrhundert ebenfalls regelmäßig ein Thema, aber die Funktion der Bibliothek als Repositorium war immer wichtiger als ihre Bildungsfunktion. Als diese Zugangsfunktion durch neue technologische Entwicklungen und Möglichkeiten zunehmend in Frage gestellt zu werden drohte, so O'Connor mit Bezug auf Abbott,[21] mussten neue professionelle Zuständigkeitsbereiche für eine Berufsgruppe definiert werden, deren Tätigkeit bisher einzig durch die Bibliothek als physische Institution legitimiert worden war. Ein solcher neuer Zuständigkeitsbereich war Information Literacy. Damit konnten BibliothekarInnen im Schul- und Hochschulbereich ihren traditionellen Anspruch auf eine Bildungsfunktion betonen, diesen aber gleichzeitig vom (bedrohten) physischen Kontext lösen und flexibler definieren.

Elemente der neuen professionellen Legitimierung als zentraler Teil des Bildungswesens waren unter anderem die Anknüpfung an Lernstrategien und Lebenslanges Lernen, die Gleichsetzung mit elementaren Grundfertigkeiten wie Lesen, Schreiben und Rechnen durch die Verwendung des Begriffs „literacy", die Umbenennung von SchulbibliothekarInnen zu „teacher-librarians" sowie die verstärkte Betonung auf bibliothekarischer Arbeit als Kollaboration mit dem Lehrkörper statt als Dienstleistung oder Verwaltungstätigkeit.

Verbunden damit war die Frage nach dem professionellen Status und der Hauptaufgabe von (Hochschul-)BibliothekarInnen in ihren Institutionen. Diskussionen darüber, ob die bibliothekarische Profession[22] in erster Linie eine akademische oder eine serviceorientierte sei und wie ihr häufig als unzureichend empfundener Status gehoben werden könnte,[23] dauern bis heute an:

---

21 Abbott, Andrew: The system of professions. An essay on the division of expert labor. Chicago, MI: University of Chicago Press 1988.

22 Ob es tatsächlich eine Profession ist, ist nicht unbestritten. Vgl. z. B. Deschamps, Ryan: Ten Reasons Why ‚Professional Librarian' is an Oxymoron. In: The Other Librarian, Blogpost vom 30. 4. 2010. http://otherlibrarian.wordpress.com/2010/04/30/ten-reasons-why-professional-librarian-is-an-oxymoron/ (25. 11. 2011).

23 Vgl. z. B. Kemp, Jane: Isn't Being a Librarian Enough? Librarians as Classroom Teachers. In: College & Undergraduate Libraries 13 (2006). S. 3–23. DOI:10.1300/J106v13n03_02 (25. 11. 2011); Owusu-Ansah, Edward K.: Beyond Collaboration. Seeking Greater Scope and Centrality for Library Instruction. In: Portal 7 (2007). S. 415–429. DOI:10.1353/pla.2007.0043 (25. 11. 2011).

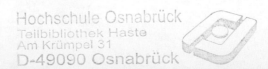

„Historically, the librarian was ... seen as a participant in the academic process, albeit a minor one. Then libraries grew in size, staffing and budget and the librarian became much more managerial and much less academic. We slowly elided into that amorphous group of service providers ranging from human resources to estates. Libraries have never been better managed but we are increasingly servants, not partners in the academic process. That is a ground which needs to be reclaimed."[24]

Um den ihnen zustehenden Respekt und Status im akademischen Umfeld zu erhalten, sollen wissenschaftliche BibliothekarInnen deshalb nicht nur Forschung in ihrem ursprünglichen Fachbereich betreiben,[25] sondern auch in der Lehre tätig sein.

Im deutschsprachigen Raum sind Professionalisierungsdiskussionen im Zusammenhang mit Informationskompetenz tendenziell weniger ausgeprägt als in den USA bzw. bewegen sich auf einer anderen Ebene. Zwar finden sich auch in Deutschland Ansprüche auf eine Anerkennung von Bibliothekaren als Hochschullehrer:

„Wenn der Bibliothekar die Nutzerschulung ernst nehmen will, dann darf er sie nicht neben dem Hauptprozeß der Hochschule – der Erziehung, Aus- und Weiterbildung sowie Forschung – lehren, sondern muß sie in diesen Hauptprozeß einbinden. [...] Nur dann wird er auch ein geachteter Hochschullehrer sein, der ernst genommen wird [...]."[26]

Der Fokus im Zusammenhang mit Vermittlung von Informationskompetenz liegt aber stärker auf der Bibliothek als „Teaching Library" und weniger auf der Berufsgruppe der BibliothekarInnen, die wesentlich heterogener strukturiert ist als im englischsprachigen Raum.[27]

Eine formale Gleichstellung mit dem akademischen Lehrkörper, wie sie an amerikanischen Hochschulen mit dem „faculty status" für BibliothekarInnen angestrebt wird,[28] ist im deutschsprachigen Raum kein Thema. In der Ende der 1990er Jahre

---

24 Law, Derek: Waiting for the barbarians. Seeking solutions or awaiting answers? In: Envisioning future academic library services. Initiatives, ideas and challenges. Hrsg. von Sue McKnight. London: Facet 2010. S. 1–13, Zitat S. 8.

25 Montelongo, José A. u. a.: Being a Librarian Isn't Enough. The Importance of a Nonlibrary Research Agenda for the Academic Librarian: A Case Study. College & Undergraduate Libraries 17 (2010). S. 2–19. DOI:10.1080/10691310903584742 (25. 11. 2011).

26 Schmidmaier, Dieter: Die Nutzerschulung an den Hochschulen in den 80er Jahren. In: Libri 33 (1983). S. 190–207, Zitat S. 196. Rechtschreibung gemäß Vorlage.

27 Zum Bibliothekarsberuf in Deutschland vgl. Plassmann, Engelbert u. a.: Bibliotheken und Informationsgesellschaft in Deutschland. Eine Einführung. 2. Aufl. Wiesbaden: Harrassowitz 2011. S. 299–318.

28 Association of College and Research Libraries Standards for Faculty Status for Academic Librarians. Approved by ACRL Board, June 2007. Revised October 2011. Vgl. auch den Beitrag von U. Krauß-Leichert in diesem Band. http://www.ala.org/ala/mgrps/divs/acrl/standards/standardsfaculty.cfm (25. 11. 2011); A Guideline for the Appointment, Promotion and Tenure of

geführten Diskussion um den Berufsstand des wissenschaftlichen Bibliothekars beispielsweise ging es hauptsächlich um den Gegensatz zwischen Fachreferat und Verwaltungsaufgaben, nicht um den Widerspruch zwischen Lehre und Dienstleistungsfunktion.[29] Veranstaltungen zur Förderung von Informationskompetenz werden sogar explizit zu den bibliothekarischen Auskunfts- und Vermittlungsdienstleistungen gezählt.[30] Allerdings wird die Vermittlung von Informationskompetenz in der Diskussion um die dienstrechtliche Zuordnung von wissenschaftlichen BibliothekarInnen als Argument für die Zuordnung zum „wissenschaftlichen Dienst" statt zum „sonstigen Verwaltungsdienst" angeführt,[31] und es wird eine verstärkte institutionelle und inhaltliche Anbindung der Bibliothek an die Hochschule in Form von eigenen fachwissenschaftlichen Lehrangeboten der FachreferentInnen, in welche die Vermittlung von Informationskompetenz integriert werden soll, gefordert.[32]

Ob es in Anbetracht der veränderten und sich weiterhin rasant verändernden Rahmenbedingungen[33] gelingt, das bibliothekarische Berufsfeld mittels Information Literacy bzw. Informationskompetenz längerfristig zu stabilisieren und den professionellen Zuständigkeitsbereich insbesondere von wissenschaftlichem Bibliothekspersonal abzustecken und aufrecht zu erhalten, wird sich zeigen. Zur Zeit zumindest stehen die Vorzeichen nicht schlecht.

Academic Librarians. Approved at ALA Annual Conference, June 2010. http://www.ala.org/ala/ mgrps/divs/acrl/standards/promotiontenure.cfm (25. 11. 2011). Siehe auch Bryan, Jacalyn E.: The question of faculty status for academic librarians. In: Library Review 56 (2007). S. 781–787. DOI:10.1108/00242530710831220 (25. 11. 2011) sowie Mavodza, Judith: The academic librarian and the academe. In: New Library World 112 (2011). S. 446–451. DOI:10.1108/03074801111182030 (25. 11. 2011).

29 Vgl. Bosserhoff, Björn: Wissenschaftlicher Bibliothekar – Berufsstand in der Legitimationskrise? Ein Rückblick auf die Debatte von 1998. In: Bibliotheksdienst 42 (2008). S. 1161–1171. http://www.zlb.de/aktivitaeten/bd_neu/heftinhalte2008/Beruf011108.pdf (25. 11. 2011).

30 Vgl. Plassmann, Engelbert u. a.: Bibliotheken und Informationsgesellschaft in Deutschland. Eine Einführung. (Anm. 27), hier S. 243–246.

31 Vgl. Sühl-Strohmenger, Wilfried: Zur Gruppenzugehörigkeit des wissenschaftlichen Bibliotheksdienstes in der Hochschule – die Problematik aus der Sicht des Vereins Deutscher Bibliothekare e.V. (VDB). In: Bibliotheken – Portale zum globalen Wissen. 91. Deutscher Bibliothekartag in Bielefeld 2001. Hrsg. von Margit Rützel-Banz. Frankfurt a. M.: Klostermann 2001, S. 167–178.

32 Jochum, Uwe: Informationskompetenz, Bibliothekspädagogik und Fachreferate. In: Bibliotheksdienst 37 (2003). S. 1450–1462. http://bibliotheksdienst.zlb.de/2003/03_11_07.pdf (25. 11. 2011).

33 Vgl. Law, Derek: The Changing Roles and Identities of Library and Information Services Staff. In: Academic and Professional Identities in Higher Education. The Challenges of a Diversifying Workforce. Hrsg. von George Gordon u. Celia Whitchurch. New York: Routledge 2010. S. 185–198.

Terminologie

Sowohl im Englischen wie im Deutschen fand mit dem Übergang zu Information Literacy bzw. Informationskompetenz in den letzten 20 Jahren eine Verschiebung von Bezeichnungen für eine bibliothekarische Tätigkeit („bibliographic instruction", „library instruction", „user education", Benutzerschulung, Nutzerausbildung, Bibliothekseinführungen etc.) bzw. für verwandte theoretische Rahmenkonzepte (Bibliotheksdidaktik, Bibliothekspädagogik,[34] Informationsdidaktik)[35] hin zur Benennung einer angestrebten Eigenschaft des Zielpublikums dieser Tätigkeit (Informationskompetenz, „information literacy", „information skills", „information competency", „information fluency", „information capabilities", „information strategies" etc.) statt.

Inhaltlich stellte die neue Terminologie keinen markanten Bruch mit Konzepten des selbstgesteuerten Lernens und kritischen Reflektierens dar, die insbesondere im höheren Bildungswesen schon lange diskutiert wurden.[36] Die neue Begrifflichkeit verdeutlicht in erster Linie die bibliothekarische Aneignung des Informationsbegriffs, der sich in der zweiten Hälfte des 20. Jahrhunderts als gesellschaftliches Leitmotiv durchsetzte. Allerdings wird der Begriff „Information" im Allgemeinen weder in der englischsprachigen noch in der deutschsprachigen Literatur kritisch reflektiert.[37] Gerade im Diskurs über Informationskompetenz sollten BibliothekarInnen als sogenannte Information Professionals ihr Verständnis des Informationsbegriffs jedoch stärker theoretisch fundieren.[38]

Obwohl in der englischsprachigen Fachliteratur weiterhin eine große begriffliche Bandbreite besteht, konnte sich Information Literacy in den letzten Jahren immer mehr durchsetzen und ist zu einem der hundert häufigsten Begriffe im Feld der Library and Information Science (LIS) und sogar zu einem der zehn häufigsten im Un-

---

34 Dieser Begriff und das damit verbundene Konzept werden weiterhin von Holger Schultka vertreten. Vgl. Schultka, Holger: Bibliothekspädagogik. In: Bibliotheksdienst 39 (2005). S. 1462–1488.

35 Auch dieser Begriff wird in der neueren Literatur weiterhin verwendet. Vgl. Ballod, Matthias: Informationsökonomie – Informationsdidaktik. Strategien zur gesellschaftlichen, organisationalen und individuellen Informationsbewältigung und Wissensvermittlung. Bielefeld: Bertelsmann 2007.

36 Vgl. Grafstein, Ann: Information Literacy and Technology. An Examination of Some Issues. In: Portal 7 (2007). S. 51–64. DOI:10.1353/pla.2007.0006 (25. 11. 2011).

37 Vgl. Ingold, Marianne: Information als Gegenstand von Informationskompetenz. Eine Begriffsanalyse. Berlin: Institut für Bibliotheks- und Informationswissenschaft der Humboldt-Universität zu Berlin 2011. (Berliner Handreichungen zur Bibliotheks- und Informationswissenschaft 294). http://edoc.hu-berlin.de/series/berliner-handreichungen/2011-294 (25. 11. 2011).

38 Vgl. Myburgh, Susan: Defining Information. The Site of Struggle. Dissertation. University of South Australia. Adelaide 2009. S. 296–298. http://arrow.unisa.edu.au:8081/1959.8/101716 (25. 11. 2011)

terfeld Bibliothekswissenschaft geworden.[39] Trotzdem gab und gibt es immer wieder Diskussionen darüber, ob die Bezeichnung Information Literacy nicht ersetzt werden sollte.[40] Während im Hinblick auf Relevanz „im richtigen Leben" alternative Begriffe empfohlen werden, die sich an der Unternehmenspraxis orientieren,[41] wird im Bildungsbereich unter anderem „Informed Learning" vorgeschlagen, um den Fokus auf Lernprozesse zu betonen.[42]

Als störend wird insbesondere der Begriffsbestandteil „literacy" empfunden, der einen unmittelbaren Zusammenhang mit Alphabetisierung bzw. Lese- und Schreibfähigkeit herstellt. „Literacy" umschreibt allerdings auch Konzepte wie „Grundbildung", „Gebildetsein", „(Grund-)Kenntnisse" oder „Vertrautheit mit". Dieses Verständnis von „literacy" als Grundwissen in einem bestimmten Sachgebiet lässt sich auf die verschiedensten Zusammenhänge anwenden: so wird unter anderem von „agricultural", „cultural", „dance", „economic", „legal", „moral", „political" etc. literacy gesprochen.[43] Für den Hochschulbereich würde sich in einem engeren Sinn „academic information literacy" (wissenschaftliche Informationskompetenz) als sinnvolle Eingrenzung eignen.

In der deutschsprachigen bibliothekarischen Literatur hat der Begriff „Informationskompetenz" wenig direkte Konkurrenz, am ehesten noch von der „Teaching Library" als Bezeichnung für die Institution, die sich mit Informationskompetenz befasst. Rauchmann weist allerdings darauf hin, dass für die konkrete Bezeichnung von bibliothekarischen Schulungsveranstaltungen in der Praxis oft andere Begriffe verwendet werden, was auf gewisse Zweifel an der Aussagekraft von „Informationskompetenz" gegenüber einem nichtbibliothekarischen Publikum hindeutet.[44]

Im Unterschied zu „literacy" ist „Kompetenz" grundsätzlich positiv konnotiert und gilt als begrüßenswerte Eigenschaft von Individuen und Organisationen. Die Ver-

---

39 Vgl. Milojević, Staša u. a.: The cognitive structure of Library and Information Science. Analysis of article title words. In: Journal of the American Society for Information Science and Technology 62 (2011). S. 1933–1953. DOI:10.1002/asi.21602 (25. 11. 2011).

40 Vgl. Andretta, Susie: Information Literacy. A term whose time has passed? In: Journal of Information Literacy 5 (2011). S. 1–4. http://ojs.lboro.ac.uk/ojs/index.php/JIL/article/view/ED-V5-I1-2011 (25. 11. 2011)

41 Vgl. O'Sullivan, Carmel: Is information literacy relevant in the real world? In: Reference Services Review 30 (2002). S. 7–14. DOI:10.1108/00907320210416492 (25. 11. 2011).

42 Vgl. Bruce, Christine Susan: Informed Learning. Chicago, MI: Association of College and Research Libraries 2008.

43 Vgl. z. B. Snavely, Loanne u. Natasha Cooper: The information literacy debate. In: Journal of Academic Librarianship 23 (1997). S. 9–14. DOI:10.1016/S0099-1333(97)90066-5 (25. 11. 2011).

44 Rauchmann, Sabine: Bibliothekare in Hochschulbibliotheken als Vermittler von Informationskompetenz. Eine Bestandsaufnahme und eine empirische Untersuchung über das Selbstbild der Bibliothekare zum Thema Informationskompetenz und des Erwerbs methodisch-didaktischer Kenntnisse in Deutschland. Dissertation. Humboldt-Universität zu Berlin 2010. S. 484–486. http://edoc.hu-berlin.de/docviews/abstract.php?lang=ger&id=36882 (25. 11. 2011).

bindung zwischen Informationskompetenzdiskurs und Kompetenzforschung wird allerdings noch selten hergestellt,[45] obwohl Informationskompetenz in der bibliothekarischen Literatur regelmäßig als eine Schlüsselkompetenz bezeichnet wird.

Außerhalb von Bibliothekswesen und Informationspraxis[46] wird der Begriff „Informationskompetenz" praktisch nicht verwendet. Nur sehr wenige Nicht-BibliothekarInnen beschäftigen sich mit dem Thema Informationskompetenz, zumindest nicht unter dieser Bezeichnung.[47] Als Zugeständnis zum pädagogischen Diskurs, in welchem sich mit Fokus auf das Internet der Begriff „Medienkompetenz" durchgesetzt hat, ist auch in der bibliothekarischen Diskussion nun häufiger die Rede von Medien- und Informationskompetenz[48] bzw. von Informations- und Medienkompetenz.

Publikationslandschaft

In den letzten 30 Jahren hat die Anzahl Veröffentlichungen zu Information Literacy kontinuierlich zugenommen.[49] Dass das auch als angewandte Wissenschaftsdisziplin[50] bezeichnete Gebiet eine gewisse Reife erreicht hat, zeigt unter anderem die Existenz von spezialisierten Zeitschriften.[51]

---

45 Ein Beispiel ist das laufende Promotionsprojekt von Michael Balcerius zu „Medien- und Informationskompetenz. Modellierung und Messung von Informationskompetenz bei Schülern" an der Universität Paderborn. Vgl. http://kw.uni-paderborn.de/institute-einrichtungen/institut-fuer-erziehungswissenschaft/arbeitsbereiche/prof-dr-bardo-herzig/team/michael-balceris/dissertation-stipendium/ (25. 11. 2011).
46 Vgl. z. B. Denkschrift der Deutschen Gesellschaft für Informationswissenschaft und Informationspraxis (DGI e.V.) zur Förderung der Informationskompetenz im Bildungssektor. In: Information – Wissenschaft und Praxis 59 (2008). S. 391–392. http://www.dgd.de/Userfiles/DenkschriftInfokompetenzBildung.pdf (25. 11. 2011).
47 Eine Ausnahme ist der Germanist Matthias Ballod. Vgl. Ballod, Matthias: Informationskompetenz. Dimensionen eines Begriffs. In: Computer + Unterricht 14 (2005). S. 44–46.
48 Vgl. z. B. Medien- und Informationskompetenz – immer mit Bibliotheken und Informationseinrichtungen! Positionspapier von Bibliothek & Information Deutschland (BID). Berlin: BID 2011. http://www.bideutschland.de/download/file/Medien-%20und%20 Informationskompetenz.pdf (25. 11. 2011).
49 Vgl. Nazim, Mohammad u. Ahmand Moin: Research trends in information literacy. A bibliometric study. In: SRELS Journal of Information Management 44 (2007). S. 53–62. Unpaginierte Version: http://eprints.rclis.org/handle/10760/11918 (25. 11. 2011).
50 Johnston, Bill and Sheila Webber: As we may think. Information literacy as a discipline for the information age. In: Research Strategies 20 (2005). S. 108–21. DOI:10.1016/j.resstr.2006.06.005 (25. 11. 2011).
51 Journal of Information Literacy (http://ojs.lboro.ac.uk/ojs/index.php/JIL) und Communications in Information Literacy (http://www.comminfolit.org/index.php?journal=cil), beide publiziert seit 2007; Nordic Journal of Information Literacy in Higher Education (https://noril.uib.no/index.php/noril) publiziert seit 2009.

Einen guten Überblick über die englischsprachige Literatur mit Schwerpunkt USA bietet die annotierte Bibliographie „Library instruction and information literacy", die jährlich in der Zeitschrift Reference Services Review erscheint. In den letzten zehn Jahren stieg die Anzahl der darin erfassten Publikationen von etwas unter 300 auf über 500 pro Jahr. 2010 erfolgte zum ersten Mal ein leichter Rückgang, der einerseits auf eine Anpassung der Selektionskriterien zurückzuführen ist, aber auch ein erster Hinweis darauf sein könnte, dass das Thema Information Literacy möglicherweise seinen Zenit überschritten hat.[52]

Mit durchschnittlich etwa 60 Prozent stammt der weitaus größte Teil der in der erwähnten Bibliographie ausgewerteten Publikationen zu Information Literacy aus dem Bereich Hochschulbibliotheken. Weitere 25 Prozent befassen sich mit Information Literacy an Schulbibliotheken, zehn Prozent sind unspezifisch oder übergreifend. Nur einen sehr kleinen Anteil (sieben Prozent) machen die Publikationen zu Information Literacy in Spezialbibliotheken aus – die meisten davon zum Rechts- und Gesundheitswesen – und mit nur einem Prozent praktisch vernachlässigbar ist das Thema Information Literacy in öffentlichen Bibliotheken.

Eine Auswertung der in Web of Science nachgewiesenen Publikationen zu Information Literacy für die Jahre 1999 bis 2009 zeigt einen Anteil von über 55 Prozent für die USA, gefolgt von Großbritannien mit etwas über zehn Prozent sowie Australien und Kanada mit je etwas über sechs Prozent. Die Beiträge stammen größtenteils aus bibliotheks- und informationswissenschaftlichen Publikationen; wenige sind im

---

52 Vgl. Johnson, Anna Marie u. Hannelore Rader: Library instruction and information literacy – 2001. In: Reference Services Review 30 (2002). S. 359–389. DOI:10.1108/00907320210451376 (25. 11. 2011); Johnson, Anna Marie: Library instruction and information literacy. In: Reference Services Review 31 (2003). S. 385–418. DOI:10.1108/00907320310505672 (25. 11. 2011); Johnson, Anna Marie: Library instruction and information literacy – 2003. In: Reference Services Review 32 (2004). S. 413–442. DOI:10.1108/00907320410569770 (25. 11. 2011); Johnson, Anna Marie u. Sarah Jent: Library instruction and information literacy – 2004. In: Reference Services Review 33 (2005). S. 487–530. DOI:10.1108/00907320510631599 (25. 11. 2011); Johnson, Anna Marie u. Sarah Jent: Library instruction and information literacy – 2005. In: Reference Services Review 35 (2007). S. 137–186. DOI:10.1108/00907320710729427 (25. 11. 2011); Johnson, Anna Marie, Sarah Jent u. Latisha Reynolds: Library instruction and information literacy – 2006. In: Reference Services Review 35 (2007). S. 584–640. DOI:10.1108/00907320710838408 (25. 11. 2011); Johnson, Anna Marie, Sarah Jent u. Latisha Reynolds: Library instruction and information literacy – 2007. In: Reference Services Review 36 (2008). S. 450–514. DOI:10.1108/00907320810920405 (25. 11. 2011); Johnson, Anna Marie, Claudene Sproles u. Latisha Reynolds: Library instruction and information literacy – 2008. In: Reference Services Review 37 (2009). S. 463–553. DOI:10.1108/00907320911007056 (25. 11. 2011); Johnson, Anna Marie, Claudene Sproles u. Robert Detmering: Library instruction and information literacy – 2009. In: Reference Services Review 38 (2010). S. 676–768. DOI:10.1108/00907321011090809 (25. 11. 2011) und Johnson, Anna Marie, Claudene Sproles u. Robert Detmering: Library instruction and information literacy – 2010. In: Reference Services Review 39 (2011). S. 551–627. DOI:10.1108/00907321111186640 (25. 11. 2011).

Kontext von Erziehungswissenschaften oder Gesundheitswesen entstanden.[53] Auch Basili stellt eine Beschränkung der Literatur zur Information Literacy auf die bibliothekarische Fachwelt fest:

"[T]he promoter community of the IL problem is the librarian one; [...] outside the LIS community a very scarce awareness of the question [...] persists and prevails."[54]

Zu den Kernzeitschriften gehören viele Titel, die bereits vor 1983 existierten, was bestätigt, dass Information Literacy nahtlos an bibliothekarische Themen wie Benutzerschulung und Auskunftsdienste anschließen konnte, auch wenn mit der neuen Bezeichnung eine konzeptionelle Ausweitung verbunden war.[55] Für Literaturüberblicksstudien müssen deshalb neben „information literacy" auch weiterhin zusätzliche Begriffe berücksichtigt werden, vor allem, wenn ein längerer und vor 1990 beginnender Zeitraum betrachtet wird.

Die produktivsten Autorinnen zum Thema Information Literacy sind Frauen, die an einer Universität lehren. Die meisten Autorinnen und Autoren publizieren allerdings nur einmal.[56] Trotz der insgesamt hohen Anzahl Publikationen über Information Literacy gehören diese nicht zu den am meisten zitierten im Feld Library and Information Science, mit Ausnahme von drei Artikeln von Carol Kuhlthau zum Informationsrechercheprozess, die eine wichtige Basis für das Information Literacy-Konzept darstellen.[57] In der Literatur zu bibliothekarischen Schulungsaktivitäten dominieren „How-to"-Artikel und allgemeine Essays; qualitativ hochwertige (empirische) Forschungsarbeiten sind eher selten.[58]

In den meisten Publikationen geht es um die praktische Vermittlung von Information Literacy an und durch Bibliotheken. Studien, die sich mit theoretischen

---

53 Aharony, Noa: Information literacy in the professional literature. An exploratory analysis. In: Aslib Proceedings 62 (2010). S. 261–282. DOI:10.1108/00012531011046907 (25. 11. 2011).

54 Basili, Carla: Theorems of Information Literacy. A mathematical-like approach to the discourse of Information Literacy. In: Biblioteka – klucz do sukcesu użytkowników. Hrsg. von Maria Kocójowa. Kraków: Instytut Informacji Naukowej i Bibliotekoznawstwa Uniwersytet Jagielloński 2008. (ePublikacje Instytutu Informacji Naukowej i Bibliotekoznawstwa 5). S. 15–28, Zitat S. 15. http://eprints.rclis.org/handle/10760/14010 (25. 11. 2011).

55 Tsay, Ming-Yueh u. Bih-Ling Fang: A Bibliometric Analysis on the Literature of Information Literacy. In: Journal of Educational Media and Library Sciences 44 (2006). S. 133–152. Abstract und Link zum Volltext in chinesischer Sprache unter http://joemls.dils.tku.edu.tw/detail. php?articleId=44201&lang=en (25. 11. 2011), vgl. Tabelle S. 140. Die an vierter Stelle platzierte Zeitschrift „Research Strategies" wurde 2005 eingestellt.

56 Ebd., Abstract.

57 Blessinger, Kelly u. Paul Hrycaj: Highly cited articles in library and information science. An analysis of content and authorship trends. In: Library & Information Science Research 32 (2010). S. 156–162. DOI:10.1016/j.lisr.2009.12.007 (25. 11. 2011).

58 Crawford, Gregory A. u. Jessica Feldt: An analysis of the literature on instruction in academic libraries. In: Reference & User Services Quarterly 46 (2007). S. 77–88. http://www.rusq.org/wp-content/uploads/2007/46n3/crawford_feldt.pdf (25. 11. 2011).

Grundlagen befassen, sind eher im Bereich der Informationsverhaltensforschung[59] anzutreffen. Urquhart plädiert deshalb für Metastudien, die beide Bereiche stärker miteinander verbinden.[60] Ein weiteres Desiderat sind Publikationen zu Information Literacy in der nicht-bibliothekarischen Literatur.[61]

Während die englischsprachige Literatur zu Information Literacy durch bibliographische, bibliometrische und metaanalytische Studien wie die oben erwähnten relativ gut erschlossen ist, fehlen solche Auswertungen für die deutschsprachige Literatur zur Informationskompetenz leider weitgehend.[62] Erschwerend kommt hinzu, dass nur wenige der deutschsprachigen bibliothekarischen und informationswissenschaftlichen Publikationen in den gängigen kommerziellen Datenbanken ausgewertet werden. Deshalb lassen sich keine vergleichbaren statistisch begründeten Aussagen über Umfang und inhaltliche Schwerpunkte der deutschsprachigen Literatur zur Informationskompetenz treffen. Subjektiv entsteht der Eindruck, dass Informationskompetenz insgesamt weniger theoretisch reflektiert wird, dass praxisorientierte Arbeiten dominieren, Hochschulbibliotheken einen noch größeren Anteil ausmachen als in der englischsprachigen Literatur, öffentliche Bibliotheken mehr und Schulbibliotheken weniger Aufmerksamkeit erhalten und die produktivsten Autoren männlich sind.

Inhaltliche Schwerpunkte und Desiderate

Der Großteil der in den letzten fünf Jahren erschienenen Literatur zu Information Literacy befasst sich mit organisatorischen, didaktischen und methodischen Fragen der praktischen Vermittlung im Bildungsbereich.[63] Dazu gehören unter anderem die

---

59 Vgl. z. B. Fisher, Karen E., Sanda Erdelez u. Lynne McKechnie (Hrsg.): Theories of Information Behavior. Medford, N.J.: Information Today 2005 sowie Spink, Amanda: Information Behavior. An Evolutionary Instinct. Heidelberg: Springer 2010.
60 Urquhart, Christine: Systematic reviewing, meta-analysis and meta-synthesis for evidence-based library and information science. In: Information Research 15 (2010). (Proceedings of the Seventh International Conference on Conceptions of Library and Information Science – „Unity in diversity"). http://InformationR.net/ir/15-3/colis7/colis708.html (25. 11. 2011).
61 Stevens, Christy R.: Beyond preaching to the choir: information literacy, faculty outreach, and disciplinary journals. In: The Journal of Academic Librarianship 33 (2007). S. 254–267. DOI:10.1016/ j.acalib.2006.08.009 (25. 11. 2011).
62 Einen (allerdings nicht stringent auf die deutschsprachige Literatur beschränkten) Überblick bieten Gapski, Harald u. Thomas Tekster: Informationskompetenz in Deutschland. Überblick zum Stand der Fachdiskussion und Zusammenstellung von Literaturangaben, Projekten und Materialien zu einzelnen Zielgruppen. Düsseldorf: Landesanstalt für Medien 2009. http://lfmpublikationen. lfm-nrw.de/catalog/downloadproducts/Informationskompetenz_in_Deutschland.pdf (25. 11. 2011).
63 Auswertung auf der Basis der Bibliographie „Library Instruction and Information Literacy" 2005–2010. Vgl. Fußnote 52.

Einbettung von bibliothekarischen Kursen in Curricula und fachspezifische Lehrveranstaltungen; die Rolle von BibliothekarInnen als Lehrkräfte; für diese Tätigkeit
benötigte didaktische Kompetenzen; die Kooperation mit Fachdozierenden; geeignete Unterrichtsmethoden und Hilfsmittel wie Kursmanagement- und Classroom
Response-Systeme, Videos, Games, Online-Tutorials oder e-Learning; Assessment
und Evaluation; Plagiarismus-Prävention sowie der Einfluss von Web 2.0 auf Inhalte und Vermittlungsmethoden. Mittlerweile existieren auch zahlreiche Handbücher
für Unterrichtende und Lehrmittel für Studierende. Alle diese Aspekte sind in unter-
schiedlichem Ausmaß auch im deutschsprachigen Raum aufgegriffen worden. Ein
interessanter Ansatz ist die Kopplung von Informationskompetenz und räumlicher
Gestaltung von Bibliotheken als Lernorte.[64] Hergestellt wird auch der Zusammenhang
von Information Literacy bzw. Informationskompetenz mit Kommunikation, Sprache
und (wissenschaftlichem) Schreiben.[65]

Im Unterschied zu diesen praxisorientierten Arbeiten setzen sich theoretische Studien mit grundlegenderen konzeptionellen und theoretischen Fragen von Information
Literacy auseinander. Dazu gehören neben pädagogischen[66] und kognitionspsycho-

---

64 Vgl. z. B. Ritchie, Lorin u. Kathlin Ray: Incorporating information literacy into the building plan.
The American University of Sharjah experience. In: Reference Services Review 36 (2008). S. 167–179.
DOI:10.1108/00907320810873039 (25. 11. 2011); Beard, Jill u. Penny Dale: Building literacy. The
relationship between academic literacy, emerging pedagogies and library design. Milan: World
Library and Information Congress. 75th IFLA General Conference and Assembly, 23–27 August
2009. http://www.ifla.org/files/hq/papers/ifla75/94-beard-en.pdf (25. 11. 2011); Strauch, Thomas:
E-Kompetenzentwicklung im öffentlichen Hochschulraum. Herausforderung für zentrale
Einrichtungen. In: Bibliothek – Forschung und Praxis 32 (2008). S. 160–166 (25. 11. 2011);
Schmid-Ruhe, Bernd: Informationskompetenz und Bau. Innsbruck: Österreichischer
Bibliothekartag, 18.–21. Oktober 2011. Abstract: http://www.uibk.ac.at/ulb/bibliothekartag_11/
programm-und-vortraege/mittwoch/bernd-schmid-ruhe.html (25. 11. 2011), ein Beitrag im
Tagungsband ist geplant.
65 Vgl. Koltay, Tibor: A new direction for library and information science. The communication aspect
of information literacy. In: Information Research 12 (2007). Proceedings of the Sixth International
Conference on Conceptions of Library and Information Science – „Featuring the Future". Educational
Forum Paper. http://informationr.net/ir/12-4/colis/colise06.html (25. 11. 2011); Ballod, Matthias:
Sprache als Schlüssel für Informationskompetenz. In: Informationskompetenz 2.0. Zukunft von
qualifizierter Informationsvermittlung. 24. Oberhofer Kolloquium zur Praxis der
Informationsvermittlung im Gedenken an Joseph Weizenbaum, Barleben/Magdeburg 10. bis 12. April
2008. Hrsg. von Marlies Ockenfeld. Frankfurt a. M.: DGI 2008, S. 67–78; Bowles-Terry, Melissa, Erin
Davis u. Wendy Holliday: „Writing Information Literacy" Revisited. Application of Theory to Practice
in the Classroom. In: Reference and Users Services Quarterly 49 (2010). S. 225–230. http://www.
rusq.org/wp-content/uploads/2010/10/RUSQ49n3_04_bowles.pdf (25. 11. 2011).
66 Vgl. z. B. Elmborg, James: Critical Information Literacy. Implications for Instructional Practice.
In: The Journal of Academic Librarianship 32 (2006). S. 192–199. DOI:10.1016/j.acalib.2005.12.004
(25. 11. 2011); Albitz, Rebecca S.: The What and Who of Information Literacy and Critical Thinking in
Higher Education. In: Portal 7 (2007). S. 97–109. DOI:10.1353/pla.2007.0000 sowie Diekema,
Anne R., Wendy Holliday u. Heather Leary: Re-framing information literacy. Problem-based

logischen[67] auch soziale,[68] gemeinschaftliche,[69] multikulturelle,[70] rechtspolitische[71] oder „informationsökologische"[72] Aspekte. Machtstrukturen im Zusammenhang mit Wissensorganisation, Strukturierung von und freiem Zugang zu Information werden ebenso thematisiert wie die als unkritisch empfundene Übernahme von amerikanischen Standards in andere (inter)nationale und ethnische Kontexte, das vorwiegend textorientierte Verständnis von Information sowie die Frage nach dem Transferpotenzial von im Bildungswesen erworbenen Information Literacy-Elementen auf andere persönliche und gemeinschaftliche Kontexte.[73]

Verschiedene AutorInnen befassen sich mit genderbezogenen Effekten von Informations- und Computerkompetenzschulungen,[74] geschlechtsspezifischen Unterschieden im Informationsverhalten,[75] dem Einbezug von gendertheoretischen Ansätzen bei der Gestaltung von Information Literacy-Kursen[76] oder Information Literacy als Bedingung für die Emanzipation und Ermächtigung von Frauen.[77] Weitere Bei-

---

learning as informed learning. In: Library & Information Science Research 33 (2011). S. 261–268. DOI:10.1016/j.lisr.2011.02.002 (25. 11. 2011).

67 Vgl. z. B. Swanson, Troy: Information literacy, personal epistemology, and knowledge construction. Potential and possibilities. In: College & Undergraduate Libraries 13 (2006). S. 93–112. DOI:10.1300/J106v13n03_07 (25. 11. 2011).

68 Vgl. Hoyer, Jennifer: Information is social. Information literacy in context. In: Reference Services Review 39 (2011). S. 10–23. Doi:10.1108/00907321111108088 (25. 11. 2011).

69 Vgl. Harris, Benjamin R.: Communities as Necessity in Information Literacy Development. Challenging the Standards. In: The Journal of Academic Librarianship 34 (2008). S. 248–255. DOI:10.1016/j.acalib.2008.03.008 (25. 11. 2011).

70 Vgl. Adkins, Denice u. Brooke Shannon: Information Literacy is a Two-Way Street. San Juan, Puerto Rico: World Library and Information Congress. 77th IFLA General Conference and Assembly 13–18 August 2011. http://conference.ifla.org/past/ifla77/94-adkins-en.pdf (25. 11. 2011).

71 Vgl. z. B. Sturges, Paul u. Almuth Gastinger: Information literacy as a human right. In: Libri 60 (2010). S. 195–202. DOI:10.1515/libr.2010.017.

72 Vgl. Steinerová, Jela: Ecological dimensions of information literacy. In: Information Research 15 (2010). (Proceedings of the Seventh International Conference on Conceptions of Library and Information Science – „Unity in diversity" – Part 2). http://informationr.net/ir/15-4/colis719.html (25. 11. 2011).

73 Vgl. Lipu, Suzanne: Feminist perspectives of information literacy. Conceptualising a new sphere for IL research. In: Practising information literacy. Bringing theories of learning, practice and information literacy together. Hrsg. von Annemaree Lloyd u. Sanna Talja. Wagga Wagga, N.S.W.: Centre for Information Studies, Charles Sturt University 2010. S. 331–356.

74 Vgl. Volman, Monique: Gender-related effects of computer and information literacy education. In: Journal of Curriculum Studies (1997). S. 315–328. DOI:10.1080/002202797184062 (25. 11. 2011).

75 Vgl. Steinerová, Jela u. Jaroslav Šušol: Users' information behaviour – a gender perspective. In: Information Research 12 (2007). http://informationr.net/ir/12-3/paper320.html (25. 11. 2011).

76 Vgl. Broidy, Ellen: Gender and the Politics of Information. Reflections on Bringing the Library into the Classroom. In: Library Trends 56 (2007). S. 494–508.

77 Vgl. Lipu, Suzanne: Feminist perspectives of information literacy: conceptualising a new sphere for IL research. In: Practising information literacy. Bringing theories of learning, practice and information literacy together. Hrsg. von Annemaree Lloyd u. Sanna Talja. (Anm. 73), hier S. 331–356.

spiele für spezielle Zielgruppen von Information Literacy sind Jugendliche,[78] Eltern,[79] alte Menschen,[80] Hörbehinderte[81] oder Obdachlose.[82] Auch in der deutschsprachigen Literatur zur Informationskompetenz werden sozial Benachteiligte[83] oder ältere Menschen[84] betrachtet.

Ausgehend von Untersuchungen zum menschlichen Informationsverhalten[85] auch außerhalb des Bildungswesens wird ein ganzheitlicheres Verständnis von Information Literacy gefordert, das auch informelle und nicht quantifizierbare Elemente des Informationsverhaltens wie Serendipität,[86] Informationsbegegnung,[87] Intuition und Experimentieren sowie Persönlichkeitsmerkmale wie Neugier, Ausdauer und Geduld umfasst: „Rather than offering a standard to which we compare people and

78 Vgl. Shenton, Andrew K.: Research into young people's information-seeking. Perspectives and methods. In: Aslib Proceedings 56 (2004). S. 243–254. DOI:10.1108/00012530410549277 (25. 11. 2011).

79 Walker, Christopher Guy: Seeking Information. A study of the use and understanding of information by parents of young children. In: Journal of Information Literacy 3 (2009). S. 53–63. http://ojs.lboro.ac.uk/ojs/index.php/JIL/article/view/PRA-V3-I2-2009-4 (25. 11. 2011).

80 Williamson, Kirsty u. Terryl Asla: Information behavior of people in the fourth age. Implications for the conceptualization of information literacy. In: Library & Information Science Research 31 (2009). S. 76–83. DOI: 10.1016/j.lisr.2009.01.002 (25. 11. 2011).

81 Riley, Cordelia: Training for Library Patrons Who Are Hard of Hearing. In: Journal of Access Services 6 (2009). S. 72–97. DOI:10.1080/15367960802286260 (25. 11. 2011).

82 Birdsong, Lark: Information Literacy Training for All. The Outliers. In: Searcher 17 (2009). S. 18–23 und Birdsong, Lark: Information Literacy Training for All. More Outliers. In: Searcher 17 (2009). S. 38–42.

83 Vgl. Kedziora, Markus u.a.: Bildungs- und Informationskompetenz für sozial Benachteiligte. In: Bibliothek – Forschung und Praxis 35 (2011). S. 248–258.

84 Vgl. Schwabe, Carola: Förderung der Informationskompetenz älterer Menschen durch Bibliotheksdienstleistungen. Berlin: Institut für Bibliotheks- und Informationswissenschaft der Humboldt-Universität zu Berlin 2006. (Berliner Handreichungen zur Bibliotheks- und Informationswissenschaft 169). http://www.ib.hu-berlin.de/~kumlau/handreichungen/h169/ (25. 11. 2011).

85 Zum Potenzial einer intensiveren Verbindung von Informationssuche/Informationsverhalten und Informationskompetenz vgl. Shenton, Andrew K. u. Naomi V. Hay-Gibson: Information behaviour and information literacy: The ultimate in transdisciplinary phenomena? In: Journal of Librarianship and Information Science 43 (2011). S. 166–175. DOI:10.1177/0961000611410767 (25. 11. 2011) sowie Limberg, Louise u. Olof Sundin: Teaching information seeking. Relating information literacy education to theories of information behaviour. In: Information Research 12 (2006) H. 1. http://InformationR.net/ir/12-1/paper280.html (25. 11. 2011).

86 Vgl. Makri, Stephann u. Ann Blandford: What is serendipity? A workshop report. In: Information Research 16 (2011) H. 3. http://InformationR.net/ir/16-3/paper491.html (25. 11. 2011) und McBirnie, Abigail: Seeking serendipity. The paradox of control. In: Aslib Proceedings 60 (2008). S. 600–618. DOI:10.1108/00012530810924294 (25. 11. 2011).

87 Vgl. Erdelez, Sanda u. Josipa Basic: Potential for inclusion of information encountering within information literacy models. In: Information Research 16 (2011). http://informationr.net/ir/16-3/paper489.html (25. 11. 2011).

deem them literate (or not), a reconceptualized notion of IL should be highly inclusive, recognizing the many forms and shapes IL might take in the realities of individual lives", fordert beispielsweise O'Connor.[88]

Verschiedene AutorInnen verstehen Information Literacy bzw. Informationskompetenz als kontextspezifisches Konstrukt. Capurro ist der Meinung, „dass wir unterschiedliche Informationskompetenzen (im Plural!) in verschiedenen theoretischen und praktischen Bereichen thematisieren müssen, ohne diese Vielfalt auf eine Grundkompetenz reduzieren zu können. Jeder Bereich hat eigene Qualitätsstandards und Kreativitätspotentiale, so dass die Informationskompetenzen sich dynamisch und auf verschiedenen Ebenen entwickeln müssen".[89] Fanning sieht Informationskompetenz als „Protein"-Struktur, die sich je nach Zielgruppe aus unterschiedlichen Komponenten zusammensetzt.[90]

In der bibliothekarischen Literatur existiert keine einheitliche Theorie der Information Literacy bzw. Informationskompetenz. Je nach Standpunkt wird sie als umfassende Dachkompetenz verstanden, als eine von mehreren gleichwertigen (Schlüssel-) Kompetenzen oder als Bestandteil einer übergeordneten „Transliteracy".[91] Einerseits gilt sie als funktionale Grundlage für Studienerfolg, Problemlösung und Entscheidungsfindung in einem leistungs- und arbeitsmarktorientierten Kontext; andererseits wird sie als Voraussetzung für eigenständiges und selbstverantwortliches Lernen, kritische Nutzung von Informationsressourcen in einem neuen Bildungskontext und verantwortungsvolle gesellschaftliche Teilhabe verstanden. In der praktischen Vermittlung dominieren formale Prozesse der Informationsrecherche, -verwaltung und -kommunikation; in der theoretischen Reflexion werden individuelle und kontextorientierte Ausprägungen von menschlichen Informationspraktiken betont. Winzenried beschreibt diese Gegensätze treffend als Spannbreite zwischen dem „more conventional skills approach" und einer „more ethereal practice conceptualization".[92]

---

88 O'Connor, Lisa: Information Literacy as Professional Legitimation. A Critical Analysis. In: Journal of Education for Library and Information Science 50 (2009). S. 79–89, Zitat S. 87.

89 Treude, Linda: Information, Zeichen, Kompetenz. Ein Interview mit Rafael Capurro zu aktuellen und grundsätzlichen Fragen der Informationswissenschaft. In: Information. Wissenschaft & Praxis 62 (2011). S. 37–42, Zitat S. 37–38. Unpaginierte Version: http://www.capurro.de/treude.html (25. 11. 2011).

90 Vgl. Fanning, Michael: Die Vermittlung der Informationskompetenz im digitalen Zeitalter. Vortrag im Rahmen der DGI-Praxistage 2011: Trends, Updates, Change, Management – „Information: gift or poison? Die Kompetenz entscheidet!", 7. und 8. April 2011, Karlsruhe. http://www.slideshare.net/MichaelFanning/die-vermittlung-der-informationskompetenz (25. 11. 2011) S. 28–30.

91 Vgl. Andretta, Susie: Transliteracy. Take a walk on the wild side. Milan: World Library and Information Congress. 75th IFLA General Conference and Council, 23–27 August 2009. http://www.ifla.org/files/hq/papers/ifla75/94-andretta-en.pdf (25. 11. 2011).

92 Winzenried, Arthur: Information Literacy in the Digital Age. An Evidence-based Approach. [Rezension] In: Library Review 60 (2011). S. 537–538.

Kerr stellt eine Diskrepanz zwischen theoretischen Absichtserklärungen zur Information Literacy, wie sie zum Beispiel in Leitbildern von Universitätsbibliotheken zum Ausdruck kommen, und den in der praktischen Umsetzung erkennbaren „Gebrauchstheorien" fest:

> „The contradiction [...] is that although there is a rich and varied conceptual foundation, there is little evidence that this foundation is linked to the development of instruction programs in information literacy. The vibrancy of information literacy that is evidenced in its conceptual approaches and definitions did not seem to be actualized in professional practice. [...] There [is] an apparent gap between the ideal and the practical."[93]

Julien und Williamson erkennen „clear gaps between scholars and practicioners; basic conceptual understandings, and ideal instructional goals, are disparate and incongruent between these discourse communities". Sie fordern deshalb mehr empirische Studien, die Alternativen für die Praxis eröffnen.[94]

Eine Möglichkeit dazu bietet das Anknüpfen an den berufsweltorientierten Entstehungsrahmen von Information Literacy. Im Unterschied zum deutschsprachigen Raum, wo Informationskompetenz in der Arbeitswelt erst eine geringe Beachtung erfährt,[95] haben im englischsprachigen Raum Studien mit Fokus auf Information Literacy im Arbeitskontext in den letzten Jahren zugenommen.[96] Auch hier sind eine eher theoretische, konstruktivistische und eine eher praxisorientierte, pragmatische Richtung erkennbar. Während sich die theoretischen Arbeiten mit Ausprägungen von Informationskompetenz in verschiedenen Berufsfeldern wie Feuerwehr, Polizei, Finanzdienstleistungen, Management etc. befassen, liegt der Schwerpunkt der praxisorientierten Literatur auf dem Stellenwert von Information Literacy für die Ar-

---

93 Vgl. Kerr, Paulette A.: Conceptions and Practice of Information Literacy in Academic Libraries. Espoused Theories and Theories-in-Use. Dissertation. Rutgers University 2010, S. 7–8. http://hdl.rutgers.edu/1782.2/rucore10001600001.ETD.000053129 (24. 11. 2011).

94 Julien, Heidi u. Kirsty Williamson: Discourse and practice in information literacy and information seeking. Gaps and opportunities. In: Information Research 16 (2010). http://InformationR.net/ir/16-1/paper458.html (25. 11. 2011).

95 Vgl. Pott, Brigitte u. Linda Treude: Informationskompetenz für den beruflichen Alltag – Erste Ergebnisse eines Projekts mit Hochschulabsolventen aus Berliner Unternehmen. In: Bibliotheksdienst 41 (2007). S. 452–459 und Mühlbacher, Susanne: Information Literacy in Enterprises. Boizenburg: Hülsbusch 2009. (Schriften zur Informationswissenschaft 51). Zugl. Diss. Uni Regensburg 2008.

96 Vgl. z. B. Kirton, Jennifer und Lyn Barham: Information literacy in the workplace. In: Australian Library Journal 54 (2005). S. 365–376. http://alia.org.au/publishing/alj/54.4/full.text/kirton.barham.html (25. 11. 2011) und Lloyd, Annemaree: Information Literacy Landscapes. Information literacy in education, workplace and everyday contexts. Oxford: Chandos 2010. S. 71–108.

beitsmarktfähigkeit (employability)[97] sowie auf ihrem konkreten Nutzen für die Organisation[98] bzw. für betriebliche Informationseinrichtungen.[99]

Noch wenig Aufmerksamkeit erhalten neben Informationsrecherche und -nutzung die Informationskreation und -organisation[100] als Bestandteile von Information Literacy, für die nicht nur Informationssuchende, sondern auch Informationsproduzenten und -anbieter Verantwortung tragen sollten.[101] Sobald Bibliotheken ihre Nutzenden auch als Informationsproduzenten und vor allem als Individuen mit unterschiedlichen, bereits vorhandenen Kompetenzen sehen, ergibt sich ein anderes Verständnis der Informationskompetenzvermittlung:

> „Because the users will come to us with a variety of skills acquired in a variety of environments, they, not librarians, will define the information literacy instruction they need. [...] [M]uch more of the instruction will become point-of-use or just-in-time, as the users identify gaps in their knowledge and seek help, either from context-sensitive help pages or from a librarian.“[102]

Trotz aller pädagogischen Ansprüche sollte auch und gerade im Zusammenhang mit Informationskompetenz die Dienstleistungsperspektive[103] nicht vergessen wer-

---

97 Vgl. Crawford, John u. Christine Irving: Information literacy in the workplace and the employability agenda. In: Information Literacy. Infiltrating the agenda, challenging minds. Hrsg. von Geoff Walton u. Alison Pope. Oxford: Chandos 2011.
98 Vgl. z. B. Mutch, Alistair: Managing Information and Knowledge in Organizations. A Literacy Approach. New York: Routledge 2008; Cheuk, Bonnie: Delivering business value through information literacy in the workplace. In: Libri 58 (2008). S. 137–43. DOI:10.1515/libr.2008.015 (25. 11. 2011); Zhang, Xue, Shaheen Majid u. Schubert Foo: Environmental scanning. An application of information literacy skills at the workplace. In: Journal of Information Science 36 (2010). S. 719–732. DOI:10.1177/0165551510385644 (25. 11. 2011).
99 Vgl. Ingold, Marianne: Informationskompetenz. Ein (neues) Leitbild für betriebliche Informationsstellen? In: Leitbild Informationskompetenz. Positionen, Praxis, Perspektiven im europäischen Wissensmarkt. 27. Online-Tagung der DGI, 57. Jahrestagung der DGI, Frankfurt am Main, 23. bis 25. Mai 2005. Hrsg. von Marlies Ockenfeld: Frankfurt a. M.: DGI 2005, S. 15–26, online verfügbar via Artikelsuche auf http://www.dandelon.com; Fanning, Michael: The role of information competence in improving the fortunes of information professionals. In: Informationskompetenz 2.0. Zukunft von qualifizierter Informationsvermittlung. 24. Oberhofer Kolloquium zur Praxis der Informationsvermittlung im Gedenken an Joseph Weizenbaum, Barleben/Magdeburg 10. bis 12. April 2008. Hrsg. von Marlies Ockenfeld. Frankfurt a. M.: DGI 2008, S. 115–130.
100 Vgl. Huvila, Isto: The complete information literacy? Unforgetting creation and organization of information. In: Journal of Librarianship and Information Science December 43 (2011). S. 237–245. DOI:10.1177/0961000611418812 (25. 11. 2011).
101 Vgl. Lombard, Emmett: Pursuing Information Literacy. Roles and Relationships. Oxford: Chandos 2010.
102 Campbell, Sandy: Defining Information Literacy in the 21st Century. In: Information Literacy. International Perspectives. Hrsg. von Jesús Lau. München: Saur 2008. S. 17–26, Zitat S. 22.
103 Vgl. Hein, Morten: Serving the Users. On our Constant Work to Make Better Libraries. In: Innovation for Information. International Contributions to Librarianship. Festschrift in honour of

den. Statt sich über Professoren zu ärgern, die gar nicht lernen wollen, wie man eine Datenbankrecherche ausführt, sondern nur an Literaturzitaten für ihren Artikel interessiert sind,[104] sollten vielmehr das tatsächliche Informationsverhalten und die bereits bestehenden Kompetenzen bibliothekarischer Zielgruppen anerkannt und untersucht werden:[105] „Visions of what the library in general and information literacy in particular should be ought to be informed by a greater understanding, not of what we think our students need, but by what they do need."[106]

Grundlage dafür sind eine partizipative Umgebung[107] und eine kundenorientiertere Sichtweise.[108] Spezialbibliotheken und privatwirtschaftliche Informationseinrichtungen könnten dabei als Vorbilder dienen.[109] Für die Praxis könnte ein solcher Fokuswechsel bedeuten, dass Informationskompetenz auch anders als mit Lehrveranstaltungen gefördert wird.[110] Zudem sollte überprüft werden, ob und inwiefern Informationskompetenz-Inhalte für die jeweiligen Zielgruppen tatsächlich einen längerfristigen Erfolgsfaktor darstellen.[111]

Mehr Aufmerksamkeit erhalten sollte auch die Abgrenzung zwischen Informationskompetenz als universale Schlüsselkompetenz und als spezifisches Alleinstellungsmerkmal der bibliothekarischen Profession.[112] Sind BibliothekarInnen und

---

Dr. Ahmed H. Helal. Hrsg. von Joachim W. Weiss. Essen: Universitätsbibliothek 1992. (Publications of Essen University Library 16). S. 141–156.

104 Vgl. Badke, William: Professors and Personal Information Literacy. In: Online 33 (2009). S. 47–49.

105 Vgl. Green, Rosemary: Information Illiteracy. Examining our Assumptions. In: Journal of Academic Librarianship 36 (2010). S. 313–319. DOI:10.1016/j.acalib.2010.05.005 (25. 11. 2011).

106 Williams, Genevieve: Unclear on the Context. Refocusing on Information Literacy's Evaluative Component in the Age of Google. In: Library Philosophy and Practice 10 (2007) H. 1. http://digitalcommons.unl.edu/libphilprac/128 (25. 11. 2011).

107 Vgl. Björneborn, Lennart: Behavioural Traces and Indirect User-to-User Mediation in the Participatory Library. In: Information and Social Media. Proceedings of the International Conference Information and Social Media ISSOME 2011, August 24–26, Åbo/Turku, Finland. Hrsg. von Isto Huvila, Kim Holberg u. Maria Kronoqvist-Berg. Åbo: Åbo Akademi University 2011. S. 151–166. http://issome2011.library2pointoh.fi/wp-content/uploads/2011/10/ISSOME2011-proceedings.pdf (10. 12. 2011).

108 Vgl. z. B. Bartholomé, Thomas: Wie man elegant und sportlich neue Kunden gewinnt. Die Hochschulbibliothek Ingolstadt unterstützt Studenten-Firmen. Wettbewerbsvorsprung durch Informationskompetenz. In: BuB 63 (2011). S. 205–207.

109 Vgl. Griffiths, José-Marie: The New Information Professional. In: Bulletin of the American Society for Information Science 24 (1998). S. 8–12. Unpaginierte HTML-Version: http://www.asis.org/Bulletin/Feb-98/griffiths.html (25. 11. 2011) und Semertzaki, Eva: Special Libraries as Knowledge Management Centres. Oxford: Chandos 2011.

110 Vgl. Galvin, Jeanne: Alternative strategies for promoting information literacy. In: The Journal of Academic Librarianship 31 (2005). S. 352–357. DOI:10.1016/j.acalib.2005.04.003 (25. 11. 2011).

111 Vgl. Matthews, Joseph R.: The Evaluation and Measurement of Library Services. Westport, Conn.: Libraries Unlimited 2007. S. 231–248.

112 Vgl. Webber, Sheila: Cutting through the hype to make a confident future library and information profession. Presentation at CILIP East of England ISG meeting, May 2009, Foxton, UK.

Informationsfachleute per se informationskompetent oder zumindest informations-kompetenter als ihre Kundschaft? Wenn ja, weshalb? Wenn nein, welche Informa-tionskompetenz brauchen diejenigen, die sie vermitteln oder fördern wollen, und wo erwerben sie diese? Für HochschulbibliothekarInnen, die Lehrveranstaltungen durchführen, existieren nur wenige Anforderungsprofile, deren Fokus zudem auf methodisch-didaktischen und kommunikativen Kompetenzen liegt. Kenntnisse zur Informationssuche, -beschaffung und -bewertung werden implizit vorausgesetzt:[113] „Ironically, against the background of the plethora of user studies in LIS, librari-ans' own professional information seeking is still partially unexplored», beschreibt Hedman dieses Phänomen.[114] Auch in den zwölf „Proficiencies for Instruction Li-brarians and Coordinators" der American Library Association[115] wird die kompetente Anwendung und Nutzung der zu schulenden Informationsressourcen nicht erwähnt. Die eigene Informationskompetenz von BibliothekarInnen wird in der Fachliteratur weitgehend als gegeben betrachtet und nicht als sogenanntes Professionswissen the-matisiert.[116] Dasselbe gilt für die Informationskompetenz von Bibliotheken als Orga-nisationen.

Schließlich sollte das Verhältnis zwischen Vermittlung von Informationskompe-tenz und anderen Kernkompetenzen von und in Bibliotheken geklärt werden. Worin diese Kernkompetenzen bestehen und wofür die verfügbaren Ressourcen eingesetzt werden sollen, wird unterschiedlich beurteilt. Einerseits wird ein gewisser Bedeu-tungsverlust der Bibliothek und ihrer Angebote durch die Hinwendung zur (kriti-schen) Informationskompetenz in Kauf genommen:

---

http://www.slideshare.net/sheilawebber/cutting-through-the-hype-to-make-a-confident-future-library-and-information-profession (25. 11. 2011), S. 16.

113 Rauchmann, Sabine: Bibliothekare in Hochschulbibliotheken als Vermittler von Informationskompetenz. Eine Bestandsaufnahme und eine empirische Untersuchung über das Selbstbild der Bibliothekare zum Thema Informationskompetenz und des Erwerbs methodisch-didaktischer Kenntnisse in Deutschland. Dissertation. Humboldt-Universität zu Berlin 2010. S. 134–135. http://edoc.hu-berlin.de/docviews/abstract.php?lang=ger&id=36882 (25. 11. 2011).

114 Hedman, Jenny: On librarians' occupational identities. ICT and the shaping of information seeking expertise. Oslo: World Library and Information Congress. 71th IFLA General Conference and Council „Libraries – A voyage of discovery", August 14th–18th 2005. http://archive.ifla.org/IV/ifla71/papers/053e-Hedman.pdf (25. 11. 2011). Vgl. auch Sundin, Olof: Negotiations on information seeking expertise. A study of web-based tutorials for information literacy. In: Journal of Documentation 64 (2008). S. 22–44. DOI:10.1108/00220410810844141 (25. 11. 2011).

115 American Library Association: Standards for Proficiencies for Instruction Librarians and Coordinators. A Practical Guide. Chicago, MI: ACRL 2008. http://www.ala.org/acrl/sites/ala.org.acrl/files/content/standards/profstandards.pdf (25. 11. 2011).

116 Eine der wenigen Ausnahmen im deutschsprachigen Raum ist Huemer, Hermann u. Anke Weber (Hrsg.): Vorsprung durch Informationskompetenz. Aus- und Weiterbildungsangebote für Informationsfachleute in Österreich. Wien: ÖGDI 2007.

> „An unintended consequence of critical information literacy may be a de-emphasis on the library as a resource. [...] It may also result in the lack of use of certain library resources, especially those the library spends money to purchase. Yet that also has some positive sides as well, in that it may force the library to radically reconsider where to allocate its resources."[117]

Andererseits wird vor einem Qualitätsverlust durch die Ressourcenverschiebung hin zur Schulungstätigkeit gewarnt: „Gute Erwerbungspolitik und gute Sacherschließung konstituieren [...] das Leistungspotenzial einer Bibliothek. Wenn die Bibliothek beides vernachlässigt, können sie noch so gute Schulungen nicht retten."[118]

Es ist zu hoffen, dass es BibliothekarInnen gelingt, den Anspruch auf Informationskompetenz als übergeordnete Leitidee bibliothekarischen Handelns auf allen Ebenen[119] theoretisch fundiert in die Praxis umzusetzen, ohne andere möglicherweise für die Zukunft der Branche wichtige Themen[120] zu vernachlässigen, dabei den Erfolg ihrer Kundinnen und Kunden im Blick zu behalten und die eigene professionelle Kompetenz reflektiert und nutzbringend einzusetzen.

Weiterführende Literatur

Andretta, Susie (Hrsg.): Change and Challenge. Information literacy for the 21st century. Adelaide: Auslib Press 2007.

Bruce, Christine Susan: Informed Learning. Chicago: Association of College and Research Libraries 2008.

Grassian, Esther S. u. Joan R. Kaplowitz: Information Literacy Instruction. Theory and Practice. 2. ed. New York: Neal-Schuman Publishers 2009.

Horton, Forest Woody: Understanding information literacy. A primer. Paris: UNESCO 2008. http://unesdoc.unesco.org/images/0015/001570/157020e.pdf (25. 11. 2011).

Markless, Sharon u. David Streatfield: Three decades of information literacy. Redefining the parameters. In: Change and Challenge. Information literacy for the 21st century. Hrsg. von Susie Andretta. Adelaide: Auslib Press 2007. S. 15–36.

O'Connor, Lisa: Librarians' Professional Struggles in the Information Age. A Critical Analysis of Information Literacy. Diss. Kent State University. Kent, Ohio: College of Education, Health, and

---

117 Doherty, John J.: No Shhing: Giving Voice to the Silenced. An Essay in Support of Critical Information Literacy. In: Library Philosophy and Practice June 2007. http://unllib.unl.edu/LPP/doherty2.pdf (25. 11. 2011).
118 Friedl, Josef: Über das Trianguläre in der Informationskompetenz. Vortrag an der VDB-Fortbildungsveranstaltung für Fachreferentinnen und Fachreferenten der Wirtschaftswissenschaften „Informationskompetenz-E-Publishing-E-Learning" vom 11.–12. September 2008 an der ZBW Hamburg. http://www.vdb-online.org/veranstaltung/422/friedl.pdf (25. 11. 2011).
119 Hütte, Mario u. a.: Von der Teaching Library zum Lernort Bibliothek. In: Bibliothek – Forschung und Praxis 33 (2009). S. 143–160, hier S. 144. DOI:10.1515/bfup.2009.016 (25. 11. 2011).
120 Vgl. Line, Maurice: An Agenda for Overdue Change. In: Die effektive Bibliothek. Roswitha Poll zum 65. Geburtstag. Hrsg. von Klaus Hilgemann u. Peter te Boekhorst. München: Saur 2004. S. 47–53.

Human Services/Department of Educational Foundations and Special Services 2006. http://etd. ohiolink.edu/view.cgi?acc_num=kent1153761756 (25. 11. 2011).

Pinto, Maria u. a.: Thirty years of information literacy (1977–2007). A terminological, conceptual and statistical analysis. In: Journal of Librarianship & Information Science 42 (2010). S. 3–19. DOI:10.1177/0961000609345091 (25. 11. 2011).

Welsh, Theresa S. u. Melissa S. Wright: Information Literacy in the Digital Age. An Evidence-Based Approach. Oxford: Chandos 2010.

Thomas Hapke
Informationskompetenz in einer neuen Informationskultur

Abstract: Der ständige Wandel der modernen Informationsumwelt verändert neben der Praxis der Förderung von Informationskompetenz durch Bibliotheken auch die Inhalte und Konzepte, die den Begriff Informationskompetenz ausmachen. Ausgehend von einer französischen Übersetzung von „information literacy" als „culture de l'information" und einem kritischen Blick auf bisherige Konzepte und Aktivitäten zur Informationskompetenz wird die Fruchtbarkeit des Kulturbegriffs für den Informationsbereich betrachtet. Im Rahmen eines kulturellen Verständnisses von Information(skompetenz) kommen Fragen von Authentizität, Gedächtnis und Überlieferung, Gemeinschaft, Identität (auch im Rahmen einer Fach-„Kultur"), Kreativität, Macht und Vielfalt (im Gegensatz zur Google-„Monokultur") in den Blick, die gerade die moderne Informations- und Kommunikationsgesellschaft prägen. Eine kritische Haltung zur uns umgebenden Informationswelt, verbunden mit einem Hintergrund-Wissen über die Entstehung, Arbeitsweise und gesellschaftlich-sozialen Herausforderungen moderner Informations- und Kommunikationsmittel, kann als die wesentliche Essenz aller Bemühungen um Informationskompetenz, Medienkompetenz, digitale Kompetenz, Informationskultur, Informationsbildung – was immer man als Leitbegriff verwenden will – gesehen werden.

Keywords: Begriffsanalyse, Bibliothek, Differenz, Information, Informationskompetenz, Informationskultur, Kritik, Kultur, Lernen, Literacy, Meta-Kompetenz, Perspektivwechsel, Social Web, Sozio-kulturelle Praxis, Umwelt, Unterscheidung, Web 2.0, Wissensmanagement

Thomas Hapke: Ist Fachreferent und wissenschaftlicher Bibliothekar an der Universitätsbibliothek der Technischen Universität Hamburg-Harburg und dort im Direktionsteam für die Benutzung zuständig. Seine Interessengebiete umfassen die Förderung von Informationskompetenz, die Bibliothek der Zukunft sowie die Geschichte und Philosophie wissenschaftlicher Information und Kommunikation. Er ist Autor einer Reihe von Publikationen und betreibt u. a. den „Hapke-Weblog – About information literacy, history, philosophy, education and beyond" unter http://blog.hapke.de.

Der Wandel der Welt der Information und Kommunikation

Die moderne Welt der Information und Kommunikation ist einem beständigen Wandel unterworfen. Aktuelle Praktiken und Erfahrungen in neuen Informationsumwelten werden zunehmend von Funktionalitäten und Komponenten des sogenannten Web 2.0 mit sozialen Netzwerken und Informationssystemen wie Facebook, Twitter, Weblogs und Wikis bestimmt. Dadurch verändern sich die Erwartungen und das Agieren der Nutzenden. Diese werden zu Mit-Produzenten, mit der Möglichkeit, in diesen Systemen selbst produktiv und kreativ zu agieren, eigenes Wissen und eigene Fähigkeiten anderen zur Verfügung zu stellen oder mit anderen zu teilen.[1] Die Anforderungen für einen bewussten und verantwortungsvollen Umgang mit Information verändern sich.

Die Aktivitäten von Bibliotheken im Bereich Informationskompetenz sowie das, was unter Informationskompetenz verstanden wird, sind von diesem Wandel betroffen. Dies zeigt das folgende Beispiel: Die Suche nach einem Buchtitel wie „Wir sind doch nicht blöd"[2] funktioniert in vielen klassischen Bibliotheks-Katalogen aufgrund des im Titel vorhandenen Booleschen Operators „nicht" nur aufgrund guter Recherche-Kenntnisse. Diese wollen und müssen Nutzende eigentlich nicht erwerben. Denn in modernen, sogenannten Web-2.0-Katalogen (wie KUG, beluga oder TUBfind)[3] ist der Titel problemlos zu finden. Die vermeintliche Alternative, welche Bibliotheksaktivitäten wichtiger seien – die Förderung von Informationskompetenz oder der Aufbau besserer Recherche-Instrumente – ist so alt wie das Thema Informationskompetenz und betont zu einseitig die Recherche-Komponente von Informationskompetenz. Es geht aber um den gesamten Umgang mit Information, der Teil jeden Lernprozesses ist. Der betreffende Buchtitel stellt auch die Frage nach dem „Wie?" des Lernens und damit nach dem Verhältnis von Bibliotheken und Nutzenden im Rahmen einer Förderung von Informationskompetenz.

Für das Nachdenken über das System wissenschaftlicher Kommunikation, über Dienstleistungen für die persönlichen Informationsumgebungen von Nutzenden und damit auch über die Förderung von Informationskompetenz ist die Metapher der

---

1 Vgl. dazu: Hapke, Thomas: Informationskompetenz 2.0 und das Verschwinden des „Nutzers". In: Bibliothek 31 (2007). S.137–149. http://hdl.handle.net/10760/10530 (25. 8. 2011) sowie: Bauer, Reinhard: Die digitale Bibliothek von Babel. Über den Umgang mit Wissensressourcen im Web 2.0. Boizenburg: vwh, Hülsbusch 2010.

2 Knobloch, Clemens: Wir sind doch nicht blöd! Die unternehmerische Hochschule. Münster: Verl. Westfälisches Dampfboot 2010.

3 http://kug.ub.uni-koeln.de (Kölner UniversitätsGesamtkatalog), http://beluga.sub. uni-hamburg.de und http://katalog.tub.tu-harburg.de (alle 25. 8. 2011)

Landschaft oder des Ökosystems hilfreich.[4] Eine ökologische Sichtweise auf das Lernen lässt sich auch bei Betrachtungen zum sogenannten „mobilen Lernen", dem Lernen mit mobilen Geräten, beobachten.[5] Eine umwelt- und kontextbezogene Betrachtung von Informationssystemen[6] – also auch von Bibliotheken – ist gekennzeichnet durch die Betonung von Vielfalt und Verschiedenheit, von mannigfachen Abhängigkeiten und Zusammenhängen, vom Gegensatz zwischen lokal und global sowie von kontinuierlicher Weiterentwicklung. Ein besonderes Kennzeichen funktionierender Ökosysteme ist aber auch die Existenz von „Keystone Species", von Schlüsselarten. Diese sind Arten, die im Vergleich zu ihrer geringen Häufigkeit einen unverhältnismäßig großen Einfluss auf die Artenvielfalt einer ökologischen Gemeinschaft haben.[7] Fällt diese Art aus, setzt sich infolge der verstärkten Konkurrenz oft eine Art durch und verdrängt schwächere Arten. Personen, die in Bibliotheken arbeiten, könnten solche „Keystone species" im System wissenschaftlicher Kommunikation sein.

In diesem Sinne plädiert Lambert Heller[8] für Interaktion auf Augenhöhe und sieht Informationskompetenz-Förderung als Teil eines veränderten Bibliotheksmarketing, in dem alle in Bibliotheken Arbeitenden ihre eigene Arbeit und die damit verbundenen Herausforderungen öffentlich (beispielsweise in Blogs) darstellen und wirklich selbst Erfahrungen im Web 2.0 sammeln. So wäre es möglich, durch Authentizität, Aufbau von Reputation und Nähe zur jeweiligen Gemeinschaft die Entwicklung von Informationskompetenz bei deren potentiellen Mitgliedern zu fördern, ohne pädagogischen Duktus und in informellem Rahmen. Gleichzeitig würde dadurch dann auch die Einrichtung Bibliothek an Reputation gewinnen, um in Zukunft nicht in einer ökologischen Nische zu landen.

---

4 Annemaree Lloyd spricht folgerichtig von Informationskompetenz-Landschaften: Lloyd, Annemaree: Information literacy landscapes. Information literacy in education, workplace and everyday contexts. Oxford: Chandos 2010. Vgl. für eine ökologische Sicht auf Informationskompetenz Steinerová, Jela: Ecological dimensions of information literacy. In: Information Research 15 (2010). Paper colis719. http://InformationR.net/ir/15-4/colis719.html (25. 8. 2011).
5 Pachler, Norbert: The socio-cultural ecological approach to mobile learning. An overview. In: Medienbildung in neuen Kulturräumen. Die deutschsprachige und britische Diskussion. Hrsg. von Ben Bachmair. Wiesbaden: VS Verlag für Sozialwissenschaften 2010. S. 153–167.
6 Das Folgende nach: Nardi, Bonnie A. u. Vicki L. O'Day: Information ecologies. Using technology with heart. 2. print. Cambridge, Mass.: MIT Press 1999. Vgl. auch: Wenger, Etienne, Nancy White u. John D. Smith: Digital habitats. Stewarding technology for communities. Portland, OR: CPsquare 2009.
7 Nach: Seite „Schlüsselart". In: Wikipedia, Die freie Enzyklopädie. Bearbeitungsstand: 11. Dezember 2010, 20:48 UTC. URL: http://de.wikipedia.org/w/index.php?title=Schl%C3%BCsselart& oldid=82538962 (3. 7. 2011).
8 Heller, Lambert: Vermittlung von Informationskompetenz? – Vier Thesen für die Zeit danach. In: Biblionik. Zur Revolutionierung von Bibliothek und Wissensorganisation durch das Internet (Weblog). 8. September 2010. http://biblionik.de/2010/09/08/vermittlung-von-informationskompetenz-vier-thesen-fur-die-zeit-danach/ (25. 8. 2011).

Dieser Beitrag will Anregungen zum Nachdenken über die Frage geben, wie sich Informationskompetenz in sich ändernden Umwelten von Information und Kommunikation wandelt. Dies impliziert die Frage nach dem, was sich am Begriff Informationskompetenz nicht verändert, wenn sich Informationsumwelten wandeln, also die Frage nach dem Kern von Informationskompetenz.[9] Die folgende, kritische Reflexion des Begriffes von Informationskompetenz als neue Informationskultur fördert einen eher kulturorientierten Blick auf die bisherige Theorie und Praxis von Informationskompetenz.

Eine kritische Sicht auf Informationskompetenz

Die Bezeichnung „Informationskompetenz 2.0" wurde schon 2007 eher als ein Label für kritisches Hinterfragen gängiger Informationskompetenz-Vorstellungen aufgefasst.[10] Auch bei heutigen bibliothekarischen Aktivitäten und Diskussionen um Informationskompetenz sind einer positivistischen Haltung nahekommende Tendenzen zu beobachten, z. B. das Festhalten an methodischen Fragen beim Umgang mit Information, am Objekt der Information, sei es ein Katalog, eine Datenbank oder ein Literaturverwaltungsprogramm, sowie am Versuch, den Nutzenden Kompetenzen wie eine Ware von Experten zu „überreichen" bzw. beizubringen. „We don't need to interpret information, we don't need to ask how it is produced, we don't need to ask any question of its powers; we simply need to make use of it. Information, in this sense, has connotations of efficiency and of productivity [...]"[11] Meistens wird Information zu sehr als Sache oder Fakt und damit als wahre Repräsentation von Realität gesehen. Wichtig ist, dass man die richtige Information an den richtigen Stellen sucht und findet. Aber was heißt hier richtig, und wer bestimmt, was man als richtig definiert? Für den Philosophen Sandkühler ist jedes Wissen oder jede Repräsentation nur in ihren jeweiligen Kontexten gerechtfertigt bzw. wahr.[12] Er bezeichnet diese Kontexte als Wissenskulturen, ein erstes Indiz für die Notwendigkeit eines kulturellen Blicks.

---

9 Diese Frage stellt auch Knauerhase, Aleksander: GMMIK [‚gi-mik] – Ein Modell der Informationskompetenz. In: Semantic Web & Linked Data. Elemente zukünftiger Informationsinfrastrukturen. Hrsg. von Marlies Ockenfeld. Frankfurt a. M.: DGI, Dt. Ges. für Informationswiss. und Informationspraxis 2010. S. 237–258, hier S. 244.
10 Hapke, Thomas: Informationskompetenz 2.0 und das Verschwinden des „Nutzers" (Anm. 1). Vgl. besonders Tabelle 2. S. 141.
11 Day, Ronald E. u. Ajit K. Pyati: „We Must Now All Be Information Professionals". An Interview with Ron Day. In: InterActions: UCLA Journal of Education and Information Studies 1 (2005). H. 2. S. 3. http://escholarship.org/uc/item/6vm6s0cv (25. 8. 2011).
12 Nach Sandkühler, Hans-Jörg: Wissenskultur In: Enzyklopädie Philosophie. Hrsg. von Hans-Jörg Sandkühler. 2. Aufl. Hamburg: Meiner 2010. S. 3069–3073, hier S. 3072.

Neben der Praxis von Informationskompetenz-Aktivitäten von Bibliotheken sind also insgesamt die Inhalte von Informationskompetenz kritisch zu hinterfragen. Es geht nicht unbedingt darum, dass aufgrund von Informationskompetenz Schüler und Studierende besser in der Arbeitswelt „funktionieren", sondern darum, dass sie ihre Nutzung von Informationsressourcen kritisch reflektieren: Warum nutzen so viele Google, und welche Gefahren sind damit verbunden? Warum sind viele Datenbanken kostenlos? Warum fragt Google Scholar manchmal nach einem Login oder einer Kreditkarte?[13] Wie ist die gefundene Information entstanden, wie zu bewerten? Wie zuverlässig ist diese? Betrifft diese das sich informierende Individuum? Die spannende Frage ist, ob durch Form und Inhalt von bestehenden Informationskompetenz-Aktivitäten im Bildungsbereich eher „funktionierende", statt kritische Bürgerinnen und Bürger das Ergebnis sind.[14]

Ein kritischer Zugang zur Informationskompetenz umfasst aber auch eine kritische Analyse des Begriffes Informationskompetenz.[15] Dieser ist ein Begriff, der von unterschiedlichen Menschen unterschiedlich verstanden wird. Dies ist nicht überraschend, denn das Gleiche gilt auch für den Informationsbegriff. Beide Teile des Begriffes Informationskompetenz bzw. „information literacy" sind also zu hinterfragen. Für den Bereich Information ist dies mit Blick auf Informationskompetenz von Marianne Ingold geleistet worden.[16] Auch für den Kompetenzbegriff[17] oder Begriff von „literacy" ist dies notwendig! Es gibt eine Inflation von „literacy"-Begrif-

---

13 Warren, Scott u. Kim Duckett: „Why Does Google Scholar Sometimes Ask for Money?" Engaging Science Students in Scholarly Communication and the Economics of Information. In: Journal of Library Administration 50 (2010). S. 349–372.

14 Vgl. Accardi, Marian T., Emily Drabinski u. Alana Kumbier (Hrsg.): Critical library instruction. Theories and methods. Dultuh, Minnesota: Library Juice Press 2010.

15 Kritische Theorie hat neben der klassischen Frankfurter Schule (Theodor W. Adorno, Jürgen Habermas u. a.) auch eine französische Dimension und Tradition, in deren Philosophie gerade Begriffs- und Diskursanalysen den Schwerpunkt bilden (Michel Foucault, Jacques Derrida, u. a.). Vgl. S. VIII von Leckie, Gloria J, Lisa M. Given u. John E. Buschman (Hrsg.): Critical theory for library and information science. Exploring the social from across the disciplines. Santa Barbara, CA: Libraries Unlim. 2010, und die Aufsätze dieses Buches. Hjørland betont sogar die Notwendigkeit einer Begriffstheorie für die Informationswissenschaften: Hjørland, Birger: Concept theory. In: Journal of the American Society for Information Science 60 (2009). S. 1519–1536. Umgekehrt ist das Nachdenken über Such-Begriffe eine der wichtigsten Tätigkeiten bei der Recherche informationskompetenter Menschen.

16 Vgl. Ingold, Marianne: Information als Gegenstand von Informationskompetenz – eine Begriffsanalyse. Berlin: Institut für Bibliotheks- und Informationswissenschaft der Humboldt-Universität zu Berlin 2011 (Berliner Handreichungen zur Bibliotheks- und Informationswissenschaft 294). http://nbn-resolving.de/urn:nbn:de:kobv:11-100185154 (25. 8. 2011). Auf S. 60 wird hier der Begriff „Wissenskompetenz" als Alternative zu Informationskompetenz vorgeschlagen. Siehe auch den Beitrag von M. Ingold in diesem Band.

17 Als Ausgangspunkt könnte z. B. dienen: Erpenbeck, John u. Werner Sauter: Kompetenzentwicklung im Netz. New Blended Learning mit Web 2.0. Köln: Luchterhand 2007.

fen.[18] O'Farrill stellt sogar die Frage, ob der Zusatz „information" überhaupt nötig ist, denn er definiert „literacy" als „engaging with information in all of its modalities".[19] Literacy wird heutzutage als soziale Aktivität gesehen, und auch hier wird die Metapher der „Ökologie" benutzt.[20]

Begriffe sind oft nicht wirklich definierbar, sondern werden sozial konstruiert oder sind erst in der Praxis zu erfahren! Dies gilt z.B. auch für Begriffe wie Twitter oder Facebook, deren wirkliche „Bedeutung" sich erst in der praktischen Anwendung erschließt! Differenzen und Unterschiede im Gebrauch definieren Begriffe. So spielen Unterscheidungen eine große Rolle, beim Informationsbegriff zum Beispiel diejenigen zu Wissen, Informatisierung, Form, Bildung/Lernen, Kommunikation, Dokument oder Medium. Information kann nie isoliert von seinen verwandten Begriffen wie Kommunikation oder Wissen betrachtet werden. Für alle diese grundlegenden Begriffe gilt das, was Lai Ma für den Informationsbegriff geschrieben hat: Information ist ein „discursive construct".[21]

Alternative Sichtweisen auf Informationskompetenz

Es gibt also nicht nur eine Definition von Informationskompetenz – oft nur als Liste von Fähigkeiten und Fertigkeiten beschrieben – genauso wenig, wie es eindeutige, für jeden geltende Standards für Informationskompetenz geben kann.[22] Informationskompetenz wird auch als eine Form des (lebenslangen) Lernens, als inhaltliches

---

18 Anregungen für weitere Lektüre liefern die vier Aufsätze im Schwerpunkt „Literacies" von medienimpulse-online: Beiträge zur Medienpädagogik 4 (2010). http://www.medienimpulse.at/ausgaben/ausgabe-4-2010 (25. 8. 2011) sowie Koltay, Tibor: The media and the literacies: media literacy, information literacy, digital literacy. In: Media, Culture & Society 33 (2011). S. 211–221.
19 O'Farrill, Ruben Toledano: Information literacy and knowledge management. Preparations for an arranged marriage. In: Libri 58 (2008). S. 155–171, hier S. 167. Vgl. auch Cordes, Sean: Broad Horizons. The Role of Multimodal Literacy in 21st Century Library Instruction. In: World Library and Information Congress: 75th IFLA General Conference and Council. Mailand 2009. http://www.ifla.org/files/hq/papers/ifla75/94-cordes-en.pdf (25. 8. 2011).
20 Vgl. Barton, David: Literacy. An introduction to the ecology of written language. 2. Aufl. Malden, MA: Blackwell 2007.
21 Ma, Lai: Information as discursive construct. In: Proceedings of the American Society for Information Science and Technology 47 (2010). http://dx.doi.org/10.1002/meet.14504701098 (25. 8. 2011).
22 Vgl. Hapke, Thomas: Standards zur Informationskompetenz werden zu wichtig genommen! In: Hapke-Weblog. 27. Februar 2009. http://blog.hapke.de/information-literacy/standards-zur-informationskompetenz-werden-zu-wichtig-genommen/ (25. 8. 2011). Siehe auch Wang, Minglu: When Theory Meets Standard. ACRL Information Literacy Competency Standards and its disciplinary applications. Accomplishments and limitations from multiple theoretical perpectives. 2010. http://www.slideshare.net/mingluwang/when-theory-meets-standard (25. 8. 2011).

Wissen über die Welt der Information oder als Komplex unterschiedlicher Formen, um mit Information umzugehen, gesehen.[23] Auch in Untersuchungen zur Medienkompetenz – die politisch eher eingeführt ist[24] und deren Unterschied zur Informationskompetenz besonders zu reflektieren wäre[25] – wird von empirischer Vielfalt des Begriffs gesprochen und ein diskursiver, funktionaler, praxisorientierter und theoretischer Zugang unterschieden.[26]

Informationskompetenz wird als Teil der „multi"-, „new" oder „digital literacies"[27] gesehen oder auch nur als eine kritische Einstellung: „The sub-domain of information literacy is significantly compatible with philosophical conceptions and techniques of critical thinking."[28] Solche Einordnungen betonen die Bedeutung für die sozio-kulturelle Praxis, in der Kontext und persönliche Relevanz entscheidend sind. Für Birger Hjørland ist kritisches Nachdenken die entscheidende Komponente von „information literacy": „The core issue is the critical understanding of knowledge production and knowledge claims and how to be able to make rational decisions in overloaded information ecology."[29]

Ganzheitliche Sichtweisen zu „information literacy" verstehen Informationskompetenz als Meta-Kompetenz, trans-[30] oder „second-order literacy". Die Beschreibung von Letzterer durch den Briten Luke Tredinnick ist besser kaum auszudrücken:

---

23 Nach: Bruce, Christine, Sylvia Edwards u. Mandy Lupton: Six Frames for Information literacy Education. A conceptual framework for interpreting the relationships between theory and practice. Italics 5 (2006). http://www.ics.heacademy.ac.uk/italics/vol5-1/pdf/sixframes_final%20_1_.pdf (25. 8. 2011).
24 Vgl. dazu die AG Medienkompetenz der „Enquete-Kommission Internet und digitale Gesellschaft" des Deutschen Bundestages, http://www.bundestag.de/internetenquete/ (25. 8. 2011).
25 Begonnen wurde dies von Gapski, Harald u. Thomas Tekster: Informationskompetenz in Deutschland. Überblick zum Stand der Fachdiskussion und Zusammenstellung von Literaturangaben, Projekten und Materialien zu einzelnen Zielgruppen. Düsseldorf: Landesanstalt für Medien 2009.
26 Pietraß, Manuela: Digital Literacies – Empirische Vielfalt als Herausforderung für eine einheitliche Bestimmung von Medienkompetenz. In: Medienbildung in neuen Kulturräumen. Die deutschsprachige und britische Diskussion. Hrsg. von Ben Bachmair. (Anm. 5). S. 73–84.
27 Vgl. Graham, Phil u. Abby Ann Goodrum: New media literacies. At the intersection of technical, cultural, and discursive knowledges. In: The Oxford handbook of information and communication technologies. Hrsg. von Robin E. Mansell u. a. Oxford: Oxford Univ. Press 2009. S. 473–493 und Digital literacies. Concepts, policies and practices. Hrsg. von Colin Lankshear u. Michele Knobel. New York, NY: Lang 2008.
28 Tomic, Taeda: The philosophy of information as an underlying and unifying theory of information science. In: Information Research, 15 (2010) H. 4. colis714. Online: http://InformationR. net/ir/15-4/colis714.html (25. 8. 2011).
29 Hjørland, Birger: Information literacy and digital literacy. In: Prisma.com 7 (2008). S. 4–15, hier S. 14. Online: http://prisma.cetac.up.pt/edicao_n7_dezembro_de_2008/information_literacy_and_ digit.html (25. 8. 2011).
30 Vgl. Mackey, Thomas P. u. Trudi E. Jacobson: Reframing information literacy as a metaliteracy. In: College & Research Libraries 72 (2011) H. 1. S. 62–78 und Andretta, Suzie: Transliteracy. Take a

„In the digital age, where information and data are cheap, proliferating through digital environments and always at the end of a search engine query, the value of knowledge derives from understanding the process through which truth become authenticated, and the underlying assumptions, values, biases, presuppositions and belief systems which inform that process.

This is captured in the idea of second-order literacy. Second-order literacy is not a matter of reading, but of creating meaning out of texts or cultural objects within the whole social context. It is about situating truth claims within their social and cultural context and of reading the context as well as the content, not as a way of objectifying knowledge, but as a way of understanding truth claims. Second-order literacy is a matter of understanding that truths are never given, and that authority is never wholly conferred from the sites of knowledge production and creation. And second-order literacy is also a matter of participating in knowledge creation and dissemination, of participating in the process by which shared truths emerge."[31]

Ausgehend von einer französischen Übersetzung von „information literacy" als „culture de l'information"[32] wird im nächsten Abschnitt auf die Fruchtbarkeit des Kulturbegriffs für den Informationsbereich eingegangen und der Begriff „Informationskultur" als Weiterentwicklung dessen vorgeschlagen, was bisher Informationskompetenz genannt wird.[33] „Culture" bedeutet im Französischen zudem auch „Bildung". Folgerichtig wird die in diesem Beitrag angesprochene Diskussion zum Verhältnis von Kompetenz und Bildung in der Medienpädagogik im Bereich Medienbildung geführt.[34] Mit einem Perspektivwechsel von Informationskompetenz zu Informationskultur (oder gar Informationsbildung) nehmen Bibliotheken die Vielfalt

---

walk on the wild side. In: World Library and Information Congress: 75th IFLA General Conference and Council. Mailand 2009. http://www.ifla.org/files/hq/papers/ifla75/94-andretta-en.pdf (25. 8. 2011).

31 Tredinnick, Luke: Digital information culture. The individual and society in the digital age. Oxford: Chandos Publ. 2008. S. 114–115.

32 Aufmerksam auf diese Übersetzung wurde ich durch Arbeiten von Olivier Le Deuff, vgl. z. B. Le Deuff, Olivier: La culture de l'information en reformation. Thèse du Doctorat, Discipline: Sciences de l'information et de la communication. Université Rennes 2 (24/09/2009). http://tel.archives-ouvertes.fr/tel-00421928/en/ (25. 8. 2011). Auch im englischen Sprachraum taucht der Begriff „information culture" ab und zu im Zusammenhang mit information literacy auf, vgl. Montiel-Overall, Patricia: Information literacy. Toward a cultural model. In: Canadian Journal of Information and Library Science 31 (2007). S. 43–68 oder lange vorher bei Altheide, David L.: The culture of information. In: Journal of education for library and information science 31 (1990). S. 113–121. Auch die Philosophie interessiert sich für diesen Begriff: Briggle, Adam u. Carl Mitcham: From the philosophy of information to the philosophy of information culture. In: The Information Society 25 (2009). S. 169–174.

33 In Russland wird der Begriff Informationskultur als etwas definiert, was Informationskompetenz umfasst: vgl. Gilyarevskii, Ruggero S.: Information culture in higher education. In: Scientific and Technical Information Processing 34 (2007). S. 40–43.

34 Vgl. z. B. Jörissen, Benjamin u. Winfried Marotzki: Medienbildung. In: Handbuch Mediensozialisation. Hrsg. von Ralf Vollbrecht u. Claudia Wegener. Wiesbaden: VS Verlag für Sozialwissenschaften 2010. S. 432–436 und Moser, Heinz; Petra Grell u. Horst Niesyto (Hrsg.): Medienbildung und Medienkompetenz. Beiträge zu Schlüsselbegriffen der Medienpädagogik. München: kopaed 2011.

neuer, digitaler Kompetenzen, die alle etwas mit Lernen und Informationskompetenz zu tun haben, auf. Eventuell wird Informationskultur als Begriff auch politisch und in der allgemeinen Öffentlichkeit besser wahrgenommen.

Wozu Kultur?[35] Ein kulturbezogener Blick auf Informationskompetenz

Natürlich ist die Kombination von Kultur mit Information keine Lösung für die Begriffsproblematik, denn der Kulturbegriff ist erst recht nur als Vielfalt von Bedeutungen zu verstehen. Moderne abstrakte Bestimmungen von Kultur sehen diese als „ein Gefüge aus Bedeutungskomplexen, das kohärenten Sinn erzeugt."[36] Aber eine alltägliche Bestimmung von Informationskultur als kultivierter Umgang mit Information, als bewusstes, verantwortungsvolles und kompetentes Umgehen mit dem eigenen Informieren und Lernen, kommt dem nahe, was unter Informationskompetenz verstanden werden kann. Der ebenfalls oft verwendete Terminus der „Lernkultur" impliziert einen engen Zusammenhang zwischen dem Lernenden, der immer auch ein sich Informierender ist, und der Umgebung oder dem Rahmen, in dem das Lernen stattfindet.

Informationskultur betont die Vielfalt beim Umgang mit unterschiedlichsten Informationssystemen im Gegensatz zur Google-„Monokultur". Mit dem Terminus Kultur kommt das Andere in den Blick, die Differenz und damit auch die Information, die nach Bateson über eben diese Differenz definiert wird: „Information ist ein Unterschied, der einen Unterschied macht."[37] Informationskultur umfasst ein „Sich-selbst-Gestalten", ein Anderssein und sich selbst anders (kritisch) sehen, aber auch einen gemeinschaftlichen, teilnehmenden Ansatz, die Betonung von Kontext und Beziehungen, so z.B. auch im Rahmen einer Fach-„Kultur", und damit eine nicht nur bibliothekarische Sicht auf Informationskompetenz. Gleichzeitig öffnet der Begriff Perspektiven für ethnologische Forschungen beim Informationsverhalten. Ein ethnografischer Blick impliziert ein „Sich in die Kultur anderer hineinversetzen". Für Baecker ist Kultur „Informationsverarbeitung, und dies unter der Bedingung einer enormen Steigerung der Selbstirritation der modernen Gesellschaft angesichts des eigenen Wissens und Nichtwissens."[38] Man kann Informationskompetenz als Kultur-

---

35 Baecker, Dirk: Wozu Kultur? 3. Aufl. Berlin: Kulturverlag Kadmos 2003.
36 Lüddemann, Stefan: Kultur. Eine Einführung. Wiesbaden: VS Verlag für Sozialwissenschaften 2010. S. 11. Dieses Buch spricht von Dimensionen, Unterscheidungen, Formaten und Konstruktionen von Kultur und könnte als Vorbild einer ähnlichen Bearbeitung des Informationsbegriffs dienen.
37 Bateson, Gregory: Ökologie des Geistes. Anthropologische, psychologische, biologische und epistemologische Perspektiven. Frankfurt a.M.: Suhrkamp, 1985. S. 582.
38 Baecker, Dirk: Wozu Kultur? (Anm. 35). S. 172.

technik zum Überleben in neuen Informationsumwelten ansehen. Die multikulturelle Problematik von Informationsprozessen, also die Frage, welchen Einfluss die Kultur auf den Umgang mit Information hat, kommt hier in den Blick.[39]

Informationskultur meint auch, dass der mit Information Umgehende Teil einer Fachkultur, also Teil einer fachlichen Diskussions- und Diskurs-Gemeinschaft mit eigenen kulturellen und sozialen Strukturen ist, die ein gemeinsames Vokabular und eine typische Informationspraxis teilt.[40] Dies trifft sich mit einer disziplinären Perspektive auf Informationskompetenz. Dementsprechend gibt es fachliche Bestimmungen der ACRL Information Literacy Standards, so beispielweise für die Chemie.[41] Eine solche „sozio-kognitive" oder im Sinne dieses Aufsatzes besser sozio-kulturelle Sicht betont die Bedeutung der historischen Entwicklung dieser (Fach-) Gemeinschaften und ihrer Kommunikationsprozesse sowie ihrer Strukturen, Dokumenttypen und Institutionen wissenschaftlicher Kommunikation und Information. Somit kann auch die Geschichte wissenschaftlicher Kommunikation bzw. Informationsgeschichte[42] als Teil von Informationskultur angesehen werden. Noch allgemeiner gilt der kulturelle Aspekt für jeden Menschen als Teil einer sozialen Gemeinschaft, die heutzutage auch virtuell im Netz in vielfältiger Weise existieren kann. Für diese „participatory culture" hat Henry Jenkins[43] eine Reihe von „new media literacies" beschrieben, die zu einer bewussten Informationskultur gehören: „play", „simulation", „multitasking", „transmedia navigation", „networking" u. a.

Im Rahmen eines kulturellen Verständnisses von Information(skompetenz) kommen Fragen von Authentizität, Macht, Identität, Kreativität und Gedächtnis in den Blick, die gerade die moderne digitale Informations- und Kommunikationsgesellschaft prägen. Da Informationskultur ein Begriff ist, der gerade bei der Betrachtung von Organisationen oft verwendet wird,[44] kommen als Themen das Verhältnis von

---

39 Steinwachs, Katharina: Information and culture – the impact of national culture on information processes. In: Journal of Information Science 25 (1999). S. 193–204.

40 Nach Hjoerland, Birger: Domain analysis. A socio-cognitive orientation for information science research. In: Bulletin of the American Society for Information Science and Technology 30 (2004) H. 3. S. 17–21.

41 Information Competencies for Chemistry Undergraduates: the elements of information literacy. 2. ed. Special Libraries Association, Chemistry Division 2011. http://units.sla.org/division/dche/il/ (25. 8. 2011). Siehe auch http://www.ala.org/ala/mgrps/divs/acrl/standards/ (25. 8. 2011).

42 Einen Überblick gibt Williams, Robert V.: Enhancing the Cultural Record. Recent Trends and Issues in the History of Information Science and Technology. In: Libraries & the Cultural Record 44 (2009). S. 326–342. Vgl. auch die Kategorie „History of information systems" im Hapke-Weblog: http://blog.hapke.de/category/history-of-information-systems/ (25. 8. 2011).

43 Jenkins, Henry: Confronting the challenges of participatory culture. Media education for the 21st century. Cambridge, MA: MIT Press 2009.

44 Vgl. z. B. Oliver, Gillian: Information culture: exploration of differing values and attitudes to information in organisations. In: Journal of Documentation 64 (2008). S. 363–385.

Informationskompetenz und Wissensmanagement[45] sowie Informationskompetenz am Arbeitsplatz[46] dazu.

Luke Tredinnick beschreibt digitale Informationskultur[47] unter sechs Gesichtspunkten, die im Sinne dieses Aufsatzes zu einem ganzheitlichen und weiten Begriff von Informationskompetenz gehören.

- Textualität: Im digitalen Zeitalter nimmt das Schreiben eher zu. Das Ergebnis, der Text, wird aber flüchtiger, instabiler und wird eher als sozialer Konstrukt verstanden. Jedes Schreiben und wissenschaftliche Arbeiten geschieht in einem Kontext.
- Authentizität: Gerade die Frage von Originalität und das Thema Geistiges Eigentum verändern sich in modernen Remix-Kulturen. Kulturelles Engagement, d. h. auch das Schreiben, kann generell als „Remix" angesehen werden: „culture is remix".[48] Kopieren und Zitieren gehören zum Umgang mit Information.
- Wissen: Wie entsteht wissenschaftliches Wissen? Was ist Wissen überhaupt? Gibt es gemeinschaftliches Wissen? Was ist Information? Was ist Wahrheit? Nur durch die Reflexion über die Entstehung von Information und Wissen sowie die erkenntnistheoretische Problematik der Bewertung und Gültigkeit von Wissen und damit über die soziale Konstruktion von Wissen und Wissenschaft kommen Themen wie Peer Review, Plagiate und die Problematik von Zitatanalysen in den Blick. Auch der Bereich Informationsüberfluss und -bewältigung wäre hier einzuordnen.
- Macht: Dieser Aspekt umfasst den Zugang zu Information und Wissen mit der Problematik von Informationsmonopolen und der Frage der Informationsökonomie, des Open Access und Urheberrechts. Es kann um Geheimhaltung von Information oder auch um die Bewertung von Forschung gehen. Gesellschaftliche Probleme der digitalen Spaltung, die auch ein Bildungsproblem darstellt, gehören ebenfalls hierher.
- Identität: Die Grenzen zwischen privat und öffentlich sind im Netzzeitalter unscharf. Virtualisierung erlaubt neue und andere Identitäten. Die Reflexion über Datenschutz und den Schutz der Privatsphäre sind Teil von Informationskultur und -kompetenz.

---

45 Zum Bereich „Persönliches Wissensmanagement" vgl. Gabi Reinmann in diesem Band und Reinmann, Gabi u. Martin J. Eppler: Wissenswege. Methoden für das persönliche Wissensmanagement. Bern: Huber 2008.
46 Vgl. Mühlbacher, Susanne: Information literacy in enterprises. Boizenburg: vwh Hülsbusch 2009.
47 Tredinnick, Luke: Digital information culture. (Anm. 31).
48 Lankshear, Colin u. Michele Knobel: Digital literacy and the law. Remixing elements of Lawrence Lessig's ideal of „free culture". In: Digital literacies. Concepts, policies and practices. Hrsg. von Colin Lankshear u. Michele Knobel. New York, NY: Lang 2008. S. 279–305, hier S. 282.

- Gedächtnis: Informationskompetenz umfasst kritisches Denken verbunden mit historisch-kultureller Reflektion! Information wird erst durch Bewertung und Einordnung in Kontexte zu Wissen.[49] Fragen der Überlieferung und Geschichte verbunden mit der Problematik der Erhaltung digitaler Artefakte sind für einen reflektierten Umgang mit Information unerlässlich.

Was ist der Kern von „Informationskompetenz" oder „Informationskultur"?

Der ständige Wandel der Informationstechnologie wirft die Frage auf, welche Fähigkeiten und Eigenschaften des Individuums im Bereich Informationskompetenz wichtig bleiben. Für Julia Bergmann, Mitherausgeberin eines „Handbuch Bibliothek 2.0"[50] gibt es drei grundsätzliche Kernvoraussetzungen, um als Individuum informationskompetent zu werden: Neugierde, die Fähigkeit zu spielen und dafür die Zeit zu haben.[51] Dazu kommen aus meiner Sicht eine kritische Haltung: ein genereller Zweifel an dem, was man beim Informieren findet, sowie ein ständiges, selbstkritisches Infragestellen des eigenen Informationsverhaltens.[52]

Aber welche Aspekte von Informationskompetenz gelten unabhängig davon, ob man sich in der Welt der gedruckten Information, im Web 2.0 oder in den vielfältigen Zwischenstufen zwischen beiden bewegt? Ein erster, unvollständiger Vorschlag, wie ein Individuum mit hoher Informationskultur und Informationsbildung agiert, könnte so aussehen:

- Nie nur einer Informationsquelle vertrauen!
- Beim Recherchieren und Informieren jederzeit auf Veränderungen gefasst sein! Das Andere beachten, und über sich selbst und das eigene Informationsverhalten hinaussehen!
- Strategien zur Informationsbewältigung und zum Umgang mit der Informationsflut nutzen sowie Informationsmöglichkeiten und -prozesse kennen.

---

49 Nach Breidbach, Olaf: Neue Wissensordnungen. Wie aus Informationen und Nachrichten kulturelles Wissen entsteht. Frankfurt: Suhrkamp 2008.
50 Bergmann, Julia u. Patrick Danowski (Hrsg.): Handbuch Bibliothek 2.0. Berlin: De Gruyter Saur 2010.
51 Erwähnt in Hapke, Thomas: Informationskompetenz neu gedacht – Informationskompetenz leicht gemacht?! In: Hapke-Weblog. About information literacy, history, philosophy, education and beyond. (16. 3. 2011). http://blog.hapke.de/information-literacy/informationskompetenz-neu-gedacht-informationskompetenz-leicht-gemacht/ (25. 8. 2011).
52 Susanne Rockenbach hat dies in einem Vortrag besonders betont: Rockenbach, Susanne: Neugier und Zweifel – Informationskompetenz anders! Kassel 2007. http://nbn-resolving.de/urn:nbn:de:hebis:34-2007100519309 (25. 8. 2011).

- Beim Recherchieren über die verwendeten Suchbegriffe und deren Variationen und Synonyme nachdenken. „You get what you screen for!"[53] heißt es auch in der Biotechnologie, alltagstauglich ist der Slogan „Bullshit in, bullshit out".
- Sich bewusst sein, dass Informationsprozesse prinzipiell unsicher sind und diese Ungewissheit ertragen lernen (Ambiguitätstoleranz).[54] Differenzen ertragen und aushalten.
- Im Rahmen des Informationsprozesses nicht zu früh aufgeben.
- Sich bewusst sein, dass jedes Informationsprodukt von jemandem Bestimmten mit einem gewissen Zweck erstellt wurde. Jede Tatsache ist eine Tat-Sache.

Eine kritische Haltung zur uns umgebenden Informationswelt, verbunden mit einem Hintergrund-Wissen über die Entstehung, Arbeitsweise und gesellschaftlich-sozialen Herausforderungen moderner Informations- und Kommunikationsprozesse und deren Mittel, kann als die wesentliche Essenz aller Bemühungen um Informationskompetenz, Medienkompetenz, digitaler Kompetenz, Informationskultur, Informationsbildung – was immer man auch als Leitbegriff verwenden will – gesehen werden.

---

53 You, L. u. F.H. Arnold: Directed evolution of subtilisin E in Bacillus subtilis to enhance total activity in aqueous dimethylformamide. In: Protein Engineering 9 (1996). S. 77–83, hier S. 83.
54 Nach: Wagner, Wolf: Tatort Universität. Vom Versagen deutscher Hochschulen und ihrer Rettung. Stuttgart: Klett-Cotta 2010. S. 37 ff.

Claudia Koepernik

Informationskompetenz als Schlüsselqualifikation für Lebenslanges Lernen

Abstract: Wir leben heute in einer Informations- und Wissensgesellschaft. Der Umgang mit Informationen und Wissen bildet dabei eine Schlüsselkompetenz Lebenslangen Lernens. Die Idee Lebenslangen Lernens ist nichts Neues, die Diskussion um die Idee findet sich vor allem seit den 1970er Jahren im Kontext der Internationalen Organisationen wieder. Lebenslanges Lernen wird seitdem als ein weit gefasstes Konstrukt verstanden, was formales, non-formales und informelles Lernen umfasst. Informationskompetenz bildet vor allem die Voraussetzung für selbstgesteuerte Lernprozesse.

Keywords: Bibliothek, Digitale Medien, Formales Lernen, Information, Informationskompetenz, Informationsgesellschaft, Informelles Lernen, Lebenslanges Lernen, Non-Formales Lernen, Schlüsselqualifikation, Wissen, Wissensgesellschaft, Wissensmanagement

---

Claudia Koepernik: Hat an der TU Dresden Erziehungswissenschaften, Soziologie und Französisch studiert. Sie promoviert zum Thema „Bildungstheoretische Perspektiven lebenslangen Lernens". Von 2002–2007 war sie Wissenschaftliche Mitarbeiterin an der TU Dresden, Fakultät Erziehungswissenschaften an der Professur für Organisation und Verwaltung im Bildungswesen (Prof. Dr. Andrä Wolter). Von 2005–2009 war sie Promotionsstipendiatin der Hans-Böckler-Stiftung. Seit 2009 ist sie Wissenschaftliche Mitarbeiterin bei der Kooperationsstelle Wissenschaft und Arbeitswelt Leipzig und dort aktuell im Projekt Aufbau eines Career Centers an der Universität Leipzig beschäftigt. Weiterhin arbeitet sie als Freie Trainerin in der Erwachsenenbildung.

Lebenslanges Lernen und der Umgang mit Informationen und Wissen: Wovon reden wir eigentlich?

In der Diskussion um Lebenslanges Lernen stößt man immer wieder auf zwei Schlüsselkompetenzen: den Umgang mit Informationen und den Transfer in Wissen, also die Informationskompetenz und das Wissensmanagement.[1]

---

1 Siehe dazu auch die Beiträge von S. Gust von Loh und G. Reinmann in diesem Band.

Die Idee Lebenslangen Lernens und die Bedeutung der beiden Begriffe in diesem Zusammenhang sind von ihrer Grundidee her nicht neu. Dass jeder Mensch ein Leben lang lernt, neue Erfahrungen macht und Informationen verarbeitet, ist eine Selbstverständlichkeit. Für die drei Begriffe lässt sich jedoch feststellen, dass es schwer ist einen einheitlichen Kontext zu den Konzepten herzustellen. Innerhalb des wissenschaftlichen Diskurses lassen sich verschiedene Bedeutungsansätze feststellen. In diesem Beitrag steht vor allem der Begriff des Lebenslangen Lernens im Vordergrund und dessen Zusammenhang mit Informationskompetenz als Schlüsselqualifikation Lebenslangen Lernens.

Der Diskurs um Lebenslanges Lernen beginnt vor allem in den 1970er Jahren in Kontext der Bildungsdiskussionen der internationalen Organisationen, der UNESCO, des Europarats und der OECD. In dieser Diskussion lassen sich vor allem zwei Hochphasen feststellen, in den 1970er Jahren und in den 1990er Jahren. Die Diskussion hat seine Fortsetzung in den Bildungsprogrammen und politischen Bekundungen der EU gefunden.[2] Seitdem lässt sich ein inflationärer Gebrauch des Begriffes feststellen, wenn auch oft verengt auf bestimmte Aspekte wie Sicherung der Beschäftigungsfähigkeit (Employability), Erwachsenenbildung oder E- und Online-Learning.[3]

Das Konzept Lebenslangen Lernens ist dabei zu einer übergreifend globalen Idee geworden, eine Art „global policy consensus",[4] ist jedoch weit von einer Einigkeit über Inhalte und Definition entfernt. Es zeigen sich nicht nur unterschiedliche Theorieansätze, die den Konzepten zugrunde liegen, sondern damit verbunden sind auch unterschiedliche Ziele bezüglich der notwendigen Umsetzung.

---

2 Vgl. Koepernik, Claudia: Lebenslanges Lernen als bildungspolitische Vision – Die Entwicklung eines Reformkonzepts im internationalen Diskurs. Dresden. In: Der lernende Mensch in der Wissensgesellschaft – Perspektiven lebenslangen Lernens. Hrsg. von Andrä Wolter, Gisela Wiesner u. Claudia Koepernik. Weinheim, München: Juventa 2010. S. 81–91.Weiterhin u. a.: Kraus, Katrin (2001): Lebenslanges Lernen – Karriere einer Leitidee. Hrsg. vom Deutschen Institut für Erwachsenenbildung. Bielefeld.
3 Siehe dazu: Koepernik, Claudia: Lebenslanges Lernen, Erwachsenenbildung und Soziale Arbeit. In: Lebensalter und Soziale Arbeit. Hrsg. von Wolfgang Schröer u. Steve Stiehler. Band 5: Erwachsenenalter. Baltmannsweiler: Schneider Verlag Hohengehren 2009. S. 131–142.
4 Field, John: Lifelong Learning and the new educational order. Stoke on Trent u. a.: Trentham Books 2002. S. 3.

Konzepte Lebenslangen Lernens

In der Diskussion um Lebenslanges Lernen lassen sich vor allem vier Konzeptansätze unterscheiden,[5] diese lassen sich auf den Zugang zu und das „Erlernen" des Umgangs mit Informationen ebenso übertragen. Bei den an sozialen Gerechtigkeits- und Gleichheitsvorstellungen orientierten Modellen, bildet der gleichberechtigte Zugang zu Informationen und Bildung die Chance durch Kompensation Ungleichheiten abzubauen. Die eher „humanistisch" orientierten Modelle verstehen Lebenslanges Lernen als einen Prozess der individuellen Selbstverwirklichung und Weiterentwicklung. Vor allem die eher post-modernen Vorstellungen von Lebenslangem Lernen schließen die Potentiale der neuen Medien und Informationstechnologien und deren Umgang damit mit ein. Ein viertes Modell des „Humankapitalansatzes" versteht Lebenslanges Lernen als Notwendigkeit der ständigen Erneuerung beruflicher Qualifikationen zur Sicherung der Beschäftigungsfähigkeit.

Informationskompetenz wird in allen vier Modellen als Schlüsselqualifikation für Lebenslanges Lernen vorausgesetzt. Beginnend mit dem Zugang zu Informationen und Bildung, sowie dem Erlernen des Umgangs mit Informationen, bis zu dem Zwang, sich immer wieder neue Informationen und neues Wissen anzueignen, um (im Beruf) „up to date" zu bleiben.

Diese pluralistischen Konzepte Lebenslangen Lernens lassen sich in den letzten Jahren auch zunehmend an bestimmten Bedeutungserweiterungen fest machen.[6] Die lebenslauftheoretische Bedeutungserweiterung Lebenslangen Lernens beinhaltet eine Biographisierung des Lernens und versteht Lernen als unabschließbarem Prozess. Ein Aspekt der sich auch gut auf die lebenslange unabschließbare Auseinandersetzung mit Informationen, die unser Leben beeinflussen, anwenden lässt. Eine systemische Bedeutungserweiterung impliziert, dass Lebenslanges Lernen alle Institutionen des Bildungssystems und alle Lernformen und Lernorte umfasst. Dies beinhaltet, dass auch in formalen und non-formalen Bildungsinstitutionen Angebote zum Umgang mit Informationen konzipiert und umgesetzt werden müssen. Bei einem bildungstheoretischen Ansatz steht der Lernende im Mittelpunkt mit allen seinen individuellen Voraussetzungen und auch seinem Umgang mit Informationen und Wissen, egal, ob er dies formal, non-formell oder informell gelernt hat.

Weiterhin ist in den letzten Jahren vor allem eine Verschiebung vom Bildungsbegriff zum Lernbegriff zu beobachten.[7] Bildung ist dabei eher etwas von außen gesteuertes, Lernen in Form von Kompetenzentwicklung mehr der eigengesteuerte Prozess.

---

5 Vgl. Wiesner, Gisela u. Andrä Wolter: Einleitung. In: Die lernende Gesellschaft. Lernkulturen und Kompetenzentwicklung in der Wissensgesellschaft. Hrsg. von Gisela Wiesner u. Andrä Wolter. Weinheim, München: Juventa 2005. S. 7–44.
6 Vgl. ebd., S. 21–23.
7 Vgl. Wolter, Andrä, Gisela Wiesner u. Claudia Koepernik: Einleitung: Mit langem Atem – lebenslanges Lernen in der bildungspolitischen und bildungswissenschaftlichen Kritik. In: Der

Die verschiedenen Ansätze Lebenslangen Lernens betonen zum einen die Vision einer gleichberechtigten Bildung für alle und den chancengerechten Zugang zu Informationen und Wissen, auf der anderen Seite fordern sie aber auch das Eigenengagement der Menschen (vor allem in den Industrienationen), sich ihre Bildung selbst zu organisieren und somit dem „Zwang" eines „lebenslänglichen" Lernens zu folgen. Die Gesellschaft ist geprägt von einer übermäßigen Informationsflut in einer sich schnell ändernden Welt, was lebenslange Bildung und lebenslanges Lernen unverzichtbar macht, um sich den immer neuen Anforderungen anzupassen.

Informationskompetenz als Schlüsselqualifikation Lebenslangen Lernens

Lebenslanges Lernen als einen klaren Begriff zu definieren, gestaltet sich somit schwierig. Doch sind die Definitionen, im Kontext der internationalen Organisationen, mittlerweile vergleichbar, indem sie ein Lernen von der „Wiege bis zur Bahre"[8] bezeichnen, was formale, non-formales und informelle Lernformen einschließt. Dabei wird der Begriff in der internationalen Diskussion deutlich weiter gefasst, als dies z. B. in Deutschland der Fall ist. Hier wird der Begriff gerne als Modewort oder Schlagwort abgetan oder auf (berufliche) Weiterbildung reduziert.

Das „Erlernen" von Informationskompetenz lässt sich dabei sicher in allen drei Formen des Lernens wieder finden: Sei es innerhalb der formalen (Schul-)Bildung der verantwortungsbewusste Umgang mit (Informations-)Medien, ferner entwickeln die Menschen auch innerhalb non-formeller und informeller Lernprozesse immer ihre eigenen Strategien im Umgang mit Informationen und entwickeln die Informationskompetenz lebenslang weiter.

Grade in Bezug auf den Erwerb von Informationskompetenz ist es schwierig im Kontext informeller Lernprozesse diese zu erfassen. Informelles Lernen zeichnet sich durch einen geringen Organisationsgrad aus und kann alleine durch eigenverantwortliches Lernen oder in der Gruppe, z. B. in der Familie oder am Arbeitsplatz, erfolgen. Es ist (in Bezug auf Lernziele, Lernzeit oder Lernförderung) nicht strukturiert und führt üblicherweise nicht zur Zertifizierung.[9]

---

lernende Mensch in der Wissensgesellschaft – Perspektiven lebenslangen Lernens. Hrsg. von Andrä Wolter, Gisela Wiesner u. Claudia Koepernik. (Anm. 2), hier S. 7–19.

8 OECD – Zentrum für Forschung und Innovation im Bildungswesen (2001): Bildungspolitische Analyse 2001. Paris: OECD. S. 10.

9 Dohmen, Günther: Das informelle Lernen. Die internationale Erschließung einer bislang vernachlässigten Grundform menschlichen Lernens für das lebenslange Lernen aller. Bonn: Bundesministerium für Bildung und Forschung 2001.

Informationskompetenz als Schlüsselqualifikation Lebenslangen Lernens und somit als übergeordnetes Bildungsziel wurde bereits 1974 von Mertens herausgehoben, wenn auch bezogen auf die berufliche Ausbildung. Neben Basisqualifikationen, speziellen Kenntnissen und Fertigkeiten (ubiquitäre Ausbildungselemente) und Vintage-Faktoren (generationsbedingte Lehrstoffe und Begriffssysteme) sind diese zentralen Bildungselemente die Horizontalqualifikationen, die Informationen über Informationen horizonterweiternde Qualifikationen.[10] Diese Qualifikationen sollen „eine möglichst effiziente Nutzung der Informationshorizonte der Gesellschaft für den einzelnen gewährleisten, und zwar entweder generell (gesichertes Wissen) oder aktuell, indem sie einen raschen Zugriff zu abrufbarem, andernorts gespeichertem Wissen bei einer ad hoc auftretenden Problemstellung ermöglichen."[11] Die Fähigkeit zum Lebenslangem Lernen beinhaltet die Informiertheit über Informationen, die Erlernung des Umgangs damit ist Aufgabe lebenslanger Lernprozesse, um den Dimensionen des „Wissens über das Wesen von Informationen", der „Gewinnung von Informationen", des „Verstehens von Informationen" und deren Verarbeitung zu entsprechen.[12]

Damit aus Informationen Wissen wird, ist es wichtig, „dass Menschen [diese] auswählen, vergleichen, bewerten, Konsequenzen ziehen, verknüpfen, aushandeln und sich mit anderen austauschen. Wissen ist bedeutungsgerecht bewertete Information".[13]

Informationskompetenz als Schlüsselqualifikation Lebenslangen Lernens ist dabei auch als Vorstufe für ein effektives Wissensmanagement zu sehen. Dabei werden Informationen nicht nur verwaltet, sondern Wissen daraus generiert.

Lebenslanges Lernen in einer Informations- und Wissensgesellschaft und die Rolle der Bibliotheken

Moderne Gesellschaften bezeichnen sich gerne als Informations- und Wissensgesellschaften, die mit einer immer größeren Informationsflut und steigender Wissens-

---

10 Vgl. Mertens, Dieter: Schlüsselqualifikationen. Thesen zur Schulung für eine moderne Gesellschaft. In: Mitteilungen aus der Arbeitsmarkt- und Berufsforschung 1 (1974). S. 36–43, hier S. 36. http://doku.iab.de/mittab/1974/1974_1_MittAB_Mertens.pdf (20. 9. 11).Ferner: Koepernik, Claudia u. Ansgar Warner: Akademische Schlüsselqualifikationen. In: GEW-Handbuch Promovieren mit Perspektive. Hrsg. von Claudia Koepernik, Johannes Moes u. Sandra Tiefel. Bielefeld: W. Bertelsmann Verlag 2006. S. 303–314.
11 Mertens, Dieter: Schlüsselqualifikationen. Thesen zur Schulung für eine moderne Gesellschaft. (Anm. 10), hier. S. 41.
12 Vgl. ebd.
13 Reinmann-Rothmeier, Gabi, Heinz Mandl, Christine Erlach u. Andrea Neubauer: Wissensmanagement lernen. Ein Leitfaden zur Gestaltung von Workshops und zum Selbstlernen. Weinheim, Basel: Juventa 2001. S. 16.

intensität konfrontiert sind.[14] Der Anteil wissensintensiver Wirtschaftszweige nimmt stetig zu, damit findet auch ein grundlegender Qualifikationsstrukturwandel statt, der sich in einem Höherqualifizierungstrend niederschlägt, diesen aber auch einfordert, um den neuen Herausforderungen gerecht zu werden.

Jeder Einzelne ist damit konfrontiert, mit den neuen Informations- und Wissensmengen umzugehen. Grundlegend dazu beigetragen haben die technischen Entwicklungen in den letzten 20 Jahren. Die digitalen Medien bieten viele Möglichkeiten der Speicherung und des räumlich und zeitlichen unabhängigen Zugangs zu Informationen und Wissen. Im Sinne Lebenslangen Lernens ist es dabei nicht nur mit dieser Datenflut umgehen zu können, sondern auch für alle ein Leben lang den Zugang zu den Informationen zu gewährleisten. Nur die chancengleiche Teilhabe an Medien und Informationen ermöglicht es, Informationen zu selektieren und die für einen wichtigen zu nutzen und zu Wissen zu verarbeiten bzw. handlungs- und lösungsorientiert umzusetzen.

Die Wissensgesellschaft und das Lebenslange Lernen sind eng miteinander verbunden und ohne das andere nicht denkbar. Lebenslanges Lernen bildet die Grundlage für eine Informations- und Wissensgesellschaft, die Dynamik der Informations- und Wissensentwicklung macht Lebenslanges Lernen notwendig, um sich in dieser zurecht zu kommen.

Somit werden Wissensmanagement und Informationskompetenz („information literacy") zu maßgeblichen Schlüsselqualifikationen Lebenslangen Lernens.

Als eine Institution Lebenslangen Lernens, deren Weitergabe und Speicherung von Informationen schon immer die Hauptaufgabe ist, können Bibliotheken verstanden werden, vor allem im Sinne der Selbststeuerung des Lernens durch die Individuen, mittlerweile aber auch zunehmend als formales oder zumindest non-formales Bildungsangebot.[15]

„Bibliotheken fördern lebenslanges Lernen. Sie unterstützen sowohl das schulische als auch das nicht-institutionalisierte, individuelle Lernen. Bibliotheken sind Ausgangspunkt für das Erlernen von Methoden zum Umgang mit Information und zur Erschließung von Wissen."[16]

---

14 Vgl. Willke, Helmut: Wissensgesellschaft. In: Soziologische Gesellschaftsbegriffe. Hrsg. von Georg Kneer, Armin Nassehi u. Markus Schroer. München: Fink 1997. S. 379–398.
15 Vgl. Wolter, Andrä u. Claudia Koepernik: Wissensgesellschaft, lebenslanges Lernen und die Zukunft des Bibliothekswesens. Wissenschaftliche Zeitschrift der TU Dresden 55 (2006) H. 1–2. S. 67–72, hier S. 70. Weiterhin: Schüller-Zwierlein, André u. Richard Stang: Bibliotheken als Supportstrukturen für Lebenslanges Lernen. In: Handbuch Erwachsenenbildung/Weiterbildung. 4. durchges. Auflage. Hrsg. von Tippelt, Rudolf u. Aiga von Hippel. Wiesbaden: Leske + Budrich 2010. S. 515–526.
16 Bertelsmann Stiftung (Hrsg.): Bibliothek 2007: Strategiekonzept. Gütersloh 2004, hier S. 11.

Serviceeinrichtungen Lebenslangen Lernens, wie Bibliotheken, die sich der Vermittlung von Informationskompetenz für unterschiedliche Altersgruppen verpflichtet haben, müssen dabei vor allem vier Aufgaben erfüllen.
– „Verknüpfung alter und neuer Informationsträger,
– Flexibilisierung der Informationsversorgung,
– Eröffnung globaler Zugänge zu Wissen und Information
– sowie Anleitung zum Wissensmanagement."[17]

Bibliotheken („teaching library") werden somit maßgeblich zum Vermittler für Informations- und Medienkompetenz und der zielführenden Nutzung von Informationen und Wissen.

Informationskompetenz und informelles und selbstgesteuertes Lernen

Ein weiterer wichtiger Aspekt im lebenslangen Lernprozess ist das „Erlernen" von Informationskompetenz in informellen Lernkontexten. Auch beim informellen Lernen ist es wieder schwierig, den Begriff einheitlich zu fassen. Dohmen unterscheidet verschiedene Formen informellen Lernens, die immer den Umgang mit Informationen und den Transfer in Wissen beinhalten.[18] Diese Formen informellen Lernens sind Erfahrungslernen, implizites Lernen, Alltagslernen, selbstgesteuertes Lernen, kompetenzentwickelndes Lernen und das Lernen für/am Arbeitsplatz. Gerade im Bezug auf Informationskompetenz als Schlüsselqualifikation Lebenslangen Lernens werden vor allem die Formen informellen Lernens relevant, die eine Bewusstmachung der Lernerfahrungen beinhalten. Beim Erfahrungslernen werden Primärerfahrungen, Reizstrukturen und Informationen direkt zu handlungs- und problemlösungsorientiertem Wissen verarbeitet. Selbstgesteuertes Lernen beinhaltet ein aktives selbstbestimmtes nachfragendes Lernen im Austausch mit Anderen und Informationsquellen. Gerade auf die Selbstorganisation von Lernprozessen beim Umgang mit Wissen und Informationen, um neuen Situationen gewachsen zu sein, setzt die Schlüsselqualifikation Lebenslangen Lernens Informationskompetenz.

Selbstgesteuertes Lernen bildet einen wichtigen Aspekt in allen Diskursen zum Lebenslangen Lernen. Die Selbststeuerung steht im Zusammenhang mit Selbstbe-

---

17 Wolter, Andrä u. Claudia Koepernik: Wissensgesellschaft, lebenslanges Lernen und die Zukunft des Bibliothekswesens. (Anm. 15), hier S. 71.
18 Dohmen, Günther: Das informelle Lernen. Die internationale Erschließung einer bislang vernachlässigten Grundform menschlichen Lernens für das lebenslange Lernen aller. (Anm. 9).

stimmung und Selbstverantwortung[19] und beinhaltet „ein konstruktives Verarbeiten von Informationen, Eindrücken und Erfahrungen".[20]

Informations- und Medienkompetenz sind dabei aber auch Voraussetzung dafür Lernprozesse selbst zu steuern. Dies geht darüber hinaus, technisch mit vorhandenen Medien umgehen zu können, sondern bedarf der Fähigkeiten, Informationen und Wissen zu selektieren und zu verarbeiten.

Informationskompetenz ist eng mit der Thematik Lebenslangen Lernens verbunden. Informationskompetenz ist zum einen eine wichtige Voraussetzung lebenslang lernen zu können in verschiedenen Lernkontexten (formell, non-formell, informell), zum anderen macht lebenslanges Lernen es erforderlich, dass man sich ein Leben lang Informationen aneignet. Beide Konzepte bedingen sich gegenseitig. Formale und vor allem non-formelle Bildungseinrichtungen wie z. B. Bibliotheken spielen eine wichtige Rolle bei der Aneignung von Informationskompetenz. Ein Großteil des Umgangs mit Informationen setzt auf die Selbststeuerung der Individuen in informellen Lernkontexten.

---

19 Krug, Peter: Der Stellenwert von selbstgesteuertem Lernen im Konzept des Lebenslangen Lernens. In: Behrmann, Detlef u. Bernd Schwarz: Selbstgesteuertes lebenslanges Lernen. Herausforderungen an die Weiterbildungsorganisation. Bielefeld: W. Bertelsmann 2003. S. 47–61.
20 Ebd., S. 51.

Hermann Rösch

Informationskompetenz, Informationsfreiheit, Informationsethik

Abstract: Bei der Beschäftigung mit den ethischen Implikationen von Informationskompetenz lassen sich mindestens drei Aspekte unterscheiden. Die ersten beiden betrachten Informationskompetenz von außen und behandeln ethische Begründungen für Informationskompetenz als Ganzes. Der dritte Gesichtspunkt thematisiert aus der Binnensicht die Bedeutung von Ethik bei der Vermittlung von Informationskompetenz selbst.

Aus der Perspektive des Individuums geht es zunächst um den Anspruch, diejenigen Kulturtechniken erlernen und beherrschen zu können, die es erlauben, am öffentlichen Leben teilzunehmen und z. B. das Recht auf Informationsfreiheit wahrnehmen zu können (Informationskompetenz als Anspruch). Aus der Sicht des demokratischen Rechtsstaates und der offenen Gesellschaft besteht zum zweiten der dringende Bedarf, die Informationskompetenz der Bürger möglichst gut zu entwickeln, damit ein demokratischer und pluralistischer Willensbildungsprozess möglich ist (Informationskompetenz als demokratisches Erfordernis). Der dritte Gesichtspunkt schließlich bezieht sich auf ethische Werte, die im Rahmen der Vermittlung von Informationskompetenz selbst eine Rolle spielen. Dabei geht es vor allem um den ethischen Umgang mit Informationen, die Vermeidung von Plagiarismus und den Schutz geistigen Eigentums (Ethischer Umgang mit Informationen).

Keywords: Informationsethik, Bibliotheksethik, Informationskompetenz, Informationsfreiheit, Plagiarismus, Menschenrechte, Digitale Spaltung

Prof. Dr. Hermann Rösch: Lehrt am Institut für Informationswissenschaft der Fachhochschule Köln mit den Schwerpunkten Informationsdienstleistungen, Informationsmittel, Informationsethik sowie Geschichte und Soziologie des Bibliotheks- und Informationswesens. Seit 2007 ist er Mitglied des IFLA-Komitees Free Access to Information and Freedom of Expression (FAIFE).

Ethische Implikationen der Informationskompetenz

Spätestens seit der ersten PISA-Studie[1] aus dem Jahr 2000 und den in gleicher Weise für Deutschland beunruhigenden Ergebnissen der wenig später abgeschlossenen Ste-FI-Studie[2] ist Informationskompetenz als Schlüsselqualifikation in der Informationsgesellschaft in das Interesse der Öffentlichkeit gerückt. Beide Studien haben eklatante Bildungsdefizite deutscher Schüler und Studenten in vielerlei Hinsicht offenbart. Das seither durchgeführte, kontinuierliche Bildungsmonitoring hat diese Befunde bestätigt, trotz leichter Ansätze zur Verbesserung im Trend. In daran anschließenden öffentlichen Debatten und fachlichen Diskursen werden einhellig verstärkte Anstrengungen und effiziente Strategien zur Beseitigung dieser Defizite gefordert. Informationskompetenz spielt in diesem Zusammenhang eine wesentliche Rolle.

Kernargument ist fast ausnahmslos die (berechtigte) Sorge um die Zukunft des Wirtschaftsstandortes Deutschland. Doch lassen sich für die dringende Notwendigkeit zur Verbesserung der Informationskompetenz der Bürger neben ökonomischen mit mindestens gleicher Berechtigung ethische Begründungen finden. Dabei geht es nicht um rein formale Vervollständigung; es geht vielmehr darum, durch die Einbeziehung ethischer, politischer, sozialer, kultureller und sonstiger Aspekte auf die inhaltliche Ausgestaltung einzuwirken und damit die ausschließliche Orientierung an rein instrumentell-pragmatischen Effekten zu verhindern.

Im Falle der Informationskompetenz hat es bislang nur wenige Versuche gegeben, ethische Begründungszusammenhänge auszuarbeiten und daraus entsprechende Forderungen abzuleiten. Stellvertretend sei verwiesen auf die Beiträge von Sturges/Gastinger,[3] Mäkinen/Mikola/Holmlund,[4] Jacobs[5] und Sühl-Strohmenger.[6] Während Sturges/Gastinger Informationskompetenz und Ethik im weiteren Sinne behandeln (Informationskompetenz als Menschenrecht), gehen Mäkinen/Mikola/Holmlund darüber hinaus auch auf die ethischen Werte ein, die im Rahmen der Vermittlung von Informationskompetenz thematisiert werden sollen (ethischer Umgang mit Informa-

---

1 PISA 2000. Zusammenfassung zentraler Befunde. Hrsg. von Cordula Artelt u. a. Berlin: Max-Planck-Institut für Bildungsforschung 2000.

2 Nutzung elektronischer wissenschaftlicher Information in der Hochschulausbildung. Barrieren und Potenziale der innovativen Mediennutzung im Lernalltag der Hochschulen. Endbericht. Rüdiger Klatt u. a. Dortmund August 2001. http://www.stefi.de/download/bericht2.pdf (6. 12. 2011).

3 u. Almuth Gastinger: Information Literacy as a Human Right. In: Libri 60 (2010). S. 195–202.

4 Mäkinen, Olli, Marja Mikola u. Susanne Holmlund: Right and Wrong in Information Retrieval. Information Literacy and Ethics. In: Journal of Communication and Computer 7 (2010). S. 54–62.

5 Jacobs, Michelle L.: Ethics and Ethical Challenges in Library Instruction. In: Journal of Library Administration 47 (2008). S. 211–232.

6 Sühl-Strohmenger, Wilfried: Förderung von Informationskompetenz durch Bibliotheken – aus berufsethischer Sicht. In: Bibliotheken für die Zukunft – Zukunft für die Bibliotheken. 100. Deutscher Bibliothekartag in Berlin 2011. Kongressband. Hrsg. von Ulrich Hohoff u. Daniela Lülfing. Hildesheim, Zürich, New York: Olms 2011. S. 292–306.

tionen). Jacobs und Sühl-Strohmenger konzentrieren sich weitgehend auf den letzteren Aspekt. Stellvertretend für die allerdings umfangreichere Literatur zum Thema Plagiarismus und geistiges Eigentum sei verwiesen auf Lampert[7] und Joint.[8] Welsh/Wright[9] widmen in ihrer Einführung „Information Literacy in the Digital Age" der von ihnen so bezeichneten „Ethical Literacy" ein eigenes Kapitel. Behandelt wird jedoch trotz des allgemeinen Begriffes ausschließlich der „Academic Code of Conduct" unter dem Aspekt der Vermeidung von Plagiarismus. In der Publikation von Hannabuss[10] geht es nicht um das Verhältnis von Ethik und Informationskompetenz, wie der Titel zunächst nahe legen könnte (Teaching Library and Information Ethics). Behandelt werden vielmehr Formen und Methoden der Lehre des Faches „Library and Information Ethics".

Bei der Beschäftigung mit den ethischen Implikationen des Themenkomplexes Informationskompetenz lassen sich mindestens drei Aspekte unterscheiden. Die ersten beiden betrachten Informationskompetenz von außen und behandeln ethische Begründungen für Informationskompetenz als Ganzes. Der dritte Gesichtspunkt befasst sich aus der Binnensicht mit der Bedeutung von Ethik bei der Vermittlung von Informationskompetenz selbst.

Aus der Perspektive des Individuums geht es zunächst um den Anspruch, diejenigen Kulturtechniken erlernen und beherrschen zu können, die es erlauben, am öffentlichen Leben teilzunehmen und z. B. das Recht auf Informationsfreiheit wahrnehmen zu können (Informationskompetenz als Anspruch). Dazu gehört im 21. Jahrhundert neben Lesen, Schreiben und Rechnen selbstverständlich auch Informationskompetenz im weiteren Sinne. Auch aus der Sicht des demokratischen Rechtsstaates und der offenen Gesellschaft besteht der dringende Bedarf, die Informationskompetenz der Bürger möglichst gut zu entwickeln, damit ein demokratischer und pluralistischer Willensbildungsprozess möglich ist (Informationskompetenz als demokratisches Erfordernis). Der dritte Gesichtspunkt schließlich bezieht sich auf ethische Werte, die im Rahmen der Vermittlung von Informationskompetenz selbst eine Rolle spielen. Dabei geht es vor allem um den ethischen Umgang mit Informationen, die Vermeidung von Plagiarismus und den Schutz geistigen Eigentums (Ethischer Umgang mit Informationen).

---

7 Lampert, Lynn D.: Integrating discipline-based anti-plagiarism instruction into the information literacy curriculum. In: Reference Service Review 32 (2004) H. 4. S. 347–355.
8 Joint, Nicholas: Teaching intellectual property rights as part of the information literacy syllabus. In: Library Review 55 (2006). S. 330–336.
9 Welsh, Teresa S. u. Melissa S. Wright: Information Literacy in the Digital Age. An evidence-based approach. Oxford u. a.: Chandos 2010. S. 53–69.
10 Hannabuss, Stuart: Teaching Library and Information Ethics. In: Library Management 17 (1996). S. 24–35.

Informationskompetenz als Anspruch

Informationsethik im weiteren und bibliothekarische Berufsethik im engeren Sinne berufen sich beide auf Artikel 19 der Allgemeinen Erklärung der Menschenrechte. Verbrieft werden darin das „Recht auf Meinungsfreiheit und freie Meinungsäußerung" sowie „die Freiheit (...) über Medien jeder Art und ohne Rücksicht auf Grenzen Informationen und Gedankengut zu suchen, zu empfangen und zu verbreiten". Dem entspricht Art. 5, Abs. 1 des deutschen Grundgesetzes: „Jeder hat das Recht, seine Meinung in Wort, Schrift und Bild frei zu äußern und zu verbreiten und sich aus allgemein zugänglichen Quellen ungehindert zu unterrichten." In diesen Formulierungen sind Meinungs- und Informationsfreiheit zunächst als passive Rechte artikuliert. Damit Individuen diese Rechte auch nutzbringend ausüben können, müssen sie die Chance haben, die entsprechenden Kulturtechniken zu erlernen. In der UN-Menschenrechtserklärung wird daher in Art. 26 jedem Menschen das „Recht auf Bildung" zugestanden, eine Bildung, die „auf die volle Entfaltung der menschlichen Persönlichkeit" gerichtet sein muss. Insofern ist es für Staat und Regierungen keineswegs hinreichend, diese Rechte formal einzuräumen, sie sind hingegen verpflichtet, Rahmenbedingungen zu erzeugen bzw. zu bewahren, welche es den Menschen erlauben, diese Rechte umfassend wahrnehmen zu können.[11] In der Informationsgesellschaft des 21. Jahrhunderts gehört dazu, dass die Menschen die realistische Chance haben, neben Lesen, Schreiben und Rechnen Informationskompetenz zu erwerben. In diesem Sinne wurde bereits 2003 auf einer von der UNESCO unterstützen Konferenz in der Abschlussdeklaration gefordert, Informationskompetenz als Menschenrecht zu begreifen.[12]

Damit die Bürger ihr Recht auf Information in der Informationsgesellschaft überhaupt wahrnehmen können, müssen sie vertraut sein mit den Spezifika digitaler Medien, der Komplexität netzbasierter Kommunikationskanäle und dem auf den ersten Blick unübersichtlichen Informationsangebot. Aus dem Recht auf Informationsfreiheit lässt sich daher das Recht auf den Erwerb von Informationskompetenz eindeutig ableiten. Angebote zur Vermittlung von Informationskompetenz gehören damit im 21. Jahrhundert zur staatlichen Daseinsvorsorge. In diesem Sinne stellen Sturges/Gastinger fest, „the need for the individual to possess Information Literacy can be said to be the logical outcome of a human right to information".[13] Nur der informationell autonome Bürger ist in der Lage, seine demokratischen Rechte wahrzunehmen und an der Willensbildung vollwertig teilzunehmen.

---

11 Sturges, Paul u. Almuth Gastinger: Information Literacy as a Human Right. (Anm. 3), hier S. 195.
12 „Information literacy (...) is part of the basic human right of life long learning". The Prague Declaration: Towards an Information Literate Society. 2003. http://portal.unesco.org/ci/en/files/19 636/11228863531PragueDeclaration.pdf/PragueDeclaration.pdf (6. 12. 2011).
13 Sturges, Paul u. Almuth Gastinger: Information Literacy as a Human Right. (Anm. 3), hier S. 199.

Mit den Begriffen Digital Divide oder Digitale Spaltung werden Zustände bezeichnet, in denen nennenswerte Teile der Bevölkerung aufgrund ihres sozialen Status, ungerechter Bildungschancen oder sonstiger Merkmale systematisch von der Teilnahme an der öffentlichen Informationszirkulation ausgeschlossen werden oder – häufiger noch – in denen ihnen die Rolle von passiven, unkritischen Konsumenten massenmedialer Informationsangebote zugewiesen wird. Mäkinen/Mikola/Holmlund sehen den Staat aus ethischen Gründen in der Pflicht, Angebote zur Vermittlung von Informationskompetenz selbst anzubieten oder zu stimulieren, damit jeder die Chance hat, die Ursachen der Benachteiligung und damit die Verurteilung zu partieller Unmündigkeit zu überwinden.[14] Der aufklärerische Trend progredierender Subjektivität wird sich in der Informationsgesellschaft nur dann fortsetzen können, wenn die große Mehrheit der Individuen bereit und in der Lage ist, sich selbstbestimmt und urteilsfähig an der zirkulierenden öffentliche Kommunikation zu beteiligen.

Die Fähigkeit, in Informationsprozessen ermittelte Aussagen in Frage zu stellen, kritisch zu evaluieren und mögliche Alternativen zu erwägen, gehört mithin zum Kern informationskompetenten Verhaltens.[15] Eine auf diese Weise gesicherte informationelle Autonomie[16] versetzt den Bürger in die Lage, selbstgesteuert an demokratischen Prozessen zu partizipieren. Informationskompetenz trägt damit grundsätzlich und wesentlich bei zu Demokratiekompetenz.[17]

Zu informationeller Autonomie gehört aber nicht nur die grundsätzliche Fähigkeit, Informationen aufnehmen und sich Zugang zu den gängigen (Massen-)Medien verschaffen zu können. Ein für die Informationsgesellschaft typisches Phänomen wird häufig mit der Metapher „Informationsflut" beschrieben. Das anhaltende Wachstum der zirkulierenden Informationsmenge führt schnell zur Überforderung und Reizüberflutung. Ohne die ausgeprägte Fähigkeit, Prioritäten zu setzen oder sich bewusst zu entziehen, wird das verfügbare Aufmerksamkeitspotenzial von den aufdringlichsten und eingängigsten Informationsangeboten besetzt und verbraucht. Seitens der Anbieter kann dahinter z. B. eine manipulative Strategie stehen, deren Ziel es ist, bestimmte Informationen zu lancieren, um Konsum bestimmter Produkte zu stimulieren oder Zustimmung für bestimmte politische Entscheidungen zu erlangen.[18] Volle informationelle Autonomie ist erst dann vorhanden, wenn ein Individuum die Me-

---

14 Mäkinen, Olli, Marja Mikola u. Susanne Holmlund: Right and Wrong in Information Retrieval. Information Literacy and Ethics. (Anm. 4), hier S. 59.

15 Ebd., S. 58.

16 Vgl. dazu Kuhlen, Rainer: Informationsethik. Umgang mit Wissen und Information in elektronischen Räumen. Konstanz: UVK 2004. S. 419.

17 Capurro, Rafael: Information, Zeichen, Kompetenz – Fragen an Rafael Capurro zu aktuellen und grundsätzlichen Fragen der Informationswissenschaft (gestellt von Linda Treude). In: Information – Wissenschaft & Praxis 62 (2011). S. 38.

18 Vgl. dazu auch Sturges, Paul u. Almuth Gastinger: Information Literacy as a Human Right. (Anm. 3), hier S. 199.

dien- und Informationsangebote selbstgesteuert und selektiv nutzen kann. Informationskompetenz zeigt sich also auch darin, dass der Einzelne dazu in der Lage ist, zu entscheiden, welche Informationen wichtig sind und welche nicht. Passiver Konsum konfektionierter Informationsangebote kann dann abgelöst werden durch aktive und selbstbestimmte Auswahl aus einem breiten Spektrum. Dafür bedarf es jener Informationskompetenz, die es erlaubt, das Spektrum der zirkulierenden Informationen in den für das jeweiligen Individuum relevanten Bereichen zu überschauen und dann zu entscheiden, was als wichtig, seriös, bereichernd usw. angesehen werden kann.

Informationskompetenz als demokratisches Erfordernis

Der spanische Philosoph und Soziologe José Ortega y Gasset hat die demokratische Gesellschaft einmal als Tochter des Buches bezeichnet.[19] Mit Mäkinen/Mikola/Holmlund lässt sich diese Sentenz bezogen auf die Informationsgesellschaft des 21. Jahrhunderts abwandeln: „The improvement of information literacy contributes (...) to the functioning of societies and values such as democracy."[20] Es leuchtet ein, dass demokratische Gesellschaften auf Bürger angewiesen sind, die bereit und fähig sind, an Willensbildungsprozessen teilzunehmen. Verantwortlich am demokratischen Geschehen partizipieren und seine Rechte wahrnehmen kann aber nur, wer sich mit konkurrierenden Meinungen auseinandersetzt und die für notwendige Entscheidungen relevanten Informationen ermittelt und bewertet. Diesen Gedanken hatte auch die bereits erwähnte Prager Erklärung aus dem Jahr 2003 enthalten: „Information literacy (...) is a prerequisite for participating effectively in the Information Society ..." Daraus wurde die logische Schlussfolgerung gezogen: „Information Literacy should be an integral part of Education for All ..."[21] Interessanterweise findet sich in der norwegischen Verfassung seit 2005 ein Passus, demzufolge „state authorities (are required) to create conditions that facilitate open and enlightened public discourse".[22] Auch wenn sie nicht ausdrücklich genannt ist, so ist doch unverkennbar, dass Informationskompetenz neben anderen Bedingungen wie Informationsfreiheit hier implizit angesprochen ist.

---

19 So zitiert bei Capurro, Rafael: Information, Zeichen, Kompetenz – Fragen an Rafael Capurro zu aktuellen und grundsätzlichen Fragen der Informationswissenschaft (gestellt von Linda Treude). (Anm. 17), hier S. 38.
20 Mäkinen, Olli, Marja Mikola u. Susanne Holmlund: Right and Wrong in Information Retrieval. Information Literacy and Ethics. (Anm. 4), hier S. 61.
21 „Information literacy (...) is part of the basic human right of life long learning". The Prague Declaration: Towards an Information Literate Society. (Anm. 12).
22 Sturges, Paul u. Almuth Gastinger: Information Literacy as a Human Right. (Anm. 3), hier S. 198.

Informationskompetenz ist also nicht nur als Anspruch oder gar Menschenrecht des Individuums anzusehen, sondern darüber hinaus auch als Erfordernis, auf das Staat und Gesellschaft angewiesen sind, sofern sie dem demokratischen Prinzip verpflichtet sind. Es genügt nicht, dass es ein Angebot gibt, welches die informationelle Grundversorgung der Bürgerinnen und Bürger durch freie Massenmedien (Presse, Rundfunk, Fernsehen) und digitale Vernetzung gewährleistet. Die Bürger müssen darüber hinaus in der Lage sein, das Angebot zu erkennen und nach eigenen Prioritäten zu nutzen. Aufgabe des Staates ist es daher, den Erwerb von Informationskompetenz für die Bürger so einfach wie möglich zu machen und entsprechende Angebote im Bildungssystem fest zu verankern. Dem trägt Kuhlen mit der Forderung Rechnung, „Informationskompetenz (...) inklusiv, in die allgemeine Ausbildung (im Vorschulalter beginnend) und die Fort- und Weiterbildung zu integrieren".[23]

Jürgen Habermas hat sich in seiner Habilitationsschrift „Strukturwandel der Öffentlichkeit" (1962) mit der Entstehung der öffentlichen Sphäre als Kernelement des bürgerlichen Diskurses und der bürgerlichen Emanzipation beschäftigt.[24] Im Idealfall wacht die Öffentlichkeit als Korrelat zu Herrschaft darüber, dass alle politischen Handlungen auf gesetzlicher Grundlage erfolgen. Ein Kriterium funktionierender Demokratie besteht daher darin, dass Entscheidungsprozesse transparent sind und alle bedeutenden rechtlichen, politischen und wirtschaftlichen Vorgänge durch die Öffentlichkeit kontrolliert werden können. Öffentlichkeit aber wird wesentlich durch Massenmedien erzeugt, die wiederum im Verdacht stehen, aus ökonomischen Gründen Neuigkeiten planmäßig zu schaffen oder aus politischer Opportunität Akklamationsbereitschaft zu stimulieren.[25] Zudem besteht die Gefahr, dass Medienmacht manipulativ eingesetzt wird, um Kaufkraft, Loyalität oder Wohlverhalten zu mobilisieren.[26]

Informationskompetenz erleichtert es den Bürgern, entsprechende Manipulationsabsichten zu identifizieren und Informationsangebote auf ihre Validität und Seriosität hin zu prüfen. Allein aus Selbsterhaltungsgründen muss der demokratische Staat daran interessiert sein, dass seine Bürger über diese Fähigkeiten verfügen. Ansonsten werden demokratische Prinzipien korrumpiert. Kritische, kontroverse Auseinandersetzungen finden dann nur noch zum Schein als Alibidebatten und formalisierte, mediale „Verarbeitungszeremonien" statt. Über deren Ergebnis bestimmen dann Minderheiten, die im Besitz von Marktmacht sind. Solchen Asymmetrien kann Informationskompetenz entgegenwirken. Eine lebendige Demokratie muss sich aus Eigeninteresse darum bemühen, eine „digitalen Spaltung" der Gesellschaft in „informationsreiche" und „informationsarme" Schichten zu vermeiden. Auch unter die-

---

23 Kuhlen, Rainer: Informationsethik. Umgang mit Wissen und Information in elektronischen Räumen. (Anm. 16), hier S. 130.
24 Habermas, Jürgen: Strukturwandel der Öffentlichkeit. Untersuchungen zu einer Kategorie der bürgerlichen Gesellschaft. Neuaufl. Frankfurt a. M.: Luchterhand 1990 (Zuerst: 1962).
25 Vgl. ebd., S. 290 und S. 321.
26 Vgl. ebd., S. 284.

sem Gesichtspunkt wird Vermittlung von Informationskompetenz zu einem ethischen Postulat.

Ethischer Umgang mit Informationen

Ausgangspunkt für die Frage, welche ethischen Werte im Rahmen der Vermittlung von Informationskompetenz im Vordergrund stehen sollen, ist in der Regel ein Passus aus den Standards zur Informationskompetenz der ACRL aus dem Jahr 2000: „The information literate student understands many of the economic, legal, and social issues surrounding the use of information and accesses and uses information ethically and legally."[27] Die Dienstleistungskommission des dbv hat diese Aussage in beinahe wörtlicher Übersetzung in ihre „Standards der Informationskompetenz für Studierende" aus dem Jahr 2009 übernommen.[28] Demnach ist „Informationsnutzungsethik"[29] Teil informationskompetenten Verhaltens. Im Einzelnen sind darunter zu verstehen die Achtung fremden geistigen Eigentums, die Vermeidung von Plagiarismus, die Wahrung des Urheberrechts und die Wahrung der Privatsphäre bzw. des Datenschutzes. Darüber hinaus geht es aber auch darum, Verständnis für die Grundwerte der Informations- und Meinungsfreiheit zu wecken oder zu schärfen und Sensibilität für vorhandene oder drohende Zensur zu fördern.

Niemand wird bestreiten, dass es Plagiarismus auch vor der Erfindung digitaler Medien und der Popularisierung des Internet in beklagenswertem Umfang gegeben hat. Die Möglichkeiten über „Copy and Paste" in wenigen Schritten ganze Sätze oder Abschnitte aus fremden Dokumenten in eigene zu übernehmen aber hat die Übernahme fremden geistigen Eigentums massiv erleichtert. Auch der direkte Zugang zu einer Vielzahl von Dokumenten in digitaler Form über das Internet hat die Verlockung zur Übernahme ohne korrekte Zitation erheblich vergrößert. Eine wichtige Rolle spielt in diesem Zusammenhang, dass sich bei Internetnutzern eine eigene Kultur ausgeprägt hat: Die über das Netz zugänglichen Informationen (Texte, Bilder, Musik usw.) wer-

---

27 Information Literacy Competency Standards for Higher Education. Association of College and Research Libraries. 2000. http://www.ala.org/ala/mgrps/divs/acrl/standards/standards.pdf (6. 12. 2011).
28 „Die informationskompetenten Studierenden (...) sind sich der ethischen, rechtlichen und sozio-ökonomischen Fragestellungen bewusst, die mit der Nutzung von Information und Informationstechnologie verbunden sind." Vgl. Standards der Informationskompetenz für Studierende. Dbv Dienstleistungskommission 2009. http://www.bibliotheksverband.de/fileadmin/user_upload/Kommissionen/Kom_Dienstleistung/Publikationen/Standards_Infokompetenz_03.07.2009_endg.pdf (6. 12. 2011).
29 Vgl. Sühl-Strohmenger, Wilfried: Förderung von Informationskompetenz durch Bibliotheken – aus berufsethischer Sicht. (Anm. 6).

den häufig nicht als jemandes Eigentum angesehen, sondern als Allgemeingut.[30] Die klassischen Werte von intellektuellem Eigentum und Plagiarismus haben an Verbindlichkeit verloren. Die verbreiteten Praktiken des File-Sharing in Tauschbörsen oder über soziale Netzwerke gepaart mit der Vorstellung, im Netz anonym, unbeobachtet und geschützt agieren zu können haben diese neue Kultur geprägt. Für Musiker und die Musikindustrie hat dies immerhin zu dramatischen Einnahmeverlusten geführt.

Im Journalismus und insbesondere im Wissenschaftssektor hat das Thema Plagiarismus nicht erst seit dem Fall Guttenberg besondere Aktualität gewonnen, da die Zahl der Plagiatsfälle eklatant angestiegen ist.[31] Verbessert haben sich allerdings auch die Möglichkeiten und Techniken der Plagiatserkennung. Dennoch stellen Mäkinen/Mikola/Holmlund zu Recht fest: „Theft, fraud, and plagiarism are threatening the information society's functioning."[32] Vermittlung von Informationskompetenz muss aus dieser Sicht zu der Einsicht führen „that plagiarism damages both commercial quarters (publishers) and information producers (authors, researchers), who all loose something in the process".[33] Vermittlung von Informationskompetenz im Hochschulsektor bedeutet daher, über die Gefahren des Plagiarismus und seine Folgen nachhaltig aufzuklären und Studierende mit den Grundlagen guter wissenschaftlicher Praxis vertraut zu machen. Behandelt werden sollte in diesem Kontext auf jeden Fall das Creative-Commons-Konzept, dass es Autoren erlaubt, die Nutzungsrechte an ihren Werken exakt festzulegen. Selbstverständlich spielen die Themen Plagiarismus und geistiges Eigentum nicht nur für Hochschulangehörige oder Schüler eine Rolle. Auch alle anderen Adressaten müssen mit den entsprechenden Fragestellungen unter ethischen Gesichtspunkten konfrontiert werden.

Seit mit dem Web 2.0 die Teilnahme an sozialen Netzwerken ungemein populär geworden ist, ist der Themenbereich Datenschutz und Wahrung der Privatsphäre in den Vordergrund getreten. Die wenigsten Nutzer sind sich darüber im Klaren, dass einmal hochgeladene Daten nur vom Betreiber der Plattform gelöscht werden können. Unklar ist zudem, ob und unter welchen Bedingungen z. B. Unternehmen oder Regierungsstellen Zugriff auf persönliche Daten erhalten. Zu einem ethisch verantwortlichen Umgang mit sozialen Netzwerken, Blogs und anderen interaktiven Angeboten gehört aber auch, die Privatsphäre anderer zu respektieren. Wer etwa bei Facebook, Xing oder anderen Plattformen Fotos frei zugänglich platziert, auf denen Freunde abgebildet sind, verletzt deren Recht am eigenen Bild, wenn nicht die ausdrückliche Genehmigung der Abgebildeten vorliegt. Ethisch nicht vertretbar ist es fer-

---

30 Mäkinen, Olli, Marja Mikola u. Susanne Holmlund: Right and Wrong in Information Retrieval. Information Literacy and Ethics. (Anm. 4), hier S. 57.
31 Vgl. Rieble, Volker: Das Wissenschaftsplagiat. Vom Versagen eines Systems. Frankfurt a. M.: Klostermann 2010.
32 Mäkinen, Olli, Marja Mikola u. Susanne Holmlund: Right and Wrong in Information Retrieval. Information Literacy and Ethics. (Anm. 4), hier S. 60.
33 Ebd., S. 60.

ner, intime Details oder abfällige Bemerkungen über Dritte auf sozialen Netzwerken oder in Diskussionslisten mitzuteilen. Vermittlung von Informationskompetenz muss darüber aufklären, wie viel Schaden man sich und anderen zufügen kann, durch unüberlegte Äußerungen und Handlungen im Netz.

Ausblick

Zu wünschen ist, dass zukünftig die ethischen Implikationen des Themas Vermittlung von Informationskompetenz intensiv diskutiert werden und damit mehr Einfluss auf die Ausgestaltung entsprechender Angebote gewinnen. Rechnung getragen wird damit sowohl dem Anspruch der Bürger als auch dem Bedürfnis des demokratischen Staates. Ethische Werte, die im Rahmen der Vermittlung von Informationskompetenz zur Sprache kommen, beziehen sich thematisch im Wesentlichen auf Informations- und Meinungsfreiheit als Grundwerte sowie auf Wahrung der Privatsphäre, Datenschutz, Vermeidung von Plagiarismus, Achtung geistigen Eigentums u. a. m. Aufgrund technischer Neuerungen und verändertem Informationsverhaltens können selbstverständlich weitere Aspekte zu dieser Aufzählung hinzutreten.

Eric W. Steinhauer

Informationskompetenz und Recht

Abstract: Informationskompetenz und Recht weisen vier Berührungspunkte auf. Zunächst kann die Recherche beim Zugang zu Informationen rechtliche Probleme aufwerfen. Sodann sind bei der Verwendung von Informationen rechtliche Vorgaben zu beachten; man denke nur an korrektes Zitieren oder an Datenschutz- und Persönlichkeitsrechte. Drittens thematisiert die Rechtsordnung selbst Informationskompetenz als Bildungsziel in verschiedenen Vorschriften des Bildungsrechts. Schließlich sind Kenntnisse zu den rechtlichen Problemen der Informationssuche und -verwendung Teil einer umfassend verstandenen Informationskompetenz.

Keywords: Plagiat, Archivrecht, Datenschutz, Persönlichkeitsrecht, Informationsfreiheit, Datenbankrecht, Zitat, Inhaltsangabe, Abstract, Digitalisat, Bibliotheksrecht, Hochschulrecht, Schulrecht, Bildungsrecht, Weiterbildungsrecht, Urheberrecht.

Dr. jur. Eric W. Steinhauer: Dezernent für Medienbearbeitung an der Universitätsbibliothek Hagen. Studium von Rechtswissenschaft, Katholischer Theologie, Philosophie, Erziehungs- und Politikwissenschaft in Münster und Hagen, Promotion in Münster. Bibliotheksreferendariat in Freiburg/Brsg. und München. Bibliotheks- bzw. medienrechtliche Lehraufträge an der Humboldt-Universität zu Berlin, der Bergischen Universität Wuppertal, der Hochschule für Technik, Wirtschaft und Kultur in Leipzig, der Hochschule der Medien in Stuttgart sowie an der Bayerischen Bibliotheksschule in München. Homepage: http://www.steinhauer-home.de.

Problemstellung

Recht und Informationskompetenz sind vielfältig aufeinander bezogen. Schon bei der Recherche können sich rechtliche Fragestellungen ergeben, etwa wenn es um den Zugang zu bestimmten Informationen geht. Ebenso sind bei der Informationsverwendung rechtliche Vorgaben zu beachten. Man denke nur an das korrekte Zitieren fremder Inhalte. Das Thema Informationskompetenz kann zudem selbst von der Rechtsordnung aufgegriffen werden, wenn im Bildungsrecht Informations- und Medienkompetenz als Lernziele beschrieben oder deren Vermittlung bestimmten Einrichtungen als Aufgabe zugewiesen wird. Schließlich gehören Kenntnisse über die rechtlich saubere Verwendung von Informationen zu einer umfassend verstandenen Informationskompetenz.

Recherchieren als Rechtsproblem

Bereits bei der Suche nach Informationen können juristische Probleme auftreten. So müssen mitunter rechtliche Hürden überwunden werden, um zu den gesuchten Inhalten zu gelangen. Je nachdem ob es sich um bereits veröffentlichte oder noch unveröffentlichte Informationen handelt, ergeben sich unterschiedliche Zugangsprobleme.

Informationsfreiheit als Grundrecht

Der freie Zugang zu Informationen steht unter dem Schutz der Verfassung. Das Grundrecht der Informationsfreiheit in Art. 5 Abs. 1 S. 1, 2. Fall Grundgesetz (GG) gibt jedermann das Recht, sich aus frei zugänglichen Quellen ungehindert zu unterrichten. Dieses Grundrecht ergänzt das Recht auf freie Meinungsäußerung in Art. 5 Abs. 1 S. 1, 1. Fall GG zu einem Recht auf mündige politische Teilhabe, die ohne ausreichende Information nicht möglich ist.[1] Im Bereich der Wissenschaft gewährleistet darüber hinaus das Grundrecht der Wissenschaftsfreiheit in Art. 5 Abs. 3 S. 1, 2. Fall GG als Teil der Forschungsfreiheit jedermann das Recht, die für seine wissenschaftliche Arbeit notwendigen Recherchen durchzuführen. Informations- und Wissenschaftsfreiheit werden nicht nur durch das Grundgesetz geschützt. Entsprechende Gewährleistungen finden sich auch in den meisten Verfassungen der Bundesländer.

Die genannten Grundrechte schützen das Recht auf Recherche und Information in zweierlei Weise, einmal im Sinne eines Abwehrrechts gegen staatliche Behinderungen, dann als objektive Wertentscheidung der Verfassung, die bei der Auslegung und Anwendung des einfachen Rechts zu beachten ist.[2] Vorschriften etwa, die den Zugang zu Informationen begrenzen oder ausschließen, müssen daher im Licht der Informations- und Wissenschaftsfreiheit verhältnismäßig sein. Einen direkten Anspruch auf die Bereitstellung von konkreten Informationen im Sinne eines Leistungsanspruchs gewährt die Verfassung indes nicht. Deutlich wird dies insbesondere beim Grundrecht der Informationsfreiheit. Es setzt die allgemein zugänglichen Quellen, aus denen man sich informieren kann, voraus, schafft sie aber nicht. Gleichwohl kann den Grundrechten eine abstrakte Verpflichtung des Staates entnommen werden, geeignete Informationsquellen überhaupt bereitzustellen oder ihr Vorhandensein zu sichern, damit die grundrechtlichen Gewährleistungen nicht leerlaufen. Berührt die

---

1 Vgl. Schmidt-Jortzig, Edzard: Meinungs- und Informationsfreiheit. In: Handbuch des Staatsrechts. Band 7: Freiheitsrechte. Hrsg. von Josef Isensee u. Paul Kirchhof. 3., völlig neu bearb. u. erw. Aufl. Heidelberg: Müller 2009. § 162, Rn. 1f.
2 Vgl. Fechner, Frank: Medienrecht: Lehrbuch des gesamten Medienrechts unter besonderer Berücksichtigung von Presse, Rundfunk und Multimedia. 12. überarb. u. erg. Aufl. Tübingen: Mohr Siebeck 2011. 3. Kap., Rn. 23.

Schließung einer konkreten Bibliothek das Grundrecht der Wissenschaftsfreiheit nur indirekt, würde die Abschaffung sämtlicher öffentlich zugänglicher Bibliotheken eine Grundrechtsverletzung bedeuten, denn ohne Zugang zu großen Bücher- und Mediensammlungen wäre das jedermann gewährte Recht, sich wissenschaftlich zu betätigen, entwertet.

Auch wenn sich aus der Verfassung in aller Regel keine Leistungsansprüche auf den Zugang zu bestimmten Informationen ableiten lassen, kann der Gesetzgeber die in Art. 5 GG getroffenen Wertentscheidungen einfachgesetzlich konkretisieren und dabei sowohl Informationsansprüche zulassen wie auch mit Blick auf Rechte Dritter den Zugang zu bestimmten Inhalten verwehren. Zugangsansprüche enthalten die bisher verabschiedeten Bibliotheksgesetze, aber auch die Archiv- und Informationsfreiheitsgesetze.[3] Insbesondere aus dem Urheberrecht können sich hier aber Einschränkungen ergeben. Explizite Beschränkungen des Informationszugangs enthalten die Archiv- und Informationsfreiheitsgesetze.

Urheberrechtliche Probleme

Die Suche nach Informationen setzt die Erreichbarkeit von Informationsquellen voraus. Diese Erreichbarkeit kann problematisch sein, wenn es sich bei der gewünschten Quelle um ein urheberrechtlich geschütztes Werk handelt und der Urheber den Zugang zu diesem Werk kontrollieren möchte. Grundsätzlich gilt, dass der reine Werkgenuss, wie ihn die Lektüre eines Buches darstellt, vom Urheber nicht unterbunden werden kann, sobald ein Werk veröffentlicht wurde. Zudem gilt der in § 17 Abs. 2 Urheberrechtsgesetz (UrhG) niedergelegte Erschöpfungsgrundsatz. Danach verliert der Urheber weitgehend die Kontrolle über ein Werkstück, das mit seiner Zustimmung veräußert wurde. Lediglich die Vermietung, Vervielfältigungen und öffentliche Wiedergaben bleiben ihm vorbehalten. Soweit ein Werk aber noch nicht publiziert wurde oder als reine Online-Publikation vorliegt, kann der Urheber auf dessen Nutzung einen weitreichenden Einfluss nehmen.

---

3 Vgl. Manegold, Bartholomäus: Archivrecht: Die Archivierungspflicht öffentlicher Stellen und das Archivzugangsrecht des historischen Forschers im Licht der Forschungsfreiheitsverbürgung des Art. 5 Abs. 3 GG. Berlin: Duncker & Humblot 2002 (Schriften zum Öffentlichen Recht 874). S. 65–129; Steinhauer, Eric W.: Bibliotheksgesetzgebung: Eine kurze Einführung. In: Bibliotheksgesetzgebung: Ein Handbuch für die Praxis, insbesondere im Land Baden-Württemberg. Hrsg. von Eric W. Steinhauer u. Cornelia Vonhof. Bad Honnef: Bock + Herchen 2011. S. 16–35. Allgemein zur Problematik Behnisch-Hollatz, Susanne: Recht auf Zugang zu öffentlichem Kulturgut. Aachen: Shaker 2004 (Rechtswissenschaft).

Das Veröffentlichungsrecht des Urhebers aus § 12 UrhG

Nach § 12 Abs. 1 UrhG hat der Urheber das Recht zu bestimmen, ob und wie sein Werk veröffentlicht wird. Vor der Veröffentlichung ist es nach § 12 Abs. 2 UrhG dem Urheber vorbehalten, den Inhalt seines Werkes öffentlich mitzuteilen. Gegen und ohne seinen Willen ist es nicht zugänglich und kann nicht verwendet werden. Selbst Zitate sind unzulässig. Wann das Werk von der Sphäre des Urhebers in die Sphäre der Öffentlichkeit wechselt, kann im Einzelfall problematisch sein. Grundsätzlich ist nach § 15 Abs. 3 Satz 2 UrhG dann Öffentlichkeit gegeben, wenn das Werk Personen zugänglich gemacht wird, die untereinander nicht durch persönliche Beziehungen verbunden sind, also nicht zum Freundes-, Familien und engen Bekanntenkreis des Werknutzers gehören.[4] Diese Bestimmung erfährt in der urheberrechtlichen Literatur für den Bildungs- und Wissenschaftsbereich aber eine wichtige Einschränkung.[5] So wird trotz fehlender persönlicher Verbundenheit keine Veröffentlichung angenommen, wenn das Werk bloß einem begrenzten Personenkreis in einer Vorlesung oder einem Seminar, vorgestellt wird. Der Urheber hat hier ein Interesse daran, sein Werk, an dem er gerade arbeitet, zu diskutieren, ohne dass seine Überlegungen sogleich von jedermann publik gemacht werden. Die Weitergabe von unautorisierten Vorlesungsmitschriften ist daher urheberrechtlich problematisch.

Kann der Urheber publizierte Informationen kontrollieren?

Bei lediglich unkörperlich veröffentlichten Werken wie Netzpublikationen greift der Erschöpfungsgrundsatz nicht.[6] Der Urheber kann daher die Verwendung des Werkes, die im digitalen Bereich ja immer mit Vervielfältigungen auf Computersystemen verbunden ist, umfassend kontrollieren, soweit nicht gesetzliche Schrankenregelungen in den §§ 44 a ff. UrhG eingreifen. So ist der Aufruf eines Onlinedokuments nach § 44 a UrhG als flüchtige, lediglich technische bedingte Vervielfältigung gestattet. In gleicher Weise sind nach § 53 UrhG Kopien (Abspeichern, Ausdrucken) für den privaten oder eignen wissenschaftlichen Gebrauch möglich; dies gilt mit der Einschränkung, dass nur eine analoge Vervielfältigung bzw. Nutzung erfolgt, auch für den kommerziellen Bereich. Ebenfalls zulässig sind Zitate nach Maßgabe von § 51 UrhG. Allerdings kann der Urheber nach herrschender Meinung diese Möglichkeiten durch vertragli-

---

4 Schulze, Gernot: § 15, Rn. 43. In: Dreier, Thomas u. Gernot Schulze: Urheberrechtsgesetz: Urheberrechtswahrnehmungsgesetz, Kunsturhebergesetz. Kommentar. 3. Aufl. München: Beck 2008.
5 Vgl. Bullinger, Winfried: § 12, Rn. 7. In: Praxiskommentar zum Urheberrecht. Hrsg. von Artur-Alex Wandtke u. Winfried Bullinger. 3., neu bearb. Aufl. München: Beck 2009.
6 Loewenheim, Ulrich: § 17, Rn. 45. In: Urheberrecht: Kommentar. Hrsg. von Gerhard Schricker u. Ulrich Loewenheim. 4., neu bearb. Aufl. München: Beck 2010.

che Vereinbarungen ausschließen bzw. einschränken mit der Folge, dass er die Nutzung des Werkes unter seiner Kontrolle behält.[7] Die Einschränkung gilt jedoch nur für den Vertragspartner, etwa eine Bibliothek, die freilich auf Grundlage der Benutzungsordnung ihre Nutzer auf diese Beschränkungen verpflichten kann. Eine noch viel weitergehende Kontrolle des Zugangs zu digital vorliegenden Informationen gewähren technische Schutzmaßnahmen. Nach § 95 b Abs. 3 UrhG gehen diese Schutzmaßnahmen bei Netzpublikationen den gesetzlichen Schrankenregelungen stets vor, so dass das Werk, dessen Zugänglichkeit und Nutzung vollständig vom Urheber bzw. einem von ihm ermächtigten Rechteinhaber kontrolliert werden kann. Es gibt Stimmen in der urheberrechtlichen Literatur, die diese (europarechtlich vorgegebene) Beschränkung mit Blick auf die Grundrechte der Informations- und Wissenschaftsfreiheit für problematisch halten.[8]

Archiv- und Informationsfreiheitsgesetze

Besondere Reglungen über den Zugang zu Informationen enthalten die Archiv- und Informationsfreiheitsgesetze der Bundes und der Länder. Dabei geht es in den Archivgesetzen vor allem darum, Belange des Datenschutzes und der Persönlichkeitsrechte gegenüber Informationssuchenden zu einem angemessenen Ausgleich zu bringen.[9] Erreicht wird dies durch Sperrfristenregelungen und gesetzlich umschriebene Ausnahmevorschriften. Die Regelungen der Archivgesetze können daher die Informationssuche vor allem dann, wenn es um jüngeres Material geht, beeinträchtigen. Im Gegensatz dazu zielen die Informationsfreiheitsgesetze auf eine Erweiterung von Informationsmöglichkeiten. Sie erklären die in den Behörden vorhandenen Verwaltungsunterlagen zu allgemein zugänglichen Quellen im Sinne von Art. 5 GG mit der Konsequenz, dass jedermann in diese Unterlagen Einsicht nehmen kann.[10] Allerdings gibt es auch hier Gründe, eine Information nicht vorzulegen. Die Informationsfreiheitsgesetze enthalten daher etliche Ausnahmebestimmungen, die einen Zugang zu den gewünschten Inhalten verwehren. Besondere Bedeutung hat hier das Urheberrecht.[11] Sowohl in den

---

7 Dreier, Thomas: §§ 44 a ff., Rn. 9. In: Dreier, Thomas u. Gernot Schulze: Urheberrechtsgesetz (Anm. 4).
8 Vgl. Dreier, Thomas: § 95, Rn. 17. In: Dreier, Thomas u. Gernot Schulze: Urheberrechtsgesetz (Anm. 4).
9 Vgl. Brenner-Wilczek, Sabine, Gertrude Cepl-Kaufmann u. Max Plassmann: Einführung in die moderne Archivarbeit. Darmstadt: Wiss. Buchges. 2006. S. 40–45.
10 Berger, Sven: vor § 1, Rn. 2–5. In: Berger, Sven, Jürgen Roth u. Christopher Seel: Informationsfreiheitsgesetz: Gesetz zur Regelung des Zugangs zu Informationen des Bundes (IFG). Kommentar. Köln [u. a.]: Heymann 2006 (Heymanns Taschenkommentare).
11 Dazu Schnabel, Christoph: Geistiges Eigentum als Grenze der Informationsfreiheit. In: Kommunikation & Recht 14 (2011). S. 626–631.

Archiven als auch in den Behörden wird meist unpubliziertes Material vorgehalten. Mit Blick auf das Veröffentlichungsrecht des Urhebers in § 12 UrhG stellt sich die Frage, ob unabhängig von den Bestimmungen in den Archiv- und Informationsfreiheitsgesetzen ein Zugang zu den gewünschten Inhalten schon aus urheberrechtlichen Gründen zu versagen ist. Vor allem die Informationsfreiheitsgesetze statuieren ausdrücklich einen Vorrang der Regelungen des Urheberrechts. Allgemein ist anerkannt, dass die bloße Übergabe von Schriftstücken an Archive keine Veröffentlichung im Sinne von § 12 UrhG bedeutet. Werden Schriftstücke aber Teil von Behördenakten, werden sie nach strittiger Ansicht durch die Informationsfreiheitsgesetze nunmehr zu allgemein zugänglichen Quellen: Mit der Einfügung in die Verwaltungsunterlagen wird das Werk für jedermann zugänglich und ist damit auch im Sinne von § 12 UrhG veröffentlicht.[12]

Im Bereich der Archive ist zwischen Materialien zu unterscheiden, an denen der Archivträger Nutzungsrechte hat und solchen, die er lediglich verwahrt, ohne dass über die Nutzung eine urheberrechtliche Vereinbarung getroffen wurde. Soweit es um Materialien aus dem Geschäftsbereich des Archivträgers geht, stellen sich in aller Regel keine besonderen urheberrechtlichen Probleme.[13] Bei Materialien anderer Provenienz kann deren Zugänglichkeit von der Zustimmung des Rechteinhabers abhängen. Aus dem Gesagten ergibt sich, dass trotz gesetzlicher Zugangsregelungen in den Archiv- und Informationsfreiheitsgesetzen bei unveröffentlichten Materialien im Einzelfall aus urheberrechtlichen Gründen der Zugang zu versagen ist. Dieser Umstand macht die Recherche zu einem in juristischer Hinsicht anspruchsvollen und mühseligen Unterfangen. Bei der Informationssuche im Bereich von Archiven und Verwaltung sind daher rechtliche Aspekte unbedingt zu berücksichtigen.

Sacheigentum und Zugänglichkeit

Die Nutzung von Archivalien und Behördenakten kann aus urheberrechtlichen Gründen versagt werden, obwohl die begehrten Materialien im Eigentum eines Archivs bzw. einer Behörde stehen, die selbst keine Einwände gegen eine Herausgabe der Informationen hat. Hier wird deutlich, dass mit dem Eigentum an einem Informationsmittel zwar eine umfassende Sachherrschaft verbunden ist, nicht jedoch die Be-

---

12 Berger, Sven: § 6, Rn. 11. In: Berger, Sven, Jürgen Roth u. Christopher Seel: Informationsfreiheitsgesetz (Anm. 10). Anderer Ansicht Rossi, Matthias: Informationsfreiheitsgesetz: Handkommentar. Baden-Baden: Nomos (NomosKommentar). § 6, Rn. 35–40; Schoch, Friedrich: Informationsfreiheitsgesetz: Kommentar. München: Beck 2009. § 6, Rn. 32.
13 Vgl. Heydenreuter, Reinhard: Urheberrecht und Archivwesen. In: Der Archivar 41 (1988). S. 398–407.

fugnis, über das in der Sache verkörperte geistige Eigentum zu verfügen.[14] Aber auch der umgekehrte Fall ist denkbar, dass etwa ein Werk nach Ablauf der urheberrechtlichen Schutzfrist zwar gemeinfrei ist, der Eigentümer des konkreten Werkstückes aber den Zugang zu diesem unter Berufung auf sein Eigentumsrecht verwehrt oder von bestimmten Auflagen und Bedingungen abhängig macht. Soweit das gewünschte Exemplar der öffentlichen Hand gehört, ergibt sich insbesondere aus dem Grundrecht der Wissenschaftsfreiheit ein Anspruch auf ermessensfehlerfreie Entscheidung über den Zugang. Dabei sind die wissenschaftlichen Interessen, das fragliche Werk einzusehen, angemessen zu würdigen. Bei Privateigentum hängt demgegenüber die Zugänglichkeit allein von der freien Entscheidung des Eigentümers ab.

Nutzung von Datenbanken

Datenbanken spielen bei der Recherche eine wichtige Rolle. Sie selbst und ihre Inhalte genießen einen mehrstufigen Schutz nach dem Urheberrechtsgesetz.[15] Soweit eine Datenbank in der Anordnung der einzelnen Elemente eine eigenschöpferische Leistung darstellt, kann sie wie jedes andere Werk urheberrechtlich geschützt sein. Auch wenn keine kreative Leistung vorliegt, schützt der Gesetzgeber den Hersteller einer Datenbank mit einem speziellen Datenbankrecht nach §§ 87 a ff. UrhG. Dieser so genannte Sui-generis-Schutz für Datenbanken würdigt den Aufwand, der zur Erstellung einer Datenbank notwendig war. Stellte die Datenbank eine wesentliche Investition dar, so ist ihrem Hersteller die Verwertung der Datenbank insgesamt oder wesentlicher Teile davon vorbehalten. Neben dem Schutz der Datenbank an sich, können die einzelnen Elemente der Datenbank, etwa Bilder, Texte oder dergleichen ebenfalls urheberrechtlich geschützt sein. Wird ein Dokument aus einer Datenbank verwendet, so müssen der Eingriff in das Datenbankrecht und die Verwendung des entnommenen Elementes gesondert betrachtet werden. Bei der Verwendung der einzelnen Elemente gibt es keine Besonderheiten. Sie dürfen in den üblichen Grenzen kopiert und zitiert werden. Der Sui-generis-Schutz greift bei der Entnahme nur unwesentlicher Teile der Datenbank nicht ein, es sei denn dies geschieht systematisch und wiederholt und läuft einer normalen Auswertung der Datenbank zuwider. Damit soll sichergestellt werden, dass die in der Datenbank enthaltenen Informationen nicht monopolisiert werden und unabhängige Suchdienste auf Datenbanken zugreifen können. Daher darf dieser Zugang durch vertragliche Vereinbarungen nicht ausgeschlossen werden, vgl. § 87 e UrhG.

---

14 Schack, Haimo: Urheber- und Urhebervertragsrecht. 5., neu bearb. Aufl. Tübingen: Mohr Siebeck (Mohr Lehrbuch). Rn. 35.
15 Zum Folgenden vgl. Dreier, Thomas u. Rupert Vogel: Software- und Computerrecht. Frankfurt am Main: Verl. Recht u. Wirtschaft 2008. S. 75–95.

Rechtsfragen der Informationsverwendung

War die Recherche nach den gesuchten Inhalten erfolgreich und konnten sie eingesehen werden, wird auch ihre weitere Verwendung von Rechtsfragen begleitet. Hier geht es vor allem darum, ob und inwieweit man eine Informationsquelle beschreiben oder auf sie hinweisen darf und in welchem Umfang fremde Werke unmittelbar oder inhaltlich in neue Kontexte übernommen werden dürfen. Gerade die unveränderte Verwendung fremder Inhalte ist nur in engen Grenzen möglich.

Zitate und Plagiate

Inhalte und Gedanken genießen als solche keinen urheberrechtlichen Schutz, wohl aber ihre eigenschöpferische Gestaltung und Verkörperung. Daher bedürfen wörtliche und unveränderte Übernahmen aus fremden Werken einer Rechtfertigung. Das Zitatrecht aus § 51 UrhG stellt hier die wichtigste Erlaubnis dar, um fremde Werkteile in ein eigenes Werk zu integrieren. Wesentlich für das Zitat ist immer seine Belegfunktion.[16] Es dient der geistigen Auseinandersetzung mit dem fremden Werk und darf eigene Ausführungen nicht setzen. Darüber hinaus muss nach § 63 Abs. 1 S. 1 UrhG die Quelle ordentlich angegeben werden. Zitate dürfen nur in den Grenzen von § 62 Abs. 1 i. V. m. § 39 UrhG gekürzt, verändert oder übersetzt werden. Wird ein Zitat nicht kenntlich gemacht, masst sich der Zitierende die Urheberschaft über den verwendeten Werkteil an. Man spricht hier von einem Plagiat. Die bloße Übernahme fremder Gedanken, ohne die Quelle zu nennen, ist demgegenüber keine Urheberrechtsverletzung, jedenfalls dann nicht, wenn ein hinreichender Abstand zu der Formulierung der Vorlage gewahrt wird. Ein solches Inhaltsplagiat aber ist gleichwohl rechtlich nicht folgenlos. Soweit denjenigen, der sich die fremden Inhalte zu eigen macht, die Verpflichtung zu einer eigenständigen Leistung und Offenlegung seiner Quellen trifft, wie dies etwa im Prüfungsrecht bei Abschluss- und Doktorarbeiten oder bei der Forschungsförderung der Fall ist, kann ein Verstoß mit dem Nichtbestehen einer Prüfung, dem Entzug eines akademischen Titels oder der Rückzahlung von Fördergeldern geahndet werden.[17] Auch strafrechtliche Folgen sind denkbar, wenn eine falsche eidesstattliche Versicherung über den Umfang der genutzten Quellen abgegeben wurde. Ein strafbarer Betrug sowie Urkundenfälschung können ebenfalls vorliegen.

---

[16] Rehbinder, Manfred: Urheberrecht: ein Studienbuch. 16., neu bearb. Aufl. München: Beck 2010 (Juristische Kurz-Lehrbücher). Rn. 488.
[17] Zu Plagiaten im engeren und weiteren Sinn im Wissenschaftsbereich vgl. Rieble, Volker: Das Wissenschaftsplagiat: vom Versagen eines Systems. Frankfurt a. M.: Klostermann 2010.

Abstracts und Inhaltsangaben

Bei Zitaten und Plagiaten geht es um die Übernahme fremder Inhalte in ein eigenes Werk. Rechtlich erheblich kann aber auch schon die bloße Beschreibung fremder Werke sein. Bereits erwähnt wurde der Mitteilungs- und Beschreibungsvorbehalt des Urhebers aus § 12 Abs. 2 UrhG. Aber auch bei schon veröffentlichten Werken kann ihre Beschreibung urheberrechtliche Probleme aufwerfen, denn aus § 12 Abs. 2 UrhG ergibt sich nicht im Umkehrschluss, dass ein publiziertes Werk beliebig inhaltlich beschrieben werden darf.[18] Soweit sich diese Beschreibung nämlich eng an das Original anlehnt, etwa durch Übernahme prägnanter Formulierungen oder durch bloße Einkürzung der Vorlage, liegt eine Bearbeitung des ursprünglichen Werkes vor, die nach § 23 UrhG nur mit Zustimmung des Urhebers veröffentlicht werden darf. Hier kann sich vor allem bei Abstracts ein Problem ergeben.[19] Soweit der fremde Inhalt aber im Rahmen einer neutralen sachlichen Darstellung mit eigenen Worten wiedergegeben wird, ist dies grundsätzlich zulässig.[20]

Eng mit dem Problem der Zulässigkeit von Abstracts hängen Fragen der Kataloganreicherung zusammen. Hier werden in Form von Inhaltsverzeichnissen, von Dritter Seite erstellten Abstracts sowie Coverabbildungen fremde Quellen zur Beschreibung von Werken im Rahmen von Onlinekatalogen verwendet. Da diese Kataloge über das Internet angeboten werden, liegt ein Eingriff in das dem Urheber vorbehaltene Verwertungsrecht der öffentlichen Zugänglichmachung aus § 19 a UrhG vor. Auf das Zitatrecht kann dies nicht gestützt werden, da die Anreicherungen der Katalogisate nur der bloßen Information dienen und eine geistige Auseinandersetzung mit ihnen nicht stattfindet. Mangels einer weiteren einschlägigen Schrankenregelung ist daher die Nutzung der fremden Quellen ohne eine Erlaubnis des Rechteinhabers im Katalog nur zulässig, soweit sie keine urheberrechtlich geschützten Werke darstellen. In einem Briefwechsel zwischen dem Deutschen Bibliotheksverband und dem Börsenverein des Deutschen Buchhandels wurde über die urheberrechtliche Einordnung von Elementen der Kataloganreicherung eine Übereinkunft erzielt.[21] Danach sind Inhaltsverzeichnisse, Register sowie die Titelei keine urheberrechtlich geschützten Werke. Bei Umschlags- und Klappentexten, also auch bei Abstracts wird demgegen-

---

18 Vgl. Dietz, Adolf u. Alexander Peukert: Die einzelnen Urheberpersönlichkeitsrechte. In: Handbuch des Urheberrechts. Hrsg. von Ulrich Löwenheim. 2. Aufl. München: Beck 2010. § 16, Rn. 11.
19 Ausführlich zu dem Problem Pohl, Bettina: Abstracts und andere Inhaltsmitteilungen im Urheberrecht. Diss. Osnabrück: Universität 2006. urn:nbn:de:gbv:700-2006112213 (25. 10. 2011).
20 Bullinger, Winfried: § 12, Rn. 22. In: Praxiskommentar zum Urheberrecht. Hrsg. von Artur-Alex Wandtke u. Winfried Bullinger. (Anm. 5); Rehbinder, Manfred: Urheberrecht (Anm. 16). Rn. 511.
21 Erklärung des Börsenvereins des Deutschen Buchhandels zur Anreicherung von Bibliothekskatalogen vom 11. Juli 2007. In: Rechtsvorschriften für die Bibliotheksarbeit. 5. Aufl. Wiesbaden: Harrassowitz 2009. S. 690 f.

über ebenso wie bei Buchcovern ein urheberrechtlicher Schutz zu bejahen sein. Da die Schranke der Katalogbildfreiheit in § 58 Abs. 2 UrhG, auf die Bibliotheken sich bei ihren gedruckten Veröffentlichungen berufen können, eine Verwertung im Internet nicht gestattet, müssen für die Verwendung der zuletzt genannten Katalogelemente entsprechende Nutzungsrechte eingeholt werden.

Datenschutz und Persönlichkeitsrechte

Die Verwendung fremder Werke berührt nicht nur Fragen des geistigen Eigentums. Datenschutzrechtliche Vorgaben sowie Vorschriften zum Schutz von Persönlichkeitsrechten sind ebenfalls zu beachten. So ist ein Aktenstück, das im Rahmen einer wissenschaftlichen Arbeit publiziert werden soll, vielleicht aus Mangel an eigenschöpferischer Gestaltung kein urheberrechtlich geschütztes Werk, die in ihm enthaltenen Informationen können aber personenbezogene Daten im Sinne von § 3 Abs. 1 Bundesdatenschutzgesetz (BDSG) sein. Sie dürfen daher nach § 4 Abs. 1 BDSG nur auf Grundlage gesetzlicher Bestimmungen oder mit Einwilligung des Betroffenen publiziert werden. Wichtig ist an dieser Stelle § 28 Abs. 1 S. 1 Nr. 3 BDSG. Danach ist die Verarbeitung personenbezogener Daten aus allgemein zugänglichen Quellen grundsätzlich gestattet. In diesem Fall können aber ausnahmsweise Persönlichkeitsrechte bei Darstellung unvorteilhafter, mittlerweile aber der Aufmerksamkeit der Allgemeinheit entfallende Tatsachen über noch lebende Personen betroffen sein, namentlich in zeitgeschichtlichen Arbeiten.[22] Hier sind dann im Einzelfall die Persönlichkeitsrechte des Betroffenen gegen die Grundrechte der Informations- und Wissenschaftsfreiheit abzuwägen.

Nutzung von Digitalisaten

Ein besonderes Problem stellt die Nutzung von Digitalisaten gemeinfreier, also urheberrechtlich nicht mehr geschützter Werke dar. Als Folge umfangreicher Digitalisierungsmaßnahmen stehen solche Werke für die wissenschaftliche Recherche in reichem Maße zu Verfügung. Da sie digital aufbereitet sind, liegt die Übernahme von Scans zur Illustration eines eigenen Werkes nahe. Aus urheberrechtlicher Sicht ist das insoweit unproblematisch, als das digitalisierte Werk als solches gemeinfrei ist und daher frei verwendet werden kann. Es kann aber an dem Digitalisat selbst ein dem Urheberrecht verwandtes Leistungsschutzrecht bestehen, sofern es als Lichtbild im Sinn von § 72 UrhG anzusehen ist. Dann wäre es für die Dauer von 50 Jahren nach dem Erscheinen geschützt und darf nur im Rahmen der urheberrechtlichen Schran-

---

22 Ausführlich zum Persönlichkeitsrecht: Fechner, Frank: Medienrecht (Anm. 2). 4. Kap.

ken oder mit Einwilligung des Rechteinhabers verwendet werden. Anerkannt ist, dass ein bloßer Kopiervorgang keinen Lichtbildschutz zur Folge hat. Die Zubilligung eines Leistungsschutzrechtes ist daher nur bei einem gewissen technischen Aufwand gerechtfertigt. Hochwertige, manuell erstellte Digitalisate dürften daher einen Schutz nach § 72 UrhG genießen, massenhaft durch Scanroboter hergestellte Aufnahmen hingegen sind nicht geschützt.[23] Hier kommt allerdings ein Leistungsschutzrecht an der Datenbank, in der diese Digitalisate abgelegt sind, in Betracht. Nach § 87 e UrhG kann die Entnahme einzelner Bilder von dem Hersteller der Datenbank aber nicht untersagt werden; sie ist als unwesentliche Nutzung der Datenbank überdies auch nicht vom Sui-generis-Schutz erfasst. Werden im Zuge der Digitalisierung Werke zum ersten Mal veröffentlicht, so ist ein Schutz nach § 71 UrhG möglich. Danach steht demjenigen, der ein bislang nicht erschienenes Werk nach Ablauf der urheberrechtlichen Schutzfrist als so genanntes nachgelassenes Werk erstmals publiziert für die Dauer von 25 Jahren ein Leistungsschutzrecht zu.

Informationskompetenz als Thema des Rechts

Fragen der Vermittlung von Informations- und Medienkompetenz haben in den letzten Jahren an Bedeutung gewonnen. Ein deutliches Zeichen dieser gestiegenen Wertschätzung ist ihre Thematisierung in Rechtsnormen. Die einschlägigen Rechtsquellen sind außerordentlich breit gestreut und in ihrer Gesamtheit kaum zu überblicken. Um hier eine Übersicht zu gewinnen, werden die in Frage kommenden Normen nach Sachgebieten getrennt dargestellt. Da das Thema Informationskompetenz die Bereiche Bildung, Wissenschaft und Medien betrifft, steht den Bundesländern die Gesetzgebungskompetenz zu. Ein Gesamtüberblick müsste daher alle 16 Bundesländer berücksichtigen. Im Rahmen dieses Beitrages kann daher nur ein exemplarischer Aufriss geboten werden.

Im Folgenden sollen Bibliotheksrecht, Hochschulrecht, Schulrecht sowie das Weiterbildungsrecht und sonstige vereinzelte Vorschriften mit Informationskompetenzbezug unterschieden werden.

---

23 Vgl. Talke, Armin: Lichtbildschutz für digitale Bilder von zweidimensionalen Vorlagen. In: Zeitschrift für Urheber- und Medienrecht 54 (2010). S. 846–852, der einen Lichtbildschutz bei Scans von gedruckten Büchern grundsätzlich verneint, da diese Bücher selbst letztlich nur ein Abbild und damit kein für § 72 UrhG tauglicher Aufnahmegegenstand sind. Zum ganzen auch Müller, Harald: Bildrechte kontra Informationsfreiheit. Überraschende Rechtsfolgen von Digitalisierung. In: Information und Ethik: Dritter Leipziger Kongress für Information und Bibliothek. Hrsg. von Barbara Lison. Wiesbaden: Dinges & Frick 2007. S. 420–430.

Bibliotheksrecht

Bibliotheken und ihre Dienstleistungen sind in Thüringen, Sachsen-Anhalt und Hessen Gegenstand eines eigenen Bibliotheksgesetzes, in Baden-Württemberg werden die Öffentlichen Bibliotheken im Weiterbildungsförderungsgesetz berücksichtigt.[24] In nahezu allen Bundesländern enthalten darüber hinaus die Hochschulgesetze bibliotheksbezogene Vorschriften. Die bislang verabschiedeten Bibliotheksgesetze erklären Bibliotheken zu Bildungseinrichtungen, deren vornehmste Aufgabe in der Vermittlung von Medien- und Informationskompetenz sowie der Leseförderung besteht.[25] Nahezu jede Bibliothek hat eine Benutzungsordnung, manche haben überdies noch eine Bibliotheksordnung, in der Aufgaben und Dienstleistungen der Bibliothek umschrieben werden. In solchen Ordnungen, die bei Bibliotheken in Trägerschaft der öffentlichen Hand zumeist als Satzungen zu qualifizieren sind, kann die Vermittlung von Medien- und Informationskompetenz als bibliothekarische Aufgabe ausdrücklich vorgesehen sein.

Hochschulrecht

Fragen der Informations- und Medienkompetenz werden in den Hochschulgesetzen, wenn sie Berücksichtigung finden, vor allem bei den Regelungen zu den Hochschulbibliotheken angesprochen. Entsprechende Aussagen finden sich im Brandenburgischen Hochschulgesetz.[26] In Thüringen, Sachsen-Anhalt und Hessen wurde die Vermittlung von Medien- und Informationskompetenz durch die Hochschulbibliotheken im Bibliotheksgesetz geregelt.[27] Auf der Ebene der hochschuleigenen Satzungen sind neben den schon genannten Bibliotheks(benutzungs-)ordnungen der Hochschulen, die die Vermittlung von Medien- und Informationskompetenz zum Aufgabenbereich

---

24 Vgl. Bauknecht, Cornelius: Bibliotheken im (Weiter)Bildungsrecht des Landes. In: Bibliotheksgesetzgebung. Hrsg. von Eric W. Steinhauer u. Cornelia Vonhof. (Anm. 3). S. 220–247.

25 Vgl. §§ 2, 3 Abs. 2 Hessisches Bibliotheksgesetz, §§ 3 Abs. 2 S. 2, 4 Abs. 2 S. 1, 6 Abs. 1 Bibliotheksgesetz Sachsen-Anhalt, § 3 Thüringer Bibliotheksgesetz.

26 § 68 Abs. 1 S. 3 Brandenburgisches Hochschulgesetz: „Sie fördert durch Schulungs- und Lehrangebote die Informations- und Medienkompetenz an der Hochschule."

27 Vgl. § 3 S. 2 Thüringer Bibliotheksgesetz: „Sie [gemeint sind alle Bibliotheken] fördern Wissen und gesellschaftliche Integration und stärken die Lese-, Informations- und Medienkompetenz ihrer Nutzer durch geeignete Maßnahmen sowie durch die Zusammenarbeit mit Schulen und anderen Bildungseinrichtungen."; § 4 Abs. 2 S. 2 Bibliotheksgesetz des Landes Sachsen-Anhalt: „Sie [gemeint sind die wissenschaftlichen Bibliotheken] fördern durch Schulungs- und Lehrangebote die Informations- und Medienkompetenz der Lehrenden und Studierenden ihrer Einrichtung."; § 3 Abs. 2 S. 2, 1. Hs. Hessisches Bibliotheksgesetz: „Sie [gemeint sind die wissenschaftlichen Bibliotheken] fördern durch geeignete Schulungs- und Lehrangebote die Informations- und Medienkompetenz ...".

der Bibliothek zählen, vor allem die Studienordnungen der einzelnen Studiengänge von Interesse. Hier wird Informationskompetenz im Rahmen der Vermittlung von Schlüsselqualifikationen oder bei den Lehrinhalten bestimmter Veranstaltungsformen mehr oder weniger ausdrücklich erwähnt. Kritisch anzumerken ist, dass meist nur einige Teilaspekte wie etwa das „Erlernen des Umgangs mit Fachliteratur" genannt werden.[28]

Schulrecht

Wie im Hochschulrecht, so lassen sich auch im Schulrecht zwei normative Ebenen der rechtlichen Thematisierung von Informationskompetenz unterscheiden. An erster Stelle sind die Schulgesetze zu nennen. Sie enthalten alle einen mehr oder weniger ausführlichen Katalog mit Lernzielen. So erwähnt etwa § 12 Abs. 4 S. 2 der Berliner Schulgesetzes „informations- und kommunikationstechnische Bildung und Medienerziehung" als Unterrichtsgegenstand. Nach § 4 Abs. 5 Nr. 2 des Brandenburgischen Schulgesetzes sollen die Schülerinnen und Schüler lernen, „sich Informationen zu verschaffen und kritisch zu nutzen". Ähnlich formuliert es § 3 Abs. 5 des Schulgesetzes von Mecklenburg-Vorpommern. Abstrakter ist demgegenüber § 1 Abs. 2 Nr. 4 des Schulgesetzes Rheinland-Pfalz, wonach die „Schülerinnen und Schüler zu individueller Wahrnehmungs-, Urteils- und Entscheidungsfähigkeit in einer von neuen Medien und Kommunikationstechniken geprägten Informationsgesellschaft" befähig werden sollen, was natürlich Informationskompetenz einschließt. Diese und vergleichbare Bestimmungen in den Schulgesetzen der Länder müssen im Unterricht konkretisiert werden. Geleistet wird dies durch Lehrpläne, die als Verwaltungsvorschriften des zuständigen Ministeriums verbindliche Vorgaben für Unterrichtsinhalte formulieren.[29] Ähnlich wie bei den Studienordnungen im Hochschulbereich, enthalten auch die Lehrpläne im Schulbereich viele Vorgaben zur Vermittlung von Medien- und Informationskompetenz.[30]

---

28 Vgl. etwa § 6 Abs. 1 Nr. 2 der Studienordnung für den Studiengang Angewandte Medienwissenschaft mit dem Abschluss „Bachelor of Arts" – in der Fassung der Ersten Änderung vom 18. Februar 2011. In: Verkündungsblatt der Technischen Universität Ilmenau 87 (2011). S. 2.
29 Vgl. Avenarius, Hermann u. Hans-Peter Füssel: Schulrecht, 8., neubearb. Aufl. Kronach: Link 2010. S. 41.
30 Etwa Senatsverwaltung für Bildung, Jugend und Sport Berlin (Hrsg.), ITG Informatik: Wahlpflichtfach ; Rahmenlehrplan für die Sekundarstufe I – Jahrgangsstufe 7–10, Berlin 2006, insbes. S. 22: „beschaffen zielgerichtet Informationen aus Büchern ... schätzen Zuverlässigkeit der Informationen ... ein, beschaffen Informationen aus Netz-Veröffentlichungen ... kennen und beachten ... Formen der Urheberrechts".

Weiterbildungsrecht und weitere Vorschriften

In fast allen Bundesländern gibt es Gesetze zur Förderung der Weiterbildung bzw. der Erwachsenenbildung. In diesen Vorschriften werden Ziele entsprechender Bildungsmaßnahmen formuliert.[31] Fragen der Informationskompetenz werden dabei nicht ausdrücklich angesprochen. Allerdings finden sich meist sehr allgemein gehaltene Formulierungen, die es erlauben, Angebote zur Stärkung der Informationskompetenz zu den Aufgaben der Weiterbildung zu rechnen. Beispielhaft sei § 4 Nr. 1 des Gesetzes zur Förderung der Weiterbildung in Mecklenburg-Vorpommern genannt: „Die Weiterbildung umfasst ... die allgemeine Weiterbildung, welche ... die Meinungsbildung, die Auseinandersetzung mit Kunst, Kultur, Ethik und Religion fördert sowie ... Bildungsdefizite vorangegangener Bildungsphasen ausgleicht."

Neben Schule und Hochschule gibt es noch einige mehr versteckte Bereiche im Recht, in denen Informations- und Medienkompetenz thematisiert wird. Beispielhaft erwähnt sei hier das baden-württembergische Gesetz über Medienzentren. Nach § 3 Abs. 1 Nr. 1 Buchstabe c des Gesetzes gehört zu den Aufgaben des Landesmedienzentrums die „Förderung der Medienbildung, Medienkompetenz und Medienerziehung unter anderem durch Unterstützung des schulischen Medieneinsatzes und medienpädagogische Informationsangebote". Wenig bekannt ist, dass es im Strafvollzugsrecht ebenfalls Vorgaben zum Thema Medienkompetenz gibt, etwa in § 128 Abs. 2 S. 3 des Niedersächsischen Justizvollzugsgesetzes: „Sie oder er [gemeint sind die Gefangenen] soll dazu angehalten werden, eine Bücherei zu nutzen sowie den verantwortungsvollen Umgang mit neuen Medien zu erlernen, soweit dies mit der Sicherheit der Anstalt vereinbar ist." Bemerkenswert an dieser und vergleichbaren Regelungen im Strafvollzugsrecht der andern Bundesländer ist der enge Bezug, den der Gesetzgeber zwischen der Nutzung einer Bibliothek und der Vermittlung von Medienkompetenz hergestellt hat.

Juristische Kenntnisse als Teil von Informationskompetenz

Die Recherche und die Verwendung von Informationen haben juristische Aspekte. Vor allem, wenn es um noch nicht publiziertes Material oder um die Verwendung fremder Inhalte in eigenen Arbeiten geht, sind juristische Kenntnisse unverzichtbar. Sie ge-

---

31 Einen guten Überblick zu den einschlägigen Gesetzen bieten Grotlüschen, Anke, Erik Haberzeth u. Peter Krug: Rechtliche Grundlagen der Weiterbildung. In: Handbuch Erwachsenenbildung/ Weiterbildung. Hrsg. von Rudolf Tippelt u. Aiga von Hippel. 5. Aufl. Wiesbaden: VS Verlag 2009. S. 347–366.

hören daher zu einer umfassend verstandenen Informationskompetenz und sind vor allem im Zuge wachsender Digitalisierung immer bedeutsamer. Konsequenterweise erwähnen daher Lernpläne für die Vermittlung von Medien- und Informationskompetenz an Schulen Grundkenntnisse im Bereich des Urheber- und Datenschutzrechts als Lernziele. In diesem Sinne hat auch die Enquete-Kommission „Internet und digitale Gesellschaft" in ihrem Zwischenbericht zur Medienkompetenz urheberrechtliche Aspekte berücksichtigt.[32]

---

32 Vgl. Zweiter Zwischenbericht der Enquete-Kommission „Internet und digitale Gesellschaft" Medienkompetenz. Deutscher Bundestag Drucksache 17/7286 (2011). S. 5, 13, 32.

Wissensordnung

Gabi Reinmann

Informationskompetenz und persönliches Wissensmanagement

Abstract: Die Beziehung zwischen Informationskompetenz und persönlichem Wissensmanagement erscheint auf den ersten Blick einfach, erweist sich aber bei genauerer Analyse als schwierig und ohne klare Begriffsklärung als wenig ertragreich. Subsumiert man unter das persönliche Wissensmanagement sowohl rezeptive als auch produktive Prozesse im Umgang mit Information und Wissen, wird deutlich, dass Informationskompetenz nur eine von mehreren notwendigen Grundlagen ist. Persönliches Wissensmanagement erfordert zunächst einmal so basale Kompetenzen wie Lese- und Schreibkompetenz, die (neben der Informationskompetenz) durch Medienkompetenz sowie Wissen und Können speziell bei der Produktion von Wissensartefakten zu ergänzen sind. An dieser Stelle – nämlich beim produktiven Anteil des persönlichen Wissensmanagements – wird auch ein Forschungsdefizit sichtbar. Ob der Ansatz des persönlichen Wissensmanagements einen Mehrwert gegenüber anderen psychologischen Konzepten im Zusammenhang mit verschiedenen Kompetenzen darstellt, ist eine Frage, die nur in Abhängigkeit vom jeweiligen Kontext zu entscheiden ist. Vorteile ergeben sich vor allem da, wo der Begriff anschlussfähig ist und auf diesem Wege pädagogische und psychologische Erkenntnisse sinnvoll verbreiten kann.

Keywords: Information, Informationsrezeption, Lesekompetenz, Literalität, Medienkompetenz, Schreibkompetenz, Wissen, Wissensartefakt, Wissensmanagement, Wissensproduktion

Dr. Gabi Reinmann, Univ.-Prof., Dipl.-Psych.: Jg. 1965; 2001 bis 2010 Professorin für Medienpädagogik an der Universität Augsburg; 2007 Gründung des Instituts für Medien und Bildungstechnologie an der Universität Augsburg; seit April 2010 Professorin für Lehren und Lernen an der Universität der Bundeswehr München. Ihre Schwerpunkte in Forschung, Lehre und Entwicklung: Didaktisches Design, E-Learning/Blended Learning und Wissensmanagement in Schule, Hochschule, Non-Profit-Bereich und Wirtschaft.
Web-Seite: http://lernen-unibw.de
Persönliches Blog: http://gabi-reinmann.de

Notwendigkeit begrifflicher Festlegungen

Sühl-Strohmenger[1] bezeichnet die Informationskompetenz als Basis des persönlichen Wissensmanagements und postuliert damit zum einen eine enge Verbindung zwischen den beiden Konzepten Informationskompetenz und persönliches Wissensmanagement. Zum anderen weist er der Informationskompetenz im Verhältnis zum persönlichen Wissensmanagement eine grundlegende und indirekt auch ausreichende Funktion zu. In welcher anderen Beziehung diese beiden Konzepte zueinander stehen können oder sollten, hängt allerdings ganz entscheidend von den zugrundeliegenden Auffassungen von Information und Wissen sowie davon ab, aus welcher (Teil-)Disziplin man Information und Wissen und daraus abgeleitete Kompetenzen oder Managementbewegungen betrachtet. Man kommt nicht umhin, sich auf Arbeitsdefinitionen und ausgewählte Sichtweisen festzulegen, wenn man vermeiden möchte, dass die Frage nach der Verbindung von Informationskompetenz und persönlichem Wissensmanagement nicht in einem ergebnislosen Begriffsstreit endet. Dies soll im Folgenden in aller Kürze geschehen.

Persönliches Wissensmanagement kann man zunächst einmal als einen Teilbereich des Wissensmanagements neben dem organisationalen Wissensmanagement sehen.[2] Gleichzeitig lässt sich das persönliche Wissensmanagement der Lern- und Wissenspsychologie zuordnen.[3] Vielfältige Interpretationen sind deswegen möglich, weil Wissensmanagement ein multidisziplinärer Ansatz ist, dessen Entstehung und Ausläufer informationstechnisch, betriebswirtschaftlich und (organisations-)soziologisch sowie psychologisch geprägt sind.[4] Beim persönlichen Wissensmanagement ist allerdings der psychologische Zugang als primär anzusehen. Unabhängig von der disziplinären Provenienz macht es der Begriff Wissensmanagement erforderlich, einen breiten Wissensbegriff zu verwenden, der über Wissen als mentales Konstrukt, das ausschließlich der Person selbst zugänglich ist, hinausgeht und Wissen in materialisierter Form einschließt. Nur Wissen in materialisierter Form ist nämlich auch öffentlich zugänglich und kann in dieser Form Gegenstand eines wie auch immer gearteten Managements sein.[5] Dieses (materialisierte und öffentlich zugängliche) Wissen wird auch bzw. wird in diesem Beitrag als Information bezeichnet. Wissensmanagement im Sinne eines organisationalen Wissensmanagements wäre dann das Ma-

---

1 In diesem Band.
2 Vgl. Gust von Loh, in diesem Band.
3 Siehe auch Mangold, in diesem Band.
4 Vgl. Hasler Roumois, Ursula: Studienbuch Wissensmanagement. Zürich: Orell Füssli 2007. Lehner, Franz: Wissensmanagement. Grundlagen, Methoden und technische Unterstützung. München: Hanser 2009.
5 Seiler, Thomas B. u. Gabi Reinmann: Der Wissensbegriff im Wissensmanagement: Eine strukturgenetische Sicht. In: Psychologie des Wissensmanagements. Perspektiven, Theorien und Methoden. Hrsg. von Gabi Reinmann u. Heinz Mandl. Göttingen: Hogrefe 2004. S. 11–23.

nagement von öffentlichem Wissen bzw. von Information in einer Organisation (und darüber hinaus) sowie das Management von Bedingungen, unter denen Menschen mit personalem Wissen umgehen. Letzteres ist ausschließlich über ein persönliches Wissensmanagement möglich: Nicht die Organisation (repräsentiert z. B. durch Führungskräfte) ist hier der Akteur, sondern die einzelne Person selbst. Nur diese kann unmittelbar Einfluss auf ihr Wissen (personales Wissen) nehmen, es organisieren, aufbauen oder vergessen, aber natürlich auch mit dem ihr öffentlich zugänglichen Wissen (Information) umgehen sowie mit anderen Wissensträgern in Interaktion treten.

Persönliches Wissensmanagement umfasst vor diesem Hintergrund individuelle Prozesse der Recherche, Auswahl, Aufbereitung und Organisation von Information sowie der Entwicklung, (Re-)Strukturierung und Teilung von Wissen, wozu ein Bündel an Fähigkeiten und Fertigkeiten erforderlich ist. Prozesse des persönlichen Wissensmanagements sind zielbezogen und systematisch, können entsprechend geplant und auch erlernt werden und setzen zudem eigenverantwortliches Denken und Handeln voraus.[6] In diesem Sinne ist persönliches Wissensmanagement einerseits immer ein notwendiges Pendant zum organisationalen Wissensmanagement, ohne dieses aber selbst als Voraussetzung zu benötigen. Andererseits integriert persönliches Wissensmanagement die Informationskompetenz als notwendigen Bestandteil, ohne sich darauf beschränken zu können. In jedem Fall ist die Information ein zentraler Aspekt im persönlichen Wissensmanagement – und zwar als Ressource wie auch als Ergebnis. Dies möchte ich als einen ersten Anker für die Reflexion über die Beziehung zwischen Informationskompetenz und persönlichem Wissensmanagement verwenden.

Information als Ressource und Ergebnis im persönlichen Wissensmanagement

Menschen in unserer Gesellschaft befinden sich stets in einer bestimmten Wissensumwelt. Analog zum obigen Wissensverständnis als Verbindung von öffentlichem und personalem Wissen besteht diese Wissensumwelt zum einen aus Texten, Bildern, Audio-, Video- und Multimediabeiträgen teils in analoger, teils in digitaler Form, die die (Massen-)Medien, Bibliotheken, Bildungsinstitutionen, Unternehmen etc. zur Verfügung stellen (materiale Wissensumwelt). Zum anderen umfasst sie Experten, Lehrpersonen, Peers und andere, die als Wissensträger untereinander in eine soziale Interaktion treten können (soziale Wissensumwelt). Persönliches Wissens-

---

6 Reinmann, Gabi u. Martin Eppler: Wissenswege. Methoden für das persönliche Wissensmanagement. Bern: Huber 2008. S. 8 f.

management zeichnet sich dadurch aus, dass eine Person die materiale und soziale Wissensumwelt nutzt, um an Informationen zu kommen, daraus personales Wissen generiert und dieses gegebenenfalls in materialisierter Form in die Wissensumwelt zurückfließen lässt.

Wenn wir z. B. Zeitung lesen oder in Wikipedia etwas nachschlagen, wenn wir in Bibliotheken nach bestimmten Büchern suchen, einen Experten anhören, oder eine Antwort auf unsere Frage in einem sozialen Netzwerk erhalten und auf diesen Wegen an bestimmte Informationen kommen, holen wir uns etwas aus der Wissensumwelt bzw. wir bedienen uns der Wissensumwelt als Informationsquelle. Hierzu sind zahlreiche rezeptive Fähigkeiten und Fertigkeiten erforderlich: Zunächst einmal Lesefähigkeiten und -fertigkeiten[7] als zentraler Bestandteil von Literalität generell (im Sinne einer zentralen Kulturtechnik zur Teilhabe an unserer Gesellschaft); darüber hinaus Teilfähigkeiten und -fertigkeiten, wie sie im Konzept der Informationskompetenz gebündelt werden, nämlich solche zur Suche, Identifikation, Auswahl, Bewertung und Verarbeitung von Information; und schließlich Fähigkeiten und Fertigkeiten zur Kommunikation und Kooperation, um auch das Potenzial der sozialen Wissensumwelt für die Informationssuche nutzen zu können. Wenn letzteres medial erfolgt, spielt auch die Medienkompetenz eine Rolle (siehe unten). Information ist unter dieser Perspektive eine Ressource für das persönliche Wissensmanagement und Informationskompetenz eine notwendige Bedingung, die erstens auf der Lesekompetenz aufbaut und zweitens um soziale Kompetenzen ergänzt werden muss.

Wir können uns allerdings nicht nur Information aus der Wissensumwelt holen, sondern in diese auch etwas (zurück)geben, also mit eigenen Wissensartefakten, die anderen Personen wiederum als Information dienen können (Texte, Audiobeiträge, Bilder, Videos), die Wissensumwelt bereichern. Hierzu sind weniger rezeptive als vielmehr produktive Fähigkeiten und Fertigkeiten erforderlich: An erster Stelle stehen hier Schreibfähigkeiten und -fertigkeiten, die neben den Lesefähigkeiten und -fertigkeiten zu den „old literacies" zählen, die nach wie vor die Grundlage aller postulierten „new literacies" bilden.[8] Zu den „new literacies" zählt neben der Informationskompetenz auch die Medienkompetenz.[9] Konzepte zu beiden Kompetenzarten

---

7 Der Plural (Fähigkeiten, Fertigkeiten) erscheint zum einen angesichts der zahlreichen Textsorten gerechtfertigt, zu deren Verständnis der Leser Unter-schiedliches wissen und können muss, andererseits aber auch aufgrund der Tatsache, dass Texte auch Abbilder und logischer Bilder enthalten, die man ebenfalls erst lesen lernen muss, was als „visual literacy" bezeichnet wird (Vgl. z. B. Schnotz, Wolfgang: An integrated model of text and picture com-prehension. In: The Cambridge handbook of multimedia learning. Hrsg. von Richard E. Mayer. Cambridge: Cambridge University Press 2005. S. 49–70).
8 Vgl. Kruse, Otto: Old and new literacies: Literale Praktiken in wissenschaftlichen Kontexten. http://www.medienimpulse.at/articles/view/273 (14. 8. 2011).
9 Beispielsweise Schorb, Bernd: Gebildet und kompetent. Medienbildung statt Medienkompetenz? In: merz. Medien + Erziehung. Zeitschrift für Medienpädagogik 5 (2009). S. 50–56.

behandeln teils überlappende, teils komplementäre Aspekte: Überlappend sind vor allem die postulierten rezeptiven einschließlich kritischen Aspekte im Umgang mit medialer Information. Komplementär zur Informationskompetenz liefern Medienkompetenz-Konzepte unter anderem Hinweise auf produktive Aspekte (z. B. Artikulation mit und Gestaltung von Medien). Information ist unter dieser Perspektive ein potenzielles Ergebnis aus dem persönlichen Wissensmanagement, wofür Informationskompetenz allein (entsprechend der gängigen Definitionen) nicht ausreichend ist, sondern zusätzliche Kompetenzen, allem voran Schreib- und Medienkompetenz, notwendig werden.

Als erstes Zwischenfazit kann man an dieser Stelle Folgendes festhalten: Eine Person benötigt zum persönlichen Wissensmanagement Informationskompetenz, wenn sie Information oder genauer: Information aus der materialen Wissensumwelt, als Ressource nutzen will. Für die Informationsrezeption aus der sozialen Wissensumwelt dagegen sind bisherige Konzepte zur Informationskompetenz nicht ausgelegt. Im Zuge von Social Software-Anwendungen, bei denen auch das Internet in gewisser Weise „sozialer" wird, werden allerdings einige Änderungen in der Konzeptualisierung sichtbar.[10] Neben diesen rezeptiven Anteilen umfasst persönliches Wissensmanagement aber auch produktive Anteile, welche Fähigkeiten und Fertigkeiten erforderlich machen, die über die Informationskompetenz hinausgehen und solche erfordern, die unter anderem im Rahmen der Medienkompetenz thematisiert werden. Für die Informationsproduktion in dem Sinne, dass eine Person eigene Wissensartefakte in die Wissensumwelt zurückfließen lässt, oder durch gemeinsames Handeln Wissen mit anderen Personen teilt, geben bestehende Konzepte der Informationskompetenz wie auch der Medienkompetenz letztlich wenig her. Von daher lohnt es sich, den produktiven Anteil beim persönlichen Wissensmanagement noch etwas genauer zu beleuchten.

Produktive Wissens- und Informationsprozesse im persönlichen Wissensmanagement

Wir können unser Wissen prinzipiell sprachlich, also als geschriebene oder gesprochene Sprache, oder bildhaft in Form von Standbildern (Abbilder oder logische Bilder) oder dynamischen Bildern (Video, Animationen) repräsentieren.[11] Wenn wir unser Wissen anderen als Information zur Verfügung stellen wollen, müssen wir folglich das, was wir aussagen und weitergeben wollen, aufschreiben oder aussprechen (und

---

10 Siehe Hapke, in diesem Band.
11 Vgl. zur praktischen Umsetzung: Niegemann, Helmut, Steffi Domag u. a.: Kompendium multimediales Lernen. Berlin: Springer 2008.

aufzeichnen, wenn wir unser Wissen auch als Information verfügbar machen wollen) oder visualisieren, indem wir z. B. Grafiken erstellen, Fotos machen, Videos drehen etc. Die entstehenden Artefakte können klein (z. B. Schlagworte bzw. Tags, Kurznachrichten in Microblogs wie Twitter, einzelne Fotos etc.) oder größer (z. B. längere Texte, eine ganze Podcast-Serie, ein umfangreicher Film) sein. Sowohl für die verschiedenen Modi der Wissensartikulation (Sprache oder Bilder) als auch für die verschiedenen Umfänge (kurz bis lang) brauchen Personen unterschiedliche Fähigkeiten und Fertigkeiten. Schreibfähigkeiten und -fertigkeiten stellen auch im digitalen Zeitalter eine zentrale Grundlage dar und sind vergleichsweise gut untersucht, wenn es um klassische Textsorten (Briefe, Aufsätze, Seminararbeiten etc.) geht, weniger dagegen, wenn man die sich neu formierenden Genres der Textproduktion (Blogbeiträge, Kurznachrichten, Wiki-Beiträge etc.) im Blick hat. Fähigkeiten und Fertigkeiten zur Herstellung visueller Artefakte (also Visualisierungsfähigkeiten und -fertigkeiten) werden ansatzweise (und insgesamt verhalten) in einigen Medienkompetenz-Konzepten thematisiert sowie im Zusammenhang mit Lernstrategien[12] behandelt, indem Visualisierungen allerdings hauptsächlich als Mittel zur (Re-)Strukturierung von Information und/oder zur Explizierung von (Vor-)Wissen[13] und weniger mit dem Ziel der Materialisierung von Wissen (als Information für andere) betrachtet und untersucht werden.

Geht man den (Um-)Weg der Wissensweitergabe über die Herstellung von Information (indem man das eigene Wissen materialisiert) nicht, besteht eine weitere Möglichkeit darin, durch soziale Interaktion einen produktiven Beitrag zu leisten: Insbesondere die ältere Community-Forschung hat gezeigt, dass Wissen auch via Teilhabe an sozialer Praxis in Gemeinschaften an andere weitergegeben werden kann.[14] Hier ist zu vermuten, dass das Wissen in Regeln, Routinen, Abläufen und Artefakten eingebettet ist, sodass diese in gewisser Weise andere Informationsträger (neben Sprach- oder Bilddokumenten) darstellen, die allerdings nur in ihrer Aktualisierung (also beim Handeln) von Menschen auch als Informationsquellen genutzt werden können. Diesem sozialen Aspekt beim Umgang mit Information und Wissen schenkt man in der Diskussion um verschiedene „literacies" (in rezeptiven wie in produktiven Aspekten) bislang nur wenig Beachtung.

Als zweites Zwischenfazit kann man festhalten, dass die Information als ein Ergebnis im persönlichen Wissensmanagement derjenige Aspekt ist, der seitens der Informationskompetenz eher nicht erfasst wird. Aber auch andere Literalitätskonzepte, die sich vor allem mit der Schreib- und Medienkompetenz beschäftigen, decken die verschiedenen Herausforderungen in der Produktion von Wissensarte-fakten speziell

---

12 Vgl. Mandl, Heinz u. Helmut F. Friedrich: Handbuch Lernstrategien. Göttingen: Hogrefe 2005.
13 Tergan, Sigmar-Olaf u. Tanja Keller (Hrsg.): Knowledge and information visualization
– Searching for synergies. Heidelberg: Springer 2005.
14 Lave, Jean u. Etienne Wenger: Situated learning. Legitimate peripheral participation.
Cambridge: Cambridge University Press 1991.

unter Nutzung der uns heute verfügbaren digitalen Medien bisher nur punktuell ab. Die eher technologieorientierte Literatur verweist zwar seit einigen Jahren intensiv auf den sogenannten „Nutzer-generierten Inhalt" im Internet, den man in einer „Informationskompetenz 2.0" zu fassen versucht.[15] Wie dieser aber auf der individuellen oder sozialen Ebene zustande kommt und was man dazu wissen und können muss, ist nach wie vor unklar. Sinnvoll erscheint daher eine Verbindung mit der Lernforschung, aber auch mit der Didaktik, um z. B. Erkenntnisse zu den essenziell notwendigen Schreibfähigkeiten und -fertigkeiten zu erweitern und mit solchen zu Visualisierungsprozessen und -kompetenzen zu komplettieren.

Persönliches Wissensmanagement als umfassender, aber verzichtbarer Ansatz?

Nach den gemachten Ausführungen lässt sich die anfangs aufgestellte These erhärten, dass Informationskompetenz eine wichtige Stütze für das persönliche Wissensmanagement darstellt, darüber hinaus aber mit anderen Kompetenzen ergänzt werden muss, allem voran mit Kompetenzen zur Produktion von Wissensartfakten. Dazu muss man schreiben, gegebenenfalls aber auch visualisieren und hierzu die verfügbaren Medien nutzen können. Neben der Informationskompetenz setzt persönliches Wissensmanagement also auch Schreib- und Medienkompetenz voraus, ebenso soziale Fähigkeiten und Fertigkeiten, die man benötigt, um sich nicht nur in der materialen, sondern auch in der sozialen Wissensumwelt zurechtzufinden. Wenn man aber nun in dieser Weise verschiedene, in der Wissenschaft bereits etablierte Konzepte (vor allem Kompetenz-Konzepte) bzw. die dahinter stehenden Prozesse zur Umschreibung und zum Verständnis des persönlichen Wissensmanagements zusammenstellen kann, stellt sich die Frage, ob man den Ansatz als solchen überhaupt braucht: Worin liegt der Mehrwert des persönlichen Wissensmanagements? Überwiegen die Vorteile im Vergleich zu den potenziellen Nachteilen?

Ein potenzieller Nachteil sind unerwünschte Konnotationen, die speziell der Managementbegriff in Bildungsinstitutionen wie der Schule auslösen kann. Anders als im englischsprachigen Raum wird „Management" hierzulande relativ deutlich mit betriebswirtschaftlichen Zielen verknüpft, auch wenn diese im hier vertretenen Verständnis von persönlichem Wissensmanagement keine Rolle spielen. Im Kontext der Hochschule ist dieses Interpretationsrisiko einerseits weniger ausgeprägt, was unter anderem daran liege dürfte, dass man hier junge Erwachsene als Zielgruppe anspricht, die selbst entscheiden können, welche Konzepte sie für Studium, Lernen

---

15 Beispielsweise Hapke, Thomas: Informationskompetenz 2.0 und das Verschwinden des Nutzers. In: Bibliothek 31 (2007) H. 2. S. 137–149.

und Bildung im Alltag nutzen. Andererseits kann die sich seit Jahren ausbreitende Ökonomisierung der Hochschullandschaft durchaus ein Argument sein, weiteren Begriffen, die dieser Tendenz bewusst oder ungewollt weiteren Vorschub leisten, zumindest vorsichtig gegenüberzutreten. Ein deutlicher Vorteil des persönlichen Wissensmanagements zeigt sich in beruflichen Kontexten: Hier ermöglicht der Ansatz in seiner Bezeichnung als persönliches Wissensmanagement Anschlussfähigkeit an Ziele, Strukturen und Prozesse von Organisationen und damit zugleich einen Weg, in diese psychologische und pädagogische Inhalte hineinzutragen. Man müsste also die Bezeichnung des Ansatzes zum persönlichen Wissensmanagement von dessen Bedeutung trennen und sich bewusst sein, dass in manchen Kontexten allein der Begriffe eine intensive Auseinandersetzung mit dem eigentlich Gemeinten in hohem Maße behindern kann.

Heidrun Wiesenmüller

Informationskompetenz und Bibliothekskataloge

Abstract: Beim Thema ‚Bibliothekskatalog' liegt der Schwerpunkt von Informationskompetenz-Veranstaltungen bisher auf der Erläuterung von Bedienungsdetails. Die
Ursache dafür ist die unzureichende Benutzerfreundlichkeit herkömmlicher OPACs.
Mit den auf Suchmaschinentechnologie basierenden ‚Katalogen der nächsten Generation', die unter anderem ein Relevanz-Ranking und facettiertes Browsing bieten, hat
sich die Usability der Kataloge erheblich erhöht. Doch das Potenzial ist bei weitem noch
nicht ausgeschöpft; insbesondere sollten zukünftige Kataloge Browsing und exploratives Suchen noch besser unterstützen. Parallel zur Weiterentwicklung der Bibliothekskataloge müssen sich auch die Angebote zur Informationskompetenz verändern.

Keywords: Benutzerfreundlichkeit, Bibliothek, Bibliothekskatalog, Facettiertes Browsing, Inhaltserschließung, Katalog 2.0, Next-generation catalog, OPAC, Serendipity-
Prinzip, Suchmaschinentechnologie

Prof. Heidrun Wiesenmüller: *1968 in Nürnberg, ist seit 2006 Professorin im Studiengang
Bibliotheks- und Informationsmanagement an der Hochschule der Medien in Stuttgart; davor
war sie Fachreferentin an der Württembergischen Landesbibliothek. Ihre Lehrgebiete sind
Formal- und Sacherschließung. Sie ist Mitglied in verschiedenen bibliothekarischen Gremien, unter
anderem der Expertengruppe Sacherschließung bei der Deutschen Nationalbibliothek.

Bibliothekskataloge in Informationskompetenz-Angeboten

Katalogschulungen gab es an Bibliotheken schon lange, bevor der Fachbegriff ‚Informationskompetenz' populär wurde. Der Bibliothekskatalog (OPAC) spielt auch heute noch eine wichtige Rolle bei der Vermittlung von Informationskompetenz – auch
wenn das Verständnis dieser Aufgabe nunmehr weit über eine Einführung in die ge-
nuin bibliothekarischen Recherchewerkzeuge hinausreicht. In einem Gesamtkonzept
tauchen Kataloge typischerweise relativ weit vorne auf: In einem in Konstanz entwickelten Informationskompetenzkurs für Bachelor-Studierende beispielsweise werden
sie in der zweiten von insgesamt sieben Doppelstunden behandelt.[1]

---

1 Davor geht es um die allgemeine Orientierung in der Bibliothek, um wissenschaftliches

Üblicherweise wird alles Wissenswerte zum Bibliothekskatalog en bloc präsentiert. Einen interessanten Gegenentwurf dazu bietet das Bielefelder Tutorial zur Online-Recherche:[2] Dieses geht nicht von den einzelnen Recherchewerkzeugen aus und handelt diese nacheinander ab, sondern beginnt stattdessen mit dem konkreten Recherchebedarf. Zuerst wählt der Nutzer deshalb zwischen der Suche nach Literatur zu einem bestimmten Thema, nach einem bereits bekannten Titel oder nach Literatur von einem bestimmten Verfasser. Daraufhin wird jeweils ein sinnvoller Rechercheweg vorgeschlagen; zum Teil erscheint außerdem „eine visuelle Entscheidungshilfe, die analog zu einem Mischpult verschiedene Regler besitzt".[3] Mit diesen kann man einstellen, wie umfassend die Recherche sein soll, wie dringend die Literatur benötigt wird und wie aktuell sie sein soll – entsprechend dieser Vorgaben werden unterschiedliche Werkzeuge empfohlen. In einem solchen prozessorientierten Ansatz tauchen Funktionalitäten des Bibliothekskatalogs – je nach Recherchekontext – an verschiedenen Stellen auf.

Unter dem Thema ‚Bibliothekskataloge' werden meist unterschiedliche Typen von Katalogen erläutert (lokaler Katalog, Verbundkataloge, Metakataloge), und es wird darauf hingewiesen, dass Aufsätze im lokalen Katalog nicht enthalten sind. Vorgestellt werden in der Regel die einfache und erweiterte Suche, gegebenenfalls die Index- und Expertensuche, Boole'sche Operatoren, Trunkierung, Sucheinschränkungen, die Suche nach einem bekannten Titel (known-item search) und die thematische Suche, verschiedene Anzeigeformen und Bestellmöglichkeiten. Manchmal werden auch Spezialprobleme wie die Darstellung mehrbändiger Werke thematisiert.

Defizite herkömmlicher OPACs und ihre Beurteilung für die Informationskompetenz

Bemerkenswert ist der hohe Anteil an detaillierten Erklärungen zu eher ‚mechanischen' Dingen, die offenbar nötig sind, um einen Bibliothekskatalog korrekt zu bedienen. In der Tat machen es herkömmliche OPACs ihren Benutzern nicht gerade leicht.

Publizieren, grundlegende Recherchestrategien sowie Nachschlagewerke; unmittelbar danach folgen Einheiten zu Fachdatenbanken. Vgl. Dammeier, Johanna: Informationskompetenzerwerb mit Blended Learning. Ergebnisse des Projekts Informationskompetenz I der Bibliothek der Universität Konstanz. In: Bibliotheksdienst 40 (2006). S. 314–330, hier S. 316 f.

2 UB Bielefeld: Tutorial zur Online-Recherche, erstellt von Erik Senst 2010. http://www.ub. uni-bielefeld.de/help/tutorial/ (15. 11. 2011).

3 Gapski, Harald u. Thomas Tekster: Informationskompetenz in Deutschland. Überblick zum Stand der Fachdiskussion und Zusammenstellung von Literaturangaben, Projekten und Materialien zu einzelnen Zielgruppen. Düsseldorf: Landesanstalt für Medien Nordrhein-Westfalen 2009. S. 38.

Als Browsing-Möglichkeit gibt es bestenfalls eine – meist wenig prominent angebrachte und nur schwer verständliche – Indexsuche. Stattdessen werden die Benutzer mit leeren Suchfeldern konfrontiert, in die sie bibliothekarisch korrekte Eingaben machen sollen. Selbst bei der ‚known-item search' ist dies eine hohe Anforderung: Zu den typischen ‚Fallstricken' gehören die Verwendung der falschen Suchoption, die Eingabe von Personen in der Form ‚Vorname Nachname' oder die fälschliche Annahme, man müsse alle vorhandenen Felder ausfüllen. Selbst völlig logisch erscheinende Suchanfragen können scheitern – beispielsweise führt die Kombination eines Zeitschriftentitels mit einem Erscheinungsjahr bei der üblichen Indexierung grundsätzlich zu null Treffern. Bei der thematischen Suche kommen weitere Probleme hinzu: So sollte man wissen, dass gemäß dem deutschen Regelwerk die meisten (aber nicht alle!) Schlagwörter im Singular angesetzt werden, während die angloamerikanische Tradition den Plural bevorzugt, oder dass bestimmte Komposita in ihre Einzelteile zu zerlegen sind: Statt mit ‚Wanderführer' müsste man etwa mit ‚Wandern UND Führer' suchen.

Da die Suchbegriffe defaultmäßig mit dem UND-Operator verknüpft werden, macht ein einziges falsches Wort die gesamte Recherche zunichte. Auch kennt die Boole'sche Logik für einen Titel nur zwei Möglichkeiten: Entweder er passt (exakt) auf die Suchanfrage oder er passt nicht. In der Realität gibt es hingegen stets eine graduelle Abstufung von ‚perfekt' bis ‚unbrauchbar'. Herkömmliche OPACs sind überdies nicht fehlertolerant, so dass sich bereits ein simpler Tippfehler oder eine kleine Ungenauigkeit verheerend auswirken. Mit den häufig vorkommenden Null-Treffer-Ergebnissen werden die Benutzer jedoch alleine gelassen: Es gibt kaum Unterstützung bei der Fehleranalyse und Problemlösung. Bei den Trefferlisten fehlen Interaktionsmöglichkeiten; man kann sie nicht schrittweise (etwa durch Ausweitung oder Einschränkung) an die eigenen Bedürfnisse anpassen. Die OPACs können außerdem nicht personalisiert werden und stehen unverbunden neben anderen Recherchewerkzeugen.

Durchaus bedenkenswert ist vor diesem Hintergrund die Ansicht, dass die Bibliotheken nicht ihre Nutzer in der Bedienung ihrer komplizierten Kataloge schulen, sondern stattdessen besser die Kataloge zu benutzerfreundlichen und intuitiv bedienbaren Werkzeugen machen sollten.[4] Sie entspricht auch einem Wandel im Verständnis von Informationskompetenz, den man als „Abschied vom Defizit-Modell"[5] bezeichnet

---

4 Vgl. Ingold, Marianne: Das bibliothekarische Konzept der Informationskompetenz. Ein Überblick. Berlin: Institut für Bibliothekswissenschaft der Humboldt-Universität zu Berlin 2005 (Berliner Handreichungen zur Bibliothekswissenschaft 128). S. 97 f. mit weiteren Nachweisen. Abweichend Pfeffer, Jörgen: Online-Tutorials an deutschen Universitäts- und Hochschulbibliotheken. Verbreitung, Typologie und Analyse am Beispiel von LOTSE, DISCUS und BibTutor. Köln, Fachhochschule. Master Thesis. 2005. S. 16–18. http://eprints.rclis.org/bitstream/10760/8649/1/Masterarbeit_JoergenPfeffer.pdf (15. 11. 2011).
5 Gapski, Harald u. Thomas Tekster: Informationskompetenz in Deutschland. Überblick zum Stand der Fachdiskussion und Zusammenstellung von Literaturangaben, Projekten und Materialien zu einzelnen Zielgruppen. (Anm. 3). S. 26.

hat: In der Tat wäre es unangemessen, Probleme mit Bibliothekskatalogen in erster Linie auf Defizite der Nutzer zurückzuführen.

Vom ‚next-generation catalog' zum Katalog der Zukunft

Vereinzelt bereits seit der Jahrtausendwende, verstärkt seit ca. 2006 werden neuartige, auf Suchmaschinentechnologie basierende Kataloge entwickelt, die zumeist als ‚Katalog der nächsten Generation' (next-generation catalog), ‚Katalog 2.0' oder ‚Entdeckungswerkzeug' (discovery tool, discovery interface) bezeichnet werden. Einige sind Eigenentwicklungen (zum Beispiel HEIDI der UB Heidelberg, E-LIB der SuUB Bremen), die zum Teil auch als Open-Source-Software zur Verfügung stehen (zum Beispiel VuFind der Villanova University Library); andere sind Produkte kommerzieller Hersteller (zum Beispiel Primo Central von ExLibris, Summon von Serials Solutions). Typischerweise werden nicht nur die Katalogdaten, sondern auch weitere Quellen – beispielsweise Metadaten von Hochschulschriftenservern oder Aufsatzdaten aus E-Journals – in die Katalog-Suchmaschine geladen und gemeinsam indexiert. Dies erweitert den Suchraum deutlich, kann aber auch zu neuen Problemen führen: Es besteht die Gefahr, dass die lokalen Bestände in riesigen Indizes sozusagen ‚untergehen', dass Benutzer mit den Treffermengen überfordert sind und dass die Mechanismen für Ranking und Filterung aufgrund der Heterogenität der zugrunde liegenden Daten nicht mehr richtig funktionieren.[6]

Trotz vieler Unterschiede im Detail haben sich bei den Katalogen neuen Typs einige charakteristische Features herausgebildet, unter anderem das Ranking der Treffer nach Relevanz, die Suchverfeinerung über Drill-down-Menüs (facettiertes Browsing) sowie Elemente des Web 2.0 (zum Beispiel RSS-Feeds, Mashups). Beim Design orientieren sich die neuen Kataloge an dem, was die Nutzer von aktuellen Websites kennen: „A next-generation catalog should look and feel like popular sites such as Google, Netflix and Amazon".[7] Noch ist die Zahl der Bibliotheken, die derartige Kataloge implementiert haben, überschaubar, doch der Trend ist eindeutig. Freilich haben sich nicht alle Erwartungen erfüllt: Beispielsweise ist die Bereitschaft der Nutzer, Titel im Katalog zu taggen oder zu rezensieren, wenig ausgeprägt. Dennoch hat sich die

---

6 Vgl. Ruppert, Atto: Katalog plus Freiburg. Ein Vorschlag zur Kombination von Katalogdaten mit einem Mega-Index. Präsentation beim 12. BSZ-Kolloquium, Stuttgart 2011. http://swop.bsz-bw.de/volltexte/2011/963/ (15. 11. 2011).
7 Yang, Sharon Q. und Kurt Wagner: Evaluating and comparing discovery tools. How close are we towards next generation catalog? In: Library hi tech 28 (2010). S. 690–709, hier S. 694.

Usability der Kataloge bereits jetzt erheblich erhöht, und das Potenzial ist bei weitem noch nicht ausgeschöpft.

Aktuelle Kataloge sind weitaus robuster gegenüber Eingabefehlern als herkömmliche OPACs: So werden Tippfehler vielfach mit einer „Meinten Sie …?"-Funktion abgefangen. Noch relativ selten umgesetzt ist hingegen das Autovervollständigen bei der Eingabe: Tippt man etwas in den Suchschlitz ein, so werden in einer Drop-down-Liste passende Vorschläge angeboten.[8] Viele Systeme setzen außerdem linguistische Methoden wie die Rückführung auf die Grundformen (Stemming) und die Zerlegung von Komposita ein. Selbst mit einer nicht ganz exakten Eingabe kommt man dadurch meist zum gewünschten Titel, und auch bei thematischen Suchen verbessert sich das Suchergebnis – ohne, dass die Benutzer sich mit komplizierten Methoden wie der Trunkierung auseinandersetzen müssten.

Noch nicht befriedigend reagieren die neuen Kataloge, wenn ein Benutzer mehrere Suchbegriffe eingibt, von denen vielleicht nur ein einziger falsch ist oder nicht zum Datenmaterial passt:[9] Die meisten geben in einem solchen Fall – genau wie herkömmliche OPACs – null Treffer aus. Sinnvoller wäre es, stattdessen diejenigen Titel zu präsentieren, die zumindest in den restlichen Suchbegriffen übereinstimmen.[10] Auch die Termerweiterung könnte noch besser unterstützt werden: Bisher bieten nur wenige Systeme eine automatische Erweiterung der Suchanfrage mit Synonymen, fremdsprachigen Äquivalenten, Unter-/Oberbegriffen und verwandten Begriffen an[11] – obwohl dies mit vorhandenen bibliothekarischen Werkzeugen wie der Schlagwortnormdatei (SWD), Fachthesauri und Crosskonkordanzen realisiert werden könnte. Dies wäre heute umso wichtiger, da die Datenbasis immer heterogener wird und oft auch große Mengen von nicht-bibliothekarischen Daten enthält.

Null-Treffer-Ergebnisse treten in aktuellen Katalogen nur noch selten auf. Dafür werden die Nutzer häufig mit umfangreichen Trefferlisten konfrontiert, wie man sie auch von allgemeinen Web-Suchmaschinen kennt. Dies ist prinzipiell unproblema-

---

8 Bei Google beruht diese Funktion auf häufig durchgeführten Suchanfragen; in Katalogen sollte man stattdessen auf die Indizes zurückgreifen. Sehr gelungen ist dies in HEIDI umgesetzt, http://www.ub.uni-heidelberg.de/helios/kataloge/heidi.html (15. 11. 2011).

9 Dies kann sehr leicht auch bei einer ‚known-item search' passieren, z. B. durch Eingabe eines zweiten Herausgebers (der gemäß RAK-WB nicht erfasst wird).

10 Umgesetzt ist dies bei thematischen Recherchen in der E-LIB Bremen, http://www.suub.uni-bremen.de/ (15. 11. 2011); die Abweichung von der Suchanfrage wird angezeigt. Auch das ‚SmartText Searching'-Werkzeug im EBSCO Discovery Service beinhaltet diese Funktion, liefert darüber hinaus aber Tausende weiterer Treffer – bis hin zu solchen, die nur noch in einem einzigen Suchbegriff übereinstimmen. Sie könnte durch einen Gewichtungsalgorithmus ergänzt werden, vgl. dazu Schulz, Ursula: Was wir über OPAC-Nutzer wissen. Fehlertolerante Suchprozesse in OPACs. In: ABI-Technik 14 (1994). S. 299–310, hier S. 306–308.

11 Umgesetzt in der Virtuellen Fachbibliothek Wirtschaftswissenschaften EconBiz, http://www.econbiz.eu/ (15. 11. 2011), und dem System Dandelon von AGI, http://www.dandelon.com (15. 11. 2011).

tisch, solange ein gutes Ranking die mutmaßlich besten Treffer an den Anfang der Liste bringt. Der sehr komplexe Prozess beruht nicht nur auf den Metadaten selbst, sondern kann auch Aspekte wie zum Beispiel die ‚Popularität' berücksichtigen. Künftig sollten Benutzer das Ranking außerdem durch ein Relevanz-Feedback beeinflussen können.[12]

Beim Umgang mit großen Treffermengen hilft auch das facettierte Browsing. Besonders gerne genützt werden Suchfilter für die Verfügbarkeit der Medien (zum Beispiel ‚nicht ausgeliehen' oder ‚online zugänglich'), doch bieten sich auch neue Wege für Informationen aus der Inhaltserschließung: Diese werden nicht nur besser sichtbar, weil sie nicht erst in der Volltitelanzeige, sondern bereits in der Trefferliste angezeigt werden. Man kann sie auch einfacher benutzen, da man nicht selbst etwas eingeben, sondern nur passende Filterkriterien aus einer Liste auswählen muss. Zumeist gibt es eine Facette für einzelne Schlagwörter. Sinnvoll ist darüber hinaus eine (auf klassifikatorischen Informationen beruhende) fachliche Facette sowie ein Suchfilter für ganze Schlagwortfolgen – der konventionelle Schlagwortkettenindex präsentiert sich damit in zeitgemäßer Form.[13] Es können aber auch gänzlich neuartige Filter konzipiert werden, um bisher brach liegende Informationen auszuwerten – zum Beispiel eine auf den SWD-Ländercodes basierende Facette, mit denen man die angezeigten Titel nach dem behandelten geographischen Raum einschränken kann.

Noch besser unterstützen müssen Kataloge der Zukunft das Browsing und explorative Suchen, wie Benutzer es vom Web her gewöhnt sind: Dort stoßen sie immer wieder auf Interessantes, nach dem sie nicht gezielt gesucht hatten (Serendipity-Prinzip). Hat ein Benutzer einen konkreten Titel, den er zuvor womöglich über eine allgemeine Suchmaschinen gefunden hat, im Bibliotheksbestand lokalisiert, so darf das ‚Katalogerlebnis' damit nicht zu Ende sein: Vielmehr müssen sinnvolle Schritte zum Entdecken von weiteren interessanten Medien, Themen, Personen oder externen Quellen angeboten werden. Bibliothekarische Erschließungsdaten bieten dafür gute Voraussetzungen, denn sie sind reich an Informationen und stehen in vielfältigen Beziehungen zueinander. Unter Ausnutzung von Semantic-Web-Techniken wie ‚Linked open data' können künftig noch mehr aussagekräftige Verknüpfungen hergestellt werden.

---

12 Denkbar wäre, dass Benutzer einige der angezeigten Treffer als ‚gut' oder ‚schlecht' markieren und die Abfolge der Treffer daraufhin dynamisch neu berechnet wird. Vgl. zum Relevanz-Feedback Lewandowski, Dirk: Web Information Retrieval. Technologien zur Informationssuche im Internet, Frankfurt am Main: DGI 2005, hier S. 152.

13 Umgesetzt z. B. im InfoGuide-Katalog der UB Augsburg, https://opac.bibliothek.uni-augsburg.de/InfoGuideClient.ubasis/start.do?Login=iguba (15. 11. 2011). Vgl. Wiesenmüller, Heidrun: Schlagwortketten in Online-Katalogen. Realität und Potenzial. In: Bibliotheksdienst 42 (2008). S. 1033–1059, hier S. 1049–1051.

Schon in herkömmlichen OPACs konnte man Personen oder Schlagwörter in der Volltitelanzeige anklicken und damit eine Anschlussrecherche auslösen.[14] Aktuelle Kataloge bieten darüber hinaus etwa andere Ausgaben desselben Werkes[15] oder ähnliche Literatur an. Letztere kann nicht nur über die Metadaten ermittelt werden, sondern auch über das Verhalten anderer Benutzer – darauf beruht der Recommenderdienst ‚BibTip'.[16] Im Kölner UniversitätsGesamtkatalog (KUG) gibt es bei der Anzeige eines Titels unter anderem Links zu Wikipedia-Artikeln, die diesen in den Literaturhinweisen aufführen, sowie zum passenden ‚Google Bücher'-Eintrag.[17] Die E-LIB Bremen liefert schon bei der Trefferliste Vorschläge für Anschlussrecherchen: So werden die für das jeweilige Fachgebiet heranzuziehenden Fachdatenbanken sowie passende Systemstellen in der Bremer Systematik angezeigt.[18] Denkbar ist beispielsweise auch, dass bei einem literarischen Werk automatisch die zugehörige Sekundärliteratur sowie Literatur über den Autor angezeigt werden. Nützlich wäre es außerdem, wenn zu den an einem Titel vorhandenen Schlagwörtern jeweils deren Unter- bzw. Oberbegriffe und verwandte Begriffe angeboten würden.

Je mehr sich unsere Bibliothekskataloge vom Paradigma des klassischen OPAC entfernen und zu Katalogen der Zukunft weiterentwickeln, desto mehr werden sich auch die Angebote zur Informationskompetenz verändern müssen. So sollten Hinweise, wie Benutzer ihre Suchergebnisse ‚händisch' durch Trunkierung, intellektuell durchgeführte Termerweiterung oder die Zerlegung von Komposita verbessern können, mittelfristig obsolet werden. Auf der anderen Seite zeichnen sich neue wichtige Themen ab, insbesondere das Zusammenspiel von bibliothekarischen und nicht-bibliothekarischen Daten und der Umgang mit sehr großen Treffermengen. Insgesamt werden bei der Vermittlung von Informationskompetenz künftig grundsätzlichere Fragen im Zentrum stehen, und nicht mehr kleinteilige Details der Bedienung von Katalogen.

---

14 Die Realisierung war jedoch meist unverständlich und wenig attraktiv. Aktuelle Kataloge lösen dies oft besser, z. B. die E-LIB Bremen, http://www.suub.uni-bremen.de/ (15. 11. 2011).

15 Umgesetzt z. B. im Primo-Katalog der UB Mannheim, http://www.bib.uni-mannheim.de/133.html (15. 11. 2011), wodurch ein Teil des Modells der ‚Functional Requirements for Bibliographie Records' (FRBR) realisiert wird.

16 Vgl. Mönnich, Michael u. Marcus Spiering: Einsatz von BibTip als Recommendersystem im Bibliothekskatalog. In: Bibliotheksdienst 42 (2008). S. 54–59.

17 KUG, http://kug.ub.uni-koeln.de/ (15. 11. 2011). Angeboten werden hier u. a. auch Personen, die gemeinsam mit dem Verfasser publiziert haben, und Schlagwörter, die öfter gemeinsam mit den Schlagwörtern des Titels vorkommen.

18 E-LIB Bremen, http://www.suub.uni-bremen.de/ (15. 11. 2011).

Weiterführende Literatur

Antelman, Kristin, Emily Lynema u. Andrew K. Pace: Toward a twenty-first century library catalog. In: Information technology and libraries 25 (2006). S. 128–139.

Blenkle, Martin, Rachel Ellis u. Elmar Haake: E-LIB Bremen. Automatische Empfehlungsdienste für Fachdatenbanken im Bibliothekskatalog. Metadatenpools als Wissensbasis für bestandsunabhängige Services. In: Bibliotheksdienst 43 (2009). S. 618–625.

Breeding, Marshall: Next-gen library catalogs. New York, London: Neal-Schuman 2010 (The tech set 1).

Christensen, Anne: Partizipative Entwicklung von Diensten in der Bibliothek 2.0. Methoden und Ergebnisse aus Katalog-2.0-Projekten. In: Bibliotheksdienst 43 (2009). S. 527–537.

Flimm, Oliver: Anreicherungen, Mashups und Vernetzungen von Titeln in einem heterogenen Katalogverbund am Beispiel des Kölner UniversitätsGesamtkatalogs KUG. In: Handbuch Bibliothek 2.0. Hrsg. von Julia Bergmann u. Patrick Danowski. Berlin, New York: de Gruyter Saur 2010 (Bibliothekspraxis 41). S. 293–316.

Frick, Julian: Konzeption einer fachlichen Facette für einen Bibliothekskatalog am Beispiel der Universitätsbibliothek Mannheim. Bachelorarbeit. Stuttgart 2011. http://opus.bsz-bw.de/ hdms/volltexte/2011/703/ (15. 11. 2011).

Greifeneder, Elke Susanne: Effektivität und Effizienz von Online-Hilfesystemen in deutschen Universitäts-OPACs. Magisterarbeit. Berlin 2007. http://eprints.rclis.org/ bitstream/10760/11195/1/greifeneder-elis.pdf (15. 11. 2011)

Houser, John: The VuFind implementation at Villanova University. In: Library hi tech 29 (2011). S. 93–105.

Kneifel, Fabienne: Mit Web 2.0 zum Online-Katalog der nächsten Generation. Innovationspreis 2009. Wiesbaden: Dinges & Frick 2009 (B.I.T. online. Innovativ 23).

Langenstein, Annette u. Leonhard Maylein: Relevance-Ranking im OPAC der Universitätsbibliothek Heidelberg. In: B.I.T. online 12 (2009) S. 408–413.

Lewandowski, Dirk: Ranking library materials. In: Library hi tech 27 (2009) S. 584–593.

Sadler, Elizabeth: Project Blacklight. A next generation catalog at a first generation university. In: Library hi tech 29 (2011) S. 57–67.

Wiesenmüller, Heidrun: Daten härter arbeiten lassen und besser präsentieren. Sacherschließung und Normdaten in Online-Katalogen. In: BuB 62 (2010) S. 48–54.

Wiesenmüller, Heidrun, Leonhard Maylein u. Magnus Pfeffer: Mehr aus der Schlagwortnormdatei herausholen. Implementierung einer geographischen Facette in den Katalogen der UB Heidelberg und der UB Mannheim. In: B.I.T. online 14 (2011) S. 245–252.

Wiesenmüller, Heidrun: Neue OPACs braucht das Land. Präsentation beim Bibliotheksforum Südtirol, Bozen 2009. http://www.provinz.bz.it/kulturabteilung/download/ 3013_wiesenmueller.pdf (15. 11. 2011).

Wiesenmüller, Heidrun: Neues vom Katalog der Zukunft. Bericht von der dritten Stuttgarter OPAC-Fortbildung. In: Bibliotheksdienst 45 (2011) S. 182–188.

Dirk Lewandowski

Informationskompetenz und das Potenzial der Internetsuchmaschinen

Abstract: Suchmaschinen sind für viele Nutzer der Zugang zu Informationen im Netz und oft fehlt ihnen die Kenntnis anderer Suchwerkzeuge. In diesem Kapitel wird das Thema Informationskompetenz anhand des Prozesses der Web-Suche (Auswahl des Suchwerkzeugs, Eingabe der Suchanfrage, Trefferselektion, Evaluierung des Treffers, Navigation/Suche innerhalb der Ergebnisquelle) sowie anhand des technischen Aufbaus von Suchmaschinen diskutiert.

Keywords: Suchmaschinen, Informationskompetenz, Google, Informationsverhalten

Prof. Dr. Dirk Lewandowski: Ist Professor für Information Research & Information Retrieval an der Hochschule für Angewandte Wissenschaften Hamburg. Davor war er unabhängiger Berater im Themenbereich Suchmaschinen und Information Retrieval sowie Lehrbeauftragter an der Universität Düsseldorf. Dr. Lewandowskis Forschungsinteressen sind Web Information Retrieval, Qualitätsfaktoren von Suchmaschinen, das Rechercheverhalten der Suchmaschinen-Nutzer sowie die gesellschaftlichen Auswirkungen des Umgangs mit den Web-Suchmaschinen. Zu seinen Veröffentlichen gehören neben den Büchern „Web Information Retrieval" und „Handbuch Internet-Suchmaschinen" (bislang zwei Bände) zahlreiche Aufsätze, die in deutschen und internationalen Fachpublikationen veröffentlicht wurden.

Für welche Web-Recherchen braucht man Informationskompetenz?

Die Nutzung von Suchmaschinen setzt Informationskompetenz voraus, auch wenn es auf den ersten Blick nicht so scheinen mag. Was könnte einfacher sein, als eine Suchmaschine zu bedienen: Google aufrufen, Suchwörter eingeben, auf ein Ergebnis klicken ...

Vor allem dieser einfache Dreischritt der Recherche und die hohe Erfolgsquote machen es überhaupt nötig zu betonen, dass die Nutzung von Suchmaschinen Informationskompetenz voraussetzt: Im Allgemeinen sind Nutzer mit ihren Suchergebnissen zufrieden. Auch einige Schwierigkeiten im Verhältnis zwischen Information Professionals und Suchmaschinennutzern lassen sich aus diesem Umstand erklären: Es fällt den Information Professionals schwer zu verstehen, dass sich normale Nutzer nicht für Recherchestrategien interessieren; und die zufriedenen Suchmaschinennutzer sehen keinen Grund dafür, warum sie sich mit der Verbesserung ihrer (vermeintlich ausreichenden) Recherchefähigkeiten beschäftigen sollten.

Doch woraus resultiert diese Zufriedenheit mit den Suchergebnissen eigentlich? Um diese Frage zu beantworten, lohnt ein Blick auf die Verteilung der Suchanfragen nach Anfragetypen. Unter Anfragetypen versteht man vor allem das intendierte Ziel einer Suchanfrage nach Zieldokument; allgemein wird nach Broder[1] in informationsorientierte, navigationsorientierte und transaktionsorientierte Suchanfragen unterschieden.

Mit navigationsorientierten Anfragen soll eine Seite (wieder)gefunden werden, die dem Benutzer bereits bekannt ist oder von der er annimmt, dass sie existiert. Beispiele sind die Suche nach Homepages von Unternehmen („Microsoft") oder nach Personen („John von Neumann"). Solche Anfragen haben in der Regel ein richtiges Ergebnis. Das Informationsbedürfnis ist befriedigt, sobald die gewünschte Seite gefunden wird.

Bei informationsorientierten Anfragen ist das Informationsbedürfnis meist nicht durch ein einziges Dokument zu befriedigen. Der Nutzer möchte sich stattdessen über ein Thema informieren und liest deshalb mehrere Dokumente. Informationsorientierte Anfragen zielen auf jeden Fall auf statische Dokumente, nach dem Aufruf des Dokuments ist also keine weitere Interaktion auf der Website nötig, um an die gewünschten Informationen zu gelangen.

Mit transaktionsorientierten Anfragen wird eine Website gesucht, auf der anschließend eine Transaktion stattfindet, etwa der Kauf eines Produkts, der Download einer Datei oder die Recherche in einer Datenbank.

Nun werden Suchmaschinen für alle drei Anfragetypen eingesetzt. Sieht man sich die Verteilung der Anfragetypen an, so zeigt sich, dass alle drei Typen nennenswerte Anteile am Gesamt der Suchanfragen haben. Für navigationsorientierte Anfragen sind eindeutig bestimmbare richtige Ergebnisse bekannt, und für Suchmaschinen bereitet es keine allzu großen Probleme, diese Anfragen korrekt zu beantworten.[2] Da auch für die transaktionsorientierten Anfragen leicht festgestellt werden kann, ob das gewünschte Ziel der Transaktion mit Hilfe des von der Suchmaschine ausgegebenen Ergebnisses erreicht werden kann, stellt sich die Frage nach einer Bewertung des Suchergebnisses im klassischen Sinn nur für die informationsorientierten Anfragen. Nur hier muss zwischen verschiedenen, das Informationsbedürfnis unterschiedlich befriedigenden Dokumenten unterschieden werden. Aber auch bei den informationsorientierten Anfragen muss weiter eingeschränkt werden: Auch hier lassen sich viele Informationsbedürfnisse mit einem einzigen, vom Nutzer als „gut genug" empfundenen Dokument befriedigen.

---

1 Broder, Andrei: A taxonomy of web search. In: ACM Sigir forum 36 (2002). S. 3–10.
2 Lewandowski, Dirk: The retrieval effectiveness of search engines on navigational queries. In: ASLIB Proceedings 61 (2011). S. 354–363.

Wenn man nun von einem Anteil informationsorientierter Anfragen von 45 Prozent ausgeht[3] und dann noch die Anfragen abzieht, die aus Nutzersicht mit einem einzigen Dokument beantwortet werden können, so ergibt sich eine Erklärung dafür, warum Nutzer mit ihren Suchen in der Regel zufrieden sind und keine Notwendigkeit sehen, ihre Recherchekenntnisse anzuzweifeln oder gar nach einer Verbesserung derselben zu streben.

Festzuhalten ist also, dass Informationskompetenz im Sinne einer Recherchestrategie nur in einer Minderzahl der Web-Recherchen nötig ist. Ein Nutzer, der nur die Homepage eines Unternehmens oder ein Faktum sucht, wird auch, ohne sich Gedanken über eine Suchstrategie zu machen, zum Erfolg kommen. Für die Vermittlung von Informationskompetenz ist es daher von großer Bedeutung, diejenigen Fälle herauszuarbeiten, in denen tatsächlich strategisch an eine Web-Recherche herangegangen werden muss.

Die Frage nach der Informationskompetenz im Bereich der Internetsuchmaschinen stellt sich auf zweierlei Weise: Auf der einen Seite geht es um die Kompetenzen, die erworben werden können, um den eigenen Suchprozess zu optimieren; auf der anderen Seite geht es um die Kenntnis des Aufbaus und der technischen Funktionsweise der Web-Suchmaschinen. Basis der Diskussion sind die von Benno Homann[4] beschriebenen Standards der Informationskompetenz:

„Der informationskompetente Student
- bestimmt Art und Umfang der benötigten Informationen.
- verschafft sich effizienten und effektiven Zugang zu den benötigten Informationen
- evaluiert Informationen und seine Quellen kritisch und integriert die ausgewählten Informationen in sein Wissen und sein Wertsystem
- nützt Informationen effektiv sowohl als Individuum als auch als Gruppenmitglied, um ein bestimmtes Ziel zu erreichen
- versteht viele der ökonomischen, rechtlichen und sozialen Streitfragen, die mit der Nutzung von Informationen zusammenhängen und er hat Zugang und nutzt die Informationen in einer ethischen und legalen Weise."

Bezogen aus Suchmaschinen sind vor allem die ersten drei Punkte zu diskutieren. Die beiden letzten Aussagen beziehen sich auf das allgemeine Umfeld und sind nicht suchmaschinenspezifisch auszulegen.

---

3 Lewandowski, Dirk: Query types and search topics of German Web search engine users. In: Information Services & Use 26 (2006). S. 261–269.
4 Homann, Benno: Standards der Informationskompetenz. In: Bibliotheksdienst 36 (2002). S. 625–638.

Informationskompetenz im Prozess der Websuche

Der Prozess der Websuche (Abb. 1) beginnt mit der Auswahl einer geeigneten Suchmaschine (1), darauf folgt die Eingabe der Suchanfrage (2). Die Ergebnisse auf der
Trefferseite der Suchmaschine (Search Engine Results Pages, SERP) werden mehr
oder weniger gründlich durchgesehen und ein geeigneter Treffer ausgewählt (3). Nach
dem Aufruf des Treffers erfolgt dessen Evaluation auf Tauglichkeit (4), eventuell folgt
eine weitere Navigation oder Suche innerhalb der Website, auf der der Treffer gefunden wurde (5).

Im Schaubild wird deutlich, dass der Prozesse der Websuche nicht geradlinig
verlaufen muss, sondern dass es an verschiedenen Stellen zum Abbruch oder zur
Neuorientierung kommen kann.

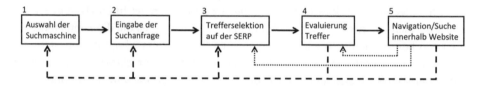

Abb. 1: Prozess der Websuche

Anhand der Stufen des Prozesses der Websuche soll im Folgenden die für die effektive und effiziente Nutzung der Suchmaschinen nötige Informationskompetenz diskutiert werden. Dabei wird das allgemeine Nutzerverhalten skizziert, um dann
aufzuzeigen, welche Informationskompetenz auf der jeweiligen Stufe erforderlich
wäre.

Schon auf der ersten Stufe, der Auswahl einer geeigneten Suchmaschine, zeigt
sich erhebliches Potential. Nicht nur wird von vielen Nutzern die Suche im Web mit
einer Suche in der Suchmaschine Google gleichgesetzt, sondern Google wird sogar
als der geeignete Einstiegspunkt für jegliche Art von Recherche angesehen.[5] Schon
zwischen den allgemeinen Web-Suchmaschinen (Universalsuchmaschinen) gibt es
eine größere Auswahl, die allerdings von den überwältigenden Marktanteilen von
Google überdeckt wird. Die alleinige Verwendung einer Suchmaschine wird oft mit
der (scheinbar) überragenden Qualität der Ergebnisse begründet. Allerdings erfüllt die Konsultation einer weiteren Suchmaschine zumindest noch einen weiteren
Zweck, nämlich das Einholen einer „zweiten Meinung". Die Suchmaschinen unterscheiden sich nicht nur in ihren Datenbeständen, sondern gravierender noch hin-

---

5 Zur Bedeutung von Suchmaschinen für den Wissenserwerb s.a.: Lewandowski, Dirk:
Informationen finden im Netz. In: UNESCO heute (2008) H. 1. S. 45–47.

sichtlich ihrer Ergebnisreihung.[6] So entsteht durch die Recherche in einer weiteren Suchmaschine eine größere Vielfalt der Ergebnisse. Außerdem bedeutet selbst eine überlegene Qualität der Treffer im Vergleich zu anderen Suchmaschinen nicht, dass auch für jede Anfrage das bestmögliche Ergebnis gefunden wird.[7] So lässt sich manche vermeintlich schwierige Recherche lösen, indem einfach die gleiche Suchanfrage bei einer anderen Suchmaschine eingegeben wird. Denkt man aber an spezifischere Recherchen, so ist die Auswahl einer geeigneten Spezialsuchmaschine[8] – hier soll noch gar nicht von weiterführenden Fachdatenbanken gesprochen werden – nötig.

1. Eine kompetente Quellenauswahl muss also anhand zweier Fragen erfolgen: Welcher Typ von Suchwerkzeug ist für die Recherche geeignet? Welche individuelle Suchmaschine ist für die Recherche geeignet?

2. Die Eingabe der Suchanfrage erfordert vom Nutzer die Kompetenz, sein Informationsbedürfnis in eine geeignete Suchanfrage zu „übersetzen". Auf der einen Seite sind Informationsbedürfnisse jedoch oft nicht klar definiert oder können sich im Verlauf einer Recherche verändern,[9] andererseits fällt es oft schwer, das Informationsbedürfnis in einer Suchanfrage auszudrücken. Studien zeigen, dass die in die Web-Suchmaschinen eingegebenen Suchanfragen in der Regel kurz sind und oftmals zu unspezifisch, um zu passenden Ergebnissen zu führen.[10] Die Suchmaschinen haben auf dieses Verhalten reagiert, indem sie die Suchanfragen in den Kontext des Suchprozesses stellen und durch diese zusätzlich gewonnenen Informationen zu besseren Ergebnisse leiten.[11]

   Das kompetente Formulieren von Suchanfragen will gelernt sein. Allerdings sollte hier nicht vergessen werden, dass bei vielen Informationsbedürfnissen auch einfache Suchanfragen zum Ziel führen. Im Rahmen von Schulungen sollte deshalb klar gemacht werden, in welchen Fällen sich komplexere Suchanfragen überhaupt eignen und dies entsprechend durch Beispiele belegt werden.

3. Zur Trefferselektion werden dem Nutzer Surrogate („Abstracts") der eigentlichen Treffer zur Verfügung gestellt, welche üblicherweise aus dem Titel des Doku-

---

6 Spink, Amanda, Bernard J. Jansen, Chris Blakely u. Sherry Koshman: A study of results overlap and uniqueness among major web search engines. In: Information Processing & Management 45 (2006). S. 1379–1391; Bar-Ilan, Judit: Comparing rankings of search results on the Web.
In: Information Processing & Management 41 (2005). S. 1511–1519.

7 Lewandowski, Dirk: The retrieval effectiveness of web search engines. Considering results descriptions. In: Journal of Documentation 64 (2008). S. 915–937.

8 Lewandowski, Dirk: Spezialsuchmaschinen. In: Handbuch Internet-Suchmaschinen. Hrsg. Von Dirk Lewandowski. Heidelberg: Akademische Verlagsgesellschaft AKA 2009. S. 53–69.

9 Marchionini, Gary: Exploratory search. From finding to understanding. In: Communications of the ACM 49 (2006). S. 41–46.

10 Höchstötter, Nadine u. Martina Koch: Standard parameters for searching behaviour in search engines and their empirical evaluation. In: Journal of Information Science 35 (2009). S. 45.

11 Lewandowski, Dirk: Query Understanding. In: Handbuch Internet-Suchmaschinen 2. Hrsg. von Dirk Lewandowski. Heidelberg: Akademische Verlagsgesellschaft AKA 2011. S. 55–75.

ments, einer kurzen Beschreibung sowie der URL des Dokuments bestehen. Weitere Informationen werden von den Suchmaschinen teilweise hinzugefügt. Während die Surrogate einen Einfluss auf die Selektion innerhalb der Trefferdarstellung haben, ist diese jedoch vor allem durch die Position der Treffer beeinflusst. Besonders weit vorne stehende Treffer, insbesondere die im sichtbaren Bereich (also Treffer, die sichtbar sind, ohne dass heruntergescrollt werden müsste),[12] werden bevorzugt, außerdem besonders hervorgehobene Treffer. Eine kompetente Trefferauswahl setzt voraus, dass nicht nur einer der ersten Treffer angeklickt und die Recherche damit als beendet betrachtet wird. Allerdings ist auch hier zu beachten, dass ein Informationsbedürfnis (auch wenn es sich um eine informationsorientierte Suchanfrage handelt) oft schon durch ein einziges Dokument befriedigt werden kann. In Schulungen sollte klar gemacht werden, in welchen Fällen tatsächlich eine Sichtung mehrerer Dokumente oder die Sichtung mehrerer Ergebnisseiten der Suchmaschinen sinnvoll ist.

Der Interpretation und Evaluierung der Suchergebnisseite (hier im Gegensatz zu den eigentlichen Trefferdokumenten) sollte besondere Aufmerksamkeit entgegengebracht werden. Nutzer sollten erstens grundsätzliche Kenntnisse über das Zustandekommen des Rankings haben (s. u.), zweitens in der Lage sein, die in den Surrogaten enthaltenen „Vorab-Informationen" zu interpretieren, und drittens um die Möglichkeiten der Manipulation von Trefferseiten (sei es durch Suchmaschinenbetreiber oder externe Anbieter durch Methoden der Suchmaschinenoptimierung) wissen.

4. Die Evaluierung eines individuellen Ergebnisses erfolgt im Durchschnitt innerhalb weniger Sekunden. Nutzer blicken auf das Dokument und lassen sich vom „information scent" leiten, d. h. sie suchen nach Anhaltspunkten dafür, dass sich in diesem Dokument für sie relevante Informationen finden. Lassen sich solche Anhaltspunkte nicht finden, kehren sie zur Trefferliste der Suchmaschine zurück und wählen ein anderes Dokument aus. Eine Evaluierung der Ergebnisse nach Kriterien wie Verlässlichkeit oder faktischer Korrektheit erfolgt meist nicht, in dieser Hinsicht vertrauen die Nutzer der „Empfehlung" durch die vermittelnde Suchmaschine.

Nötig ist hier die Kompetenz zur Bewertung des individuellen Suchergebnisses und der Quelle (Website), in der dieses enthalten ist. Auch hier ist darauf hinzuweisen, dass die Fakten- und Quellenprüfung nicht in allen Fällen durchgeführt werden muss, und es sind entsprechende Fälle zu beschreiben. Wird in dem Ergebnisdokument die gesuchte Information nicht gefunden, wird häufig auf der Website weiter navigiert bzw. die site-interne Suche verwendet. Wird die Suche verwendet, ergeben sich die gleichen Fragen wie unter

---

12 Siehe dazu: Höchstötter, Nadine u. Dirk Lewandowski: What users see – Structures in search engine results pages. In: Information Sciences 179 (2009). S. 1796–1812.

2. genannt; wird innerhalb der Website navigiert, muss der Nutzer in der Lage sein, die grundlegende Navigation zu verstehen.
5. Nötig ist eine Vermittlung grundlegender Konzepte der Site-Navigation sowie die Kenntnis der Stärken und Schwächen site-interner Suchmaschinen.

Kenntnisse über den Aufbau und die Funktionsweise von Suchmaschinen

Nicht in den Suchprozess mit einbezogen ist in dieser Darstellung die eigentliche Verarbeitung der Suchanfrage und die Produktion des Ergebnisses durch die Suchmaschine (beides zwischen Schritt 2 und Schritt 3). Hierbei handelt es sich um die „black box" Suchmaschine: Es ist für den Nutzer nicht transparent, was in diesem Schritt „in der Suchmaschine" passiert. Um allerdings Suchstrategien entwickeln und Ergebnisse adäquat bewerten zu können, ist eine grundlegende Kenntnis der Funktionsweise von Suchmaschinen nötig.

Für Nutzer ist die Kenntnis des grundlegenden Aufbaus einer Web-Suchmaschine (Abb. 2) wichtig, da nur aus dieser Kenntnis die Stärken und Schwächen von Suchmaschinen erkannt werden können. Insbesondere ist hier auf die Erstellung des Index hinzuweisen; dieser wird durch das Crawling erstellt, wodurch nicht-crawlbare Dokumente (vor allem Inhalte von Datenbanken) nicht erfasst werden können (das sog. „Invisible Web"), andererseits können die Crawler nicht jedes Dokument stets aktuell erfassen. Dies führt dazu, dass aktuelle Dokumente teils nicht über die Web-Suchmaschinen zu finden sind und daher direkt die jeweilige Quelle (welche wiederum über eine Suchmaschine recherchiert werden kann) aufgesucht werden muss.

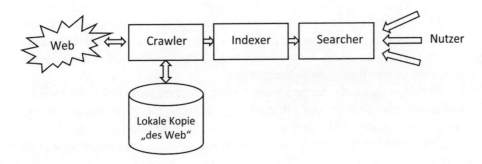

Abb. 2: Aufbau einer Web-Suchmaschine[13]

---

13 Risvik, Knut Magne u. Michelsen, Rolf: Search engines and web dynamics. In: Computer Networks 39 (2002). S. 289–302.

Im Prozess der Indexierung werden die Dokumente so aufbereitet, dass sie über die Benutzerschnittstelle gefunden werden können. Informationen, die in diesem Prozess nicht berücksichtigt werden (beispielsweise vom Betreiber einer Website erstellte, umfangreiche Metadaten), können auch nicht recherchiert werden.

Von besonderer Bedeutung für das Verständnis der Suchmaschinen sind grundlegende Kenntnisse, wie Suchmaschinen die Dokumente in der Trefferliste anordnen (Ranking). Damit ist nicht gemeint, dass Nutzer die Rankingverfahren im Detail kennen müssen, sondern nur, dass sie verstehen, welche Art von Dokumenten besonders gute Chancen auf einen hohen Trefferplatz haben. Insbesondere ist hier ein Verständnis der Qualitätsmessung der Suchmaschinen, welche vor allem auf der Basis der Popularität von Dokumenten erfolgt, zu nennen. Insgesamt lässt sich das Suchmaschinen-Ranking durch vier Gruppen von Rankingfaktoren erklären: Textspezifische Faktoren, linktopologische Verfahren, Aktualität und Lokalität.[14]

Zusammengefasst kann gesagt werden, dass die Nutzung von Suchmaschinen zwar intuitiv erfolgt und in vielen Fällen ohne nennenswerte Informationskompetenz auch zum Erfolg führt, bei ernstzunehmenden Recherchen jedoch Informationskompetenz auf unterschiedlichen Ebenen nötig ist. Es konnte gezeigt werden, dass es auf allen Ebenen des Suchprozesses Anknüpfungspunkte für die Vermittlung von Informationskompetenz gibt und diese entsprechend in Schulungen berücksichtigt werden sollten. Doch weder der Suchprozess allein noch allein das Verständnis des technischen Aufbaus von Suchmaschinen kann hier zum Erfolg führen, sondern nur ein Verständnis beider Bereiche.

Das Potential der Suchmaschinen

Suchmaschinen werden hinsichtlich der Entwicklung von Informationskompetenz oft kritisch betrachtet. Der Vorwurf lautet, sie würden sich so stark dem einfachen Nutzerverhalten anpassen, dass Nutzer auch in anderen Informationssystemen keine Notwendigkeit mehr sähen, Recherchestrategien zu entwickeln und sich mit der Formulierung von Suchanfragen zu beschäftigen.

Allerdings bieten die Suchmaschinen auch Chancen hinsichtlich der Informationskompetenz: Anhand der alltäglichen Web-Recherche kann Nutzern gezeigt werden, wie sie ihr Rechercheergebnis mit Hilfe von Suchstrategien, der Verwendung spezieller Befehle und Operatoren, einer kompetenten Ergebnisselektion, usw.

---

14 Lewandowski, Dirk: Der OPAC als Suchmaschine. In: Handbuch Bibliothek 2.0. Hrsg. von Julia Bergmann u. Patrick Danowski. München: De Gruyter Saur 2010. S. 87–107. Detaillierte Darstellung des technischen Aufbaus von Suchmaschinen findet sich in Lewandowski, Dirk: Web Information Retrieval. Technologien zur Informationssuche im Internet. Frankfurt am Main: Deutsche Gesellschaft f. Informationswissenschaft u. Informationspraxis 2005.

verbessern können. Dadurch können sie erkennen, dass solche Strategien auch in anderen Informationssystemen angewendet werden können oder gar müssen. Sind die Strategien bereits von den Suchmaschinen bekannt, so lassen sich in anderen, schwieriger zu bedienenden Informationssystemen leichter Erfolge erzielen.

Nando Stöcklin
Mit Wikipedia zu mehr Informationskompetenz

Abstract: Die Online-Enzyklopädie Wikipedia hat sich innert weniger Jahre zu einer der zehn meistgenutzten Websites weltweit entwickelt. Sie wird besonders häufig verwendet, um textbasierte Daten nachzuschlagen, sowohl für schulische, berufliche als auch private Zwecke. Das Nachschlagen in der Wikipedia ist kostenlos und einfach. Mit etwas Hintergrundwissen lässt sich noch mehr aus der Online-Enzyklopädie herausschlagen und sie reflektierter nutzen. Die Wikipedia ist aber nicht nur kostenlos abrufbar, ihre Inhalte sind auch frei nutzbar. Wir dürfen alles für beliebige Zwecke verwenden, sowohl Texte als auch Bilder. Dazu müssen wir die Lizenzbedingungen kennen und einhalten. Mit entsprechender Informationskompetenz tun sich also neue Möglichkeiten auf im Umgang mit der Online-Enzyklopädie. Die Wikipedia kompetent nutzen zu können ist bloß eine Seite der Medaille. Die Anforderungen für einen kompetenten Umgang mit Informationen sind besonders mit der Verbreitung des Internets massiv gestiegen. Wurde bislang bei der Förderung von Informationskompetenz vor allem auf die Rezeption fokussiert, müssen wir im Zeitalter von Facebook und Twitter, von Blogs und Wikis auch die Publikation von Informationen und den Umgang mit der Öffentlichkeit stark berücksichtigen. Viele dazu notwendige Kompetenzen lassen sich unter anderem in der Wikipedia fördern, vom Wissen über Urheber- und Persönlichkeitsrechten, über kommunikative Fähigkeiten bis hin zur Auswahl von geeigneten Abbildungen und zu objektiven Formulierungen.

Keywords: Creative Commons, Kommunizieren, Leitmedienwechsel, Persönlichkeitsrecht, Plagiarismus, Urheberrecht, Wikipedia, Zitieren

Nando Stöcklin: Forscht an der Pädagogischen Hochschule Bern zu Themen rund um Informations- und Kommunikationstechnologie und Bildung. Seine Schwerpunkte sind der Umgang mit der Wikipedia und die nach dem Leitmedienwechsel von der Buch- zur ICT-Kultur benötigte Informationskompetenz. Er ist Autor des Buches „Wikipedia clever nutzen – in Schule und Beruf" und ist selbst langjähriger Wikipedia-Autor und -Administrator.

Mehr als eine digitalisierte Enzyklopädie

Zehn Jahre nachdem der US-Amerikaner Jimmy Wales den Startschuss zur Online-Enzyklopädie Wikipedia gab, sind die Print-Enzyklopädien weitestgehend aus den Buchhandlungen verschwunden. Was ist geschehen? Die Verlage hinter den etablierten Enzyklopädien haben mit steigender Bedeutung des Internets ihre Werke ins Web gestellt. Sie haben es aber versäumt, die Enzyklopädien dem Internet anzupassen. Es ist wohl kein Zufall, dass ein Branchen-Neuling die Szene aufmischte. Jimmy Wales verdiente sein Geld im Internet und betrachtete die Enzyklopädie nicht vom Buch, sondern vom Web her. So sieht der Redaktionsprozess der Wikipedia anders aus als jener von herkömmlichen Enzyklopädien. Die Inhalte werden von Freiwilligen verfasst, nicht von Redakteuren und ausgewählten Akademikern. Und sie werden auch von Freiwilligen redigiert, nicht von professionellen Redakteuren. Wer auch immer einen Artikel in der Wikipedia öffnet, kann den Inhalt verändern. Die Wikipedia ist damit die erste Enzyklopädie, die den Netzwerk-Charakter des Webs gezielt nutzt, sowohl um den Inhalt zu erstellen und zu pflegen, als auch um den Betrieb des Dienstes durch Spenden zu finanzieren.

Ebenfalls an das Internet angepasst ist bei der Wikipedia der Umfang des Inhaltes. Als erste allgemeine Enzyklopädie hat sie den beschränkten Platz einer Print-Enzyklopädie durchbrochen. Die Artikel der deutschsprachigen Wikipedia sind 2011 durchschnittlich etwa vier Mal länger als ihre Pendants in der umfassendsten deutschsprachigen Print-Enzyklopädie, dem Brockhaus, Tendenz steigend. Und Interessierte finden in der Wikipedia Antworten zu vier Mal mehr Stichworten als in der Brockhaus Enzyklopädie.[1]

Spätere Enzyklopädien – egal ob sie Wikipedia heißen oder nicht – werden sich sicherlich noch besser in die durch die Informations- und Kommunikationstechnologien (ICT) geprägte Kultur integrieren, genauso wie sich beispielsweise das Bildungssystem mit den öffentlichen Schulen in so hohem Maße an die Buchkultur angepasst hat, wie sich dies Johannes Gutenberg vor über 500 Jahren wohl kaum hätte vorstellen können. Die Online-Enzyklopädie der Zukunft dürfte zum Beispiel deutlich mehr multimediale und interaktive Elemente enthalten.

Soviel ist sicher: Die Mechanismen der Wikipedia sind neuartig und für viele Menschen, die ohne Internet aufgewachsen sind, ungewohnt. Sie passen nicht in die herkömmliche Welt der Bücher. Besonders das offene Redaktionssystem der Wikipedia wird argwöhnisch betrachtet oder als System ohne Kontrolle missverstanden. Bis dato sind die Mechanismen der Wikipedia aber die einzigen, die sich in der frühen Phase der ICT-Kultur für Enzyklopädien als funktionierend erwiesen haben.

Erfolgsgründe

Mittlerweile gehört die Wikipedia zu den zehn am häufigsten aufgerufenen Websites der Welt. Besonders Schülerinnen und Schüler sowie Studierende nutzen die Online-

---

1 Wikipedia: Seite „Wikipedia:Größenvergleich". http://de.wikipedia.org/wiki/
Wikipedia:Größenvergleich (4. 5. 2011).

Enzyklopädie sehr rege.[2] Ein wesentlicher Grund dürfte sein, dass die Wikipedia im Verbund mit dem Internet den Transfer von der „Just in Case"-Lernweise der Buchkultur zur „Just in Time"-Lernweise der ICT-Kultur ermöglicht. Die Wikipedia bietet mit ihren umfassenden, meist aktuellen Informationen eine Sammlung von Inhalten zu fast allen Themen. Kombiniert mit der heutigen Kommunikations-Infrastruktur erlaubt sie erstmals, gerade benötigte Informationen von allgemeinem Interesse zu jedem beliebigen Zeitpunkt an fast jedem beliebigen Ort abzurufen. Dies entspricht dem Bedürfnis von Jugendlichen, welche Informationen dann abrufen möchten, wann sie sie benötigen und sie nicht auf Vorrat lernen wollen. Im Gegensatz zur Buch-Kultur ist in der ICT-Kultur die Verfügbarkeit von Informationen meist kein Problem mehr. Noch wird aber in vielen Klassen „Just in Case" gelehrt oder wie es abschätzig genannt wird, „Lernbulimie" betrieben: Schülerinnen und Schüler stopfen so viele Informationen in sich hinein wie sie können und spucken diese an Prüfungen unverdaut wieder aus, um sie wenig später vergessen zu haben.[3] Sobald unser Schulsystem den Schritt von „Just in Case" zu „Just in Time" wagt und die Schülerinnen und Schüler nicht mehr Hauptstädte und griechische Götter auswendig lernen lässt, dürfte die Wikipedia noch eine weitaus größere Bedeutung erlangen.

Die Wikipedia ist aber auch nur erfolgreich, weil sie eine solche enorme Fülle von Informationen anbieten kann. Die Inhalte wurden von tausenden Freiwilligen verfasst, ermöglicht durch die maximale Offenheit und erleichtert durch die basisdemokratische Organisation der Wikipedia. Außer einer Handvoll Grundregeln, im Wesentlichen dass eine freie Enzyklopädie erstellt werden soll, hat die Gemeinschaft der Wikipedia-Freiwilligen die Regeln des Zusammenarbeitens selbst entwickelt. Das stärkt die Identifikation der Freiwilligen mit dem Dienst und den Inhalten und zeigt das Potential von Organisationsformen mit minimaler Hierarchie.

Stärken und Schwächen

Wer in der ICT-Kultur zu Hause ist, hat sich an die Aktualität des Webs gewöhnt. Neuigkeiten lesen sie fast in Echtzeit im Internet – die Zeitung am nächsten Morgen ist für sie bereits Schnee von gestern. Ähnlich hohe Ansprüche punkto Aktualität haben Jugendliche an die Wikipedia. Diese kann die Erwartungen nur dank den vielen Freiwilligen einigermaßen erfüllen. Alleine in der deutschsprachigen Wikipedia än-

---

2 Busemann, Katrin u. Christoph Gscheidle: Web 2.0: Nutzung steigt – Interesse an aktiver Teilnahme sinkt. Ergebnisse der ARD/ZDF-Onlinestudie 2010. Media Perspektiven Heft 7/8. S. 359–68.
3 Haunhorst, Charlotte: „Sie haben uns völlig falsch aufs Studium vorbereitet!" In: jetzt.de, Süddeutsche Zeitung, 19. 12. 2010. http://jetzt.sueddeutsche.de/texte/anzeigen/516359/ Sie-haben-uns-voellig-falsch-aufs-Studium-vorbereitet (24. 10. 2011).

dern monatlich etwa 7000 Benutzer mindestens fünf Mal einen Artikel, rund 1000 von ihnen ändern gar mindestens 100-mal einen Wikipedia-Artikel.[4] Dazu kommen Tausende, die sporadisch einen Tippfehler korrigieren oder eine veraltete Jahreszahl aktualisieren. Publiziert ein Konzern seine Jahresrechnung, fusionieren zwei Gemeinden oder wechselt ein Profi-Fußballspieler den Verein: Fast immer korrigiert jemand die entsprechenden Informationen in der Wikipedia. Der netzwerkartige Redaktionsaufbau ist die größte Stärke der Online-Enzyklopädie.

Eine weitere Stärke der Wikipedia interessiert gerade jüngere Menschen weniger: die außerordentlich hohe Transparenz. In keinem vergleichbaren Werk erfahren wir so viel über den Entstehungsprozess des Inhalts wie in der Wikipedia. Zu jedem Artikel kann eine Diskussionsseite angelegt werden, die öffentlich einsehbar ist. Etwa zum Artikel „Homöopathie" wird intensiv über einzelne Formulierungen, aussagekräftige Grafiken oder geeignete Studien diskutiert. Zusätzlich wird jede einzelne Änderung an einem Artikel gesondert abgespeichert und über die Versionsgeschichte allen Interessierten zugänglich gemacht. Wenn wir uns die Zeit dazu nehmen, können wir aus der Versionsgeschichte herauslesen, wer den Artikel wann begonnen hat, wer welches Wort gelöscht oder ergänzt hat oder wann der Artikel besonders intensiv bearbeitet wurde.

Beide Stärken, die Transparenz und die Aktualität, wurden dadurch ermöglicht, dass die Wikipedia das Konzept „Enzyklopädie" nicht einfach ins Internet kopierte, sondern gezielt an die Möglichkeiten des Webs anpasste. Noch keine gute Lösung gefunden hat die Wikipedia für ihre größte Schwäche: Die heterogene Qualität ihrer Artikel. Es existiert in der Online-Enzyklopädie ein nur sehr rudimentärer durchgehender Redaktionsprozess in Form einer Sichtung jeder einzelnen Änderung hinsichtlich auffälligen Vandalismus. Stattdessen schreibt jeder Freiwillige an dem Artikel, der ihn gerade interessiert. Populäre Themen werden deswegen häufig bearbeitet, ergänzt und verbessert. Sie bewegen sich mittlerweile meist auf einem hohen bis sehr hohen Niveau. Artikel wie „Schifffahrtsgericht", „Tanc-Funktion" oder „Jakub Wojciechowski" hingegen, die nur selten aufgerufen werden, sind heikler. Hat der Autor Halbwissen verarbeitet, sich an einer zweitrangigen Quelle orientiert oder entsprechen die Informationen nicht mehr dem aktuellen Wissensstand, können Falschinformationen unter Umständen lange in einem Artikel zu einem solchen Nischenthema überleben. Die Schwäche der unterschiedlichen Artikelqualität wird in den nächsten Jahren nicht getilgt sein. Eine Kunst des informationskompetenten Bürgers im Umgang mit der Wikipedia ist es deswegen, verlässliche Artikel von weniger verlässlichen unterscheiden zu können.

---

4 Wikistats: Wikimedia Statistics. http://stats.wikimedia.org (31. 1. 2011).

Kompetenzen zum Lesen

Informationskompetente Leserinnen und Leser der Wikipedia können das Informationspotential der Online-Enzyklopädie voll ausschöpfen und die Inhalte qualitativ bewerten. Dazu gehört, dass wir zu einem Artikel allfällige zusätzliche Dateien finden. Gerade Bilder, Audios und Videos gibt es mehr, als wir zunächst meinen könnten. Viele dieser Medien sind nicht direkt in der Wikipedia gespeichert, sondern auf Wikimedia Commons, dem zentralen Medienportal der Wikimedia Foundation, welche die Online-Enzyklopädie betreibt. Von dort aus werden die Medien in die Wikipedia-Artikel eingebunden, meist allerdings nur eine Auswahl. Gibt es weitere Medien zum jeweiligen Thema, führt im entsprechenden Artikel unter der Überschrift „Weblinks" ein Link zur vollständigen Liste von Medien zum Thema.

Für Sprachgewandte könnte die linke Spalte neben den Artikeln interessant sein. Dort werden sämtliche Sprachen gelistet, in denen es ebenfalls einen Eintrag zum selben Thema gibt. Bei diesen Artikeln handelt es sich in der Regel nicht um Übersetzungen, sondern um eigenständig in der jeweiligen Sprache entwickelte Einträge. Sehen wir einen anderssprachigen Artikel an, können wir beispielsweise nachverfolgen, welche Sicht Menschen in einer anderen Sprachregion auf ein bestimmtes Ereignis haben.

Zuletzt sollten wir die Güte eines Wikipedia-Eintrages abschätzen. Das lässt sich grob durch eine einfache Faustregel bestimmen: Je prominenter ein Thema ist, desto eher können wir dem Inhalt vertrauen.[5] Weiter sollten umstrittene Informationen durch eine Quellenangabe belegt sein, der wir bei Bedarf nachfolgen können. Recht schlüssig sind auch die Wikipedia-internen Qualitätsauszeichnungen „lesenswert" und „exzellent". Der Auszeichnung geht ein in der Regel fundierter Begutachtungsprozess voraus. Besonders das Label „exzellent" ist nicht einfach zu erreichen.

Zweifeln wir an bestimmten Informationen, können wir einen Blick auf die Diskussionsseite und in die Versionsgeschichte des Artikels werfen. Auf der Diskussionsseite finden wir möglicherweise einen Hinweis, ob der angezweifelte Abschnitt auch unter den Wikipedia-Autoren umstritten ist, welche Überlegungen zu diesem Abschnitt geführt haben oder ob er allenfalls veraltet ist. Die Versionsgeschichte ist etwas mühsamer zu durchforsten, manchmal kann sie uns aber ohne großen

---

5 Brändle, Andreas: Zu wenige Köche verderben den Brei. Eine Inhaltsanalyse der Wikipedia aus Perspektive der journalistischen Qualität, des Netzeffekts und der Ökonomie der Aufmerksamkeit. Lizenziatsarbeit, Institut für Publizistikwissenschaft und Medienforschung, Universität Zürich 2005. http://uzh.academia.edu/AndreasBraendle/Papers/231837/Zu_Wenige_Koche_Verderben_Den_Brei (24. 10. 2011).Stein, Klaus u. Claudia Hess: Does it matter who contributes: a study on featured articles in the german wikipedia. In: HT '07: Proceedings of the eighteenth conference on Hypertext and hypermedia. New York, ACM 2007. S. 171–174. Wilkinson, Dennis u. Bernardo Hubermann: Assessing the Value of Cooperation in Wikipedia. ArXiv Computer Science e-prints, arXiv:cs/0702140, 2007.

Aufwand wertvolle Hinweise liefern. Wurde etwa ein Eintrag seit mehreren Jahren kaum mehr bearbeitet, könnte er „verwaist" und somit veraltet sein. Oder hat ein Konzern Personal abgebaut, können wir in der Versionsgeschichte des Wikipedia-Eintrages zum Konzern nachschauen, ob der Artikel seit der Ankündigung des Stellenabbaus verändert wurde. Falls nein, bezieht sich die im Artikel angegebene Anzahl Mitarbeiter auf den Stand vor den Entlassungen. Taucht in der Versionsgeschichte das Pseudonym eines Benutzers immer wieder auf, können wir auf den Namen klicken und erfahren je nach dem mehr über einen wichtigen Autor des Artikels.

Kompetenzen zur Weiternutzung der Inhalte

Die Philosophie hinter der Wikipedia besteht darin, freie Inhalte zu schaffen, die weitergenutzt werden können. Egal ob Text, Bild oder Video: Wir dürfen alles kopieren und für beliebige Zwecke aufbereiten und nutzen. Gerade bei Bildern kann das sehr nützlich sein, weil wir niemanden um Erlaubnis fragen müssen. Allerdings gibt es einige rechtliche Aspekte zu beachten: Der Text steht unter der Creative-Commons-by-sa-Lizenz, die verlangt, dass wir nebst der Quelle (dem Wikipedia-Artikel) die Autoren und die Lizenz nennen. Wollen wir also zum Beispiel den Text des Artikels „Bibliothek" auf unsere Website kopieren, so fügen wir eine Zeile an, die wie folgt aussehen könnte:

Seite „Bibliothek" aus http://de.wikipedia.org, Version vom 10. Januar 2011. Lizenz: CC by-sa

Bei Bildern, Audio- und Videodateien in der Wikipedia können unterschiedliche Lizenzen zum Einsatz kommen. Durch einen Klick beispielsweise auf ein Bild finden wir weitere Angaben, wer es fotografiert hat und unter welcher Lizenz der Fotograf das Bild veröffentlicht hat. Nebst Medien, die unter einer freien Lizenz stehen, können wir in der Wikipedia auf Medien stoßen, die öffentliches Gut (Public Domain) sind. Diese Medien können wir nutzen, ohne uns um Lizenzbedingungen zu kümmern.

Lizenz	Bedingungen
Public Domain (gemeinfrei)	Keine
Creative Commons Zero	Keine
Creative Commons by	Urheber und Lizenz nennen
Creative Commons by-sa	Urheber und Lizenz nennen, abgeänderte Werke unter dieselbe Lizenz stellen
GNU-Lizenz für freie Dokumentation	Urheber und Lizenz nennen, abgeänderte Werke unter dieselbe Lizenz stellen, ganzen Lizenztext abdrucken odwwer verlinken

Tabelle 1: Mögliche Lizenzmodelle von Medien in der Wikipedia.[6]

Wollen wir nicht einen kompletten Artikel kopieren und weiternutzen, können wir selbstverständlich auch einzelne Sätze übernehmen und nach den üblichen wissenschaftlichen Grundsätzen zitieren. Im Gegensatz zu anderen Webseiten müssen wir bei der Wikipedia nicht befürchten, dass sich der zitierte Inhalt im Original plötzlich ändert oder dass er ganz aus dem Web verschwindet. In der Wikipedia wird jede Version dauerhaft und für alle zugänglich gespeichert. Wir brauchen also bloß auf die spezifische Version zu verweisen. Das können wir entweder über den direkten Link zur entsprechenden Version tun, den wir etwa in der Versionsgeschichte finden. Oder wir geben das Datum und allenfalls die Uhrzeit der gewählten Version an, so dass sich über diese Angaben später jederzeit in der Versionsgeschichte die richtige Version finden lässt.

Soll überhaupt aus der Wikipedia zitiert werden? Als Enzyklopädie eignet sich die Wikipedia zumindest für akademische Zwecke weniger gut zum Zitieren. Enzyklopädien geben Informationen wieder, die bereits anderswo stehen und besser direkt von jener Quelle zitiert werden. Trotzdem kann es Szenarien geben, in denen Textzitate aus einer Enzyklopädie legitim scheinen. So kann etwa eine Definition oder eine Zusammenstellung durchaus eine Eigenleistung einer Enzyklopädie und als solche zitierwürdig sein.

Kompetenzen zum Schreiben

Ein guter Weg, die persönliche Informationskompetenz in Zeiten der ICT-Kultur zu steigern, ist die aktive Teilnahme in der Wikipedia. Für die ersten Schritte in der Wikipedia empfiehlt es sich, nicht bereits viel Arbeit in umfangreichere neue Artikel

---

6 Tabelle aus: Stöcklin, Nando: Wikipedia clever nutzen – in Schule und Beruf. Zürich: Orell Füssli Verlag 2010.

zu investieren. Vermutlich werden wir auch bei kleineren Änderungen rasch Rückmeldungen von der Gemeinschaft der freiwilligen Autoren erhalten. Vielleicht löscht
jemand unsere Ergänzung mit dem Kommentar, sie solle belegt werden, die genannte
Quelle sei nicht gut genug oder es würde sich um ein Plagiat oder eine Urheberrechtsverletzung handeln. Oder an der hochgeladenen Grafik wird bemängelt, dass sie
nicht unter einer freien Lizenz stehe. Eine eingeschobene Textpassage wird vielleicht
umformuliert, weil sie zu wenig objektiv verfasst war. Bei einem Artikel zu einem um-
strittenen Thema löst unsere Änderung möglicherweise gar eine intensive Diskussion
auf der Diskussionsseite aus. Oder jemand verbessert ganz einfach den Stil unseres
Textes oder korrigiert Rechtschreibfehler. Bei jedem solchen Kontakt mit anderen
Wikipedia-Autoren besteht eine gute Chance, dass wir etwas lernen und unsere Kompetenz im Umgang mit Informationen erhöhen. Damit sind nicht nur die Kompetenzen gemeint, die wir zum Schreiben benötigen. In der heutigen Zeit ist die Kommunikation immer wichtiger. Lassen wir uns in einer hitzigen Diskussion zu persönlichen
Angriffen verleiten, kann das für uns unliebsame Nachwirkungen haben, denn die
Diskussionen sind öffentlich im Netz. Vor allem aber ist unsere Kommunikationsart
im Internet die persönliche, öffentliche Visitenkarte.

Im Gegensatz zu früher brauchen heute nicht nur einige wenige ein Bewusstsein,
mit der Öffentlichkeit umzugehen. Heute erreichen wir rasch ein großes Publikum,
egal ob über Twitter, Facebook, Wikipedia, einen Blog oder eine Suchmaschine. Wir
sind im Vorteil, wenn wir Schwachpunkte in der Argumentation erkennen, sowohl in
der eigenen als auch in jener der Mitstreiter. Wir sind ebenso im Vorteil, wenn wir uns
unserer Unzulänglichkeiten bewusst sind. Jeder Mensch irrt hie und da, manchmal
lohnt es sich, nicht zu sehr auf die eigene Überzeugung zu setzen und entgegengesetzte
Meinungen zu tolerieren. Nicht immer ist klar, was wahr und was falsch ist. Vielleicht
zweifeln wir künftig etwas mehr an einem Zeitungsartikel, einer Fernsehsendung oder
der Erzählung eines Freundes, wenn wir wissen, dass sich die Wahrheit nicht immer so
leicht bestimmen lässt oder wenn wir einen geschärften Sinn für subjektive Formulierungen haben. All dies können wir in der Wikipedia lernen – anderswo natürlich auch.

Was Schulen tun können

Die Wikipedia wird von älteren Schülerinnen und Schülern sowie Studierenden sehr
häufig genutzt. Schulen und Teaching Libraries können dazu beitragen, dass die Online-Enzyklopädie sinnvoll und überlegt genutzt wird. Zwei Probleme stehen bei der
Nutzung der Wikipedia im Vordergrund: Schülerinnen und Schüler nutzen Inhalte
unkritisch oder sie plagiieren sie gar. Beide Probleme können durch Sensibilisierung
abgeschwächt werden.

Mit Wikibu (www.wikibu.ch) existiert ein Dienst, der sich speziell an Schulen
richtet und die reflektierte Nutzung der Wikipedia fördert. Er erleichtert es, die Funktionsweise der Wikipedia zu verstehen und dadurch abzuschätzen, wo die Gefahren

lauern, dass zum Beispiel Artikel zu Nischenthemen heikler sind als jene zu prominenten Themen. Wikibu stellt Unterrichtsszenarien zur Verfügung, wie die Wikipedia mithilfe von Wikibu thematisiert werden kann. Mittlerweile finden sich im Internet weitere, teilweise sehr durchdachte Unterrichtsszenarien zur Wikipedia, die von Lehrpersonen erstellt wurden.[7]

Das zweite Problem sind Plagiate. Plagiate entstehen oft durch Unkenntnis, das heißt, viele Studierende wissen zu wenig genau, was ein Plagiat ist. Alleine durch Aufklärung kann sehr viel erreicht werden. Wichtig ist außerdem ein weiterer Aspekt: Wenn immer wieder aus der Wikipedia plagiiert wird, liegt das vielfach an nicht mehr zeitgemäßen Aufgabenstellungen. Aufgaben wie „Beschreibe den Unterschied zwischen einer Cumulus- und einer Cirrus-Wolke" lassen sich heute unschwer mit der Wikipedia bewältigen. Die Verlockung ist groß, gleich zu kopieren. Lautet die Aufgabe hingegen „Anna und Beni befinden sich an unterschiedlichen Orten auf einer Wanderung. Plötzlich entdeckt Anna Cirrus- und Beni Cumulus-Wolken. Was empfiehlst du den beiden?", müssen sich die Schülerinnen und Schüler über die Eigenheiten von Cirrus- und Cumulus-Wolken informieren – egal ob in der Wikipedia oder anderswo – müssen die Wetterverhältnisse verstehen und die richtigen Schlüsse daraus ziehen. Wird der Unterricht also an die Zeiten der Wikipedia angepasst, können Aufgaben auf höherem Niveau gestellt werden. Informationen selbst können heute nicht zuletzt dank der Wikipedia in den meisten Fällen vorausgesetzt werden. So bleibt in der Schule mehr Zeit zur Förderung des kompetenten Umgangs mit den Informationen.

Weiterführende Literatur

Jaschniok, Meike: Wikipedia und ihre Nutzer. Zum Bildungswert der Online-Enzyklopädie. Marburg: Tactum Verlag 2007.
Jenkins, Henry: What Wikipedia can teach us about the new media literacies. Part I und Part II. http://henryjenkins.org/2007/06/what_wikipedia_can_teach_us_ab.html, http://henryjenkins.org/2007/06/what_wikipedia_can_teach_us_ab_1.html (13. 7. 2011).
Lih, Andrew: The Wikipedia Revolution. How a Bunch of Nobodies Created the World's Greatest Encyclopedia. New York: Hyperion 2009.
Van Dijk, Ziko: Wikipedia: Wie Sie zur freien Enzyklopädie beitragen. München: Open Source Press 2010.

---

7 Besonders erwähnenswert ist ein umfangreiches Unterrichtsszenario der beiden Schweizer Gymnasiallehrer Jürg Alean und Tom Biber, das sie auf der Plattform Swisseduc zur Verfügung stellen: http://www.swisseduc.ch/geographie/materialien/lerntechnik_und_didaktik/wikipedia (24. 10. 2011).

Sichtweisen auf Informationskompetenz

Roland Mangold
Informations- und wissenspsychologische Fundierung der Informationskompetenz

Abstract: Als leistungsfähiges System, das die Anforderungen seiner Umwelt erfolgreich zu bewältigen vermag, nimmt der menschliche Organismus permanent Informationen aus seiner Umgebung auf, verarbeitet diese und gibt Informationen an seine Umgebung ab. Im Zentrum der Informationsarchitektur des Menschen steht ein aus Arbeits-, Kurzzeit- und Langzeitgedächtnis bestehendes Speichersystem, das beim Wahrnehmen, Erkennen, Verstehen, Speichern und Abrufen von Informationen intensiv genutzt wird. Diese basalen Prozesse laufen im Kontext motivationaler und emotionaler Zustände ab. Aus den informations- und wissenspsychologischen Erkenntnissen zu den Gesetzmäßigkeiten der menschlichen Informationsverarbeitung lassen sich praxisrelevante Empfehlungen zur Steigerung der individuellen Informationskompetenz herleiten.

Keywords: Menschliche Informationsverarbeitung, Informationspsychologie, Wahrnehmung, Erkennen, Verstehen, Gedächtnis, Informationsarchitektur

---

Prof. Dr. Roland Mangold: Der Autor wurde nach dem Studium der Psychologie 1986 an der Universität Mannheim promoviert und hat sich dort 1992 habilitiert. Nach seiner Tätigkeit als Hochschuldozent an der Universität Saarbrücken und Lehrstuhlvertretung an der Universität Mannheim wurde er 2001 als Professor für Informations- und Medienpsychologie im Studiengang Informationsdesign an die Hochschule der Medien in Stuttgart berufen. Er hat u. a. Forschungsprojekte zur Benennung von Objekten, zu den Wirkungen von Gewalt in Nachrichten und zu emotionalen Gratifikationen bei der Filmrezeption angeleitet. Im Zentrum seiner gegenwärtigen Forschungsaktivitäten steht die Untersuchung der Prinzipien einer nutzerzentrierten Gestaltung von Informationsmedien, der Bedeutung von „Mediengefühlen" bei der Filmrezeption sowie der Kultivierungseffekte neuer Medien.

Ein Modell der Informationsarchitektur des Menschen

Etwa 1960 erfolgte in der Psychologie die sog. „kognitive Wende" vom Behaviorismus zur kognitiven Psychologie. Seither wird dort der menschliche Organismus als System aufgefasst, das Informationen aus seiner Umgebung aufnimmt, diese intern verarbeitet und Informationen wieder an seine Umgebung abgibt. Im Zuge der Informationsaufnahme werden die Sinnesorgane des Menschen von in der Umwelt vorliegenden Energiemustern gereizt,[1] die so rezipierten Daten werden im Zuge der weiteren Verarbeitung mit Bedeutung versehen und werden damit für den Menschen zu (symbolischen) Informationen.[2] Als Ergebnis der Verarbeitung dieser Informationen kann eine motorische Reaktion erfolgen, über die der Mensch wiederum durch Energiemuster repräsentierte Daten in der Umwelt erzeugt.

Ohne eine geeignete Struktur – die Informationsarchitektur des Menschen – ist keine Informationsverarbeitung möglich. Conant und Ashby[3] zeigen, dass nur solche System ihre Umgebung erfolgreich zu bewältigen vermögen, die Repräsentationen ihrer Umwelt darstellen und manipulieren können. Folglich bildet das Gedächtnissystem die zentrale Teilstruktur des in Abb. 1 dargestellten Modells der Informationsarchitektur. Der Informationszufluss erfolgt über die Sinnesorgane und den Wahrnehmungsapparat, der Informationsabfluss wird über das motorische System bewerkstelligt. Die menschliche Informationsverarbeitung findet stets im Kontext motivationaler und emotionaler Zustände statt, die durch ein eigenes Teilsystem reguliert werden.

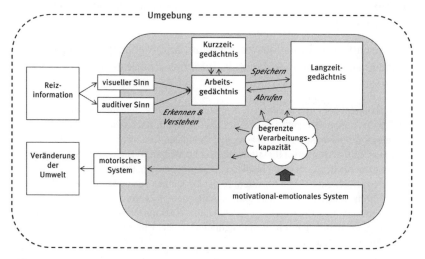

Abb. 1: Informationsarchitektur des Menschen[4]

---

1 Entsprechend wird in der Psychologie häufig auch von „Reizen" (= Stimuli) gesprochen.
2 Dieser Vorstellung zufolge werden Daten in der Umwelt nur dann zu Informationen, wenn ihnen von einem menschlichen Organismus Bedeutungsgehalt verliehen wird. Tatsächlich wird diese Unterscheidung in der Psychologie nicht ganz konsequent durchgehalten und es wird gelegentlich auch dann von „Reizinformationen" oder „Objektinformationen" gesprochen, wenn die Daten noch nicht von einem menschlichen Organismus aufgenommen worden sind.
3 Conant, Roger C. u. W. Ross Ashby: Every good regulator of a system must be a model of that system. In: International Journal of Systems Science (1970) H. 1. S. 89–97.
4 In Anlehnung an Lang, Annie: The Limited Capacity Model of Motivated Mediated Message Processing. In: The SAGE Handbook of Media Processes and Effects. Hrsg. von Robin L. Nabi u. Mary Beth Oliver. Thousand Oaks, CA.: SAGE Publications 2009. S. 193–204.

Wahrnehmungsapparat

Für die Nutzung von Informationsmedien sind insbesondere optische (= Muster von elektromagnetischen Wellen) und akustische Reize (= Muster von Schallwellen) relevant, die mit den Fernsinnen Auge und Ohr aufgenommen werden.[5] Hierzu muss die Reizintensität eine gewisse Hör- bzw. Sehschwelle überschreiten; wenn jedoch der Reiz zu stark wird, empfindet der Mensch Schmerzen bzw. es kommt zu Schädigungen des Sinnesorgans. Das menschliche Sinnessystem zeichnet sich durch einen außerordentlich weiten Bereich möglicher Reizintensitäten zwischen Wahrnehmungs- und Schmerzschwelle aus. Um dennoch in allen Abschnitten dieses Bereich Reizausprägungen möglichst genau erfassen zu können, besteht zwischen physikalischer Reizstärke und empfundener Reizintensität ein logarithmischer Zusammenhang: Bei geringeren Reizintensitäten differenziert das Wahrnehmungssystem stärker, bei größeren Reizintensitäten weniger.

Gedächtnissysteme

Das Kurzzeit- und das Langzeitgedächtnis ermöglichen die Speicherung wichtiger Informationen und das Arbeitsgedächtnis stellt in der kognitiven Architektur den Ort dar, an dem die eigentliche Informationsverarbeitung (= Manipulation von Symbolen) erfolgt. Bei der Verarbeitung aufgenommener Informationen im Arbeitsgedächtnis wird intensiv auf das Kurzzeit- und das Langzeitgedächtnis zugegriffen. Die Kapazität des Kurzzeitgedächtnisses ist begrenzt (auf ungefähr sieben Elemente) und die Speicherdauer liegt im Bereich von Minuten. Das Langzeitgedächtnis dagegen weist eine unbegrenzte Kapazität sowie eine zeitlich unbegrenzte Speicherdauer auf. Während im Kurzzeitgedächtnis die Informationen in einer „artikulatorischen Schleife" (ähnlich einem inneren „vor sich Hinsprechen")[6] gespeichert werden, beruht die Speicherung im Langzeitgedächtnis auf einem semantischen Netzwerk von miteinander verbundenen bedeutungtragenden Knoten (vgl. Abb. 2).

Obwohl die drei Gedächtnissysteme in Abb. 1 als separate Einheiten dargestellt werden, stellen sie lediglich unterschiedliche Aspekte einer einzigen Struktur dar: Alle Knoten sowie alle Verbindungen zwischen den Knoten bilden das grundlegende Substrat; der Inhalt des Arbeitsgedächtnisses wird durch die Menge der gerade aktivierten Knoten im Netzwerk dargestellt. Der Inhalt des Kurzzeitgedächtnisses wird durch in Knotenverbänden kreisende Aktivierungszustände repräsentiert,[7] während

---

5 Die Nahsinne des Menschen sind für die mediale Informationsnutzung von untergeordneter Bedeutung.

6 Vgl. Baddeley, Alan: Working memory. Oxford: Clarendon Press 1986.

7 Hebb, Donald O.: The organization of behavior. New York: Wiley 1949.

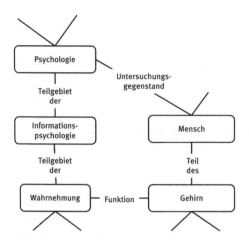

Abb. 2: Semantisches Netzwerk im Langzeitgedächtnis

das Langzeitwissen in Form der unterschiedlich starken Verbindungen zwischen den Knoten gespeichert ist. Das Langzeitgedächtnis speichert sowohl das Weltwissen als auch das sprachliche Wissen einer Person. Bedeutsam für die Informationsverarbeitung sind schematisierte Wissensstrukturen, die für Objekte, Personen oder Ereignisabfolgen gebildet werden, wenn diese immer wieder in ähnlicher Weise erfahren werden. Ein Schema beinhaltet das Gemeinsame aller Einzelerfahrungen; es kann die Informationsverarbeitung erheblich beschleunigen und gestattet es, unvollständige Informationsbestände zu vervollständigen und so zu verstehen.

Motorischer Apparat

Als Ergebnis der Verarbeitung aufgenommener Informationen kann eine motorische Aktivität ausgelöst werden; das Resultat der Verarbeitung kann aber auch auf nicht sichtbare (interne) Veränderungen (z. B. beim Wissenserwerb) beschränkt bleiben.

Motivational-emotionales Teilsystem

An den Wechselbeziehungen zwischen Motivation und Emotionen einerseits und Informationsverarbeitung andererseits ist das motivational-emotionale Teilsystem beteiligt. Spezifische Bedürfnisse und Motive treiben die Informationsverarbeitung voran und geben ihr eine Richtung. Positive Emotionen (wie Freude oder Stolz) führen zu einer Hinwendung zu Informationen, negative Emotionen (wie Ekel oder Angst) dagegen motivieren ein Vermeidungsverhalten. Das motivational-emotionale System beeinflusst die Informationsverarbeitung durch die variable Zuweisung von Verarbeitungskapazität zu den ablaufenden Prozessen.

Basale Prozesse der Informationsverarbeitung

Wahrnehmen

Der Mensch nimmt nur einen sehr geringen Anteil der in seiner Umwelt verfügbaren Informationsvielfalt wahr. Am einfachsten lässt sich aufgrund anatomischer Besonderheiten des Auges die Selektivität im visuellen Wahrnehmungssystem nachvollziehen, aber auch bei den anderen Sinnesmodalitäten wird sowohl auf der Ebene der Sinnesrezeptoren als auch im Rahmen nachfolgender Prozessstufen (z. B. bei der Speicherung) in beträchtlichem Maße selektiert. Bei der Wahrnehmung wird der Mechanismus der Informationsselektion durch das Konzept der Aufmerksamkeit beschrieben – einer Informationsquelle kann eine unterschiedlich große Menge von Aufmerksamkeitskapazität zugewiesen werden. Je mehr Aufmerksamkeit eine Reizquelle erhält, umso intensiver werden die Informationen aus dieser Quelle verarbeitet. Bei nur geringer Aufmerksamkeit erfolgt die Verarbeitung unbewusst und oberflächlich, bei einer starken Aufmerksamkeitszuwendung bewusst und „tief". Wie viel Aufmerksamkeit eine Reizquelle erhält, hängt sowohl von Reiz- als auch von Personeneigenschaften ab: So erfolgt bei auffälligen (großen, hellen, farbigen, bewegten oder lauten) Reizen mit größerer Wahrscheinlichkeit eine Aufmerksamkeitszuwendung, aber auch bei Reizen, die für die Person neu, ungewohnt oder mit spezifischen Motiven verbunden sind. Die insgesamt zur Verfügung stehende Aufmerksamkeitskapazität ist begrenzt: Bei kapazitätsintensiven Wahrnehmungsprozessen wird fast die gesamte vorhandene Kapazität für die Verarbeitung eingesetzt. Andererseits kann die Gesamtkapazität aber auch auf zwei oder drei weniger anspruchsvolle Wahrnehmungsprozesse aufgeteilt werden.

Innerhalb des Wahrnehmungsvorgangs ist die Person bestrebt, eine für sie sinnvolle Interpretation des Wahrnehmungsinputs zu finden. Hierzu müssen in der Umwelt befindlichen Objekte erkannt und identifiziert werden. Zu diesem Zweck werden aus dem Umriss eines Objektes elementare Formelemente wie horizontale, vertikale oder schräge Linien, Winkel, Bögen, Kreise etc. identifiziert; auf der Grundlage der gefundenen Elemente sowie der zwischen diesen bestehenden räumlichen Relationen kann das Objekt unter Rückgriff auf bekannte Strukturen im Langzeitgedächtnis erkannt werden.[8] Für die Identifikation einfacher Formelemente finden sich im Gehirn spezialisierte Nervenzellen.[9] Eine erste Analyse der räumlichen Beziehungen zwischen den Elementen erfolgt durch Anwendung gestaltpsychologischer Prinzipien: Danach wird zwischen Objekten im Vordergrund und im Hintergrund unterschie-

---

8 Biederman, Irving: Recognition-by-components. A theory of human image understanding. In: Psychological Review (1987) H. 94. S. 115–147.

9 Hubel, David H. u. Torsten Nils Wiesel: Brain mechanisms of vision. In: Scientific American (1979) H. 241. S. 150–168.

den (= Figur-Grund-Prinzip), Umrisse von Objekten werden nötigenfalls so vervollständigt, dass sich eine „gute Gestalt" ergibt (= Prinzip der subjektiven Konturen), und Mengen von Elementen nach Nähe, Ähnlichkeit und guter Fortsetzung werden zu Gruppen zusammengefasst (= Gruppierungsprinzipien).

Erkennen und Verstehen

Beim Erkennen und Verstehen werden aufgenommene sowie aus dem Gedächtnis abgerufene Informationen zu einer sinnvollen Interpretation der wahrgenommenen Szene integriert. Dabei gibt die aus der Umwelt aufgenommene Information den Rahmen vor, innerhalb dessen eine Interpretation möglich ist. Zusätzlich unterstützten Informationen aus dem Kontext des zu erkennenden Objektes die Bildung einer eindeutigen Interpretation (vgl. Abb. 3).

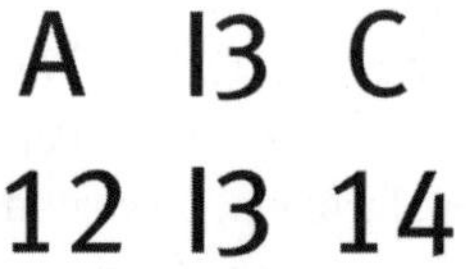

A I3 C
12 I3 14

Abb. 3: Erkennen von Objekten im Kontext – die mittlere Figur wird kontextabhängig entweder als Buchstabe oder als Zahl interpretiert.

Im Langzeitgedächtnis gespeichertes Vorwissen wird ebenfalls zur Deutung herangezogen. So ermöglichen Schemata die Vervollständigung unvollständiger Wahrnehmungsinputs und unterstützen das Finden einer eindeutigen Interpretation. Brewer und Treyens[10] etwa zeigen, dass nach einmal erfolgter Interpretation nicht mehr zwischen aus der Umwelt aufgenommenen und aus dem Langzeitgedächtnis hinzugefügten Informationen unterschieden wird: Wenn Versuchspersonen einige Zeit im Büro des Versuchsleiters verbracht hatten und später nach den dort vorhandenen Objekten befragt wurden, gab etwa ein Drittel an, dass sie im Regal Bücher gesehen hätten, obwohl im Büro tatsächlich kein einziges Buch vorhanden war.

In vergleichbarer Weise verläuft das Verstehen von Texten. Elementare Buchstabenmerkmale (Linien, Winkel, Bögen), werden beim Lesen zu Buchstaben, Silben, Wörtern und Sätzen zusammengefügt. Aus den Wort- und Satzbedeutungen wird die Bedeutung des Textes konstruiert. Die Bedeutung eines Textes wird durch eine Struktur von miteinander verbundenen Informationselementen (= Textkohärenz) repräsentiert, jedoch sind Texte auf der Oberfläche immer unvollständige Informa-

---

10 Brewer, William F. u. James C. Treyens: Role of schemata in memory for places. In: Cognitive Psychology (1981) H. 13. S. 207–230.

tionsstrukturen. Um die im Text bestehenden Lücken zu überbrücken, nutzt der Leser Informationen aus zusätzlichen Quellen. So unterstützen ergänzende Informationen im Kontext des Textes (wie etwa Abbildungen oder Beispiele) das Herstellen einer vollständigen und kohärenten Repräsentation der Textbedeutung. Außerdem wird durch Elemente wie Advance Organizer, Abbildungen oder Überschriften für die Textinterpretation hilfreiches Vorwissen im Langzeitgedächtnis aktiviert. So demonstrieren Bransford und Johnson,[11] dass eine Abbildung nur dann hilfreich für das Textverstehen ist, wenn sie vor der Textrezeption gezeigt wird, was die Bedeutung der Voraktivierung von für das Textverstehen relevantem Vorwissen unterstreicht. Aktiviertes Vorwissen wird vom Leser eingesetzt, um mehrdeutige Sätze zu interpretieren und Beziehungen zwischen den Sätzen zu klären. Mit Hilfe der Informationen in Schemata kann der Leser – wie erwähnt – Textlücken schließen; außerdem lenken solche schematisierten Wissensstrukturen (z. B. in Form von Erzähl- oder Geschichtenschema) auf einer Metaebene die Textinterpretation. Es zeigt sich, dass wie bei der Objekt- und Szenenwahrnehmung auch der Interpretation eines Textes eine Wechselwirkung von Prozessen auf unterschiedlichen Ebenen zugrunde liegt, in deren Rahmen eine tragfähige und mit allen Vorgaben (Text, zusätzliche Elemente, Vorwissen) kompatible Textbedeutung gesucht wird.

Speichern und Abrufen

Wie angedeutet, wird beim Erkennen und Verstehen intensiv Vorwissen aus dem Langzeitgedächtnis abgerufen; als drittes zählt das Speichern von Informationen im Gedächtnis zu den basalen Prozessen bei der Informationsverarbeitung.[12]

Abrufen von Inhalten aus dem Gedächtnis: Aus dem Langzeitgedächtnis wird Wissen mit Hilfe eines assoziativen Mechanismus abgerufen. Für den Zugriff wird ein Abrufreiz eingesetzt und als Ergebnis wird eine Information erhalten, die mit diesem Abrufreiz assoziiert ist. Das kann eine zum Abrufreiz ähnliche Information sein, aber auch eine Information, die von der Person häufig in Verbindung mit dem Abrufreiz erfahren worden ist (= Prinzip der Kontiguität). Konnte keine Information gefunden werden, muss dies nicht bedeuten, dass die gesuchte Information aus dem Gedächtnis gelöscht (= vergessen) worden ist; vielmehr ist die Ursache wahrscheinlich in einem Scheitern des Abrufprozesses begründet und möglicherweise wäre die Person mit einem anderen Abrufreiz der Zugriff geglückt.

---

11 Bransford, John D. u. Marcia K. Johnson: Contextual prerequisites for understanding. In: Journal of Verbal Learning and Verbal Behavior (1972) H. 11. S. 717–726.
12 Lang, Annie: The Limited Capacity Model of Motivated Mediated Message Processing. In: The SAGE Handbook of Media Processes and Effects. Hrsg. von Robin L. Nabi u. Mary Beth Oliver. (Anm. 4). S. 193–204.

Da im Gedächtnis nicht nur isolierte Elemente, sondern auch Informationen über deren Kontext gespeichert werden, gelingt der Abruf eher, wenn der Gedächtniszugriff in einem ähnlichen Kontext wie bei der Speicherung erfolgt (= Prinzip der Enkodierspezifität).[13] Auch die aktuelle Stimmung einer Person stellt einen solchen Kontext dar; entsprechend ist ein Abruf wahrscheinlicher, wenn er in einer ähnlichen Stimmung wie bei der Speicherung erfolgt (= Stimmungskongruenz). Stimmungskongruenz besteht auch, wenn die emotionale Tönung der abzurufenden Information zu augenblicklichen Stimmung passt.[14]

Bei komplexen Wissensbeständen wird in der Regel die abgerufene Information die zum Zeitpunkt der Speicherung vorliegende Information nur partiell widerspiegeln. Doch selbst wenn die abgerufenen Informationen bruchstückhaft und unvollständig ist, können sie durch den Rückgriff auf Schemata vervollständigt werden. Ein Beispiel hierfür bietet das bereits geschilderte Experiment von Brewer und Treyens:[15] Wenn sich die Versuchspersonen bei der Gedächtnisprüfung nicht daran erinnern konnten, ob sie im Büro Bücher gesehen hatten, schlossen sie bei der Wiedergabe aufgrund eines aktivierten Büro-Schemas auf den wahrscheinlichen Sachverhalt, dass im Regal Bücher standen. Dieses rekonstruktive Erinnern wird dann problematisch, wenn es – wie im Fall von Zeugenaussagen – auf eine möglichst präzise und exakte Wiedergabe der gespeicherten Informationen ankommt. Loftus[16] demonstriert, dass schon die Art der Fragestellung bei der Rekonstruktion als zusätzliche Informationsquelle genutzt wird und Versuchspersonen dahingehend beeinflussen kann, was sie in der Erinnerung als Details eines Verkehrsunfalls wiedergeben.

Speichern von Inhalten im Gedächtnis: Bei der Speicherung neuer Informationen werden diese mit den Knoten im Netzwerk verbunden, zu denen sie in einer bedeutungsvollen Beziehung stehen. Je vielfältiger dabei die Vernetzung erfolgen kann, umso stabiler und überdauernder wird die Information gespeichert. Die Bedeutung semantischer Relationen bei der Speicherung erklärt, warum verständliche Informationen (z. B. Texte) wesentlich besser behalten werden können. Zwar kann auch durch häufiges Wiederholen eine stabile Verankerung von wenig sinnhaften Informationen (z. B. von Telefon- oder Kontonummern) erzielt werden, jedoch ist eine bedeutungsbezogene Speicherung aufgrund der breiteren Vernetzungsmöglichkeiten wesentlich leichter.

---

13 Tulving, Endel, u. Donald M. Thomson: Encoding specificity and retrieval processes in episodic memory. In: Psychological Review (1973) H. 80. S. 352–373.
14 Bower, Gordon H., Kenneth P. Monteiro u. Stephen G. Gilligan: Emotional mood as a context for learning and recall. In: Journal of Verbal Learning and Verbal Behavior (1978) H. 17. S. 573–585.
15 Brewer, William F. u. James C. Treyens: Role of schemata in memory for places. In: Cognitive Psychology (1981) H. 13. S. 207–230.
16 Loftus, Elizabeth F.: Leading questions and the eyewitness report. In: Cognitive Psychology (1975) H. 7. S. 560–572.

Bei weniger erfahrenen Personen beruht die Informationsverarbeitung zunächst auf einer kontrollierten Ausführung der einzelnen Verarbeitungsschritte. Dabei kann der Ablauf stets korrigiert und an die vorherrschenden Bedingungen angepasst werden. Andererseits ist eine kontrollierte Informationsverarbeitung kapazitäts- und zeitintensiv. Mit zunehmender Übung verläuft der Verarbeitungsvorgang weniger kapazitätsbelastend und schneller. Nachteilig ist jedoch bei der automatisierten Verarbeitung eine geringere Flexibilität und Sensitivität gegenüber situativen Besonderheiten; außerdem ist sich die Person der Ausführung der Verarbeitungsschritte nicht mehr bewusst.[17] Der bei kontrollierten (im Vergleich zu automatisierten) Prozessen höhere Bedarf an Verarbeitungskapazität hat Konsequenzen: Aufgrund der Kapazitätslimitierung kann eine Person in der Regel nur einen kontrollierten Prozess ausführen, wohingegen ein oder auch mehrere automatisierte Verarbeitungsvorgänge parallel zu einem kontrollierten Prozess ablaufen können. Aufgrund der intensivieren und tieferen Verarbeitung besteht bei kontrolliert Prozessen eine höhere Wahrscheinlichkeit der Speicherung der Inhalte im Langzeitgedächtnis.

Motivation und Emotionen

Motivationale Zustände (Bedürfnisse, Motive, Ziele) erfüllen für den menschlichen Organismus sowohl eine Antriebs- als auch eine Lenkungsfunktion. Der Einfluss von Motiven auf die Informationsverarbeitung nimmt seinen Ausgang im motivational-emotionalen System: Dessen Aktivierungsgrad beeinflusst Informationsverarbeitungsprozesse dadurch, dass ihnen eine mehr oder weniger große Menge von Verarbeitungskapazität zugeteilt wird und somit manche Prozesse eher oberflächlich, andere eher intensiv und tief verlaufen.

Die enge Wechselbeziehung zwischen Motivation und Emotionen im motivational-emotionalen System zeigt sich an der motivieren Funktion mancher Emotionen: Das Erlebnis positiver Emotionen wie Freude oder Stolz führt dazu, dass ein spezifisches Annäherungsverhalten gezeigt wird, anderseits können negative Emotionen wie Angst ein spezifisches Vermeidungsverhalten motivieren. Auch zwischen emotionalen und kognitiven Prozessen besteht eine Wechselbeziehung: Die kognitive Verarbeitung bestimmter (z. B. furchterregender) Inhalte führt zu spezifischen Emotionen (wie z. B. Furcht), anderseits hängt die Art der kognitive Verarbeitung von Informationen von der vorherrschenden Stimmung ab.[18] So verarbeiten Menschen in positiver

---

17 Die mit der Automatisierung einhergehenden Veränderungen im Langzeitgedächtnis wird in der Wissenspsychologie als Übergang von „Wissen" zu „Können" beschrieben; vgl. Oswald, Margit E. u. Volker Gadenne: Wissen, Können und künstliche Intelligenz. Eine Analyse der Konzeption des deklarativen und prozeduralen Wissens. In: Sprache & Kognition (1984) H. 3. S. 173–184.
18 Bless, Herbert: Stimmung und Denken. Ein Modell zum Einfluss von Stimmungen auf Denkprozesse. Bern: Hans Huber 1997.

Stimmung Informationen weniger genau und detailliert, sind kreativer und ziehen für begriffliche Kategorien weniger enge Grenzen. Dagegen verarbeiten Menschen in negativer Stimmung Informationen genauer und detaillierter, sie sind weniger kreativ und bilden engere Begriffskategorien. Der Grund für diesen Unterschied wird darin vermutet, dass beim Vorherrschen positiver Emotionen den Verarbeitungsprozessen eine geringere Menge von Verarbeitungskapazität zugeteilt wird als bei negativen. Wie schon angedeutet, sind Prozesse mit einer geringen Verarbeitungskapazität eher holistischer und oberflächlicher Natur, während sie bei einer größeren verfügbaren Kapazität eher analytisch-genau und tiefgehend-präzise ausfallen.

Konsequenzen für die Informationsnutzung und -gestaltung

Vor dem Hintergrund der strukturellen und prozessualen Besonderheiten der menschlichen Informationsverarbeitung können sowohl für den Umgang mit Informationen als auch für die Gestaltung von Informationsmedien Empfehlungen abgeleitet, deren Beachtung zu einer höheren Effektivität und Effizienz im Umgang mit Informationen, also zu einer größeren Informationskompetenz führt. Es würde den Rahmen dieses Beitrags sprengen, eine auch nur annähernd vollständige Auflistung aller möglichen Maßnahmen aufzuführen; vielmehr werden beispielhaft drei Anwendungsmöglichkeiten vorgestellt und für eine umfassendere Aufstellung sei auf Mangold[19] verwiesen.

– Bei der Verarbeitung werden aufgenommene Informationen durch Informationen aus dem Kontext sowie durch Vorwissen aus dem Gedächtnis ergänzt. Für die Gestaltung eines Textes ergibt sich heraus, dass dem Leser das Erarbeiten der Textbedeutung und damit das Verstehen durch die Bereitstellung geeigneter Kontextinformationen (Advance Organizer, inhaltlich treffende Überschriften, erläuternde Abbildungen) wesentlich erleichtert wird, weil durch diese Informationen Textlücken geschlossen und das für das Verstehen relevante Vorwissen aktiviert werden können.

– Wie gut es gelingt, aufgenommene Informationen im Gedächtnis zu speichern, hängt in hohem Maße von der Tiefe der Verarbeitung und den dabei geschaffenen Verknüpfungen mit dem Vorwissen ab. Entsprechend kann beim Wissenserwerb durch die Bearbeitung vorgegebener Problemstellungen oder durch Diskussionen mit anderen Lernenden der Grad der Auseinandersetzung mit dem Lernstoff intensiviert werden. Die dadurch bewirkte tiefere Verarbeitung führt zu einer besseren Behaltensleistung.

---

19 Mangold, Roland: Informationspsychologie. Wahrnehmen und Gestalten in der Medienwelt. Heidelberg: Spektrum Akademischer Verlag 2007.

– Die Art der Verarbeitung von Informationen hängt auch von der Beschaffenheit der aktuellen Stimmung ab: In negativer Stimmung ist die Verarbeitung tiefer und analytischer als bei positiver. Folglich dürfte es beim Lösen schwieriger mathematischer Probleme angezeigt sein, diese nicht in einer allzu euphorischen Stimmung anzugehen. Dagegen kommt es der individuellen Produktivität bei kreativen Aufgabenstellungen entgegen, wenn sich die Person in einer guten Stimmung befindet.

Sonja Gust von Loh

Wissensmanagement und Informationskompetenz

Abstract: Das vorliegende Kapitel beschäftigt sich mit betrieblichem Wissensmanagement und mit Informationskompetenz. Es wird dargestellt, wie diese beiden Aspekte miteinander in Verbindung gebracht werden können. Zunächst wird auf die Definition von Wissensmanagement im Unternehmen eingegangen. Wichtige Begriffe – wie zum Beispiel implizites Wissen – und bekannte Theorien werden an dieser Stelle näher erläutert. Da Wissensmanagement im betrieblichen Kontext im Idealfall in einer Lernenden Organisation eingeführt wird, wird der Leser auch an diesen Aspekt herangeführt. Wissensmanagement in einem Unternehmen ist zwangsläufig an die Informationskompetenz seiner Mitarbeiter gebunden. Dieses ist im betrieblichen Kontext breiter gefächert als beispielsweise in der akademischen Welt. Es handelt sich hierbei um acht verschiedene Bereiche, in denen Mitarbeiter über spezifische Kompetenzen verfügen sollten: Office Software, Internet & Smartphone Basics, Schreiben und Präsentieren, Social Software/Web 2.0, Information Retrieval/Suchmaschinen, Informationsrecht/Informationsethik, Wissensrepräsentation und Informationsqualität.

Keywords: Wissensmanagement, Wissensgesellschaft, organisationales Lernen, Lernende Organisation

---

Dr. Sonja Gust von Loh: Promovierte an der Heinrich-Heine-Universität Düsseldorf und ist dort derzeit als akademische Rätin tätig. Ihre Forschungsschwerpunkte liegen im Bereich des Wissensmanagements, der betrieblichen sowie der altersspezifischen Informationskompetenz.

Wissensmanagement im Betrieb – Eine Definition

Wissensmanagement ist eine Disziplin, die Elemente der Betriebswirtschaftslehre, der Wirtschaftsinformatik, der Informationswissenschaft und der organisationalen Psychologie beinhaltet. Es handelt sich beim Wissensmanagement um die Optimierung von Informationsflüssen innerhalb einer Institution, sowohl auf technischer als auch auf zwischenmenschlicher Ebene. Wie Geib u. Riempp[1] treffend erklären, wird

---

1 Geib, Malte u. Gerold Riempp: Customer Knowledge Management – Wissen an der Schnittstelle zum Kunden effizient handhaben. In: Geschäftsprozessorientiertes Wissensmanagement. Effektive Wissensnutzung bei der Planung und Umsetzung von Geschäftsprozessen. Hrsg. von Andreas Abecker. Berlin: Springer 2002. S. 393–417.

Wissensmanagement in der globalisierten Welt und in der Wissensgesellschaft immer wichtiger. Besonders im betriebswirtschaftlichen Kontext können durch Wissensmanagement Wettbewerbsvorteile gesichert werden.

„Wissensmanagement wird ein wesentliches Instrument zur Schaffung von Transparenz von Adaptionsfähigkeit in globalisierenden Märkten mit kürzer werdenden Lebenszyklen wissensintensiver Produkte und Dienstleistungen.“[2]

Neben einem operationalen Prozess beim Wissensmanagement handelt es sich auch um einen strategischen. Bereits Probst, Raub und Romhardt[3] haben diese verschiedenen Ebenen erkannt, indem sie von normativen, strategischen und operationalen Wissenszielen sprechen. Normative Wissensziele stehen für die unternehmenspolitischen und -kulturellen „Leitbilder“. Auf dieser Ebene wird die aktive Arbeit mit Wissen beschlossen und von den Chefetagen vorgelebt. Sie ist Voraussetzung für die Etablierung von Wissensmanagement oder für die Ziele im strategischen und operativen Bereich. Bei strategischen Wissenszielen hingegen geht es um den Entwurf von verschiedenen Fähigkeiten des Unternehmens oder einer inhaltlichen Bestimmung des organisationalen Kernwissens. Auf operationaler Ebene wird das Wissensmanagement, welches im vorhergehenden Schritt strategisch beschlossen wurde, durch Ziele konkret umgesetzt.

Es ist zu betonen, dass Wissensmanagement weitaus mehr ist, als die Entwicklung verschiedener Tools. Es geht nicht nur um das sogenannte explizite Wissen – welches einfach zu verbalisieren ist, sondern auch um das implizite Wissen.[4] So vertritt Polanyi als einer der ersten die Meinung: „Wir wissen mehr als wir zu sagen wissen.“[5]

Letztlich umfasst das implizite Wissen all das Wissen einer Person, welches nicht einfach verbalisiert oder anderweitig weitergegeben werden kann. Die einzige Möglichkeit, diese Art des Wissens annähernd weiterzugeben, ist das Zusammenarbeiten mit dem Wissensträger, bei dem gewisse Dinge abgeschaut werden können. Insbesondere bei japanischen Unternehmen berücksichtigt man den Ansatz des impliziten Wissens. Nonaka und Takeuchi[6] entwickelten ein Spiralmodell, welches vier Prozesse umfasst.

Bei der Sozialisation geht es darum, implizites Wissen weiterzugeben. Implizites Wissen eines Individuums wird zu implizitem Wissen eines anderen. Diese Vermittlung erfolgt ohne Anwendung von Sprache. Die Weitergabe findet über Beobachtung und Imitation statt. Die Externalisierung beschäftigt sich mit der Objektivierung des erworbenen impliziten Wissens. Diese Stufe des Modells ist auch gleichzeitig die

---

2 Ebd., S. 400.
3 Probst, Gilbert, Steffen Raub u. Kai Romhardt: Wissen managen. Wiesbaden: Gabler 2006.
4 Al-Hawamdeh, Suliman: Knowledge Management: Cultivating Knowledge Professionals. Oxford: Chandos 2003.
5 Polanyi, Michael: Implizites Wissen. Frankfurt a. Main: Suhrkamp 1985, hier S.14.
6 Nonaka, Ikujiro u. Hirotaka Takeuchi: Die Organisation des Wissens. Wie japanische Unternehmen eine brachliegende Ressource nutzbar machen. Frankfurt a. M.: Campus 1997.

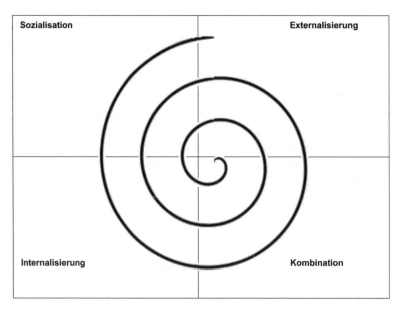

Sozialisation   Externalisierung

Internalisierung   Kombination

Abb. 1: Wissensmanagement nach Nonaka und Takeuchi

schwierigste und es ist fraglich, ob sie überhaupt umsetzbar ist. Eine einfache Artikulation ist nicht möglich. Hilfreich sind Metaphern und Analogien. Die Kombination steht für die sinnvolle Zusammenführung expliziter Wissensbestände. Das durch die Externalisierung entstandene Wissen wird mittels verschiedener Medien, wie zum Beispiel Datenbanken, Dokumente oder auch Gespräche und persönliche Treffen, kombiniert. Der letzte Prozess ist die Internalisierung. Explizites wird zu implizitem Wissen transformiert. Erst durch den alltäglichen Umgang wird explizites in implizites Wissen umgewandelt. Solch eine Internalisierung ist das Ziel eines jeden Lernprozesses. Der Spiralprozess wird immer wieder von neuem gestartet.

Mit Wissensmanagement werden zwei verschiedene Aspekte in Verbindung gebracht. Zum einen ist es die Aufgabe, Daten zu managen und zum anderen die Expertise bzw. die Ressourcen der Mitarbeiter zu fördern.[7] Wissensmanagement wird am einfachsten in lernenden Organisationen angewandt.[8] Nach der Definition von Peter Senge sind „Lernende Organisationen":

„Organizations where people continually expand their capacity to create the results the truly desire, where new and expansive patterns of thinking are nurtured,

---

7 Blair, David: Knowledge Management. Hype, hope, or help. In: Journal for the American Society for Information Science and Technology (2002) H.12. S. 1019–1028, hier S. 1021.
8 Mujan, Dzemal: Informationsmanagement in Lernenden Organisationen: Erzeugung von Informationsbedarf durch Informationsangebot. Berlin: Logos 2006.

where collective aspirations is set free, and where people are continually learning to learn together."[9]

Insbesondere in solchen Unternehmen findet man eine offene Unternehmenskultur. Wissen gilt hier als strategische Ressource[10] und nimmt einen hohen Stellenwert ein. Wichtig für Wissensmanagement ist, dass Unternehmen wenig hierarchisch organisiert sind.

Wissensmanagement beschäftigt sich mit dem Identifizieren, Erwerben, Entwickeln, Verteilen, Benutzen und Bewahren von Wissen.[11] Im Fokus von Wissensmanagement steht immer auch der einzelne Mitarbeiter. An diesem Punkt lässt sich eine klare Parallele zur Informationskompetenz ziehen. Informationskompetent ist in der Regel der Mensch – im unternehmerischen Sinne der Mitarbeiter. Besonders wenn dieser aus dem Unternehmen ausscheidet, kann es zu gravierenden Problemen kommen. Vor allem das (implizite) Wissen geht mit dem Mitarbeiter verloren, da es an ihn gebunden ist. Blair beschreibt treffend:

„Every afternoon our corporate knowledge walks out the door and I hope to God they'll be back tomorrow."[12]

Im Fokus des Wissensmanagements steht des Weiteren die Informationsqualität. Diese steht für Informationen, die den Informationsbedarf eines Nutzers befriedigen.[13] Nur mittels dieser ist ein geeignetes Wissensmanagement überhaupt möglich. Um eine hohe Qualität sicherzustellen, ist der Aspekt der Informationskompetenz nicht zu unterschätzen.

Lernende Organisation

In einer lernenden Organisation steht das kontinuierliche Lernen von Mitarbeitern im zentralen Fokus.[14] Ihr Konzept wurde – so wie es heute gängig ist – von Peter Sen-

---

9 Senge, Peter: The Fith Discipline: The Art and Practice of the Learning Organization. New York: Doubleday 1990.
10 Gabbay, John, André Le May, Jefferson André, Herriet Jefferson, Dale Web, Robin Lovelock, Jackie Powell u. Judith Lathlean: A case study of knowledge management in multiagency consumer informed „communities of practice": Implications for evidence based policy development in health and social services. In: Health Affairs (2003) H. 3. S. 283–310.
11 Probst, Gilbert, Steffen Raub u. Kai Romhardt: Wissen managen. (Anm. 3).
12 Blair, David: Knowledge Management. Hype, hope, or help. (Anm. 7), hier S. 1021.
13 Parker, Marlon, Vuyisiwe Moleshe, Retha De la Harpe u. Gary B. Wills: An evaluation of information quality frameworks for the word wide web. In: Proceedings of the 8th Annual Conference on WWW Applications 2006.
14 Gephart, Martha A., Victoria J. Marsick, Marc E. Van Buren u. Michelle S. Spiro: Learning organizations come alive. In: Training and Development (1996) H. 12. S. 34–46; Nadler, Leonard u. Zeace Nadler: Designing Training Programs: The critical event models. Houston: Gulf Publishing 1994.

ge[15] entwickelt. Mitarbeiter solcher Betriebe sind dazu angehalten, sich regelmäßig weiterzubilden – sowohl selbstständig als auch mittels Angebote, die vom jeweiligen Unternehmen zur Verfügung gestellt werden. Wichtig ist zu betonen, dass es sich keinesfalls ausschließlich um das individuelle Lernen des Mitarbeiters handelt, sondern man versteht unter einer Lernenden Organisation eine Lern-Gemeinschaft.[16] Die Hinwendung zu einer lernenden Organisation seitens der Unternehmen hängt nach einer Studie von Schwaab und Scholz[17] insbesondere von der Globalisierung der Märkte ab. Auch Mujan[18] vertritt die Meinung, dass sich ständig ändernde Umwelteinflüsse ein hohes Maß an Veränderungs- und Lernbereitschaft von Unternehmen fordern. Durch diese Aspekte wird es für Unternehmen immer wichtiger, um wettbewerbsfähig zu bleiben,[19] sich den Gegebenheiten anzupassen. Dementsprechend kann eine Lernende Organisation durchaus als entscheidender Wettbewerbsfaktor gesehen werden.[20] Ziel des Lernens ist in diesem Kontext der Erwerb von neuem Wissen, das Teilen von Wissen und die Aneignung von Wissen. Man unterscheidet zwischen individuellem, kollektivem und organisationalem Lernen. Das individuelle Lernen vollzieht sich auf der Ebene eines einzelnen Mitarbeiters. Dieser wird durch eigene Weiterbildung befähigt, besser auf den eigenen Arbeitskontext zu reagieren und sein Arbeiten optimal an die gegebene Aufgabe anzupassen. Kollektives Lernen hingegen beschäftigt sich mit der Fähigkeit von Organisationen, in einem Kollektiv Probleme zu bewältigen und eine gemeinsame Wissensbasis aufzubauen. Probst, Raub und Romhardt definieren organisationales Lernen wie folgt:

„Organisationales Lernen betrifft die Veränderung der organisationalen Wissensbasis, die Schaffung kollektiver Bezugsrahmen sowie die Erhöhung der organisationalen Problemlösungs- und Handlungskompetenz."[21]

---

15 Senge, Peter: The Fifth Discipline: The art and practice of the learning organization. New York: Doubleday 1990.

16 Kluge, Anette u. Jan Schilling: Organisationales Lernen und Lernende Organisation – ein Überblick zum Stand von Theorie und Empirie. In: Zeitschrift für Arbeits- und Organisationspsychologie (2000) H. 4. S. 179–191.

17 Schwaab, Carsten u. Thomas C. Scholz: Was wird gelernt beim organisationalem Lernen? Eine qualitative Studie. In: zfo Zeitschrift für Führung und Organisation (2000) H. 6. S. 354–361.

18 Mujan, Dzemal: Informationsmanagement in Lernenden Organisationen: Erzeugung von Informationsbedarf durch Informationsangebot. (Anm. 8).

19 Weldy, Teresa G.: Learning Organization and Transfer: Strategies for Improving Performance. In: Learning Organization (2009) H. 1. S. 58–68.

20 Kline, Peter u. Bernard Sanders: Ten Steps to a Learning Organization. Arlington: Great Ocean 2000; Kuchinke, K. Peter: Managing Learning for Performance. In: Human Resource Development Quarterly (1995) H. 6. S. 307–323.

21 Probst, Gilbert, Steffen Raub u. Kai Romhardt: Wissen managen. (Anm. 3), hier S. 23.

Charakteristisch für organisationales Lernen sind die verschiedenen Lernebenen nach Argyris und Schön.[22] Hierbei unterscheidet man zwischen Single Loop, Double Loop und Deutero Learning.

„Single Loop Learning" beschreibt die einfache Fehlerbeseitigung. Einzelne Handlungsabläufe werden in Einzelfällen optimiert. Ziel ist es nicht, ein gesamtes System zu verbessern, sondern eine einzelne Situation zu verändern. Abbildung 2 zeigt dieses sogenannte Einschleifenlernen.

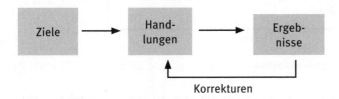

Abb. 2: Single-Loop Lernen nach Argyris und Schön.

„Double Loop Learning" wird im Endeffekt als echtes organisationales Lernen bezeichnet. Es geht nicht nur um die Verbesserung einzelner Handlungen, sondern um eine umfassende Veränderung von Prozessen. Angesetzt wird hier an Normen bzw. an den Zielen, die verändert werden sollen.

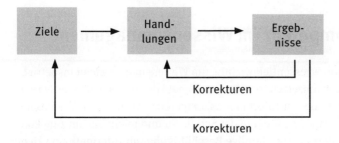

Abb. 3: Double-Loop Lernen nach Argyris und Schön.

Die letzte Art des Lernens ist das „Deutero Lernen". Hierbei handelt es sich um eine Metaebene des Lernens, so dass das Lernen an sich zum Objekt wird. An dieser Stelle werden die anderen beiden Lernarten hinterfragt und gegebenenfalls optimiert. Um Deutero Lernen erfolgreich anwenden zu können, müssen Single- und Double-Loop Lernen bereits beherrscht werden.

---

22 Argyris, Chris u. Donald A. Schön: Organizational Learning: A Theory of Action Perspective. New York: Addison Wesley 1978.

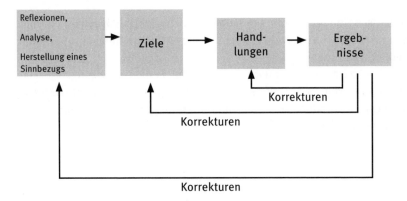

Abb. 4: Deutero Lernen nach Argyris und Schön.

Die Schwierigkeit liegt darin eine solche Organisation zu werden. Es reicht nicht, wenn ein Unternehmen beschließt, dass es eine lernende Organisation wird. Die gesamte Unternehmenskultur[23] muss an die Anforderungen einer solchen Organisation angepasst werden. Ein solches Lernen kann sich auf verschiedene Art und Weise vollziehen. Denkbar sind an dieser Stelle Schulungen (Präsenzlernen) aber auch E-Learning und Blended Learning – eine Mischung aus Präsenzlernen und E-Learning.[24]

Informationskompetenz im Wissensmanagement

Die Lernende Organisation ist essentiell wichtig, um Wissensmanagement im betrieblichen Kontext überhaupt umsetzen zu können. Genau dieses lebenslange Lernen wird auch im Zusammenhang mit Informationskompetenz beschrieben. Die Problematik der Informationskompetenz fängt in der Schule an und reicht bis hin zum kontinuierlichen Lernen im Beruf.[25] Die ständige Beschäftigung mit Informationen zieht das lebenslange Lernen unweigerlich nach sich. Insbesondere das Management muss bestens informiert sein. So argumentiert Watson wie folgt:

---

23 Heinen, Edmund u. Matthias Fank: Unternehmenskultur. München: Oldenbourg 1997.
24 Beutelspacher, Lisa u. Wolfgang G. Stock: Construction and evaluation of a blended learning platform for higher education. In: Enhancing learning through technology: education unplugged, mobile technologies and Web 2.0. International Conference, ICT 2011. Hrsg. von Reggie Kwan u. a. Berlin, Heidelberg: Springer 2011 (Communications in Computer and Information Science 177). S. 109–122.
25 Hochholzer, Rupert u. Christian Wolff: Informationskompetenz – Status Quo und Desiderate für die Forschung. Technischer Bericht 2005.

„Good managers are constantly connecting and shifting information from a variety of sources and work hard to maintain an information network which will continually feed them with knowledge and intelligence of both formal and informal nature."[26]

Dementsprechend lässt sich sagen, dass Informationskompetenz im Betrieb eine tragende Rolle spielt, auch wenn Unternehmen sich dessen häufig nicht bewusst sind. Im unternehmerischen Kontext umfasst Informationskompetenz neben grundlegenden IT-Skills (Internet, Smart Phone Basics, Web Design und Office Software), das Auswerten und Bereitstellen von Informationen,[27] Suchen, Finden und Selektieren von Informationen,[28] das Einbeziehen von Informationen in den betrieblichen Kontext und dem verantwortungsvollen Umgang mit Informationen. Meist wird die Suche nach einer wichtigen und geeigneten Information eher beiläufig und weniger bewusst durchgeführt, als zum Beispiel im wissenschaftlichen Kontext bei einer gezielten Recherche. O'Sullivan[29] erwähnte bereits 2002, dass Informationskompetenz für den Business Sektor wichtig sei. Das Problem im Bereich dieses Sektors ist, dass eine Sensibilisierung für die Wichtigkeit von Informationskompetenz gänzlich fehlt.[30] Eine weitere Schwierigkeit liegt darin, dass man Informationskompetenz im klassischen Sinne – also aus Bibliotheken oder Hochschulen – nicht einfach übernehmen kann. Benötigte Informationen und verwendete Informationsquellen können wesentlich vielfältiger und umfangreicher sein.[31]

Informationskompetenz liegt streng genommen nahe am Wissensmanagement. In der Literatur findet man insbesondere zwei Aspekte, die immer wieder mit Wissensmanagement in Verbindung gebracht werden. Zum einen handelt es sich um den Umgang mit Informationssystemen, zum anderen um die Entwicklung verschiedener Lernprozesse.[32] Es gibt bereits Ansätze, die Wissensmanagement mit Informationskompetenz koppeln, so z.B. dass K3-Projekt von Konstanzer Informationswissenschaftlern, welches Wissensmanagement mit Kooperation, Kommunikation und

---

26 Watson, Tony J.: In Search of Management. London: Routledge 1994.
27 Stock, Mechtild u. Wolfgang G. Stock: Wissensrepräsentation. München: Oldenbourg 2008.
28 Stock, Wolfgang G.: Information Retrieval. München: Oldenbourg 2007.
29 O'Sullivan, Carmel: Is information literacy relevant in the real word? In: Reference Services Review (2002) H. 1. S. 7–14.
30 Lloyd, Anne: Information Literacy: The meta competency of the knowledge economy? An exploratory paper. In: Journal of Librarianship and Information Science (2003) H. 2. S. 87–92.
31 Mutch, Alistair: Critical realism, managers and information. In: British Journal of Management (1999) H. 10. S. 323–333.
32 O'Farill, Ruben T.: Information literacy and knowledge management: Preparations for an arranged marriage. In: Libri (2008). S. 155–171.

Informationskompetenz in Verbindung bringt[33] und den Ansatz von Ferguson,[34] der Informationskompetenz und Wissensmanagement in die verschiedenen Kontexte einordnet und Überschneidungen aufzeigt.

Wissensmanagement kann als Oberbegriff für Informationskompetenz gesehen werden. Der „wissensautonome" Mitarbeiter muss selber entscheiden und absehen können, welche Information wann für wen von Interesse ist. In diesem Zusammenhang ist auch die informationelle Autonomie nach Kuhlen zu erwähnen:

„Informationelle Autonomie ist die Voraussetzung dafür, nicht absolut, aber mit Rücksicht auf aktuelle Situationen, wissensautonom zu werden."[35]

Informationskompetenz im Unternehmen muss auf Arbeitsplätze weiter ausgedehnt werden.[36] Lloyd geht sogar so weit, dass sie Informationskompetenz als eine „Metakompetenz der Wissensgesellschaft" bezeichnet. Darunter versteht sie die Fähigkeiten, Dinge zu definieren, Informationen zu verorten und auf Informationen zuzugreifen. Auch schon in der allgemeinen Kommunikation, bei Problemlösung und Konfrontation mit neuen Situationen ist Informationskompetenz gefragt. Lloyd ist es auch, die auf die Problematik aufmerksam macht, wer die Informationskompetenz überhaupt im Betrieb vermitteln soll. Die gleiche Frage begegnet uns im Kontext des Wissensmanagements ständig. Auch hier sind die Zuständigkeiten im Hinblick auf die Vermittlung des Wissensmanagements häufig nicht geklärt. In der Regel fallen die Zuständigkeitsbereiche auf Personalabteilung, IT-Abteilung oder auf das Management. Wer sich um Wissensmanagement – und somit auch um Informationskompetenz kümmert, ist in Abhängigkeit von der Größe der jeweiligen Unternehmen zu sehen. Großunternehmen haben unter Umständen auch eigene Wissensmanagementabteilungen, wohingegen bei kleinen und mittelständischen Unternehmen[37] dies eher selten der Fall ist. Es gilt festzuhalten, dass die Vermittlung von Skills im Bereich der Informationskompetenz in die gleiche Zuständigkeit fallen sollte wie das Wissensmanagement. Im betrieblichen Bereich lassen sich Informationswissenschaftler

---

33 Semar, Wolfgang, Joachim Griesbaum, Jagoda König-Mistric, Andreas Lenich u. Thomas Schütz: K3 Wissensmanagement über kooperative verteilte Formen der Produktion und der Aneignung von Wissen zur Bildung von konzeptueller Informationskompetenz durch Nutzung heterogener Informationsressourcen. In: Wissen in Aktion: Der Primat der Pragmatik als Motto der Konstanzer Informationswissenschaft. Festschrift für Rainer Kuhlen. Hrsg. von Rainer Hammwöhner, Marc Rittberger u. Wolfgang Semar. Konstanz: UVK Verlagsgesellschaft 2004.
34 Ferguson, Stuart: Information literacy and its relationship to knowledge management. In: Journal of Information Literacy (2009) H. 2. S. 6–24.
35 Kuhlen, Rainer: Information. In: Grundlagen der praktischen Information und Dokumentation. Hrsg. von Rainer Kuhlen, Thomas Seeger u. Dietmar Strauch. München: Saur 2004. S. 3–20, hier S. 17.
36 Lloyd, Anne: Information Literacy: The meta competency of the knowledge economy? (Anm. 30).
37 Gust von Loh, Sonja: Wissensmanagement und Informationsbedarfsanalyse in kleinen und mittleren Unternehmen. Teil 2.: Wissensmanagement in KMU. In: Information – Wissenschaft und Praxis (2008) H. 2. S. 127–136.

gut für die Aufgaben des Wissensmanagements und dementsprechend auch zur Vermittlung von Informationskompetenz einsetzen.[38]

Eine der gängigsten Definitionen für Informationskompetenz stammt von der American Library Association (ALA):

„A person must be able to recognize when information is needed and have the ability to locate, evaluate and use effectively the needed information."[39]

Diese Aussage ist ein amerikanischer Standard für Hochschulen und als Empfehlung zu verstehen. Durch sie soll die Effizienz der Hochschullehre – insbesondere das selbstständige Lernen – verbessert werden.[40] Weitere Standards im Bereich der Informationskompetenz nach der Association of College & Research Libraries sind:

- Der informationskompetente Student bestimmt Art und Umfang der benötigten Informationen.
- Der informationskompetente Student verschafft sich effizient und effektiv Zugang zu den benötigten Informationen.
- Der informationskompetente Student evaluiert Informationen und seine Quellen kritisch und integriert die ausgewählten Informationen in sein Wissen und sein Wertesystem.
- Der informationskompetente Student nützt Informationen sowohl als Individuum als auch als Gruppenmitglied, um ein bestimmtes Ziel zu erreichen.
- Der informationskompetente Student versteht viele der ökonomischen, rechtlichen und sozialen Streitfragen, die mit der Nutzung von Informationen zusammenhängen und nutzt die Informationen in einer ethischen und legalen Weise.[41]

Alle hier angeführten Kompetenzen lassen sich auch auf den „informationskompetenten Mitarbeiter" beziehen. Egal ob es sich um Informationskompetenz im klassischen Sinne handelt oder im unternehmerischen Kontext, die Probleme bleiben ähnlich. Diejenigen, die Informationen suchen, müssen auch in der Lage sein unterschiedliche Informationen zu recherchieren, in Relationen zu einander zu setzen und Qualität und Glaubwürdigkeit abzuschätzen.[42]

---

38 Webber, Sheila u. Bill Johnston: Conceptions of information literacy: new perspectives and implications. In: Journal of Information Science (2000) H. 6. S. 381–397.
39 Association of College & Research Libraries: Presidential Committee in Information Literacy: Final Report, 1989. http://www.ala.org/ala/mgrps/divs/acrl/publications/whitepapers/presidential.cfm (18. 10. 2011).
40 Homann, Benno: Standards der Informationskompetenz. In: Bibliotheksdienst (2002). S. 625–638.
41 Association of College & Research Libraries: Information Literacy Competency Standards for Higher Education. http://www.ala.org/ala/mgrps/divs/acrl/standards/informationliteracycompetency.cfm (18. 10. 2011).
42 O'Sullivan, Carmel: Is information literacy relevant in the real word? (Anm. 29).

Teilbereiche der Informationskompetenz

Die bibliothekarische Definition nach ALA greift im Zeitalter von Web 2.0 und mobilem Internet zu kurz. An der Heinrich-Heine-Universität Düsseldorf wurde ein Modell der Informationskompetenz erarbeitet, das aus acht Teilbereichen besteht.

Diese acht Teilbereiche gehören zusammen, lassen sich aber auch einzeln innerhalb eines Unternehmens etablieren bzw. es können einzelne Schwerpunkte gesetzt werden, die in Abhängigkeit zum jeweiligen Unternehmen stehen. Thematisch reichen die Schwerpunkte von der praktischen Anwendung – wie z. B. der Umgang mit Office oder anderer Software – bis hin zu eher theoretischen Themen – wie z. B. der Informationsethik. Eine Übersicht über die verschiedenen Bereiche zeigt Abbildung 5. An dieser Stelle sollen die einzelnen Bereiche kurz näher erläutert werden.

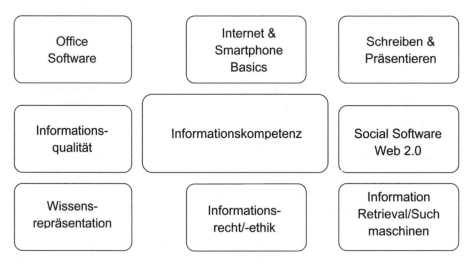

Abb. 5: Teilbereiche der Informationskompetenz.

Der erste Baustein „Office Software" beschäftigt sich primär mit der Kompetenz des Mitarbeiters auf Ebene von Office-Programmen und anderer Software. Auch wenn der erste Baustein sich banal anhört, so ist es immer noch nicht selbstverständlich, dass alle Mitarbeiter in der Lage sind, mit Excel, Powerpoint und Co. tiefergehend umgehen zu können. Wichtig ist, dass dieser Baustein nicht über alles andere gestellt wird. Technologien in Unternehmen sind wichtig, dürfen aber keineswegs überbewertet werden. Der Fokus muss auch auf der zwischenmenschlichen Komponente liegen. Auch hier lassen sich Parallelen mit dem Wissensmanagement ausmachen. In diesem Bereich werden ebenfalls Technologien häufig als Maß aller Dinge gesehen. Es wird mittels Technologien jedoch nur das explizite Wissen erfasst, nicht das wichtige implizite. Häufig werden in Unternehmen aufwendige und teure Systeme integriert, das „einfache" Zusammenarbeiten wird jedoch vernachlässigt.

Internet, Smartphone Basics und Web Design werden im unternehmerischen Kontext immer wichtiger. Smartphone Skills sind insbesondere für diejenigen wichtig, die viel unterwegs sind und von der Ferne auf Daten zugreifen müssen. Mittlerweile sind Smartphones so leistungsfähig, dass sie eine gute Alternative zum Laptop darstellen, um z. B. Mails abzurufen etc. Dementsprechend muss ein Mitarbeiter jedoch mit dieser Technologie umgehen können. Es ist sehr von dem einzelnen Mitarbeiter abhängig, inwiefern diese Kompetenz mittels Schulungen erworben werden muss. Häufig nutzen Mitarbeiter Smartphones auch privat, so dass der Umgang bekannt ist. Web Design ist in den Grundzügen interessant. Tiefergehende Kenntnisse sind nur dann von Interesse, wenn ein Unternehmen den kompletten Internetauftritt selber managet.

Schreiben und Präsentieren werden häufig – jenachdem, um welche Unternehmen es sich handelt – unterschätzt. Vor allem das Präsentieren nimmt jedoch eine sehr wichtige Rolle ein. Eine gute Präsentation vor einem potenziellen Kunden kann entscheidend zum Erfolg beitragen. Deswegen müssen Mitarbeiter, die häufigen Kontakt mit Kunden oder anderen Stakeholdern haben und mittels Präsentationen das Unternehmen nach außen vertreten müssen, zwingend in der Lage sein, um einen eine gute Präsentation anzulegen – wobei dieser Aspekt auch zum Baustein Office-Software gehört – und zum anderen gut verbal und mit geeigneter Körpersprache präsentieren können. Das Schreiben in einem Unternehmen ist in nahezu allen Bereichen von Bedeutung – E-Mails, Memos oder Berichte fallen ständig an.

Social Software, Web 2.0 oder auch Enterprise 2.0[43] sind im unternehmerischen Kontext Schlagwörter, die heutzutage nicht mehr wegzudenken sind. Die Grundidee sämtlicher Web 2.0-Dienste liegt in der Selbstorganisation des Nutzers.[44] Diese Dienste verbessern die interne und externe Kommunikation wesentlich und haben positive Auswirkungen auf die Wissensteilung innerhalb eines Unternehmens.[45]

Je nach Branche rückt der Fokus auch auf das Information Retrieval und die Suchmaschinen. Dies wird insbesondere in den aufstrebenden Feldern der Suchmaschinenoptimierung und des Suchmaschinenmarketings der Fall sein. Es ist jedoch zu betonen, dass man zwischen Information Retrieval und Suchmaschinen unterscheiden muss. Retrieval wird in nahezu jedem Unternehmen angewandt, da es sich um das Wiederauffinden von Informationen handelt. Mit dieser Problematik ist somit nahezu jede Abteilung eines Unternehmens konfrontiert. Im Fokus von diesem Baustein steht definitiv die Internetrecherche. Jeder Mitarbeiter muss in der Lage sein, Informationen aus dem Internet zu ermitteln und ggf. zu selektieren, welche Information

---

43 McAffee, Andrew P.: Enterprise 2.0: The dawn of emergent collaboration. In: MIT Sloan Management Review (2006). S. 20–28.
44 Hippner, Hajo u. Thomas Wilde: Social Software. In: Wirtschaftsinformatik (2005). S. 441–444.
45 Peters, Isabella u. Wolfgang G. Stock: Web 2.0 im Unternehmen. In: Wissensmanagement (2007). S. 22–25.

wirklich von Interesse ist. Im evidenzbasierten Wissensmanagement wird deutlich, dass jede Tätigkeit im Unternehmen eine evidente Grundlage benötigt, man möchte stets „das Richtige" tun. Das Finden der jeweils passenden Evidenz ist eine Aufgabe des Information Retrieval. Jeder Mitarbeiter muss in der Lage sein, aus der Fülle freier Internetquellen und kommerzieller Informationsdienste diejenigen Informationen auszufiltern, die seinen Handlungen Evidenz verleihen.[46]

Informationsrecht beschäftigt sich mit jeglichen juristischen Fragen im Bereich von Informationen. Im Fokus stehen das Urheberrecht und der gewerbliche Rechtschutz.[47] Informationsethik ist nach Linde/Stock hingegen „a specified ethics that deals with all ethical aspects of information processing. It has become necessary due to the transition to the ‚multimedia culture' in the course of the advent of the information society with its novel power factors (e.g. software producers or search engines)."[48]

Mit Informationsrecht und Informationsethik hat somit gezwungenermaßen jedes Unternehmen mehr oder weniger Berührungspunkte.

Unter Wissensrepräsentation versteht man die Aufbereitung von Wissen bzw. Information. Verschiedene Arten, Wissen strukturiert abzulegen mit dem Ziel die jeweiligen Informationen gezielt wiederauffindbar zu machen, werden unter diesen Aspekt gefasst. Hierzu gibt es verschiedene Methoden, die sich nach Stock & Stock[49] in die großen Gruppen der Wissensordnungen (Ontologien, Klassifikationen und Thesauri) und Folksonomies einordnen lassen. In den wenigsten Betrieben sind solche spezifischen Wissensordnungen, mit eigener Sprache und eigenen Regeln[50] vorhanden, könnten jedoch durchaus sinnvoll sein. Als einfache Alternative bietet sich das „Social Tagging" im Rahmen der Folksonomies an.[51]

Informationsqualität ist in den meisten Unternehmen ein großes Thema. Mit Aufkommen der Informationsgesellschaft ist es immer leichter geworden, an Informationen heranzukommen. Zum einen ist der einfache Zugang zu ihnen durchaus positiv, zum anderen birgt er aber auch die Gefahr des Informationsballastes. Umso wichtiger ist es, dass Mitarbeiter richtig selektieren können, welche Informationen wichtig und welche unwichtig sind. Das heißt, sie müssen die Informationsqualität einschätzen können.

---

46 Gust von Loh, Sonja: Evidenzbasiertes Wisssensmanagement. Wiesbaden: Gabler 2009.
47 Götting, Horst-Peter: Gewerblicher Rechtsschutz. Patent- und Gebrauchsmuster-, Geschmacksmuster-, und Markenrecht. München: Beck 2007.
48 Linde, Frank u. Wolfgang G. Stock: Information Markets. München: de Gruyter Saur 2011, hier S. 176.
49 Stock, Mechtild u. Wolfgang G. Stock: Wissensrepräsentation. (Anm. 29).
50 Ebd.
51 Peters, Isabella: Folksonomies. Indexing and Retrieval in Web 2.0. München: De Gruyter Saur 2009.

Zusammenfassung

In der Praxis und in der Theorie befasste man sich bis heute eher wenig mit dem Zusammenhang zwischen Informationskompetenz und Wissensmanagement. Immanent wird Informationskompetenz als Teil des Wissensmanagements gelebt, jedoch ist das betriebliche Bewusstsein dafür in der Regel nicht gegeben. Wenn Handlungen im Rahmen des Wissensmanagements überhaupt namentlich benannt werden, so heißt es „Wissensmanagement". Hierunter versteht man die Optimierung von Informationsflüssen innerhalb einer Institution. Sowohl das explizite Wissen als auch das implizite Wissen spielen eine tragende Rolle. Informationskompetenz muss sich im betrieblichen Kontext erst noch namentlich etablieren. Diese setzt sich im betrieblichen Kontext aus acht verschiedenen Elementen zusammen. Die volle Bandbreite der Informationskompetenz ist nur selten in Unternehmen zu finden. Die meisten Betriebe wenden nur ein paar Teilbereiche der Informationskompetenz – meist unbewusst – an. Wichtig ist, dass im betrieblichen Kontext der Begriff der „klassischen" bibliotheksorientierten Informationskompetenz ausgeweitet und an die wirtschaftlichen Gegebenheiten des jeweiligen Unternehmens angepasst wird.

Eine Art Baukastenprinzip, wie es Probst et al.[52] im Hinblick auf Wissensmanagement vorschlagen, bietet sich auch im Bereich der Informationskompetenz an. Neben einer allumfassenden Lösung, bei der alle Teilbereiche etabliert werden, können auch verschiedene Teilbereiche – die besonders wichtig für das Unternehmen sind – in den Arbeitsalltag eingeführt werden.

Eine Integration von Informationskompetenz in das Unternehmen ist – genauso wie beim Wissensmanagement – nicht einfach mit einem Beschluss zu erreichen, sondern benötigt eine Sensibilisierung für den Bereich sowohl auf Seiten der Mitarbeiter als auch auf Seiten des Managements. Die Unternehmenskultur muss offen sein.

Nicht nur in der Praxis, auch in der Wissenschaft bietet das Thema diverse neue Ansatzmöglichkeiten, da es in Verbindung mit Wissensmanagement noch nicht sehr etabliert ist. Doch genau diese Kombination ist im Hinblick auf den betrieblichen Ansatz sehr interessant, da es viele Überschneidungen gibt. Es lässt sich sogar festhalten, dass ohne informationskompetente Mitarbeiter Wissensmanagement nur bedingt möglich ist. Insbesondere bei solchen Unternehmen, die das Wissensmanagement richtig verstanden haben und den Menschen als Wissensträger in den Fokus stellen – und eben nicht die Technik – ist diese Kompetenz unumgänglich.

---

52 Probst, Gilbert, Steffen Raub u. Kai Romhardt: Wissen managen. (Anm. 3).

Rolf Plötzner

Informationskompetenz und Lernen mit Multimedia und Hypermedia

Abstract: Ausgehend von den veränderten Bedingungen des mediengestützten Lernens werden in diesem Beitrag pädagogische und psychologische Modellvorstellungen zum Lernen mit Multimedia und Hypermedia vorgestellt. Vergleichbar zum Konzept der Informationskompetenz werden mit den Konzepten der Medienkompetenz und des selbstregulierten Lernens Kenntnisse, Fähigkeiten und Fertigkeiten beschrieben, über die Lernende idealerweise verfügen sollten, um erfolgreich mit Multimedia und Hypermedia zu lernen. Jedoch liegen bisher nur einzelne Modellvorstellungen dazu vor, wie diese normativen Konzepte für eine systematische Vermittlung der erwünschten Kompetenzen didaktisch fruchtbar gemacht werden können.

Keywords: Medienkompetenz, Medienstandards, Multimedia, Hypermedia, selbstreguliertes Lernen

Prof. Dr. Rolf Plötzner: Schloss im Jahr 1990 das Studium der Diplom-Psychologie an der Universität Freiburg ab. Anschließend war er als Wissenschaftlicher Mitarbeiter an der University of Pittsburgh (U.S.A.) und der Universität Freiburg tätig. Im Jahr 1993 erfolgte die Promotion und im Jahr 1998 die Habilitation in Psychologie an der Universität Freiburg. In den Jahren 2001 und 2002 vertrat er einer Professur für Lehr- und Lernforschung am Institut für Wissensmedien in Tübingen. Seit Herbst 2002 ist er als Professor für Mediendidaktik an der Pädagogischen Hochschule Freiburg tätig. Seine aktuellen Forschungsschwerpunkte liegen in den Bereichen Strategien für das Lernen mit digitalen Medien, selbstreguliertes Lernen mit Multimedia und Lernen mit Animationen.

Die sich verändernden Bedingungen des mediengestützten Lernens

Der Computer hat in den letzten 20 Jahren zu grundlegenden Veränderungen des mediengestützten Lernens geführt. Zum einen sind die analogen Lernmaterialien wie Lehrbücher und Lehrfilme um digitale Lernmaterialen wie multimediale und hypermediale Informations- und Lernumgebungen ergänzt worden. Den Lernenden stehen dadurch verschiedene mediale Darstellungen wie geschriebene und gesprochene Texte, Bilder, Video, Animationen und interaktive Simulationen in großer Vielfalt und hoher Dichte auf einem einzigen Träger zur Verfügung. Aufgrund der Vernetzung der Computer werden diese Informations- und Lernumgebungen darüber hinaus oft in kurzen Zeitabständen aktualisiert. Zahlreiche Forschungsergebnisse weisen darauf hin, dass Lernende mit dieser Flut an Informationen oft überfordert sind.[1]

Zum anderen hat der Computer auch eine starke Veränderung der analogen Lernmaterialien bewirkt. Die weitgehende Digitalisierung des Produktionsprozesses von analogen Lernmaterialien führte zu einer Verringerung der Herstellungskosten. Dies trifft insbesondere für die Verwendung von Bildern in Lehrbüchern zu. So zeigt ein Blick in aktuelle Schulbücher unterschiedlicher Klassenstufen, dass der Bildanteil den Textanteil in vielen Fällen übersteigt. Trotz dieser Entwicklung findet in den Schulen nach wie vor keine systematische Vermittlung von Methoden für das Lernen mit Bildern statt.[2]

Darüber hinaus gewinnt aufgrund verschiedener gesellschaftlicher Entwicklungen neben dem Lernen in formalen Kontexten wie Schule, Hochschule und Betrieb das so genannte informelle Lernen an Bedeutung. Das formelle Lernen wird didaktisch geplant und curricular organisiert. Es verläuft unter pädagogischer Betreuung. Im Gegensatz dazu ist das informelle Lernen durch eine spontane und problemorientierte Herangehensweise gekennzeichnet. Dabei sind die Lernenden weitgehend auf sich alleine gestellt. Die oben beschriebenen Entwicklungen im Bereich der digitalen Medien unterstützen das informelle Lernen in entscheidender Weise. Das World Wide Web erlaubt den Lernenden nicht nur einen zeit- und ortsunabhängigen Zugriff auf eine Vielzahl von Lerninhalten, sondern kompensiert zum Teil auch die fehlende pädagogische Betreuung der Lernenden. So können Lernende durch die Nutzung von Blogs und Foren von den Erfahrungen anderer Personen profitieren oder sich in vernetzten Interessen- und Selbsthilfegruppen austauschen. Eine unzureichende Planung, Überwachung und Regulation des eigenen Lernens verhindert in vielen Fällen jedoch, dass die Lernenden ihre Lernziele erreichen.[3]

Über welche Kenntnisse, Fähigkeiten und Fertigkeiten müssen Lernende verfügen, um aus den oben skizzierten Entwicklungen Gewinn ziehen zu können? Im Weiteren wird am Beispiel des Lernens mit Multimedia und Hypermedia beschrieben welche Vorstellungen dazu in der pädagogischen und psychologischen Forschung vorliegen.

---

1 Beispielsweise Sweller, John: Implications of cognitive load theory for multimedia learning. In: The Cambridge handbook of multimedia learning. Hrsg. von Richard E. Mayer. Cambridge: Cambridge University Press 2005. S. 19–30.

2 Vgl. Lieber, Gabriele (Hrsg.): Lehren und Lernen mit Bildern. Hohengehren: Schneider Verlag 2008.

3 Vgl. Winters, Fielding I., Jeffrey A. Greene u. a.: Self-regulation of learning within computerbased learning environments. A critical analysis. In: Educational Psychology Review 20 (2008). S. 429–444.

Multimedia und Hypermedia

Sowohl multimediale als auch hypermediale Lernumgebungen können als Medienverbünde aufgefasst werden. Darin werden den Lernenden unterschiedliche mediale Darstellungen in aufeinander bezogener Form angeboten. Die in solchen Verbünden verwendeten Darstellungen können verschiedene Sinneskanäle ansprechen (visuelle und auditive Darstellungen), auf mehreren Zeichensystemen beruhen (symbolische, ikonische und indexikalische Zeichen) und über unterschiedliche zeitliche Eigenschaften verfügen (statische und dynamische Darstellungen).[4] Darüber hinaus sind multimediale und hypermediale Lernumgebungen dadurch gekennzeichnet, dass sie es den Lernenden ermöglichen in Grenzen Einfluss auf mediale Darstellungen zu nehmen (interaktive Darstellungen).

Die Begriffe Multimedia und Hypermedia stellen keine trennscharfen Bezeichnungen für unterschiedliche Arten von Medienverbünden dar.[5] Vielmehr sind die Übergänge zwischen multimedialen und hypermedialen Lernumgebungen fließend. Unter dem Begriff Multimedia werden jedoch eher Medienangebote gefasst, die in sich geschlossen sind und in denen die Informationen in strukturierter Form vorliegen. Die Geschlossenheit des Angebots gewährleistet die zeitliche Stabilität der zur Verfügung stehenden Informationen. Die Strukturiertheit des Angebots geht in der Regel mit einer hohen Kohärenz der Gesamtdarstellung einher. Analog zum Verfassen eines Lehrbuchs ordnet eine Multimediaautorin oder ein Multimediaautor die verschiedenen Inhalte nach didaktischen Gesichtspunkten an. Viele Lernprogramme – oft auf CD-ROM vertrieben – die in der Aus- und Weiterbildung verwendet werden, sind Beispiele für multimediale Lernumgebungen.

Im Gegensatz dazu werden mit dem Begriff Hypermedia zumeist Medienangebote bezeichnet, die offen gestaltet sind und in denen die Informationen eine hochgradige Vernetzung aufweisen. Aufgrund der Offenheit kann sich das Informationsangebot jederzeit ändern. Die hochgradige Vernetzung des Angebots geht oft damit einher, dass die einzelnen Darstellungen vergleichsweise unabhängig voneinander formuliert und gestaltet werden, was zu einer geringen Kohärenz der Gesamtdarstellung führt. Viele hypermediale Informations- und Lernumgebungen sind im World Wide Web zu finden.

Einerseits stellen multimediale und hypermediale Lernumgebungen den Lernenden vielfältige Informationen zur Verfügung. Andererseits erfordern sie, dass die Lernenden mit Blick auf die jeweiligen Lernziele in der Lage sind, diese Informationen angemessen bewerten und zielführend verarbeiten zu können. Im Folgenden

---

4 Vgl. Weidenmann, Bernd: Lernen mit Medien. In: Pädagogische Psychologie. Hrsg. von Andreas Krapp u. Bernd Weidenmann. 5. Aufl. Weinheim: Psychologie Verlags Union 2006. S. 423–476.
5 Vgl. Niegemann, Helmut M., Steffi Domagk u. a.: Kompendium multimediales Lernen. Berlin: Springer Verlag 2008.

werden zwei Forschungslinien vorgestellt in denen untersucht wird, wie Lernende dabei unterstützt werden können die Anforderungen des mediengestützten Lernens erfolgreich zu bewältigen. Im Mittelpunkt der ersten Forschungslinie steht der pädagogische Begriff der Medienkompetenz. Im Zentrum der zweiten Forschungslinie stehen psychologische Modelle der kognitiven Verarbeitung multimedialer und hypermedialer Informationsangebote.

Medienkompetenz und Medienstandards

Der Begriff der Medienkompetenz wurde von Baacke[6] geprägt. Der Begriff ist weder auf die Nutzung digitaler Medien noch auf das mediengestützte Lernen beschränkt. Vielmehr ist mit dem Konzept der Medienkompetenz ein gesellschaftspolitischer und emanzipatorischer Anspruch verbunden: Die reflektierte Rezeption und die selbstständige Produktion von Medien soll zu einer differenzierten Kritikfähigkeit hinsichtlich der Medien und ihrer Rolle in der Gesellschaft führen. Nach Baacke[7] umfasst das Konzept der Medienkompetenz vier Dimensionen: (1) Die Medienkritik, die auf analytischen, reflexiven und ethischen Denkprozessen beruht, (2) die Medienkunde, die sowohl Kenntnisse der Medien als auch Fähigkeiten im Umgang mit Medien umfasst, (3) die Mediennutzung in Rezeption und Produktion und (4) die Mediengestaltung im Sinne einer konstruktiven Beteiligung am gesellschaftlichen Diskurs zur Weiterentwicklung der Medien.

Beim Konzept der Medienkompetenz handelt es sich – vergleichbar zum Konzept der Informationskompetenz – um ein normatives Konzept. Es beschreibt über welche Kompetenzen Personen im Idealfall verfügen. Dabei bleibt sowohl offen wie Personen die gewünschten Kompetenzen erwerben können, als auch wie die Verfügbarkeit der Kompetenzen festgestellt werden kann.

Internationalen Entwicklungen folgend hat das deutsche Bildungssystem in den letzten 15 Jahren einen Wandel von einer Lehrorientierung hin zu einer Lernorientierung vollzogen. Während in den früheren Lehrplänen festgelegt war, welche Inhalte Lehrerinnen und Lehrer zu vermitteln hatten, wird in den aktuellen Bildungsplänen beschrieben, welche Kenntnisse, Fähigkeiten und Fertigkeiten die Schülerinnen und Schüler zu einem bestimmten Zeitpunkt erworben haben sollen.[8]

---

6 Vgl. Baacke, Dieter: Medienpädagogik. Tübingen: Niemeyer Verlag 1997.
7 Ebd.
8 Beispielsweise Ministerium für Kultus, Jugend und Sport (Hrsg.): Bildungsplan 2004 –
Realschule. Stuttgart: Ministerium für Kultus, Jugend und Sport Baden-Württemberg 2004.

Die beschriebenen Entwicklungen wurden von Moser[9] aufgegriffen und auf die Medienbildung in Schulen bezogen. Anknüpfend an Baackes[10] Konzept der Medienkompetenz schlägt Moser[11] ein differenziertes Modell für Bildungsstandards im Bereich der Nutzung digitaler Medien vor. Das Modell umfasst drei Dimensionen: (1) Die drei Handlungsfelder (a) Anwendung und Gestaltung, (b) Austausch und Vermittlung sowie (c) Reflexion und Medienkritik, (2) die drei Kompetenzbereiche (a) Sachkompetenzen, (b) Methodenkompetenzen und (c) Sozialkompetenzen und (3) vier Kompetenzstufen, die sich von der Primarstufe über die Sekundarstufe I bis zur Sekundarstufe II erstrecken. Für jede Kombination aus einem Handlungsfeld und einem Kompetenzbereich wird beschrieben, über welche Kenntnisse, Fähigkeiten und Fertigkeiten die Schülerinnen und Schüler auf den verschiedenen Kompetenzstufen verfügen sollen. Ob die gewünschten Kompetenzen zu einem bestimmten Zeitpunkt verfügbar sind, kann mit Hilfe eines standardisierten Online-Tests überprüft werden.[12]

Das Modell von Moser[13] stellt hinsichtlich der Nutzung digitaler Medien im Kontext von Schule sowohl eine Präzisierung als auch eine Operationalisierung einzelner Dimensionen der Medienkompetenz dar. Insbesondere die oberen Kompetenzstufen weisen zahlreiche Parallelen zur Informationskompetenz auf wie zum Beispiel die Fähigkeit zu einer selbstständigen, planmäßigen, strategischen und reflektierten Nutzung von digitalen Informationsangeboten. Auf die Frage wie die Lernenden dabei unterstützt werden können, die gewünschten Kompetenzen zu erwerben, liefert das Modell von Moser[14] jedoch keine Antwort.

Die Verarbeitung von multimedialen und hypermedialen Informationsangeboten

In der psychologischen Forschung wird untersucht wie Lernende multimedial und hypermedial dargebotene Informationen kognitiv verarbeiten. Im Folgenden werden zwei Beispiele für psychologische Theorien zum mediengestützten Lernen vorgestellt: Die Theorie des multimedialen Lernens von Mayer und die Theorie der kognitiven Fle-

---

9 Vgl. Moser, Heinz: Standards für die Medienbildung. Computer und Unterricht, 63 (2006) H. 16. S. 49–55.
10 Vgl. Anm. 6.
11 Vgl. Anm. 9.
12 Vgl. Institut für Bildungsevaluation: Test Your ICT-Knowledge. http://www.ibe.uzh.ch/projekte/projektealt/entwicklungalt/ict.html (2. 11. 2011).
13 Ebd.
14 Ebd.

xibilität von Spiro und Jehng.[15] Beide Theorien knüpfen an etablierte gedächtnispsychologische und lernpsychologische Modellvorstellungen an, beziehen diese aber auf das Lernen mit jeweils spezifischen Arten von Medienangeboten.

Mayer[16] nimmt in seiner Theorie des multimedialen Lernens an, dass auditiv und visuell dargebotene Informationen in unterschiedlichen Teilsystemen des Gedächtnisses verarbeitet werden: Auditive Informationen in einem sprachlich-auditiven Kanal und visuelle Informationen in einem bildhaft-visuellen Kanal. Dabei können visuelle Informationen durch innere Versprachlichung in sprachlich-auditive Informationen übersetzt werden. Entsprechend können auditive Informationen durch die Erzeugung von Vorstellungsbildern in bildhaft-visuelle Informationen transformiert werden. Zunächst werden die dargebotenen Informationen im auditiven und visuellen sensorischen Gedächtnis gespeichert. Auf der Grundlage von Selektionsprozessen gelangt ein Teil dieser Informationen aus dem sensorischen Gedächtnis ins Arbeitsgedächtnis. Erfordert ein zu erlernender Sachverhalt die Verknüpfung von sprachlichen und bildhaften Informationen, so kann das Lernen nach Mayer[17] nur dann erfolgreich verlaufen, wenn die Lernenden (1) mit Hilfe von Organisationsprozessen korrespondierende sprachliche und bildhafte mentale Modelle im Arbeitsgedächtnis aufbauen und (2) diese Modelle durch Ausführung von Integrationsprozessen und unter Nutzung von Vorwissen wechselseitig aufeinander beziehen.

Zur Beschreibung und Erklärung des Lernens mit Hypermedia wird oft die Theorie der kognitiven Flexibilität von Spiro und Jehng[18] herangezogen. Darin wird angenommen, dass die vernetzte Organisation medialer Darstellungen zu einer vertieften Auseinandersetzung mit den dargebotenen Informationen führt. So müssen beim Lernen mit Hypermedia die Informationen selbstgesteuert und an den jeweiligen Vorwissensvoraussetzungen und Informationsbedürfnissen orientiert ausgewählt und sequenziert werden. Dadurch werden kognitive Prozesse angeregt, die zu einer vertieften Verarbeitung der Informationen führen wie zum Beispiel die Identifikation von Informationsbedürfnissen, das gezielte Suchen nach Informationen, das Organisieren von Informationen und das Herstellen von Zusammenhängen. Insbesondere die Möglichkeit, Informationen wiederholt zu verschiedenen Zeitpunkten, unter verschiedenen Perspektiven und in unterschiedlichen Problemzusammenhängen aufzusuchen, bewirkt ein tieferes Verständnis, welches die flexible Anwendung des erworbenen Wissens unterstützt.

---

15 Vgl. Mayer, Richard E.: Multimedia learning. Cambridge: Cambridge University Press 2001 und Spiro, Rand u. Jihn-Chang Jehng: Cognitive flexibility and hypertext: Theory and technology for the nonlinear and multidimensional traversal of complex subject matter. In: Cognition, education, and multimedia. Exploring ideas in high technology. Hrsg. von Don Nix u. Rand Spiro. Hillsdale, NJ: Lawrence Erlbaum Associates 1990. S. 163–205.
16 Vgl. Anm. 14.
17 Ebd.
18 Vgl. Anm. 16.

In beiden vorgestellten Theorien werden kognitive Prozesse beschrieben, die ein erfolgreiches Lernen mit Multimedia und Hypermedia kennzeichnen. Diese Theorien können daher als Modelle eines idealen Lernverhaltens aufgefasst werden. Eine Vielzahl von empirischen Untersuchungen zum Lernen mit Multimedia und Hypermedia hat in den letzten 20 Jahren jedoch gezeigt, dass Lernende oft nicht die Lernerfolge erzielen, die aus Sicht solcher Idealvorstellungen zu erwarten sind.[19] Auf der Grundlage der vorgestellten Theorien werden diese Befunde dahingehend interpretiert, dass die Lernenden die als relevant erachteten kognitiven Prozesse nicht oder nur unzureichend ausführen. Vor diesem Hintergrund wird untersucht, wie die in den Theorien formulierten Annahmen genutzt werden können, um die Lernenden geeignet zu unterstützen. In diesem Zusammenhang lassen sich zwei Methoden zur Förderung von Lernenden unterscheiden: (1) Die Gestaltung von Medienangeboten und (2) die Vermittlung von selbstregulativen und lernstrategischen Kompetenzen. Beide Methoden werden im Folgenden beschrieben.

Die lernförderliche Gestaltung von Medienangeboten

Ein wichtiges Ziel der lernpsychologischen Forschung ist es, Medienangebote so zu gestalten, zu kombinieren und zu integrieren, dass den Lernenden die Aufnahme von Informationen und die Ausführung der als relevant erachteten Informationsverarbeitungsprozesse möglichst gut gelingt. Diese Forschungsperspektive hat in den letzten 15 Jahren zu zahlreichen Empfehlungen für die Gestaltung von digitalen Medienverbünden geführt, deren lernförderliche Wirkung empirisch nachgewiesen werden konnte.[20]

Beispiele für Gestaltungsmaßnahmen, die das Lernen mit Multimedia unterstützen können, sind die räumliche Integration von Texten und Bildern[21] und die Präsen-

---

19 Beispielsweise Plötzner, Rolf, Timo Leuders u. a. (Hrsg.): Lernchance Computer – Strategien für das Lernen mit digitalen Medienverbünden. Münster: Waxmann Verlag 2009; Beispielsweise Sweller, John: Implications of cognitive load theory for multimedia learning. In: The Cambridge handbook of multimedia learning. Hrsg. von Richard E. Mayer. Cambridge: Cambridge University Press 2005. S. 19–30; Vgl. Winters, Fielding I., Jeffrey A. Greene u. a.: Self-regulation of learning within computerbased learning environments. A critical analysis. In: Educational Psychology Review 20 (2008). S. 429–444.
20 Für eine Übersicht vgl. Mayer, Richard E. (Hrsg.): The Cambridge handbook of multimedia learning. Cambridge: Cambridge University Press 2005.
21 Beispielsweise Ayres, Paul u. John Sweller: The split-attention principle in multimedia learning. In: The Cambridge handbook of multimedia learning. Hrsg. von Richard E. Mayer. Cambridge: Cambridge University Press 2005. S. 135–158.

tation von Animationen in Kombination mit gesprochener Sprache.[22] Eine wichtige Gestaltungsmaßnahme um das Lernen mit Hypermedia zu fördern, ist die Bereitstellung von strukturierten Navigationshilfen.[23]

Maßnahmen zur Mediengestaltung können das Lernen mit Multimedia und Hypermedia zwar unterstützen, sie können den Lernerfolg aber niemals gewährleisten. Ursächlich für Lernvorgänge sind letztlich immer die gedanklichen Auseinandersetzungen der Lernenden mit den medial vermittelten Informationen. Wie solche gedanklichen Auseinandersetzungen angeregt werden können, wird im Folgenden beschrieben.

Selbstreguliertes und strategisches Lernen mit Multimedia und Hypermedia

Durch die Vermittlung selbstregulatorischer und strategischer Fertigkeiten sollen die Lernenden befähigt werden, die als relevant erachteten Informationsverarbeitungsprozesse beim Lernen mit Multimedia und Hypermedia selbstständig und planvoll auszuführen. Damit würden die Lernenden in die Lage versetzt auch dann erfolgreich mit Multimedia und Hypermedia lernen zu können, wenn diese Medienverbünde gemäß der oben beschriebenen Empfehlungen nicht optimal gestaltet wären.

Mit dem Begriff des selbstregulierten Lernens werden unter anderem die Fähigkeiten bezeichnet, sich angemessene Lernziele setzen zu können, das eigene Lernen planen zu können, geeignete Lernstrategien auswählen und anwenden zu können sowie den eigenen Lernfortschritt überwachen, bewerten und regulieren zu können.[24] Die Nutzung von Lernstrategien wird damit als eine zentrale Teilfertigkeit des selbstregulierten Lernens betrachtet. Mit Streblow und Schiefele[25] kann unter einer Lernstrategie „(a) ... eine Abfolge von effizienten Lerntechniken, die (b) zielführend

22 Beispielsweise Mayer, Richard E. u. Richard B. Anderson: The instructive animation. Helping students build connections between words and pictures in multimedia learning. In: Journal of Educational Psychology 84 (1992). S. 444–452.

23 Beispielsweise Chen, Chaomei u. Roy Rada: Interacting with hypertext. A meta-analysis of experimental studies. In: Human-Computer Interaction 11 (1996). S. 125–156; Beispielsweise Plötzner, Rolf u. Julia Härder: Unterstützung der Verarbeitung externer Repräsentationen am Beispiel des Lernens mit Hypertexten. In: Unterrichtswissenschaft 29 (2001). S. 367–384.

24 Beispielsweise Zimmerman, Barry J.: Becoming a self-regulated learner. An overview. In: Theory into Practice 41 (2002) H. 2. S. 64–70.

25 Vgl. Streblow, Lilian u. Ulrich Schiefele: Lernstrategien im Studium. In: Handbuch Lernstrategien. Hrsg. von Heinz Mandl u. Helmut F. Friedrich. Göttingen: Hogrefe Verlag 2006. S. 352–364.

und flexibel eingesetzt werden, (c) zunehmend automatisiert ablaufen, aber (d) bewusstseinsfähig bleiben" (S. 353) verstanden werden.

Während das Interesse am selbstregulierten Lernen erst in den letzten 20 Jahren spürbar zugenommen hat, werden Lernstrategien bereits seit mehreren Jahrzehnten intensiv untersucht. Die bisher geleistete Forschung konzentriert sich jedoch weitgehend auf das Lernen mit Texten. Die raschen und vielfältigen Entwicklungen in den Bereichen des Lernens mit Multimedia und Hypermedia wurden insbesondere in der Lernstrategieforschung bisher kaum aufgegriffen, so dass hier ein großer Forschungsbedarf besteht.

Für das Lernen mit Multimedia haben Schlag und Plötzner[26] sowie Kombartzky, Plötzner u. a.[27] Lernstrategien entwickelt. Während Schlag und Plötzner[28] das strategische Lernen mit illustrierten Texten untersuchen, stehen bei Kombartzky, Plötzner u. a.[29] das Lernen mit Animationen im Mittelpunkt. In beiden Strategien wird die Selektion, Organisation, Transformation und Integration von unterschiedlich dargebotenen Informationen durch eine Abfolge von Lerntechniken gezielt und systematisch angeregt. In mehreren Untersuchungen konnte gezeigt werden, dass die Anwendung dieser Strategien zu deutlich verbesserten Lernleistungen führt.

Zur Frage wie ein selbstreguliertes Lernen mit Hypermedia unterstützt werden kann, liegen bisher ebenfalls nur einzelne Untersuchungen vor.[30] Die bisher vorliegenden Untersuchungsergebnisse lassen erkennen, dass eine erfolgreiche Anregung und Unterstützung selbstregulierten Lernens mit Hypermedia eine große Herausforderung darstellt.

Fazit

Trotz eines inzwischen 15 Jahre währenden Multimedia- und Hypermediabooms sind hinsichtlich der Frage, wie Lernende zu einem kompetenten Umgang mit Multimedia und Hypermedia befähigt werden können, nur geringe Fortschritte erzielt worden. Auf Seiten der Pädagogik stellt das Konzept der Medienkompetenz zwar einen vielversprechenden Ausgangspunkt dar, jedoch hat es die Pädagogik bisher versäumt dieses Konzept so zu konkretisieren, dass es für das mediengestützte Lernen didaktisch

---

26 Vgl. Schlag, Sabine u. Rolf Plötzner: Supporting learning from illustrated texts. Conceptualizing and evaluating a learning strategy. In: Instructional Science 39 (2011) S. 921–937.
27 Vgl. Kombartzky, Uwe, Plötzner, Rolf. u. a.: Learning and Instruction 20 (2010). S. 424–433.
28 Vgl. Anm. 30.
29 Vgl. Anm. 31.
30 Für eine Übersicht vgl. Azevedo, Roger u. Michael J. Jacobson: Advances in scaffolding learning with hypertext and hypermedia. A summary and critical analysis. In: Educational Technology Research and Development 56 (2008). S. 93–100.

fruchtbar gemacht werden kann. Auf Seiten der Psychologie kann eine weitgehende Fokussierung der Forschung auf Fragen der Mediengestaltung festgestellt werden. Gleichzeitig hat die psychologische Lernstrategieforschung, die auf eine lange Tradition im Bereich des Lernens mit Texten zurückblicken kann, bisher kaum Anschluss an die veränderten Bedingungen des mediengestützten Lernens gefunden. Vor diesem Hintergrund bleiben die Konzepte der Medienkompetenz und des selbstregulierten Lernens normative Idealvorstellungen, die das pädagogisch-didaktische Handeln höchstens punktuell beeinflussen. Einzelne Lernende mögen diesen Idealvorstellungen aufgrund individueller Lernerfahrungen mehr oder weniger entsprechen. Um die Mehrheit der Lernenden zur kompetenten Mediennutzung zu befähigen, bedarf es jedoch der vermehrten Entwicklung und Evaluation von pädagogisch-didaktischen Modellen und Maßnahmen mit denen die gewünschten Kompetenzen systematisch in der Schule, der Hochschule sowie der Aus- und Weiterbildung vermittelt werden können.

Inka Tappenbeck

Das Konzept der Informationskompetenz in der Bibliotheks- und Informationswissenschaft: Herausforderungen und Perspektiven

Abstract: Der vorliegende Beitrag untersucht, ob das vorherrschende Verständnis von Informationskompetenz innerhalb der Bibliotheks- und Informationswissenschaft einen sach- und zeitgemäßen konzeptionellen Rahmen für den fachlichen wie auch für den anwendungsbezogenen Diskurs über dieses Thema darstellt. Aufbauend darauf werden Vorschläge für einen Perspektivenwechsel unterbreitet, in deren Zentrum ein relationales Verständnis von Informationskompetenz und ein methodischer Umstieg von einem Lehr- auf ein Beratungsmodell steht. Abschließend werden Überlegungen für deren Umsetzung skizziert.

Keywords: Bibliothek, Bibliothekswissenschaft, Information, Information Literacy, Informationsgesellschaft, Informationskompetenz, Informationswissenschaft

Prof. Dr. Inka Tappenbeck: Lehrt seit dem Jahr 2004 am Institut für Informationswissenschaft der Fachhochschule Köln die Gebiete Informationsressourcen, Informationsdienstleistungen und Vermittlung von Informationskompetenz. Davor war sie als Leiterin der Benutzungsabteilung an der Niedersächsischen Staats- und Universitätsbibliothek Göttingen tätig. Zu dem Thema Informationskompetenz hat sie zahlreiche Projekte und Abschlussarbeiten betreut.
E-Mail: inka.tappenbeck@fh-koeln.de
http://www.fbi.fh-koeln.de/institut/personen/tappenbeck/tappenbeck.php

Informationskompetenz in der Informationswelt des 21. Jahrhunderts

Das Thema „Informationskompetenz" existiert als Gegenstand wissenschaftlicher Betrachtung in der Bibliotheks- und Informationswissenschaft seit etwa zwei Jahrzehnten. Sein Aufkommen ist eng mit der Entwicklung der digitalen Informationstechnik, insbesondere des Internets, verbunden. Infolge der zunehmenden Technisierung, Digitalisierung und Globalisierung der Informationswelt entstand ein Problemkomplex, für den sich der Begriff der „Informationsüberflutung"[1] etabliert hat. Menschen

---

1 Tidline, Tonyia J.: Information Overload. In: Encyclopedia of Library and Information Sciences. Third Edition. New York: Taylor & Francis 2009. S. 2483–2494.

stehen einer immer größeren Masse weltweit bereitgestellter, vor allem digitaler Informationsangebote gegenüber, deren jeweilige Relevanz für sie immer schwerer einzuschätzen ist. Dieses Problem wird auch außerhalb der Wissenschaft wahrgenommen und diskutiert. Daraus resultierende Appelle fordern eine Stärkung von Informationskompetenz, sowohl im Rahmen der breiten Öffentlichkeit als auch speziell im Hochschulkontext. Unterstützt und bestärkt wird diese Forderung durch zahlreiche Studien, in denen vor allem die Informationskompetenz von Studierenden untersucht wurde und die zeigen, dass die Fähigkeit des Umgangs mit Informationen selbst in dieser Gruppe nicht hinreichend entwickelt ist.[2] Aber verfügt die Bibliotheks- und Informationswissenschaft über ein Konzept, das geeignet ist zu beschreiben, was Informationskompetenz in der Informationswelt des 21. Jahrhunderts bedeutet?

Definitionen, Modelle und Standards der „information literacy"

In der internationalen Bibliotheks- und Informationswissenschaft etablierte sich in den 1980er Jahren zunächst der englische Begriff der „information literacy".[3] Die bis heute maßgebliche Ausgangsdefinition geht auf eine Formulierung der American Library Association (ALA) aus dem Jahr 1989 zurück: „To be information literate, a person must be able to recognise when information is needed and have the ability to lo-

---

2 Siehe hierzu u. a.: Klatt, Rüdiger u. a.: Nutzung elektronischer wissenschaftlicher Information in der Hochschulausbildung: Barrieren und Potenziale der innovativen Mediennutzung im Lernalltag der Hochschulen (Endbericht), 2001. http://www.stefi.de/download/bericht2.pdf (1. 12. 2011); Kohl-Frey, Oliver: Informationskompetenz hinter dem Bachelor-Horizont: Ergebnisse einer Studie an der Universität Konstanz. 2006. http://nbn-resolving.de/urn:nbn:de:bsz:352-opus-24124 (1. 12. 2011); Heinze, Nina: Bedarfsanalyse für das Projekt i-Literacy: empirische Untersuchung der Informationskompetenz der Studierenden der Universität Augsburg. Augsburg: Universität Augsburg 2008 (Arbeitsbericht 19).http://www.imb-uni-augsburg.de/files/Arbeitsbericht_19.pdf (1. 12. 2011); Head, Alison J. und Michael B. Eisenberg: Lessons Learned: how college students seek information in the digital age. Washington 2009 (Project Information Literacy Progress Report). http:// projectinfolit.org/pdfs/PIL_FALL2009_finalv_YR1_12_2009v2.pdf (1. 12. 2011); Head, Alison J. und Michael B. Eisenberg: Truth to be told: how college students evaluate and use information in the digital age. Washington 2010 (Project Information Literacy Progress Report). http://projectinfolit. org/pdfs/PIL_FALL2010_Survey_FullReport1.pdf (1. 12. 2011).
3 Vgl. Chevillotte, Sylvie: Information Literacy. In: Encyclopedia of Library and Information Sciences. Third Edition. Taylor & Francis: New York 2009. S. 2421–2428; Ingold, Marianne: Das bibliothekarische Konzept der Informationskompetenz: ein Überblick. Berlin: Institut für Bibliothekswissenschaft der Humboldt-Universität zu Berlin 2005. (Berliner Handreichungen zur Bibliothekswissenschaft 128). S. 31f.; siehe auch den Beitrag von M. Ingold in diesem Band.

cate, evaluate, and use effectively the needed information."[4] Diese Formulierung hat sich seither innerhalb der Bibliotheks- und Informationswissenschaft zu einer Art von Standarddefinition entwickelt, ohne dass jedoch eine explizite Einigung darauf stattgefunden hätte. Sie liegt den gängigsten Modellen und Standards zugrunde,[5] so vor allem dem Konzept der „Information Competency Standards for Higher Education",[6] die im Jahr 2000 von der Association of College & Research Libraries (ACRL), einer Abteilung der ALA, mit Bezug auf die Zielgruppe der Studierenden publiziert wurden:

„Information literacy forms the basis for lifelong learning. It is common to all disciplines, to all learning environments, and to all levels of education. It enables learners to master content and extend their investigations, become more self-directed, and assume greater control over their own learning. An information literate individual is able to:
- Determine the extent of information needed
- Access the needed information effectively and efficiently
- Evaluate information and its sources critically
- Incorporate selected information into one's knowledge base
- Use information effectively to accomplish a specific purpose
- Understand the economic, legal, and social issues surrounding the use of information, and access and use information ethically and legally."[7]

Alle weiteren Konzepte sind mit diesem Verständnis inhaltlich weitgehend identisch, so etwa „The SCONUL Seven Pillars of Information Literacy" der SCONUL Working Group on Information Literacy[8] sowie entsprechende Ansätze aus Australien und Neuseeland.[9] Auch die eher am Prozess der Informationssuche orientierten Modelle

---

4 Presidential Committee on Information Literacy: Final Report. 1989. http://www.ala.org/ala/mgrps/divs/acrl/publications/whitepapers/presidential.cfm (1. 12. 2011).
5 Vgl. Owusu-Ansah, Edward K.: Information literacy and the academic library: a critical look at a concept and the controversies surrounding it. In: The Journal of Academic Librarianship 29 (2003). S. 219–230.
6 Information Literacy Competency Standards for Higher Education. Approved by the Board of Directors of the Association of College and Research Libraries on January 18, 2000. Endorsed by the American Association for Higher Education (October 1999) and the Council of Independent Colleges (February 2004). Chicago: Association of College & Research Libraries 2000. http://www.ala.org/ala/mgrps/divs/acrl/standards/standards.pdf (1. 12. 2011).
7 Ebd., S. 2 f.
8 The SCONUL Seven Pillars of Information Literacy. Core Modell For Higher Education. SCONUL Working Group on Information Literacy, 2011. http://www.sconul.ac.uk/groups/information_literacy/publications/coremodel.pdf (1. 12. 2011).
9 Australian and New Zealand Information Literacy Framework: principles, standards and practice. Second Edition. Ed. by Alan Bundy. Adelaide: Australian and New Zealand Institute for Information Literacy 2004. http://archive.caul.edu.au/info-literacy/InfoLiteracyFramework.pdf (1. 12. 2011).

wie die „Big6Skills oder das Modell des „Information Search Process"[10] weisen dieselben inhaltlichen Schwerpunkte aus. Umlauf spricht in diesem Zusammenhang gar von einer erdrückenden Präsenz[11] der ACRL-Standards.

In deutschsprachige Fachpublikationen fand der Begriff der „information literacy" seit Beginn der 1990er Jahre Eingang; seit der zweiten Hälfte der 1990er Jahre wurde er dann mehr und mehr durch den deutschen Begriff der „Informationskompetenz" ersetzt.[12] Inhaltlich wird das Verständnis von Informationskompetenz in der deutschen bibliotheks- und informationswissenschaftlichen Fachöffentlichkeit nach wie vor von den ACRL-Standards dominiert. Sie finden sich in Modellen wie DYMIK[13] ebenso wieder wie in den NIK-Standards des Netzwerks Informationskompetenz Baden-Württemberg.[14]

Kritik und Perspektiven

Kritik an diesem Verständnis von Informationskompetenz wird vor allem in der anglo-amerikanischen Fachöffentlichkeit geäußert, häufig mit pragmatischem Tenor und dem Verweis auf die wenig kunden- oder nutzerorientierte Perspektive sowie eine entsprechend ineffektive Schulungspraxis der Bibliotheken. Das in den ACRL-Standards formulierte Postulat, der Nutzer müsse alle für ihn (aus bibliothekarischer Sicht) relevanten Informationsressourcen kennen und ebenso effektiv wie effizient nutzen können, sei mit Blick auf die Vielfalt der Informationsangebote schlichtweg unrealistisch, so viele Kritiker. Auch die rechtlichen, ökonomischen, sozialen und ethischen Bezüge der Informationsnutzung seien selbst für Informationsexperten

---

10 Kuhlthau, Carol Collier: Teaching the library research process. Second Edition. Lanham: Scarecrow Press 2002; Kuhlthau, Carol Collier: Information Search Process. http://comminfo. rutgers.edu/~kuhlthau/information_search_process.htm (1. 12. 2011).
11 Umlauf, Konrad: Bibliotheken, Informationskompetenz, Lernförderung und Lernarrangements. Berlin: Institut für Bibliothekswissenschaft der Humboldt-Univ. zu Berlin, 2003. (Berliner Handreichungen zur Bibliothekswissenschaft 117). S. 8. http://www.ib.hu-berlin.de/~kumlau/ handreichungen/h117/Lernen%20mit%20und%20in%20Bibliotheken%20Rendsburg.pdf (1. 12. 2011).
12 Vgl. Ingold, Marianne: Das bibliothekarische Konzept der Informationskompetenz. Ein Überblick. (Anm. 3), hier S. 31 f.
13 Homann, Benno: Das Dynamische Modell der Informationskompetenz (DYMIK) als Grundlage für bibliothekarische Schulungen. In: Informationskompetenz – Basiskompetenz in der Informationsgesellschaft.Proceedings des 7. Internationalen Symposiums für Informationswissenschaft (ISI 2000). Hrsg. von Gerhard Knorz u. a. Konstanz: UVK Verlagsgesellschaft mbH 2000. (Schriften zur Informationswissenschaft). S. 195–201.
14 Standards der Informationskompetenz für Studierende. Netzwerk Informationskompetenz Baden-Württemberg. http://www.informationskompetenz.de/fileadmin/user_upload/Standards_ der_Inform_88.pdf (1. 12. 2011).

häufig schwer zu durchdringen. Eine hervorragende kritisch-analytische Gesamtsichtung des bibliothekarischen Konzepts der Informationskompetenz in der internationalen Literatur bietet Ingold.[15]

In Deutschland gibt es bislang relativ wenig kritische Positionen zu diesem Thema. Als einer der wenigen hat sich Rafael Ball fundamental kritisch positioniert. In seiner pragmatischen Ausrichtung vielen Stimmen aus dem anglo-amerikanischen Raum sehr ähnlich, sieht er die vordringliche Aufgabe der Bibliotheken nicht darin, Benutzer zu befähigen, die bibliothekarischen Suchinstrumente zu gebrauchen, sondern in der Vereinfachung der Informationssysteme selbst.[16]

Jenseits dieser radikalen Kritik am prinzipiellen Sinn von Informationskompetenzstandards und ihrer Vermittlung gibt es aber auch Beiträge, die für ein anderes, zeitgemäßes Verständnis von Informationskompetenz plädieren. Kritisch reflektiert und um den Aspekt der „aktiven Informationskompetenz" ergänzt wurde dieses Konzept u. a. durch den Beitrag von Tappenbeck;[17] einen umfassenden Vorschlag zu einem neuen, durch die Bedingungen des Web 2.0 maßgeblich geprägten Verständnis von „Informationskompetenz 2.0"[18] legte Hapke vor.

Der Vorschlag, das rezeptiv ausgerichtete Konzept der ACRL-Standards um Aspekte einer aktiven Informationskompetenz zu erweitern, reagiert auf strukturelle Veränderungen der Informationswelt selbst, wie sie z. B. durch das digitale Publizieren, Open Access, E-Learning und die Karriere des Web 2.0 in seinen vielfältigen Formen gegeben sind. Neben der Auffindung und Bewertung von Informationen wird heute die aktive Bereitstellung selbst produzierter Informationen – sei es auf einer Website, in einem Repositorium, auf einer E-Learning-Plattform, in einem E-Portfolio, einem Forum, einem Blog oder einem sozialen Netzwerk – für Wissenschaftler, Studierende, Schüler und andere gesellschaftliche Gruppen zu einem immer wichtigeren Modus ihres Umgangs mit Informationen. Aktive Informationskompetenz als die Fähigkeit, selbst produzierte Informationen in einer Informationsumgebung kontextadäquat und regelgerecht zu präsentieren, muss daher Teil eines zeitgemäßen Verständnisses von Informationskompetenz sein. Die bibliothekarische Praxis beginnt seit einiger

---

15 Ingold, Marianne: Das bibliothekarische Konzept der Informationskompetenz. Ein Überblick. (Anm. 3), hier insbesondere S. 76ff.

16 Vgl. Ball, Rafael: Der Wissenschaftler als Informationsanalphabet? Von der Vielfalt der Informationssysteme und der Überforderung der Bibliothekskunden. In: B.I.T. online 3 (2000). S. 157–166. http://www.b-i-t-online.de/archiv/2000-02/fach1.htm (1. 12. 2011).

17 Tappenbeck, Inka: Vermittlung von Informationskompetenz: Perspektiven für die Praxis. In: Tradition und Zukunft – die Niedersächsische Staats- und Universitätsbibliothek Göttingen: eine Leistungsbilanz zum 65. Geburtstag von Elmar Mittler. Hrsg. von Margo Bargheer u. Klaus Ceynowa. Göttingen: Universitätsverlag Göttingen 2005. S. 63–73. http://webdoc.sub.gwdg.de/univerlag/2006/fsmittler.pdf (1. 12. 2011).

18 Hapke, Thomas: Informationskompetenz 2.0 und das Verschwinden des „Nutzers". In: Bibliothek: Forschung und Praxis 31 (2007). S. 137–149. http://eprints.rclis.org/11689/1/137-149.pdf (1. 12. 2011). Siehe auch den Beitrag von T. Hapke in diesem Band.

Zeit bereits, mit entsprechenden Angeboten zur Unterstützung der aktiven Informationskompetenz auf diesen veränderten Bedarf zu reagieren.[19]

Für Hapke steht vor allem die Art der Kommunikation im Web 2.0 im Mittelpunkt: „Der Nutzer im Zeitalter des Web 2.0 wird immer mehr zum Mit-Produzenten eines Systems, das Gleichgesinnte in Denk-, Lern- und Praxisgemeinschaften vereinigt. Der Nutzer wird damit Teil von Informationssystemen, die sich immer mehr zu Kommunikationssystemen entwickeln.“[20] Angesichts dieser veränderten Rolle stellt Hapke die interessante Frage, ob „es in Zukunft überhaupt noch so etwas wie einen ‚Informationssuchenden‘, wie wir ihn uns aus bibliothekarischer Sicht vorstellen“[21] geben werde. Konkrete Standards der Informationskompetenz scheinen ihm aufgrund der Perspektivengebundenheit der Kompetenzbedarfe einzelner Nutzergruppen und der Dynamik ihrer Informationsumwelten nicht mehr angemessen.[22] Hapke plädiert daher für ein ganzheitliches,[23] holistisches Verständnis[24] von „kritischer Informationskompetenz 2.0“[25] als einer interdisziplinären Metakompetenz, die eng verwoben ist mit den sogenannten Schlüsselkompetenzen (Methodenkompetenz, Sozialkompetenz, Selbstkompetenz, Handlungskompetenz, Reflexionskompetenz, kulturelle Kompetenz).[26] Auch wenn diese ganzheitliche Perspektive inhaltlich einleuchtet, läuft sie doch Gefahr, sich angesichts ihrer Abstraktheit im Allgemeinen zu verlieren. Zu prüfen wäre daher, ob und wie man die kritischen und konstruktiven Anregungen Hapkes aufnehmen und für ein zeitgemäßes Konzept von Informationskompetenz fruchtbar machen kann, ohne dieser Gefahr zu erliegen. Welche Perspektiven lassen sich hierfür aufzeigen?

Deutlich macht die Kritik zunächst einmal, dass ein starres, rezeptiv orientiertes Verständnis von Informationskompetenz wie das in den ACRL-Standards formulierte der Informationswelt des 21. Jahrhunderts nicht mehr gerecht wird. Informationen zu nutzen heißt heute eben nicht mehr nur, Informationen zu suchen, zu bewerten und zu rezipieren, sondern mehr und mehr auch Informationen zu produzieren und zu präsentieren. Ferner differieren die im Umgang mit Informationen erforderlichen Kompetenzen immer stärker in Abhängigkeit zu den verschiedenen – schulischen, universitären, beruflichen, politischen, privaten etc. – Kontexten, in denen dieser Umgang stattfindet. Diese Heterogenität wird auch in Form einer

---

19 Vgl. u. a. LOTSE: Im Internet veröffentlichen. http://lotse.uni-muenster.de (1. 12. 2011); VISION: Modul Publizieren. http://www.vision.tu-harburg.de/de/vision.php (1. 12. 2011).
20 Hapke, Thomas: Informationskompetenz 2.0 und das Verschwinden des „Nutzers“. (Anm. 19), hier S. 137.
21 Ebd., S. 139.
22 Vgl. ebd., S. 140, S. 149.
23 Vgl. ebd., S. 139.
24 Vgl. ebd., S. 140.
25 Ebd., S. 141.
26 Vgl. ebd.

Differenzierung der Konzepte nach groben Zielgruppen (Schüler, Studierende, Wissenschaftler etc.) immer weniger abbildbar. Und nicht zuletzt ist die Informationswelt viel zu dynamisch, als dass die durch sie geforderten Kompetenzen in Form fixer Schemata über einen größeren Zeitraum hinweg angemessen formulierbar wären. Ein Modell oder Schema, das Kompetenzstandards auf der Ebene konkreter oder auch allgemeiner Kenntnisse und Fähigkeiten verbindlich und allgemeingültig definiert, wird damit zunehmend fragwürdig. Hat Informationskompetenz also „abgedankt"?

Ansätze zu einem relationalen Konzept: Informationskompetenzen statt Informationskompetenz

Diese Frage lässt sich nicht ohne Rekurs auf Werthaltungen beantworten. Wenn man den emanzipatorischen Grundgedanken teilt, der hinter der Forderung nach „informationeller Autonomie"[27] steht, muss diese Frage verneint werden. Aber wie könnte ein Konzept von Informationskompetenz aussehen, das nicht den oben formulierten Kritikpunkten unterliegt und gleichzeitig konkret genug ist, um als Grundlage praktischer Bestrebungen ihrer Vermittlung bzw. Stärkung zu dienen?

Ein solches Konzept muss vor allem von dem Absolutheitsanspruch Abstand nehmen, der mit den gängigen Konzepten und Modellen in der Regel verbunden ist. Es kann nicht darum gehen, aus bibliotheks- und informationswissenschaftlicher Sicht zu definieren, was Informationskompetenz ist und dieses Verständnis dann – ex cathedra – zum Lernziel für Nutzer zu erklären. Ein adäquates Konzept von Informationskompetenz muss relational (nicht relativ) ausgerichtet sein. Das heißt, es muss den Nutzer in seinem konkreten Kontext sehen und seine je spezifischen Informationsbedarfe ernst nehmen, statt ihn mit einer „bibliozentrischen" Sicht auf das Thema zu überfordern. Statt von „der" Informationskompetenz wäre daher besser von Informationskompetenzen im Plural zu sprechen, die jeweils nur in Relation zu den konkreten Anwendungskontexten der Nutzer (als Individuen oder als Gruppen) Relevanz besitzen. Einem Studierenden, der seine Bachelorarbeit schreiben will, muss die für diesen Zweck erforderliche Informationskompetenz vermittelt werden. Ihn mit dem „ganzen Programm" zu konfrontieren wäre ähnlich absurd, als

---

27 Informationelle Autonomie. In: Grundlagen der praktischen Information und Dokumentation, Bd. 2: Glossar. Hrsg. von Rainer Kuhlen, Thomas Seeger und Dietmar Strauch. München: Saur 2004. S. 55. Siehe dazu auch: Kuhlen, Rainer: Die Konsequenzen von Informationsassistenten. Was bedeutet informationelle Autonomie oder wie kann Vertrauen in elektronische Dienste in offenen Informationsmärkten gesichert werden? Frankfurt am Main: Suhrkamp 1999.

wenn ein Rechtsanwalt einem Klienten, der ihn wegen eines Streits mit seinem Vermieter konsultiert, sein gesamtes Fachwissen zum Thema Mietrecht zumuten würde. Der Klient sollte jedoch mindestens so viel über die Rechtslage erfahren, dass er sich in seinem konkreten Streitfall rechtskonform verhalten und seine Rechte ausschöpfen kann.

Standards können daher im Kontext von Informationskompetenz nur eine grobe Orientierung geben. Sie müssen stets im Hinblick auf die sich verändernde Informationswelt aktualisiert und an den konkreten Bedarf des Nutzers (als Individuum oder als Gruppe) angepasst werden. Eine grobe Ausrichtung nach allgemeinen Zielgruppen ist ein erster Schritt in diese Richtung, reicht aber nicht aus.

Tatsächlich braucht jeder Nutzer in Relation zu seinem Handlungskontext und zu der jeweiligen Beschaffenheit seiner Informationsumwelt seine eigene Art von Informationskompetenz. Informationskompetenz lässt sich nicht absolut, sondern nur „in Relation zu" definieren, als das Set von Kenntnissen und Fähigkeiten, das ein Nutzer in einer konkreten Handlungssituation zur Bewältigung einer konkreten Aufgabe in einer konkreten Informationsumwelt braucht.

Um diesen je spezifischen Bedarf an Informationskompetenz zu erkennen, benötigt der Bibliothekar jedoch ein Instrument, mit dessen Hilfe er – im Austausch mit dem Nutzer – eine Bedarfsanalyse durchführen kann. Ein solches Instrument wäre dann allerdings kein Maßstab zur Messung und Bewertung der Informationskompetenz des Nutzers, auch keine starre Zieldefinition für die Vermittlung von Informationskompetenz. Es hätte eher die Funktion eines analytischen Instruments, das der Bibliothekar einsetzt, um den konkreten Informationskompetenzbedarf eines Nutzers oder einer Nutzergruppe zu ermittelt und dann durch entsprechende Qualifikationsangebote zu bedienen.

Das im Folgenden dargestellte Schema könnte als ein solcher Rahmen dienen. Zu beachten ist dabei jedoch, dass die aufgeführten Kompetenzen weder als Gesamtheit noch in einer bestimmten Reihen- oder Rangfolge zu interpretieren sind.

Kompetenz	Beschreibung
Problemkompetenz	Den eigenen Informationsbedarf erkennen und benennen können.
Ressourcenkompetenz	Für den eigenen Kontext relevante Ressourcen kennen.
Methodenkompetenz	Für den eigenen Kontext relevante Suchstrategien beherrschen.
Bewertungskompetenz	Über allgemeine Kriterien der Bewertung von Informationsquellen verfügen.
Nutzungskompetenz	Für den eigenen Kontext relevante rechtliche und ethische Regeln der Informationsnutzung kennen.
Verwaltungskompetenz	Ermittelte Informationen den eigenen Zwecken gemäß ordnen und bewahren können.

Kompetenz	Beschreibung
Darstellungskompetenz	Selbst produzierte Informationen kontextadäquat in Informations-umgebungen präsentieren können.
Delegationskompetenz	Die Grenzen der eigenen Informationskompetenz erkennen und wissen, wo man sich bei Bedarf professionelle Hilfe holen kann.[28]

Im Unterschied zu den ACRL-Standards ist dieses Schema nicht als Gesamtprofil von Informationskompetenz zu verstehen. Es könnte dem Bibliothekar jedoch helfen zu ermitteln, welche dieser Kompetenzen der jeweilige Nutzer (oder die Gruppe) in seiner konkreten Handlungssituation und Informationsumwelt braucht, um sein Problem zu lösen. Weiterhin unterscheidet sich das Schema von den ACRL-Standards durch die Einbeziehung der Aspekte „Verwaltungskompetenz", „Darstellungskompetenz" und „Delegationskompetenz". Der Begriff „Verwaltungskompetenz" bezieht sich auf das Wissen, wie man Informationen bezogen auf einen konkreten Kontext ordnet und bewahrt. Der Begriff der „Darstellungskompetenz" ist inhaltlich mit der oben unter dem Titel „aktive Informationskompetenz" beschriebenen Fähigkeit identisch. Sie besteht in dem Wissen, wie man selbst produzierte Informationen in einer Informationsumgebung kontextadäquat und regelkonform präsentiert. „Delegationskompetenz" wiederum bedeutet zu wissen, dass und wo es professionelle Hilfe im Umgang mit Informationen gibt.

„Consulting library" und Nutzer als Klienten

Die Aufgabe der Bibliothek wäre in einem solchen Szenario nicht mehr die der „teaching library", der Bibliothekar wäre aber auch nicht nur Moderator der Kommunikation der Nutzer untereinander, wie es Hapke vorschlägt. Die Bibliothek hätte, in Analogie zu Einrichtungen der Unternehmens- und Rechtsberatung, die Funktion der Informationsberatung, sie wäre eine „consulting library". Die Debatte über die Termini „Nutzer" (oder gar „Benutzer") oder „Kunde" wäre dahingehend aufzulösen, diesen als Klienten der Bibliothek zu begreifen. Der Begriff des „Nutzers" oder „Benutzers" ist eng an die traditionelle Bestandsorientierung insbesondere des deutschen Bibliothekswesens gekoppelt: Der Nutzer (be)nutzt in erster Linie den Bestand. Der Begriff des „Kunden" dagegen hat insofern eine Schräglage, als er die Kostenpflich-

---

28 Dieser Aspekt geht auf eine Anregung Alan Bundys zurück, der folgende Erweiterung der ACRL-Standards vorschlägt: „[T]he usual definition of an information literate person … should be complemented by ‚and recognising when using the services of an information professional is appropriate and costeffective'." Bundy, Alan: Information literacy: the 21st century educational smartcard. In: Australian Academic & Research Libraries, 30 (1999), S. 236.

tigkeit der bibliothekarischen Angebote und ihre marktgemäße Struktur impliziert. Auch dies wird der Realität nicht gerecht. Der Klient dagegen ist Auftraggeber und Empfänger von Dienstleistungen, wie sie z. B. von Rechtsanwälten, Unternehmensberatern, Steuerberatern oder Sozialarbeitern erbracht werden, ohne dass davon die Frage, wer diese Dienstleistungen finanziert, betroffen ist.

Diese auch von Hapke[29] und Frank[30] bereits erwogene Abkehr vom Schulungsmodell der Vermittlung von Informationskompetenz und eine Hinwendung zum Beratungsmodell[31] böte den Bibliotheken die Chance, sich als Experten für Informationskompetenz zu positionieren, die ihre Klienten bei der Lösung von Informationsproblemen, unter anderem unter Einbeziehung von Qualifikationsangeboten zur Stärkung ihrer Informationskompetenz, beraten. Der Bibliothekar würde in der Rolle eines Beraters agieren, der im Gespräch mit dem Nutzer und gemeinsam mit diesem zunächst eine differenzierte Bedarfsanalyse bezüglich der für den Nutzer (oder die Nutzergruppe) erforderlichen Informationskompetenzen erstellt, auf deren Basis er ihm dann einen Vorschlag für ein seinem konkreten Bedarf angemessenes Qualifikationsangebot unterbreitet.

Ausblick

War Informationskompetenz früher Teil des professionellen Expertenwissens weniger Berufsgruppen, besteht heute das Postulat, sie als allgemeine Kulturtechnik zu verstehen und insbesondere in der Hochschulausbildung, aber auch in Schule, Berufsausbildung und komplementären Angeboten zu fördern. Gute Ansätze hierzu sind an vielen wissenschaftlichen und öffentlichen Bibliotheken bereits entwickelt worden. Um dieses Ziel jedoch systematisch, umfassend und koordiniert umzusetzen, sind in Deutschland grundlegende strukturelle Maßnahmen nötig, wie etwa die Einrichtung von ineinandergreifenden regionalen und nationalen Netzwerken zur Förderung von Informationskompetenz. Diese könnten an fachlich affinen Hochschulen angesiedelt sein und eng mit der bibliothekarischen und informationswissenschaftlichen Berufspraxis kooperieren. Die Aufgabe dieser Netzwerke wäre es, Informationskompetenzaktivitäten zu koordinieren und Umsetzungsszenarien – zum Beispiel für die Integration in die Curricula der Studiengänge, aber auch im Kontext öffentlicher Bi-

---

29 Hapke, Thomas: Informationskompetenz 2.0 und das Verschwinden des „Nutzers". (Anm. 19), hier S. 149.
30 Frank, Donald G. u. a.: Information Consulting: The Key to Success in Academic Libraries. In: The Journal of Academic Librarianship 27 (2001). S. 90–96, zitiert nach Ingold, Marianne: Das bibliothekarische Konzept der Informationskompetenz. Ein Überblick. (Anm. 3), hier S. 97.
31 Hapke, Thomas: Informationskompetenz 2.0 und das Verschwinden des „Nutzers". (Anm. 19), hier S. 149.

bliotheken – zu entwickeln. Ferner sollte ein solches Netzwerk die Entwicklung geeigneter Instrumente zur Qualitätssicherung von Informationskompetenzangeboten fördern und eine Struktur für den Austausch über neue Erfahrungen und Entwicklungen in Form von Konferenzen, beruflichen und hochschulischen Weiterbildungsangeboten sowie über entsprechende Plattformen im Netz[32] schaffen und ausbauen.

Für eine Etablierung des Beratungsmodells der Informationskompetenz müssten vor allem auch entsprechende Lehrinhalte (Gesprächsführung, Moderation, Bedarfsanalyse etc.) viel stärker als bisher in die bibliothekarische Qualifikation einbezogen werden. Dies gilt auf der Ebene der Bachelor-Studiengänge ebenso wie für die Qualifikation des höheren Dienstes in Referendariaten und Masterstudiengängen. Und vielleicht könnte eine stärkere Orientierung des bibliothekarischen Selbstverständnisses an einem Beratungs-/Consulting-Modell auch einen Beitrag dazu leisten, das latente Unbehagen, das viele Bibliothekare mit dem Image ihres Berufes verbinden, zu mindern und eine positive Identifikation ermöglichen.

Weiterführende Literatur

Gapski, Harald u. Thomas Tekster: Informationskompetenz in Deutschland. Überblick zum Stand der Fachdiskussion und Zusammenstellung von Literaturangaben, Projekten und Materialien zu einzelnen Zielgruppen. Düsseldorf: Landesanstalt für Medien Nordrhein-Westfalen (LfM) 2009.

Homann, Benno: Standards der Informationskompetenz. Eine Übersetzung der amerikanischen Standards der ACRL als argumentative Hilfe zur Realisierung der „Teaching Library". In: Bibliotheksdienst, 36 (2002). S. 625–638.

Ingold, Marianne: Information als Gegenstand von Informationskompetenz – eine Begriffsanalyse. Berlin: Institut für Bibliothekswissenschaft der Humboldt-Universität zu Berlin (Berliner Handreichungen zur Bibliotheks- und Informationswissenschaft 294).

Krauß-Leichert, Ute (Hrsg.): Teaching Library – Eine Kernaufgabe für Bibliotheken. Frankfurt am Main u. a.: Lang 2007.

Kuhlen, Rainer: Informationsethik. Umgang mit Wissen und Information in elektronischen Räumen. Konstanz: UVK 2004.

Lankenau, Irmgard: Vermittlung von Informationskompetenz an Universitäten. Chancen und Herausforderungen. In: Information. Wissenschaft & Praxis 53 (2002). S. 428–433.

Lux, Claudia u. Wilfried Sühl-Strohmenger: Teaching Library in Deutschland. Vermittlung von Informations- und Medienkompetenz als Kernaufgabe öffentlicher und wissenschaftlicher Bibliotheken. Wiesbaden: Dinges & Frick 2004 (B.I.T.-Online Innovativ 9).

Nilges, Annemarie, Marianne Reessing-Fidorra u. Renate Vogt: Standards für die Vermittlung von Informationskompetenz an der Hochschule. In: Bibliotheksdienst 37 (2003). S. 463–465.

Plassmann, Engelbert, Hermann Rösch, Jürgen Seefeldt u. Konrad Umlauf: Bibliotheken und Informationsgesellschaft in Deutschland: eine Einführung. 2. Aufl. Wiesbaden: Harrassowitz 2011.

---

32 Hierzu besteht ein ausbaufähiger Ansatz in Form des Portals „Informationskompetenz". http://www.informationskompetenz.de (1. 12. 2011).

Harald Gapski

Informations- und Medienkompetenz aus Sicht der Kommunikations- und Medienwissenschaft

Abstract: Aus medienwissenschaftlicher Sicht befinden sich Gesellschaftsstruktur und Medientechnologien in einem Verhältnis wechselseitiger Beeinflussung. In einem historischen Rückblick zeigt sich, dass Medieninnovationen nicht selten gesellschaftliche Irritationen hervorrufen. Gegenwärtig sind es die Computermedien und das Internet, die maßgeblich die Forderung nach neuen Informations- und Medienkompetenzen auf Seiten der Bürger, Verbraucher, Arbeitnehmer oder Lernenden vorantreiben. Die gesellschaftliche Diskussion um diese Schlüsselkompetenzen ist indes selbst ein Konstrukt von mehreren Diskursen in den Medien. Ein Nachzeichnen dieser Diskurse macht die Beobachterabhängigkeit der Begriffsdefinitionen, aber auch die Bedeutung gesellschaftlicher Debatten über ihre unterschiedlichen Facetten und Fördermöglichkeiten deutlich.

Keywords: Medienkompetenz, Informationskompetenz, Kommunikationswissenschaft, Systemtheorie, Diskurs, Medienentwicklung, Gesellschaftstheorie, Beobachter, Massenmedien, Social Media

Dr. Harald Gapski: M.A., M.A. (USA) arbeitet im Bereich Medienbildung/Medienkompetenz am Grimme-Institut und war 1998 bis 2010 Projektleiter und Leiter der Projektentwicklung am ecmc Europäisches Zentrum für Medienkompetenz, bevor das ecmc 2010 mit dem Adolf Grimme Institut in Marl (NRW) verschmolz. Er leitet regionale, landesweite und internationale Projekte zur Förderung von Medienkompetenz für unterschiedliche Zielgruppen und arbeitet an Studien und Analysen zu Themen der Informations- und Medienkompetenz. Weitere Informationen finden sich auf seinem Blog unter http://www.gapski.de.

Die Gesellschaft und ihre Medientechnologien

Die medienwissenschaftliche Beschreibung der Gesellschaft diagnostiziert zumeist ein wechselseitiges und dynamisches Beeinflussungsverhältnis zwischen Medientechnik und Gesellschaftsform. Effekte dieser Beeinflussung sind so alt wie die Menschheit: Eine Stammesgesellschaft, in der mündliche Überlieferung vorherrscht, verfügt offensichtlich über andere Strukturmerkmale als eine moderne Gesellschaft, in der Informationen und Wissen zunächst mithilfe der Schrift und später des Buchdrucks verbreitet werden.[1] „Mit der Schrift beginnt die Telekommunikation, die kommunikative Erreichbarkeit der in Raum und Zeit Abwesenden."[2] Das Lesen und Verstehen einer verschriftlichten Information ist vom Verfassen des Textes räumlich und zeitlich getrennt. Mit der Einführung der Schrift, die den Zeitpunkt der Kommunikation überdauert, werden Beobachtungen höherer Ordnung, also Beobachtungen, wie andere die Welt beobachten, wahrscheinlicher. Texte können an verschiedenen Orten und zu späteren Zeiten reflektiert und kritisiert werden. Die Umstellung von der mündlichen auf die schriftliche Kommunikation führte zu einer Differenzierung des Gesellschaftssystems. Dabei musste es zunächst irritieren, dass es sich bei dieser „Telekommunikation" auch um Kommunikation handelt, die vor der Einführung der Schrift die Interaktion unter Anwesenden voraussetzte. Wie kann sich wirkliches Verstehen eines „toten" Textes ohne Einbindung in ein lebendiges Gespräch unter Anwesenden einstellen – „die lebende und beseelte Rede des wahrhaft Wissenden, von der man die geschriebene mit Recht wie ein Schattenbild ansehen könnte"?[3] Der Medienhistoriker M. Giesecke stellt in seiner Analyse zur Entstehung des Buchdrucks in der frühen Neuzeit mit dem Untertitel „Eine historische Fallstudie über die Durchsetzung neuer Informations- und Kommunikationstechnologien" fest: „Jahrhundertelang hielt man das Lernen aus Büchern überhaupt für unmöglich und jedenfalls für verwerflich."[4] Das Verbreitungsmedium Buchdruck vergrößerte die Reichweite der Schrift immens bis hin zu einem strukturellen Wandel gesellschaftlicher Kommunikationsverhältnisse. In Zusammenhang mit den jeweiligen Leitmedien der Zeit stehen die Ausdifferenzierung gesellschaftlicher Teilsysteme (z. B. Bildungssystem) und die Entstehung spezifischer Organisationsformen (z. B. Schulen). Technische und gesellschaftliche Entwicklungsprozesse befinden sich in einem Verhältnis der Ko-Evolution.[5]

---

1 Vgl. etwa Merten, Klaus: Evolution der Kommunikation. In: Die Wirklichkeit der Medien. Hrsg. von K. Merten, S. J. Schmidt u. S. Weischenberg. Opladen: Westdeutscher Verlag 1994. S. 141–162. Luhmann, Niklas: Die Gesellschaft der Gesellschaft. 2. Bd. 1. Aufl. Frankfurt a. Main: Suhrkamp 1997. S. 291 f.
2 Luhmann, Niklas: Die Gesellschaft der Gesellschaft. (Anm. 1), hier S. 257.
3 So die Kritik der Schrift bereits bei Platon: Phaidros 276 a. In: Sämtliche Werke. Bd. 2. Übers. v. F. Schleiermacher. Reinbek bei Hamburg.: Rowohlt 2008. S. 605.
4 Giesecke, Michael: Der Buchdruck in der frühen Neuzeit. Eine historische Fallstudie über die Durchsetzung neuer Informations- und Kommunikationstechnologien. Frankfurt a. Main: Suhrkamp 1994. S. 683.
5 A. Grunwald zit. nach Fraunhofer ISI und IAO/BMBF: Foresight-Prozess – Im Auftrag des BMBF. Bericht/Auszug. Zukunftsfelder neuen Zuschnitts. Mensch-Technik-Kooperationen 2011. S. 3. http://www.bmbf.de/pubRD 01_Mensch-Technik-Kooperationen_Auszug.pdf (4. 8. 2011).

Neue Medien in neuen Gesellschaften

Mit der Einführung der elektronischen Verbreitungsmedien explodieren die gesellschaftlichen Kommunikationsmöglichkeiten. Computermedien entkoppeln als Verbreitungsmedien nicht nur die Einheit von Information und Mitteilung, sondern prozessieren Daten und Informationen auf ihre Weise und greifen die Autorität von Experten an. Gegenwärtig erleben wir einen gesellschaftlichen Informatisierungs- und Medialisierungsprozess mit grundlegenden Auswirkungen auf alle Lebensbereiche: „Die nächste Gesellschaft unterscheidet sich von der modernen Gesellschaft wie die Elektrizität von der Mechanik. Schaltkreise überlagern Hebelkräfte. Instantaneität erübrigt Vermittlung. Wo der Buchdruck noch auf Verbreitung setzt, rechnen die Computer bereits mit Resonanzen".[6] Die Digitalisierung und globale Vernetzung, die Mobilisierung der Endgeräte, die gemeinschaftlichen Nutzungspraktiken im Netz, die Programmierung von ehemals exklusiv sozialen Prozessen lassen sozio-digitale Systeme mit emergenten Eigenschaften entstehen. Wenn das Internet „zu einem komplexen und bedeutsamen Wirtschafts-, Sozial- und Kulturraum"[7] wird, verschieben sich bestehende Grenzziehungen, etwa zwischen Öffentlichkeit und Privatheit, zwischen menschlicher und technischer Informationsverarbeitung, zwischen Produzenten und Konsumenten, zwischen Autor und Leser, zwischen Lehrenden und Lernenden; Grenzen müssen zum Teil neu verortet werden.

Gesellschaftliche Beobachtungsverhältnisse

Die Selbstbeschreibung der Gesellschaft erfolgt über die (Massen-)Medien. Sie konstruieren nach eigenen Logiken Beschreibungen von der Welt und von der Gesellschaft, an denen sich die Gesellschaft wiederum orientiert. Das Verhältnis zwischen Mediennutzung und gesellschaftlichem Wissen beschreibt der Soziologe N. Luhmann mit dem vielfach zitierten ersten Satz: „Was wir über unsere Gesellschaft, ja über die Welt, in der wir leben, wissen, wissen wir durch die Massenmedien".[8] Anders formuliert: „Im Kontext der Mediengesellschaft muss man wohl davon ausgehen, dass die Welt (erst) versteht, wer die Medien versteht, weil ja auch nichts (mehr) medienfrei

---

6 Baecker, Dirk: Zukunftsfähigkeit: 15 Thesen zur nächsten Gesellschaft. Juni 2011.
http://www.dirkbaecker.com 15Thesen.pdf (4. 8. 2011).
7 BMBF: Kompetenzen in einer digital geprägten Kultur. Medienbildung für die
Persönlichkeitsentwicklung, für die gesellschaftliche Teilhabe und für die Entwicklung von
Ausbildungs- und Erwerbsfähigkeit. Bonn 2010. S. 5.
8 Luhmann, Niklas: Die Realität der Massenmedien. 2. erw. Aufl. Opladen 1996. S. 9.

ist, was unsere politische, soziale, kulturelle und symbolische Umwelt ausmacht."[9]
Die interaktiven Medienwelten sind zu Lebenswelten geworden.

Medien, Wissen und Informationen prägen die Bezeichnungen für die Gesellschaft. Der „richtige" Umgang mit ihnen initiiert gesellschaftliche Debatten – wiederum in den Medien – über die damit verbundenen Herausforderungen, denen mit
Kompetenz zu begegnen ist; genauer, mit „Medienkompetenz" und „Informationskompetenz". Unter wirtschafts- und sozialpolitischem Handlungsdruck werden diese
(und andere) Schlüsselkompetenzen eingefordert, damit sie die ökonomische Zukunftsfähigkeit und gesellschaftliche Lebensqualität sichern helfen sollen.[10]

Informations- und Medienkompetenz – ein begriffliches Geschwisterpaar

In einer Analyse von über einhundert Definitionen von Medienkompetenz, die bereits vor über 10 Jahren vorlagen und öffentlich diskutiert wurden, zeigt sich, dass
üblicherweise unterschiedliche Dimensionen oder Ebenen ausdifferenziert werden, um diesen Komplexbegriff beschreibbar zu machen.[11] Beispielsweise definiert
D. Baacke[12] vier Dimensionen (Medien-Kritik, -Kunde, -Nutzung und -Gestaltung) mit
insgesamt neun Unterdifferenzierungen; andere Autoren differenzieren mehrere oder
andere Dimensionen der Medienkompetenz.

M. Ballod bezeichnet Informationskompetenz als „die Fähigkeit, mit beliebigen Informationen selbstbestimmt, souverän, verantwortlich und zielgerichtet
umzugehen."[13] Diese exemplarische Definition von Informationskompetenz zeigt die
Ähnlichkeit beider Begriffe: Würde man hier den Begriff „Information" durch „Medi-
en" ersetzen, entsteht wiederum eine durchaus gängige Begriffsaufweisung von Medienkompetenz. Beiden Begriffen gemein ist die Sorge um das rechte Maß zwischen

---

9 Bauer, Thomas A.: Medienkompetenzpädagogik. Eine paradigmentheoretische Klärung.
In: Medienimpulse (2007) H. 59. S. 20–23, hier S. 22, im Original hervorgehoben.
10 Die Europäische Kommission betont die Bedeutung von „Schlüsselkompetenzen für
lebenslanges Lernen": „Diese Kompetenzen sind ein Gewinn für den Arbeitsmarkt, den sozialen
Zusammenhalt und den aktiven Bürgersinn, denn sie bringen Flexibilität, Anpassungsfähigkeit,
Zufriedenheit und Motivation." http://europa.eu/legislation_summaries/education_training_youth/
lifelong_learning/c11090_de.htm (4. 8. 2011).
11 Gapski, Harald: Medienkompetenz. Eine Bestandsaufnahme und Vorüberlegungen zu einem
systemtheoretischen Rahmenkonzept. Wiesbaden: Westdeutscher Verlag 2001.
12 Baacke, Dieter: Zum Konzept und zur Operationalisierung von Medienkompetenz. 1998. http://
mekonet.de/d/319975 (12. 12. 2011).
13 Ballod, Matthias: Informationsökonomie – Informationsdidaktik. Strategien zur
gesellschaftlichen, organisationalen und individuellen Informationsbewältigung und
Wissensvermittlung. Bielefeld: W. Bertelsmann 2007. S. 290.

Begrenzung und Entgrenzung: Fasst man die Kompetenzbegriffe zu eng, verkürzt man die gesellschaftliche Reichweite und den pädagogischen Anspruch. So gilt gegenwärtig, Informationskompetenz aus einer bibliothekarischen Eingrenzung hinsichtlich Fachinformationen und Recherchetechniken zu befreien und Medienkompetenz nicht auf Computerbedienwissen zu reduzieren. Beschreibt man andererseits die Begriffe in ihrer gesamtgesellschaftlichen Breite für alle Zielgruppen, Nutzungskontexte und organisatorischen Rahmenbedingungen, so entspricht dies zwar ihrer gesellschaftlichen Querschnittsfunktion, sie sind dann kaum noch sinnvoll zu operationalisieren.[14] Die Argumentation, eher von Medienkompetenzen und Informationskompetenzen im Plural zu sprechen, um dieser Vielfalt der Ausprägungen Rechnung zu tragen, findet sich deshalb für beide Begriffe.[15]

Diskurse und Konstrukte von Beobachtern

In den Massenmedien verstärkt kommuniziert wird der „Medienkompetenz"-Begriff seit der gesellschaftlichen Verbreitung des WWW Mitte der 90er Jahre. Seit 2000 lässt sich auch ein deutlicher Anstieg der öffentlichen Fachdebatten um den Begriff der „Informationskompetenz" nachweisen.[16]

Diese Konjunktur der Kompetenzbegriffe zeigt einen gesellschaftlichen Diskurs an, der in vielfältiger Weise geführt wird. Tatsächlich muss man bei genauerer Betrachtung ein Geflecht unterschiedlicher Diskurse und Akteure konstatieren, welche die Kompetenzbegriffe formen und positionieren. Auch der Begriff Informationskompetenz „ist geprägt von unterschiedlichen Sichtweisen und Schwerpunkten",[17] die ihn formen. Entsprechend überträgt T. Hapke die Argumentation von L. Ma, die von Information als „discursive construct" im Sinne von „social negotiations, cultural forms

---

14 „Zum Teil existieren sehr breite Definitionen, die Informationskompetenz als lebenslang nutzbare, fach- und kontextübergreifende Kompetenz verstehen. Hier besteht die Gefahr, dass das Konzept als allumfassend verstanden wird und in der Praxis nicht mehr umsetzbar ist", s. Ingold, Marianne: Das bibliothekarische Konzept der Informationskompetenz. Ein Überblick. Berlin 2005 (Berliner Handreichungen zur Bibliotheks- und Informationswissenschaft 128). S. 99.

15 Rafael Capurro: „Ich glaube also, dass wir unterschiedliche Informationskompetenzen (im Plural!) in verschiedenen theoretischen und praktischen Bereichen thematisieren müssen, ohne diese Vielfalt auf eine Grundkompetenz reduzieren zu können." Vgl. Treude, Linda: Information, Zeichen, Kompetenz. Fragen an Rafael Capurro zu aktuellen und grundsätzlichen Fragen der Informationswissenschaft. In: Information, Wissenschaft & Praxis 62 (2011). S. 38. Den Hinweis auf dieses Interview verdanke ich Thomas Hapke, vgl. Anm. 19.

16 Vgl. dazu die Häufigkeiten der Begriffsnennungen in Zeitungen und Büchern unter http://medienkompetenzen.wordpress.com/2011/12/12/konjunktur-der-begriffe/ (12. 12. 11)

17 Siehe Ingold, Marianne: Das bibliothekarische Konzept der Informationskompetenz. Ein Überblick. (Anm. 14), hier S. 53.

(such as language), economic and political values and social-cultural arrangements"[18] spricht: „Auch Informationskompetenz ist ein ‚discursive construct'!"[19]

Im Folgenden sollen einige dieser Diskurse für den Medienkompetenzbegriff[20] skizziert und ggf. in Beziehung zum Informationskompetenzbegriff gesetzt werden. Denn beide Begriffe sind Konstrukte von gesellschaftlichen Beobachtern, die ihre Beschreibungen massenmedial kommunizieren. Es ist zu fragen, welcher Beobachter mit welcher Beobachtungslogik die Kompetenzbegriffe einfordert und verhandelt.

Der Bildungsdiskurs

Im pädagogischen Diskurs wird Medienkompetenz von vielen Autoren als Bestandteil einer umfassenden Handlungskompetenz und kommunikativen Kompetenz verstanden. Die Förderung von Medienkompetenz liegt im Spannungsfeld von normativ-ethischen Zielvorstellungen und Qualifizierungsanpassungen an die jeweils aktuelle Medienentwicklung, die indes als Verkürzung kritisiert werden: Medienkompetent zu sein, bedeutet mehr als das Bedienen von Computern! Der medienpädagogische Diskurs betont Werte wie Mündigkeit, Selbstbestimmung und Emanzipation im Hinblick auf das Medienhandeln mit immer wieder „Neuen Medien". Angereichert um entwicklungs- und sozialisationstheoretische Einsichten muss Medienkompetenz aus pädagogischer Perspektive alters- und entwicklungsspezifisch differenziert werden sowie affektive Dimensionen der Mediennutzung entsprechend einbeziehen. Die Erfassung und Dokumentation von Niveaus und Standards der Medienkompetenz spielen in Anbindung an die Bildungsstandards[21] sowie als bildungspolitische Maßnahmen (z. B. die Diskussion um einen „Medienführerschein" oder „Medienpass" in den Ländern) eine aktuelle Rolle.

Standards der Informationskompetenz[22] im Bildungsbereich sind seit Jahren Gegenstand der Diskussion und bildungspolitischer Forderungen. Mit der Entgrenzung der Lernorte und dem Aufbau von Lernpartnerschaften rücken nicht nur Schulen und Hochschulen, sondern auch Bibliotheken wie auch virtuelle Lernorte (z. B. eLearning

---

18 Ma, Lai: Information as Discursive Construct. ASIST 2010, October 22–27, 2010. S. 4. http://www.asis.org/asist2010/proceedings/proceedings/ASIST_AM10/submissions/98_Final_Submission.pdf (4. 8. 2011).
19 Siehe Hapke, Thomas: Begriffliches zu Informationskompetenz und Information: Informationskompetenz ist ein „discursive construct". Eintrag vom 10. 2. 2011. http://blog.hapke.de/information-literacy/begriffliches-zu-informationskompetenz-und-information-informationskompetenz-ist-ein-discursive-construct/ (4. 8. 2011).
20 Ausführlicher dazu Gapski, Harald: Medienkompetenz. 2001. (Anm. 11), hier S. 30–156.
21 Vgl. dazu die Beiträge von Gerhard Tulodziecki, ‚Bardo Herzig u. Silke Grafe. In: Jahrbuch Medienpädagogik 8 (2010).
22 Vgl. etwa den Beitrag von F. Franke in diesem Band.

Plattformen) zur Förderung von Informations- und Medienkompetenz gleichermaßen in den Fokus.[23]

Der wirtschaftliche Diskurs

Der wirtschaftliche Diskurs begreift medien- und informationsorientierte Kompetenzen als Produktions- und Standortfaktoren, die unter angebots-, nachfrage- und beschäftigungsspezifischen Aspekten von Bedeutung sind. Bei einer Konzentration von Medienkompetenz auf IT-Kompetenzen gibt es zahlreiche Ansätze, die sich hinsichtlich des Kompetenzkonzepts bzw. der Kompetenzdefinition, des relevanten Medienformats (IT, Software, Netzwerke), des Grades der Internationalisierung, der Verfahren (Wissensabfragen, Problemlösungen, Szenarien) und Nachweise (herstellergebundene oder -neutrale Zertifikate, Computerführerscheine) unterscheiden. Auf der Nachfrageseite der Medienwirtschaft und damit auch auf der Seite der Medienwirtschaftspolitik sind ablehnende Einstellungen und Vorurteile für die zukünftige Marktentwicklung in der Informationsgesellschaft nicht förderlich. Medienkompetenz gilt als Akzeptanzfaktor auf dem Weg zur Marktentwicklung für neue Medienprodukte.[24]

Der rechtliche Diskurs

Der Medienkompetenzbegriff hat Eingang in eine Reihe von Mediengesetzen gefunden. Angesichts der dynamischen und globalen Medienentwicklungen wird kontrovers diskutiert, inwieweit dieser Begriff eine Option zur Verlagerung von Regulierungsproblemen vom Rechtssystem auf das Bildungssystem liefert. Angesichts globaler und dynamischer Technikentwicklungen und nur nationaler Steuerungsmechanismen, wird nun der Rezipient und Verbraucher als medien- und informationskompetentes Individuum in die Verantwortung genommen. Bei jungen Verbrauchern greifen zusätzlich die rechtlichen Vorgaben des Jugendmedienschutzes: Medienkompetenz fungiert als ein präventiver Jugendschutzfaktor.

---

23 Eine Zusammenstellung findet sich im Grundbaukasten Medienkompetenz: http://mekonet. de/d/257780 (4. 8. 2011).
24 Kritisch dazu: Weiner, Joachim: „Medienkompetenz" – Chimäre oder Universalkompetenz? Essay. In: Aus Politik und Zeitgeschichte (2011) H. 3. S. 42–46. http://www.bpb.de/files/LOTOMN.pdf (4. 8. 2011).

Der politische Diskurs

Im gesellschaftspolitischen Diskurs gelten Medien- wie auch Informationskompetenzen als Dimensionen einer Partizipations- und Demokratiekompetenz, die jeder
mündige Bürger zur gesellschaftlichen Teilhabe benötigt. In der Bekämpfung digitaler Spaltungen und der Förderung der digitalen Integration verbinden sich bildungs-,
gesellschafts-, medienrechts- und wirtschaftspolitische Diskursstränge.

Das Internet ist neben den klassischen Medien eine Informationsquelle für politische Informationen, allerdings mit anderen Nutzungsmustern. Gleichzeitig verändern
Social Media Angebote die politische Kultur:[25] Internetwahlkampf, Online-Konsulta-
tionen und -Protestbewegungen bewirken Machtverschiebungen und Beschleuni-
gungen in politischen Meinungsbildungs- und Entscheidungsprozessen. Die Nutzung
und Bewertung dieser Prozesse gehört zu einer neuen Demokratiekompetenz.

Der technische Diskurs

Die eingangs angesprochene Ko-Evolution von technischer und sozialer Entwicklung
steht gegenwärtig unter der Überschrift „social/mobile media". Mit der gesellschaftlichen Diffusion dieser Internet- und Mobil-Technologien entstehen neuartige Interaktionsmöglichkeiten in einer „participatory culture"[26] mit Auswirkungen auf die
Kompetenzen. Den Medien- und Informationskompetenzbegriff mit dem Zusatz „2.0"
oder „3.0" zu versehen, dokumentiert die Notwendigkeit, aktiv-produktive und kollaborative Dimensionen dieser Kompetenzen hervorzuheben.[27] Informationen werden
in Social Media gemeinschaftlich und algorithmisch bewertet und verbreitet. Es stellen sich Fragen nach den Kompetenzen zur bewussten und reflektierten Verbreitung
von z. T. persönlichen Daten und rechtlich geschützten Inhalten. In informatisierten
Umwelten hinterlässt jede mediale Interaktion einer Person freiwillig-bewusst, zumindest aber technisch bedingt Datenspuren. Darüber hinaus erfolgt eine zunehmende Delegation von Informationsarbeit an künstliche Agenten mithilfe semantischer
Technologien: „Damit verlagert sich der Ort der Information aus dem Menschen heraus und die Bewertungskompetenz sowie das Zugriffsrecht werden wichtiger als der

---

25 Vgl. aktuell dazu: Köcher, Renate u. Oliver Bruttel: Social Media, IT & Society 2011.
1. Infosys-Studie. http://www.infosys.com/german/newsroom/press-releases/documents/
social-media-it-society2011.pdf (17. 8. 2011).
26 Jenkins, Henry u. a.: Confronting the Challenges of Participatory Culture: Media Education for
the 21st Century. Cambridge, MA u. a.: MIT Press 2009.
27 Vgl. T. Hapke in diesem Band und Ingold, Marianne: Information als Gegenstand von
Informationskompetenz: eine Begriffsanalyse. (Berliner Handreichungen zur Bibliotheks- und
Informationswissenschaft 294). Berlin 2011, hier S. 63.

Besitz von Information."[28] Informations- und Medienkompetenzen werden zu Eigenschaften von soziotechnischen Systemen („Mensch-Maschine-Teams").

Fazit

Je nach Beobachter verweist beispielsweise Medienkompetenz auf eine pädagogische Medienmündigkeit, eine wirtschaftliche IT-Kompetenz, einen rechtlichen Jugendmedienschutzfaktor, eine politische Demokratiekompetenz oder eine Verbraucherschutzkompetenz. Entsprechend wird auch der Begriff Informationskompetenz als bibliothekarische, wissenschaftliche, unternehmerische, konsumorientierte, kulturelle oder staatsbürgerliche Zieldimension beschrieben und eingefordert. Beiden, der Informations- und der Medienkompetenz, ist gemein, dass sie gesellschaftliche Querschnittsaufgaben darstellen – sie sind medien-, zielgruppen- und akteursübergreifend zu verstehen. Die Medienkompetenz oder die Informationskompetenz, die „fit" für die moderne Gesellschaft machen soll, ist ein Konstrukt eben dieser Mediengesellschaft. Dass diese massenmedial transportierten Forderungen nach mehr und neuen Kompetenzen auf Seiten des Individuums zugleich die komplexen Herausforderungen eines gesellschaftlichen Strukturwandels verdecken und damit ein Stück weit latent halten, kann an dieser Stelle nur angedeutet werden.[29] Die Herausforderung besteht darin, die interdisziplinären Diskurse zu ihrer zeitgemäßen Bestimmung und Ergänzung auf der Ebene individueller Kompetenzanforderungen weiterzuführen, ohne dabei die parallel ebenfalls notwendigen Fragen der Organisationsentwicklung außer acht zu lassen: Zukünftig geht es um informations- und medienkompetente Individuen und um informations- und medienkompetente Organisationen sowie um entsprechend „kompetente" gesellschaftliche Gestaltungsprozesse.

---

[28] Vgl. Fraunhofer/BMBF: Foresight-Prozess (Anm. 5), hier S. 10.
[29] Vgl. zu Medienkompetenz als Latenzphänomen ausführlicher Gapski, Harald: Medienkompetenz. 2001. (Anm. 11), hier S. 224 f.

Informationskompetenz in der schulischen Bildung

Kerstin Keller-Loibl

Leseförderung als Grundlage für den Erwerb von Informationskompetenz

Abstract: Es ist unstrittig, dass die Vermittlung von Lesekompetenz wie auch die Entwicklung von Informationskompetenz notwendig ist, jedoch sollten beide Ansprüche nicht losgelöst voneinander verfolgt werden. Konzeptualisierungen von Lesekompetenz weisen eine große Schnittmenge mit Modellen der Informationskompetenz auf: Sie betreffen kognitive Komponenten wie Orientierung, bewertende und reflektierende Kompetenzen, aber auch emotionale und motivationale Komponenten. Andererseits sollte nicht übersehen werden, dass Lesekompetenz eine Basis- und Vorläuferkompetenz für die Informationskompetenz darstellt. Die Entwicklung von Lesefreude, Lesemotivation wie auch der Erwerb von Lesekompetenz hat bei Kindern und Jugendlichen Priorität. Im Prozess des Erwerbs von Lesekompetenz werden entscheidende Grundlagen für die Persönlichkeitsentwicklung gelegt. Im Grundschulalter liegt deshalb der Schwerpunkt auf dem Leselernprozess und der Vermittlung von Lesefreude. Bei Kindern und Jugendlichen ist die Leseförderung Grundlage der Informationskompetenz. Schulen und Bibliotheken können in der Leseförderung einen entscheidenden Beitrag leisten.

Keywords: Lesekompetenz, Informationskompetenz, Leseförderung, Lesemotivation, Lesesozialisation, Kinder, Jugendliche, PISA-Studie, Schule, Bibliothek

Prof. Dr. phil. Kerstin Keller-Loibl: Lehrt seit 2000 an der Hochschule für Technik, Wirtschaft und Kultur Leipzig. Sie studierte Germanistik, Geschichte und Pädagogik, promovierte 1994 und war im Bereich der Literaturvermittlung und Leseförderung als Geschäftsführerin und Projektleiterin tätig. Zur ihren Lehrgebieten zählt u. a. die Vermittlung von Lese- und Informationskompetenz und die Bibliotheksarbeit mit Kindern und Jugendlichen. Sie ist Herausgeberin und Verfasserin zahlreicher Publikationen zu diesen Themen. Sie ist Vorsitzende der dbv-Kommission Kinder- und Jugendbibliotheken und Mitglied im Standing Committee der IFLA, Libraries for Children and Young Adults Section.

Lesekompetenz und Informationskompetenz

Lesen ist eine zentrale Kulturtechnik, die in einer schriftbasierten Gesellschaft eine unverzichtbare Voraussetzung für die Teilhabe am gesellschaftlichen und kulturellen Leben darstellt. In der Wissens- und Informationsgesellschaft gilt Lesen als „eine

Schlüsselqualifikation par excellence",[1] eröffnet und erschließt sie doch vielfältige Lebens- und Wissensbereiche.

Die Entwicklung von Informationskompetenz ist eng mit der Förderung von Lesekompetenz verbunden. Nur wer Texte verstehen kann, ist in der Lage, die darin enthaltenen Informationen zu bewerten und zu nutzen.[2] Sprachliche Fähigkeiten sind auch für die Orientierung im Internet elementar. Umgekehrt bedeutet eine gering entwickelte Lesefähigkeit bis hin zum funktionalen Analphabetismus eine erhebliche Einschränkung der Informationskompetenz. Gapski und Tekster schlussfolgern daraus: „Im Übrigen ist im Kindesalter Lesekompetenz weitaus höher einzuschätzen als Informationskompetenz, denn ohne einen ausreichenden Sprachschatz und eine entwickelte Lesefähigkeit wird auch das Suchen und Selektieren von Informationen zum Problem."[3]

Es wäre allerdings zu kurz gegriffen, wenn man die Bedeutung des Lesens auf die Lesetechnik reduzieren würde. Lesen dient nicht nur dem Aufbau von Wissen, sondern ist für die ganzheitliche Entwicklung der Persönlichkeit von grundlegender Bedeutung. Als positive Wirkungen des Lesens werden in der Leseforschung die Entwicklung des Vorstellungsvermögens, des komplexen Denkens und der Sprachkompetenz genannt.[4] Lesen fördert Fähigkeiten zur Kommunikation, zu politischer Meinungsbildung, zu kognitiver Orientierung und stärkt die Empathie- und Moralentwicklung, die ästhetische Sensibilität und die Reflexion.[5] Der Erwerb von Lesekompetenz schließt damit die Ausbildung grundlegender kognitiver, reflexiver und motivationaler Fähigkeiten und Fertigkeiten ein, die für die Entwicklung zu einer informationskompetenten Persönlichkeit und deren Teilhabe an der Gesellschaft unverzichtbar sind. Dies soll an zwei zentralen Modellen der Lesekompetenz belegt werden: dem kognitionspsychologischen Modell der PISA-Studie 2000 und dem Konzept von Lesekompetenz, wie es im Rahmen des DFG-Schwerpunktprogramms „Lesesozialisation in der Mediengesellschaft" von Groeben und Hurrelmann entwickelt wurde.

---

1 Artelt, Cordula u. a.: Förderung von Lesekompetenz. Expertise. Berlin: Bundesministerium für Bildung und Forschung (BMBF) 2005. S. 6.
2 Vgl. Dannenberg, Detlev: Leitfaden zur Unterrichtseinheit „Fit für die Facharbeit". Hamburg 2004. http://www.lesen.tsn.at/pix.db/documents/Fit_fuer_die_Facharbeit.pdf (26. 8. 2011).
3 Gapski, Harald u. Thomas Tekster: Informationskompetenz in Deutschland. Überblick zum Stand der Fachdiskussion und Zusammenstellung von Literaturangaben, Projekten und Materialien zu einzelnen Zielgruppen. Düsseldorf: Landesanstalt für Medien Nordrhein-Westfalen (LFM) 2009. S. 57.
4 Vgl. Dahrendorf, Malte: Lesesozialisation und Kinder- und Jugendliteratur. In: Lesen im Medienzeitalter. Biographische und historische Aspekte literarischer Sozialisation. Hrsg. von Cornelia Rosebrock. Weinheim, München: Juventa 1995. S. 34.
5 Vgl. Garbe, Christine: Lesekompetenz. In: Garbe, Christine, Karl Holle u. Tatjana Jesch: Texte lesen. Textverstehen, Lesedidaktik, Lesesozialisation. 2. Aufl. Paderborn: Ferdinand Schöningh 2010. S. 18.

Modelle von Lesekompetenz und ihre Bedeutung für die Informationskompetenz

Die PISA-Studie, die 2000 von der OECD zur Überprüfung der Leistungsfähigkeit der Bildungssysteme im internationalen Vergleich erstmals durchgeführt wurde, orientiert sich am angelsächsischen „Reading-Literacy"-Konzept. Lesekompetenz wird hier als Fähigkeit definiert, „geschriebene Texte zu verstehen, zu nutzen und über sie zu reflektieren, um eigene Ziele zu erreichen, das eigene Wissen und Potenzial weiterzuentwickeln und am gesellschaftlichen Leben teilzunehmen."[6] Zum PISA- Modell des Textverstehens gehören die Kompetenzfelder „Informationen ermitteln", „Textbezogenes Interpretieren" und „Reflektieren und Bewerten". Diese involvieren Fähigkeiten und Fertigkeiten, wie etwa „eine oder mehrere Informationen bzw. Teilinformationen im Text zu lokalisieren", „Schlüsse über die Absichten des Autors ziehen", „der Vergleich von Textteilen im Hinblick auf Evidenz" oder die „Bewertung der Aussagen anhand eines Vergleichs".[7]

Viele dieser analytisch-kritischen sowie verarbeitungsbezogenen Aspekte der Lesekompetenz sind auch Bestandteile von Konzepten der Informationskompetenz. Vergleicht man zum Beispiel die bei PISA geforderten Kompetenzen mit den vom Netzwerk Informationskompetenz Baden-Württemberg entwickelten „Standards der Informationskompetenz für Studierende", werden Schnittstellen in den benötigten Qualifikationen evident, vor allem in Bezug auf die Lokalisierung von Informationen, die Bewertung der gefundenen Informationen und Quellen und das kritische Denken im Sinne der Beurteilung der Qualität von Informationen.[8]

Es wird deutlich, dass gerade das kognitionspsychologische Modell des Lesens als Informationsverarbeitung Ansätze bietet, Lesekompetenz als Basis- und Vorläuferkompetenz für die Entwicklung von Informationskompetenz zu sehen. Klammert man den jeweiligen äußeren Anlass aus, so zeigt sich mit Blick auf die kognitiven Fähigkeiten und Strukturen der Überschneidungsbereich dieser unterschiedlichen Aktivitäten in der Anwendung von Strategien, in der Selektion von Informationen, im Reflektieren und Bewerten wie auch in der Fähigkeit der Selbststeuerung. Neben den Strategien des kritischen Lesens finden sich weitere Überlappungsbereiche hinsichtlich der metakognitiven Strategien und der affektiven, volitionalen Strategien zur

---

6 Artelt, Cordula u. a.: Lesekompetenz. Testkonzeption und Ergebnisse. In: PISA 2000. Basiskompetenzen von Schülerinnen und Schülern im internationalen Vergleich. Hrsg. vom Deutschen PISA-Konsortium. Opladen: Leske + Budrich 2001. S. 80.
7 Vgl. ebd., S. 83 f.
8 Vgl. Netzwerk Informationskompetenz Baden-Württemberg: Standards der Informationskompetenz für Studierende. Mannheim 2006. http://elib.uni-stuttgart.de/opus/ volltexte/2008/3714/pdf/ik_Broschuere_01.pdf (26. 8. 2011).

Aufrechterhaltung der Aktivität, wie zum Beispiel der Aufmerksamkeitssteuerung, der Aufrechterhaltung der Konzentration und der Selbstmotivierung.

Geübte Leserinnen und Leser haben gelernt, ihre Aufmerksamkeit zu fokussieren, Konzentrationsprozesse aufrecht zu erhalten, Informationen selektiv zu erfassen oder zu vernetzen und Informationen zu bewerten. All dies sind auch wichtige Fähigkeiten für den Erwerb von Informationskompetenz. Es erscheint daher logisch, Lese- und Informationskompetenz nicht nebeneinander zu vermitteln, sondern eine systematische, aufeinander aufbauende und vernetzte Förderung von Fähigkeiten zu initiieren, wie es beispielsweise in den von Schulen und Bibliotheken entwickelten Spiralcurricula zur Vermittlung von Lese- und Informationskompetenz erprobt wird.[9]

Im Lesekompetenz-Modell, wie es maßgeblich von Groeben und Hurrelmann[10] entwickelt wurde, sind neben kognitiven Fähigkeiten und Lesestrategien auch motivational-emotionale und kommunikativ-interaktive Aspekte untrennbar mit der Lesekompetenz verbunden. Nach Hurrelmann gehören dazu die Lesemotivation, die Mobilisierung positiver Erwartungen, das Involviert-Sein beim Lesen, die Anregung der Fantasie, die Selbstreflektion zur Überprüfung eigener Erfahrungen, Einstellungen und Überzeugungen wie auch die Fähigkeit, sich mit anderen über das Gelesene auszutauschen.[11] Diesem weiten Verständnis von Lesekompetenz liegt ein Konzept zugrunde, das sich an der Leitvorstellung der Subjektbildung orientiert und an die moderne Sozialisationstheorie und die bildungsgeschichtliche Tradition anknüpft. Im Vordergrund steht die Frage, wie aus dem Gattungswesen Mensch „ein gesellschaftlich handlungsfähiges Subjekt"[12] wird. Lesen wird in dieser Perspektive nicht nur als instrumentelles Handeln verstanden, das zu Zwecken des Lernens und des beruflichen Erfolgs eingesetzt wird, sondern das „darüber hinaus als Medium der Persönlichkeitsbildung wichtige Folgewirkungen hat – z. B. im Hinblick auf ästhetische und sprachliche Sensibilität, Moralentwicklung und Empathiefähigkeit, Fremdverstehen und Teilhabe am kulturellen Gedächtnis."[13]

---

9 Siehe dazu u. a.: Bibliotheks- und Informationssystem der Carl von Ossietzky Universität Oldenburg (Hrsg.): Schu:Bi – Schule und Bibliothek. Bildungspartner für Lese- und Informationskompetenz. Projektdokumentation. Oldenburg: BIS-Verlag 2010.
10 Siehe dazu u. a.: Groeben, Norbert u. Bettina Hurrelmann (Hrsg.): Lesekompetenz. Bedingungen, Dimensionen, Funktionen. Weinheim u. München: Juventa 2002; Groeben, Norbert u. Bettina Hurrelmann (Hrsg.): Lesesozialisation in der Mediengesellschaft. Ein Forschungsüberblick. Weinheim und München: Juventa 2004.
11 Vgl. Hurrelmann, Bettina: Modelle und Merkmale der Lesekompetenz. In: Lesekompetenz – Leseleistung – Leseförderung. Grundlagen, Modelle und Materialien. Hrsg. von Andrea Bertschi-Kaufmann. Zug: Klett und Balmer; Seelze: Kallmeyer 2007. S. 24 f.
12 Hurrelmann, Bettina: Leseleistung – Lesekompetenz. Folgerungen aus PISA, mit einem Plädoyer für ein didaktisches Konzept des Lesens als kultureller Praxis. In: Praxis Deutsch 29 (2002). S. 16.
13 Hurrelmann, Bettina: Modelle und Merkmale der Lesekompetenz. In: Lesekompetenz – Leseleistung – Leseförderung. Hrsg. von: Andrea Bertschi-Kaufmann. (Anm. 11). S. 22 f.

Damit sind wesentliche Faktoren genannt, die auch für eine umfassende und weitreichende Modellierung von Informationskompetenz relevant sind: Im Hinblick auf die Subjektbildung ist ein selbstbestimmter, verantwortungsbewusster, ethisch vertretbarer und kritisch reflexiver Umgang mit Informationen eine wesentliche Zieldimension im ganzheitlichen Prozess der Persönlichkeitsentwicklung.

Leseförderung als Voraussetzung für Informationskompetenz

Die Ergebnisse der Lesesozialisationsforschung zeigen, dass bereits im frühen Kindesalter die Grundlagen für den Schriftspracherwerb und den Erwerb von Lesekompetenz gelegt werden müssen. Insbesondere die Entwicklung von Lesefreude und Lesemotivation hat bei Kindern und Jugendlichen einen hohen Stellenwert. Wenn Kinder und Jugendliche erfolgreich an das Lesen herangeführt werden, wenn sie zum Lesen motiviert sind und stabile und vielfältige Leseinteressen haben, ist ein wesentlicher Grundstein für den Erwerb von Informationskompetenz gelegt. Eine aktive Interessen- und Nutzungsstruktur ist eine grundlegende „Voraussetzung für die Aufnahme und konstruktive Verarbeitung jeglicher Information [...], unabhängig davon, über welches Medium diese Information verbreitet wird.“[14]

Ein zentrales Anliegen der Leseförderung besteht in der Förderung der Lesefreude und Lesemotivation. „Besonders aus der Perspektive des lebenslangen Lernens kommt der Lesemotivation die zentrale Rolle zu, spätere Leseaktivitäten zu initiieren und zu habitualisieren und damit auch an der lesebezogenen kulturellen Praxis zu partizipieren.“[15] Befunde aus der Leseforschung zeigen, dass sich Lesefreude, Lesemenge und Lesevielfalt gegenseitig bedingen. Die Auswertung der PISA-Studien seit 2000 belegt zum Beispiel, dass Schülerinnen und Schüler, die Freude am Lesen haben, auch dazu tendieren, unterschiedliche Lesestoffe zu nutzen. Lesefreude äußert sich auch in der Menge und Vielfalt des Lesens.[16] Eine starke Motivation, sich mit Texten zu beschäftigen, beeinflusst vor allem die Intensität, mit der gelesen wird. Studien wiesen nach, das motivierte Kinder, vor allem wenn sie intrinsisch motiviert sind,

---

14 Schreier, Margrit u. Gerhard Rupp: Ziele/Funktionen der Lesekompetenz im medialen Umbruch. In: Lesekompetenz. Bedingungen, Dimensionen, Funktionen. Hrsg. von Norbert Groeben u. Bettina Hurrelmann. (Anm. 10). S. 261.

15 Artelt, Cordula, Johannes Naumann u. Wolfgang Schneider: Lesemotivation und Lernstrategien. In: PISA 2009. Bilanz nach einem Jahrzehnt. Hrsg. von Eckhard Klieme u. a. Münster [u. a.] Berlin: Waxmann 2010. S. 74.

16 Vgl. ebd., S. 96.

dreimal so viel lesen wie unmotivierte, auch wird das Gelesene bei einer intrinsischen Motivation tiefer verarbeitet.[17]

Andererseits zeigen die Ergebnisse der PISA-Studie, dass etwa ein Viertel der deutschen Schülerinnen und Schüler die Anforderungen an die Lesekompetenz nicht erfüllen. Es fehlt neben der Kompetenz zur Textverarbeitung vor allem die Motivation für das Lesen. Der Anteil der 15-Jährigen, die explizit angeben, nicht zum Vergnügen zu lesen, hat sich seit 2000 nicht verändert und liegt auch in der PISA-Studie 2009 bei über 40 Prozent. Der Anteil der Jungen unter den Jugendlichen, die nicht zum Vergnügen lesen, ist nach wie vor sehr hoch.[18]

Leseförderung in der Schule

Die Vermittlung von Lesemotivation und Lesekompetenz ist eine der wichtigsten Aufgaben der Schule. Die Schule ist die zentrale Einrichtung, wenn es um den Erwerb von Lesekompetenz geht, auch wenn Kinder schon im vorschulischen Bereich Erfahrungen mit Texten und literarischen Formen sammeln sollten, zum Beispiel durch Vorlesen, Erzählen oder die gemeinsame Bilderbuchbetrachtung mit den Eltern. Ob und wie die Lesesozialisation im Elternhaus gelingt, ist in Deutschland erheblich von der sozialen Schicht der Eltern mitbestimmt. Der Leselernprozess startet so mit heterogenen Erfahrungen. Die zentrale lesedidaktische Aufgabe ist der Erwerb der Lesefähigkeit, insbesondere die Automatisierung der Worterkennung und die Steigerung der Leseflüssigkeit sind im Grundschulalter wesentliche Anforderungen.[19] Die Entwicklung der Lesekompetenz ist nach einem gelungenen Erwerb der Lesefähigkeit am Ende des Grundschulalters aber noch lange nicht abgeschlossen. Das Erlernen von Techniken und Strategien des verstehenden Lesens erfolgt vermehrt erst im Laufe der weiteren Schulzeit. Umso wichtiger ist es, die Lesemotivation mit geeigneten Maßnahmen zu erhalten und zu festigen. Kaspar H. Spinner formuliert treffend: „Lesefreude entsteht nicht durch Strategietraining, sondern durch Bereitstellen von Situationen, in denen selbstvergessenes Lesen, Raum für Phantasie und Identifikation gegeben wird."[20]

---

17 Vgl. Artelt, Cordula u. a.: Förderung von Lesekompetenz (Anm. 1). S. 54.
18 Vgl. Artelt, Cordula, Johannes Naumann u. Wolfgang Schneider: Lesemotivation und Lernstrategien. In: PISA 2009. Bilanz nach einem Jahrzehnt. Hrsg. von Eckhard Klieme u. a. (Anm. 15). S. 109.
19 Vgl. Rosebrock, Cornelia u. Daniel Nix: Grundlagen der Lesedidaktik und der systematischen Leseförderung. 4. korr. u. erg. Aufl. Baltmannsweiler: Schneider Verlag Hohengehren 2011. S. 20 f.
20 Kaspar H. Spinner: Lesekompetenz in der Schule. In: Struktur, Entwicklung und Förderung von Lesekompetenz. Vertiefende Analysen im Rahmen von PISA 2000. Hrsg. von Ulrich Schiefele, Cordula Artelt u. a. Wiesbaden: Verlag für Sozialwissenschaften 2004. S. 136.

Im deutschsprachigen Raum gibt es „derzeit nur wenig empirisch gestütztes Wissen darüber, wie Kinder und Jugendliche im Feld des Lesens nach dem unmittelbaren Schriftspracherwerb in der Grundschule dazu lernen […], und vor allem: Wie schwache Leser(innen) erfolgreich dazu angeleitet werden können, eine bessere Lesekompetenz auszubilden."[21] Der gegenwärtige Forschungsstand verweist auf Potenziale der Leseförderung in der Sekundarstufe, insbesondere bei der Schaffung motivierender Lesesituationen und der Vermittlung positiver Erfahrungen mit dem Lesen.[22] Dass die Entwicklung von Lesekompetenz nicht nur Sache des Deutschunterrichts ist, sondern ein Anliegen aller Fächer, scheint zwar weitgehender Konsens zu sein, aber in der Lehrerbildung fehlt die Leseförderung nach wie vor als fachübergreifendes Ausbildungselement.[23] Die Lehrerbildung ist beim Ausbau der Maßnahmen zur Verbesserung der Lesekompetenz von zentraler Bedeutung. Weitere Maßnahmen wären die flächendeckende Einrichtung von Schulbibliotheken wie auch die stärkere Verzahnung des schulischen Auftrags der Vermittlung von Lesekompetenz mit der Leseförderung außerschulischer Einrichtungen.

Leseförderung in Bibliotheken

Bibliotheken sind neben den Schulen die wichtigsten öffentlichen Einrichtungen zur Leseförderung von Kindern und Jugendlichen. Sie eröffnen für die Leseförderung zahlreiche Chancen: Sie sind idealerweise an Orten zu finden, wo sich Kinder und Jugendliche aufhalten, zum Beispiel in Schulen oder in den Wohngebieten der Großstädte. Sie bieten ein attraktives Medienangebot, sind in der Regel kostenfrei zu nutzen und potenziell als Freizeitorte geeignet. Unabhängig vom Elternhaus und der Schule können sie Heranwachsende kontinuierlich auf dem Weg zum Leser begleiten. Dass eine Auswahl der Lektüren nach freier Wahl möglich ist, Lesen keine Pflichtaufgabe ist und sowohl niederschwellige Angebote für Nicht- und Wenigleser wie auch thematische Angebote für Vielleser zur Verfügung stehen, sind weitere ideale Voraus-

---

21 Rosebrock, Cornelia u. Daniel Nix: Grundlagen der Lesedidaktik und der systematischen schulischen Leseförderung (Anm. 19). S. 1.
22 Siehe dazu u. a.: Gattermaier, Klaus: Literaturunterricht und Lesesozialisation. Eine empirische Untersuchung zum Lese- und Medienverhalten von Schülern und zur lesesozialisatorischen Wirkung ihrer Deutschlehrer. Regensburg: edition vulpes 2003; Pieper, Irene, Cornelia Rosebrock u. a.: Lesesozialisation in schriftfernen Welten. Lektüre und Mediengebrauch von HauptschülerInnen. Weinheim und München: Juventa 2004; Spinner, Kaspar H.: Lesekompetenz in der Schule. In: Struktur, Entwicklung und Förderung von Lesekompetenz. Vertiefende Analysen im Rahmen von PISA 2000. Hrsg. von Ulrich Schiefele, Cordula Artelt u. a. (Anm. 20). S. 126ff.
23 Vgl. Spinner, Kaspar H.: Lesekompetenz in der Schule. In: Struktur, Entwicklung und Förderung von Lesekompetenz. Vertiefende Analysen im Rahmen von PISA 2000. Hrsg. von Ulrich Schiefele, Cordula Artelt u. a. (Anm. 20). S. 129.

setzungen dafür, dass Bibliotheken die schulische Leseförderung sinnvoll begleiten und unterstützen können.[24]

Bibliotheken unterstützen den schulischen Lese- und Literaturunterricht wie auch die Vermittlung von Lesekompetenz in allen Fächern, indem sie für unterschiedliche Altersgruppen thematische Medienboxen und Klassensätze moderner Kinder- und Jugendliteratur bereitstellen oder Medienpräsentationen im Unterricht durchführen. Darüber hinaus fördert ein breites Spektrum an Leseförderungsaktivitäten wie Vorlesestunden, Bilderbuchkinos oder Sommerleseclubs die Entwicklung und Festigung der Lesemotivation bei Kindern und Jugendlichen. Reserven und Entwicklungspotenziale liegen in der zielgruppenspezifischen Förderung vor allem jener Gruppen, die am häufigsten von Leseschwierigkeiten betroffen sind, wie männliche Jugendliche, Kinder aus benachteiligten Familien und Kinder mit Migrationshintergrund.

Bibliotheken entwickeln sich in Deutschland immer mehr zu anerkannten Bildungsorten des nicht-formalen und informellen Lernens. Auch der Aufbau nachhaltiger Kooperationen zwischen Bibliotheken und Schulen wurde vorangetrieben, unter anderem durch den Abschluss von Rahmenvereinbarungen zur Zusammenarbeit von Bibliothek und Schule in mehreren Bundesländern.[25] Allerdings werden die Bildungspotenziale von Bibliotheken als Förderer von Lese- und Informationskompetenz in den bildungspolitischen Konzepten der Länder und Kommunen noch nicht hinreichend berücksichtigt.[26]

Weiterführende Literatur

Eggert, Hartmut u. Christine Garbe: Literarische Sozialisation. 2. Aufl. Stuttgart, Weimar: Metzler 2003.
Handbuch Lesen. Hrsg. von Bodo Franzmann, Klaus Hasemann u. a. 2. unveränd. Nachdruck.
     Baltmannsweiler: Schneider-Verlag Hohengehren 2006.
Handbook of Reading Research. Vol. 3. Hrsg. Von Michael L. Kamil, Peter B. Rosenthal u. a. Mahwah
     NJ, London: Erlbaum 2000.
Handbuch Kinder- und Jugendbibliotheksarbeit. Hrsg. von Kerstin Keller-Loibl. Bad Honnef:
     Bock+Herchen 2009.
Pöppel, Ernst: Lesen als Sammeln und Sich-Sammeln. Eine synoptische Betrachtung. In: Lesen in
     der Informationsgesellschaft – Perspektiven der Medienkultur. Hrsg. von Klaus Ring,
     Klaus v. Trotha u. Peter Voß. Baden-Baden: Nomos Verlagsgesellschaft 1997. S. 90–100.

---

24 Vgl. Keller-Loibl, Kerstin: Leseförderung 2.0. In: JuLit (2010) H. 2. S. 6 f.
25 Siehe dazu: Deutscher Bibliotheksverband e.V.: Vereinbarungen und Verträge. http://www.bibliotheksverband.de/dbv/vereinbarungen-und-vertraege/ bibliothekschule-kooperationsvereinbarungen.html (26. 8. 2011).
26 Siehe dazu: Keller-Loibl, Kerstin: Kinder- und Jugendbibliotheken in Deutschland. Ist-Stand und Zukunftsperspektiven. In: Ein neuer Blick auf Bibliotheken. Hrsg. von Ulrich Hohoff u. Christiane Schmiedeknecht. 98. Deutscher Bibliothekartag in Erfurt 2009. Hildesheim [u. a.]: Olms 2010. S. 213–224.

Detlev Dannenberg

Wie fördert die Öffentliche Bibliothek die Informationskompetenz von Schülerinnen und Schülern nachhaltig?

Abstract: Zunächst wird das Szenario einer optimalen Unterrichtseinheit beschrieben, die im Zusammenspiel der einzelnen Unterrichtsteile nachhaltiges Lernen ermöglicht. Sie beruht auf drei Leitprinzipien: einem konzeptionellen, einem didaktischen und einem methodischen Prinzip. Des Weiteren wird ein Spiralcurriculum von aufeinander aufbauenden bibliothekspädagogischen Veranstaltungen entworfen und abschließend das curriculare Angebot der Stadtbücherei Wedel im Sinne eines modellhaften Beispiels dargestellt.

Keywords: Bibliothekspädagogik, Curriculum, Lernsystem Informationskompetenz, Methodik, Nachhaltigkeit, Lehre, Öffentliche Bibliothek, Schüler, Schule, Spiralcurriculum, Stadtbibliothek, Wedel

Detlev Dannenberg: Ist Diplombibliothekar und Lehrassistent an der Hochschule für Angewandte Wissenschaften Hamburg. Er veranstaltet Kurse in wissenschaftlichem Arbeiten für Studierende und Fortbildungen für Bibliothekarinnen und Bibliothekare. In privater Initiative entwickelte er das „Lernsystem Informationskompetenz (LIK)" und eine Reihe von Unterrichtseinheiten für die Kooperation von öffentlichen Bibliotheken und Schulen.

Szenario: Eine optimale Unterrichtseinheit

Eine Kunstlehrerin stellt ihrer 5. Klasse die Aufgabe, in Kleingruppen jeweils ein Poster zu erarbeiten, auf dem Leben und Werk eines Malers dargestellt sind. Zur Informationssuche findet in der Stadtbücherei eine bibliothekspädagogische Veranstaltung[1] von 90 Minuten statt. Die Schülerinnen hatten vorab an einer Büchereiführung teilgenommen, die meisten besitzen einen Büchereiausweis und haben den Internetführerschein erworben. Die Lernenden durchlaufen drei Stationen (Le-

---

[1] Kurzbeschreibung s. Walter, Jaqueline u. Stefan Morschheuser: Recherchen nach Malern von einer 5. Klasse der IGS Wedel. http://www.lik-online.de/pool/2003_Kobus_Maler.pdf (17. 7. 2011). Weitere Beschreibungen von Unterrichts- und Trainingseinheiten s. Dannenberg, Detlev: Lernsystem Informationskompetenz – Ergebnisse. http://www.lik-online.de/ergebnisse.shtml (17. 7. 2011).

Abb. 1: Posterpräsentation © J. Walter

xika, Online-Katalog, Internet). Sie werden von jeweils einer Person in die Besonderheiten der betreffenden Station eingeführt und recherchieren anschließend nach dem
ihnen vorab gruppenweise zugewiesenen Thema, vorwiegend nach biografischen
Daten des Malers. Die Recherchen werden in Rechercheformularen festgehalten, in
denen auch die Vertrauenswürdigkeit der gefundenen Informationen beurteilt werden soll. Die Auswertung der Feedbackbögen der Lernenden ergibt eine hohe Zufriedenheit mit ihrem Lernerfolg und gestiegene Sicherheit im Umgang mit Lexika und
Bibliothekskatalog, aber anhaltende Unsicherheit im Umgang mit dem Internet.

In den kommenden Einheiten erstellen die Lernenden in der Schule die Poster,
jeweils mit den Rechercheergebnissen und Nachempfindungen einzelner Werke. Die
Poster werden zunächst in Anwesenheit der bibliothekarischen Betreuungsperso-
nen im Klassenverband präsentiert (s. Abb. 1), danach an einem „Tag der Offenen
Tür" der Schule sowie in der Stadtbücherei unter Teilnahme der örtlichen Presse
vorgestellt. Die Lernenden erfahren also eine starke Anerkennung ihrer Leistungen, auf die sie stolz sind. Beides motiviert sie dazu, künftig ähnliche Leistungen zu
erzielen. Sie haben die Bücherei als hilfreiche Unterstützung bei der Erfüllung ihrer
schulischen Aufgaben erlebt und nutzen sie auch in anderen Zusammenhängen.
Dabei trainieren sie die erworbenen Kenntnisse. Die Lehrperson ist ihrerseits überzeugt von dem Lernerfolg und bereit zu weiterer Kooperation mit der Bücherei. Diese umfasst einerseits Wiederholungen mit künftigen Schulklassen und andererseits aufbauende Kurse für dieselbe Klasse und dies im gleichen Fach oder auch in
anderen.

Die Bücherei entwickelt nach und nach ein Bibliothekscurriculum mit unterschiedlichen Modulen, die teilweise aufeinander aufbauen. Es entsteht eine enge

Abb. 2: Fit für die Facharbeit © G. Burger

Kundenbindung einerseits zu den Lernenden und andererseits zu den Schulen. Die Maßnahmen zur Förderung der Informationskompetenz werden wahrgenommen und anerkannt und führen zu einer Steigerung des Images der Bücherei.

Leitprinzipien

Nachhaltiges Lernen ist konstruktives Lernen, das nicht auf einer rein kognitiven Basis abläuft, sondern dem Anspruch der Ganzheit genügt und mit einem gewissen Maß an Selbstständigkeit Vernetzungs- und Zusammenhangslernen ermöglicht. Wenn den Lernenden die Möglichkeit gegeben wird, intellektuell anspruchsvoll vom Teil zu den Zusammenhängen zu finden, ist die Chance auf Nachhaltigkeit, auf eine Halbwertszeit über die Klassenarbeit hinaus, sehr groß.[2]

Die Unterrichtseinheit zur Förderung von Informationskompetenz mit Anspruch auf Nachhaltigkeit beruht auf drei Leitprinzipien: einem konzeptionellen, einem didaktischen und einem methodischen.[3] Das konzeptionelle Leitprinzip verdeutlicht, wie „Informationskompetenz" verstanden wird und welche Prinzipien, Komponenten oder auch Standards das Konzept beinhaltet. Das Konzept im „Lernsystem In-

---

2 Vgl. Moegling, Klaus u. Horst Peter: Nachhaltiges Lernen in der politischen Bildung. Opladen: Leske + Budrich 2001. S. 75–76.
3 Ausführlicher: Dannenberg, Detlev: Leitfaden zur Unterrichtseinheit „Fit für die Facharbeit". Hamburg (Schriften zum Lernsystem Informationskompetenz). S. 4–6. http://www.lik-online.de/pool/2004_Dannenberg_LIK_Leitfaden_Fit_fuer_die_Facharbeit.pdf (17. 7. 2011).

formationskompetenz (LIK)" bietet ein Modell der Informationskompetenz mit vier Seiten[4] und beruht auf den Prinzipien: Orientierung am Bedarf der Teilnehmerinnen und Teilnehmer, Themenzentrierung statt Objektzentrierung sowie Einsatz aktivierender Methoden.[5]

Jede Unterrichts- oder Trainingseinheit im LIK besteht aus denselben Komponenten: Arbeitsblätter; Gruppen-, Stationsarbeit; Musterrecherche, Musterreferat, Musterbeurteilung; Buddy System: die Lernenden helfen sich gegenseitig; individuelle Rechercheübung, individuelles Referat, individuelle Unterstützung; Leistungsnachweis: Beurteilung durch das Bibliothekspersonal, Bewertung durch die Lehrperson.[6]

Das didaktische Leitprinzip folgt den Grundsätzen der Handlungsorientierung. Dies bedeutet zum einen, dass Lernprozesse darauf gerichtet sind, individuelle Dispositionen für gegenwärtiges und zukünftiges Handeln weiter zu entwickeln. Zum anderen meint Handlungsorientierung, dass die Lernprozesse selbst im Sinne physischer und/oder psychischer Aktivitäten mit einem mitteilbaren Ergebnis gestaltet werden.[7]

Insgesamt versucht Unterricht im handlungsorientierten Verständnis, folgenden Forderungen gerecht zu werden:

- Unterricht soll jeweils von einer – für die Lernenden bedeutsamen – Aufgabe ausgehen. Solche Aufgaben können Probleme, Entscheidungsfälle, Gestaltungs- und Beurteilungsaufgaben sein.
- Unterricht soll darauf gerichtet sein, vorhandene Kenntnisse oder Fertigkeiten zu einem Themengebiet zu aktivieren und von dort ausgehend eine Korrektur, Erweiterung, Ausdifferenzierung oder Integration von Kenntnissen und Vorstellungen zu erreichen.
- Unterricht soll eine aktive und kooperative Auseinandersetzung der Lernenden mit einer Aufgabe ermöglichen, indem – auf der Basis geeigneter Informationen – selbstständig Lösungswege entwickelt und erprobt werden.
- Unterricht soll den Vergleich unterschiedlicher Lösungen ermöglichen sowie eine Systematisierung und Anwendung angemessener Kenntnisse und Vorgehensweisen sowie deren Weiterführung und Reflexion.[8]

---

4 Informationsbedarf beschreiben – Informationen finden – Informationen, Informationsmittel und Arbeitsweisen beurteilen – Informationen bearbeiten und präsentieren. Vgl. Dannenberg, Detlev: Lernsystem Informationskompetenz – IK-Modell. http://www.lik-online.de/ik-modell.shtml (17. 7. 2011).

5 Vgl. Dannenberg, Detlev: Lernsystem Informationskompetenz – Prinzipien. http://www.lik-online.de/prinzipien.shtml (17. 7. 2011).

6 Vgl. Dannenberg, Detlev: Lernsystem Informationskompetenz – Komponenten. http://www.lik-online.de/komponenten.shtml (17. 7. 2011).

7 Vgl. Tulodziecki, Gerhard: Unterricht mit Jugendlichen. 3. Aufl. Bad Heilbrunn: Kinkhardt 1997. S. 109.

8 Vgl. Tulodziecki, Gerhard u. Bardo Herzig: Computer und Internet im Unterricht. Berlin: Cornelsen Scriptor 2002. S. 90.

Das methodische Leitprinzip wird verfolgt durch die Kooperation von Schule und Bibliothek. Letztere schafft für die Lernenden gute Bedingungen, um die eigene Informationskompetenz zu erfahren und zu entwickeln. Die verschiedenen Medien sind an einem Ort verfügbar, so dass einzeln oder in Kleingruppen Teilaufgaben parallel bearbeitet werden. Der außerschulische Lernort wirkt motivierend. Das Bibliothekspersonal unterstützt die Lehrperson professionell und begleitet die Lernenden bei der Lösung der Aufgaben. Die Zusammenarbeit von Schule und Bibliothek erfolgt dabei unter folgenden Rahmenbedingungen:

Frühzeitige Absprachen zwischen Bibliothek und Schule sind erforderlich: So werden beispielsweise die Termine der Bibliotheksbesuche rechtzeitig abgesprochen, damit benötigte Informationsmittel, weitere Materialien und personelle Ressourcen für den vorgesehenen Zeitraum auch in der Bibliothek verfügbar sind. Ebenso wird sichergestellt, dass alle Schülerinnen und Schüler über Bibliotheksausweise verfügen, damit gefundene Materialien zur Weiterbearbeitung ausgeliehen werden können. Eine Checkliste für die Absprachen am Beispiel der eingangs beschriebenen bibliothekspädagogischen Veranstaltung findet sich im Anhang 1.

Bibliothek und Schule entwickeln die Unterrichtseinheit gemeinsam. Dabei bringt die Bibliothek ihre Kenntnisse der Informationskompetenz sowie der institutionellen Bedingungen wie Personal, Räumlichkeiten und Medienbestand ein. Die Schule steuert hingegen Kenntnisse des Lehrfachs und der Voraussetzungen der jeweiligen Zielgruppe bei. Diese Aufteilung der Zuständigkeiten prägt auch die Durchführung der Unterrichtseinheit: Je nach Einheit werden einzelne Phasen von der Bibliothekarin oder dem Bibliothekar und der Lehrperson einzeln, abwechselnd oder gemeinsam durchgeführt. Bei kombinierten Gruppen-Stationen-Arbeiten unter Einbeziehung der Lehrperson ist es vorzuziehen, dass jede Betreuungsperson für alle Gruppen an einer Station verbleibt und nicht mit einer Gruppe alle Stationen durchläuft, damit die Lehrperson sich nur in die Inhalte einer Station intensiv einarbeiten muss.

Die Unterrichtseinheit findet an mehreren Orten statt: Phasen wie Aufgabenstellung, Gruppenteilung und Zielvereinbarung oder gemeinsame Reflexionen werden im Klassenraum durchgeführt und Recherchen und andere Übungen zur Informationskompetenz in der Bibliothek. Diese werden ergänzend im schulischen Raum und zu Hause vervollständigt. Einzelne Aktivitäten, wie die Präsentation, finden in der Schule, der Bibliothek oder, beispielsweise im Rahmen von Klassenfahrten, an weiteren Lernorten statt.[9] Die Nachbereitung umfasst ein Gespräch zwischen der Lehrperson und der beteiligten Bibliothekarin oder des Bibliothekars und die Auswertung der

---

9 Vgl. Dannenberg, Detlev, Bardo Herzig u. Helene Renger: Leitfaden zur Entwicklung von Unterrichtseinheiten zur Förderung von Informationskompetenz. In: Kooperation macht stärker: Medienpartner Bibliothek & Schule. CD-ROM. Gütersloh: Bertelsmann Stiftung 2005. Abschnitt C Innovative Produkte, dort: Unterrichtseinheit Informationskompetenz. S. 6–7. Enthält Leitfaden, Arbeitsblätter, Musterrechercheprotokoll und andere Materialien in PDF- und Word-Format.

Produkte der Lernenden sowie die Verabredung der nächsten Veranstaltung. Werden Ergebnisse präsentiert, ist die Bibliothekarin oder der Bibliothekar anwesend, bei der Bewertung der Ergebnisse im Zusammenhang der Informationskompetenz ist sie oder er beratend tätig.

Spiralcurriculum

Ein Curriculum, das nicht allein innerfachlicher Logik folgt, sondern auch entwicklungs- und lernpsychologische Gesichtspunkte berücksichtigt, ordnet den Stoff nicht linear an, sondern in Form einer Spirale, so dass einzelne Themen im Laufe der Schuljahre mehrmals, auf jeweils höherem Niveau, wiederkehren.[10] Idealerweise besucht jede Schülerin und jeder Schüler in jedem Schuljahr eine Unterrichtseinheit in der Bibliothek in jeweils unterschiedlichen Fächern und Zusammenhängen, immer dann, wenn für eine Leistung Quellen recherchiert und ausgewertet werden sollen. In jeder Unterrichtseinheit wird ein Teil des Lernstoffs wiederholt und neue Teile kommen hinzu.

In der Tabelle 1 findet sich der Entwurf für ein Spiralcurriculum für die 5. bis 10. Klasse, jeweils mit Vorschlägen für die Behandlung von Informationsmitteln und Teilaspekten der Zitation. Weitere aufeinander aufbauende Aspekte wie beispielsweise Recherchetechniken können ergänzt werden. Die Themen (Zusammenhänge) und Fächer entsprechen den Lehrplänen für weiterführende Schulen in Hamburg. Bei der Zusammenstellung wurden möglichst viele Fächer berücksichtigt, um zu verdeutlichen, dass Informationskompetenz nicht nur die Fächer Deutsch und Geschichte betrifft.

Fach (alternativ)	Zusammenhang	Kl.	Informationsmittel (kumulativ)	Zitation
Geschichte	NS-Zeit	10	Experten Volltextdatenbanken	mündliche Quellen Mitschrift
Projekt	Projektreise			
Arbeitslehre	Berufe	9	bibliographische Datenbanken Zeitschriften	unselbstständige Quellen (In:)
Chemie	Wasser			
Sozialkunde	Drogen	8	Fachbücher Inhaltsverzeichnis, Register	direkt/indirekt Aufl., ISBN
Englisch	Regionen			

---

10 Vgl. Bruner, Jerome S.: Der Prozess der Erziehung. 5. Aufl. Berlin: Berlin-Verlag [u. a.] 1980. (Sprache und Lernen 4). S. 44 ff.

Fach (alternativ)	Zusammenhang	Kl.	Informationsmittel (kumulativ)	Zitation
Mathematik	Term-Umformung	7	Google (PageRank) Portale	Kurz-, Vollbeleg Fußnote
Deutsch	Lieblingsbuch			
Geographie	Entdeckungs- reisen	6	Brockhaus Encarta, Wikipedia	zitieren/belegen Print/elektronische Quelle
Deutsch	Vorlesen			
Biologie	Pflanzen- systematik	5	Aufstellungssystematik Katalog: formale/ sachliche Suche	Autor : Titel Ort: Verlag, Jahr
Gesellschaft	Altertum			

Tabelle 1: Spiralcurriculum

Modellbeispiel: Lernort Stadtbücherei Wedel

Wedel ist eine mittelgroße Stadt in Schleswig-Holstein und gehört zur Metropolregion Hamburg, elbabwärts mit 33 000 Einwohnern. Die Stadtbücherei[11] liegt in einem Einkaufszentrum in der Nähe der S-Bahn-Station und des Rathauses. Auf 1400 m² stellt sie 69 000 Medien (20 Prozent Non-Book) zur Verfügung, betreut von 12 Mitarbeiterinnen auf 4,27 Stellen. Sie wird täglich von durchschnittlich 351 Besuchern bei 1200 Entleihungen genutzt und bietet vier Office-PCs und einen WLAN-Hot-Spot.

Die Stadtbücherei Wedel sieht sich als kommunaler Informationsdienstleister mit den Schwerpunkten: Förderung des Lesens als Grundlage aller Bildung; Kompetenzvermittlung im Umgang mit neuen Medien; Unterstützung des lebenslangen Lernens in der Informationsgesellschaft; Unterstützung von Alltagsmanagement und kreativer Freizeitgestaltung; Sicherung von Chancengleichheit für alle Bürger durch Schaffung eines Informationszuganges; Kommunikationsort für Menschen verschiedener Kulturen.[12]

Im Bereich der Leseförderung bietet die Stadtbücherei Wedel: Leseclubs in Ganztagsschulen, einen plattdeutschen Vorlesewettbewerb, den Ferienleseclub – FLC, Kinder- und Jugendbuchwochen, Aktion Dezembergeschichten, Projekte mit den Ohrlotsen der Motte e.V. Altona, darüber hinaus in Netzwerkarbeit Ausstellungen, Lesungen, Interkulturelle Wochen, eine Kulturnacht sowie die Teilnahme an den Wedeler Energietagen, dem Hafenfest, dem Sozialmarkt und dem Kunstmarkt. Durch

---

11 Stadtbücherei Wedel (Hrsg.): Homepage. http://www.stadtbuecherei.wedel.de/ (17. 7. 2011).
12 Stadtbücherei Wedel (Hrsg.): Jahresbericht 2010. http://www.stadtbuecherei.wedel.de/ pdf/2010jahresbericht.pdf (17. 7. 2011). S. 5.

Kooperationsvereinbarungen mit allen sechs Wedeler Schulen wurde die verbindliche, kontinuierliche und systematische Zusammenarbeit erreicht als Partnerschaft zur flächendeckenden und effektiven Erfüllung des gemeinsamen Bildungsauftrages.

Die schulbibliothekarische Arbeitsstelle (SBA) wurde geschaffen, um den Bestandsaufbau in den Schulbibliotheken verantwortlich durchzuführen. Hinzu kommt, entsprechend dem Schulbibliothekskonzept, die Kontaktpflege mit Ansprechpartnern der Schulen, die Koordination der Ausleihe und regelmäßige Schulung ehrenamtlicher Mitarbeiter für bestimmte Aufgaben. Dank der technischen Ausstattung einer Schulbibliothek konnte 2010 der Internetführerschein mit allen Schülern der 5. Klassen der Schule im Rahmen des Unterrichts vor Ort durchgeführt werden.

Das durchgängige Bildungskonzept des Lernorts Bibliothek basiert auf einem eng mit den Lehrplänen abgestimmten Spiralcurriculum: „Leseentdecker" für Kindertagesstätten vor der Einschulung; „LeseStart" für alle ersten Klassen; „FindeFuchs" für alle zweiten Klassen; „LernSpaß" für alle 4. Klassen, mit Erwerb des „Bibliotheksführerscheins";[13] „RechercheStark" für die 5. bis 7. Klasse; „LIK-Projekt" für die 9. und 11. Klasse;[14] Kooperation mit Krankenpflegeschulen Uetersen, Pinneberg und Rissen sowie mit der Volkshochschule Wedel.

Ende der 1990er Jahre wurde für alle 11. Klassen an Schleswig-Holsteiner Schulen das Fach „Vertiefender Unterricht" eingeführt, mit der Zielsetzung, an einem Beispiel aus den Geisteswissenschaften und einem aus den Naturwissenschaften jeweils ein halbes Schuljahr wissenschaftliches Arbeiten zu lernen. Von einzelnen Lehrpersonen wurde der Vorschlag aufgegriffen, die Öffentliche Bibliothek in den Vertiefenden Unterricht einzubeziehen (1999 Kommunale Gesamtschule Elmshorn mit Schulbibliothek, 2000 Rist-Gymnasium und Integrierte Gesamtschule Wedel mit Stadtbücherei, 2002 Integrierte Gesamtschule Thesdorf mit Stadtbibliothek Pinneberg), und zwar als LIK-VU-Projekt (Lernsystem Informationskompetenz – Vertiefender Unterricht).

Der Ansatz ist handlungsorientiert, der Ablauf soll gemeinsam forschendes Lernen anregen und richtet sich nach dem Bedarf der Lernenden. Deren Leistungen umfassen im halben Schuljahr ein Rechercheprotokoll mit Recherchen an vorgegebenen Stationen, einen wissenschaftlicher Text und eine Präsentation. Das Thema kann völlig frei gewählt werden[15] oder es gibt Themenkreis-Vorgaben (z. B. „Preußen" am Rist-Gymnasium). Nach einer Vorrecherche in der Stadtbücherei wird ein Modellrechercheprotokoll gemeinsam nachgespielt, vorzugsweise in der Karussell-Methode (kombinierte Stationen-Gruppen-Arbeit mir gegenseitiger Präsentation).[16] Unterschiedliche Kenntnisse der Lernenden werden ausgetauscht, gegenseitiges Helfen

---

13 Ebd., S. 12–16.
14 Stadtbücherei Wedel (Hrsg.): Service für Schulen und Kitas.
http://www.stadtbuecherei.wedel.de/a-schule.php (17. 7. 2011).
15 Themenvielfalt im Jahre 1999 s. Dannenberg, Detlev: Lernsystem Informationskompetenz
– Themenvielfalt. http://www.lik-online.de/themen.shtml (17. 7. 2011).
16 Dannenberg, Detlev: Karussell. http://www.lik-online.de/ppt/karussell/frame.html (17. 7. 2011).

gefördert, individuelle Unterstützung von Stadtbücherei und Schule gegeben. Ergänzende Einheiten zum wissenschaftlichen Arbeiten (Belege, Zitate, Literaturlisten) beziehen sich auf die Erfordernisse des anzufertigenden Textes. Die Rechercheprotokolle der Lernenden werden von der Stadtbücherei beurteilt, die drei Leistungen von den Lehrenden bewertet.

Die Ergebnisse zeigen zunächst eine normale Notenverteilung, allerdings waren einige Lernende durch die freie Themenwahl so motiviert, dass sie überdurchschnittliche Leistungen zeigten. Durch die Teilnehmerorientierung und die Themenzentrierung ist nachhaltiges Lernen zu vermuten. Die erworbene Informationskompetenz muss dafür von der Schule verfestigt werden. Durch den Einsatz von LIK im Vertiefenden Unterricht bieten sich Möglichkeiten zur Festlegung von Standards, klaren Regelungen und Anweisungen, wie wissenschaftliche Arbeiten an der jeweiligen Schule zu verfassen sind.[17] Mittlerweile wurde das Fach „Vertiefender Unterricht" wieder aus den Lehrplänen gestrichen und das Angebot der Stadtbücherei Wedel ist nur noch fakultativ. Eine individuelle Wiedereinbindung in die jeweiligen schulischen Curricula wird angestrebt.

Das LIK-VU-Konzept wurde an AHS-Schulen in Österreich als „Fit für die Fachbereichsarbeit" und in Südtirol als „Fit für die Facharbeit"[18] (s. Abb. 2) aufgegriffen und an einzelnen Schulen, teilweise als Tutorienprogramm, eingeführt.

---

[17] Dannenberg, Detlev: Das Lernsystem Informationskompetenz – Konzept und Ausführung als LIK-VU Wedel. http://www.lik-online.de/wedel/lik_coach.html (17. 7. 2011) – mit Modellrecherchen (Planung, Ablauf, Auswertung, Referat) und Stellungnahmen der Beteiligten sowie Medienecho.
[18] Umfangreiche Dokumentation eines einwöchigen Projekts s. Dannenberg 2004. Ebd. (Anm. 3).

Bibliothekar/in (Name)	Lehrer/in (Name)	Schule IGS Wedel	Klasse 5.
Termine/Zeiten	**Fach**	**Themenkreis**	**Klassengröße**
StB: 16. 5. 2003, 09:00–10:30 Präs.: 16. 6. 2003 08:00–09:30	Kunst	Leben und Werk von Malern	25
Vorkenntnisse	**Lernbereitschaft**	**Selbstständigkeit**	**Gruppenarbeit**
Büchereiführung, z.gr.T. Internet- führerschein	mittel bis hoch	mittel bis hoch	überwiegend Erfahrungen vorhanden
Lesekompetenz	**Informations- kompetenz**	**Sozialkompetenz**	**Sonstiges**
überwiegend hoch	wenig: Beurteilen v. Informationen + Informationsmitteln	mittel bis hoch	(z. B.: körperliche/ Lernbehinderung)
Vor Bibliothekseinheit	**Inhalte Bibliotheks- einheit**	**Nach Bibliotheks- einheit**	**Produkt**
Aufgabenstellung, Gruppeneinteilung, Themenwahl	Lexika, OPAC, Internet, Beurteilung	Postererstellung, Präsentation	Poster mit Biografie + Nachempfindung von Werken
Methodik	**Ablaufplan**	**Betreuungspersonen**	**Material**
Gruppen-/ Stationenarbeit, betreute Recherche	erstellt	Lexika: (Name) Katalog: (Name) Internet: (Name)	3 Arbeitsblätter, Rechercheformulare, Fragebögen
Stöbern/Ausleihen	**Bibliotheksausweis**	**Nachbesprechung**	**Nächster Termin**
nach der Einheit ca. 20 Min.	z.gr.T. vorhanden, wird mitgebracht	16. 6. 09:30–10:30	wird vereinbart im April 2004

Anhang 1: Checkliste Planung einer Unterrichtseinheit   Stand: 18. 6. 2003

Barbara Drechsler, Renke Siems

Informationskompetenz für Seminarkurse und den Fachunterricht an Gymnasien

Abstract: Die Arbeit mit Schülerinnen und Schülern der gymnasialen Oberstufe gehört mittlerweile zum Alltag wissenschaftlicher Bibliotheken. Deren Angebote treffen auf einen massiven Bedarf, denn mit dem Ziel, Grundlagen für das lebenslange Lernen zu legen und insbesondere die Studierfähigkeit zu verbessern, wurden entsprechende Module fest im Lehrplan verankert. Was sich je nach Region mal Facharbeit, mal Seminarkurs nennt, unternimmt erste Übungen zur wissenschaftlichen Propädeutik. Die Informationssuche, -bewertung und -aufbereitung sind Kernfähigkeiten, die unter der Anleitung der Lehrer jeder Schülerin und jedem Schüler beigebracht werden sollen. Bibliotheken können mit ihren vielfältigen Programmen und spezifischen Angeboten für Gymnasialschüler unterstützend wirken und eine geeignete Infrastruktur zur Verfügung stellen. Ein Besuch in einer wissenschaftlichen Bibliothek ist in diesen Schulprogrammen häufig auch zwingend vorgeschrieben.

Keywords: Bibliothek, Fachkurs, Literacy, Gymnasium, Schule, Schülerarbeit, Seminarkurs, Sponsoring, Studierendenauswahl, Studierfähigkeit, Studium

Barbara Drechsler: Studium zur Dipl.-Bibl. (WB) an der FH für Bibliothekswesen, Stuttgart; anschließend Magisterstudium (Kommunikationswissenschaften) an der Université Stendhal, Grenoble, Frankreich. Auslandsaufenthalt in Michigan, USA: Siemens Automotive (Personalabteilung): Mitarbeiterschulungen und -fortbildungen. Universitätsbibliothek Regensburg: nach Tätigkeiten in unterschiedlichen Abteilungen: Leitung der Information; ab 2009 in der Universitätsbibliothek Tübingen (Benutzungsbereich): Führungs- und Schulungskonzepte.
Dr. Renke Siems: Fachreferent für Sozialwissenschaften an der UB Tübingen. Leiter der Benutzungsabteilung, stellvertr. Ausbildungsleiter, Beauftragter für Informationskompetenz. Mitglied im Netzwerk Informationskompetenz Baden-Württemberg, dort auch Organisation von Fortbildungen. Vorsitzender der VDB-Kommission für Fachreferatsarbeit. Weiteres zur Person und Publikationen: http://www.ub.uni-tuebingen.de/fachgebiete/ fachreferenten-wissenschaftlicher-dienst/siems.html.

Zur Bedeutung der Bibliothek für die gymnasiale Oberstufe

Besonders die zunehmende Ausrichtung der Bibliotheken auf elektronische Informationsmittel macht eine Anleitung von Gymnasialschülern[1] bei der Literatursuche und -beschaffung nötig. Nicht nur konventionelle gedruckte Nachschlagewerke und Lexika, sondern auch fachliche Datenbanken oder Suchmaschinen des Internets sollen Grundlage der aufbereiteten Informationen für die Seminarkurs- oder die Seminarfacharbeit sein. Bei allen diesen Angeboten ist die korrekte Benutzung und Bewertung der Ergebnisse wichtig und muss im Rahmen der Seminar- oder Facharbeit erlernt werden.

Wann immer möglich, sollte eine enge Kooperation zwischen Lehrkräften und Bibliotekaren angestrebt werden, denn so können Bibliotheken auf die Anforderungen der Lehrpläne eingehen und ihre Programme für Schüler darauf ausrichten.[2] Die Arbeit mit der gymnasialen Oberstufe fügt sich dabei ein in eine Vielzahl an Angeboten, die besonders die öffentlichen Bibliotheken bereits für viel jüngere Altersgruppen entwickelt haben. So ermöglicht eine Kooperation mit der örtlichen Stadtbibliothek ein abgestimmtes Curriculum mit aufeinander aufbauenden Elementen, die auch unabhängig von einem tatsächlich aufgenommenen Studium dazu beitragen, sich den Anforderungen der Wissensgesellschaft erfolgreich stellen zu können.

Dies ist sicher mit ursächlich dafür, dass im Bereich der Schülerarbeit immer wieder auch ein Sponsoring durch die Wirtschaft und deren Korporationen zu beobachten ist, was im Bereich der wissenschaftlichen Bibliotheken sonst eher selten auftritt. Vom Braunschweiger Modell der Schülerarbeit, wie es Klaus Oberdieck initiierte,[3] bis hin zum von Benno Homann angestoßenen Heidelberger Modell der Online-Tutorials für

---

[1] Eine Übersicht zum Thema Informationskompetenz für Schülerinnen und Schüler inklusive Materialienzusammenstellung findet sich unter: http://www.informationskompetenz.de/im-fokus/ik-an-schulen/ (22. 8. 2011).

[2] Vgl. dazu insgesamt: Lux, Claudia u. Wilfried Sühl-Strohmenger: Teaching Library in Deutschland. Vermittlung von Informations- und Medienkompetenz als Kernaufgabe für Öffentliche und Wissenschaftliche Bibliotheken. Wiesbaden 2004. S. 119 f. und 146 ff.

[3] Vgl. Oberdieck, Klaus D.: Mit der gymnasialen Oberstufe in die Universitätsbibliothek?! Ein Erfahrungsbericht und Plädoyer für die Außenorientierung des wissenschaftlichen Bibliothekars. In: Bibliotheksdienst 33 (1999). S. 771–775; siehe auch: Oberdieck, Klaus D.: „Nicht mehr als 90 Minuten". Die gymnasiale Oberstufe in wissenschaftlichen Bibliotheken. Ein Erfahrungsbericht und zugleich ein Plädoyer wider den Methodenzwang. Vortrag auf der Tagung Die lernende Bibliothek 25.–27. 9. 2007 in Innsbruck. Folien unter: http://www.uibk.ac.at/ulb/information/lernendebibliothek/pdf/lb_vortrag_oberdiek.ppt (22. 8. 2011). Zum Modell in Niedersachsen siehe auch: Fit für die Informationsbeschaffung in Niedersachsen: http://www.biblio.tu-bs.de/schulprojekt/ (22. 8. 2011).

Schüler[4] war die Förderung des bibliothekarischen Engagements durch die Wirtschaft maßgeblich. Innerhalb der Universitäten sind die Aktivitäten der Bibliotheken Teil des Bestrebens, die Schwellen des Übergangs von der Schule zur Hochschule zu begradigen. Kinder-Uni, Studientage, Frühstudium parallel zum Schulbesuch und eben Seminarkurse: dies sind Elemente des Wettbewerbs zwischen den Universitäten um gute Studieninteressierte und eine gelingende Studierendenauswahl.

Die Bibliothekslandschaft in Tübingen

Die Stadt Tübingen bietet ihren 88 000 Einwohnern eine breit gefächerte Bibliothekslandschaft. Neben der Stadtbücherei gibt es mit dem Deutsch-Amerikanischen Institut (DAI), dem Institut Culturel Franco-Allemand, dem Institut für Donauschwäbische Geschichte und Landeskunde und zahlreichen anderen außeruniversitären Instituten gut sortierte Bibliotheksbestände, die auch Schülern zur Verfügung stehen.

Als größte Bibliothek mit fast vier Mio. Medieneinheiten versorgt die Universitätsbibliothek Tübingen nicht nur ca. 25 000 Studierende, sondern auch die interessierte Öffentlichkeit mit Literatur. Daneben übernimmt eine Vielzahl von eigenständigen Fakultäts- und Institutsbibliotheken noch eine fachliche Ausrichtung und Spezialisierung.

Konzept der Schülerführungen

In Bezug auf Schülerführungen haben die Stadtbücherei und die Universitätsbibliothek Tübingen ein gemeinsames Programm entwickelt.[5] Die Stadtbücherei übernimmt dabei die Betreuung der unteren Klassenstufen, während die Universitätsbibliothek[6] Führungen für die gymnasiale Oberstufe anbietet. Aufgrund der Benutzungsbedingungen in der Universitätsbibliothek (Leseausweis erst ab 16 Jahren) und den spezialisierteren Beständen in wissenschaftlichen Bibliotheken ist diese Aufteilung sinnvoll. Von großer Bedeutung ist das Ineinandergreifen der Angebote

---

4 Vgl. Bauer, Birgit u. Benno Homann: FIT-GYM. Storybasiertes Online-Tutorial für Gymnasien. In: Theke aktuell (2009) H. 1. S. 7–14.
5 Vgl. dazu u. a.: Renke Siems: Economy class. Schulungen mit begrenzten Ressourcen. Vortrag auf der Tagung Die lernende Bibliothek 25.–27. 9. 2007 in Innsbruck. Vortrag und Folien unter: http://www.uibk.ac.at/ulb/information/lernendebibliothek/pdf/vortrag_siems.pdf bzw. http://www.uibk.ac.at/ulb/information/lernendebibliothek/pdf/lb_vortrag_siems.ppt (22. 8. 2011).
6 Zum Angebot der UB Tübingen für Schulen siehe unter: http://www.ub.uni-tuebingen.de/ lernen-lehren-forschen/information-einfuehrung-schulung/fuehrungen/schueler0.html (22. 8. 2011).

beider Bibliotheken – die Schüler werden von der Grundschule bis zum Abitur (und darüber hinaus) durch Stadt- und Universitätsbibliothek mit Literatur versorgt und finden dort Informationen zu jeder Fragestellung.

Bei der Entwicklung des Führungs- und Schulungskonzepts arbeiteten die Stadtbücherei und die Universitätsbibliothek eng zusammen. So werden auf Werbematerialien und Flyern nicht nur die eigenen Angebote vorgestellt, sondern es wird auch auf die Angebote der anderen Bibliothek verwiesen. Ebenso traten bei einer Vorstellung des Konzepts in der Rektorenkonferenz 2010 der Tübinger Gymnasien beide Bibliotheken gemeinsam auf.

Bei der Universitätsbibliothek ist jedoch der Trend zu beobachten, dass die Schulen nicht nur im Bereich des Stadt- und Landkreises Tübingen liegen, sondern dass das Einzugsgebiet für Schülerführungen in den letzten Jahren beträchtlich ausgeweitet wurde – bis hin zu 70 km Entfernung. Um diesem Umstand Rechnung zu tragen, wurde ein Schulungs-Modul entwickelt, das nicht so sehr auf die Benutzung der Universitätsbibliothek Tübingen eingeht, sondern vielmehr Serviceleistungen wie die Fernleihe und Dokumentlieferdienste vorstellt und eine Anleitung zum umfassenden Recherchieren bietet.

Bibliotheks-Basics

In diesem einstündigen Modul lernen die Gruppen von 10–15 Schülern die Räumlichkeiten und Benutzungsmodalitäten sowie die Funktionsweise einer Universitätsbibliothek kennen. Dabei kommen Organisationsstrukturen zum zweischichtigen Bibliotheksmodell ebenso zur Sprache wie Aufstellungsmodalitäten. Ausführlich werden der Bibliothekskatalog mit seinen Recherchemöglichkeiten sowie die Beschaffung von Literatur über die Fernleihe besprochen, ferner die Aufstellungsarten im Lesesaal, im Freihand-Ausleihbereich und der Lehrbuchsammlung erläutert und anhand von Such-Beispielen verdeutlicht. Ein Rundgang durch die geschlossenen Magazinbereiche gibt den Schülern Einblick in den tatsächlichen Bestand und vermittelt Verständnis für Bereitstellungszeiten und interne Arbeitsabläufe.

Mit einer solchen Einführung klassischen Zuschnitts startet häufig die Arbeit mit Schulen in wissenschaftlichen Bibliotheken und ein deutlicher Bedarf für dieses Format ist auch weiterhin klar erkennbar. Lernerfolg und Transferleistung der Schülerinnen und Schüler sind jedoch ungleich größer und besser gesichert, wenn man auf aktivierende Methoden zurückgreift und bei den konkreten Themen der Schülerinnen und Schüler ansetzt. Daher wurden in Tübingen nach Recherche und Abgleich der Angebote anderer Bibliotheken zwei weitere Module ins Leben gerufen.

Bibliotheks-Rallye

Das Modul der Bibliotheks-Basics wird um eine Einheit ergänzt, die die aktive Mitarbeit der Schüler einfordert. Eine Einführung in die Benutzungsmodalitäten und den Bibliothekskatalog gehören ebenso zu diesem Modul wie ein Rundgang durch die Räumlichkeiten. Zusätzlich wird im Anschluss ein Arbeitsblatt ausgeteilt, das die Schüler in Kleingruppen von 2–3 Personen durcharbeiten. Dabei sollen im Bibliothekskatalog Standorte von Büchern recherchiert und anschließend im Lesesaal oder dem Freihand-Ausleihbereich aufgefunden, Informationen aus Nachschlagewerken im Lesesaal oder aktuelle Zeitschriftenartikel anhand der ausliegenden Hefte ermittelt werden. Ein Buchstabenrätsel mit Bibliotheksbegriffen und ein Online-Quiz, das nochmals die wichtigsten Regelungen abfragt, bilden den Abschluss der zweistündigen Veranstaltung.

Recherche-1x1

Dieses Modul stellt die richtige Strategie beim Recherchieren nach Informationen und Literatur vor und gibt Hilfestellungen bei der Bearbeitung von Seminar- oder Facharbeitsthemen. Bei der Durchführung werden Rechnerplätze in einem Schulungsraum der Universitätsbibliothek genutzt. In der 90minütigen Veranstaltung erläutert eine Bibliothekarin Suchmöglichkeiten in verschiedenen Informationsressourcen, stellt Grundlagen zum Auffinden von Sucheinstiegen und -begriffen sowie zur Verknüpfung mehrerer Begriffe durch Boolesche Operatoren vor und führt in den Modus der erweiterten Suche ein. Anhand von Beispiel-Aufgaben – zunächst mithilfe von Google – recherchieren die Schüler selbstständig im Onlinekatalog und in geeigneten Fachdatenbanken. Anschließend folgen Hinweise zur Literaturbeschaffung, auch über die Fernleihe oder den Direktlieferdienst subito. Dabei befasst sich der Kurs auch mit der Frage, nach welchen Kriterien gefundene Literaturnachweise auszuwählen und zu bewerten sind. Die Schüler werden auf das Risiko von Plagiaten aufmerksam gemacht und lernen einige Regeln für korrektes Zitieren kennen. Zu den Themen „Wofür eignet sich Wikipedia und worauf ist zu achten" und „Was ist das Deep Web" werden zwei anschauliche Videosequenzen eingespielt.[7] Viele Lehrer wünschen zusätzlich zur Recherche-Schulung eine räumliche Orientierung, daher kann ein Rundgang durch die Bibliothek als halbstündiges „On-top"-Modul (als 1x1-plus) hinzugefügt werden.

Ergänzt werden alle Präsenz-Module durch Online-Angebote, die von zu Hause oder in der Schule als Vor- oder Nachbereitung auf den Bibliotheksbesuch zu bearbei-

---

7 Übernommen aus dem Projekt „LOTSE" (Universitäts- und Landesbibliothek Münster): http://lotse.uni-muenster.de/tutorials/ (18. 8. 2011).

ten sind: virtueller Rundgang, Bibliotheksquiz, das Tutorial zum Bibliothekskatalog und ein „Informationspuzzle", das als Selbstlern-Kurs zum Erwerb von Informationskompetenz angelegt ist.

Lehrerschulungen als Alternative?

Von der Württembergischen Landesbibliothek und der Universitätsbibliothek Heidelberg werden auch Lehrerschulungen im Sinne von Multiplikatorveranstaltungen angeboten. Jedoch ist zu bedenken, dass diese aufwändiger sein dürften als Schülereinführungen, zumal die Transferleistung sorgfältig evaluiert werden müsste, um die Gefahr von Fehlinformationen zu minimieren. Zudem müsste das Multiplikatorwissen in gewissen zeitlichen Abständen aktualisiert werden. Außerdem sind die von Lehrkräften als Multiplikatoren veranstalteten Führungen problematisch, weil manche Bibliotheksbereiche ihnen gar nicht zugänglich sind, diese bei einer Bibliotheksveranstaltung jedoch gerade einen großen Reiz auf die Schüler ausüben. Ferner wären aktivierende Methoden mit Rechnerunterstützung ohne Einbezug der Bibliotheksfachkraft als Bezugspunkt kaum möglich, man reduziert eine Lehrerführung daher von vornherein auf den Rahmen der „Basics". Schließlich kollidieren die Wunschtermine der Schulgruppen vielfach mit dem akademischen Kalender – sei es mit dem Vorlesungsauftakt, sei es mit der Prüfungszeit –, so dass eine Entzerrung geboten ist und besser die Bibliothek als verantwortlicher Veranstalter von Schülerführungen fungieren sollte.

Organisation und Durchführung der Führungen und Schulungen

Die Schülerführungen werden von der Universitätsbibliothek das gesamte Jahr über angeboten, lediglich die Monate zu Semesterbeginn (April und Oktober) sind für Studierenden-Einführungen reserviert. Die Gymnasien fragen vielfach Termine im November und Dezember nach – meist an Freitagnachmittagen, weil dann offensichtlich kein „regulärer" Unterricht stattfindet. Leider ist dann auch in der Bibliothek die für Schülereinführungen verfügbare Mitarbeiterkapazität reduziert.

Für die Durchführung der Module stehen vorzugsweise zwei Räume zur Verfügung, in denen bei Bedarf elf Laptops sowie ein Beamer und eine Leinwand aufgebaut werden können. Die Belegung der Räume wird im Sekretariat der Bibliothek koordiniert, die Laptops werden von der EDV-Abteilung bereitgestellt. Dies bedeutet zwar einen erhöhten Aufwand, jedoch werden durch diese Ausstattung auch viele mobile Schulungsformate ermöglicht, da man im Gegensatz zu einem mit fest installierten PC ausgestatteten Schulungsraum die Laptops auch für Veranstaltungen außerhalb der Bibliothek gleichermaßen verwenden kann.

Erfahrungen und Reaktionen

Etwaige Berührungsängste der Schüler mit einer wissenschaftlichen Bibliothek wurden bei den Führungen aus dem Weg geräumt. Die Gymnasiasten zeigten sich von der Größe und Funktionsweise der Bibliothek sehr beeindruckt, besonders der „Blick hinter die Kulissen" in das geschlossene Magazin mit Regal-Fahranlage und automatischem Büchertransport fand großen Anklang (Module Basics und Rallye sowie 1x1-plus). Auch die Recherche-Schulungen wurden gut angenommen, vor allem, weil die Schüler schon mit Seminar- oder Facharbeitsthemen ausgestattet waren und somit die erlernten Kenntnisse auf ihre Fragestellung anwenden konnten. Diese Transferleistung muss von den Schülern geleistet werden, da eine Anpassung des Schulungsmaterials an einzelne Facharbeitsthemen personell nicht möglich ist und einen zu großen Vorbereitungsaufwand erfordern würde.

Seit der Einführung der neuen Module wurde die Universitätsbibliothek – besonders während der Schulferien – von Schülern und Abiturienten bevölkert, denn die Bibliothek wurde auch als Lernort von dieser Benutzergruppe neu entdeckt. Ein weiterer Ausbau der Gruppenarbeitsplätze und Lernräume steht deshalb im Fokus der Bibliothek.

Nach Einführung des Konzepts im Sommer 2010 wurde im Februar 2011 eine Online-Umfrage unter den Lehrern durchgeführt, die mit einer Schulklasse an einem der Module teilgenommen hatten. Der Rücklauf lag bei 34 Prozent. Die Resonanz war durchweg positiv, denn sowohl der didaktische Aufbau als auch das Verhältnis von Theorie zu Praxis in den Schülerkursen der Bibliothek fanden breite Zustimmung. Die Inhalte der Veranstaltungen wurden nach Meinung der Lehrer abwechslungsreich und gut verständlich präsentiert, so dass sie im folgenden Schuljahr wiederum eine Bibliotheksveranstaltung für ihren Seminarkurs buchten.

Deshalb verzeichnete die Universitätsbibliothek Tübingen einen beachtlichen Anstieg der Statistikzahlen bei Führungen: Während von September bis Dezember 2009 insgesamt 40 Gruppen mit 525 Teilnehmern eine Führung besuchten, waren es im vergleichbaren Zeitraum 2010 insgesamt 64 Gruppen mit der doppelten Menge an Teilnehmern. Davon durchliefen 13 Gruppen die Bibliotheks-Rallye, das Recherche-1x1 fand mit 22 Besucher-Gruppen und insgesamt 370 Schülern großen Anklang. Laut der Umfrage schätzten die Lehrer die jeweils besuchte Führung zu 75 Prozent als „sehr hilfreich" ein und bestätigten fast ausnahmslos, dass die Schüler auch nach der Führung nochmals die Bibliothek besucht haben – nur einer Schulklasse war dies wegen weiter Anfahrtswege nicht möglich.

Vor der Neukonzeption der Schülerführungen wurde für Schulklassen eine Führung angeboten, die den Inhalten des Basic-Moduls entspricht. Die neuen Module wurden ergänzend zu dieser bewährten Führung erstellt. Daraus ergibt sich auch der entsprechend größere Mitarbeiterkreis für das Modul Basics (17 Bibliothekare) verglichen mit dem Modul Rallye (sechs Bibliothekare) oder dem Recherche-1x1 (vier Bibliothekare).

Die Vorbehalte der Mitarbeiter gegenüber einer Bibliotheksrallye, in der Kleingruppen von Schülern selbstständig in der Bibliothek unterwegs sind, wurden im Vorfeld durchaus ernst genommen. Befürchtungen, dass Schüler die Arbeitsatmosphäre stören könnten, haben sich jedoch nicht bestätigt. Vielmehr befolgten sie sehr genau die Verhaltenshinweise, die ihnen beim Rundgang zuvor gegeben wurden. Gerade dieses Modul bereitet dem Bibliothekspersonal viel Spaß, da Schüler mit großem Eifer und Einsatz an der Führung teilnehmen. Immerhin müssen die Gymnasiasten im Anschluss an den Rundgang selbst tätig werden, deshalb ist die Aufmerksamkeit deutlich höher.

Bibliotheksmitarbeiter im Benutzungsbereich werden von Schülergruppen bei der Rallye um Hilfe gebeten – zu den Lerninhalten gehört auch, dass man sich bei Bedarf fachkundige Informationen und Auskünfte einholen kann. Die Arbeitsbelastung ist dadurch aber nicht größer geworden, da die Fragestellungen sich wiederholen und vornehmlich an Stellen auftreten, die ohnehin durchgehend von Bibliothekspersonal besetzt sind (Infotheke oder Auskunftstheke im Lesesaal). Einen erhöhten Arbeitsanfall findet man lediglich im Ausleihzentrum, wo gewünschte Bibliotheksausweise sofort ausgestellt werden, noch während die Führung läuft. Allgemein ist man sich einig, dass der etwas größere Arbeitsaufwand gut investiert ist, denn „diese Schüler sind die Studenten von morgen". Im Folgenden sollen im Sinne von Best Practice drei weitere Bibliotheksmodelle im Hinblick auf die Vermittlung von Informationskompetenz für Schüler vorgestellt werden.

Regensburg

Die Universitätsbibliothek Regensburg hat zusammen mit der Stadtbücherei, der Bibliothek der Hochschule für Angewandte Wissenschaften, der Staatlichen Bibliothek Regensburg und der Bibliothek im Wissenschaftszentrum Ost- und Südosteuropa (WiOS) das Programm „Regensburger Bibliotheken für Schulen" ins Leben gerufen.[8] Der modulare Aufbau von Einzelschulungen für alle Altersklassen erleichtert den kontinuierlichen Ausbau von Informationskompetenz der Schüler. Unter dem Motto

---

8 Vgl. dazu Werr, Naoka: „Yes, we can". Die Arbeitsgruppe „Regensburger Bibliotheken für Schulen" als Beispiel für eine regionale und spartenübergreifende Kooperation für eine gemeinsame Zielgruppe. In: Bibliotheksforum Bayern 5 (2011). S. 10–14. Siehe auch auf der Homepage des Regensburger Bibliotheksverbundes: http://www.regensburger-bibliotheken.de/schule (18. 8. 2011).

Lesekompetenz – Medienkompetenz – Bibliothekskompetenz – Informationskompetenz werden die Angebote an den Schüler gebracht: Bereits im Grundschulalter kann die Stadtbücherei besucht und benutzt werden.

Programme für die gymnasiale Oberstufe werden von den wissenschaftlichen Bibliotheken angeboten. Inhalte der teilweise auf einander aufbauenden Module sind Rundgänge durch die öffentlichen Benutzungsbereiche der Bibliotheken, Recherche (mit Übungen) im Katalog der jeweiligen Institution, Datenbankrecherchen und die Benutzung elektronischer Informationsmittel. Im WiOS ist sogar die Arbeitsweise einer wissenschaftlichen Spezialbibliothek Gegenstand einer Schülerführung.

Um Schülern einen Einblick in das Universitätsleben zu geben und besondere Begabungen zu fördern, bieten einige Universitäten ein Frühstudium für Schüler an. Dabei können Schüler der Oberstufe reguläre Vorlesungen an der Universität besuchen und die ersten Hochschulprüfungen absolvieren. Auch in diesem Rahmen kann sich die Universitätsbibliothek einbringen: eigens veranstaltete Führungen – die aufgrund des Stundenplans meist samstags stattfinden – und eine Einführung in die wichtigsten Dienstleistungen gehören bei der Universitätsbibliothek Regensburg, die mit der Studienberatung kooperiert, zum festen Programm der „Frühstudenten".

Heidelberg

Mit dem Titel „Lernen mit Sarah"[9] begann die Universitätsbibliothek Heidelberg 2009 in Zusammenarbeit mit SAP-Walldorf ein Projekt, das inzwischen zu einem umfassenden Online-Tutorial „Fit-Gym" weiter entwickelt wurde. Beim Fachübergreifenden-Informationskompetenz-Training für Gymnasien begleitet man die Schülerin Sarah bei ihrer Literatursuche in einer wissenschaftlichen Bibliothek.[10] Man kann Sarah bei der Literatursuche über die Schultern sehen, beim Auffinden der gewünschten Bücher in der Bibliothek dabei sein und beim Ausprobieren weiterführender Angebote mitmachen. Inzwischen wurde die Online-Präsentation um ein Quiz erweitert und für jedes Kapitel mit Fragen versehen, in denen man sein gerade erworbenes Wissen überprüfen kann.

---

9 Vgl. Bauer, Birgit u. Christiane Hirschberg: Lernen mit Sarah – online: storybasierte und aktivierende Vermittlung von Informationskompetenz an gymnasiale Oberstufenschüler. In: 98. Deutscher Bibliothekartag in Erfurt 2009. Ein neuer Blick auf Bibliotheken. Hrsg. von Ulrich Hohoff u. Christiane Schmiedeknecht. Hildesheim, Zürich, New York: Olms 2010. S. 177–186.
10 Vgl. beispielhaft für die Tutorial-Reihe der UB Heidelberg: Homann, Benno: FIT für Medizinstudierende – ein neues Online-Tutorial der UB Heidelberg. In: Theke aktuell 17 (2010). S. 4–7; zu Fit-Gym siehe näher unter: http://www.ub.uni-heidelberg.de/helios/fachinfo/www/schulung/FITGYM/index.html (22. 8. 2011).

Die Universitätsbibliothek Mannheim hat – in Absprache mit den Heidelberger Kollegen – das Heidelberger Tutorial an die eigenen Gegebenheiten angepasst und im Internet bereitgestellt.[11] Das gesamte Online-Tutorial ist zur Vor- bzw. Nachbereitung von Präsenzterminen in der Bibliothek gedacht. Wahlweise kann man eine Kurzeinführung oder einen Workshop belegen. Die Kurzeinführung besteht aus einem Vortrag und einem Rundgang, maximal 26 Teilnehmer werden in 60 Minuten an die Benutzung der Bibliothek herangeführt.

Da sich die Schüler beim Workshop selbstständig in der Bibliothek bewegen und die ruhige Arbeitsatmosphäre nicht beeinträchtigt werden soll, finden diese Termine nur in den von Studenten schwächer genutzten Morgenstunden statt. Die Teilnahme des zweistündigen Kurses ist für max. 16 Schüler ausgelegt, die in kurzen Übungsphasen den Bibliothekskatalog, den Lesesaal und die Freihandbereiche kennen lernen.

Ergänzend zu diesem Angebot werden in der UB Heidelberg Lehrerfortbildungen angeboten, um die Transferleistung des Online-Tutorials auf Seminar- und Facharbeits-Themen zu gewährleisten. Die Lehrkraft übernimmt dabei die Betreuung und gibt den Schülern gegebenenfalls Hilfestellungen.

Oldenburg

Im Jahr 2007 wurde in Oldenburg das Projekt „Schu:Bi – Schule und Bibliothek"[12] von der EWE-Stiftung und der Volksbank- und Raiffeisen-Stiftung, der Volksbank Oldenburg sowie vom Bundesland Niedersachsen und der Stadt Oldenburg im Rahmen der Initiative „Stadt der Wissenschaften" ins Leben gerufen. Ziel des 2010 abgeschlossenen Projektes war es, ein umfassendes Konzept zur Förderung der Lese- und Informationskompetenz von Schülern in Zusammenarbeit der örtlichen Bibliotheken mit Schulen zu erstellen und Schüler von der Primarstufe bis zum Abitur zu erreichen. An der Ausarbeitung des Konzepts waren insgesamt fünf Bibliotheken (Stadtbibliothek, Landesbibliothek, Universitätsbibliothek Oldenburg Bibliotheken der Hochschule Emden/Leer und Bibliothek der Jade Hochschule Wilhelmshaven/Oldenburg/Elsfleth) und vier Schulen beteiligt. Das Spektrum der Schulen reichte von der Grundschule über Gymnasien bis hin zu Gesamtschulen.

Das Programm „Schu:-Bi" umfasst acht Module, mithilfe derer die Schüler durch aktivierende Methoden Informationskompetenz erlangen sollen. Die Schulungsinhalte für die jeweiligen Klassenstufen sind auf die Lehrplanvorgaben abgestimmt.

---

11 Siehe unter Vgl. http://www.bib.uni-mannheim.de/fileadmin/elearning/fitgym/index.html (22. 8. 2011).
12 Vgl. Projektdokumentation/Bibliotheks- und Informationssystem der Carl-von-Ossietzky-Universität Oldenburg (Hrsg.): Schu:Bi – Schule und Bibliothek: Bildungspartner für Lese- und Informationskompetenz. Oldenburg 2010.

Alle Module sind auf den Web-Seiten von „Schu:Bi" mit Verlaufsplänen und Übungs-blättern dargelegt und ausdrücklich zur Nachnutzung und Weiterverwendung freige-geben.[13]

Die Betreuung der Oberstufenschüler übernehmen die wissenschaftlichen Biblio-theken. Das Erkunden der jeweiligen Bibliothek gehört dort genauso zum Programm wie Rechercheschulungen im Katalog und in Datenbanken. In einem Aufbaumodul der Sekundarstufe II gehen die Bibliothekare der Landesbibliothek auf Seminarkurs- oder Facharbeitsthemen ein und unterstützen die Schüler bei der Recherche.

Um die Lehrer im Vorfeld mit den Angeboten der Bibliothek vertraut zu machen, bieten Universitäts- und Landesbibliothek eine dreistündige Fortbildung für Lehr-kräfte an. Sie werden dort bei der Auswahl von Seminarthemen unterstützt, und Bib-liotheken werden mit ihren Sonderbeständen vorgestellt. Außerdem werden Suchma-schinen (Katalog, Datenbanken, Internet) erläutert und anhand praktischer Übungen ausprobiert.

Weitere Zusatzangebote zum Spiralcurriculum sind Online-Tutorials, in denen sich die Schüler vor einem Besuch der Bibliothek mit den Angeboten vertraut machen können, oder auch die beliebte „Facharbeitssprechstunde": Zu bestimmten Stoß-zeiten (wie beispielsweise nach den Weihnachtsferien) reichte die Beratung an der Infotheke nicht aus, um Schüleranfragen gerecht zu werden. Somit wurde die Fach-arbeitssprechstunde eingerichtet, in der Schüler ohne Anmeldung mit bibliotheka-rischer Betreuung für ihre Facharbeitsthemen recherchieren können. Aufgrund der großen Nachfrage wurde dieser Termin (mittwochs von 16–18 Uhr) auf 6 Wochen von Mitte Januar bis Mitte März ausgeweitet. Bibliothekare geben zu diesen Zeiten Tipps, mit welchen Sucheinstiegen in Katalogen und Datenbanken Treffer erzielt werden können, schlagen Bibliotheken mit geeigneten Beständen vor und weisen auf Litera-turbeschaffungsmöglichkeiten hin.

Voraussetzung für diese Art der intensiven Betreuung sind geeignete technische Bedingungen – z. B. in Oldenburg zwei Schulungsräume mit PC-Ausstattung – sowie kompetente und flexible bibliothekarische Unterstützung. Während und nach der Facharbeitssprechstunde werden die Rechercheresultate protokolliert (sowohl von den Schülern als auch von betreuenden Bibliothekaren) und Wissenslisten zu belieb-ten Themen erstellt. Somit bleiben die Ergebnisse auch für nachfolgende Klassenstu-fen und Seminarkurse erhalten und nachvollziehbar.

Zu Spitzenzeiten kämen bis zu 80 Schüler zu dieser Sprechstunde, erklären die Oldenburger Universitätsbibliothekare, die mit vier bis fünf Mitarbeitern gleichzeitig die Sprechstunde betreuen. Inzwischen hat sich diese Art der Einzel- bzw. Kleingrup-

---

13 Vgl. unter: http://www.schubi-ol.de (22. 8. 2011); eine Übersicht über das Gesamtübersicht über das Spiralcurriculum findet sich unter: http://www.schubi-ol.de/projekt/spiral2.htm (22. 8. 2011).

penbetreuung bezahlt gemacht und ist zu einem festen Bestandteil des Schulungsangebots in Oldenburg geworden.[14]

Fazit

Es wäre wünschenswert, dass sich eine wissenschaftliche Bibliothek ausgiebig den Ansprüchen ihrer Kundschaft widmen kann. Auch wenn Schüler nicht unbedingt zum vorrangigen Zielpublikum wissenschaftlicher Bibliotheken gehören, ist eine Anleitung und Hinführung zum wissenschaftlichen Arbeiten sinnvoll. Je mehr und je eher sie vom breiten Angebotsspektrum der Bibliotheken erfahren und dieses auch konkret nutzen können, desto besser sind sie auf ein Studium vorbereitet. Bibliotheken können somit den Wissenserwerb zur Informationskompetenz bereits im Schulalter auf zukünftige Studierende übertragen.

Sicherlich ist das bereits mit kleinen Angeboten möglich – die Zusammenarbeit mit ortsansässigen Schulen könnte ein erster Ansatzpunkt für Bibliothekare sein, ebenso die mögliche Zusammenarbeit mit anderen Institutionen, die Schüler betreuen (Jugendzentren oder soziale Einrichtungen oder im universitären Bereich die Studienberatung).

Eine so umfassende Betreuung wie in den Oldenburger Bibliotheken bei Schu:Bi ist bislang die Ausnahme. Dieses optimal auf die Schülerbedürfnisse ausgerichtete Programm bindet viele Arbeitskräfte, die dann für andere Arbeiten nicht zur Verfügung stehen. Allerdings stellt sich im Gegenzug auch die Frage, ob der Informationsbedarf von Schülern durch dieses breite Angebot nicht besser kanalisiert und vermittelt wird als in Einzelgesprächen an der Informationstheke und anderen Einzelelementen, die auch Ressourcen binden und doch nur Stückwerk bleiben.

---

14 Vgl. Projektdokumentation/Bibliotheks- und Informationssystem der
Carl-von-Ossietzky-Universität Oldenburg (Hrsg.): Schu:Bi – Schule und Bibliothek: Bildungspartner
für Lese- und Informationskompetenz. Oldenburg 2010. S. 115ff. sowie Katharina Lück, Ingrid Kersten
u. Antje Sülau: Vom Leben des Eichkätzchens bis zur Chaostheorie: Die Facharbeiten-Sprechstunde
der Universitätsbibliothek Oldenburg. In: Bibliotheksdienst 44 (2010). S. 1145–1153. Online unter:
http://www.zlb.de/aktivitaeten/bd_neu/heftinhalte2010/Informationsvermittlung011210.pdf
(22. 8. 2010).

Andreas Müller
Informationskompetenz in der Lehrer(fort)bildung

Abstract: Für viele Lehrer steht das allgemeine Ziel der Informationskompetenz beim Schüler nicht im Zentrum ihres Selbstverständnisses. Aus- und Fortbildungsangebote müssen diese Einstellung überwinden helfen, indem sie beim tatsächlichen Bedarf der Lehrkräfte ansetzen, ihr Vorwissen berücksichtigen und sie als Partner ernst nehmen. Die Fortbildungen können sich nicht auf eindeutige und verpflichtende curriculare Vorgaben stützen. Deshalb müssen sie den methodisch-praktischen Zugewinn für die Lehrkräfte durch IK-orientierten Unterricht betonen, wenn sie Teilnehmer gewinnen und nachhaltig auf die Unterrichtspraxis einwirken wollen. Die Fortbildungsangebote sollten möglichst oft in der Schule selbst durchgeführt werden, um den Lehrern entgegenzukommen und möglichst viele zu erreichen. Sofern Bibliothekare diese Fortbildungen leiten, sollten sie sich auf die fachlichen Schwerpunkte der Lehrkräfte einlassen, methodisch-didaktisch abwechslungsreich vorgehen und Gelegenheiten zum Austausch mit den Lehrkräften als Unterrichtsexperten suchen. Ein Rahmenkonzept, das die Lehrkräfte in der Lehrerfortbildung zur fachlich basierten Vermittlung von Informationskompetenz ermuntert, heißt „Selbstständig lernen durch Recherche". Es sieht drei Lernetappen vor: „Vorwissen aktivieren und Recherche vorbereiten", „im Bibliotheksbestand nach Informationen zum Thema suchen" und „das erarbeitete Wissen strukturiert darstellen".

Keywords: Bibliothekskompetenz, Bibliothekswissen, Facharbeit, Informationsbedarf, Informationsbedürfnis, kooperatives Lernen, Recherche, Unterrichtsprojekt

Dr. Andreas Müller: Jahrgang 1953, Gymnasiallehrer (Oberstudienrat; Fächer: Deutsch, Englisch, Französisch), im niedersächsischen Schuldienst von 1977 bis 2007 (Hildesheim, Göttingen, Hameln, Hannover); parallel Berater für Schulbibliotheksarbeit und Leseförderung (1991–1994, 2000–2007); seit 2007 mit voller Stundenzahl abgeordnet an die Akademie für Leseförderung der Stiftung Lesen an der Gottfried Wilhelm Leibniz Bibliothek in Hannover; seit 2009 Mitglied der Kommission „Bibliothek und Schule" des Deutschen Bibliotheksverbandes (dbv).

Der Stellenwert der Informationskompetenz für die Lehrerrolle

Eigentlich tritt jeder Lehrer mit dem Ziel an, sich selbst überflüssig zu machen. Sobald er sein Wissen und seine Fähigkeiten an den Schüler vermittelt hat, hat er seine

Schuldigkeit getan. Für die Primarstufe leuchtet das jedem ein: Wer lesen kann und die Grundrechenarten beherrscht, der kann seine Grundschullehrerin getrost hinter sich lassen, und die Lehrerin selbst hat sich damit abgefunden. Aber danach – in den weiterführenden Schulen – fällt es dem Lehrer mitunter schwer, sich mit der eigenen langfristigen Entbehrlichkeit anzufreunden und sich den wirklich selbstständigen Lerner als Leitbild im Bewusstsein zu halten.

Deshalb hat die Informationskompetenz als die Fähigkeit des Lerners, den eigenen Informationsbedarf zu bestimmen und mit geeigneten Mitteln selbstständig zu befriedigen, gerade in weiterführenden Schulen einen schweren Stand. Für viele Lehrer steht das allgemeine Ziel der Informationskompetenz beim Schüler vermutlich aus drei Gründen nicht im Zentrum ihres Selbstverständnisses.

Erstens erscheint es im Vergleich zu fachlichen Inhalten wie „Bruchrechnung" oder „(die) Französische Revolution" zu wenig greifbar und in Elemente zerlegbar. Zweitens wäre mit seiner tatsächlichen Erreichung potentiell ein persönlicher Machtverlust verbunden: Wozu braucht der Schüler noch den Lehrer, wenn er sich sein Wissen genauso gut selbst beschaffen kann? Drittens bedeutet eine Übergabe größerer Verantwortung an die Schüler einer konkreten Lerngruppe, dass sich das Lernen weniger gut im kollektiven Gleichschritt organisieren ließe. Es droht neben dem Verlust des Wissensvorsprungs auch der Kontrollverlust über die Lerngruppe: Chaos ante portas?

In Anbetracht dieser systemischen Widerstände sind die Behandlung des Themas Informationskompetenz schon in der Lehrerausbildung und seine regelmäßige Auffrischung in der Lehrerfortbildung dringend geboten. Es geht darum, die Vermittlung von Informationskompetenz als den Dreh- und Angelpunkt erfolgreicher Lehrertätigkeit herauszustellen.

Vorwissen und Informationsbedarf

Aus- und Fortbildungsangebote für Lehrkräfte sind umso wirksamer, je stärker sie das Vorwissen der Teilnehmer und ihren tatsächlichen Informationsbedarf berücksichtigen. Dabei variieren Vorwissen und Informationsbedarf stark, unter anderem nach Alter und vertretenen Schulfächern, aber auch nach persönlichem Profil.

Vorwissen bei angehenden Lehrkräften in der Ausbildung

Angehende Lehrkräfte im Studium oder in der zweiten Phase der Lehrerausbildung sind zumeist mit den neueren Instrumenten der Recherche einigermaßen vertraut. Für sie ist ein elektronischer Bibliothekskatalog kein Hindernis, und im Internet nutzen sie neben Google auch andere Quellen, um sich Informationen zu beschaffen. Der Umgang mit dem Computer sowie mit anderen Geräten mit Internetzugang (Tablets,

Smartphones) schreckt sie nicht. Dagegen sind nicht alle angehenden Lehrkräfte fit in der Nutzung älterer Buchbestände und im Umgang mit Zettelkatalogen, kennen sich nur teilweise in wissenschaftlichen Bibliotheken und Archiven aus.

Außerdem bedeutet ihre relativ große eigene Handlungskompetenz in der Nutzung neuer Medien zur Beschaffung und Darstellung von Informationen noch lange nicht, dass angehende Lehrkräfte wüssten, wie sie Schüler in ihrem Unterricht am besten zur zielstrebigen Nutzung vielfältiger Informationsquellen hinführen können. Die mangelnde unterrichtspraktische Erfahrung gekoppelt mit einer relativ großen eigenen Informationskompetenz kann dazu führen, dass angehende Lehrkräfte ihren Schülern zu anspruchsvolle Aufgaben stellen und den allmählichen Aufbau der Informationskompetenz bei ihren Schülern vernachlässigen.

Vorwissen bei berufserfahrenen Lehrkräften

Viele berufserfahrene, vor allem ältere Lehrkräfte haben allenfalls während ihres lange zurückliegenden Studiums nennenswert selbstständig recherchiert und stützen sich jetzt vornehmlich auf das, was im Lehrbuch und in den Zusatzmaterialien der Schulbuchverlage steht. Ihre Erfahrungen und Fertigkeiten bei der selbstständigen Beschaffung von Informationen sind angestaubt und nicht mehr auf dem neuesten Stand.[1] Sie wissen zum Beispiel vielleicht noch, wie in einer wissenschaftlichen Bibliothek der Zettelkatalog funktioniert. Aber mit einem elektronischen Katalog können sie nicht intelligent umgehen.

Das Thema Informationskompetenz ist deshalb in der Lehrerfortbildung mindestens ebenso wichtig wie in der Lehrerausbildung, und seine Vermittlung fällt kaum leichter. Das hängt nicht nur mit den weniger verbreiteten Vorkenntnissen zusammen, sondern auch mit dem Selbstbild des Lehrers als desjenigen, der einen Wissensvorsprung hat. Dieses Selbstbild verfestigt sich bei vielen im Laufe der Jahre, und deshalb reagieren sie sehr empfindlich darauf, wenn es infrage gestellt wird. Der Wissensvorsprung wird unter anderem dadurch geschützt, dass man sich innerhalb seines Faches auf einige wenige Themen spezialisiert und zu diesen Themen einen Materialfundus aufbaut, in dem man sich zu Hause fühlt.

Informationsbedarf und Informationsbedürfnis

Es reicht nicht, wenn man von außen feststellt: Den angehenden Lehrern fehlt für die Vermittlung von Informationskompetenz oft das pädagogische Wissen, den erfahre-

---

1 Vgl. Sühl-Strohmenger, Wilfried: Hilfe im Kampf gegen die Informationsflut. Angebote wissenschaftlicher Bibliotheken für Gymnasiasten – ein Überblick. In: BuB 63 (2011). S. 534.

nen Lehrern oft die eigene Handlungskompetenz im Umgang mit den neuen Medien. Das heißt noch lange nicht, dass die Lehrkräfte die Kenntnislücke selbst wahrnehmen, und noch weniger, dass sie das Bedürfnis empfinden, die Lücke zu schließen. Diese Einsicht ist aber nötig, damit Ausbildungsmodule Spuren hinterlassen und Fortbildungsangebote überhaupt genutzt werden.

Wenn allerdings die Informationskompetenz als neuer Inhalt von Unterricht und als Kompetenzziel für die Schüler „verpflichtend" eingeführt würde, entstünde ein Fortbildungsdruck, dem sich angehende wie berufserfahrene Lehrkräfte stellen müssten. Das setzt jedoch eine enge fachliche Anbindung des Begriffs von Informationskompetenz voraus. Die bloße Erwähnung der Informationskompetenz im Zusammenhang mit fächerübergreifenden methodischen Kompetenzen im Stil des Methodentrainings nach Klippert[2] kann im besten Fall eine kleine „Expertengruppe" mobilisieren, die sich innerhalb des Lehrerkollegiums auf diesen Bereich spezialisiert, häufig Lehrkräfte des Fachs Deutsch. Die anderen Lehrkräfte schaffen sich das Thema so vom Halse.[3]

Solange es aber keine verpflichtenden Vorgaben mit fachlicher Anbindung gibt, die die Lehrkräfte für die Informationskompetenz mobilisieren, muss man sie mit dem Versprechen locken, dass sich hinter dem anspruchsvollen Begriff der Informationskompetenz praxiserprobte methodische Tipps für die Unterrichtsorganisation verbergen, die die Schüler motivieren und die Lehrer entlasten. Diese Leitidee liegt dem Fortbildungsangebot der Akademie für Leseförderung der Stiftung Lesen an der Gottfried Wilhelm Leibniz Bibliothek zugrunde.

---

2 Der Lehrer Heinz Klippert hat durch Bücher, Fortbildungsveranstaltungen und öffentliche Auftritte das Konzept eines allseits einsetzbaren Methodentrainings bekannt gemacht. Sein Ansatz ist in pädagogischen Fachkreisen umstritten und hat sich im Unterrichtsalltag der meisten Lehrkräfte nicht durchgesetzt.
3 Dieses Problem stellt sich schon beim basalen Thema Lesekompetenz, denn auch hier ist die Gefahr groß, dass die meisten Lehrer sich für nicht zuständig erklären und den Ball an die Deutschlehrer weiterspielen. Dem entgegenzuwirken hat sich das KMK-Projekt „ProLesen" zur Förderung der Lesekompetenz als Aufgabe aller Fächer verschrieben, das nach seinem Abschluss auf Länderebene fortgeführt wird. Vgl. Bayerisches Staatsministerium für Unterricht und Kultus (Hrsg.): ProLesen. Auf dem Weg zur Leseschule – Leseförderung in den geisteswissenschaftlichen Fächern. Donauwörth: Auer 2010.

Die institutionelle Anbindung:
Ort – Referent – Adressatenkreis

Veranstaltungsort

Die Wahl des Ortes für eine Lehrerfortbildung zur Informationskompetenz ist ein heikles Thema. Vordergründig ist es eine rein sachliche Frage: Wenn die Lehrer möglichst viel über die Bibliothek als Ort der Informationsrecherche erfahren sollen, muss die Fortbildung in einer Bibliothek stattfinden, denn nur dort hat man den Bestand und die verschiedenen Kataloge zu seiner Verfügung. Wenn es dagegen eher um die Recherche im Internet einschließlich der Recherche in Online-Bibliothekskatalogen geht, kann der Computerraum einer Schule wegen der größeren Zahl der verfügbaren Rechner sogar der bessere Raum sein.

In beiden Fällen allerdings suggeriert man den Lehrkräften, dass die Vermittlung von Informationskompetenz tendenziell an einen „besonderen" Ort gebunden ist, der eine besonders gut geeignete Infrastruktur bereitstellt. Ist das so überhaupt noch richtig? Und liegt es im Interesse von Informationsspezialisten, sich so eng mit einem Gebäude, einem realen Ort, in Verbindung zu bringen?

Von Vorteil ist die Schule als Ort für Informationskompetenz-Fortbildungen, wenn möglichst viele Mitglieder eines Lehrerkollegiums gleichzeitig erreicht werden sollen. Schulinterne Lehrerfortbildungen können nämlich verpflichtenden Charakter haben. Und je mehr Kollegen einer Schule eine Fortbildung besucht haben, desto wahrscheinlicher wird es, dass sie sich gegenseitig dabei unterstützen, Anregungen aus der Fortbildung in ihren Unterrichtsalltag zu übernehmen.

Außerdem ist der Besuch eines Informationsspezialisten zum Beispiel aus einer wissenschaftlichen Bibliothek bei den Lehrern in der Schule ein Beziehungssignal: Ihr seid mir als Zielgruppe und künftige Partner so wichtig, dass ich euch im wahrsten Sinne des Wortes entgegenkomme. Da liegt es auf Seiten der Lehrer natürlich besonders nahe, zum Gegenbesuch in die Bibliothek zu kommen.

Referent

Der ideale Referent für Lehrerfortbildungen zur Informationskompetenz existiert im wirklichen Leben nicht, denn er müsste zu viele Qualifikationen in sich vereinen: das Wissen um die ganze Breite der Informationsangebote und Medien des Bibliothekars, die pädagogische Ausbildung und Erfahrung des Lehrers, die Fachkompetenz des Fachlehrers oder Fachreferenten. Aber im realen Leben gelingt die Quadratur des Kreises oft erstaunlich gut, und dafür gibt es vor allem zwei Gründe. Zum einen springen gute Referenten über den Schatten der eigenen begrenzten Vorbildung und wagen sich in Bereiche vor, für die sie eigentlich nicht „zuständig" sind. Zum anderen ergänzen die Teilnehmer bereitwillig, was dem Referenten an berufsspezifischer Kompetenz fehlt, wenn man sie dazu animiert.

Was heißt das für einen Bibliothekar, der eine Fortbildungsveranstaltung für Lehrer durchführt? Er entscheidet sich für ein klares fachliches Profil der Vortrags- und Übungsbeispiele, um dem fachlichen Profil der Lehrer entgegenzukommen. Er sieht verschiedene Möglichkeiten der Teilnehmeraktivität vor, um den mit Schülern besonders nötigen Methodenwechsel sicherzustellen, auf den die teilnehmenden Pädagogen Wert legen dürften. Und er sieht Diskussionsphasen mit den Teilnehmern vor, in denen sie ihr Expertenwissen als Fachleute für Unterricht einbringen können, zum Beispiel bei der Beurteilung vorgeführter Methoden für die Unterrichtspraxis. Umgekehrt wäre es für einen Lehrer als Referenten wichtig, sein – wenn auch begrenztes – Wissen über Bibliotheken und Internetquellen offensiv zu vertreten und dadurch eine Türöffnerrolle für Bibliotheken in der Lehrerschaft wahrzunehmen.

Adressatenkreis

Lese-, bibliotheks- und medienpädagogisches Interesse kann man bei vielen Lehrkräften erwarten. Verbreitet ist auch das Grundbedürfnis, bei Fortbildungen Kenntnisse zu erwerben, die man am nächsten Tag im eigenen Unterricht anwenden kann, also eine sehr praxisorientierte Erwartungshaltung. Aber die Berufswirklichkeit ist je nach Schulform sehr unterschiedlich. Die Grundschullehrkräfte haben ein völlig anderes Verhältnis zum Fachunterricht als die Lehrkräfte der meisten weiterführenden Schulen.

Grundschullehrer haben zum Beispiel kein Problem damit, zwischen Aufgaben verschiedener Fächer hin und her zu „zappen", da sie ohnehin die meisten Fächer selbst unterrichten. Dagegen fühlen sich besonders Gymnasiallehrer als „Historiker", „Romanisten", „Chemiker" und werden ungeduldig oder geradezu ungehalten, wenn man ihnen zumutet, sich auf Beispiele aus für sie fremden Fächern einzulassen. Deshalb ist es ratsam, gesonderte Fortbildungen zur Informationskompetenz für Grundschullehrer und für Lehrer im Sekundarbereich zu konzipieren und durchzuführen. Eine besondere Zielgruppe stellen darüber hinaus die Lehrkräfte an berufsbildenden Schulen dar, da dort je nach Schulform und Berufsfeldern in der Schülerschaft trotz homogener Altersstruktur sehr unterschiedliche schulische Leistungsniveaus vertreten sind.

Thematischer Zuschnitt

Informationskompetenz als Bibliothekskompetenz

Für viele Bibliothekare ist Informationskompetenz das, was sie selbst und ihre besten Kunden zur sachgerechten Nutzung der Bibliothek benötigen. Das muss nicht eine sehr enge Sicht von Informationskompetenz bedeuten, da ja die Bibliothek in der Regel auch den Zugang zu Internetressourcen öffnet und damit keine medialen oder räumlichen Grenzen für die Recherche setzt. Eine Aus- oder Fortbildungsveranstaltung zur Informationskompetenz bei der Bibliotheksbenutzung könnte zwei Ziele verfolgen: die Lehrer selbst bibliothekskompetent zu machen und ihnen Methoden zu vermitteln, wie sie diese Bibliothekskompetenz auch an ihre Schüler weitergeben können. Erfahrungsgemäß steigen die Chancen auf breites Publikumsinteresse, wenn man beide Ziele in die Kursausschreibung aufnimmt.

Das Grundproblem bei diesem Ansatz bleibt jedoch, dass das Interesse auf Lehrerseite nicht leicht zu wecken ist. Die Lehrkräfte, die seit Jahren persönlich mit Bibliotheken nichts mehr zu tun haben, sind in der Regel nicht wirklich motiviert, daran etwas zu ändern. Diese „Bibliotheksmuffel" erklären auf Nachfrage, dass sie sich die wirklich nötigen Bücher einfach selbst kaufen oder für die Schule anschaffen. Auch seien die neuesten Fakten am besten im Internet zu finden. Es gibt allerdings auch Lehrkräfte, die selbst nach wie vor gern Bibliotheken nutzen. Diese Minderheit empfindet dies jedoch eher als eine private Neigung und nicht als ein Element der Lehrerprofessionalität, die den Besuch einer Fortbildungsveranstaltung rechtfertigt oder notwendig macht. Hier kann nur das zusätzliche Angebot von Unterrichtsideen locken.

Ein Kursangebot „Bibliothekswissen für Lehrkräfte", das die Akademie für Leseförderung 2009 im Programm hatte, musste als einziger Kurs wegen einer zu geringen Zahl von Anmeldungen (nur neun) abgesagt werden.

Informationskompetenz bei der Vorbereitung der Facharbeit

In vielen Bundesländern ist die in der gymnasialen Oberstufe verankerte Facharbeit ein schulischer Anlass für Lehrer, sich mit dem Thema Informationskompetenz zu befassen. Schließlich sollen ihre Schüler sich Informationen zu ihren Facharbeitsthemen selbst beschaffen und haben dabei einen großen Beratungsbedarf, dem die Lehrkräfte gerecht werden wollen. Dieser Sachzwang ist ein wirksames Motiv für den Besuch einer einschlägigen Fortbildungsveranstaltung.

Der erste, offensichtliche Beratungsbedarf der Schüler, der auf die Lehrer bei der Facharbeit zukommt, betrifft den Zugang zur Literatur: Was gibt es zu dem einzelnen Facharbeitsthema in der Bibliothek und im Internet und wie kann ich es mir am einfachsten beschaffen? Das zweite Thema ergibt sich, sobald der Schüler Literatur gefunden hat: der Umgang mit und die Bewertung von Quellen. Die Lehrer sollen die Arbeit schließlich nach der Selbstständigkeit ihrer Anfertigung und der formalen Korrektheit beurteilen. Dazu benötigen sie Maßstäbe, die eine Fortbildungsveranstaltung vermitteln müsste.

Am brisantesten ist sowohl bei der Literaturbeschaffung als auch bei der Quellenbewertung die Frage der Konkurrenz zwischen Buch und Internet, zwischen Printmedien und elektronischen Quellen. Viele Lehrer haben Angst davor, von Schülern mithilfe der neuen Medien „ausgetrickst" zu werden, und neigen dazu, vor elektronischen Quellen pauschal zu warnen. Andererseits sind sie im Alltag und bei der Unterrichtsvorbereitung selbst vielfach „Stammkunden" von Wikipedia.

Deshalb stoßen Fortbildungsveranstaltungen, die gezielt den Umgang mit Wikipedia und Google zum Inhalt haben, auf lebhaftes Interesse bei Lehrkräften. Ergänzend dazu können Lehrkräfte aber auch Hinweise gut gebrauchen, wie man in großen öffentlichen und wissenschaftlichen Bibliotheken zu der guten Fachliteratur in gedruckter Form vordringen kann. Kaum jemand weiß beispielsweise, wie man über Online-Datenbanken und elektronische Kataloge Zugang zu Fachaufsätzen zu einem Thema in Sammelbänden und Fachzeitschriften findet.

Die Erfahrungen mit entsprechenden Kursangeboten an der Akademie für Leseförderung bestätigen diese Einschätzung. Veranstaltungen mit „Facharbeit", „Internetquellen" und „Wikipedia" im Titel werden rege nachgefragt.

Informationskompetenz für fachliche Unterrichtsprojekte

Die Facharbeit betrifft nur die gymnasiale Oberstufe und ist in manchen Bundesländern auch kein Pflicht-Bestandteil der erwarteten Schülerleistungen. Deshalb sollte zur Schaffung der nötigen Nachfrage auf Lehrerseite ein weiterer Ansatzpunkt für Aus- und Fortbildungsangebote gefunden werden, und das sind fachliche Unterrichtsprojekte, vorzugsweise im Sekundarbereich I (je nach Bundesland Klassenstufen 5/6/7–10).

Fachliche Unterrichtsprojekte erlauben Lehrern nämlich nicht nur, fachliche Lernziele zu erreichen, sondern zugleich das schulische Methodencurriculum zu erarbeiten bzw. einzuüben. Im Geschichtsunterricht der fünften Klassen wird sowieso „Ägypten" als eine frühe Hochkultur durchgenommen. Statt nun lediglich das einschlägige Kapitel im Geschichtsbuch durchzuarbeiten, können die Schülerinnen und Schüler arbeitsteilig in Gruppen Bücher zum Thema aus der Bibliothek beschaffen, für das jeweilige Unterthema (Pyramiden, Hieroglyphen, Nil, Pharao) Wichtiges herausschreiben oder fotokopieren und in einen abschließenden Vortrag vor der gesamten Klassen einfließen lassen.

Die Lehrerfortbildungsveranstaltung, die die Lehrkräfte auf solchen projektartigen Unterricht[4] vorbereitet, ist am besten analog zu dem Schüler-Unterrichtsprojekt

---

4 Zum Projektunterricht: Apel, Hans-Jürgen u. Michael Knoll: Aus Projekten lernen. Grundlegung und Anregungen. München: Oldenbourg 2001.

aufgebaut und versetzt die Lehrer so in die Schülerrolle. Darauf lassen sich die Lehrer ein, wenn sie wirklich in ihrem eigenen Fach bleiben können, also das Gefühl haben: Morgen mache ich das mit meinen Schülern! Als Fächer bieten sich Geschichte, Deutsch, Politik, aber auch Englisch und Biologie an.

Erfolgreiche Fortbildungsveranstaltungen dieser Art sind sowohl als externe Angebote mit einem bunt gemischten Publikum als auch als schulinterne Fortbildungen mit einer (oder mehreren) Fachgruppe(n) denkbar. Im ersten Fall ist eine öffentliche oder wissenschaftliche Bibliothek als Material-Lieferantin hilfreich, im zweiten Fall übernimmt eine ordentlich ausgestattete Schulbibliothek diese Rolle.

Die Akademie für Leseförderung hat beide Arten von Veranstaltungen bereits mehrfach und zumeist erfolgreich durchgeführt. Wichtig war dabei ein klares methodisch-didaktisches Konzept für den Ablauf.

Methodisch-didaktischer Ablauf

Das Rahmenkonzept, das die Lehrkräfte in der Lehrerfortbildung zur fachlich basierten Vermittlung von Informationskompetenz „verführen" soll, heißt „Selbstständig lernen durch Recherche". Es sieht drei Etappen der Arbeit mit den Schülern zu einem gängigen fachlichen Thema eigener Wahl vor: „Vorwissen aktivieren und Recherche vorbereiten", „im Bibliotheksbestand nach Informationen zum Thema suchen" und „das erarbeitete Wissen strukturiert darstellen". Diese Etappen sind ungefähr auf Teilkompetenzen[5] der Informationskompetenz abbildbar, und zwar in folgender Weise:

Etappe	Teilkompetenz
Vorwissen aktivieren und Recherche vorbereiten	Informationsbedarf erkennen und formulieren
im Bibliotheksbestand nach Informationen zum Thema suchen	Informationen finden, bewerten und auswählen
das erarbeitete Wissen strukturiert darstellen	Informationen vermitteln

Die Fähigkeit, den eigenen Informationsbedarf zu erkennen, ist der Einstiegspunkt für das methodische Rahmenkonzept, das sich in der Lehrerfortbildung bewährt hat. Denn in der Schule wird den Schülern nur selten Gelegenheit gegeben, den eigenen

---

5 Die hier angeführten Teilkompetenzen lehnen sich an vier der fünf „Standards der Informationskompetenz für Studierende" der Dienstleistungskommission des dbv an (Stand 3. 7. 2009). http://www.bibliotheksverband.de/fileadmin/user_upload/Kommissionen/ Kom_Dienstleistung/Publikationen/Standards_Infokompetenz_03.07.2009_endg.pdf (bes. S. 3 f.; 8. 10. 2011).

Informationsbedarf selbstständig zu ermitteln, indem sie selbst Fragen stellen. Typischerweise fragt der Lehrer und treibt damit im Unterrichtsgespräch den kollektiven Denkprozess voran. Das Konzept „Selbstständig lernen durch Recherche" stellt dagegen das Finden von eigenen Fragen in der ersten der drei Rechercheetappen in den Mittelpunkt. Das geschieht mithilfe des Rechercheplakats. In der Mitte des Rechercheplakats befindet sich ein einfacher, oft journalistischer Basistext, der die Schüler in der Kleingruppe auf ihr Thema einstimmt. Die Schüler notieren im Austausch miteinander auf den vier freien Feldern des Plakats um den Basistext herum stichwortartig:

- die wichtigsten thematischen Informationen des Textes
- ihr Vorwissen zu dem Thema
- Suchwörter für die Recherche
- Fragen für die Recherche

Dieses Plakat bzw. sein Inhalt bildet den roten Faden für die Suche nach Informationen zum Thema im Bibliotheksbestand, also in der zweiten Etappe von „Selbstständig lernen durch Recherche". Dazu trägt die Schülergruppe aus den Regalen der Bibliothek eine Art Handapparat zusammen, prüft die nach Katalog und Titel ausgewählten Bücher auf ihre prinzipielle Brauchbarkeit für das Thema und hält die interessantesten Informationen mit Quellenangaben fest.

In der dritten Etappe schließlich werden die gesammelten Informationen in einer klar strukturierten schriftlichen und mündlichen Darstellung zusammengeführt, mit der die Mitschüler der anderen Arbeitsgruppen über das Thema unterrichtet werden können. Als Basis hat sich wiederum (wie bei der Recherchevorbereitung) die Form des Plakats bewährt, da es von den Gruppenmitgliedern reihum erläutert und nach dem Referat im Unterrichtsraum für alle sichtbar aufgehängt werden kann.

Pointiert gesagt könnte man den beschriebenen Dreischritt von „Selbstständig lernen durch Recherche" auch mit den Stichworten „Denk", „Such" und „Zeig" erfassen, was ein wenig an den Dreischritt beim Kooperativen Lernen erinnert: „Think", „Pair" „Share". Und das passt gut zusammen, denn in beiden Fällen geht es darum, die Recherche als einen Prozess mit interaktiven und sozialen Elementen anzulegen.[6]

Materialien

In vielen Fächern ist das Schulbuch immer noch das zentrale Lehr- und Lernmittel des Unterrichts. Es hat den Vorzug, sorgfältig geprüfte fachliche Inhalte in einer altersgemäßen Sprache und Aufmachung zu vermitteln und methodisch-didaktische

---

6 Das Kooperative Lernen findet in neuerer Zeit zunehmend Eingang in den schulischen Alltag. Grundlegend: Brüning, Ludger u. Tobias Saum: Erfolgreich unterrichten durch Kooperatives Lernen. Strategien zur Schüleraktivierung. Essen: Neue Deutsche Schule 2006.

Hilfen für die Unterrichtsgestaltung gleich mitzuliefern. Wenn man erreichen möchte, dass mehr Lehrer als bisher projektähnliche Unterrichtsformen einsetzen, bei denen Schüler sich Wissen selbstständig aneignen, sollte man den Lehrern Hilfen an die Hand geben. Das heißt: Lehrerfortbildung braucht schriftliche Materialien, die der Lehrer aus der Fortbildung in seinen Schulalltag mitnehmen kann.

Im Fall von Unterricht, der Schüler an typischen fachlichen Themen informationskompetent machen will, ist die wünschenswerte „Traumkombination" eine Mischung aus methodisch-didaktischen Hilfen und Literatur- und Linklisten.

Die methodisch-didaktischen Hilfen sollten neben einer Erläuterung des Gesamtkonzepts und einem Ablaufplan konkrete Arbeitsblätter als Kopiervorlagen umfassen. Auf der Literatur- und Linkliste fände man die Dokumente, mit denen Schüler das Thema besonders gut selbstständig erarbeiten können, also zum Beispiel Jugend-Sachbücher zum alten Ägypten. Die Schul- oder Stadtbibliothek sollte diese Bücher in ihren Räumlichkeiten oder als Bücher- oder Medienkiste für die Unterrichtseinheit zur Verfügung stellen.

Hilfreich wären auch kleine Videos im Internet, die Lehrkräften wie Schülern veranschaulichen, wie der projektähnliche Unterricht konkret im Klassenzimmer verwirklicht werden kann.

Solche Materialien sind in einer ersten Testfassung zum Thema „Altes Ägypten" von der Akademie für Leseförderung in Hannover entwickelt und in der schulischen Praxis erprobt worden. Unter dem Titel „Selbstständig lernen durch Recherche" entstand eine Broschüre, die Gesamtkonzept und Arbeitsblätter ebenso enthält wie eine Literaturliste, die zur Zusammenstellung einer thematischen Bücherkiste herangezogen werden kann.[7] Darüber hinaus gibt es drei kurze Videos auf YouTube, die die Etappen der Recherche verdeutlichen.[8]

Als weitere Hilfsmittel gibt es neuerdings zwei Plakate. Das eine steht unter der Überschrift „Wegweiser Informationskompetenz" und zeigt, in welchen kleinen Schritten man sich als Lerner bzw. Wissensdurstiger zu seinem Wissensziel durchkämpfen kann: vom Suchen über das Prüfen zum Wissen und zum Darstellen des neu Gelernten. Das andere unter dem Titel „Unser Recherche-Projekt" beschreibt die fachliche Recherche als Gruppenprojekt und skizziert den methodisch-didaktischen Ablauf aus der Sicht einer Schülergruppe, vom Rechercheplakat als Mittel der Aktivierung von Vorwissen bis zum Lernplakat als Abbild der bei der Recherche neu erworbenen Kenntnisse, die nun an Dritte weitergegeben werden.[9]

---

7 Pausch, Marion, Arne Borstelmann u. Andreas Müller: Selbstständig lernen durch Recherche: Kl. 5/6. Mit 13 Arbeitsblättern. Hannover: Transfer Medien 2011.
8 Teil 1: Was will ich wissen? http://www.youtube.com/watch?v=jhKJVVTxj8w; Teil 2: Wie finde ich mich in der Bibliothek zurecht? http://www.youtube.com/watch?v=IbaIcK9jnOE; Teil 3: Wie bereite ich mein Wissen für andere auf? http://www.youtube.com/watch?v=JPSgdcVJm4Q (08. 10. 2011).
9 Die Plakate können über Transfer Medien bezogen werden: http://shop.transfermedien.com/ epages/62933223.sf/de_DE/?ObjectPath=/Shops/62933223/Categories/Books_Maps (3. 11. 2011).

Wer Lehrer animieren möchte, neue Wege zu gehen, der braucht mehr Fortbildungen und mehr Materialien. Lehrer sind mindestens ebenso lernfähig wie ihre Schüler. Man muss ihnen nur ein wenig entgegenkommen.

Markus Fritz

Informationskompetenz und Schulbibliotheken: Beispiele aus Südtirol

Abstract: In den vergangenen Jahren sind in Südtirol die Voraussetzungen für ein gut funktionierendes Schulbibliothekswesen geschaffen worden. Die Schulbibliotheken haben sich zu multimedialen Lese- und Lernwerkstätten entwickelt. Eine Schulbibliothek ist dann sinnvoll, wenn sie im didaktischen Konzept der Schule verankert ist und einen konkreten und messbaren Beitrag zur Unterrichtsentwicklung leistet. Schulbibliotheken sind Teil der Schule und somit muss die Vermittlung der Informationskompetenz eingebunden werden in ein curricular aufgebautes, fächerübergreifendes Programm zur Vermittlung von Lernkompetenz (Lese-, Methoden,- Informations- und Medienkompetenz). Anhand von Beispielen aus Südtiroler Schulen wird gezeigt, welchen konkreten Beitrag die multimediale Schulbibliothek bei der Vermittlung von Kompetenzen leisten kann. Die Rolle der Schulbibliotheken bei der Verbesserung des Unterrichts und des Lernens wird durch ein eigens entwickeltes Qualitätssicherungsverfahren überprüft. Die Zukunft der Schulbibliothek liegt in ihrer Funktion als Wissenszentrum der Schule, wo die Schüler/innen lernen können, wo sie in vielfältigen Medien Informationen finden und wo sie kompetente Beratung bekommen.

Keywords: Schulbibliotheksgesetz, Kompetenzvermittlung, Lernkompetenz, Lesekompetenz, Medienkompetenz, Methodenkompetenz, Bibliothekscurriculum, Rechercheprozess, Unterrichtsentwicklung, Qualitätsentwicklung, learning commons

Dr. Markus Fritz: Geb. 1961. Studium der Germanistik und Vergleichenden Literaturwissenschaft in Innsbruck. 1987 Promotion zum Dr. phil. Von 1987 bis 1999 Lehrer für Deutsch und Geschichte an der Fachoberschule für Soziales „Marie Curie" in Meran. Von 1992 bis 1999 Leiter der Schulbibliothek. Seit 1999 Sachbearbeiter für Schulbibliotheken im Amt für Bibliotheken und Lesen, Abteilung Deutsche Kultur der Südtiroler Landesverwaltung. Seit 2006 stellvertretender Direktor des Amtes für Bibliotheken und Lesen.

Rahmenbedingungen und Vorüberlegungen

Seit den 80er Jahren des vergangenen Jahrhunderts gibt es in der Autonomen Provinz Bozen-Südtirol eigene Landesgesetze zur Förderung der öffentlichen Bibliotheken und der Schulbibliotheken. Das Schulbibliotheksgesetz, das als Förder- und Strukturgesetz konzipiert ist, hat dazu geführt, dass flächendeckend Schulbibliotheken errichtet wurden, dass viel Geld und Zeit in die Aus- und Fortbildung der Lehrkräfte investiert wird und dass den Schulbibliotheken ein adäquates Budget für den Bestandsaufbau zur Verfügung gestellt wird. In den deutschen Schulen Südtirols gibt es 220 Schulbibliotheken. Alle Oberschulen (Klasse 9 bis 13) und fast alle Grund- und Mittelschulen (Klasse 1 bis 8) verfügen über eine eigene zentrale Schulbibliothek. Seit Anfang der 90er Jahre wurden Stellen für hauptamtliches Bibliothekspersonal geschaffen: in 25 von 26 Oberschulen und in ca. 30 Prozent der Grund- und Mittelschulen arbeitet eine hauptamtliche Bibliothekskraft. Seit dem Jahr 1999 haben das Amt für Bibliotheken und Lesen und das Pädagogische Institut in Ausbildungslehrgängen ca. 260 Lehrkräfte aller Schulstufen zu „Experten für die Leseförderung und die Bibliotheksdidaktik" ausgebildet. Diese Schulbibliothekslehrgänge umfassen 280 Stunden. Die Absolventinnen und Absolventen werden mit der didaktischen Leitung der Schulbibliothek betraut. Sie fungieren als Bindeglied zwischen der Schulbibliothek und dem Lehrerkollegium und sind vor allem für Leseförderung und die didaktische Nutzung der Bibliothek verantwortlich. Nach der Aufbauphase in den vergangenen 20 Jahren gilt es jetzt, das Erreichte zu sichern und die Schulbibliotheken fit für die Zukunft zu machen.[1]

Allgemein haben Schulbibliotheken in den vergangenen Jahren einen großen Wandel vollzogen: sie haben sich zu multimedialen Lese- und Lernwerkstätten entwickelt. Die Erschließung und Bereitstellung von aktuellen Medien ist nach wie vor eine wichtige Aufgabe jeder Schulbibliothek, doch das genügt nicht mehr. Die multimediale Schulbibliothek muss auch einen Beitrag zur Vermittlung der Lese-, Methoden-, Informations- und Medienkompetenz leisten. Schulbibliotheken sind dann sinnvoll, wenn ihre Funktion, ihre Aufgaben und Ziele im didaktischen Konzept der Schule verankert sind und sie einen konkreten und messbaren Beitrag zur Unterrichtsentwicklung leisten.

Damit diese Ziele erreicht werden, braucht es auch die entsprechenden Räumlichkeiten. Die in der Autonomen Provinz Bozen-Südtirol geltenden Schulbaurichtlinien sehen u. a. vor, dass die Schulbibliothek im Eingangsbereich der Schule angesiedelt wird und dass sie am Hauptverkehrsstrom liegt. In Schulen mit mehr als 10 Klassen hat die multimediale Schulbibliothek eine Größe von $0{,}60m^2$ pro Schüler/in. Die multimediale Schulbibliothek wird als Informations-, Lese-, Lern-, Dokumentations-, Kultur- und Kommunikationszentrum definiert. Die Planung erfolgt aufgrund eines didaktischen Konzepts, das von der Schule und den Planern ausgearbeitet wird. Die Vorgaben entsprechen dem im angloamerikanischen Raum vorherrschenden Verständnis der Schulbibliothek als Learning Resources Center (LRC) oder Media Resources Center (MRC).

---

[1] Auf der Homepage des Amtes für Bibliotheken und Lesen (Abteilung Deutsche Kultur) findet man Informationen zu: Rechtsnormen, Schulbibliotheken, Leseförderung, Bibliotheksdidaktik, u. a. www.provinz.bz.it/bibliotheken (26. 8. 2011).

Die multimediale Schulbibliothek kann ein einzigartiges Innovationszentrum sein: „In der Lernwerkstatt Schulbibliothek löst sich die didaktische Einfalt der Schule auf: Ein Lehrer, eine Klasse, eine Stunde, ein Fach, ein Buch."[2] Wo gibt es an Schulen einen geeigneteren Raum, der großzügig mit verschiedenen Arbeitsnischen für Gruppen- und Einzelarbeit konzipiert ist, zu dem alle Lehrkräfte und Schüler/innen Zugang haben, wo individuelle Lernberatung stattfinden kann, in dem die Lernenden auf alle Medien (Bücher, Zeitschriften, Internet, ...) zugreifen können und der auch einen raschen Wechsel von individualisiertem und Gruppenlernen zulässt?

Ein solches, auf die Bedürfnisse der Lernenden ausgerichtetes Konzept, bedarf natürlich eines Wechsels im Selbstverständnis des Schulbibliothekars/der Schulbibliothekarin. Seine/ihre Rolle wird die eines Tutors, eines Lernbegleiters, der den Lernenden hilft, Lern- und Rechercheprozesse zu planen und durchzuführen. Pädagogische Aufgaben werden wichtiger als bibliothekarische. Es hat wenig Sinn, aus Schülern kleine Bibliothekare zu machen. Vielmehr muss im Arbeitsprogramm der Schulbibliothek das Lernen im Zentrum stehen, nicht die Bibliothek.[3] Bibliothekseinführungen und Rechercheübungen dürfen nicht zum Selbstzweck werden, sondern sie müssen in das pädagogische Programm der Schule eingebunden sein.

Informationskompetenz im schulischen Kontext

Die in den Einführungstexten dieses Sammelbandes angeführten Definitionen von Informationskompetenz und die damit verbundenen Aufgaben für die Bibliotheken gelten mit Einschränkungen und Ergänzungen auch für die Schulbibliotheken. Auch Schülerinnen und Schüler müssen „aus der Fülle der Daten und Informationen das für sie Wichtige auswählen, verarbeiten und in das eigene Wissen integrieren". Schulbibliotheken sind per definitionem „pädagogische Einrichtungen" und „Lernzentren"; sie sind eine wichtige Station auf dem Weg zum „Lebenslangen Lernen".

Schulbibliotheken sind Teil der Schule und somit in das didaktische Konzept der Schule eingebunden. Daher muss auch die Informationskompetenz in einem breiteren Kontext gesehen werden: eine ganzheitliche pädagogische Sicht auf den Rechercheprozess ist nötig. Die Informationskompetenz ist Teil von Lernkompetenz.

---

2 Schlamp, Günter: Schulbibliotheksentwicklung im internationalen Kontext. http://www.provinz.bz.it/kulturabteilung/download/Guenter_K._Schlamp_Printfassung.pdf (26. 8. 2011).
3 Vgl. Schlamp, Günter: Schulbibliotheksentwicklung im internationalen Kontext. http://www.provinz.bz.it/kulturabteilung/download/Guenter_K._Schlamp_Printfassung.pdf (26. 8. 2011).

Rahmenrichtlinien und Schulbibliothek

Seit kurzem gelten in Südtirol neue Rahmenrichtlinien für die Festlegung der Curricula. Diese Rahmenrichtlinien gehen von einem veränderten Lernbegriff aus. Sie sehen die Ausrichtung des Lernens nach Kompetenzen und die Individualisierung des Lernens vor: Nicht das Anhäufen von Wissen steht im Vordergrund, sondern die Fähigkeit, Informationen gezielt auszuwählen und in bedeutungsvolles Handeln umzuwandeln. Jede Schule entwickelt – ausgehend von den Rahmenrichtlinien – ein auf die jeweilige Schule zugeschnittenes Schulcurriculum, mit dessen Hilfe die Bildungs- und Kompetenzziele realisiert werden. Das Schulcurriculum umfasst die einzelnen Fachcurricula und die fächerübergreifenden Lernbereiche. Dieses Curriculum ist zentraler Bestandteil des Schulprogramms. Im Rahmen der fächerübergreifenden Lernbereiche könnte ein „Curriculum zur Vermittlung von Lernkompetenz (Lese-, Methoden,- Informations- und Medienkompetenz)" entwickelt werden, für welches die Schulbibliothek verantwortlich zeichnet. Der Einfachheit halber nennen wir es „Bibliotheks-Curriculum", auch wenn es über die Vermittlung von rein bibliothekarischen Kompetenzen hinausgeht.

Ein solches Curriculum kann natürlich nicht von einer Einzelperson entwickelt werden, sondern kann nur in Teamarbeit erfolgen. Es braucht die enge Zusammenarbeit zwischen der Schulbibliothekarin/dem Schulbibliothekar, den Lehrkräften und der Schulleitung. Bei der Ausarbeitung des Curriculums muss vor allem auf die Wechselwirkung zwischen den Fachcurricula und den fächerübergreifenden Lernbereichen geachtet werden. Beide sollen aufeinander abgestimmt sein und sich ergänzen. Für die Umsetzung sind dann die einzelnen Klassenräte (= die Lehrer/innen einer Klasse) verantwortlich.

Konkret bedeutet dies, dass das Training der Informationssuche nicht von den Lerninhalten der Fächer getrennt werden darf. Ein „Trockentraining", bei welchem die Schüler/innen in der Schulbibliothek oder in der Öffentlichen Bibliothek von der Bibliothekarin nur instruiert werden, wie man beispielsweise den OPAC nutzt oder im Internet recherchiert, ist wenig sinnvoll. Methodentraining und die Vermittlung der Informations- und Medienkompetenz sind wesentlicher Teil einer umfassenden Kompetenzvermittlung und somit eng mit dem Unterricht verzahnt. Und: Sie müssen über eine reine Benutzerschulung hinausgehen. Schulbibliothekare/innen werden so zu Begleitern von Lernprozessen und arbeiten bei der Unterrichtsplanung und Durchführung eng mit den Lehrkräften zusammen.

Lernforschung und Konstruktivismus

Aus der Lernforschung wissen wir, dass Lernen mehr als die Sammlung von Informationen ist. Lernen ist ein aktiver kognitiver Prozess. Wichtig ist auch der Lernweg. Kinder und Jugendliche brauchen dabei Anleitung und Begleitung. Die Schüler/innen sollen die Möglichkeit haben, ihren eigenen Lernprozess zu reflektieren. Dabei brauchen sie kompetente Beratung und Unterstützung. Es genügt nicht, wenn sich Lehrer/innen auf das eigenverantwortliche Lernen berufen. Wichtig sind Hilfestellungen während des Lernprozesses. Dieser soll aufbauend und in Stufen erfolgen. Ross Todd spricht in diesem Zusammenhang vom „knowledge building".[4] Die Aufgabe der Bibliothek beschränkt sich nicht darauf, Informationen bereitzuhalten. Der Schulbibliothekar/die Schulbibliothekarin darf die Lernenden bei der Recherche nicht allein lassen. Die Informationen dürfen nicht zu einer reinen Ansammlung von Fakten werden. Todd plädiert dafür, den Schülern beizubringen, „wie wir Information in ‚deep knowledge' transformieren können".[5] Dieser Transformationsprozess, der Erwerb von Wissen und Verständnis, muss organisiert werden. Schulbibliothekar/in und Fachlehrer/innen begleiten und unterstützen diesen Prozess, indem sie den Schülern beim Lesen, bei der Teamarbeit und beim Erwerb von Arbeitstechniken behilflich sind.

Die Publikation „Lernwelten.net. Lernkompetenz in der Schulbibliothek fördern"

In der vom Amt für Bibliotheken und Lesen und dem Pädagogischen Institut herausgegebenen Publikation „Lernwelten.net"[6] wird versucht, einige der in der Einführung angeführte Überlegungen und Prinzipien umzusetzen:
- Informationskompetenz ist Teil von Lernkompetenz,
- Bausteine für ein „Bibliothekscurriculum" zur Vermittlung von Lese-, Methoden-, Informations- und Medienkompetenz entwickeln,
- die Fachcurricula mit dem „Bibliothekscurriculum" verknüpfen.

Die sechs Bausteine der „Lernwelten" können eine Hilfe auf dem Weg zum selbst gesteuerten Lernen sein. Den Schülerinnen und Schülern sollen Wege der Eigenverantwortung und Reflexion des eigenen Lernprozesses aufgezeigt werden. Da offene Lernformen aber erst dann wirksam sind, wenn grundlegende Routinen (wie zum Beispiel Arbeits- und Recherchetechniken) bereits eingeübt wurden, müssen die Schülerinnen und Schüler also über grundlegende Fähigkeiten und Fertigkeiten für selbständiges Arbeiten und Lernen verfügen. Die insgesamt 101 Übungen in den sechs Bausteinen können die Basis dafür sein.

---

4 Todd, Ross: Knowledge building. In: Informieren statt kopieren. Wege zur Informationskompetenz (Tagungsbericht). 2. Aufl. Wien 2009 (Arbeitshefte zur multimedialen Schulbibliothek 3). S. 11 ff.
5 Ebd., S. 13.
6 Fritz, Markus, Elisabeth Mairhofer u. Michael Patreider: Lernwelten.net. 2. Aufl. Bozen 2008 (Projektberichte aus dem Pädagogischen Institut 12).

Die folgende Übersicht zeigt die zentralen Inhalte der sechs Bausteine. Jeder Baustein ist in der Regel einem Unterrichtsfach zugeordnet, wenn auch fächerübergreifendes Lernen das übergeordnete Anliegen ist.

Baustein 1 Einführung in die Bibliothek	Baustein 2 Sensibilisierung für das Thema Lernen
Buch, Aufbau der Bibliothek, OPAC; Ausleihe, Einführung in das Internet, …	Lerntypen, Lernstrategien, Lernberatung, …
(alle Fächer)	(alle Fächer)
Baustein 3 Recherchieren in den Medien der multimedialen Schulbibliothek	Baustein 4 Arbeitstechniken
Lexika, OPAC, Internet, Suchmaschinen, Strukturierung des Rechercheprozesses, …	Lesetechniken, Markieren, Exzerpieren, Strukturieren, …
(Biologie)	(Geschichte)
Baustein 5 Gestalten und Visualisieren	Baustein 6 Vortragen und Präsentieren
Symbole, Tabellen, Diagramme, Heftseiten, Folien, Lernplakate, …	Freies Vortragen, themenzentrierter Vortrag, Rhetorik, …
(Mathematik/Physik)	(Deutsch/Sprachen)

Das Bausteintraining ist für das Biennium der Oberstufe (Klasse 9 und 10) konzipiert, kann aber ohne weiteres an die Mittelschule (Klasse 6 bis 8) angepasst werden.

Um Lernkompetenz gezielt, systematisch und strukturiert vermitteln zu können, wurde ein Sieben-Schritt-Modell des Informationsmanagements entwickelt. Dieses Modell spiegelt sich in den sechs Bausteinen wider:[7]

1. Ziel der Recherche klären (Baustein 1 und 3)
2. Informationen suchen – in allen Medien der Schulbibliothek (Baustein 1 und 3)
3. Suchweg evaluieren (Baustein 3)
4. Informationen entnehmen (Baustein 3)
5. Informationen aufbereiten und benutzen (Baustein 4 und 5)
6. Informationen präsentieren (Baustein 6)
7. Reflexion und Evaluation (Baustein 2 und 6)

Stellvertretend für die sechs Bausteine werden an dieser Stelle zwei näher beschrieben:
– Baustein 3 Recherchieren in den Medien der multimedialen Schulbibliothek".
  Das beteiligte Fach ist Biologie.

---

7 Vgl. ebd., S. 10 ff.

– Baustein 4 stehen die „Arbeitstechniken" im Zentrum. Das beteiligte Fach ist Geschichte.

Kernstück der sechs Bausteine ist Baustein 3. Es geht um den Umgang mit Lexika, dem OPAC, dem Internet, den Suchmaschinen und den verschiedenen Printmedien. Ein zentrales Element ist die Strukturierung des Rechercheprozesses. Die Lernenden üben mithilfe eines „Drei-Schritt-Modells" (Ziel der Recherche klären, Informationen suchen, Suchweg evaluieren) das Recherchieren in den verschiedenen Medien der multimedialen Schulbibliothek.

Wenn Schüler/innen in die Bibliothek kommen, arbeiten sie häufig für ein Projekt oder ein Referat. Sie recherchieren und finden Material. Sie lernen dabei, zu recherchieren und Informationen zu finden. Sie lernen aber häufig nicht, wie sie mit diesen Materialien umgehen sollen. Sie haben Schwierigkeiten, die gefundenen Informationen zu verarbeiten. Was machen in der Regel die Schüler/innen? Sie kopieren Texte und fügen diese unreflektiert in den eigenen Text ein. Dies führt zur allseits beklagten „Copy and Paste"-Methode. Besonders an diesem Punkt müssen Bibliothekare/innen und Lehrkräfte gemeinsam ansetzen. Wir müssen den Schülerinnen nicht nur behilflich sein, Informationen in den verschiedenen Medien der multimedialen Schulbibliothek zu suchen und zu finden, sondern ihnen auch bei der Weiterverarbeitung zur Seite stehen. Wie können sie ihren eigenen Text, ihre eigene Arbeit, ihr Referat machen? Wie können sie im Sinne von „deep knowledge" Wissen und Verständnis aufbauen? Viele Schüler/innen plagiieren, da sie bei den notwendigen Zwischenschritten vom Suchen und Finden bis zum fertigen Produkt Schwierigkeiten haben. Viele der Übungen in den Bausteinen 4 und 5 zielen auf die Vermittlung von Methodenkompetenz ab. Die Schüler/innen lernen u. a. Lesetechniken wie z. B. das überfliegende Lesen, Lesen von nicht-linearen Texten (Diagramme, Statistiken u. ä.), Arbeitstechniken wie z. B. Markieren, Strukturieren und Zitieren. Sie lernen erste Schritte zum wissenschaftlichen Arbeiten und wie man beispielsweise Zitate in den eigenen Text einfügt.

Viele der gängigen Rechercheaufgaben tragen wenig zum Lernen und zum Aufbau von Wissen bei. Ein Thema wie „Andreas Hofer und die Tiroler Freiheitskämpfe 1809" ist für die meisten Schüler/innen nicht zu bewältigen, da es zu umfangreich ist, den Schüler/innen der Überblick über das Thema fehlt und sie Schwierigkeiten haben, das Thema und den Rechercheprozess zu strukturieren. Die meisten Lernenden werden Informationen sammeln und kopieren. Sie entwickeln keine eigene kritische Position und das gefundene Material wird kaum reflektiert. Es geht also darum, bibliotheksgestützte Rechercheaufgaben zu entwickeln, die über das bloße Sammeln von Fakten hinausgehen. Bei diesen Rechercheaufgaben oder Rechercheprojekten sollten die Lernenden (im Sinne von Todd's „deep knowledge") „neues Wissen" schaffen und das eigenständige, kreative und kritische Denken sollte gefördert werden.

Man könnte das oben genannte Thema „Tiroler Freiheitskämpfe" wie folgt umformulieren:

Aufgabe: Schlüpfe für diese gesamte Unterrichtseinheit in die Rolle einer Person, die zu dieser Zeit gelebt hat. Schreibe in dieser Rolle, ausgehend von den verschiedenen Quellen, die dir zur Verfügung stehen, eine kommentierte Chronik (Tagebuch) der Ereignisse.

Vorgaben:
– Die Chronik (das Tagebuch) soll mindestens drei Einträge enthalten
– Ergänze die Einträge durch visuelle Materialien
– Erstelle eine kommentierte Bibliographie: sie sollte mindestens 3 Printmedien und drei Internet-Seiten enthalten.

Solche Rechercheprojekte bedürfen der Beratung und Begleitung durch den Schulbibliothekar/die Schulbibliothekarin und die Lehrkräfte. Bei der Evaluation wird nicht nur das Endprodukt, sondern auch der Rechercheprozess bewertet. Wir empfehlen, auch den Rechercheprozess zu evaluieren, um Plagiate zu vermeiden, um Schwächen von Schülern rechtzeitig zu erkennen und unterstützend eingreifen zu können.

Der „Mediotheks-Führerschein" an der Wirtschaftsfachoberschule Bruneck

Ein Beispiel für die Umsetzung und Weiterentwicklung des Bausteinkonzeptes ist der „Mediotheks-Führerschein" an der Wirtschaftsfachoberschule Bruneck.[8] Die Schwerpunktfächer der Schule sind Wirtschaft, Recht und Informatik. Beim Mediotheks-Führerschein handelt es sich um ein Qualifizierungsprogramm, das aus fünf Modulen besteht, die den fünf Klassenstufen entsprechen. Die einzelnen Module sind aufeinander abgestimmt und bauen aufeinander auf. Nach jedem Modul wird eine schriftliche Lernzielkontrolle durchgeführt. Für jede bestandene Teilprüfung bekommen die Schüler/innen ein Zertifikat. Jene Schüler/innen, die im Laufe der fünf Oberschuljahre alle fünf Teilprüfungen bestehen, erhalten bei der staatlichen Abschlussprüfung (Abiturprüfung) ein Abschlusszertifikat. Dieses bringt Punkte für das so genannte Bildungsguthaben, das neben den schriftlichen und mündlichen Noten das dritte Element der Schlussbewertung darstellt. Der Mediotheks-Führerschein ist im Schulprogramm verankert, was die Teilnahme für alle Schüler/innen verpflichtend macht. Im Mittelpunkt stehen die Bereiche Recherchieren, Evaluieren und Präsentieren.

---

8 Baumgartner, Andrea: Der Mediotheks-Führerschein. In: Die Lernende Bibliothek 2009. Wissensklau, Unvermögen oder Paradigmenwechsel? Plagiate als Herausforderung für Lehre, Forschung und Bibliothek. Chur 2009. (Churer Schriften zur Informationswissenschaft 33). S. 105 ff.

Hier ein knapper Überblick über die fünf Module:

Modul 1: Einführung in die Mediothek

Modul 2 besteht aus zwei Teilen:
- Einführung in die Stadtbibliothek Bruneck,
- Recherchieren mit Sachbüchern, Nachschlagetechniken in den Fächern Italienisch und Englisch, Einführung in das Internet.

Modul 3: Recherchieren in den Schwerpunktfächern Betriebswirtschaftslehre, Rechtskunde, Volkswirtschaftslehre und Finanzwissenschaften
- Einführung in die Fachbestände,
- Fachspezifische Internet-Recherche,
- Erstellung einer thematischen Literatur- und Linkliste mit Berücksichtigung der Zitierregeln,
- Unterrichtseinheit „Alles, was Recht ist": kurze, einfache Darstellung des Urheber-/Autorenrechts.

Modul 4: Vorwissenschaftliches Arbeiten: Vorbereitung auf die Fachbereichsarbeit und das Schwerpunktthema für die staatliche Abschlussprüfung.

Modul 5: Fortführung von Modul 4, ergänzt mit einer Einführung in die Universitätsbibliothek Bruneck und einer Datenbankrecherche, Präsentationstechniken.

Das Beispiel der Wirtschaftsfachoberschule Bruneck zeigt, dass ansprechende Räumlichkeiten, gekoppelt mit einer adäquaten technischen Ausstattung, einem didaktischen Konzept und einer professionellen Betreuung dazu beitragen, dass Bibliotheken sich zum Lese- und Lernzentrum der Schule entwickeln.[9] Bei vielen Rechercheprojekten ist die Schulbibliothek der Ausgangspunkt für die Recherche: daher ist es zielführend, wenn die Lernenden auch öffentliche und wissenschaftliche Bibliotheken kennen lernen. Die Schulbibliothek leistet außerdem – im Sinne der Rahmenrichtlinien für die Oberstufe –einen Beitrag zur Vermittlung der Informations- und Medienkompetenz. Auch der eingangs zitierten Forderung nach einem konkreten und messbaren Beitrag für die Unterrichtsentwicklung wird entsprochen.

---

9 Vgl. www.wfo-bruneck.info/mediothek-kiwi.html (26. 8. 2011).

Unterrichts- und Qualitätsentwicklung

Für Südtiroler Schulbibliotheken wurden Qualitätsstandards entwickelt. Der Einführung von Qualitätsstandards und dem dazu gehörenden Qualitätssicherungsverfahren liegt die Überlegung zugrunde, dass die Qualität der Arbeit in einer Schulbibliothek Einfluss auf den Lernerfolg der Schüler/innen hat. Daher ist ein Qualitätsmanagement notwendig, das hilft, die eigene Arbeit zu überprüfen.[10] Viele Qualitätsstandards zielen auf die Verbesserung der Lese- und Informationskompetenz der Schüler/innen ab. So kann beispielsweise eine Bibliothek im Bereich „Bibliotheksdidaktik" die Höchstpunktezahl erreichen, wenn „ein mehrteiliges, aufeinander aufbauendes Programm zur Vermittlung der Informations- und Medienkompetenz umgesetzt wird, das in die Curricula eingebunden und für alle Schüler/innen verpflichtend ist".[11]

Ausblick

Aus Sicht des Bibliotheksamtes gilt es nun, die Schulen bei der Entwicklung eines Bibliothekscurriculums zur Vermittlung von Lernkompetenz (Lese-, Methoden,-Informations- und Medienkompetenz) zu unterstützen. Vielleicht gelingt uns eines Tages die Verwirklichung einer Vision: ein Curriculum, das vom Kindergarten bis zur Universität reicht.

Abschließend muss man sich die Frage stellen, wie die Schulbibliotheken in Zukunft aussehen werden. Ist die Schulbibliothek im digitalen Zeitalter nicht überflüssig geworden? Wenn sie sich auf den Verleih von (Print)-Medien beschränkt, ist dies eine berechtigte Frage. Auch wenn in Zukunft die Schüler/innen iPhone, iPad und e-Book in der Tasche haben werden, so brauchen sie doch einen Raum, einen Lernort. Die Bibliothek könnte als (räumliches) Wissens-, Lese- und Lernzentrum der Schule fungieren. Schüler/innen werden in Zukunft verstärkt kompetente Berater brauchen, die ihnen behilflich sind, Informationen zu finden, zu bearbeiten und für sich nutzbar zu machen. In der angelsächsischen Welt hat sich für das Wissenszentrum der Begriff „learning commons" durchgesetzt. Die wörtliche Übersetzung dafür lautet „Wissensallmende".[12] Gemeint ist der mittelalterliche Allmendebegriff, das Gemeingut an Wasser, Weide und Wald. „Learning commons" beinhalten eine Vielzahl an

---

10 Vgl. Volgger, Karin: Entwicklung von Qualitätsstandards für Südtiroler Schulbibliotheken. Bachelorarbeit an der Hochschule der Medien. Stuttgart 2009. Online: http://opus.bsz-bw.de/hdms/volltexte/2009/674/pdf/Bachelorarbeit_Karin_Volgger.pdf (26. 8. 2011).
11 Vgl. http://www.provinz.bz.it/kulturabteilung/bibliotheken/2475.asp (26. 8. 2011).
12 Vgl. Schlamp, Günther: Die „Entbibliothekarisierung" der Schulbibliothek. http://basedow1764.wordpress.com/2009/11/23/die-entbibliothekarisierung-der-schulbibliothek/ (26. 8. 2011).

Räumen: Einzelarbeits- und Gruppenarbeitsraum, Räume für mehrere Klassen, Kommunikationsraum, Rückzugsort, … Sie sind hell, offen und sie stellen eine breite Auswahl an Medien zur Verfügung. Selbstverständlich gibt es genügend Multimedia-PC's bzw. Anschlüsse für Laptops. Und das Wichtigste ist: Im Wissenszentrum bekommen die Lernenden kompetente Beratung bei der Recherche und beim Verfassen ihrer Arbeiten. Im Sinne der „learning commons" wird die ganze Schule zur Bibliothek. In der Grundschule Welsberg beispielsweise gibt es in jedem Stockwerk Lernwerkstätten und Lernlandschaften mit Einzel- und Gruppenarbeitsplätzen, Bücherregalen, Medien und PC-Arbeitsplätzen.[13]

Die Schulbibliothek der Zukunft wird zum Teil virtuell, gewinnt aber an Bedeutung als Ort der Konzentration, der Kommunikation und des vertieften Lernens.

Der kanadische Schulbibliotheksberater Gerald Brown findet für die multimediale Schulbibliothek der Zukunft ein treffendes Bild: „Wenn die Schule ein Auto ist, ist die Schulbibliothek die Benzin-Einspritzung, Fachlehrer und teacher-librarian sind Beifahrer, das Curriculum ist die Straßenkarte, am Steuer sitzt die Schülerin oder der Schüler."[14]

Weiterführende Literatur

Kuhlthau, Carol C. u. a.: Guided Inquiry. Learning in the 21st Century. Westport, CT: Libraries
    Unlimited 2007.
Fink, Veronika u. Markus Fritz (Hrsg.): Lesen und Lernen in der Schulbibliothek. 2. Aufl. Bozen 2005
    (Projektberichte aus dem Pädagogischen Institut 11).
Fink, Veronika u. Markus Fritz (Hrsg.): Netzwerk Schulbibliothek. Bozen 2006 (Projektberichte aus
    dem Pädagogischen Institut 14).
Fritz, Markus u. Karin Volgger: Qualitätsentwicklung in Schulbibliotheken. Ein Überblick über
    internationale Standards und die Umsetzung in Südtirol. In: BuB (2010) H. 11/12. S. 811–814.

---

13 Vgl: Hofmann, Maria: Lebens- und Lernraum Schule – Pädagogische Schularchitektur. Die neue Grundschule Welsberg und die Bedeutung der Schulbibliothek. http://www.provinz.bz.it/ kulturabteilung/download/Hoffmann(1).pps#1 (26. 8. 2011).
14 Zitiert nach: Schlamp, Günter: Das gibt es. Die internationale Schulbibliothekskonferenz 2006. http://basedow1764.files.wordpress.com/2008/08/iasl-lisbon-2006.doc (26. 8. 2011).

Informationskompetenz im Studium

Fabian Franke
Standards der Informationskompetenz für Studierende

Abstract: Bibliothekarische Kernaufgaben benötigen Standards, damit einerseits die Bibliotheken ihr Angebot an ihnen orientieren und durch koordinierte Kooperationen Synergieeffekte erzielen können und andererseits die Nutzer wissen, welche Leistungen sie erwarten können. Die Ziele bibliothekarischer Standards lassen sich aus der Definition der British Standard Institution ableiten. Die Vermittlung von Informationskompetenz wird von vielen Hochschulbibliotheken als Kernaufgabe angesehen. Ihre Bedeutung und die Rolle, die den Bibliotheken dabei zukommt, ergeben sich aus Studien und Empfehlungen der Wissenschaftsorganisationen. Dieser Beitrag beschreibt die Standards der Informationskompetenz für Studierende des Deutschen Bibliothekverbands (DBV) im Vergleich mit internationalen Standards der Informationskompetenz und bewertet ihre Umsetzung an den Hochschulen auf Basis der Zahlen der Deutschen Bibliotheksstatistik.

Keywords: Standards, Informationskompetenz, Studierende, Hochschulen, Hochschulbibliotheken, Deutscher Bibliotheksverband

Dr. Fabian Franke: Hat nach dem Studium der Physik die Ausbildung für den höheren Bibliotheksdienst an der Bayerischen Bibliotheksschule absolviert und war von 1998 bis 2006 Fachreferent und Leiter des Informationszentrums an der Universitätsbibliothek Würzburg. Seit Juni 2006 leitet er die Universitätsbibliothek Bamberg. Er ist Vorsitzender der Arbeitsgruppe Informationskompetenz im Bibliotheksverbund Bayern und Mitglied weiterer bibliothekarischer Arbeitsgruppen, u. a. der Kommissionen Virtuelle Bibliothek und Service & Information im BVB, der AG DBIS zur Weiterentwicklung des Datenbankinfosystems und der AG Lernräume der Deutschen Initiative für Netzwerkinformation (DINI).

Einleitung

„Wissen und Information sind zu zentralen Ressourcen gesellschaftlicher und wirtschaftlicher Entwicklung geworden. Nach dem Grundprinzip des lebenslangen Lernens ist die Informationskompetenz eine wesentliche Schlüsselqualifikation und Voraussetzung für die aktive Teilhabe an der Wissensgesellschaft."[1]

---

1 Deutscher Bibliotheksverband (dbv): Standards der Informationskompetenz für Studierende. 2009. http://www.bibliotheksverband.de/fileadmin/user_upload/Kommissionen/ Kom_Dienstleistung/Publikationen/Standards_Infokompetenz_03.07.2009_endg.pdf (2. 12. 2011).

Mit diesen Sätzen beginnt die Präambel der Standards der Informationskompetenz für Studierende des Deutschen Bibliotheksverbands. Allgemein akzeptiert ist, dass Studierende Informationskompetenz erwerben müssen. Doch welche Fähigkeiten der informationskompetente Studierende im Einzelnen besitzen sollte, wer an den Hochschulen diese vermitteln kann und welche Bedeutung überhaupt der Vermittlung von Informationskompetenz im Studiums zukommt – darüber gibt es innerhalb und außerhalb der Hochschulen unterschiedliche Auffassungen und Ansätze. An den Hochschulen sind es hauptsächlich die Bibliotheken, die zur systematischen Vermittlung von Informationskompetenz beitragen (KII, 2011). Hochschulbibliotheken stellen dazu ein umfangreiches Lehrangebot bereit, das teilweise in die Studienordnungen eingebunden ist.[2]

Dieser Beitrag behandelt die Standards der Informationskompetenz für Studierende, die von Bibliotheken entwickelt wurden. Ausgehend von Studien zur Informationskompetenz an Hochschulen und einem kurzen Überblick über die Ziele bibliothekarischer Standards allgemein stellt er exemplarisch einige nationale und internationale Standards der Informationskompetenz für Studierende vor und diskutiert die Umsetzung an den deutschen wissenschaftlichen Bibliotheken und Hochschulen.

Studien und Papiere zur Informationskompetenz für Studierende

„Der Verbesserung der Nutzerkompetenz (information literacy) muss die Bibliothek in Kooperation mit anderen Einrichtungen der Hochschule durch das aktive Angebot geeigneter Benutzerschulungen verstärkt Rechnung tragen."[3]

Diese Forderung des Wissenschaftsrats bildete zu Beginn dieses Jahrhunderts ein wesentliches Fundament für die Hochschulbibliotheken zum Ausbau ihrer bisherigen Benutzerschulungen und zur Konzeption von Kursen zur Vermittlung von Informationskompetenz sowie zu deren Integration in die Studiengänge. Auch wenn der Wissenschaftsrat 2001 den Begriff „Informationskompetenz" nicht explizit nennt und „information literacy" mit „Nutzerkompetenz" umschreibt, fordert er die Hochschulbibliotheken sehr deutlich zu einer neuen Qualität bei ihren Benutzerschulungen auf. Sie sollen ein aktives Angebot bereitstellen, sich an den Anforderungen der Benutzer orientieren und nicht an allein ihre bibliothekarischen Rechercheinstrumente in den

---

2 Vgl. Lux, Claudia u. Wilfried Sühl-Strohmenger: Teaching Library in Deutschland. Vermittlung von Informations- und Medienkompetenz als Kernaufgabe öffentlicher und wissenschaftlicher Bibliotheken. Wiesbaden (B.I.T.-online Innovativ 9).
3 Wissenschaftsrat: Empfehlungen zur digitalen Informationsversorgung durch Hochschulbibliotheken. Greifswald. Bonn 2011. http://www.wissenschaftsrat.de/download/archiv/4935-01.pdf (2. 12. 2011), S. 36.

Mittelpunkt stellen. Bereits ein Jahr zuvor hatte der Wissenschaftsrat in seinen Empfehlungen zur Einführung neuer Studienstrukturen und -abschlüsse die Schlüsselqualifikationen genannt, die im Studium vermittelt werden sollen. Dabei stellt er fest, dass die Studierenden auch fachübergreifende Kompetenzen erwerben müssen und führt diese konkret auf:[4]

- Kommunikationsfähigkeit
- Teamfähigkeit
- Präsentations- und Moderationstechniken
- Umgang mit moderner Informationstechnologie
- Interkulturelle Kompetenzen
- Fremdsprachenkenntnisse
- Fähigkeit, Wissen und Informationen zu verdichten und zu strukturieren sowie eigenverantwortlich weiter zu lernen

Auch hier fehlt zwar der Begriff der Informationskompetenz, doch wird der Umgang mit Information und Informationstechnologie zu den Schlüsselqualifikationen gezählt.

Die Defizite bei der Nutzung elektronischer Informationen in der Hochschulausbildung hat 2001 die so genannte „SteFi-Studie" sehr deutlich aufgedeckt.[5] Befragungen von Studierenden und Hochschullehrenden ergaben, dass

- die Verankerung der Nutzung elektronischer wissenschaftlicher Information in der Lehre ist unzureichend ist;
- Informations- und Wissensmanagement-Kompetenzen an Hochschulen noch nicht als Schlüsselqualifikation anerkannt sind,
- die Zusammenarbeit von Fachinformationszentren, Universitäts-/Fakultätsbibliotheken und Hochschullehrenden zur Förderung der Informationskompetenz mangelhaft ist.

Aus diesen Ergebnissen zieht die Studie u. a. folgende Konsequenzen:

- Die Vermittlung von Informationskompetenz und die Nutzung elektronisch bereit gestellter wissenschaftlicher Information muss integraler Bestandteil der Lehre werden.
- Der Wissensaustausch unter den Studierenden bei der Nutzung und Verwendung elektronisch bereitgestellter Fachinformation sollte gefördert und möglichst institutionalisiert werden.

---

4 Vgl. Wissenschaftsrat: Empfehlungen zur Einführung neuer Studienstrukturen und -abschlusse Bakkalaureus/Bachelor – Magister/Master in Deutschland. Berlin.
http://www.wissenschaftsrat.de/download/archiv/4418-00.pdf (2. 12. 2011), S. 22.
5 Vgl. SteFi-Studie: Studieren mit elektronischen Fachinformationen – Forschungsprojekt durchgeführt von der Sozialforschungsstelle Dortmund im Auftrag des BMBF. 2001.
http://www.stefi.de (2. 12. 2011).

Wie diese Ziele konkret erreicht werden können, bleibt in der SteFi-Studie offen. Ihre Ergebnisse wurden in einer Umfrage im Bibliotheksverband Bayern, an der sich im Wintersemester 2006/07 mehr als 13 000 Studierende von neun Universitäten und fünf Fachhochschulen beteiligt haben, bestätigt.[6] Auch in dieser Studie hat sich gezeigt, dass qualitätsgeprüfte elektronische Informationsressourcen nur von einem Drittel der Studierenden genutzt wird und nur ein Zehntel der bayerischen Studierenden an einer über eine Bibliotheksführung hinausgehende Einführung in die wissenschaftliche Recherche in der Bibliothek teilnimmt. Aber sie hat auch ein sehr interessantes und wegweisendes Ergebnis erbracht: Wenn Bibliotheken ein umfassendes, innerhalb der Hochschule abgestimmtes Konzept zur Vermittlung von Informationskompetenz hat, lassen sich diese Zahlen deutlich steigern.

Die Deutsche Forschungsgemeinschaft erwähnt Informationskompetenz 2006 im Positionspapier „Elektronisches Publizieren im wissenschaftlichen Alltag. Überlegungen zur Integration elektronischer Publikationen in die Geisteswissenschaften". Dort fordert sie die systematische Entwicklung fachbezogener Übungen zur Einführung in die Fachinformation mit elektronischen Medien und stellt fest: „Über derartige Kurse muss die Informationskompetenz gestärkt werden."[7] Offen bleibt, wer diese Kurse durchführen soll: Zentrale Einrichtungen wie Hochschulbibliotheken und Rechenzentren oder die Fakultäten und Fachgruppen im Rahmen der fachlichen Ausbildung.

Diese Diskussion setzt sich aktuell im Gesamtkonzept für die Informationsstruktur in Deutschland der Kommission Zukunft der Infrastruktur fort, die im Auftrag der Gemeinsamen Wissenschaftskonferenz des Bundes und der Länder (GWK) von der Leibniz-Gemeinschaft berufen wurde.[8] Es sieht den Handlungsbedarf für eine Aufwertung der Informationskompetenz und schlägt dazu u. a. folgende Maßnahmen vor:[9]

- die Ausweitung zielgruppenorientierter Maßnahmen für Studierende und Wissenschaftler
- die Entwicklung und Bereitstellung von E-Learning-Angeboten und Fortbildungen

---

6 Vgl. Franke, Fabian u. André Schüller-Zwierlein: Das Informations- und Schulungsangebot der bayerischen Hochschulbibliotheken aus Sicht der Studierenden. Ergebnisse einer Umfrage der AG Informationskompetenz im Bibliotheksverbund Bayern. In: Zeitschrift für Bibliothekswesen und Bibliographie 55 (2008). S. 3–17.
7 Deutsche Forschungsgemeinschaft (DFG): Elektronisches Publizieren im wissenschaftlichen Alltag. Überlegungen zur Integration elektronischer Publikationen in die Geisteswissenschaften. Bonn-Bad Godesberg 2006. http://www.dfg.de/download/pdf/foerderung/programme/lis/elektr_publizieren.pdf (2. 12. 2011), S. 5.
8 Vgl. Kommission Zukunft der Infrastruktur (KII): Gesamtkonzept für die Informationsstruktur in Deutschland. 2011. http://www.leibniz-gemeinschaft.de/?nid=kiikom&nidap=&print=0 (2. 12. 2011).
9 Vgl. ebd., S. 53.

- die Verankerung in den Curricula
- die Bereitstellung entsprechender Mittel und Ressourcen.

Die Koordination soll nach den Vorstellungen dieser Kommission in der Hochschul-rektorenkonferenz stattfinden, die die Aktivitäten der verschiedenen Hochschulein-richtungen und Fächer zusammenführen soll.

Alle einschlägigen Studien und Papiere stellen also einen dringenden Hand-lungsbedarf bei der Vermittlung von Informationskompetenz an den Hochschulen fest. Können dazu Standards hilfreich sein? Um diese Fragen beantworten zu können, folgen nun einige grundsätzliche Ausführungen zum Nutzen von Standards.

Ziele von Standards

„Put at its simplest, a standard is an agreed, repeatable way of doing something. It is a published document that contains a technical specification or other precise criteria designed to be used consistently as a rule, guideline, or definition".[10]

In dieser Definition der weltweit wohl renommiertesten Standardisierungsins-titution British Standards Institution sind die drei signifikanten Kriterien für einen Standard enthalten:

- **Der Standard muss allgemein anerkannt sein.** In einigen Fällen werden Stan-dards jedoch auch schon vor der allgemeinen Anerkennung formuliert, um Maß-stäbe zu setzen mit dem Ziel, dass sie sich durchsetzen werden. Dies ist in zweierlei Hinsicht auch bei den im nächsten Abschnitt vorgestellten, von Bibliotheksorganisationen erstellten Standards der Informationskompetenz für Studierende zu beobachten. Zum einen enthalten sie sowohl unumstrittene Standards als auch solche, die noch diskutiert werden. Zum anderen mögen diese Standards zwar in den Bibliotheken anerkannt sein, müssen sich aber in den Hochschulen selber noch durchsetzen.
- **Der Standard muss angewendet werden.** Der Stand der Umsetzung der Stan-dards der Informationskompetenz für Studierende ist sowohl innerhalb von Hochschulbibliotheken und Hochschulen, als auch im Vergleich untereinander, sehr heterogen. Eine Einschätzung der Situation an den deutschen wissen-schaftlichen Bibliotheken wird in diesem Beitrag auf Basis der Daten der Deutschen Bibliotheksstatistik und der IK-Veranstaltungsstatistik auf www.informationskompetenz.de versucht.

---

10 Vgl. British Standards Institution. http://www.bsigroup.com/en/Standards-and-Publications/ About-standards/What-is-a-standard/ (2. 12. 2011).

– **Der Standard muss präzise und veröffentlich sein.** Diese Voraussetzung trifft
   sicherlich auf die im Folgenden diskutierten Standards der Informationskompetenz für Studierende zu. Die Rezeption in den Hochschulen über
   den bibliothekarischen Bereich hinaus ist aber durchaus noch unvollständig.

Für bibliothekarische Aufgaben haben sich Standards als sinnvoll und notwendig erwiesen, wenn es sich um eine nachhaltige Kernaufgabe von Bibliotheken handelt, zu
deren Erfüllung die Bibliotheken untereinander kooperieren, somit ihre Zusammenarbeit koordinieren müssen und dafür Normen benötigten.
      Standards haben die Ziele,[11]
– Kunden anzuziehen und zu binden
– Marktführerschaft zu etablieren
– Wettbewerbsvorteile zu erzielen
– best practice festzuhalten.

Für die Hochschulbibliotheken sind mit der Formulierung von Standards der Informationskompetenz folgende Vorteile verbunden:
– **Nutzerorientierung.** Die Hochschulbibliotheken stimmen ihre Leistungen auf
   die Anforderungen der Studierenden, der Lehrenden und der Hochschulen ab.
   Diese wissen, welche Kursangebote zum Erwerb von Informationskompetenz sie
   von den Bibliotheken erwarten können.
– **Wirtschaftlichkeit.** Bibliotheken kooperieren und übernehmen erfolgreiche
   Konzepte, um Synergieeffekte zu erzielen und ihre knappen Ressourcen effizient
   und effektiv einzusetzen.
– **Best practice festhalten.** Die Standards sind aus vielen erfolgreichen Praxis-
   beispielen hervorgegangen, die z. B. in der Materialiendatenbank des Infor-
   mationskompetenzportals www.informationskompetenz.de abrufbar
   sind.
– **Qualität sichern.** Bibliothekarische Standards tragen dazu bei, bibliothekarische Arbeit vergleichbar zu machen. Sie halten dazu an, sich an ihnen zu
   messen, und sind dadurch ein wichtiges Element der Qualitätssicherung.
– **Stärken zeigen.** Aufgrund des Expertenwissens und der Medienvielfalt bieten
   Bibliotheken nachhaltige Strukturen zur Vermittlung von Informationskompetenz. Sie etablieren sich damit als leistungsstarke Partner sowohl lokal in
   den Hochschulen als auch überregional in der Bildungs- und Hochschullandschaft.

---

11 Vgl. British Standards Institution. http://www.bsigroup.com/en/Standards-and-Publications/
About-standards/What-are-the-benefits-of-standards/ (2. 12. 2011).

Nach diesem Überblick über Definition, Sinn und Zweck von Standards geht es nun um den Inhalt: Wie sehen die Standards der Informationskompetenz für Studierende aus? Sind sie geeignet, diese Ziele zu erreichen?

Standards der Informationskompetenz für Studierende

„To be information literate, a person must be able to recognize when information is needed and have the ability to locate, evaluate, and use effectively the needed information."[12]

Standards der Informationskompetenz für Studierende orientieren sich – international wie national – sehr stark an dieser Definition der Informationskompetenz der Association of College & Research Libraries (ACRL) und unterscheiden sich im Wesentlichen durch die Gewichtung und Ausprägung der Teilkompetenzen. Die allgemeinen, eher abstrakt formulierten Standards werden durch Indikatoren (Outcomes) ergänzt, die konkret festlegen, welche Fähigkeiten der jeweilige Standard umfasst.

Standards und Modelle der Informationskompetenz für Studierende existieren in solch einer Vielfalt, dass es den Rahmen dieses Handbuchs sprengen würde, einen umfassenden Überblick zu geben. Daher sollen hier exemplarisch die folgenden Standards vorgestellt und verglichen werden:

- als grundlegendes Modell die „Six Big Skills" von Eisenberg/Berkowitz 1990
- als Beispiel aus den USA die: Information Literacy Competency Standards for Higher Education der Association of College & Research Libraries (ACRL) 2000
- als Beispiel aus Großbritannien die „Seven Pillars of Information Literacy" der Society of College, National and University Librarians (SCONUL) 1999 und deren überarbeitete Version 2011
- als internationales Beispiel die „Guidelines of Information Literacy for lifelong learning" der International Federation of Library Associations and Institutions (IFLA) 1996
- die deutschen „Standards der Informationskompetenz für Studierende" des Deutschen Bibliotheksverbands 2010.

---

12 Association of College & Research Libraries (ACRL): Presidential Committee on Information Literacy. Final Report. Washington, D.C. 1989. http://www.ala.org/ala/mgrps/divs/acrl/publications/whitepapers/presidential.cfm (2. 12. 2011).

Die Six Big Skills[13] waren eines der ersten Modelle, die den Informationsprozess beschreiben und die als Grundlage für die Schulungskonzepte von Hochschulbibliotheken dienen. Die Strukturierung des Informationsprozesses in einzelne Schritte ist bis heute in allen Standards zu finden. In diesen Schritten

- Task Definition
- Information seeking strategies
- Location and access
- Use of information
- Synthesis
- Evaluation

sind die Standards der anglo-amerikanischen und deutschen Bibliotheksverbände mit nur kleinen Unterschieden schon vorgezeichnet. Es fehlt noch der erste Schritt „Informationsbedarf erkennen", die Bewertung der Suchergebnisse erfolgt erst am Schluss des Prozesses.

Für den bibliothekarischen Bereich wurden diese Modelle 1999 von der Society of College, National and University Librarians (SCONUL) in Großbritannien und 2000 von der Association of College and Research Libraries (ACRL) in den USA in Standards umgesetzt, um sie in die Curricula der Hochschulen zu integrieren. In Erweiterung der „Six Big Skills" betonen sie, dass die Teilkompetenzen nicht linear aufeinanderfolgen, sondern der Erwerb von Informationskompetenz ein rekursiver Prozess ist. Sowohl die „Seven Pillars of Information Literacy" von SCONUL[14] als auch die „Information Literacy Competency Standards for Higher Education" der ACRL[15] beginnen mit dem Erkennen des Informationsbedarfs. Während SCONUL dann ausführlich die Entwicklung von Recherchestrategien in die Standards einbezieht, folgt bei der ACRL gleich der Prozess des Findens und Zugreifen auf Informationen. Die Bewertung und Weiterverarbeitung bilden die nächsten Schritte. Das Erkennen der sozio-ökonomischen und rechtlichen Hintergründe sowie der ethisch-verantwortbare und legale Gebrauch stellen für die ACRL – wohl aufgrund der Bedeutung des Zugang und des Umgangs mit Information für die Teilhabe an der demokratischen Willensbildung in den USA – einen eigenen Standard dar. Sowohl die IFLA als auch der Deutsche Bibliotheksverband übernehmen diesen Standard der ACRL in ähnlicher Form. Als siebten

---

13 Vgl. Eisenberg, Michael B. u. Robert E. Berkowitz: Information Problem-Solving: The Six Big Skills Approach to Library and Information Skills Instruction. Norwood, NJ 1990.
14 Vgl. Society of College, National and University Librarians (SCONUL): Information skills in higher education. 1999. http://www.sconul.ac.uk/groups/information_literacy/papers/Seven_pillars2.pdf (2. 12. 2011).
15 Vgl. Association of College & Research Libraries (ACRL): Information Literacy Competency Standards for Higher Education. Chicago 2000, Ill. http://www.ala.org/ala/mgrps/divs/acrl/standards/standards.pdf (2. 12. 2011).

und letzten Pfeiler sieht SCONUL den kreativen Prozess der Weiterverwendung von Information.

2011 hat SCONUL die „Seven Pillars" zu einem „Core Model" umgestaltet und erweitert.[16] Die einzelnen Standards werden nun durch einzelne Schlagworte ausgedrückt:
- Identify
- Scope
- Plan
- Gather
- Evaluate
- Manage
- Present.

Die International Federation of Library Associations and Institutions (IFLA) betont in ihren „Guidelines of Information Literacy for lifelong learning" den Aspekt des lebenslangen Lernens (IFLA, 1996).[17] Sie greift in ihren sechs Standards, die in drei so genannte Basiskompetenten
- Access
- Evaluation
- Use

gegliedert sind, die Formulierungen der ACRL auf, bezieht sie aber nicht nur auf Studierende, sondern allgemein auf Bibliotheksbenutzer. Aufgrund dieser breiten Zielgruppe empfiehlt sie dann auch explizit die Anpassung der Standards an die lokalen Gegebenheiten. Dabei legt sie beim ersten Standard neben der Definition besondere Betonung auch auf die Artikulation des Informationsbedarfs.

In Deutschland wurde der Prozess der Entwicklung von Standards 2002 durch die Übersetzung der ACRL-Standards angestoßen.[18] Das Netzwerk Informationskompetenz Baden-Württemberg hat diese Standards an die Gegebenheiten an deutschen Hochschulen angepasst und 2006 als Standards der Informationskompetenz für Stu-

---

16 Vgl. Society of College, National and University Librarians (SCONUL):
The SCONUL Seven Pillars Model of Information Literacy. Core model for higher education. 2011.
http://www.sconul.ac.uk/groups/information_literacy/publications/coremodel.pdf
(2. 12. 2011).
17 Vgl. International Federation of Library Associations and Institutions (IFLA): Guidelines of
Information Literacy for lifelong learning. 1996. http://archive.ifla.org/VII/s42/pub/
IL-Guidelines2006.pdf (2. 12. 2011).
18 Siehe dazu: Homann, Benno: Standards der Informationskompetenz. Eine Übersetzung der
amerikanischen Standards der ACRL als argumentative Hilfe zur Realisierung der „Teaching Library".
In: Bibliotheksdienst 36 (2002). S. 625–637.

dierende veröffentlicht.[19] Jeder dieser Standards wird konkretisiert durch je zwei bis vier Indikatoren, die wiederum durch je zwei bis fünf konkrete Fähigkeiten veranschaulicht werden. In der Präambel werden die Funktionen dieser Standards genannt:

– Präzisierung der anzustrebenden Schulungsinhalte,
– Orientierung für die Studierenden bei ihren Lernaktivitäten,
– Evaluierbarkeit des Schulungskonzepts und einzelner Schulungsveranstaltungen, Transparenz des Schulungsangebots gegenüber den Lehrenden der einzelnen Fächer,
– Koordination des Schulungsangebots mit der Lehre in den Studienfächern
– Kooperation mit den Lehrenden der Studienfächer im Rahmen eines Curriculums.

In etwas modifizierter Form sind daraus 2010 die Standards der Informationskompetenz für Studierende des Deutschen Bibliotheksverbands entstanden. Die Standards selber sind dabei unverändert geblieben, die Indikatoren wurden größtenteils neu gefasst, auf die Beschreibung einzelner die Indikatoren erläuternder Kompetenzen wurde verzichtet. Wegen ihrer Bedeutung für die deutschen Hochschulbibliotheken sollen die Standards und Indikatoren hier besonders vorgestellt und kommentiert werden.

Erster Standard

Die informationskompetenten Studierenden erkennen und formulieren ihren Informationsbedarf und bestimmen Art und Umfang der benötigten Informationen.

Indikatoren:
Die informationskompetenten Studierenden
1. definieren und artikulieren ihren Informationsbedarf,
2. kennen unterschiedliche Arten und Formate der Information mit ihren jeweiligen Vor- und Nachteilen,
3. berücksichtigen Kosten und Nutzen der Beschaffung benötigter Informationen,
4. sind in der Lage, Art und Umfang der benötigten Informationen zur Lösung eines Problems zu überprüfen und gegebenenfalls zu modifizieren.

Dieser erste Standard ist wohl derjenige, der an den deutschen Hochschulen am stärksten vernachlässigt wird. Die Kosten der Informationsbeschaffung werden gegenüber den Studierenden gar nicht thematisiert. Die Reflexion über den Informationsprozess, die reflektierte Auswahl der für den Informationszweck geeigneten Quellen, kom-

---

19 Vgl. Netzwerk Informationskompetenz Baden Württemberg (NIK-BW): Standards der Informationskompetenz für Studierende. http://www.informationskompetenz.de/fileadmin/ user_upload/Standards_der_Inform_88.pdf (2. 12. 2011).

men in der Ausbildung der Studierenden meist zu kurz. Ein Ansatz zur Erwerb der mit diesem Standard verbundenen Kompetenzen ist die Erstellung so genannter Rechercheportfolios durch die Studierenden

Zweiter Standard

Die informationskompetenten Studierenden verschaffen sich effizient Zugang zu den benötigten Informationen.

Indikatoren:
Die informationskompetenten Studierenden
1. wählen die am besten geeigneten Recherchesysteme und Recherchemethoden aus, um Zugang zur benötigten Information zu erhalten,
2. entwickeln effektive Suchstrategien,
3. nutzen unterschiedliche Recherchesysteme und Suchstrategien zur Beschaffung von Informationen.

Auf diesen Kompetenzen liegt sicherlich der Schwerpunkt bei der überwiegenden Anzahl der Bibliothekskurse. Die Unterstützung der Studierenden bei der Entwicklung effektiver Suchstrategien gehört zu den anerkannten Aufgaben von Bibliotheken. Zu beachten ist, dass zu diesem Standards auch die Auswahl des geeigneten Recherchesystem gehört und die Suchstrategien daher nicht nur in Bezug auf einzelne Bibliothekskataloge oder Datenbanken vermittelt werden dürfen.

Dritter Standard

Die informationskompetenten Studierenden bewerten die gefundenen Informationen und Quellen und wählen sie für ihren Bedarf aus.

Indikatoren:
Die informationskompetenten Studierenden
1. kennen Kriterien zur Beurteilung von Informationen,
2. beurteilen Menge und Relevanz der gefundenen Informationen und modifizieren gegebenenfalls die Suchstrategie,
3. reflektieren ihren Informationsstand als Ergebnis eines Informationsprozesses.

Die inhaltliche Bewertung der Rechercheergebnisse muss überwiegend in den Fächern stattfinden. Bibliotheken könnten hierzu formale Kriterien angeben und deutlich machen, welchen Mehrwert eine Informationsrecherche in qualitätsgeprüften Datenbanken im Vergleich zu einer Recherche in Internetsuchmaschinen aufweisen kann. Die Eingrenzung und Erweiterung von Rechercheergebnissen wird in den Bibliothekskursen meist in Zusammenhang mit den Recherchestrategien behandelt.

Vierter Standard

Die informationskompetenten Studierenden verarbeiten die gewonnenen Erkenntnisse effektiv und vermitteln sie angepasst an die jeweilige Zielgruppe und mit geeigneten technischen Mitteln.

Indikatoren:

Die informationskompetenten Studierenden

1. exzerpieren, speichern und verwalten die gewonnenen Informationen und ihre Quellen,
2. nutzen die geeigneten technischen Mittel zur Präsentation ihrer Ergebnisse,
3. vermitteln ihre Ergebnisse zielgruppenorientiert.

Die Literaturverarbeitung, insbesondere mit Literaturverwaltungsprogrammen, wird in immer stärkerem Maße von den Hochschulbibliotheken vermittelt. Eine große Anzahl der Bibliotheken bieten Kurse zu Literaturverwaltungsprogrammen wie Citavi oder EndNote an. Der Erwerb von Kompetenzen zur Präsentation und Vermittlung der Ergebnisse erfolgt hingegen überwiegend in fachspezifischen Lehrveranstaltungen.

Fünfter Standard

Die informationskompetenten Studierenden sind sich ihrer Verantwortung bei der Informationsnutzung und -weitergabe bewusst.

Indikatoren:

Die informationskompetenten Studierenden

1. befolgen Gesetze, Verordnungen, institutionelle Regeln sowie Konventionen, die sich auf den Zugang und die Nutzung von Informationsressourcen beziehen,
2. sind sich der ethischen, rechtlichen und sozio-ökonomischen Fragestellungen bewusst, die mit der Nutzung von Information und Informationstechnologie verbunden sind.

Urheberrechtliche Fragen spielen derzeit, auch in Zusammenhang mit der Novellierung des Urheberrechts und den aktuellen Schrankenregelungen, eine wichtige Rolle in den Hochschulbibliotheken. Ausgangspunkte in den Bibliothekskursen sind oft die Regeln zum wissenschaftlichen Zitieren und das Vermeiden von Plagiaten.

Eine tabellarische vergleichende Übersicht der Standards ist am Ende dieses Beitrags zu finden.

Wie werden diese Standards aber nun an den deutschen Hochschulen und Hochschulbibliotheken ein- und umgesetzt?

Umsetzung an den Hochschulbibliotheken in Deutschland

Um die flächendeckende Umsetzung der Standards zu untersuchen, sollen die Zahlen der einschlägigen Bibliotheksstatistiken herangezogen werden. Nach den Daten in der Deutschen Bibliotheksstatistik (DBS) fanden 2010 an den wissenschaftlichen Universalbibliotheken 48 905 Stunden Benutzerschulungen mit 486 470 Teilnehmern statt. Von 241 teilnehmenden Bibliotheken geben 215 an, dass sie Schulungen und Kurse durchführen. Die Anzahl der Schulungsstunden ist seit 2003 um 45 Prozent gestiegen, die Teilnehmeranzahl seit 2007 (sie wird erst seit diesem Jahr in der DBS erhoben) um 53 Prozent. Diese Zahlen zeigen, dass die Vermittlung von Informationskompetenz ein wichtiges und nachgefragtes bibliothekarisches Angebot darstellt. Aussagen über die Umsetzung der Standards lassen sich aber nur aus Informationen über die Inhalte, die Dauer und die didaktische Form der Bibliothekskurse gewinnen. Solche Angaben enthält die IK-Statistik auf www.informationskompetenz.de, an der sich 66 Hochschulbibliotheken 2010 beteiligt haben.

Die Ergebnisse sind deutlich: In 87 Prozent der Bibliothekskurse geht es alleine um die Bibliotheksbenutzung, in 57 Prozent um einzelne Kataloge und Datenbanken in 26 Prozent um Fernleihe und Dokumentlieferung. In dieser Form sind diese Inhalte allenfalls als Vorstufe zum Erwerb von Informationskompetenz zu sehen. Bereits weniger als die Hälfte der Bibliothekskurse, nämlich 42 Prozent, behandeln Suchstrategien und Suchtechniken, beziehen sich also auf den zweiten Standard. Themen mit Bezügen zum dritten Standard (Internetrecherche: 13 Prozent) und zum vierten Standard (Informationsverarbeitung und -verwaltung: 11 Prozent) kommen nur am Rande vor. Der fünfte Standard (rechtliche, ökonomische und ethische Fragen: unter 2 Prozent) spielt so gut wie keine Rolle.

Auch der Blick auf die Dauer der Bibliotheksveranstaltungen lässt Rückschlüsse auf die Komplexität der behandelten Inhalte zu: 82 Prozent der Bibliothekskurse dauern maximal 90 Minuten, können also höchstens in das Thema einführen. Weitere 16 Prozent der Kurse gehen immerhin über bis zu 180 Minuten, längere Kurse, die eine vertiefte Beschäftigung ermöglichen wurden, gibt es kaum.

Insgesamt lässt sich also feststellen: Die Veranstaltungen sind überwiegend
– kurz, d. h. dauern 90 Minuten oder weniger
– freiwillig
– einführend und bibliotheksbezogen

Die flächendeckende Umsetzung der Standards ist also noch ganz am Anfang, auch wenn es einzelne „Leuchtturmbibliotheken" mit umfassenden, eine Mehrzahl der Standards einbeziehenden Konzepten gibt.

Fazit

Die Defizite und Handlungsfelder im Umgang mit wissenschaftlicher Information an den Hochschulen sind erkannt. Bibliotheken haben Standards der Informationskompetenz für Studierende formuliert und damit begonnen, sie in Kursen und Lehrveranstaltungen umsetzen. Die flächendeckende Anerkennung der Standards in den Hochschulen, verbunden mit umfassenden Konzepten zur Vermittlung von Informationskompetenz in Zusammenarbeit zwischen Bibliotheken, Fakultäten und Fächern, steht jedoch noch aus. Der Stand der Umsetzung der Standards sowohl in den Hochschulbibliotheken als auch in den Hochschulen ist dabei sehr unterschiedlich. Die ersten Schritte sind gemacht – aber eben auch nur die ersten. Es müssen und werden viele weitere folgen.

Eisenberg/Berkowitz (1990): Six big skills	SCONUL (1999): Seven Pillars	ACLR (2000): Information literacy standards for higher education The information literate student
	Recognize information needs	determines the nature and extent of the information needed.
Task definition	Distinguish ways of addressing gap	
Information seeking strategies	Construct strategies for loacating	
Location and access	Locate and access	accesses needed information effectively and efficiently.
	Compare and evaluate	evaluates information and its sources critically and incorporates selected information into his or her knowledge base and value system.
Use of infornation	Organise, apply and communicate	uses information effectively to accomplish a specific purpose.
		understands many of the economic, legal, and social issues surrounding the use of information and accesses and uses information ethically and legally.
Synthesis	Synthesize and create	
Evaluation		

IFLA (2006): Guidelines on information literacy for lifelong learning	DBV (2009): Standards der Informationskompetenz für Studierende Die informationskompetenten Studierenden	SCONUL (2011): Seven Pillars Core Model
Definition and articulation of information need	erkennen und formulieren ihren Informationsbedarf und bestimmen Art und Umfang der benötigten Informationen.	Identify
		Scope
		Plan
Location of information	*verschaffen sich effizient Zugang zu den benötigten Informationen.*	Gather
Assessment of information	bewerten die gefundenen Informationen und Quellen und wählen sie für ihren Bedarf aus.	Evaluate
Organisation of informaton Use of information	*verarbeiten die gewonnenen Erkenntnisse effektiv und vermitteln sie angepasst an die jeweilige Zielgruppe und mit geeigneten technischen Mitteln.*	Manage
Communication and ethical use of information	sind sich ihrer Verantwortung bei der Informationsnutzung und -weitergabe bewusst.	
		Present

Tabellen: Vergleich ausgewählter Standards und Modelle der Informationskompetenz

Ralf Ohlhoff

Förderung von Informationskompetenz als Schlüsselqualifikation: Modell Freiburg im Breisgau (BOK-Bereich)

Abstract: An der Universitätsbibliothek Freiburg wird zweimal jährlich ein Kurs zur fachübergreifenden Vermittlung von Informationskompetenz als Schlüsselqualifikation für Bachelor-Studierende angeboten und stetig weiterentwickelt. Er ist eingebunden in das universitätsweite Programm zur Förderung berufsfeldorientierter Kompetenzen (BOK). Die Studierenden erstellen nach Einführung in die wichtigsten Rechercheinstrumente und Ressourcen in Gruppenarbeit eine Dokumentenmappe zu einem vorgegebenen Thema. Sie vollziehen dabei alle wesentlichen Schritte der Informationskompetenz: Aufgabendefinition, Informationsrecherche, Informationsauswahl, Informationsbewertung und Informationsverarbeitung bis hin zu Präsentation und Kommunikation. Im Kursverlauf wird die allgemeine Tendenz zu Recherchen, die rein auf digitale Texte abzielen und zu oberflächlich angelegt sind, ebenso problematisiert wie das Thema Plagiarismus.

Keywords: Bachelor, Berufsfeldorientierte Kompetenz, Bibliothek, Digital Natives, Dokumentenmappe, Information, Informationsflut, Internet, Lehrveranstaltung, Lehrvortrag, Lernplattform, Plagiarismus, Schlüsselqualifikation, Selbstlernphase, Soziale Kompetenz, Studium

Dr. Ralf Ohlhoff: Absolvierte nach Magisterstudium und Promotion in den Fächern Arabistik, Geschichte und Religionswissenschaft an der Georg-August-Universität Göttingen das Bibliotheksreferendariat an der Universitätsbibliothek Freiburg und der Bibliotheksschule Frankfurt/ Main. Seit 2000 ist er an der UB Freiburg als Fachreferent für Orientalistik und Religionswissenschaft sowie als Leiter der Bibliothek des Orientalischen Seminars tätig. Seit 2010 leitet er das Dezernat für Benutzung und Informationsdienste.

Die Schlüsselqualifikation Informationskompetenz

Mit Einführung der Bachelor-Studiengänge an der Universität Freiburg vor etwa zehn Jahren wurden in deren Studienplan Kurse vorgesehen, in denen die Studierenden Kompetenzen erwerben, welche das eigentliche Studienfach überschreiten und für spätere Berufsfelder qualifizieren sollten, die sogenannten BOK-Kurse. BOK steht dabei für berufsfeldorientierte Kompetenzen. Die Universitätsbibliothek Freiburg ist von Beginn an Anbieter entsprechender Lehrveranstaltungen gewesen, die universitätsweit vom eigens dafür geschaffenen Zentrum für Schlüsselqualifikationen (ZfS) organisiert werden.

Welche Kompetenzen können Bachelor-Studierenden sinnvoller Weise von einer wissenschaftlichen Bibliothek vermittelt und als Schlüsselqualifikationen mit auf den weiteren Werdegang gegeben werden? Bei der Konzeption der UB-Veranstaltungen rückten, neben der von Seiten des UB-Medienzentrums in eigenen BOK-Kursen geschulten Medienkompetenz, die unter dem Oberbegriff Informationskompetenz geführten Fähigkeiten zur Recherche, Auswahl und Verarbeitung wissenschaftlicher Information in den Fokus.

Bereits in der zweiten Hälfte der 1990er Jahre war es an der UB Freiburg zu einem erheblichen Ausbau der fachübergreifenden und fachspezifischen Katalog- und Datenbankschulungen gekommen. Nach der Jahrtausendwende gelang es zudem, Veranstaltungen zur Einführung in die fachliche Literaturrecherche in den Curricula einzelner Fächer zu verankern und das Angebot noch auf weitere, bislang nicht einbezogene Fächer – vielfach flächendeckend – auszudehnen.[1] Innerhalb dieser Schwerpunktsetzung auf Seiten der Bibliothek stellte die universitäre Verankerung der Informationskompetenz als Schlüsselqualifikation für Bachelor-Studierende einen weiteren gewichtigen Baustein dar.

Zu Beginn im Jahr 2002 hatte die Universitätsbibliothek bei der Konzeption ihres BOK-Angebotes gleichwohl einen breiter auf das gesamte bibliothekarische Berufsfeld angelegten Weg verfolgt. In dieser Anfangsphase thematisierte der über ein ganzes Semester verlaufende Kurs Bereiche wie Medienkunde, Medienbearbeitung, Elektronisches Publizieren und Buchhandel; Informationskompetenz und deren Vermittlung waren dabei nur ein Element des Kursplanes.

Zum Sommersemester 2003 wurde die Lehrveranstaltung neu konzipiert und nunmehr die Vermittlung von Informationskompetenz in das Zentrum gerückt. Die Veranstaltung nimmt seitdem ihren festen Platz im breiten Spektrum von Kursen und Schulungen an der UB Freiburg ein. Sie soll Gegenstand dieses Beitrages sein.[2]

---

1 Siehe Sühl-Strohmenger, Wilfried: Die Universitätsbibliothek Freiburg im Breisgau auf dem Weg zur Teaching Library. In: Bibliotheksdienst 41 (2007). S. 331–346. Vgl. auch den Beitrag von M. Seyder in diesem Band.

2 Vgl. Sühl-Strohmenger, Wilfried, Michael Becht, Franz J. Leithold, Ralf Ohlhoff u. Christine Schneider: „Informations- und Medienkompetenz" in den neuen Bachelor-Studiengängen an der Universität Freiburg. In: Bibliotheksdienst 36 (2002). S. 150–159 und Sühl-Strohmenger, Wilfried, Michael Becht, Martin Mayer u. Ralf Ohlhoff: Wie Bachelor-Studierende Informationskompetenz entwickeln können. Fünf Jahre Erfahrungen mit dem fachübergreifenden Wahlpflichtangebot der Universitätsbibliothek Freiburg. In: Bibliotheksdienst 41 (2007). S. 1167–1184. In den beiden Artikeln werden zahlreiche Details des Kurskonzeptes erläutert, auf die an dieser Stelle nicht noch einmal eingegangen wird.

Rahmenbedingungen und Konzeptionen

Nach mehreren Namensänderungen trägt der Kurs inzwischen den Titel „Strategien zur Recherche, Auswahl und Präsentation von Informationen – Informationskompetenz als entscheidende Schlüsselqualifikation für Studium und Beruf". Er wird einmal pro Semester als Blockveranstaltung in der vorlesungsfreien Zeit angeboten. Bewährt hat es sich, die Veranstaltung auf sieben Werktage festzusetzen, wodurch auch das eingeschlossene Wochenende Raum für Selbstlernphasen bietet.

Diese Form der Blockveranstaltung ist zwar einerseits für die Lehrenden punktuell sehr zeitaufwändig, weshalb der Kurs auch im Team durchgeführt wird, das derzeit aus zwei (vormals vier) Dozenten besteht. Andererseits entlastet die Ansetzung vor Semesterbeginn den während der Vorlesungszeit meist prall gefüllten Terminkalender.

Die zehn bis maximal zwanzig Teilnehmenden können vier ECTS-Punkte erwerben. Der Kurs besteht aus Präsenz- und Selbstlern- bzw. Gruppenarbeitsphasen. In den Präsenzzeiten, welche etwa 25 Stunden ausmachen, wird den Studierenden, vor allem in den ersten Arbeitsphasen, durch die Dozenten in Form des Lehrvortrages das Programm des Kurses erläutert und ein Überblick der Informationsressourcen und Recherchemittel sowie der entsprechenden Suchstrategien gegeben. Großer Wert wird darauf gelegt, dass diese Phasen der Vermittlung sich regelmäßig mit umfangreichen Einheiten des eigenständen Übens und Vertiefens abwechseln. In der zweiten Hälfte des Kurses rücken die Lehrvorträge dann zunehmend in den Hintergrund und die Dozenten betreuen vorrangig als Coaches die einzelnen Studierenden oder die Gruppe bei auftretenden Fragen und Problemen.[3] Großteils wird aber während dieser Zeit eigenständig in den Gruppen gearbeitet.

Trotz der in der Regel sehr heterogen Gruppenzusammensetzung entwickelt sich unter den Teilnehmenden, aufbauend auf der kooperativen Arbeit innerhalb der Kleingruppen, insbesondere bei der abschließenden gemeinsamen Zusammenstellung der Dokumentenmappe eine dynamische, ineinandergreifende und sehr produktive Arbeitsweise. Hervorzuheben ist darum, dass die Studierenden im Prozess der Gruppenarbeit auch ihre sozialen Schlüsselqualifikationen wie Kommunikations-, Kooperations- und Konfliktkompetenz erweitern.

Für die Veranstaltung steht während der gesamten Dauer ein Schulungsraum mit ausreichend Computerarbeitsplätzen zur Verfügung, so dass auch in den freien Gruppenarbeitsphasen selbstorganisiert gearbeitet werden kann. Die Lernplattform der Universität Campus Online bildet die technische Basis des Kurses. In ihr lassen sich Präsentationen sowie Handouts hinterlegen und ist ein E-Learning-Katalog-Test

---

3 Diese Methode bewährt sich, da die Studierenden auf das direkte Angebot sehr offen und mit vielen Fragen reagieren. Es werden dabei sogar teils noch grundsätzliche Probleme deutlich, die zuvor im Plenum auf die Frage nach Unklarheiten nicht angesprochen worden sind.

bereit gestellt. Weiterhin sind hier von den Teilnehmenden die im Kursverlauf zu erledigenden Arbeitsaufträge abzurufen und in Form eines Lernportfolios wieder hochzuladen. Geradezu ideal lässt sich Campus Online aber insbesondere für das gemeinsame Erstellen der als Leistungsnachweis dienenden Dokumentenmappe nutzen.

Die Lernplattform fördert damit den kooperativen Entstehungsprozess des Dokumentes, da sie den in Arbeitsgruppen tätigen Studierenden die Möglichkeit bietet, von unterschiedlichen Lernorten Texte untereinander auszutauschen und weiterzuentwickeln.

Erstellung einer Dokumentenmappe

Eine zentrale Herausforderung bei der Vermittlung von Informationskompetenz besteht stets darin, einen Lehr-/Lernrahmen zu schaffen, der die Teilnehmenden motiviert, die vorgestellten Inhalte möglichst unmittelbar anzuwenden, zu reflektieren und zu vertiefen, so dass es am Ende tatsächlich zu einem Kompetenzzuwachs bzw. zum Erwerb einer Schlüsselqualifikation kommen kann.

Im Falle fachlicher Einführungen in die Literaturrecherche der Universitätsbibliothek ist der motivierende Bezugsrahmen in der Regel gegeben oder leicht herbeizuführen. Das gilt insbesondere für Schulungen, die in universitäre Seminare eingebunden sind.

Dies ist im fachübergreifenden BOK-Bereich naturgemäß nicht möglich. Gleichwohl sieht das Kurskonzept vor, die Studierenden anhand eines konkreten Themas die vorgestellten Techniken anwenden zu lassen.

In Projektarbeit ist gemeinschaftlich eine Dokumentenmappe zu einem gesellschaftlich relevanten Thema zusammenzustellen.[4] Um den Arbeitsauftrag plastischer wirken zu lassen, wird folgendes Szenario skizziert: Die Studierenden haben als Referententeam eines Abgeordneten diesem zu einem bestimmten Thema ein Dossier anzufertigen. Diese Situation ist zwar fiktiv, weist aber sogar auf ein konkretes später mögliches Berufsfeld und dessen Kernkompetenzen hin, womit der Rahmen auch in dieser Hinsicht den Anforderungen eines BOK-Kurses entspricht.

Die Dokumentenmappe wird von der Teilnehmenden zugleich als Leistungskontrolle eingefordert. Sie ist im Verlauf der Blockseminarzeit zu erstellen und am letzten Sitzungstag zu präsentieren.

Der Auftrag ist durch die Studierenden in die Tat umzusetzen, indem sie in den anfangs vorgestellten Katalogen, Datenbanken und Internetsuchmaschinen

---

4 Eine Auswahl der im Laufe der Jahre bearbeiteten Themen: Kopftuchstreit, Online-Studium, Terrorismus, Jugendgewalt, Alternde Gesellschaft, Atompolitik, Frauenquote, Bürgerbeteiligung.

nach relevanten Texten recherchieren, diese auf ihre Zugänglichkeit hin überprüfen und beschaffen. Anschließend erfolgt eine Bewertung, Auswahl und Ordnung der Texte.

Ganz bewusst wurde vorgesehen, dass die Rechercheergebnisse in Form einer Dokumentation zusammengestellt werden sollen. Während die üblicherweise anzufertigende Hausarbeit verlangt, dass die Studierenden die gesammelten Informationen in eigenen Worten zusammenfassen und eigene Aussagen dazu treffen, legt die Dokumentenmappe den Schwerpunkt auf den Zusammenbau (fremder) Texte. Die Auswahl hat dabei inhaltlich ausgewogen zu sein, soll eine Vielfalt von Texttypen enthalten (so auch Graphiken, Interviews, Karikaturen), die zudem formal korrekt wiedergegeben und ausreichend belegt werden müssen. Nur in den Elementen Deckblatt, Gliederung, Einleitung/Schluss und in einzubauenden Überleitungssätzen sollen die Teilnehmenden eigene Textanteile produzieren.

Die Art der Ergebniszusammenfassung als Dokumentenmappe, von der zudem jede/r auch einen Ausdruck erhält, wird in vielen Rückmeldungen als sehr positiv bewertet, zumal keine Sitzungsprotokolle oder Hausarbeiten nachträglich erstellt werden müssen, sondern mit dem letzten Kurstag alle Anforderungen erfüllt sind. Das Thema wird zwar jeweils von den Dozenten vorgegeben, dennoch können die Studierenden in der Regel bei der Festlegung von Unterthemen und deren Zuweisung zu den Gruppen eigene Vorlieben und Schwerpunkte umsetzen.

Während die meisten Veranstaltungen zur Vermittlung von Informationskompetenz in ihrem Programm die Informationssuche in den Mittelpunkt rücken und notgedrungen mit der Zusammenstellung der Rechercheergebnisse enden müssen, bietet dieser Kurs dagegen durch den skizzierten ganzheitlichen Ansatz den nötigen Raum, um die weiteren Phasen im Prozess der Informationskompetenz wie Informationsverarbeitung und Informationspräsentation nahtlos anschließen zu lassen. In der Regel können die Studierenden ja diese Arbeitsschritte nur außerhalb von Bibliotheksveranstaltungen durch universitäre Kurse einüben oder müssen sie mangels hinreichender Angebote selbst erlernen.

Ein gewisser Zielkonflikt ist mitunter darin zu sehen, dass die Studierenden im BOK-Bereich Schlüsselqualifikationen erwerben und einüben sollen, die über das enge Feld des eigenen Studienfaches und auch der eigenen Studienzeit hinaus für das Berufsleben qualifizieren sollen, während die Erwartungen vieler Teilnehmender sich aber nicht zuletzt darauf beziehen, konkretes Handwerkszeug zur Anfertigung von Haus- und Abschlussarbeiten während des Studiums zu erlernen.

Auf diese fachspezifischen Wünsche kann natürlich im Rahmen des Kurses nur bedingt eingegangen werden. So mancher Teilnehmer findet sich aber anschließend in den Sprechstunden der jeweils zuständigen Fachreferenten wieder. Anliegen dieses Kurses soll ja sein, mit den Studierenden am Beispiel einiger ausgewählter Suchwerkzeuge und Ressourcen das Instrumentarium zur Recherche einzuüben, damit sie es später auf andere Datenbanken übertragen können. Zu diesem Zweck haben die Studierenden im Verlauf der ersten Kurshälfte in ihren Gruppen verschiedene Datenbanken anhand eines vorgegebenen Musters zu analysieren, zu vergleichen und anschließend im Plenum vorzustellen.

Zur Übersicht sei an dieser Stelle der Ablaufplan des Kurses kurz und schematisch dargestellt. In ihm sind alle relevanten Standards der Informationskompetenz integriert:

- Einführung
- Überblick über die verfügbaren Informationsressourcen und Recherscheinstrumente: Kataloge, bibliographische Datenbanken, Volltextdatenbanken, Internetsuchmaschinen. Aufgabendefinition
- Entwicklung von Suchstrategien. Informationsrecherche. Informationsauswahl
- Informationsbewertung und Informationsverarbeitung: Zitierregeln, Urheberrecht, Textverarbeitung; Erstellung der Dokumentation
- Präsentation und Kommunikation der Ergebnisse.

Der digitale Sog

Neben Katalogen, bibliographischen und Volltextdatenbanken bildet das Internet den vierten großen Block der vorzustellenden und einzuübenden Recherscheinstrumente. Bei der Behandlung von Google werden nach einer Diskussion des Rankingverfahrens die erweiterten Suchmöglichkeiten gezeigt, die bei der überwiegenden Mehrzahl der Teilnehmenden bis dato unbekannt sind und bei ihnen großes Interesse hervorrufen. Auch Wikipedia gilt es, kritisch konstruktiv zu durchleuchten, indem unter anderem auf die Möglichkeit hingewiesen wird, sich Versionsgeschichten und Diskussionen zu jedem Artikel anzeigen zu lassen, sowie indem die Urheberrechtsproblematik auch in diesem Zusammenhang behandelt wird. Diesbezüglich betreten nahezu alle Studierenden Neuland.

Muss dieser Befund nicht überraschen? Was sagt es aus, dass angesichts der massiven Internetanwendung, die das tägliche Leben von Studierenden prägt, offenbar von ihnen kaum Mühe darauf verwendet wird, die tagtäglich stattfindenden Suchen in Google zu verbessern und effektiver zu machen bzw. der als Referenzquelle herangezogenen Wikipedia einmal hinter die Kulissen zu schauen? Mit anderen Worten: Warum geben sich junge Menschen, die das wissenschaftliche Arbeiten erlernen, mit weniger als möglich zufrieden?

Offenbar ist dieses Weniger für sie ausreichend und augenscheinlich wird hierin zugleich das Erfolgsrezept von Google und Wikipedia deutlich, das einen schnellen und unkomplizierten Sucheinstieg vorsieht, der in der Regel viele, zumindest einige, relevante Ergebnisse liefert, freilich keinesfalls verlässlich die relevantesten zu Tage fördert. Es mag in diesem Zusammenhang trösten, dass die anschließend im Kursverlauf vorgestellten Ressourcen wie Google Scholar, Scirus oder BASE (Bielefeld Academic Search Engine) von den Studierenden sehr bereitwillig aufgenommen und angewendet werden, letzten Endes entsprechen sie eben auch dem oben genannten Rezept, sie sind nur besser auf den wissenschaftlichen Bedarf abgestimmt.

Der BOK-Kurs hat an dieser Stelle stets einen Spagat zu vollziehen: Zum einen soll aufgezeigt werden, dass wissenschaftliches Arbeiten nur auf Anwendung der besten, nicht der leichtesten Recherchewerkzeuge und -wege basieren kann. Zum anderen ist das Rechercheverhalten des Internetzeitalters auch ein Stück weit zu akzeptieren, mit dem Versuch, es konstruktiv zu lenken statt es abzulehnen. Dieser Spreizschritt ist im Folgenden kurz zu erläutern:

Auf der einen Seite soll den Studierenden deutlich werden, dass der Wert von Information nicht von ihrem digitalen oder analogen Zustand abhängt. Die im ersten Teil vorzustellenden Kataloge und bibliographischen Datenbanken führen sie darum auch zu gedruckt vorliegenden relevanten Texten. Es ist mit ihnen einzuüben, dass im Prozess einer inhaltlich ausgerichteten Informationssuche und -verarbeitung immer wieder auch die Bruchstelle zwischen digitaler und analoger Welt überschritten werden muss, dies unabhängig von der Tatsache, dass am Anfang des Prozesses die elektronische Recherche und am Ende die elektronische Textverarbeitung stehen. Schließlich ist es nur in den wenigsten Wissenschaftsdisziplinen bereits die Regel, eine wissenschaftliche Arbeit von Anfang bis Ende nur vom Laptop aus zu erstellen.

Auf der anderen Seite ist im Blick zu behalten, dass auch die Studierenden jedes BOK-Kurses der Sogwirkung ausgesetzt sind, die von der Schnelligkeit und Bequemlichkeit einer ungebrochen digitalen Informationsrecherche und -auswahl ausgeht: In E-Books, E-Journals+, vor allem aber im Internet lassen sich zu den vorgegebenen Themen stets eine Vielzahl mehr oder minder fundierter Texte finden, die sich wesentlich leichter als gedruckte Quellen in die Dokumentenmappe einbauen lassen. Im begleitenden Coaching, in den eingebauten Feedbackrunden und in der Schlussevaluation sind die verwendeten Suchwerkzeuge und die Auswahlkriterien bei der Zusammenstellung der Texte in dieser Hinsicht genau zu hinterfragen und ggf. zu problematisieren. Vor allem aber sind den Teilnehmenden die vielfältigen, aber meist unbekannten Möglichkeiten der Suche etwa in Volltextdatenbanken und wissenschaftlichen Suchmaschinen aufzuzeigen sowie ihre Suchstrategien im Internet zu verbessern.

Denn die Tendenz, der digitalen Sogwirkung zu unterliegen und Informationen nur noch im „One-Stop-Shop" einzuholen, kann man auf Bibliotheksseite bedauern, hat hier aber schon vor geraumer Zeit verstanden, dass man sie keineswegs umkehren, sondern nur aufnehmen und mit effektiven Schulungen sowie eigenen verbesserten Werkzeugen ein Stück weit lenken kann. Insbesondere der momentan verstärkt betriebene Umbau der bisherigen Online-Kataloge zu Suchmaschinen auf der Basis sogenannter Resource Discovery-Systeme, welche die klassische Trennung von Buch-, Aufsatz- und Internetsuchen durch gemeinsame Indices überbrücken, sei an dieser Stelle genannt.[5] Zukünftige BOK-Kurse werden diese neuen Suchwerkzeuge

---

5 An der UB Freiburg ist seit Oktober 2011 der Katalog plus mit RDS-Technologie in Betrieb.

mehr in den Kursplan aufzunehmen haben, um die Möglichkeiten dieser One-Stop-Shops aufzuzeigen, aber auch die nach wie vor bestehenden Vorteile der gezielten Suche in einer bibliographischen Fachdatenbank zu verdeutlichen.

Selbsteinschätzungen

Besteht womöglich ein Grundproblem darin, dass sich die Studierenden für ausreichend informationskompetent halten und deshalb zu wenig motiviert sind, ihre Kompetenz selbständig oder durch den Besuch von Schulungen zu verbessern? In einer regelmäßig durchgeführten Umfrage unter den Teilnehmenden[6] konnten diese sich unter anderem dazu äußern: Nur 16 Prozent antworteten auf die Frage „Halten Sie sich selbst für „informationskompetent"? mit „Nein". Jeweils 42 Prozent gaben „Ja" oder „Weiß nicht" an. Die Gruppe der Teilnehmenden am BOK-Kurs hat diesbezüglich sicher nicht als repräsentativ für die Studierendenschaft zu gelten. Vermutlich ist unter ihnen der Anteil derjenigen höher, die bei sich noch Nachholbedarf in puncto Informationskompetenz sehen, was nicht zuletzt in ihrer Wahl dieses Kurses abzulesen ist. Darum ist davon auszugehen, dass eher mehr als 42 Prozent der Studierenden insgesamt sich für informationskompetent halten und damit eine Selbsteinschätzung treffen, die sie eher von einer kritischen Hinterfragung ihres eigenen Rechercheverhaltens abhält.

Als ein zentraler Baustein bei den Bemühungen zur Verbesserung der Informationskompetenz wird häufig ein adäquater Umgang mit dem Phänomen der Informationsüberflutung genannt. Entsprechend ist in früheren Jahren des BOK-Kurses das Thema Informationsflut als Einstieg behandelt worden, um die Studierenden zur gemeinsamen Suche nach einem effektiven Umgang mit dieser Situation zu motivieren. Seit einigen Semestern sieht das Kurskonzept diesen Punkt nicht mehr vor, da bei den Studierenden abnehmendes Interesse zu beobachten war. Einher geht dieser Befund mit den Ergebnissen der genannten Befragung, der zu Folge nur für 21 Prozent der Teilnehmenden sehr zutrifft, dass die Informationsflut sie überfordere, für 42 Prozent trifft dies weniger, für 28 Prozent nicht zu.

Es scheint also mittlerweile eher die Generation der Dozenten als die der Studierenden zu sein, welche die vermeintliche Informationsflut als bedrohlich und damit als Informationsüberflutung einschätzt. Eindrücke aus dem Kurs selbst sprechen dafür, dass die Studierenden diese Situation eher als ganz selbstverständlich wahrnehmen. Sie sind als Digital Natives seit ihrer Kindheit einer Vielzahl von multimedialen

---

6 Vgl. Sühl-Strohmenger, Wilfried, „Informationskompetenz im Bachelor- und im Masterstudium: Befunde von Studierendenbefragungen (2008–2010) an der Universität Freiburg." In: B.I.T.online 14 (2011). S. 11–18. Ein Teil der im Folgenden vorzustellenden Ergebnisse ist bereits in diesen Beitrag eingeflossen.

Reizen und Informationsangeboten ausgesetzt, welche sie zu einem nicht unbeträcht-
lichen Teil sogar selbst steuern. Dieser Vorteil, den die Digital Natives in der Informationsgesellschaft besitzen, droht sich jedoch ins Gegenteil zu kehren, wenn sie dieses
Startkapital nur zu einem hedonistischen Umgang mit dem Informationsangebot nutzen, aber ihre quasi in die Wiege gelegten Fähigkeiten nicht zu einer zielgenauen und
produktiven Informationsrecherche und -auswahl weiterentwickeln.

Das Thema Plagiarismus

In den Arbeitsphasen zur Informationsverarbeitung und -präsentation steht auch das
wissenschaftliche Zitieren auf dem Programm. In diesem Zusammenhang werden
auch informationsrechtliche und -ethische Fragen in den Blick genommen. Über Jahre hinweg ist dabei erhebliche Mühe aufzuwenden gewesen, um die Problematik des
Plagiarismus angemessen zu vermitteln und diesbezüglich ein Unrechtsbewusstsein
bei den Studierenden dieser Generation zu wecken.[7]

Seit der Fall Guttenberg breit in der Öffentlichkeit diskutiert worden ist, hat sich
die Situation grundlegend geändert. Dieses Thema muss nun nicht mehr mühsam
an die Teilnehmenden herangetragen werden. Es herrscht nach Beobachtungen der
Dozenten ein fundierter Kenntnisstand zum Thema Urheberrecht und Plagiat vor und
im Meinungsbild hat sich einhellig eine Verurteilung solcher Praktiken eingestellt.

Dennoch hat das Thema Plagiarismus weiterhin seinen berechtigten Sitz im
Kursablauf. Nicht zuletzt soll dadurch auch sicher gestellt werden, dass die geforderte Zusammenstellung fremder Texte in der Dokumentenmappe die Studierenden
nicht dazu animiert, in ihren wissenschaftlichen Hausarbeiten in ähnlicher Weise nur
fremde Texte zusammenzubauen.

Einordnung des BOK-Kurses in das Schulungsangebot der UB Freiburg

Als besonders Gewinn bringend für den Erfolg des BOK-Kurses erweist sich immer
wieder der Umstand, dass sich Teilnehmende aus den verschiedensten Fachbereichen zusammenfinden.

---

7 Die Diskussion um das 2010 erschienene Werk Axolotl Roadkill der jungen Autorin Helene
Hegemann bot einen adäquaten Hebel, um das von ihr unter dem Motto Intertextualität betriebene
Plagiieren zu hinterfragen. Hegemann, Helene: Axolotl Roadkill. Berlin 2010. Zum Thema siehe auch
den Beitrag von M. Malo in diesem Band.

Durch das breit angelegte und – zumindest in den meisten geistes- und sozialwissenschaftlichen Fächern – nahezu eine komplette Durchdringung im Grundstudium
erreichende Kurs- und Einführungsangebot der Universitätsbibliothek Freiburg kommen sehr viele Teilnehmende mit der Erfahrung aus mindestens einer Veranstaltung
zur Vermittlung von fachlicher Informationskompetenz in diesen BOK-Kurs.[8] So gaben in oben genannter Befragung 78 Prozent der Studierenden an, es träfe sehr zu
oder träfe zu, dass sie ihre Informationskompetenz durch Schulungen der UB erworben hätten. Ihr Kenntnisstand tritt in den Anfangssitzungen des Kurses zu Tage. Dabei fällt etwa auf, dass eher der kleinere Teil der Teilnehmenden im Umgang mit Fachdatenbanken vertraut ist oder bei der Katalogsuche über mehr als Grundkenntnisse
verfügt. Dies obwohl doch 46 Prozent der befragten Studierenden etwa die Suche in
fachbezogenen Literaturdatenbanken als sehr wichtig, 37 Prozent noch als wichtig
bezeichnen.

Einer beträchtlichen Zahl der Studierenden sind dagegen viele Inhalte aus bereits besuchten, aber teils schon mehrere Semester zurückliegenden Veranstaltungen
zur Vermittlung von Informationskompetenz offensichtlich nicht mehr präsent und
abrufbar. Hieraus lässt sich trefflich ein Argument gewinnen, um das derzeitige Schulungskonzept der UB Freiburg, welches sich in ähnlicher Form an vielen anderen Bibliotheken findet, entscheidend zu ergänzen oder zu modifizieren. Es scheint unumgänglich, die am Anfang des Studiums platzierten Einführungskurse zur fachlichen
Literaturrecherche in der zweiten Hälfte des Studiums komplementär zu vertiefen
oder auszuweiten. Diesem Desiderat konnte bereits in einigen Fächern in Absprache
zwischen Fachreferent(in) und Fachvertreter(inne)n. entsprochen werden, aber ein
flächendeckendes Angebot hat Klippen vielerlei Natur zu überwinden: die Kapazi-
tätsgrenzen der Universitätsbibliothek, die mitunter mangelnde Bereitschaft der Fächer und die oft fehlende Möglichkeit, Fortgeschrittenen-Schulungen im Studienplan
zu platzieren. Gleichwohl wäre eine Behandlung von Fachliteratursuchen in Datenbanken sowie der Themen Literaturverwaltung und Plagiarismus gerade zu diesem
Zeitpunkt notwendig, während deren Behandlung am Beginn des Studiums mitunter
nur einen Kompromiss darstellt.

Läge die Lösung gar in einer allgemein verpflichtenden Teilnahme an UB-Veranstaltungen? Zumindest von den befragten Studierenden schätzten dies 54 Prozent als
weniger wichtig oder unwichtig für die Verbesserung der Informationskompetenz ein.

Die Veranstaltung „Strategien zur Recherche, Auswahl und Präsentation von Informationen" wird zweimal im Jahr angeboten und erreicht somit nur eine verhältnismäßig kleine Zahl von Studierenden. Aus Kapazitätsgründen kann sie nicht als ein
Modell für ein breit angelegtes Schulungsprogramm dienen, sondern stellt aufgrund

---

8 Dies gilt zunehmend auch für die naturwissenschaftlich-technischen Fächern, vgl. dazu Reimers,
Frank: Schulungskonzepte in den Natur- und Geowissenschaften sowie in der Medizin.
In: Expressum (2010) H. 2. S. 9–12.

der intensiven Arbeitsatmosphäre und der hohen Motivation der Teilnehmenden ein sehr ertragreiches Einzelkonzept dar. Der Kurs fungiert durchaus auch als Versuchsfeld, um neue Methoden auszuprobieren und liefert durch den intensiven Austausch mit den Studierenden Erkenntnisse, die weit über den Kontext des BOK-Kurses hinaus in die Konzeption und Weiterentwicklung der anderen Veranstaltungen einfließen, die die Dozenten im Bereich fachlicher Vermittlung von Informationskompetenz durchführen.

Perspektiven des Kurses

Die Tatsache, dass sich dieser Kurs über so viele Jahre hinweg bewährt hat, gute Teilnahmezahlen verzeichnet und stets sehr positive Evaluationen erhält, ließe sich zwar als Argument für eine gewisse Zeitlosigkeit des Modells verwenden, jedoch wurde das Konzept über die Jahre immer wieder verändert und aufgrund von Beobachtungen der Dozenten, Rückmeldungen der Studierenden oder Neuerungen in der Informationsinfrastruktur nachjustiert.

Eine aktuelle Herausforderung stellt etwa die bessere Integration des Bereiches Literaturverwaltung dar, in den derzeit nur kurz eingeführt wird, an dem aber die Studierenden großes Interesse haben. Das campusweit verfügbare Programm Citavi wird neuerdings auch als Teamversion angeboten, was es nunmehr für die kooperative Verwaltung der bibliographischen Nachweise der Dokumentenmappe einsetzbar machte.

Mit einer jeden Abschlusssitzung stellt sich für das Dozententeam die Frage, ob die anvisierten Ziele des Kurses erreicht werden konnten. Der Grad des Erfolges manifestiert sich zum einen in der Qualität der vorgestellten Dokumentenmappe, spiegelt sich aber auch im freien Feedback der Teilnehmenden und in deren normierter Schlussevaluation wieder. Ein Kernproblem stellt über all die Jahre dar, dass die Studierenden dazu neigen, zu früh mit einer Art Tunnelblick die anzufertigende Mappe zu fokussieren und darum die auf dem Weg dorthin anzuwenden Recherchetechniken nicht so ausführlich wie gewünscht einüben, hinterfragen und verbessern. Durch den Einbau parallel anzufertigender Lernportfolios konnte dieser Tendenz zwar etwas entgegengesteuert werden, aber jüngste Eindrücke legen nahe, dass hier noch weiter nachgebessert werden muss, womöglich dadurch, dass die Studierenden zu jedem verwendeten Dokument den genauen Rechercheweg protokollieren.

Der Weg bleibe also auch weiterhin das Ziel bei der Vermittlung von Informationskompetenz als Schlüsselqualifikation!

Medea Seyder

Einbindung der Informationskompetenzförderung in die Studiengänge – das Beispiel der Universitätsbibliothek München (Ludwig-Maximilians-Universität München)

Abstract: Schon seit Jahren verfügt die Universitätsbibliothek (UB) München über ein breit gefächertes Angebot an Veranstaltungen im Bereich der Informationskompetenzvermittlung.[1] Neben den regulären Bibliotheksveranstaltungen, die von den Studierenden auf freiwilliger Basis besucht werden können, hat die UB München zwei Veranstaltungstypen fest in die Curricula mehrerer Studiengänge der Ludwig-Maximilians-Universität München (LMU) integriert. Das sogenannte freie Angebot umfasst, wie an vielen anderen Universitätsbibliotheken auch, Katalogeinführungen, die Vorstellung des E-Medien-Angebots, spezielle Datenbankschulungen sowie Kurse zur Einführung in die Literaturverwaltungsprogramme EndNote und Citavi. Die in die Curricula eingebetteten Veranstaltungen bestehen aus einer Vorlesung, die sich umfassend mit dem Thema Informationskompetenz (IK) auseinandersetzt, mit den zur Vorlesung gehörenden Tutorien sowie einer Grundlagenveranstaltung zur Literaturrecherche und Literaturverarbeitung. Neben dem regulären Kursprogramm des jeweils aktuellen Semesters bietet die UB München aber auch bei spontanen Anfragen aus diversen Studiengängen der Universität, sogar ad hoc, speziell auf die jeweiligen Fächer zurechtgeschnittene Schulungen an.

Der folgende Beitrag wird sich allerdings im Kern nicht den freiwillig zu besuchenden Bibliotheksveranstaltungen widmen, die inzwischen an den meisten Hochschulbibliotheken Deutschlands fest etabliert sind, sondern möchte exemplarisch darstellen, wie die UB München bei der Integration ihrer beiden im Curriculum verankerten IK-Veranstaltungen vorgegangen ist. Neben der Beschreibung der einzelnen Schritte, die zur Integration führten, sollen auch die Herausforderungen und Probleme angesprochen werden, denen sich eine Universitätsbibliothek stellen muss, wenn sie eine Integration ihrer Veranstaltungen in die Studiengänge ihrer Hochschule anstrebt. Idealerweise sollten der Planung eines integrierten Konzepts grundsätzliche Überlegungen zu vorhandenen Ressourcen und der strategischen Ausrichtung einer Bibliothek vorausgehen.

---

1 Das aktuelle Kursprogramm der UB München kann sowohl im elektronischen Vorlesungsverzeichnis der LMU (LSF) als auch über die Homepage der Bibliothek eingesehen werden, siehe auch: Universitätsbibliothek München – Homepage, Schulungsprogramm. http://www.ub.uni-muenchen.de/schulungen/ (11. 8. 2011).

Keywords: Informationskompetenzförderung, Integrierte Veranstaltungen, Schlüsselkompetenzen, Information Literacy Assessment, Universität, Studiengang, Sprachwissenschaft, Literaturwissenschaft, Curriculum, Bologna-Reform, München

Medea Seyder: Absolvierte nach dem Studium der Politikwissenschaft an der Freien Universität Berlin und dem Studium der Orientalistik (Middle East Studies) an der Ben-Gurion University of the Negev in Israel das Bibliotheksreferendariat an der Staatsbibliothek zu Berlin – Preußischer Kulturbesitz. Sie war danach kurzzeitig als IK-Verantwortliche an der Bibliothek der Hochschule München tätig und fungiert seit August 2009 als IK-Koordinatorin und Fachreferentin für Rechtswissenschaft und Orientalistik an der Universitätsbibliothek der LMU München. Sie ist Mitglied der landesweiten Arbeitsgruppe Informationskompetenz des Bibliotheksverbundes Bayern (AGIK).

Bologna-Reform als Auslöser

Im Jahr 2005 war an der LMU die Planung zur neuen Bachelor-Rahmenordnung innerhalb der Fakultät für Sprach- und Literaturwissenschaften in vollem Gange. Wie überall an deutschen Hochschulen wurden im Zuge des Bologna-Prozesses auch die Studienabschlüsse der Universität München auf das Bachelor/Master-System umgestellt.[2] Für die Hochschulbibliotheken war dieser Umstellungsprozess der ideale Zeitpunkt, um ihre IK-Konzepte und Ideen in die neu zu gestaltenden Studiengänge einzubringen. Viele Bibliotheken konnten diese Gelegenheit auch erfolgreich nutzen und ihre Ziele diesbezüglich umsetzen.[3] Zu diesem Zeitpunkt hatte die Informationskompetenzförderung seitens der Bibliotheken bereits einen ersten Höhepunkt erreicht, sodass die Mitarbeiter der Bibliotheken mit ihren IK-Angeboten nur noch den Schritt in die Fachbereiche hinein machen mussten. Förderlich für die Einbettung war dabei die Tatsache, dass die meisten neuen Studienabschlüsse auch ein Studienmodul beinhalten, welches fachübergreifende Kompetenzen der Studierenden wie Rhetorik, Präsentationstechniken, EDV-Kenntnisse, Moderationstechniken oder Informationskompetenz fördern und ausbauen soll. Je nach Hochschule und Studiengang werden diese fachübergreifenden praxisnahen Kompetenzen als Schlüsselkompetenzen,

---

2 Ausführliche Informationen zum Ablauf und derzeitigen Stand des Bologna-Prozesses an deutschen Hochschulen sind hier zu finden: Bundesministerium für Bildung und Forschung. Der Bologna-Prozess. http://www.bmbf.de/de/3336.php (11. 8. 2011).
3 Vgl. Sühl-Strohmenger, Wilfried: Vermittlung der Schlüsselqualifikationen Informations- und Medienkompetenz in den neuen Studiengängen. Ziele, Anforderungen, Konzepte, Strategien – am Beispiel ausgewählter Hochschulbibliotheken. In: B.I.T.online (2007). S. 197. http://www.b-i-t-online.de/heft/2007-03/fach1.htm (29. 8. 2011).

Schlüsselqualifikationen oder auch als Berufsfeldorientierte Kompetenzen (BOK)[4] bezeichnet. Diese Module waren der ideale Ausgangspunkt für die Verankerung der zu integrierenden Bibliotheksangebote. Die Notwendigkeit von Informationskompetenzförderung innerhalb der Studiengänge der LMU wurde zusätzlich unterstrichen durch den Bericht des damaligen philologischen Fachreferenten. Darin zeigte er auf, dass Informationskompetenz tatsächlich eine Schlüsselqualifikation darstellt und dass die Studierenden selbst einen Bedarf im Bereich der universitären Rechercheausbildung sehen.[5] Dieser Bericht und die aufgeschlossene Haltung der Fakultät für Sprach- und Literaturwissenschaften gegenüber diesem Thema, sowie die anstehende Entwicklung der neuen BA-Rahmenordnung führten dazu, dass das IK-Angebot der UB München in die Curricula eingebracht und schließlich integriert werden konnten.

Wahlpflichtangebot für die Sprach- und Literaturwissenschaften

Von Seiten der Bibliothek wurde den Beauftragten für das Bachelorstudium (BA) und wissenschaftlichen Mitarbeiter der Fakultät für Sprach- und Literaturwissenschaften ein zweistufiges integriertes IK-Angebot unterbreitet: eine Vorlesung mit dem Titel „Arbeitstechniken: Wissenschaftliches Recherchieren Philologien" mit einem Umfang von 1 bzw. 2 SWS[6] und eine Einführung mit dem Titel „Grundlagen des wissenschaftlichen Recherchierens in den Philologien". Neben inhaltlichen Fragen, die mit den Fachvertretern geklärt wurden, mussten selbstverständlich auch die Prüfungsmodalitäten in Zusammenarbeit mit dem zuständigen Fakultätsvertreter festgelegt werden. Die meisten Studiengangsvertreter entschieden sich letztlich für das sogenannte „große Paket", d. h. für die Vorlesungsreihe mit sechs Terminen und zusätzlichen Tutorien.

Diese Vorlesung wurde im Wintersemester 2009/10 erstmals als Wahlpflichtveranstaltung angeboten. Seitdem können, je nach Studiengang, innerhalb dieser Veranstaltung von den Studierenden zwischen drei und sechs ECTS-Punkte erworben werden. Die Vorlesung findet sowohl im Sommer- als auch im Wintersemester statt.

---

4 Vgl. Sühl-Strohmenger, Wilfried: Informationskompetenz im Bachelor- und im Masterstudium. Befunde von Studierendenbefragungen (2008–2010) an der Universität Freiburg. In: B.I.T.online (2011). S. 11–18. http://www.b-i-t-online.de/heft/2011-01/fachbeitraege.pdf (29. 8. 2011). Siehe auch den Beitrag von Ralf Ohlhoff in diesem Band.

5 Vgl. Schüller-Zwierlein, André: Die Vermittlung der Schlüsselqualifikation Informationskompetenz an der LMU München. Ein Lagebericht. München: Universitätsbibliothek 2006. S. 42. http://epub.ub.uni-muenchen.de/1349/1/lagebericht.pdf (29. 8. 2011).

6 Die Anzahl der Wochenstunden richtet sich danach, ob der jeweilige Studiengang eine Teilnahme der Studierenden am Tutorium vorgesehen hat oder nicht.

Bisher haben die BA-Studierenden der Studienrichtungen Komparatistik, Anglistik, Slavistik und Buchwissenschaft die Vorlesung besucht. Ab dem Wintersemester 2011/12 werden die Studierenden der Studienfächer Germanistik, Nordamerikastudien und Latinistik hinzukommen. Die Studierenden können diese Wahlpflichtveranstaltung allerdings je nach Studiengangsordnung zu einem anderen Zeitpunkt innerhalb ihres Studiums wählen, was für eine sehr heterogene Zusammensetzung der Teilnehmer sorgt: Einige Studierende befinden sich erst im zweiten Semester, wenn sie die Vorlesung besuchen, andere bereits im vierten oder fünften Fachsemester. Dieser Umstand verlangt eine sorgfältige Vorbereitung des Dozenten, damit die Studierenden von den Vorlesungsinhalten weder über- noch unterfordert werden. Die Prüfungsleistung umfasst eine Hausarbeit mit 10 000 Zeichen. Thema, Modalitäten und Abgabetermin werden vom Dozenten der UB vorgegeben. Die Hausarbeit wird nicht benotet, sondern nur mit „Bestanden" oder „Nicht bestanden" bewertet. Der Arbeitsaufwand in Hinblick auf Themenstellung und Korrektur der Hausarbeiten ist hierbei nicht zu unterschätzen, denn seit Einführung der Vorlesung steigen die Teilnehmerzahlen stetig an. Allein in den kommenden beiden Semestern wird mit ca. 150 Studierenden der Germanistik zu rechnen sein, was einen erheblichen Korrekturaufwand darstellen wird. Die Tutorien und deren Durchführung, einschließlich der Finanzierung der wissenschaftlichen Hilfskräfte für diese Übungen, werden von den Instituten der Fakultät organisiert. Nur die Studierenden der Nordamerikastudien können innerhalb des Tutoriums auch von einer bibliothekarischen Mitarbeiterin der UB München betreut werden. Der Einsatz der Institute bezüglich der Tutorien bedeutet letztlich eine erhebliche Arbeitsentlastung für die Universitätsbibliothek.

Fakultätsübergreifende Einführung in das wissenschaftliche Recherchieren

Die von der UB München ebenfalls angebotene Einführung „Grundlagen des wissenschaftlichen Recherchierens in den Philologien" wurde von mehr als zehn philologischen Studiengängen angenommen, u.a. von Romanistik, Italianistik, Nordistik, Sprachtherapie, Deutsch als Fremdsprache (DaF), Phonetik, steht aber grundsätzlichen allen Studierenden der Fakultät offen. Die Veranstaltung findet, genau wie die Vorlesung, jedes Semester an sechs Terminen statt und ist aufgrund der Bestimmungen der BA-Rahmenordnung für die Studierenden nicht verpflichtend, sondern freiwillig.[7] Inhaltlich liegt der Schwerpunkt auf der Bibliotheksnutzung, der Katalog-

---

7 Bei der Einführung in die Grundlagen des Recherchierens bauen die sechs Termine im Semester nicht inhaltlich aufeinander auf, sondern jeder Veranstaltungstermin ist inhaltlich in sich geschlossen.

und Datenbankrecherche und einer kurzen Vorstellung des Literaturverwaltungsprogramms Citavi. Die Einführung wird von zwei Mitarbeitern der UB durchgeführt: dem derzeitigen Dozenten oder philologischen Fachreferenten, welcher auch die Vorlesung hält, und einer Mitarbeiterin im gehobenen Dienst. Die Studierenden, die die Einführung in die Grundlagen besuchen, stehen in der Regel noch am Anfang ihres Studiums.

Massenproblem und Personalkapazitäten

In dem vorangegangenen Praxisbericht der Universitätsbibliothek München konnten bereits erste Faktoren aufgezeigt werden, die eine Integration des Bibliotheksangebotes im Bereich der Informationskompetenzförderung ermöglichen. Zunächst sollte von der Bibliotheksleitung eine strategische Entscheidung in Bezug auf die Einbettung von IK-Veranstaltungen in die universitären Curricula getroffen werden, da diese für die Bibliothek einen zu bedenkenden Zeit- und Kostenfaktor darstellen.[8] Viele Universitäts- und Hochschulbibliotheken in Deutschland haben die Entscheidung für eine IK-Integration getroffen,[9] wahrscheinlich hat aber keine von ihnen diese strategische Ausrichtung so konsequent umgesetzt wie die Hochschulbibliothek Ingolstadt, die ihren gesamten personellen Mitarbeiterstab für die Vermittlung von Informationskompetenz in den Studiengängen eingesetzt und dafür einen Großteil ihrer anderen bibliothekarischen Aufgaben durch Outsourcing, Kooperation und Automatisierung heruntergefahren hat.[10] Eine derart umfassende strategische Ausrichtung ist in dieser Form überhaupt nur an einer kleineren Hochschule möglich. Die Studierendenzahlen unterscheiden sich allein innerhalb Bayerns sehr stark und variieren von über 46 000 Studierenden an der LMU[11] bis zu etwas über 3000 Studierenden an der Hochschule

---

8 Zum organisatorischen und personellen Aufwand für die Realisierung von Kursangeboten der Bibliotheken siehe auch den Beitrag von Konstanze Söllner in diesem Band.

9 In Bayern engagieren sich eine Reihe von Hochschulbibliotheken in diesem Bereich, neben der UB München u. a. auch die UB Würzburg, die UB Regensburg, die UB Bamberg, die UB der TU München, die Hochschulbibliothek Ingolstadt und die Hochschulbibliothek München. Siehe auch die Protokolle der AG Informationskompetenz des Bibliotheksverbunds Bayern: Bibliotheksverbund Bayern, Arbeitsgruppe Informationskompetenz (AGIK). http://www.bib-bvb.de/protokolle/agik.htm (2. 9. 2011).

10 Vgl. Bartholomé, Thomas: Wie man elegant und sportlich neue Kunden gewinnt. Die Hochschulbibliothek Ingolstadt unterstützt Studenten-Firmen – Wettbewerbsvorsprung durch Informationskompetenz. In: BuB. Forum Bibliothek und Information 63 (2011). S. 207. http://www.b-u-b.de/cgi-local/byteserver.pl/pdfarchiv/Heft-BuB_03_2011.pdf#page=1&view=fit&toolbar=0&pagemode=bookmarks (29. 8. 2011).

11 Im Wintersemester 2010/11 waren an der LMU 46 723 Studierende eingeschrieben, siehe auch: Ludwig-Maximilians-Universität München: Zahlen und Fakten – LMU München. http://www.uni-muenchen.de/ueber_die_lmu/zahlen_fakten/index.html (13. 8. 2011).

Ingolstadt.[12] So zeigt „[…] jedoch der Blick auf die Teilnehmerzahlen dieser Schulungen eines deutlich: die Umsetzung von verpflichtenden Schulungen bringt vor allem in den großen Fächern ein Massenproblem und damit einen erheblichen Personalaufwand mit sich."[13] Der begrenzte Mitarbeiterstab einer Universitätsbibliothek würde demnach an einer großen Universität kaum in der Lage sein, alle oder auch nur einen Großteil der Studierenden in integrierten Veranstaltungen zu schulen, selbst wenn zuvor andere Aufgabenbereiche durch Outsourcing abgebaut worden wären. Auch wenn einige freiwillige Veranstaltungen – meist handelt es sich um die reinen Fachdatenbankschulungen – an dem Problem kranken, dass sie von den Studierenden nicht ausreichend frequentiert werden und es betriebswirtschaftlich gesehen oft schwierig ist, den Vorbereitungs- und Personalaufwand für diese Schulungen zu rechtfertigen,[14] so ist es andererseits kaum möglich, alle Studierenden einer auch nur mittelgroßen Universität mit eingebetteten Veranstaltungen zu erreichen. Die insgesamt steigenden Schulungsteilnehmerzahlen bringen die Hochschulbibliotheken jetzt schon an den Rand ihrer Kapazitäten.[15]

Neben den „Massen" von Studierenden, die bei einer eventuellen Integration von den BibliotheksmitarbeiterInnen zu unterrichten wären, spielen noch folgende Umstände eine entscheidende Rolle: Handelt es sich um ein ein- oder zweischichtiges Bibliothekssystem und wie sieht die Situation der an der Bibliothek aus? Zweischichtige Bibliothekssysteme erschweren nämlich eine nachhaltige Ausrichtung auf integrierte Informationskompetenzförderung, weil die personellen Kräfte häufig durch Aufgaben in Zentral- und Teilbibliotheken gebunden sind, während einschichtige Systeme aufgrund ihrer weniger komplexen Struktur etwas mehr Luft für Schulungseinsätze lassen. Will eine Bibliothek IK-zentriert arbeiten, dann muss sichergestellt sein, dass die verfügbare Personalkapazität nicht nur in ausreichender Zahl eingesetzt werden können, sondern auch regelmäßig didaktisch und inhaltlich (nach-)geschult werden. Die Berechtigung zur Ausübung einer Lehrtätigkeit setzt im Allgemeinen ein Hoch-

---

12 Im Wintersemester 2010/11 verzeichnete die Hochschule Ingolstadt 3123 Studierende, siehe auch: Hochschule für angewandte Wissenschaften Ingolstadt: Zahlen und Fakten. http://www.haw-ingolstadt.de/hochschule/portraet/zahlen-und-fakten.html (13. 8. 2011).

13 Stöber, Thomas: Integrierte Benutzerschulung: Projektarbeit zur aktuellen Diskussion um die Vermittlung von Informationskompetenz und ihre Umsetzungsmöglichkeiten an der UB Augsburg. Augsburg: Universitätsbibliothek 2005. S. 11. http://www.bibliothek.uni-augsburg.de/download/projektarbeit_stoeber.pdf (29. 8. 2011).

14 Ebd., S. 9.

15 Die bundesweiten Teilnehmerzahlen sind, laut www.informationskompetenz.de, von 179 487 im Jahr 2009 auf 215 439 Schulungsteilnehmer im Jahr 2010 angestiegen. Siehe auch: www.informationskompetenz.de, „Statistik der Schulungen in Deutschland 2009". http://www.informationskompetenz.de/fileadmin/DAM/documents/IK%20Statistik%202009%20 bu_3035.pdf (29. 8. 2011) und www.informationskompetenz.de, „Schulungsstatistik Deutschland 2010". http://www.informationskompetenz.de/fileadmin/DAM/documents/IKStat2010BUNDTabelle. pdf (29. 8. 2011).

schulstudium und eine vorherige Zulassung oder Zustimmung durch die Universität oder die Fakultät voraus. Auch die persönlichen Fähigkeiten und Einsatzmöglichkeiten der Mitarbeiter müssen in die Überlegungen mit einbezogen werden: Nicht für jeden ist es angenehm, vor einer großen Anzahl von Studierenden zu stehen und ihnen Inhalte zu vermitteln.

Integriertes Bibliotheksangebot muss verlässlich und nachhaltig sein

Auf jeden Fall sollte man den Fakultäten, Fachbereichen und Instituten der Universität eine gewisse Nachhaltigkeit in der Lehre garantieren können. Es würde kein gutes Licht auf eine Universitätsbibliothek werfen, wenn sie ihr Angebot bereits nach wenigen Semestern nicht mehr aufrechterhalten könnte, weil der bis dahin unterrichtende Mitarbeiter aus unterschiedlichsten Gründen nicht mehr zur Verfügung steht. Da nach erfolgreich durchgeführten IK-Veranstaltungen die Anfragen von Seiten der Fakultäten meist noch zunehmen, muss dafür gesorgt sein, dass der Unterricht der Bibliothek auch langfristig im zuvor angekündigten Rahmen stattfinden kann.

Insbesondere die Prüfungen der integrierten Informationskompetenzveranstaltungen nehmen die Zeit der dafür eingesetzten BibliotheksmitarbeiterInnen häufig stark in Anspruch. Um sich über das Problem des hohen Zeitaufwands für Prüfungen miteinander auszutauschen und nach Alternativen zu suchen, haben sich Bibliothekare in den letzten Monaten und Jahren mehrfach bei Fortbildungen und Workshops getroffen. Für die Abfrage des Lernstoffs wurden von bibliothekarischen Dozenten ganz unterschiedliche Prüfungsformen eingesetzt wie Klausuren, Blogs, Rechercheportfolios und Dokumentationen sowie Online-Tests, aber keine dieser Prüfungsformen konnte den Korrekturaufwand bisher wirklich senken.[16] Selbst wenn der Arbeitsaufwand durch neue E-Learning-Lösungen für die Prüfungen verringert würde, so müsste dennoch diese virtuelle Prüfungsumgebung von den Lehrenden regelmäßig gepflegt werden, was erneut einen erheblichen Arbeitsaufwand bedeuten würde.[17]

---

[16] Im November 2009 und im März 2011 fanden innerhalb des Bayerischen Bibliothekverbunds (BVB) der erste und zweite Teil des Workshops „Forum Literacy Assessment" statt. Die Vorträge mit ihren Ideen und Lösungen können über die folgende Seite abgerufen werden: www.informationskompetenz.de, „Informationskompetenz: Forum Information Literacy Assessment." http://www.informationskompetenz.de/regionen/bayern/ forum-information-literacy-assessment/ (13. 8. 2011).

[17] Vgl. Stemmler, Joachim: Bologna, Bachelor & Co. Die Universitätsbibliothek Chemnitz als Vermittlerin von Informationskompetenz. In: BIS – Das Magazin der Bibliotheken in Sachsen (2011) H. 2. S. 98–101. http://www.qucosa.de/fileadmin/data/qucosa/documents/6969/BIS_02-2011_98-101.pdf (Stand: 29. August 2011).

Angesichts des in diesem Bereich notwendigen intensiven personellen Einsatzes stellt sich also die Frage nach dem Kostenfaktor für integrierte, aber auch für nicht-integrierte Informationskompetenzveranstaltungen. Fabian Franke, der Vorsitzende der AG Informationskompetenz des Bayerischen Bibliotheksverbunds (BVB), hat aus der bundesweiten IK-Statistik heraus Faktoren ermittelt, die eine Berechnung des personellen Aufwands und damit der Kosten für die Bibliothek ermöglichen. Die Arbeit an diesem Projekt wird innerhalb der AG Informationskompetenz fortgesetzt, da die Personalkosten ein entscheidender Faktor bei der Planung der Veranstaltungen sind.[18]

Integration ist erwünscht

Während die Veranstaltungen der Bibliotheken im Modulbereich Schlüsselkompetenzen selbstverständlich auch in Konkurrenz zu anderen universitären Angeboten stehen, konnte, wie bereits erwähnt, in diversen Umfragen und Untersuchungen der Universitätsbibliotheken festgestellt werden, dass sich die Studierenden eine Einbettung des bibliothekarischen Angebots in ihre Stundenpläne wünschen: „Informationskompetenz gilt offensichtlich als wesentlich für ein erfolgreiches Bachelor- und Masterstudium – weitgehend unabhängig von Fach- und/oder von Länderzugehörigkeit. Allerdings sind die Studierenden von ihren bislang erworbenen Fähigkeiten und Fertigkeiten auf diesem Gebiet nicht überzeugt, sondern erwarten gezielte Förderung dieser Schlüsselqualifikation durch systematische Kurse der Hochschulbibliothek wie der Fakultät gleichermaßen, flankiert durch Möglichkeiten des E-Learnings."[19]

Nicht nur die Studierenden sind an einer Integration der IK-Veranstaltungen in die Curricula interessiert, auch die bibliothekarische Fachwelt und der Wissenschaftsrat unterstützen diese Forderung.[20] Da die neuen Bachelorstudiengänge inhaltlich und zeitlich sehr straff geplant und organisiert sind und die Studierenden wenig Zeit haben, auch außerhalb ihres regulären Stundenplans weitere Veranstaltungen zu besuchen, lässt sich der Wunsch der Studierenden nach einer IK-Integration gut nachvollziehen. Nur über eine Einbettung gelangen sie ohne zusätzlichen Zeitaufwand an die

---

18 Vgl. Franke, Fabian: Einsatz und Ertrag bei der Vermittlung von Informationskompetenz. Die Abschätzung des personellen Aufwands aus der gemeinsamen IK-Statistik. http://www. opus-bayern.de/bib-info/volltexte/2011/1100/pdf/Franke_einsatz_und_ertrag.pdf (29. 8. 2011).
19 Sühl-Strohmenger, Wilfried: Informationskompetenz im Bachelor- und im Masterstudium (Anm. 4). S. 18.
20 Vgl. Franke, Fabian: Mit Informationskompetenz zum (Studien-)Erfolg. Die bayerischen Universitäts- und Hochschulbibliotheken beschließen Standards für die Durchführung von Informationskompetenz-Veranstaltungen. Bibliotheksdienst (2009) H. 7. S. 758–763. http://www.zlb.de/aktivitaeten/bd_neu/heftinhalte2009/Informationsvermittlung020709BD.pdf (29. 8. 2011), S. 759.

wertvollen Recherchefertigkeiten und Informationskompetenzfähigkeiten, die ihnen das Studium und das Schreiben der Abschlussarbeiten erleichtern. Gleichzeitig hebt die Integration von IK-Veranstaltungen in die universitären Curricula die Wertigkeit der dort von Bibliothekaren vermittelten Fähigkeiten und die Bedeutung von Informationskompetenz für Studium und Beruf. Dies ist ein nicht zu vernachlässigender Aspekt in der Diskussion um Informationskompetenzvermittlung.

Ausblick: Integration fördert die Zusammenarbeit zwischen Bibliothek und Universität

Der Trend zu einer geregelten IK-Verankerung scheint also auf den ersten Blick ungebrochen zu sein. Die bundesländerübergreifende IK-Veranstaltungsstatistik[21] des Portals www.informationskompetenz.de für die Jahre 2007 bis 2010 spricht in dieser Hinsicht allerdings eine andere Sprache: Seit 2007 werden rund Dreiviertel aller Bibliotheksveranstaltungen weiterhin auf rein freiwilliger Basis angeboten.[22] Integrierte Veranstaltungen, Pflichtangebote mit der Vergabe von ECTS-Punkten, Pflichtangebote ohne ECTS-Punkte, Wahlpflichtangebote mit ECTS-Punkten sowie Wahlpflichtangebote ohne Vergabe von ECTS-Punkten teilen sich das verbleibende Viertel aller Veranstaltungen. Auch bei diesen eingebetteten Veranstaltungstypen scheinen sich die Zahlen inzwischen eingependelt zu haben: Die Pflichtangebote ohne Credit Points liegen seit 2007 zwischen 13 und 17 Prozent und bilden damit den zweitgrößten Block neben den freiwilligen Veranstaltungen.[23] Bei diesen Angeboten handelt es sich um

---

21 Im Jahr 2010 nahmen 67 Bibliotheken aus verschiedenen Bundesländern an der Veranstaltungsstatistik 2010 teil. Die Liste der teilnehmenden Bibliotheken steht auf dem Portal www.informationskomptenz.de zur Verfügung: www.informationskompetenz.de, „Statistik der Schulungen in Deutschland 2010: Teilnehmende Bibliotheken." http://www.informationskompetenz. de/fileadmin/DAM/documents/IKStat2010BUNDListeTeilnehmer.pdf (24. 8. 2011).
22 Die Zahlen für das Angebot von freiwillig zu besuchenden IK-Veranstaltungen der Bibliotheken lagen in den Jahren 2007–2010 zwischen 72–78 Prozent. Siehe auch: www.informationskompetenz. de, „Gemeinsame Schulungsstatistik 2007: Integration in das Lehrangebot der Hochschule." http://www.informationskompetenz.de/veranstaltungsstatistik/ergebnisse-2007/integration-im-lehrangebot-der-hochschule/ (24. 8. 2011)., www.informationskompetenz.de, „Gemeinsame Schulungsstatistik 2008: Integration in das Lehrangebot der Hochschule." http://www. informationskompetenz.de/veranstaltungsstatistik/ergebnisse-2008/integration-im-lehrangebot-der-hochschule/ (24. 8. 2011)., www.informationskompetenz.de, „Gemeinsame Schulungsstatistik 2009: Integration in das Lehrangebot der Hochschule." http://www.informationskompetenz.de/ fileadmin/DAM/documents/Schulungsstatistik%20b_3029.pdf (24. 8. 2011)., www.informationskompetenz.de, „Gemeinsame Schulungsstatistik 2010: Integration in das Lehrangebot der Hochschule." http://www.informationskompetenz.de/fileadmin/DAM/ documentsIKStat2010BUNDIntegration.pdf (24. 8. 2011).
23 Ebd.

Schulungen, die zwar für die Studierenden verpflichtend angeboten werden, doch müssen die lehrenden Bibliothekare nach Kursende keine Prüfungen durchführen. Den drittgrößten Block stellen die Pflichtangebote mit Vergabe von ECTS-Punkten mit 4 bis 8 Prozent dar, während sich die Wahlpflichtveranstaltungen, sowohl mit als auch ohne Punktevergabe, die hinteren Plätze der Statistik teilen.[24] Es muss also festgehalten werden, dass das Gros der Veranstaltungen weiterhin aus freiwillig zu besuchenden Schulungen besteht, so sehr sich die Bibliotheken auch um eine Integration bemühen. Die stabilen Zahlen sind u. a. damit zu begründen, dass der Umbau der Studiengänge im Zuge des Bologna-Prozesses an den deutschen Universitäten seit Ende der 2000er Jahre weitgehend abgeschlossen ist und sich das Zeitfenster für eine relativ problemlose Integration von Bibliotheksangeboten in die Studiengänge wieder geschlossen hat. Dementsprechend werden die Bibliotheken ihre Integrationsangebote künftig noch stärker bewerben müssen, um eine Einbettung zu erreichen.

Offen bleibt derzeit auch noch die Frage nach der Messbarkeit des Erfolges von integrierten IK-Veranstaltungen. Sind die Studierenden nach ihrer Teilnahme an einer integrierten IK-Veranstaltung tatsächlich in der Lage, eine bessere Bachelorarbeit zu schreiben als die Studierenden einer Vergleichsgruppe ohne tiefergehende Recherchekenntnisse? Viele Bibliotheken lassen ihre Schulungen, sowohl die freiwilligen als auch die integrierten, evaluieren, doch über den tatsächlichen Wirkungsgrad von Informationskompetenzförderungsveranstaltungen ist bisher relativ wenig bekannt. Unbestritten bleibt jedoch, dass die Hochschulbibliotheken durch in die Curricula eingebettete Informationskompetenzveranstaltungen die Möglichkeit haben, sich den Fakultäten und Studiengängen als kompetente Partner und engagierte Dienstleister zu präsentieren. Für eine positive Wahrnehmung durch Studierende und Wissenschaftler(Innen) müssen die Veranstaltungen allerdings gut geplant und professionell durchgeführt werden. Dann aber bieten sie die einmalige Chance, die Studierenden in enger Zusammenarbeit mit der Universität zu begleiten und die wichtigen Entwicklungen innerhalb der Forschung und Lehre aufmerksam zu verfolgen.

---

24 Ebd. Die vier genannten Veranstaltungstypen stellen nur eine unscharfe Einteilung dar, die sich stark an den beiden Faktoren „Pflichtfach oder Wahlpflichtfach" und „ECTS-Punkte-Vergabe" orientiert. Die Formate der integrierten Veranstaltungen der Hochschulbibliotheken variieren aber in der Realität und eine eindeutige Definition wäre wünschenswert. Thomas Stöber zeigt u. a. auch Modelle auf, in denen bibliothekarische Inhalte in Veranstaltungen des Studiengangs von Bibliothekaren vermittelt werden, aber nicht als explizit eigenständiger Kurs der Bibliothek angeboten werden. Stöber, „Integrierte Benutzerschulung". S. 10.

Jens Renner

Einbindung von Informationskompetenzförderung in das Studium an der Fachhochschule (Hochschule für Angewandte Wissenschaften)

Abstract: Bibliotheken an Fachhochschulen waren frühe Anbieter curricular verankerter Schulungen zur Informationskompetenzvermittlung. Mit der Entwicklung seit dem Einstieg im Jahr 2000 verschob sich der Fokus von datenbankorientierten Einführungen hin zu einer ganzheitlichen Sicht auf den Prozess des Wissenschaftlichen Arbeitens. Wege des Publizierens, Plagiatsvermeidung, informationsethische Fragestellungen runden den studentischen Blick auf das eigene Verfassen von schriftlichen Arbeiten ab. Damit haben sich an einer Vielzahl von Bibliotheken der Hochschulen für Angewandte Wissenschaften (HAW)[1] Lehrangebote fest etabliert, die sich in ihrer didaktischen Ausgestaltung an neuesten Erkenntnissen der Lehre orientieren und messen lassen. Eine kooperative kollegiale Beratung verbreitert und sichert die Ergebnisse. Vier Modelle der Hochschulbibliothek Ansbach illustrieren beispielhaft verschiedene Organisationsformen. Der vorliegende Beitrag fokussiert auf die 17 staatlichen und 3 kirchlichen (Fach)Hochschulen des Freistaats Bayern im Allgemeinen und auf die Hochschule Ansbach im Besonderen, behandelt dabei aber grundsätzliche Fragen der curricular verankerten IK-Veranstaltungen an HAWs. Die Bayerischen FachhochschulBibliotheken (DBFB)[2] arbeiten seit jeher auf kooperativer Basis.[3]

Keywords: Ansbach, Ingolstadt, Fachhochschule, Hochschule für Angewandte Wissenschaften, Plagiat, Kollegiales Feedback, Wirkungsforschung, Blockveranstaltung, Wissenschaftliches Arbeiten, Hochschulbibliothek, Curriculum, Betriebswirtschaft, Umwelttechnik, Energietechnik, Internationales Management, Multimedia, Kommunikation, Leistungskontrolle, Prüfung

---

1 Nahezu alle Fachhochschulen haben mittlerweile zu HAWs umfirmiert. Dieser Beitrag verwendet die Termini Fachhochschule, (Fach)Hochschule, Hochschule für Angewandte Wissenschaften und HAWs synonym.

2 Statistiken, Projekte und weitere Informationen zum Kreis dieser Bibliotheken auf www.fh-bibliotheken-bayern.de (26. 7. 2011).

3 Zum kooperativen Ansatz vgl. das ekz-Seminar „Bibliotheken gestalten Partnerschaften" in Reutlingen 2009 mit einem Vortrag des Verfassers zum Thema „Menschen und Technik: Partnerschaftliche Kooperation als Überlebensstrategie der bayerischen (und deutschen) Fachhochschulbibliotheken". Dieser Vortrag wurde gefilmt und steht unter http://www.ekz.de/ekz/videos.php (26. 7. 2011) in zwei Teilen zur Verfügung.

Jens Renner: Ist Leiter der Bibliothek der Hochschule Ansbach und Sprecher der Bayerischen (Fach) Hochschulbibliotheken.

Anfänge und Entwicklung

In Bayern gelang an der Fachhochschule Ingolstadt zum Sommersemester 2000 und an der Fachhochschule Ansbach zum Wintersemester 2000 zuerst der Einstieg in die Lehrpläne mit Veranstaltungen zum Bereich Wissenschaftliches Arbeiten. Es mag kein Zufall sein, dass beide Hochschulen, erst kurz zuvor gegründet (Ingolstadt 1994, Ansbach 1996), mitten im Aufbauprozess waren. Kurze Entscheidungswege, motivierte Bibliothekarinnen und Bibliothekare[4] auf allen Ebenen und der Geist eines Neuanfangs bereiteten den Boden für die Einbindung in die noch nicht bis ins Detail reglementierten Lehrpläne der Studiengänge sowie für die neuen Ideen der Teaching Library.[5]

Mit der Ausbreitung der bibliotharischen Lehre ging eine Ausweitung der Inhalte und Verlagerung der Schwerpunkte einher. Hatten zu Beginn häufig klassische Datenbankschulungen lediglich eine neue Darreichungsform gefunden, so weitete sich schnell der Blick auf den gesamten Prozess der Beschaffung, Bewertung und Darstellung von Informationen. Heute gehören ganz selbstverständlich informationsethische Fragen, eine Einsicht in die Wirkungsmechanismen globaler Informationsverarbeitung, Wege des (elektronischen) Publizierens oder die Plagiatsproblematik zum Kanon der Lehrveranstaltungen.[6] Die Bibliothek ist zur Partnerin in der Lehre geworden.

Plagiarismus

Am Beispiel der Plagiatsbekämpfung[7] lässt sich die selbstauferlegte Ausweitung des Vermittlungsauftrages hin zu einem umfassenden Ansatz darstellen. Waren zu Be-

---

4 Im Text wird auf die durchgängige Verwendung beider Geschlechter alleine aus Gründen der leichteren Lesbarkeit verzichtet. Zur Bedeutung des zweiten Standbeines IK siehe z. B. Renner, Jens: Wer früher lehrt, ist später tot. Vom aufhaltsamen Ende der wissenschaftlichen Bibliotheken. In: BuB Forum Bibliothek und Information (2007) Heft 11/12. S. 812–813.
5 Vgl. Renner, Jens: Teaching Library. Neue Kooperationen in der Lehre. In: BuB Forum Bibliothek und Information (2008) Heft 7/8. S. 527–528.
6 Beispielhaft zur Entwicklung und aktuellen Ausgestaltung des Ingolstädter Schulungsangebotes siehe die Sammlung auf http://www.haw-ingolstadt.de/hochschule/hochschulbibliothek/allgemeines/veroeffentlichungen-der-bibliothek.html (26. 7. 2011).
7 Zum Themenkomplex Plagiate vgl. Renner, Jens: Plagio, ergo sum – Dowjerai, no prowjerai, od'r? Plagiatserkennung und Plagiatsbekämpfung als Lehrinhalt curricular verankerter Seminare zur

ginn des 21. Jahrhunderts Veranstaltungen der Bibliotheken häufig schon mit dem Einüben der Datenbankfunktionen beendet, so nehmen diese Inhalte heute nur noch sehr bescheidenen Raum ein. Wichtiger ist die Erkenntnis, dass Google und Wikipedia allein für eine qualitativ hochwertige Informationsbeschaffung nicht ausreichend sind. Die Verwertung der Ergebnisse der Recherche in einer einschlägigen Fachdatenbank, der Einsatz von Literaturverwaltungsprogrammen, das Beherrschen verschiedener Stile des Zitierens wie auch die Essentials einer guten wissenschaftlichen Praxis sind einzubeziehen. Die Erforschung eigener neuer Erkenntnisse muss im Mittelpunkt stehen, nicht das repetitive Kompilieren banaler Zufallsfunde aus höchstplazierten Suchmaschinentreffern.

Über die Vermarktung des eigenen Bibliotheksmaterials hinaus ergeben sich neue Vermittlungsfelder für den Bibliothekar: Besser als jede Überprüfungssoftware steht er für Professoren zur Verfügung, um im Rahmen einer individuellen, intellektuellen und vertrauensvollen Plagiatsüberprüfung die Lehre zu unterstützen.[8]

Kollegiales Feedback

Das System des kollegialen Feedback wurde in den Jahren 2007 bis 2009 an den Bibliotheken der HAWs in Bayern praktiziert (und mittlerweile in modifizierter Form auch von den bayerischen Universitätsbibliotheken übernommen).[9] Die Leuchttürme

---

Vermittlung von Informationskompetenz. In: Wissensklau, Unvermögen oder Paradigmenwechsel? Plagiate als Herausforderung für Lehre, Forschung und Bibliothek. Hrsg. von Robert Barth u. a. Chur: Hochschule für Wirtschaft und Technik. (Churer Schriften zur Informationswissenschaft 33). S.75–84 in gedruckter Form und online unter http://www.fh-htwchur.ch/uploads/media/CSI_33_DieLernendeBibliothek2009.pdf (26. 7. 2011) und die Ergänzung Renner, Jens: Aufklärung vor Bekämpfung. Antworten der „Lernenden Bibliothek 2009" auf die Plagiatskrise. In: BuB Forum Bibliothek und Information (2009) Heft 11/12. S. 781–782; sowie ein Vortrag des Verfassers auf dem 3. Leipziger Bibliothekskongress 2010 mit dem Titel „Studierende wollen abschließen – Information und Repression als partnerschaftliche Leistung einer Hochschulbibliothek im Spannungsfeld von Lehre und Studium". Verfügbar unter http://www.opus-bayern.de/bib-info/volltexte/2010/832/ (26. 7. 2011).

8 Vgl. Renner, Jens und Teresa Ledermann: Information? Ja! – Abkupfern? Nein? Umfrage zur Plagiatsproblematik unter Lehrenden der Hochschule Ansbach. In: BuB Forum Bibliothek und Information (2010) H. 6. S. 460–462.

9 Das Vorgehen beschreibt ein Vortrag des Verfassers anlässlich der Bayerischen Verbundkonferenz in Bamberg 2008: „With a little help from my friends – Kollegiales Feedback und Methodenseminar zur Informationskompetenzvermittlung". Verfügbar unter http://www.bib-bvb.de/vk2008/renner_bvbvk2008.pdf (26. 7. 2011). Siehe auch den Beitrag des Verfassers zum Bibliothekartag 2009: „Zusammen ist man weniger allein: durch kollegiales Feedback und Methodenkompetenz zur flächendeckenden Hochschullehre." Verfügbar unter http://www.opus-bayern.de/bib-info/volltexte/2009/644/ (26. 7. 2011).

einer erprobten und curricular verankerten Informationskompetenzvermittlung an einigen HAWs motivierten die hauptamtlich Lehrenden an den anderen Hochschulen, die sich nun für die eigene Hochschule ähnliche Veranstaltungen wünschten. Die bayerischen (Fach-)Hochschulbibliotheken arbeiteten kooperativ: In mehreren Runden haben die Neueinsteiger reale Schulungsveranstaltungen an den schon länger mit der Vermittlung von Informationskompetenz befassten Hochschulbibliothekaren besucht. Dabei lag besonderes Augenmerk auf der Anwendbarkeit der beobachteten Lehreinheiten für die eigenen Bedürfnisse. Hatte ein Kollege von seinem Studiengang Maschinenbau den Auftrag für eine 90-minütige einführenden Studieneinheit erhalten, so besuchte er beispielsweise eine derartige Lehrveranstaltung in Ingolstadt, wo für exakt diesen Studierendenkreis und mit einem vergleichbaren Zeitbudget bereits Vorlesungen in einem modulartigen Aufbau von drei mal 90 Minuten existierten. Hatte hingegen eine Kollegin den Auftrag, eine umfassende Lehreinheit zur Wirtschaftswissenschaft zu entwickeln, so besuchte sie zum Beispiel das unten beschriebene zweitägige Pflichtmodul für Betriebswirte an der Hochschule Ansbach.

Mit diesem zunächst fachlichen Austausch auf der Ebene der Gestaltung von Inhalten war die Frage der didaktischen Gestaltung der bibliothekarischen Angebote verbunden. Denn das „was unterrichte ich" evoziert automatisch die Frage „wie unterrichte ich". Also kann zum Beispiel die Auswahl einer bestimmten Datenbank und die Klärung der Vermittlungstiefe, der Wahl von Beispielen und der Ergebnissicherung nicht gedacht werden, ohne auch Entscheidungen wie Input des Bibliothekars vs. Selbsterarbeiten des Studierenden, Einzelarbeit vs. Gruppenarbeit, Lösungsvorgabe vs. offenes und gemeinsames Erarbeiten von Ergebnissen zu betrachten. Das häufig individuell vermutete Defizit des Einzelnen, der sich als ausgebildeter Bibliothekar auf eine Lehrertätigkeit nicht vorbereitet sah, galt es zu überwinden. Der gegenseitige Besuch von Schulungsstunden war hierfür eine erste Hilfe.

In einer zweiten Runde des kollegialen Feedbacks organisierten die Bibliotheken selbst Didaktikseminare. Der tatsächlich vorhandene Bedarf an Lehreinheiten wurde mit der Einführung in Methoden des aktivierenden Vermittelns von Inhalten verbunden und beides in konkrete Ablaufpläne für den individuellen Bedarf umgesetzt. Eine dritte Workshoprunde zum Fokus der individuellen Kompetenzen – persönliche Wirkung, rhetorische Gestaltung, Selbst- und Fremdwahrnehmung – schloss den Themenkomplex ab. Gerade vor dem Hintergrund der seit Jahren ständig steigenden Anzahl von Schulungsstunden und Schulungsteilnehmern sowie der dünnen Personaldecke[10] ist die Entlastung des Lehrenden, der keine Dauervorträge hält, sondern die Studierenden selbst Entdeckungen machen lässt, eminent wichtig.

---

10 Vgl. Drechsler, Ute und Günter Höld: Zu schlank ist ungesund. In: Bibliotheksforum Bayern (2009) H. 1. S. 30–34. Verfügbar unter http://www.bsb-muenchen.de/fileadmin/imageswww/pdf-dateien/bibliotheksforum/2009-1/BFB_0109_08%20HoeldV04.pdf (26. 7. 2011).

Personalkapazitäten und flächendeckendes Angebot

Legt man das Personalmodell[11] der Bibliotheken an bayerischen HAWs zugrunde, so hätte zum Beispiel die Hochschule Ansbach im Jahr 2008 einen Personalstand von 9,8 Stellen haben müssen, tatsächlich waren aber nur 4,5 Personalstellen besetzt. Damit die in Bayern zum Sommersemester 2007 eingeführten Studienbeiträge[12] zur Verbesserung der Studienbedingungen dienen, entscheiden die Studierenden über die Verwendung der Gelder direkt mit. Für die Finanzierung von IK-Veranstaltungen der Bibliothek aus Studienbeiträgen ergibt sich eine klassische Win-Win-Situation für beide Seiten: Studierende erhalten Unterstützung für die Erstellung von Studien- und Abschlussarbeiten und bei Fragen rund um die Literaturbeschaffung und die Informationsverarbeitung. Aber auch die lehrende Bibliothek profitiert direkt, kann sie doch ihre Angebote zielgruppengenau vermarkten und eine die hohen Kosten ihrer Literatur- und Informationsangebote rechtfertigende Nutzung dieser Ressourcen befördern.

An nahezu allen HAWs in Bayern wurden in den vergangenen Jahren neue Stellen geschaffen, die auch oder gar ausschließlich mit dem Auftrag zur Vermittlung von Informationskompetenz verbunden waren. Meist geschah dies direkt und unter ausdrücklichem Konsens der Fachschaften aus Studienbeiträgen. Mittlerweile sind aus vielen zunächst befristeten Arbeitsplätzen dauerhafte Stellen geworden, die Vermittlung von IK durch Bibliothekare ist nicht nur im eigenen Selbstverständnis zur Kernaufgabe herangewachsen, sondern wird auch aus Sicht der Hochschulleitungen als unverzichtbar angesehen. Blickt man auf alle bayerischen (Fach)Hochschulbibliotheken so waren im Januar 2008 insgesamt 144 Stellen ausgebracht (darunter bereits 17 Stellen aus Studienbeiträgen; nach dem Personalmodell ergab sich ein berechneter Bedarf von insgesamt 234 Stellen), im Jahr 2010 waren es bereits 158 (darunter 21 Stellen aus Studienbeiträgen, dazu 16 Stellen aus Ausbauprogrammen). Am Beispiel der Hochschule Ansbach wurden aus den beschriebenen 4,5 Stellen im Jahr der Studienbeitragseinführung mittlerweile 6,5 (also eine Steigerung um etwa 50 Prozent). Eine starke Fokussierung auf Informationskompetenz bei durchgängig ungenügenden Personalressourcen zieht zwingend bibliotheksorganisatorische Konsequenzen nach sich. In Ingolstadt sind nahezu alle Mitarbeiterinnen und Mitarbeiter in Schulungen eingebunden.

Mit dem Anwachsen der Personalkapazität ließ sich erstmals die 100-Prozent-Abdeckung erreichen, das heißt: Jeder Studierende eines jeden Studiengangs muss im

---

11 Zu finden inklusive Ausfüllhilfe unter http://www.fh-bibliotheken-bayern.de/ arbeitsinstrumente/index.shtml#Personalverwaltung (26. 7. 2011).

12 Den hohen Stellenwert der Studienbeiträge verdeutlicht Renner, Jens: Neues Geld in alten Schläuchen – Studienbeiträge formen die Hochschule der Zukunft. In: 97. Deutscher Bibliothekartag in Mannheim 2008. Wissen bewegen, Bibliotheken in der Informationsgesellschaft. Hrsg. von Ulrich Hohoff. Frankfurt am Main: Klostermann. S. 281–289.

Laufe seines Studiums an mindestens einer curricular verankerten IK-Veranstaltung der Bibliothek teilgenommen und diese idealerweise nachweislich per Prüfungsleistung bestanden haben. Dies ist in Bayern bisher ausschließlich der Bibliothek der Hochschule Ingolstadt gelungen, und zwar allein durch die Zentrierung der gesamten Bibliothekstätigkeit sowie der Bibliotheks- und Personalentwicklung auf das Thema Informationskompetenz.

Vier studiengangbezogene Modelle

Aus dem Angebot der Hochschule Ansbach sollen beispielhaft vier derzeit im Echteinsatz befindliche Lehreinheiten beleuchtet werden. Alle Modelle nehmen die mittlere Stufe im dreiteiligen Schulungskonzept der Hochschulbibliothek Ansbach ein. Nur durch die Teilnahme an einer 60-minütigen verpflichtenden Erstsemesterschulung werden die Bibliotheksfunktionen auf der multifunktionalen CampusCard freigeschaltet. Als dritte Stufe kann jeder Studierende während des Verfassens der Abschlussarbeit ein einstündiges Vier-Augen-Gespräch wahrnehmen, das alle Fragen rund um die Gestaltung der Bachelor Thesis oder der Master Thesis umfassen kann.

Betriebswirtschaft (BW): Im Bachelor-Studiengang Betriebswirtschaft (BW) ist als Pflichtmodul (PM) im ersten bis dritten Semester das „PM WAPM" zu belegen, das sich aus dem Teilmodul „Wissenschaftliche Arbeitsweise" und dem Teilmodul „Projektmanagement" zusammensetzt (vier Semesterwochenstunden, fünf ECTS-Punkte). Während das Projektmanagement von wechselnden Professoren gelehrt wird, steht die Wissenschaftliche Arbeitsweise in der Verantwortung des mit einem Lehrauftrag ausgestatteten Bibliotheksleiters, und zwar im Rahmen einer Blockveranstaltung mit Gruppen zu je etwa 40 Personen an zwei Tagen. Bei Google beginnend umfasst sie die Wahl der richtigen Informationsquellen, die Erstellung eines Rechercheportfolios und die Gewährleistung einer qualitätsorientierten Beschaffung, endet mit den praktischen Fragen des Schreibens einer Studien- oder Bachelorarbeit, einschließlich der aktiven Plagiatsprävention. Die abschließende Prüfung besteht aus 90 Minuten Präsenzklausur mit jeweils zur Hälfte Fragen aus den beiden Teilmodulen. Da es sich um ein Pflichtmodul handelt, muss die Veranstaltung absolviert und bestanden werden, um im weiteren Verlauf des Studiums Schwerpunkte wählen zu können.

Bachelor Internationales Management (BIM): Der Studiengang nimmt eine Sonderstellung an der Hochschule Ansbach ein. Nur Mitglieder des aktuellen oder ehemaligen Bundeskaders der olympischen Fachverbände können sich immatrikulieren. Weite Teile des Studiums werden als E-Learning organisiert, selbst Prüfungsleistungen können an verschiedenen Orten außerhalb der eigenen Hochschule abgelegt werden. Insgesamt befinden sich die Studierenden pro Semester nur an zwei mal drei Tagen an der Hochschule Ansbach und können so mit größtmöglicher Freiheit ihren Trainings- und Wettkampfpflichten nachkommen. Im ersten Semester ist das Belegen des Pflichtmoduls „Wissenschaftliches Arbeiten" obligatorisch. Dafür stehen von den sechs Präsenztagen des ersten Semesters zwei zur Verfügung. Verantwortlich für das Modul ist der Bibliotheksleiter als nebenamtlicher Lehrbeauftragter seiner Hochschule. Am ersten Präsenztag werden Grundlagen eines Hochschulstudiums vermittelt. Mit diesem Input schreiben die Studierenden binnen eines festgelegten Zeitraums von etwa acht Wochen und unter Zuhilfenahme eines Word-Makros[13] eine Teststudienarbeit. Diese wird am zweiten Präsenztag auf den Prüfstand gestellt, einem Verbesserungsprozess unterzogen und mit neuen inhaltlichen Anregungen durch den Kursleiter ergänzt. Auf dieser Basis haben alle Teilnehmer bis zum Ende ihres ersten Semesters eine etwa fünfzehnseitige Studienarbeit zu einem Managementthema eingereicht (vier ECTS-Punkte) und damit einen praktischen Beleg für ihre Kenntnisse auf dem Feld des Wissenschaftlichen Arbeitens geliefert.

Energie- und Umweltsystemtechnik (EUT): Die angehenden Ingenieure erhalten im sechsten Semester eine vom Bibliothekar (Lehrauftrag) verantwortete eintägige Einführung (neun Unterrichtsstunden zu je 45 Minuten als Blockveranstaltung). Eng auf die Bedürfnisse des technischen Schreibens zugeschnitten wird der Umgang mit Literatur- und Faktendatenbanken, Normen und Patenten für die praktische Umsetzung in der anstehenden Bachelor Thesis trainiert. Ingenieurgerechte Zitiertechniken werden eingeübt und Bestandteile einer schriftlichen Arbeit vorgestellt. Die Lehreinheit schließt ohne eigene Prüfung durch Teilnahmepflicht ab. Sie ist in das Praxisseminar des Studiengangs integriert und Teil der dort zu vergebenden ECTS-Punkte.

Multimedia und Kommunikation (MuK): Integriert in das Bachelorseminar des letzten Semesters bietet der Bibliothekar vier mal 45 Minuten als Tätigkeit im Hauptamt an. Inhaltlich versucht das Seminar sowohl den bisherigen Kenntnisstand zu berücksichtigen als auch die Grundlagen für eine gute und wissenschaftlichen Grundsätzen genügende Bachelor Thesis zu vermitteln. Eine Prüfung ist nicht vorgesehen. Ähnliche Modelle im Hauptamt werden durch verschiedene Bibliotheksbeschäftigte in unterschiedlichen Tiefen auch in anderen Studiengängen angeboten, so beispielsweise im Studiengang ‚Industrielle Biotechnologie'.

Diese vier Modelle illustrieren die große Spannbreite, die an HAWs vorgefunden werden kann: Von streng formalisierten Einheiten bis zu Crashkursen am Ende des Studiums lassen sich sicher auch an vielen weiteren Orten Varianten wiederfinden. Zunehmend in die Diskussion geraten ist dabei die Prüfungsorganisation und der damit verbundene Aufwand.

---

13 Das Makro wie auch die Seminargestaltung sind abgestimmt auf die Veröffentlichung des Studiengangleiters: Heesen, Bernd: Wissenschaftliches Arbeiten. Vorlagen und Techniken für das Bachelor-, Master- und Promotionsstudium. Heidelberg [u. a.]: Springer 2010.

Prüfungsorganisation

Nach bibliothekarischen Maßstäben[14] muss nicht immer eine förmliche Prüfungsleistung am Ende einer IK-Veranstaltung stehen. Zwar sorgt die abzulegende Prüfung
für gesteigertes Interesse am Stoff. Dieses Interesse wird der Bibliothekar aber auch
durch relevante Inhalte, aktivierende Aufbereitung und eine überzeugende persönliche Performance wecken und halten können. Also sind es meist doch die Vorgaben der Studien- und Prüfungsordnungen, die den Bibliothekar zur Abnahme einer
Prüfung zwingen. Schnell und vergleichsweise einfach zu korrigieren sind Rechercheportfolios, also der schriftliche Nachweis einer durchdachten Suche zu einem
vorgegebenen Thema. Meist wird diese Prüfungsform für eine Benotung nach dem
Schema bestanden bzw. nicht bestanden gewählt, bisweilen erhalten Gruppen für
ihre gemeinschaftliche Arbeit die Credits.

Komplexer sind die Anforderungen an den Bibliothekar, soll eine Klausur konzipiert, beaufsichtigt und korrigiert werden. Am Beispiel des oben gezeigten Modells
BW kommen so für etwa 45 Prüfungsminuten 30 Prüfungsfragen auf den Prüfling zu.
Bei etwa 80 Prüfungsteilnehmern pro Semester ist die Korrektur mit einigem Aufwand verbunden. Naheliegend und von Studierenden häufig positiv aufgenommen
ist das teilweise Ausweichen auf Multiple-Choice-Fragen. Hier hält sich beharrlich
der unzutreffende Ruf, wonach Multiple-Choice einfacher sei. Die Klausurergebnisse
im Studiengang BW über nunmehr zehn Jahre belegen, dass sich Notendurchschnit-
te in Aufsatzfragen nur unwesentlich von Multiple-Choice-Prüfungen unterscheiden. Nicht selten scheint das Format Multiple-Choice sogar klügere Studierende zu
benachteiligen. Nicht wenige Studien- und Prüfungsordnungen schließen explizit
das Multiple-Choice-Format aus. Transferdenken lässt sich mit dieser Prüfungsform
kaum dokumentieren, weshalb die qualitative Höhe solcher Tests angezweifelt wird.

Als „Königsklasse" kann die bereits angedeutete Studienarbeit am Ende des ersten Semesters im Studiengang BIM gesehen werden, da sie nach exakt definierten
Anforderungen für alle Seiten durchschaubar arbeitet. Die Korrektur geht dabei von
100 Punkten für eine fehlerfreie Arbeit aus und vermindert nach einem vorgegebenen und transparenten Schema die erreichte Punktzahl z.B. bei fehlerhaften Zitaten, einer qualitativ unzureichenden Quelle, einer falsch belegten Abbildung oder
einer sprachlichen Schwäche. Damit erhält der Studierende nicht nur eine Note, son-

---

14 Zu Prüfungsleistungen an der Hochschule Ansbach siehe ausführlicher einen Vortrag des
Verfassers auf dem „Forum Information Literacy Assessment" in München, 29. 11. 2009, mit dem
Titel: Prüfungsleistungen zur Informationskompetenz und Evaluation an der Hochschule Ansbach.
Verfügbar unter http://www.informationskompetenz.de/fileadmin/user_upload/
Pr%C3%BCfungsleistungen__2807_renner.pdf (26. 7. 2011) für Ingolstadt siehe Bartholomé,
Thomas: Der Kunde ist König – auch in der Prüfung („Forum Information Literacy Assessment II"
in Würzburg, 24. 3. 2011. Verfügbar unter http://www.haw-ingolstadt.de/fileadmin/daten/
bibliothek/dokumente/Forum_Information_Literacy_2_Wuerzburg_2011_03_24.pdf (26. 7. 2011).

dern ein exaktes Abbild seiner derzeitigen Stärken und Schwächen und kann für die schriftlichen Prüfungsleistungen der kommenden Semester gezielt an seinem Studienerfolg arbeiten. Diesen konkreten Vorteilen stehen natürlich beträchtliche Belastungen auf der Seite des Dozenten gegenüber. Mit jedem Teilnehmer ist ein individuelles Thema zu vereinbaren, das während der Abwesenheiten des Studierenden von seiner Hochschule über eine E-Learning-Plattform zu entwickeln und zu begleiten ist. Die am Schluss entstandene Studienarbeit ist akribisch und bis ins Detail nachvollziehbar zu bewerten, so dass bei etwa 35 Studierenden pro Kurs der Korrekturaufwand nicht zu unterschätzen ist.

Bibliothekarische Kernaufgabe oder Lehrauftrag?

Ein Bibliothekar kann seine Veranstaltungen nicht nur während seiner regulären Dienstzeit, also im Hauptamt, erbringen. Nicht selten hat es sich für beide Seiten als vorteilhaft erwiesen, die Lehrtätigkeit vom Hauptamt abzutrennen und als genehmigte nebenamtliche Tätigkeit zu organisieren. Für die Hochschule ergibt sich durch den Lehrauftrag für den Bibliothekar eine Verbesserung der Studienbedingungen direkt zum Vorteil der Studierenden. Er kann deshalb aus Studienbeiträgen finanziert werden. Die Studierenden selbst können über ihre Vertretungen entscheiden, ob sie Gelder aus Studienbeiträgen für diese Inhalte verwenden wollen und binden so auch die lehrende Person enger an sich und ihre Bedürfnisse. Für den Bibliothekar schließlich muss kein Zeitkontingent aus dem ursprünglichen Stellenumfang für die Lehrveranstaltung entnommen werden. Nebenamtlich als Lehrbeauftragter kann er sich auf neue Weise als Partner in der Lehre den Studiengängen und Fakultäten empfehlen und eine neue Kommunikationsebene zwischen Professorenschaft und Bibliothekarsberuf etablieren. Nicht zuletzt ist das Nebenamt notwendigerweise mit einer gesonderten Vergütung der Lehrtätigkeit verbunden. Die Frage der Prüfungsorganisation und -berechtigung gestaltet sich unproblematisch, da diese Arbeiten immer zur Vergabe eines Lehrauftrages dazugehören.

Situations- und ortsabhängig kann gleichwohl die Ableistung von curricular verankerten Schulungsstunden auch im Hauptamt die bevorzugte Lösung sein. Unter professoraler Leitung und Verantwortung müssen die administrativen Hürden eines Lehrauftrages nicht überwunden und Mitarbeiter nicht über die bestehende Wochenarbeitszeit hinaus gebunden werden. Der positive Abstrahleffekt einer Lehrtätigkeit auf das Standing der Hochschulbibliothek mag noch deutlicher ausfallen, wenn viele Beschäftigte der Bibliothek der Lehre zuarbeiten.

Ausblick: Wirkungsforschung

Mittlerweile haben sich an nahezu allen Hochschulen bibliothekarisch verantwortete Lehreinheiten zu Fragen der IK-Vermittlung etabliert. Wenn Schulungen verpflichtend sind und zudem häufig aus den Budgets der Studienbeiträge oder Sondermittel bestritten werden, muss auf Dauer der belastbare Nachweis der Wirkung solcher Veranstaltungen geführt werden können. Als positives Beispiel sei die Hochschule Ingolstadt genannt, die als erste Bibliothek überhaupt mit dem ‚Preis der Lehre' (zu dem man immerhin von den Studierenden vorgeschlagen wird) ausgezeichnet wurde.[15]

Umfangreiche und vergleichbare Befragungen von Studierenden (z. B. als Pretest vor der IK-Maßnahme und Posttest im Anschluss an diese), eine Analyse des Wirkungszusammenhangs zwischen IK-Schulung und Abschlussarbeit (Literaturverzeichnis, Zitate, inhaltliche Durchdringung, Benotung der Arbeit) oder die Befragung von Lehrenden zur Wirkung des bibliothekarischen Beitrags sind Ansatzpunkte, die eine exakte und extensive Betrachtung fordern und bedingen. Das alles als nachweislich wirksam zu fundieren, wird auf Dauer die Vermittlung von IK an (Fach)Hochschulen durch Bibliothekarinnen und Bibliothekare sichern.

---

15 Siehe http://www.haw-ingolstadt.de/hochschule/aktuelles/einzelansicht/browse/6/article/lehrprojekt-der-hochschule-ingolstadt-gewinnt-preis-der-lehre-preisverleihung-durch-wissenschaftsmi/13.html (26. 7. 2011).

Thomas Stöber

Informationskompetenz und Literaturverwaltung

Abstract: In den letzten Jahren ist die Literaturverwaltung zu einem der Kernthemen der Vermittlung von Informationskompetenz geworden. Dazu hat ohne Zweifel beigetragen, dass die Softwareentwicklung in diesem Bereich einen regelrechten Boom erlebt hat: Neben den klassischen Einzelplatzanwendungen sind zunehmend webbasierte Tools entstanden, die sowohl eine kooperative Literaturverwaltung im Netz als auch die engere Verzahnung mit anderen Tools des wissenschaftlichen Arbeitens möglich machen. Es liegt deshalb nahe, diese Entwicklung hin zum „digitalen Schreibtisch" auch in entsprechenden Informationskompetenzangeboten nachzuvollziehen.

Keywords: Literaturverwaltung; Literaturverwaltungssoftware; wissenschaftliches Arbeiten; virtuelle Forschungsumgebung; digitaler Schreibtisch; IT-Kompetenz

Dr. Thomas Stöber: Absolvierte sein Studium und die Promotion im Fach Romanistik an den Universitäten München, Tours und Paris VIII. Von 2002 bis 2004 war er Wissenschaftlicher Mitarbeiter für Literaturwissenschaft und Medien an der Ludwig-Maximilians-Universität München, sodann nach einem Bibliotheksreferendariat an der Bayerischen Bibliotheksschule von 2006 bis 2010 Fachreferent und Mitarbeiter im DFG-Projekt „Aufbau eines IT-Servicezentrums" an der Universitätsbibliothek Augsburg. Seit Januar 2011 ist er Leiter der Benutzungsabteilung und Fachreferent Romanistik an der Universitätsbibliothek München.

Persönliche und kooperative Literaturverwaltung

„Auf den Schultern von Riesen" lautet eine gängige Selbstbeschreibung der Wissenschaft – gemeint ist damit: Wissenschaftliche Forschung ist nie geschichtslos, sie bezieht sich immer auf vorangegangene Erkenntnisse und baut auf diesen auf.[1] Dementsprechend sind Zitate und Literaturnachweise im wissenschaftlichen Text kein bloßer Formalismus, sondern eine Grundanforderung an jegliches wissenschaftliche Arbeiten. Mit diesen Referenzen schreibt sich der Text in einen existierenden Wissenschaftsdiskurs ein und schreibt diesen zugleich fort. Literaturnachweise sind

---

1 Vgl. Merton, Robert K.: Auf den Schultern von Riesen. Ein Leitfaden durch das Labyrinth der Gelehrsamkeit. Frankfurt am Main: Suhrkamp 1983.

insofern auch ein Aspekt des ethischen Umgangs mit Informationen in der Wissenschaft, wie sie die „Information Literacy Competency Standards" fordern.[2] Die persönliche Literaturverwaltung gehört deshalb zu den wichtigsten Arbeitsinstrumenten für Studierende und Wissenschaftler. Sie fungiert – von der kleinen Literaturliste für die erste Semesterarbeit bis hin zur viele hundert Titel umfassenden Sammlung für eine Dissertation oder ein Forschungsprojekt – als „ausgelagertes persönliches Textgedächtnis",[3] d. h. als Reservoir, aus dem der wissenschaftliche Arbeitsprozess schöpfen kann.

Die traditionellen Zettelkästen sind dabei selbstverständlich längst durch Literaturverwaltungsprogramme bzw. webbasierte Tools abgelöst worden. Gerade bei größeren Sammlungen von Literaturangaben stellt diese digitale Verwaltung eine erhebliche Erleichterung dar: große Datenbestände sind durch leistungsfähige Such- und Sortierfunktionen deutlich besser beherrschbar, und die Literaturverwaltung fügt sich zunehmend nahtlos in den mittlerweile fast ausschließlich digitalen Arbeitsprozess ein. In den letzten Jahren haben sich dabei eine Reihe von Grundfunktionen herausgebildet, die von allen gängigen Literaturverwaltungsprogrammen bereitgestellt werden:

- das Sammeln der Literaturnachweise – sei es durch Übernahme aus den bibliographischen Quellen (Bibliothekskataloge, Datenbanken, Webseiten), sei es durch manuelle Eingabe;
- die Verwaltung der Literaturnachweise – insbesondere die Anreicherung mit Schlagwörtern, Notizen und Kommentaren, aber auch über eine Suchfunktion, eine Dublettenkontrolle u. a. m.;
- die Erstellung von Literaturangaben im wissenschaftlichen Text, wobei die Software die Vorgaben vordefinierter Zitierstile automatisch umsetzt.

Diese Grundfunktionen sind in den letzten Jahren von einigen Softwareanbietern sukzessive erweitert worden, wobei man zwei Entwicklungsstränge unterscheiden kann. Die Literaturverwaltungssoftware Citavi hat von Anfang an die eigentliche Literaturverwaltungskomponente durch Wissensorganisation und Aufgabenplanung ergänzt. Diese Konzeption wurde in der 2010 erschienenen Version 3 noch einmal ausgebaut mit dem Ziel, Citavi als Tool für den gesamten wissenschaftlichen Arbeitsprozess zu etablieren. Citavi beschränkt sich dementsprechend nicht auf das Sammeln und Verwalten der Literaturangaben; direkt im Literaturverwaltungsprogramm ist auch die

---

2 Vgl. Standard Five: „The information literate student [...] uses information ethically and legally." (Association of College and Research Libraries: Information Literacy Competency Standards for Higher Education. Chicago 2000. http://www.ala.org/ala/mgrps/divs/acrl/standards/standards.pdf (30. 11. 2011), hier S. 14).

3 Krajewski, Markus: Elektronische Literaturverwaltungen. Kleiner Katalog von Merkmalen und Möglichkeiten. In: Die Technik wissenschaftlichen Arbeitens. Eine praktische Anleitung. Hrsg. von Norbert Franck und Joachim Stary. Paderborn: Schöningh 2009. S. 97–115, hier S. 109.

Lektüre von PDFs oder Webseiten sowie die Übernahme von Zitaten und Exzerpten in die Wissensorganisation möglich. Über die inhaltliche Strukturierung dieser Zitate und Exzerpte kann sukzessive die Argumentation der geplanten Veröffentlichung entwickelt werden. Zugleich kann der gesamte Arbeitsprozess in der Aufgabenplanung über Arbeitsschritte, Fristen und Prioritäten organisiert werden.

Andere Tools haben die Literaturverwaltung ins Internet verlagert und dadurch für Kooperation und Vernetzung geöffnet. Einzelplatzlösungen wie EndNote und Citavi sind tendenziell „geschlossene Systeme"[4] – sie sind im Wesentlichen auf die persönliche Literaturverwaltung eines Studierenden oder eines Wissenschaftlers für sein eigenes Studien- oder Forschungsprojekt ausgerichtet. Mit dem 2002 erschienenen RefWorks, das vollständig webbasiert arbeitet, ist dagegen auch die kooperative Literaturverwaltung möglich geworden: so kann hier ein Account von mehreren Wissenschaftlern gemeinsam genutzt werden (beispielsweise als Literatursammlung innerhalb einer Arbeitsgruppe); andererseits sind auch Freigaben aus der eigenen Sammlung für andere Nutzer möglich. Webbasierte Tools wie Connotea, CiteULike, BibSonomy und Mendeley übertragen zusätzlich das Prinzip der Social Networks auf das wissenschaftliche Arbeiten im Allgemeinen und die Literaturverwaltung im Besonderen.[5] Sie bieten gängige Literaturverwaltungsfunktionen wie Import, Verschlagwortung, Dublettenkontrolle, Erstellung von Literaturnachweisen im Text, darüber hinaus jedoch auch die typischen Funktionen eines sozialen Netzwerks:

- ein eigenes Profil für jeden Nutzer, das mit Lebenslauf, Publikationen, Forschungsschwerpunkten etc. ausgestattet werden kann;
- die Vernetzung mit Wissenschaftlern, die sich mit denselben oder ähnlichen Themen befassen;
- die gemeinsame Verwaltung von Literatursammlungen, beispielsweise innerhalb einer Forschergruppe;
- sowie einen Stream aktueller Informationen aus dem eigenen Netzwerk.

---

4 Vgl. Stöber, Thomas u. Astrid Teichert: Webbasierte Literaturverwaltung – neue Kooperationsformen und Anwendungsszenarien. In: B.I.T. online 11 (2008). S. 407–412. Allerdings gibt es mit EndnoteWeb und Citavi Team auch bei diesen Softwares Bestrebungen, die Systeme zu öffnen.
5 Zu diesen Tools vgl. Emamy, Kevin u. Richard Cameron: Citeulike: A Researcher's Social Bookmarking Service. In: Ariadne 51 (2007). http://www.ariadne.ac.uk/issue51/emamy-cameron (30. 11. 2011); Hotho, Andreas u. a.: BibSonomy: A Social Bookmark and Publication Sharing System. In: Proceedings of the Conceptual Structures Tool Interoperability Workshop at the 14th International Conference on Conceptual Structures. Hrsg. von Aldo de Moor, Simon Polovina u. Harry Delugach. Aalborg: Aalborg University Press 2006. http://www.kde.cs.uni-kassel.de/stumme/papers/2006/hotho2006bibsonomy.pdf (30. 11. 2011); Lund, Ben u. Tony Hammond: Social Bookmarking Tools (II): A Case Study – Connotea. In: D-Lib Magazine 11 (2005). http://www.dlib.org/dlib/april05/lund/04lund.html (30. 11. 2011).

Durch diese Einbettung der Literaturverwaltung in ein soziales Netzwerk entstehen „informelle Gemeinschaftsbibliographien"[6] als Informationsquellen von eigenem Wert. Indem sich der Wissenschaftler über die Plattform mit anderen Wissenschaftlern vernetzt, die verwandte Forschungsinteressen haben, kann er deren Sammlungen von Literaturangaben für die eigene Recherche nutzen. Manche dieser Tools generieren darüber hinaus – auf der Basis der im Profil hinterlegten Forschungsschwerpunkte – auch automatisch Literaturempfehlungen. Für den so vernetzten Wissenschaftler wird dadurch eine empfehlungsbasierte Literaturrecherche möglich, die „bibliographische Informationen von hoher Relevanz"[7] generiert.

Literaturverwaltung und Informationskompetenz

Der technische Fortschritt der Literaturverwaltungstools hat also ohne Zweifel ein effizienteres wissenschaftliches Arbeiten möglich gemacht:
- Literaturangaben können leicht aus elektronischen Quellen übernommen, angereichert und wiederum als Literaturnachweise in eigene Texte eingefügt werden;
- leistungsfähige Suchfunktionen erleichtern es, den Überblick auch über große Sammlungen von Literaturangaben zu behalten;
- die webbasierte Vernetzung mit Kommilitonen und Kollegen macht eine empfehlungsbasierte Literaturrecherche möglich;
- viele Literaturverwaltungsprogramme ermöglichen zudem die Verwaltung der Volltexte, so dass sich der Nutzer im Idealfall eine portable digitale Bibliothek mit der benötigten Forschungsliteratur anlegen kann.

Gleichzeitig ist dieser technische Fortschritt aber nicht per se auch ein wissenschaftlicher Fortschritt. So können nun über Z39.50-Schnittstellen relativ problemlos sehr große Bibliothekskataloge und Bibliographien abgefragt werden, die bei nicht ausreichend präziser Suche leicht mehrere tausend Treffer zurückmelden; im ungünstigsten Fall wird die beschriebene Effizienzsteigerung durch diese Informationsflut geradezu konterkariert. Werden die bibliographischen Angaben schlicht aus den Quellen importiert, ohne weitere Anreicherung, ist möglicherweise auch die ausgefeilte Suchfunktion der Literaturverwaltungssoftware nutzlos, wenn der eingegebene Suchbegriff beispielsweise nur auf Englisch oder in einer anderen Variante in den Literaturangaben steht. Beginnt man Lektüre und Exzerpte, ohne vorher die umfangreich gesammelte Literatur nach Relevanz priorisiert zu haben, läuft man Gefahr, sich

---

6 Heller, Lambert: Bibliographie und Sacherschließung in der Hand vernetzter Informationsbenutzer. In: Bibliothek: Forschung und Praxis 31 (2007). S. 162–172, hier S. 164.
7 Ebd., S. 170.

in nebensächlichen Argumentationslinien zu verzetteln. Darüber hinaus macht es die rasante Softwareentwicklung notwendig, nach Möglichkeit den Überblick über die auf dem Markt befindlichen Tools zu behalten und diese daraufhin zu überprüfen, ob sie für die eigene wissenschaftliche Arbeit relevant und gewinnbringend sind.

Bibliographische Recherche und Zitieren sind durch die Literaturverwaltungstools also nicht per se beherrschbarer geworden. Die Verwendung der Software ist sinnlos ohne die entsprechende Informations- und IT-Kompetenz, oder anders formuliert: die Literaturverwaltungssoftware ist das Tool – Informationskompetenz ist die Fähigkeit, dieses Tool gewinnbringend für die eigene wissenschaftliche Arbeit einzusetzen. Literaturverwaltung ist und bleibt damit eine Kernaufgabe für die Vermittlung von Informationskompetenz.

Die Rolle der Bibliotheken

Angesichts der engen Verknüpfung zwischen persönlicher Literaturverwaltung einerseits und Katalogen bzw. Datenbanken andererseits war es in den letzten Jahren naheliegend, dass sich die wissenschaftlichen Bibliotheken im Bereich Literaturverwaltung engagieren. Bibliotheken besitzen insofern die bibliographische Kompetenz, als sie Hersteller und/oder Anbieter der Kataloge und Datenbanken sind, aus denen die Literaturangaben übernommen werden. Und sie stellen schon seit geraumer Zeit diese Kataloge und Datenbanken nicht nur technisch zur Verfügung, sondern bieten auch entsprechende Schulungen für den Umgang mit diesen Ressourcen an. Es ist insofern nicht überraschend, dass das Thema Literaturverwaltung in den letzten Jahren an den Bibliotheken einen regelrechten Boom erlebt hat, wie die Ergebnisse einer Umfrage zeigen:[8] 92 Prozent der Universitätsbibliotheken in Deutschland haben Serviceangebote im Bereich Literaturverwaltung; etwa $^2/_3$ dieser Bibliotheken haben eine Campuslizenz einer Literaturverwaltungssoftware abgeschlossen, so dass alle Hochschulangehörigen kostenlosen Zugang zur Software haben; und ca. 85 Prozent bieten Schulungen sowie Support an – von Einführungen in die verschiedenen Literaturverwaltungsprogramme über E-Learning-Komponenten bis hin zu lokalspezifischen Anleitungen insbesondere zum Import aus den einzelnen Datenbanken.

Dieses Engagement fordert natürlich zu einer kritischen Gegenfrage heraus – denn mit ihm bewegen sich die Bibliotheken tendenziell über den Rahmen ihres angestammten Tätigkeitsfelds (nämlich der Beschaffung, Erschließung und Bereitstellung von Literatur bzw. Information) hinaus, beschäftigen sie sich mit Fragen des korrekten Zitierens, der fachspezifischen Zitierkonventionen etc., stoßen also letztlich in das

---

8 Vgl. Stöber, Thomas: Serviceangebote der wissenschaftlichen Bibliotheken im Bereich Literaturverwaltung – Ergebnisse einer Umfrage. 2010. http://opus.bibliothek.uni-augsburg.de/volltexte/2010/1611/ (30. 11. 2011).

Feld der Wissenschaftspropädeutik vor. Neben der bereits erwähnten Erfahrung der Bibliotheken im Bereich Informationskompetenz und Metadatenmanagement lässt sich für diese Ausweitung jedoch noch ein weiteres Argument anführen. Aus der Perspektive der Studierenden und Wissenschaftler ist es zweifellos gewinnbringender, die einzelnen wissenschaftlichen Arbeitsschritte nicht isoliert (und im ungünstigsten Fall auch noch durch unterschiedliche Akteure) zu behandeln, sondern den Prozess des wissenschaftlichen Arbeitens als ganzen zu betrachten – gewissermaßen von der ersten Idee bis zum fertigen Text. Das Thema Literaturverwaltung ist an vielen Stellen dieses Arbeitsprozesses relevant: von der Literaturrecherche (wo die Literaturverwaltungssoftware die komfortable Übernahme der Literaturangaben in die eigene Sammlung ermöglicht) über die Lektüren (wo die Software wie im Fall von Citavi zugleich die Zitate und Exzerpte verwalten kann) bis hin zur abschließenden Textredaktion (bei der die Software das mühsame Geschäft der Formatierung der Literaturangaben übernimmt). Literaturverwaltung ist damit gewissermaßen eine Querschnittstechnik, die eine integrierte Perspektive geradezu fordert. Wenn eine solche integrierte Perspektive angestrebt ist, ist zugleich jedoch eine enge Abstimmung zwischen Fachbereich und Bibliothek notwendig; im Idealfall greifen die wissenschaftspropädeutischen Angebote von Fachbereich und Bibliothek ineinander.

Auf dem Weg zum „digitalen Schreibtisch"?

Wie jeder IT-Bereich ist auch das Feld der Literaturverwaltungssoftware einem kontinuierlichen und schnellen Wandel unterworfen. Waren die 1980er und 1990er Jahre noch durch die Dominanz der (lokal installierten) Einzelplatzsysteme wie EndNote und Reference Manager geprägt, entstanden Anfang des neuen Jahrtausends in schneller Folge neue, vor allem webbasierte Tools: RefWorks (2002), CiteULike (2004), Connotea (2004), BibSonomy (2005), EndNoteWeb (2007), Mendeley (2008) u. a. m. In der gegenwärtigen Softwareentwicklung zeichnet sich nun die Tendenz ab, die Literaturverwaltung mit anderen Tools des wissenschaftlichen Arbeitens zu verknüpfen – über die bereits seit längerem realisierten Verbindungen zwischen Literaturverwaltung und Textverarbeitung sowie zwischen Literaturverwaltung und Wissensorganisation hinaus. Für diese Entwicklung stehen beispielsweise die DFG-geförderten Projekte „PubLister" und „PUMA" an den Universitäten Bielefeld und Kassel. Diese Projekte verfolgen das Ziel, den Wissenschaftlern die Verwaltung der eigenen Publikationen in einer einheitlichen Arbeitsumgebung zu ermöglichen.[9] An-

---

9 Vgl. Horstmann, Wolfram u. Najko Jahn: Persönliche Publikationslisten als hochschulweiter Dienst. Eine Bestandsaufnahme. In: Bibliothek: Forschung und Praxis 34 (2010). S. 185–193; Steenweg, Helge: Publikationsmanagement – eine wichtige künftige Aufgabe an Hochschulen. In: ABI-Technik 30 (2010). S. 130–138.

gestrebt ist ein integriertes Publikationsmanagement eine Arbeitsumgebung also, die dem Wissenschaftler

- die Erfassung und Verwaltung der bibliographischen Angaben der eigenen Schriften
- die automatische Generierung eines Schriftenverzeichnisses (beispielsweise im universitären Webseiten-CMS)
- die Weitergabe der bibliographischen Angaben an einen Forschungsbericht oder ein Forschungsinformationssystem
- sowie den Upload des zugehörigen Volltextes und die Publikation in einem institutional repository erlaubt.

Diese Entwicklungen sind offenbar Bestandteil eines übergeordneten Trends, den die Deutsche Initiative für Netzwerkinformation auf die Formel „Integration durch Vernetzung" gebracht hat.[10] Im Fokus stehen hier Softwareumgebungen, in denen die einzelnen Tools des wissenschaftlichen Arbeitens zu einem „digitalen Schreibtisch"[11] verknüpft werden. Zu dieser Entwicklung gehören u. a. die sogenannten „social research networks" wie das als „Facebook for scientists"[12] titulierte ResearchGate. Ähnlich wie BibSonomy und Mendeley vereint ResearchGate die Literaturverwaltungskomponente mit den Features eines social network (d. h. einem eigenen Profil, der Vernetzung mit Kollegen, Literaturempfehlungen u. a. m.). ResearchGate verbindet dies jedoch zugleich mit weiteren Tools des wissenschaftlichen Arbeitens: so zum Beispiel mit Konferenzwebseiten, zugriffsgeschützten „workgroups", eigenen Wissenschaftler-Weblogs sowie der Möglichkeit einer Open-Access-Publikation – alles innerhalb einer einheitlichen Webplattform. Den Horizont dieser Entwicklung bilden letztlich die „virtuellen Forschungsumgebungen" bzw. „virtual research environments", die in den letzten Jahren zunehmend in den Fokus des Interesses gerückt sind.[13] Ziel und Anspruch dieser Umgebungen ist es, den gesamten Forschungspro-

---

10 Informations- und Kommunikationsstruktur der Zukunft. Zehn Thesen zur Entwicklung von Service und Servicestrukturen für Information und Kommunikation in Forschung, Lehre und Studium. In: Bibliothek: Forschung und Praxis 33 (2009). S. 209–215, hier S. 210.
11 Haber, Peter: Das Ende der Portale und die Zukunft des Schreibtisches. 2009. http://weblog.histnet.ch/archives/3027 (30. 11. 2011).
12 Researcher Creates ‚Facebook for Scientists'. In: The New York Times, 19. 2. 2010. http://www.nytimes.com/external/venturebeat/2010/02/19/19venturebeat-researcher-creates-facebook-for-scientists-22081.html (30. 11. 2011).
13 Vgl. Carusi, Annamaria u. Torsten Reimer: Virtual Research Environment. Collaborative Landscape Study. 2010. http://www.jisc.ac.uk/media/documents/publications/vrelandscapereport.pdf (30. 11. 2011); Degkwitz, Andreas: „Welcome to Science Apps!" In: Bibliothek: Forschung und Praxis 34 (2010). S. 276–281; Lossau, Norbert: Virtuelle Forschungsumgebungen und die Rolle von Bibliotheken. In: Zeitschrift für Bibliothekswesen und Bibliographie 58 (2011). S. 156–165; Neubauer, Karl Wilhelm: Wie lange braucht der Wissenschaftler noch ein Bibliotheksportal? In: B.I.T. online 13 (2010). S. 363–368.

zess einschließlich der fächer- und länderübergreifenden Kooperation zwischen den Forschern softwaretechnisch abzubilden und zu unterstützen.[14]

Diese Entwicklung könnte möglicherweise auch eine Rollenveränderung für die wissenschaftlichen Bibliothekare nach sich ziehen. Wo die Softwareentwicklung in immer schnellerer Folge neue Tools zur Literaturverwaltung und zum wissenschaftlichen Arbeiten generell hervorbringt, ist Expertise notwendig – eine Expertise, die diese Tools hinsichtlich ihres Leistungsspektrums vergleicht und nicht zuletzt auch Prognosen zu ihrer Nachhaltigkeit macht. Darüber müssen letztlich Antworten auf die Frage gefunden werden, welches Tool für welches konkrete wissenschaftliche Arbeitsszenario geeignet ist und einen Effizienzgewinn verspricht. Für diese Mittlerfunktion zwischen Software und Wissenschaft wäre eine enge Kooperation zwischen den Fachbereichen, den Rechenzentren und den Bibliotheken denkbar; die wissenschaftlich und bibliothekarisch ausgebildeten Fachreferenten der Bibliotheken könnten in einem solchen Modell dem jeweiligen Fachbereich als Ansprechpartner für die technische Umsetzung bestimmter Arbeitsszenarien zur Verfügung stehen. Bibliotheken würden in diesem Sinne zu „Anlaufstellen zur Beratung für virtuelle Forschungsumgebungen".[15] Diese Neuausrichtung wäre nur um den Preis einer neuen Schwerpunktsetzung und einer Ressourcenumverteilung innerhalb der Bibliotheken zu haben; sie wäre jedoch eine konsequente Umsetzung der Tatsache, dass auch im wissenschaftlichen Arbeitsprozess Informationskompetenz nicht mehr ohne fundierte IT-Kompetenz auskommt.

Weiterführende Literaturhinweise

Herb, Ulrich: Vernetzte Forscher. Soziale Netzwerke für Wissenschaftler. In: c't 25 (2009). S. 78–81.

Hobohm, Hans-Christoph: Persönliche Literaturverwaltung im Umbruch. Vom Bibliographie-Management zum Social Bookmarking. Anmerkungen zu EndNote, Reference Manager, RefWorks und Connotea. In: Information – Wissenschaft und Praxis 56 (2005). S. 385–388.

Hull, Duncan, Steve R. Pettifer u. Douglas B. Kell: Defrosting the Digital Library: Bibliographic Tools for the Next Generation Web. In: PLoS Computational Biology 4 (2008) H. 10. http://www.ploscompbiol.org/article/info:doi/10.1371/journal.pcbi.1000204 (30. 11. 2011). info%3Adoi%2F10.1371%2Fjournal.pcbi.1000204 (30. 11. 2011).

Plieninger, Jürgen: Literaturverwaltung leicht gemacht. Wie Nutzer Literaturangaben und Volltextdateien in Ordnung halten können. In: BuB: Forum Bibliothek und Information 60 (2008) H. 7/8. S. 582 f.

---

14 Vgl. die Definitionen in Carusi, Annamaria u. Torsten Reimer: Virtual Research Environment (Anm. 13), hier S. 13 sowie in Lossau, Norbert: Virtuelle Forschungsumgebungen und die Rolle von Bibliotheken (Anm. 13), hier S. 156. Zu den einzelnen Komponenten vgl. Degkwitz, Andreas: „Welcome to Science Apps!" (Anm. 13), hier S. 278.

15 Lossau, Norbert: Virtuelle Forschungsumgebungen und die Rolle von Bibliotheken (Anm. 13), hier S. 162.

Stöhr, Matti: Bibliothekarische Dienstleistungen für Literaturverwaltung. Eine vergleichende Analyse des Angebots wissenschaftlicher Bibliotheken unter besonderer Berücksichtigung der Nutzerperspektive. Berlin 2010 (Berliner Handreichungen zur Bibliotheks- und Informationswissenschaft 283). http://edoc.hu-berlin.de/docviews/abstract.php?id=37360 (30. 11. 2011).

Stöber, Thomas: Literaturverwaltung als Baustein im Serviceangebot der Hochschulbibliotheken. Vortrag auf dem 4. Leipziger Kongress für Bibliothek und Information. 2010. http://www.opus-bayern.de/bib-info/volltexte/2010/897/ (30. 11. 2011).

Markus Malo
Das Schreiben der Anderen – Informationskompetenz und Plagiarismus

Abstract: Bereits in den Standards der Informationskompetenz ist das Problem des Plagiarismus als rechtliches und wissenschaftsethisches enthalten. Die Abhängigkeit wissenschaftlichen Arbeitens von Erkenntnissen von Vorläufern und Zeitgenossen in Verbindung mit dem Postulat der Nachvollziehbarkeit wissenschaftlicher Ergebnisse begründet die Notwendigkeit und die Funktion des Zitats im Kontext der Wissenschaft. Juristisch ist das Zitat im Urheberrecht verankert, darüber hinaus existieren aber auch wissenschaftsethische Konventionen, die das Zitieren über die urheberrechtlichen Regeln hinaus obligatorisch machen. Das Plagiat stellt einen schwerwiegenden Verstoß gegen diese Konventionen dar und wird durch Gesetze und Satzungen sanktioniert. Zur Detektion von Plagiaten existieren intellektuelle und technische Verfahren, die sich komplementär zueinander verhalten.

Keywords: Hochschulrecht, Informationskompetenz, Plagiat, Urheberrecht, Wissenschaftliches Arbeiten, Wissenschaftsbetrug, Wissenschaftsethik, Wissenschaftspolitik, Wissenschaftsrecht, Zitat

Dr. phil. Markus Malo: Ist Fachreferent für Sprach- und Literaturwissenschaft sowie Leiter der Benutzungsabteilung an der Universitätsbibliothek Stuttgart. Seine bibliothekarischen Arbeitsschwerpunkte liegen im Bereich der Vermittlung von Informationskompetenz und Web 2.0-Technologien. Als Literaturwissenschaftler arbeitet er zur deutsch-jüdischen Literaturgeschichte sowie über das 19. und 20. Jahrhundert mit einem Schwerpunkt auf nichtfiktionalen Textgattungen.

Das Problem im Kontext der Standards der Informationskompetenz

Das Netzwerk Informationskompetenz Baden-Württemberg hat in seinen 2006 vorgestellten „Standards der Informationskompetenz für Studierende"[1] zwei Standards

---

[1] Netzwerk Informationskompetenz Baden-Württemberg (NIK-BW) (Hrsg.): Standards der Informationskompetenz für Studierende: http://www.informationskompetenz.de/fileadmin/DAM/documents/Standards%20der%20Inform_88.pdf (21. 11. 2011); vgl. auch den Beitrag von F. Franke in diesem Band.

formuliert, die sich mit dem wissenschaftlich korrekten Umgang mit den aufgefunde-
nen Informationen oder Quellen beschäftigen.

Der vierte Standard – „Die informationskompetenten Studierenden verarbeiten
die gewonnenen Erkenntnisse effektiv und vermitteln sie angepasst an die jeweilige
Zielgruppe und mit geeigneten technischen Mitteln" – fokussiert auf den zeitgemäßen Umgang mit dem vorliegenden Quellenmaterial sowohl im eigenen Erkenntnis-
prozess als auch bei der Präsentation der Ergebnisse dieses Erkenntnisprozesses. Der
fünfte und abschließende Standard – „Die informationskompetenten Studierenden
sind sich ihrer Verantwortung bei der Informationsnutzung und -weitergabe bewusst"
– bezieht sich vor allem auf die ethischen und juristischen Aspekte des Umgangs mit
Quellen und vorgefundenen Informationen. Die Probleme des Zitierens, die bereits
bei den Indikatoren für die Einhaltung des vierten Standards aufgeführt sind, und
des Plagiierens als Resultat des nicht korrekten und sorgfältigen Umgangs mit den
Quellen, werden hier ausführlich behandelt.

Nicht behandelt wird in den Standards, was ein Plagiat ist,[2] wie man es erkennen
kann und – wenn man es denn erkannt hat – welche Sanktionsmöglichkeiten bei der
Entdeckung eines Plagiats bestehen. Ebenfalls offen bleibt die Antwort auf die Frage,
worin denn eigentlich die Verwerflichkeit des Plagiats bzw. des inkorrekten Zitierens
besteht.

In der Tat ist die Definition des „Plagiats" äußerst kontrovers und sehr stark
von den diskursiven Kontexten abhängig, in denen man den Begriff gebraucht. Das
deutsche Urheberrechtsgesetz beispielsweise verwendet den Begriff nicht, in Kunst
und Wissenschaft dagegen ist „Plagiat" zu einem Begriff geworden, dessen Verwendung sich mit der juristisch fassbaren Urheberrechtsverletzung nur in Teilen
deckt.[3] Das Plagiat lässt sich im weiteren Kontext des Wissenschaftsbetrugs[4] verorten und stellt somit nur einen kleinen Teil möglichen wissenschaftlichen Fehlverhaltens dar.

---

2 Dem Problem des Plagiarismus in der Wissenschaft und vor allem im Studium hat sich eine
Tagung in Chur im Jahr 2009 angenommen. Die Tagungsbeiträge sind in dem Band: Wissensklau,
Unvermögen oder Paradigmenwechsel? Plagiate als Herausforderung für Lehre, Forschung und
Bibliothek. Beiträge der internationalen Tagung Die lernende Bibliothek 2009/La biblioteca
apprende 2009 Chur, 6.–9. September 2009. Chur: Arbeitsbereich Informationswissenschaft 2009
versammelt.
3 Vgl. Loewenheim, Ulrich (Hrsg.): Handbuch des Urheberrechts. 2. Aufl. München: Beck 2010,
§ 8, Rn. 24–26, der urheberrechtlich relevantes Plagiieren definiert.
4 Vgl. etwa Zankl, Heinrich: Fälscher, Schwindler, Scharlatane. Betrug in Forschung und
Wissenschaft. – Weinheim: Wiley-VCH 2003 und Reulecke, Anne-Kathrin (Hrsg.): Fälschungen. Zu
Autorschaft und Beweis in Wissenschaft und Künsten. Frankfurt a. M.: Suhrkamp 2006 (stw 1781),
die das weite Feld wissenschaftlichen und künstlerischen Fehlverhaltens ausleuchten.

Plagiarismus und Plagiate in Literatur und Wissenschaft

Das Plagiat ist nahezu so alt wie die Literatur selbst[5] und hat immer wieder und mit durchaus guten Gründen Verteidiger gefunden.[6] In den strukturalistischen und poststrukturalistischen Theoriegebäuden des 20. Jahrhunderts wurde der „Tod des Autors"[7] mehrfach verkündet und an seine Stelle die Herrschaft des Diskurses gesetzt, die die Frage „Was ist ein Autor?"[8] nahezu erzwingt.

Der amerikanische Wissenssoziologe Robert K. Merton hat in seinem Buch „Auf den Schultern von Riesen" die verschiedenen Wege der Auseinandersetzung von Autoren mit ihren Vorläufern am Beispiel der titelgebenden Metapher und ihrer Bedeutungsverschiebungen seit der Antike nachgespürt und ist zu einem Ergebnis gekommen, dass den (post-)strukturalistischen Theorien nahe kommt, weil es weniger auf die originäre Leistung eines Einzelnen abhebt als vielmehr auf die Zeitgebundenheit von Ideen und Erkenntnissen: „Recht betrachtet, ist der Kern des Aphorismus vom Zwerg auf den Schultern der Riesen ein Pendant zu der soziologischen Einsicht des 20. Jahrhunderts, dass wissenschaftliche Entdeckungen aus der bestehenden kulturellen Basis hervorgehen und daher in einem bestimmten Rahmen, der sich ziemlich genau definieren lässt, praktisch unausweichlich werden."[9]

Etwas weniger theorielastig argumentiert die sehr junge Berliner Autorin Helene Hegemann, in deren Roman „Axolotl Roadkill" an mehreren Stellen Texte von anderen Autoren ohne Nachweis verwendet werden, denn schließlich – so die Ich-Erzählerin des Romans – kann „man seine eigenen Gedanken gar nicht mehr von den fremden unterscheiden"[10] und „[e]s ist egal, woher ich die Dinge nehme, wichtig ist, wohin ich sie trage."[11]

---

5 Vgl. Theisohn, Philip: Plagiat. Eine unoriginelle Literaturgeschichte. Stuttgart: Kröner 2009.
6 Vgl. etwa Aspetsberger, Friedbert (Hrsg.): Beim Fremdgehen erwischt! Zu Plagiat und „Abkupfern" in Künsten und Wissenschaften. Was sonst ist Bildung? Innsbruck, Wien, Bozen: StudienVerlag 2008 oder auch von Gehlen, Dirk: Mashup. Lob der Kopie. Frankfurt: Suhrkamp 2011. Zum Plagiieren als Gegenstand der Literatur vgl. Ackermann, Kathrin: Fälschung und Plagiat als Motiv in der zeitgenössischen Literatur. Heidelberg: Winter 1992 (Reihe Siegen. Beiträge zur Literatur-, Sprach- und Medienwissenschaft: Romanistische Abteilung 111), die das Thema überwiegend an Beispielen aus dem romanischen Sprachbereich abhandelt.
7 Vgl. Barthes, Roland: Der Tod des Autors. In: Texte zur Theorie der Autorschaft. Hrsg. von Jannidis Fotis. Stuttgart: Reclam 2000 (Erstveröffentlichung 1967).
8 Foucault, Michel: Was ist ein Autor? In: Schriften zur Literatur. Hrsg. von Michel Foucault. Frankfurt (Main): Suhrkamp 2003 (entstanden 1969).
9 Merton, Robert K.: Auf den Schultern von Riesen. Ein Leitfaden durch das Labyrinth der Gelehrsamkeit. 2. Aufl. Frankfurt am Main: Suhrkamp 2004, S. 223 (Erstausgabe 1965).
10 Hegemann, Helene: Axolotl Roadkill: Roman. 2. Aufl. Berlin: Ullstein 2010, S. 9–10.
11 Ebd., S. 15

Kann man in den Künsten davon sprechen, dass die Autoren ihr Werk – juristisch gesprochen – „in freier Benutzung des Werkes eines anderen geschaffen" (§ 24 (1) UrhG) haben und „ohne Zustimmung des Urhebers des benutzten Werkes veröffentlich[en] und verwerte[n]" (§ 24 (1) UrhG) dürfen,[12] bleibt dieser Ausweg der Wissenschaft versperrt, wenngleich weniger aus urheberrechtlichen als aus wissenschaftsethischen Gründen wie ein Blick in die Diskussion der letzten Jahre zeigt, in der vor allem der Plagiarismus beim wissenschaftlichen Nachwuchs angeprangert wird.[13]

Schaut man sich den Wissenschaftsbetrieb jenseits der Textsorte der akademischen Qualifizierungsschriften von der Hausarbeit bis zur Habilitation genauer an,[14] ist das Bild freilich etwas anders. Hier muss ein Plagiat nicht zwangsläufig zu Sanktionen oder zum Karriereende führen[15] wie der Fall des Berliner Juristen Hans-Peter Schwintowski zeigt. Der HU-Ordinarius hatte in einem 2005 veröffentlichten Lehrbuch zahlreiche nicht gekennzeichnete Textübernahmen aus der Dissertation einer von ihm betreuten Doktorandin verarbeitet, was einem Rezensenten aufgefallen war[16] und danach ein weit reichendes Presseecho gefunden hat. Dennoch behielt Schwintowski seinen Lehrstuhl, trat allerdings 2010 aus dem Hochschullehrerverband aus, um einem Ausschlussverfahren zuvor zu kommen.[17]

Die Informationskompetenz hat nun die schwierige Aufgabe, in einem Umfeld Problembewusstsein zu wecken, das Plagiarismus mit unterschiedlichen Maßstäben misst.[18] In der etablierten Wissenschaft gilt er all zu oft als Kavaliersdelikt, Sanktio-

---

12 Vgl. Loewenheim, Ulrich (Hrsg.): Handbuch des Urheberrechts. (Anm. 3), hier § 8, Rn. 8–19.

13 Vgl. etwa Weber, Stefan: Das Google-Copy-Paste-Syndrom. Wie Netzplagiate Ausbildung und Wissen gefährden. Hannover: Heise 2007.

14 Eine Phänomenologie des Wissenschaftsplagiats auf empirischer Grundlage ausnahmslos aus der eigenen, juristischen Fakultät liefert Rieble, Volker: Das Wissenschaftsplagiat. Vom Versagen eines Systems. Frankfurt: Klostermann 2010, S. 9–56. Komplementär dazu blickt Posner, Richard A: The little book of plagiarism. New York, NY: Pantheon 2007 aus amerikanischer Sicht auf das Plagiat in Wissenschaft und Kunst.

15 Vgl. Rieble, Volker: Das Wissenschaftsplagiat. (Anm. 14), hier S. 57–60 spricht von der „[w]issenschaftskulturelle[n] Zurückhaltung" unter Kollegen, da mit dem Plagiatsvorwurf im Prinzip die wissenschaftlichen Redlichkeit des Beschuldigten in Gefahr ist.

16 Lahusen, Benjamin: Goldene Zeiten. Anmerkungen zu Hans-Peter Schwintowski, Juristische Methodenlehre, UTB basics Recht und Wirtschaft 2005. In: Kritische Justiz (39) 2006. S. 398–417. Neben der eigentlichen Rezension stellt der Rezensent die inkriminierten Passagen Schwintowskis entsprechenden Textauszügen der Dissertation gegenüber. Vgl. auch Rieble, Volker: Das Wissenschaftsplagiat. (Anm. 14), hier S. 20–24.

17 Vgl. die Ausführungen zum Fall Schwintowski mit Links zu Presseartikeln in Wikipedia unter der URL http://de.wikipedia.org/wiki/Hans-Peter_Schwintowski (21. 11. 2011).

18 Posner, Richard A.: The little book of plagiarism. (Anm. 14), hier S. 90. Posner bemängelt im Folgenden vor allem, dass die wirkungsmächtigsten Plagiate, die von angesehenen Wissenschaftlern veröffentlichten nämlich, am wenigsten sanktioniert werden und deshalb im wissenschaftlichen Diskurs den meisten Schaden anrichten können.

nen werden fast ausschließlich gegen die sich in der wissenschaftliche Qualifizierungsphase Befindlichen (Schüler, Studierende, Doktorierende und Habilitierende) ergriffen und eine Skandalisierung des Phänomens erfolgt vor allem aus extrinsischen Motiven – man denke an die jüngst aufgedeckten Plagiatsfälle prominenter Politiker.[19] Dazu kommt, dass die Klientel, an die sich Veranstaltungen zur Vermittlung von Informationskompetenz wenden, im Allgemeinen mit der Gratiskultur des Internets aufgewachsen ist und die hier vorherrschende Tauschkultur auf den Wissenschaftsbetrieb überträgt.[20]

Informationskompetenz für Schüler und Studierende muss deshalb zunächst das Bewusstsein für korrektes wissenschaftliches Arbeiten wecken und die juristischen und wissenschaftsethischen Grundlagen vermitteln. Ohne Rekurs auf die Detektionsinstrumente, die das Auffinden von Plagiaten im Massenbetrieb der universitären Ausbildung erleichtern, und die Sanktionsmechanismen, die den Universitäten bei wissenschaftlichem Fehlverhalten zur Verfügung stehen, können Veranstaltungen zur Plagiatsprävention aber nicht auskommen.

Umgekehrt können solche Veranstaltungen natürlich nicht nur ein Unrechtsbewusstsein für das Plagiieren wecken und Wege zu korrektem wissenschaftlichen Arbeiten aufzeigen, sondern sie stellen den Veranstaltungsteilnehmern auch das Knowhow für einen effektiven Wissenschaftsbetrug zur Verfügung, in dem sie Techniken und Instrumente zur Plagiatsprävention und ihre Funktionsweisen erklären.

Das Plagiat in den Wissenschaften

Eine grundlegende Kompetenz wissenschaftlichen Arbeitens ist die Auseinandersetzung mit der bereits vorliegenden wissenschaftlichen Forschung und ihre Weiterführung durch eigene Arbeiten. Vorhandene Forschungen können Anstoß und Grundlage des eigenen Arbeitens sein und die Auseinandersetzung mit ihnen kann affirmativ oder kritisch sein. Immer aber muss sie nachvollziehbar sein und darum ist korrektes Zitieren Grundlage jeder wissenschaftlichen Arbeit.[21] Die – für den Leser – explizite Auseinandersetzung mit wissenschaftlichen Ergebnissen Anderer erfolgt durch Bele-

---

19 Vgl. die Jagd auf prominente Plagiatoren im Guttenplag-Wiki: http://de.guttenplag.wikia.com/wiki/GuttenPlag_Wiki (21. 11. 2011) oder im Vroniplag-Wiki http://de.vroniplag.wikia.com/wiki/Home (21. 11. 2011), wo jetzt auch nichtprominente Plagiatsfälle untersucht werden.

20 Vgl. beispielhaft Weber, Stefan: Das Google-Copy-Paste-Syndrom. (Anm. 13), hier S. 90-100 et passim, dessen Rundumschlag gegen die jetzige Generation des wissenschaftlichen Nachwuchses aber sicher ein grobes Foulspiel darstellt.

21 Vgl. die entsprechenden Kapitel in den Propädeutiken, etwa Franck, Norbert u. Joachim Stary (Hrsg.): Die Technik wissenschaftlichen Arbeitens. Eine praktische Anleitung. 16., überarb. Aufl., Paderborn u. a.: Schöningh 2011. S. 179–196.

gen und Zitieren, die implizite, für den Leser nicht erkennbare und damit nicht nachvollziehbare Auseinandersetzung erfolgt durch Plagiieren.

Das Wissenschaftsplagiat tritt in verschiedenen Formen auf[22] und muss nicht
den ganzen Text umfassen (Totalplagiat). Häufig sind Teilplagiate, die Eigenes und
Fremdes mischen und hierbei die verschiedensten Plagiatformen benutzen. Auch reine Selbstplagiate, die frühere eigene Forschungen wiederholen, sind möglich. Am
häufigsten und am leichtesten zu erstellen ist das reine Textplagiat, das Texte wört-
lich übernimmt ohne sie nachzuweisen. Als Untergruppen können hier das etwas
mühsamer zu erstellende Übersetzungsplagiat und das Synonymplagiat gelten, bei
dem lediglich einzelne Begriffe ausgetauscht werden, die Textstruktur aber erhalten
bleibt. Paraphrasen-, Ideen- und Strukturplagiate rekurrieren ebenfalls auf fremde
Forschungen, erfordern aber eine gewisse Verstehens- und Formulierungsfähigkeit
des Plagiators.

Lässt sich das reine Textplagiat, sofern es aus frei zugänglichen Online-Quellen
zusammengestellt wurde, ohne Kenntnisse der jeweiligen Fachdisziplin auffinden
(z. B. durch eine einfache Google-Suche), sind die übrigen Plagiatformen nur von
fachkundigen Lesern detektierbar, weil hierzu eine gewisse Vertrautheit mit der Geschichte und Methodik sowie den aktuellen Entwicklungen des Faches vorauszuset-
zen ist.

Wissenschaftliches Arbeiten im Einklang
mit dem Urheberrecht und wissenschaftsethischen
Grundsätzen

Das Urheberrecht in seiner jetzigen Form ist kein geeignetes Instrument zur Verhin-
derung des Wissenschaftsplagiats,[23] weil hier eben vor allem der Urheber in seinen
Persönlichkeits- und Verwertungsrechten geschützt wird, nicht aber der Tatbestand
des Wissenschaftsplagiats an sich thematisiert wird.[24] Dennoch finden sich im Urhe-

---

22 Vgl. Weber, Stefan: Das Google-Copy-Paste-Syndrom. (Anm. 13), hier S. 41–49 und die
Online-Lehreinheit von Debora Weber-Wulf: Fremde Federn finden: http://plagiat.htw-berlin.de/
ff/inhalt (21. 11. 2011).
23 Eine umfassende Würdigung und rechtssystematische Einordnung rechtlicher Aspekte der
Informationskompetenz liefert der Beitrag „Informationskompetenz und Recht" von E. Steinhauer in
diesem Band. Hier werden deshalb nur die wichtigsten für das Thema Plagiarismus relevanten
Vorschriften angeführt.
24 Vgl. Rieble, Volker: Das Wissenschaftsplagiat. (Anm. 14), hier S. 79–86, der einen
sanktionsbewehrten wissenschaftsrechtlichen Plagiatsbegriff fordert.

berrecht zentrale Rechtsnormen, die für das Verständnis des Plagiarismus notwendig sind und deshalb an alle Zielgruppen vermittelt werden müssen.

Von Bedeutung sind hier zunächst die Bestimmungen des Urheberpersönlichkeitsrechts der §§ 12–14, die das Veröffentlichungsrecht (Wissenschaftsplagiate können auch aus unveröffentlichte Anträgen, Versuchen, Werken entstehen, zitiert werden darf überhaupt nur aus veröffentlichten Werken), die Anerkennung der Urheberschaft und die Regeln zur Entstellung des Werks beinhaltet. Die Urheberpersönlichkeitsrechte sind nicht übertragbar (§ 29 (1)) im Gegensatz zu den Nutzungs- und Verwertungsrechten (§ 29 (2)), deren Ausgestaltung die §§ 15–24 regeln.

Für das wissenschaftliche Arbeiten bedeutender sind die Schrankenregeln der §§ 44a–63a, durch die die Nutzung urheberrechtlich geschützter Werke überhaupt erst möglich wird. Im Kontext dieses Artikels sind hier vor allem das Zitatrecht (§ 51), das Änderungsverbot (§ 62) und die Quellenangabe (§ 63) von Bedeutung, die wie die anderen Schrankenregeln auch vor allem der Sicherung der „Freiheit der geistigen Auseinandersetzung" dienen.[25] Die Schrankenregeln des UrhG selbst gehen zurück auf die Sozialbindung des Eigentums, die § 14 (2) GG regelt.

Mit diesen Regelungen ist das Wissenschaftsplagiat aber noch nicht hinreichend erklärt, weil der Begriff eben nicht nur die Verwendung von urheberrechtlich geschütztem Material umfasst, sondern darüber hinaus auch die nicht gekennzeichnete Verwendung gemeinfreier Werke, die Übernahme fremder Entdeckungen, Erfindungen, Ideen und Versuchs- und Umfrageergebnisse sowie Strukturen beinhaltet. Die DFG hat 1998 „Vorschläge zur Sicherung guter wissenschaftlicher Praxis" publiziert, die auf der Grundannahme beruhen, dass „[w]issenschaftliche Arbeit [...] auf Grundprinzipien [beruht], die in allen Ländern und in allen wissenschaftlichen Disziplinen gleich sind."[26] Diese insgesamt 16 Empfehlungen beschäftigen sich mit verschiedenen Formen wissenschaftlichen Fehlverhaltens und die DFG empfiehlt den Institutionen des öffentlich geförderten Wissenschaftsbetriebs diese Empfehlungen zur Basis einer jeweils eigenen policy zum Umgang mit wissenschaftlichem Fehlverhalten zu machen. Einige Landeshochschulgesetze fordern mittlerweile die Einhaltung der Regeln wissenschaftlicher Redlichkeit von ihren Hochschulangehörigen ein.[27] Das baden-württembergische LHG § 62 (3), Satz 4 regelt die Zwangsexmatrikulation von Studierenden, wenn „sie vorsätzlich oder grob fahrlässig gegen die Grundsätze des § 3 Abs. 5 Sätze 1 bis 3 verstoßen", die die Grundsätze guter wissenschaftlicher Pra-

---

25 Loewenheim, Ulrich (Hrsg.): Handbuch des Urheberrechts. (Anm. 3), hier § 30, Rn. 6.
26 Deutsche Forschungsgemeinschaft: Vorschläge zur Sicherung guter wissenschaftlicher Praxis. Empfehlungen der Kommission „Selbstkontrolle in der Wissenschaft". Weinheim: Wiley-VCH 1998, S. 5. Über erste Erfahrungen mit den Empfehlungen und ihrer Umsetzung in den Hochschulen berichtet Deutsche Forschungsgemeinschaft: Wissenschaftliches Fehlverhalten – Erfahrungen von Ombudsgremien. Tagungsbericht. Standpunkte. Weinheim: VCH 2004.
27 So z. B. Bayern Art. 6, (1) Satz 3 BayHSchG, Baden-Württemberg § 3, Abs. 5 LHG, Brandenburg § 4 (5). Vgl. Rieble, Volker: Das Wissenschaftsplagiat. (Anm. 13), hier S. 73–76.

xis beinhalten. Tatsächlich haben inzwischen zahlreiche Wissenschaftsinstitutionen eine solche policy zumeist auf Grundlage der DFG-Empfehlungen entwickelt, wobei dem Tatbestand des Plagiats als wahrscheinlich am häufigsten vorkommendes wissenschaftliches Fehlverhalten oft eine prominente Bedeutung eingeräumt wird.

Plagiatsprävention, -detektion und -sanktion – intellektuelle und technische Verfahren

Die Aufdeckung von Plagiaten ist ein schwieriges Geschäft,[28] das höchste Sorgfalt erfordert, weil durch falsche Anschuldigungen Ausbildungswege und Wissenschaftskarrieren irreparabel geschädigt werden und als Instrument im (unlauteren) Wettbewerb um die Fleischtöpfe der Wissenschaft eingesetzt werden können.[29] Deshalb ist zu beachten, dass immer nur eine Kombination der verschiedenen Verfahren zum Ziel führt. Häufig ist bei den Verantwortlichen aber nur ein unzureichendes Verständnis der Verfahren zur Plagiatsprävention vorhanden, so dass sich die Vermittlung von Informationskompetenz hier einmal nicht an die Studierenden, sondern an die Entscheidungsträger und Prüfungsberechtigten richtet.

In der Plagiatsprävention und -detektion wird verstärkt auf den Einsatz von Plagiaterkennungssoftware gesetzt.[30] Hier werden die zu überprüfenden Texte auf einen Server geladen[31] und anschließend anhand von weiteren elektronisch verfügbaren Quellen auf Übereinstimmung überprüft und die inkriminierten Stellen ausgegeben. Abgesehen von der Tatsache, dass diese Software nur direkte Textplagiate erkennen kann, ist hier vor allem problematisch, dass nur freie Netzpublikationen bzw. Publikationen, die sich in der Datenbank des eingesetzten Produkts befinden, gefunden

---

28 Vgl. Weber-Wulff, Debora u. Gabriele Wohnsdorf: Strategien der Plagiatsbekämpfung. In: Information – Wissenschaft und Praxis 57 (2006). S. 90–98.

29 Vgl. Rieble, Volker: Das Wissenschaftsplagiat. (Anm. 13), hier S. 107 f.

30 Vgl. hierzu die Softwaretests, die unter der Leitung von Debora Weber-Wulff seit einigen Jahren an der HTW Berlin vorgenommen werden. Das ernüchternde „Fazit" des neuesten, 2010 durchgeführten Tests lautet: „Die auf dem Markt angebotenen Plagiaterkennung[s]systeme lassen sich derzeit drei Kategorien zuordnen: teilweise nützlich, kaum brauchbar und nutzlos. Teilweise nützliche Systeme können dann gut verwendet werden, wenn mit Hilfe einer Suchma[s]chine und drei bis fünf Wörtern eines verdächtigen Absatzes bereits erste Plagiatsindizien erbracht wurden. [...] Doch selbst die besten Systeme finden höchstens 60 bis 70 Prozent der plagiierten Anteile." http://plagiat.htw-berlin.de/software/2010-2/ (21. 11. 2011).

31 Hier ist urheberrechtlich ein Problem zu sehen, vor allem dann, wenn die zu prüfenden Arbeiten dauerhaft und ohne Einwilligung des Autors – auch der studentische Hausarbeitenschreiber hat ein Urheberrecht an seinen Arbeiten – gespeichert werden, um die Literaturbasis für weitere Prüfungen zu erweitern.

werden können, die dann wiederum daraufhin überprüft werden müssen, ob sie (ge-kennzeichnetes) Zitat oder Plagiat sind.

Viel effektiver, das hat auch ein Test von Debora Weber-Wulff und Kathrin Köhler gezeigt,[32] ist der Einsatz menschlicher (Schwarm-)Intelligenz,[33] weil hier durch den menschlichen Geist eben alle Formen von Plagiaten entdeckt und darüber hinaus nicht nur Plagiate von Online-Dokumenten aufgespürt, sondern durch das Fachwissen der Evaluatoren auch Offline-Dokumente bei Verdacht gezielt überprüft werden können.

Im universitären Alltag ist der einzelne Lehrende bzw. Prüfungsberechtigte auf sich selbst gestellt, wenn er sich nicht ausschließlich auf die Ergebnisse der Softwaredetektion verlassen möchte. Die effektivste Methode, einen Text auf seinen Plagiatcharakter zu überprüfen besteht in seiner genauen Lektüre, um Inkonsistenzen aufzuspüren.[34] Das reicht auf der inhaltlichen Ebene von abweichenden Begriffsverwendungen und Schreibweisen in unterschiedlichen Abschnitten bis zu Widersprüchen in der Argumentation. Auf stilistischer Ebene ist besonders auf Wechsel im Satzbauverhalten (Hypotaxe und Parataxe) und im Sprachniveau zu achten, die Häufung von Rechtschreibfehlern in einem Abschnitt bei völligem Fehlen von solchen Fehlern in anderen Abschnitten, die Verwendung von alter und neuer Rechtschreibung in unterschiedlichen Absätzen etc. können weitere Indizien für ein Plagiat sein. Auch übersetzt klingende Passagen (falsche Wortstellung, unübliche Fremdwörter etc.) deuten auf einen fremden Urheber des Abschnittes hin.

Hat man aufgrund eines solchen ‚close reading' einen Verdacht geschöpft, folgt die schwierige Aufgabe, diesen Verdacht zu überprüfen, z. B. in dem man die verdächtigen Stellen über eine Internet-Suchmaschine stichprobenartig überprüft und – bei ersten Funden – die ganze Arbeit systematisch überprüft. Hier können dann einige der Plagiatserkennungsprogramme gute Dienste leisten, wenngleich sie nur textliche Übereinstimmungen feststellen können, nicht aber ob sie zitiert (z. B. durch Anführungszeichen oder Fußnoten) oder plagiiert worden sind. Da sich Internet-Inhalte ändern können, müssen die plagiierten Inhalte durch digitale Kopie oder Ausdruck dokumentiert werden. Zu beachten ist dabei, dass auch Offline-Quellen oder nicht veröffentlichte, für Studierende aber zugängliche Arbeiten (z. B. in manchen Bibliotheken aufgestellte Abschlussarbeiten früherer Absolventen) überprüft werden müs-

---

32 Weber-Wulff, Debora u. Katrin Köhler: Kopienjäger. Cloud-Software vs. Menschliche Crowd in der Plagiaterkennung. In: iX 6 (2011). S. 78–82. http://www.heise.de/ix/artikel/Kopienjaeger-1245288.html (21. 11. 2011).
33 Surowiecki, James: Die Weisheit der Vielen: warum Gruppen klüger sind als Einzelne und wie wir das kollektive Wissen für unser wirtschaftliches, soziales und politisches Handeln nützen können. München: Bertelsmann 2005.
34 Vgl. hierzu das Selbstlernmodul: Fremde federn finden. Kurs über Plagiat von Debora Weber-Wulff unter http://plagiat.htw-berlin.de/ff/startseite/fremde_federn_finden (21. 11. 2011) an dem sich auch die folgenden Ausführungen orientieren.

sen – meist schränkt eine kluge Katalogrecherche die Auswahl der in Frage kommenden Arbeiten deutlich ein.

Überführte Plagiatoren sind dann gemäß der geltenden Rechtslage und den hochschulinternen Regeln zu belangen. Hierzu sind in verschiedenen Hochschulen und in einzelnen Ländern noch detaillierte Regeln und Durchführungsbestimmungen zu erlassen. Zu beachten ist, dass diese Regeln nicht nur für den akademischen Nachwuchs, sondern für alle wissenschaftlich Tätigen zu gelten haben.

Zu erwägen ist, ob eine Pflicht zur elektronischen Ablieferung und Veröffentlichung auf den jeweiligen institutionellen Repositorien (Hochschulserver) zumindest von Abschlussarbeiten und wissenschaftlichen Veröffentlichungen von Hochschulangehörigen anzustreben ist.[35] Eine solche Ablieferungspflicht erleichtert die Plagiatsdetektion mit technischer Unterstützung, weil die Basis der zugänglichen Texte breiter wird, und umgeht – je nach Gestaltung des Veröffentlichungsvertrags der Institution – gleichzeitig die damit einhergehenden rechtlichen Probleme. Zusätzlich erhält die Institution damit implizit eine Bibliographie, mit der sie nach außen und innen sichtbar ihre Leistungsfähigkeit dokumentieren kann. Diese Bibliographie kann gleichzeitig hochschulintern als Steuerungs- und Evaluierungsinstrument eingesetzt werden, das je nach Fachkultur die kommerziellen Zitationsindices ergänzen kann.

„Zitat und Plagiat" – Ein Praxisbeispiel aus der UB Stuttgart

Der Verfasser dieses Artikels führt seit mehreren Jahren eine Veranstaltung zum Thema „Zitat und Plagiat – Wissenschaftliches Arbeiten in Einklang mit dem Urheberrecht" durch.[36] Diese Veranstaltung ist eingebettet in ein modulares Schulungskonzept[37] und sowohl einzeln von den Studierenden „buchbar" als auch Teil eines im Rahmen der Schlüsselqualifikationen angebotenen Seminars, für das drei Creditpoints vergeben werden.

In dieser 90minütigen Veranstaltung werden ausgehend von der These, dass wissenschaftliches Arbeiten immer in Auseinandersetzung mit anderen wissenschaftlichen Arbeiten erfolgt, die relevanten Rechtsbestimmungen kurz erläutert. Ausgehend vom Urheberpersönlichkeitsrecht werden die Verwertungsrechte des Autors und ihre

---

35 Dagegen Rieble, Volker: Das Wissenschaftsplagiat. (Anm. 13), hier S. 52–56.

36 Ausführlich vorgestellt wurde diese Veranstaltung in Malo, Markus: „Zitat und Plagiat" – eine Veranstaltung zur Vermittlung von Informationskompetenz an der UB Stuttgart und ihre Integration in die Lehre an der Universität. – In: Wissensklau, Unvermögen oder Paradigmenwechsel. S. 159–168.

37 Vgl.: Malo, Markus: Vermittlung von Informationskompetenz an der UB Stuttgart. In: Bibliotheksdienst 40 (2006). S. 625–630.

Schranken besprochen. Urheberrechtlich relevant sind hier eben schon verschiedene Formen der Literaturbeschaffung, insbesondere wenn es um Papier- oder digitale Kopien geht, die entweder von analogen oder digitalen Vorlagen gezogen werden. Danach werden die Regelungen zum Zitatrecht erläutert und mit den DFG-Empfehlungen in Verbindung gebracht. Dabei liegt der Fokus vor allem auf den Parallelen zwischen UrhG und den Empfehlungen, um die Sanktionsbewehrtheit auch der Empfehlungen deutlich zu machen. Für die Studierenden ist ein Hinweis auf die Konsequenzen der Erschleichung von Prüfungsleistungen durch die Abgabe von plagiierten Leistungsnachweisen wichtig. Dank der eindeutigen Regeln des baden-württembergischen Landeshochschulgesetzes und der ziemlich flächendeckenden Pflicht zur Abgabe einer eidesstattlichen Erklärung bei Abgabe einer Abschlussarbeit an der Universität Stuttgart lassen sich die rechtlichen Konsequenzen gut darstellen. Den Abschluss der Veranstaltung bildet eine kurze Einführung in die Möglichkeiten zur Aufdeckung von Plagiaten – freilich ohne hier allzu sehr ins Detail zu gehen, damit die neu erworbenen Kenntnisse nicht zur Verschleierung eigener Plagiate genutzt werden können.

Interessant an dieser Veranstaltung ist vor allem, dass weniger Studierende als vielmehr Lehrende nicht nur der Universität Stuttgart, sondern auch benachbarter Hochschulen zusammenkommen, weil auch bei diesem Personenkreis häufig Unsicherheit bezüglich rechtlicher Rahmenbedingungen zur Plagiatsbekämpfung, aber auch Unkenntnis von Maßnahmen zur Plagiatsdetektion bestehen. Problematisch bei der Heterogenität der Teilnehmer sind dann auch die unterschiedlichen Erwartungshaltungen und Grundbedürfnisse. Für Studierende ist es wichtig, korrektes wissenschaftliches Arbeiten und Zitieren zu lernen, für die Lehrenden ist es hingegen von Interesse, Plagiate zu erkennen und eine realistische Einschätzung über die Zuverlässigkeit und rechtliche Einordnung von technischen Instrumenten zur Plagiatsdetektion zu gewinnen.

Oliver Kohl-Frey
Informationskompetenz für Fortgeschrittene

Abstract: Informationskompetenz für Fortgeschrittene steht bisher nicht im Zentrum der bibliothekarischen Aufmerksamkeit. Dabei ist Informationskompetenz auch für diese Zielgruppe ein notwendiger und lohnenswerter Service. Allerdings haben fortgeschrittene Studierende ein anderes Vorwissen und andere Bedürfnisse als Studienanfänger. Deshalb müssen sich Angebote für Graduates sowohl inhaltlich als auch didaktisch von den Angeboten für Undergraduates unterscheiden. Dann profitieren sowohl die fortgeschrittenen Studierenden als auch die lehrenden Bibliothekare und ihre Bibliothek von einer solchen Erweiterung des Spektrums.

Keywords: Informationskompetenz, Studierender, Graduierter, Masterstudium, Doktorand, Promotionsstudium, Didaktik, Informationsleichtigkeit

Oliver Kohl-Frey: *1969, M.A., Bibliotheksdirektor, Bibliothek der Universität Konstanz, Stellvertretender Direktor und Leiter der Benutzungsabteilung. Zuvor Studium der Volkswirtschaftslehre und Politikwissenschaft in Mannheim und Florenz, Referendariat in Konstanz und Frankfurt, Fachreferat in Zürich und Konstanz, Projektleitung zweier Projekte zur Informationskompetenz in Konstanz. Derzeit auch Mitglied im Steuerungsausschuss des Moduls Informationskompetenz von e-lib.ch sowie Lehrbeauftragter in Chur, Graz, Stuttgart und Zürich in den Gebieten Informationskompetenz und Digitale Bibliothek.
Kontakt: oliver.kohl@uni-konstanz.de

Der Fokus liegt bisher auf den Studienanfängern

Seit dem Beginn der Vermittlung von Informationskompetenz stehen an Hochschulen v. a. die Studienanfänger/innen im Mittelpunkt der Betrachtung. Zwar werden in der theoretischen Reflektion (etwa in der Literatur oder auch in politischen Papieren zur Informationskompetenz) auch fortgeschrittene Studierende als Zielgruppe benannt,[1] aber in der Praxis richten sich die Angebote vornehmlich an Undergraduates: „The li-

---

1 Beispielhaft der Deutsche Bibliotheksverband im Jahr 2009: „Hauptsächliche Zielgruppen der Bibliothekskurse/-veranstaltungen und des Lernorts Bibliothek sind Studienanfänger(innen), Studierende im Grund- und im Hauptstudium, Examenssemester und Wissenschaftler(innen)." Deutscher Bibliotheksverband: Hamburger Erklärung. http://www.informationskompetenz.de/fileadmin/user_upload/2009-11_informationskompetenz-hamburger-erklaerung.pdf (16. 8. 2011).

terature on library instruction efforts is largely centered on undergraduate rather than graduate students.“[2]

Gemäß der deutschlandweiten Statistik zur Informationskompetenz waren im Jahr 2010 etwa 53 Prozent der Schulungen für Bachelor-Studierende oder Studierende im Grundstudium konzipiert, wohingegen sich nur 12 Prozent an Master-Studierende bzw. Studierende im Hauptstudium und weitere 4 Prozent der Schulungen an Doktorand/innen und Wissenschaftler/innen richteten.[3]

Diese Verengung der praktischen bibliothekarischen Aufmerksamkeit auf die Zielgruppe der Anfänger/innen hat dabei durchaus nachvollziehbare Gründe.

– Mit dem Beginn der Umstellung auf die gestuften Studiengänge im Zuge der Bologna-Reform wurden von den Hochschulen selbstverständlich zuerst die Bachelor-Studiengänge konzipiert. Die Bibliotheken, die sich schon zu Beginn dieses Prozesses ab etwa dem Jahr 2000 mit Angeboten in den Hochschulen einbringen wollten, hatten folgerichtig zunächst nur die Möglichkeit, dies auf Bachelor-Niveau zu tun. Damit waren zumeist die verfügbaren Ressourcen schon erschöpft, denn in vielen Fällen wurden und werden diese zusätzlichen Angebote von bereits vorhandenem Personal (Fachreferent/innen, Informationsbibliothekar/innen etc.) als weitere Aufgabe wahrgenommen. Die Einstellung von zusätzlichem Personal hat bisher nur selten stattgefunden, Entlastung von anderen Aufgaben konnte nur schrittweise erfolgen.[4]

– Ein bibliothekarisches Lehrangebot ist im Bereich der Schlüsselqualifikationen auf Bachelor-Niveau einfacher zu integrieren als in den oft hochspezialisierten und forschungsorientierten Master-Programmen (oder gar in Doktoratsstudiengängen). Universitäre Lehrstühle oder Fachbereiche vertrauen Bibliothekar/

---

2 Blummer, Barbara: Providing Library Instruction to Graduate Students. A Review of the Literature. In: Public Services Quarterly (2009) H. 5. S. 15–39.

3 Quelle: http://www.informationskompetenz.de/fileadmin/DAM/documents/ IKStat2010BUNDTabelle.pdf (16. 8. 2011).

4 An wenigen Bibliotheken sind spezielle Lehrbibliothekar/innen für Informationskompetenz eingestellt worden, an anderen wurden studentische Hilfskräfte zur Entlastung der Fachreferent/ innen eingestellt. Die Verlagerung von Aufgaben wurde am klarsten von der Konferenz Deutschschweizer Hochschulbibliotheken und dem Informationsverbund Deutschschweiz im Jahr 2009 formuliert: „Die bisherige Bindung personeller Ressourcen an die intellektuelle Sacherschliessung ist zu hoch. (...) Mehr und mehr werden die Fachreferentinnen und Fachreferenten als Bindeglieder zwischen universitären Bedürfnissen und bibliothekarischem Serviceangebot agieren. Sie sind verantwortlich für die stufengerechte (...) Schulung und Weiterentwicklung der Informationskompetenz ihrer Benutzerschaft. Die Konferenz Deutschschweizer Hochschulbibliotheken sieht in dieser Brückenfunktion eine zentrale Funktion des Fachreferats von sehr hoher Bedeutung. Es gilt, die Energien, welche in den anderen Grundfunktionen eingespart werden, in diesen wichtigen Aufgabenbereich einzubringen.“ Informationsverbund Deutschschweiz u. Konferenz Deutschschweizer Hochschulbibliotheken: Richtlinien „Sacherschließung und Fachreferat“. 2009. http://www.igwbs.ch/KDH%20 Richtlinien%20Sacherschliessung%20%20Fachreferat%202009-06.pdf (16. 8. 2011).

innen zudem gerne die Einführung in die Literatursuche für Erstsemester an, die Lehre auf Fortgeschrittenen-Niveau hingegen wird in der Regel als die ureigene Aufgabe der Wissenschaftler/innen betrachtet.

– Die Konzeption und Durchführung für Studierende in den ersten Semestern ist inhaltlich einfacher und didaktisch standardisierbarer als die Arbeit mit Fortgeschrittenen. Während sich in Anfängergruppen noch eher mit vorbereiteten Foliensätzen und gängigen Recherchebeispielen operieren lässt, könnte für die Arbeit mit Master-Kursen oder Doktoranden-Arbeitsgruppen aufgrund der höheren Anforderungen auch eine gewisse Zurückhaltung auf Seiten der Bibliothekar/innen bestehen.

Fortgeschrittene sind anders (zu behandeln)

Fortgeschrittene Studierende, die sich kurz vor der Bachelor-Arbeit, in einem Master-Programm oder im Hauptstudium eines herkömmlichen Studiengangs befinden, bringen bereits eigene wissenschaftliche Arbeitsroutinen aus den ersten Studienjahren mit. Sie besitzen damit in der Regel auch ein größeres Wissen über die Umsetzung von Fragestellungen in eine Literatursuche, über die verschiedenen Recherchemöglichkeiten und über den Umgang mit Zitaten und Texten, und sie haben erste Erfahrungen mit der Bewertung wissenschaftlicher Texte gesammelt. Alles in allem verfügen sie über ein gewisses Maß an Informationskompetenz, das zumindest im Durchschnitt über dem von Studienanfängern liegen wird.[5]

Dennoch entspricht objektiv betrachtet auch ihre Informationskompetenz in der Regel nicht den Standards der Informationskompetenz, wie sie in verschiedenen Ausprägungen, aber letztlich mit ähnlichen Inhalten vorliegen.[6] In der subjektiven

---

5 Diese Aussage kann sowohl normativ (sie sollten) als auch empirisch (sie haben) verstanden werden.

6 Die Ergebnisse z. B. der Konstanzer Graduiertenstudie aus dem Jahr 2006 verdeutlichen dies. Kohl-Frey, Oliver: Informationskompetenz hinter dem Bachelor-Horizont. Ergebnisse einer Studie an der Universität Konstanz. In: Wa(h)re Information. Hrsg von Harald Weigel. Tagungsband des 29. Österreichischen Bibliothekartags in Bregenz 2006. Graz: Neugebauer 2007. S. 166–173. http://www.ub.uni-konstanz.de/kops/volltexte/2007/2412/ (Preprint). Vgl. weiterführend: Kohl-Frey, Oliver: Information Literacy for Advanced Users. A German Perspective. In: Libraries and Graduate Students. Building Connections that Work. Hrsg. von Gretta Siegel. Binghamton: Haworth Information Press 2008 (Public Services Quarterly Special Issue). S. 71–94. http://www.ub.uni-konstanz.de/kops/volltexte/2008/4580/ (Preprint). Ähnlich auch die Ergebnisse aktueller Studien zum Informationsverhalten, z. B. Connaway, Lynn u. Timothy Dickey: The Digital Information Seeker. Report of the Findings from Selected OCLC, RIN, and JISC User Behaviour

Wahrnehmung jedes einzelnen Fortgeschrittenen jedoch hat er selbstverständlich Routinen im wissenschaftlichen Arbeiten und beim Umgang mit Literatur erworben,[7] was von den Lehrenden berücksichtigt werden muss.

Auf diesen Aspekt ist in der Forschung zur Erwachsenenbildung immer wieder hingewiesen worden. Nach Malcolm Knowles etwa sind die wichtigsten Merkmale des Lernens Erwachsener vor allem die Fähigkeit zur Bedarfserkennung, die Selbstbestimmung des Lernprozesses, ein hohes Maß an sehr unterschiedlichen Lernerfahrungen sowie eine hohe Bereitschaft zum Lernen bei einer gleichzeitig stark problemorientierten Lernorientierung.[8] Diese Erkenntnisse der Forschung zum Erwachsenenlernen können bereits bei der Gestaltung von Veranstaltungen zur Informationskompetenz für Studienanfänger, mehr noch aber für Fortgeschrittene höchst hilfreich sein. Die unterschiedlichen Lernerfahrungen sind zu berücksichtigen, und die problemorientierte Lernorientierung der Zielgruppe kann für die didaktische Konzeption von Veranstaltungen eine wichtige Rolle spielen. In der Praxis wird dies bereits erfolgreich umgesetzt.

Informationskompetenz für Fortgeschrittene: Best practice für Inhalte und Methoden

Nicht nur die Voraussetzungen und die Herangehensweise fortgeschrittener Studierender erfordern einen anderen Umgang mit dieser Zielgruppe, auch die Inhalte der Informationskompetenz müssen auf die Klientel abgestimmt werden. Dazu hat im deutschsprachigen Raum erstmals das Schweizer Projekt e-lib.ch in seinem Modul Informationskompetenz einen Anlauf unternommen, indem neben den Schweizer Standards der Informationskompetenz auch ein zugehöriges Kompetenzraster für drei verschiedene Niveaustufen entwickelt wurde.[9] Für Einsteiger, Fortgeschrittene und Experten werden für die Bereiche Bedarf, Beschaffung, Bewertung, Organisation, Anwendung und Verantwortung die jeweils angestrebten Kompetenzen benannt, die teils aufeinander aufbauen. Um ein Beispiel zu nennen: So sollte ein Einsteiger die gefundenen Informationen nach vordefinierten Kriterien bewerten können, ein Fortgeschrittener sollte eine begründete Wahl der Bewertungskriterien treffen und anwenden können und ein Experte schließlich kann bestehende Bewertungskriterien beurteilen und definiert sie bei Bedarf neu.

Projects. Joint Information Systems Committee [JISC] 2010. http://www.jisc.ac.uk/media/documents/publications/reports/2010/digitalinformationseekerreport.pdf (16. 8. 2011).

7 Wobei das Niveau bei einer Gruppe von Master-Studierenden faktisch genauso verschieden sein wird wie bei Bachelor-Studierenden.

8 Knowles, Malcolm: The adult learner. Amsterdam, Heidelberg: Elsevier 2005. S. 64–68.

9 Quelle: http://www.informationskompetenz.ch/dokumente.html (16. 8. 2011).

Diesen drei aufeinander aufbauenden Stufen könnten die konkreten Fälle Studienanfänger, Masterstudierender bzw. Examenskandidat sowie Doktorand zugeordnet
werden. Anhand dieser Stufen können dann Veranstaltungen für eine bestimmte Zielgruppe theoretisch reflektiert angepasst werden. Ein begleitender Leitfaden, der das
Kompetenzraster mit konkreten Beispielen unterfüttert, ist gemäß den Angaben auf
der Website in Arbeit.

Zahlreiche Bibliotheken haben bereits praktische Erfahrungen mit IK-Veranstaltungen für Fortgeschrittene gesammelt, worüber auch in der Literatur ausführlich
berichtet wird.[10] Für die USA werden Angebote für Graduierte bereits ab den 1950er
Jahren berichtet.[11] Aktuell werden „one shot orientations, workshops, consultations,
workbooks and tutorials, handouts and course-related instruction" als die wichtigsten Formen der Vermittlung genannt.[12] Dies entspricht auch den gängigen Formaten
für Undergraduates, wobei bei Fortgeschrittenen die Einzelberatung aufgrund des höheren Spezialisierungsgrads der Fragestellungen und der größeren Unterschiedlich-
keit der Vorerfahrungen einen höheren Stellenwert haben muss. Dabei beschränken
sich die fachspezifischen Erfahrungen nicht nur auf einzelne Fächer: Es sind sowohl
in den Natur- und Ingenieurwissenschaften[13] als auch in den Geistes- und Sozialwissenschaften Beispiele[14] zu finden.

---

10 Beispielhaft: Kohl-Frey, Oliver u. Bernd Schmid-Ruhe (Hrsg.): Advanced Users. Information
Literacy and Customized Services. Proceedings of the Konstanz Workshop on Information Literacy
(KWIL) 2007. Konstanz 2008. http://www.ub.uni-konstanz.de/kops/volltexte/2008/5905/
(16. 8. 2011).
11 Blummer, Barbara: Providing Library Instruction to Graduate Students. A Review of the
Literature. In: Public Services Quarterly (2009) H. 5. S. 15–39.
12 Ebd.
13 Brown, Cecelia: Where Do Molecular Biology Graduate Students Find Information? In: Science
and Technology Libraries (2005) H. 3. S. 89–104. Chang, Nai-Cheng u. Jiin-Huai Perng: Information
Search Habits of Graduate Students at Tatung University. In: International Information and Library
Review (2001). S. 341–346.Finn, Bette u. Pat Johnston: Index Use by Engineering Faculty and
Students. In: Georgia Library Quarterly (2004) H. 3. S. 5–14. Garritano, Jeremy: Ice Cream Seminars
for Graduate Students. Imparting Chemical Information Literacy. In: Libraries and Graduate
Students: Building Connections that Work. Hrsg. von Gretta Siegel. Binghamton: Haworth
Information Press 2008 (Public Services Quarterly Special Issue). S. 53–70.
14 Barrett, Andy: The Information-Seeking Habits of Graduate Student Researchers in the
Humanities. In: The Journal of Academic Librarianship (2005) H. 4. S. 324–331. East, John:
Information Literacy for the Humanities Researcher. A Syllabus Based on Information Habits
Research. In: The Journal of Academic Librarianship (2005) H. 2. S. 134–142. Cooney, Martha u.
Lorene Hiris: Integrating Information Literacy and its Assessment into a Graduate Business Course.
A Collaborative Framework. In: Research Strategies (2003) H. 3. S. 213–232. Grant, Maria u. Marlowe
Berg: Information Literacy Integration in a Doctoral Program. In: Behavioral and Social Sciences
Librarian (2003) H. 1. S. 115–128. Harington, Sara: „Library as Laboratory". Online Pathfinders and
the Humanities Graduate Student. In: Libraries and Graduate Students: Building Connections that
Work. Hrsg. von Gretta Siegel. Binghamton: Haworth Information Press 2008 (Public Services
Quarterly Special Issue). S. 37–52. Umfassend auch: Macauley, Peter: Doctoral Research and

Auch in Deutschland existieren bereits Angebote für Fortgeschrittene. So werden z. B. an der Universität Konstanz seit einigen Jahren Veranstaltungen für Fortgeschrittene durchgeführt und weiter ausgebaut, von denen zwei Kurse exemplarisch dargestellt werden sollen.[15] Auf der Ebene der Master-Studierenden existiert u. a. seit dem Jahr 2006 ein Angebot in Politik- und Verwaltungswissenschaft, das für alle neu ins Masterprogramm des Fachbereichs aufgenommenen Studierenden ein Pflichtangebot ist, das als Kurs mit 2 SWS und 5 ECTS-Punkten verrechnet wird. Die besondere Herausforderung liegt darin, dass ein Teil der Studierenden bereits das Bachelor-Studium an der Universität Konstanz absolviert hat und deshalb mit den Voraussetzungen an der Universität gut vertraut ist. Allein dies erfordert eine differenzierte Herangehensweise, der u. a. mit einer Aufteilung in Pflicht- und Wahlteil Rechnung getragen wird. Im Pflichtteil können die für alle Studierenden relevanten Themen behandelt werden, wozu Recherchestrategien, Fachdatenbanken oder Literaturverwaltungs-Software gehören. Im Wahlteil werden dann einzelne Fragen vertieft oder auch Themen wie Ökonomische oder Juristische Fachinformation, E-Learning oder der Umgang mit LaTeX behandelt, die nicht für alle, aber für einen Teil der Studierenden von besonderer Bedeutung sind.

Für Doktorand/innen gibt es seit dem Jahr 2008 einen modular aufgebauten Kurs.[16] Diese Module können einzeln oder als Gesamtkurs besucht werden, wobei nach Absolvieren des gesamten Kurses in zwei Fachbereichen ECTS-Punkte für die Promotionsstudierenden vergeben werden können. Der Kurs gliedert sich in fachübergreifende Module, wie etwa Recherchestrategien, Literaturverwaltung oder E-Learning, und fachspezifische Teile, v. a. die Literatur- und Informationsrecherche in den fachlich relevanten Quellen, Zitationsstile oder Publikationskulturen in den einzelnen Fachdisziplinen. Während die einzelnen fachübergreifenden Veranstaltungen von je einer Person aus der Bibliothek für alle Doktorand/innen angeboten werden, sind die fachspezifischen Termine mit den jeweiligen Fachreferent/innen hochspezialisierte Kleinstgruppen- oder sogar Einzelberatungstermine, bei denen auf den Bedarf der jeweils individuell zusammengesetzten Gruppe maßgeschneidert eingegangen werden kann. Die Rückmeldungen auf diese Angebote sind gemäß den

---

Scholarly Communication. Candidates, Supervisors and Information Literacy. Dissertation, Deakin University 2001.

15 Kohl-Frey, Oliver: Information Literacy for Graduate and Postgraduate Students. Experiences from the University of Konstanz. In: Advanced Users: Information Literacy and Customized Services. Hrsg. von Oliver Kohl-Frey u. Bernd Schmid-Ruhe. Proceedings of the Konstanz Workshop on Information Literacy (KWIL) 2007. Konstanz 2008. S. 135–142. http://www.ub.uni-konstanz.de/kops/volltexte/2008/5905/ (16. 8. 2011). Trevisiol, Oliver: Informationskompetenz im neuen Jahrzehnt. Ein Sachstandsbericht. In: Bibliothek aktuell (2011) H. 92. S. 7b–9 b.

16 Quelle: http://www.ub.uni-konstanz.de/fileadmin/Dateien/Fachreferenten/Trevisiol/IK_Prom_Ankuendigung.pdf (16. 8. 2011).Vgl. zum Thema Informationskompetenz für diese Zielgruppe auch den Beitrag von Manuela Rohrmoser in diesem Band.

Evaluationen sehr positiv. Darüber profitiert die Bibliothek von der Wahrnehmung als kompetente Dienstleisterin für die forschungsintensive Gruppe der Doktorand/innen in der Institution. Solche Angebote für fortgeschrittene Studierende existieren an einigen Hochschulen im deutschsprachigen Raum, wenn auch noch nicht so zahlreich wie im anglo-amerikanischen Sprachraum.[17]

Bei der Konzeption und Durchführung eines Angebots in Informationskompetenz scheinen demnach aufgrund der bisherigen Erkenntnisse insgesamt folgende Erfolgsfaktoren zentral zu sein:

- Die spezifischen Erfahrungen und Voraussetzungen der Zielgruppe sind besonders zu berücksichtigen. Dies gilt sowohl für die angebotenen Inhalte als auch für die didaktische Form, denn Veranstaltungen für Fortgeschrittene werden eher intensive Einzel- oder Kleingruppen-Beratungen als Massenveranstaltungen sein. Informationskompetenz für Fortgeschrittene ist mehr Support als Lehre.
- Die Vorbereitung und Durchführung solcher Angebote sollte im besten Fall durch wissenschaftliche Bibliothekare geschehen. Während auf dem Niveau der Studienanfänger derartige Veranstaltungen je nach Institution von ausgebildeten Bibliothekar/innen ohne akademische Ausbildung (also Diplom- oder Bachelor-Bibliothekar/innen des gehobenen Dienstes) durchgeführt werden können, erhält die wissenschaftliche Ausbildung spätestens bei der Zielgruppe der Fortgeschrittenen eine zentrale Rolle.
- Die organisatorische Form einer Lehrveranstaltung ist nur eine institutionalisierte Form der Vermittlung von Informationskompetenz an Fortgeschrittene, die sicherlich die Wahrnehmung der Bibliothek in der Hochschule stärkt. Informelle Beratungen in der jeweils aktuellen Bedarfssituation eines Graduierten sind aber als mindestens genauso sinnvoll für alle Beteiligten anzusehen.

Informationskompetenz und Informationsleichtigkeit

In der Diskussion um Informationskompetenz wurde immer wieder vorgebracht, Bibliotheken würden in diesem Feld einen Zukunftsmarkt sehen, um teilweise wegbrechende Aufgaben wie etwa im Bereich der Erschließung zu kompensieren; zugespitzt war schon vom „Phantom der Bibliothekare" zu hören.[18] Die Einführung von auf Suchmaschinentechnologie basierenden Discovery-Systemen, die in einem Index viele zig Millionen von elektronischen und gedruckten Büchern und Aufsätzen einfach

---

17 Blummer, Barbara: Providing Library Instruction to Graduate Students. A Review of the Literature. In: Public Services Quarterly (2009) H. 5. S. 15–39.
18 Oeggerli, Elisabeth: Informationskompetenz: Das Phantom der Bibliothekare. 2010. http://www.igwbs.ch/8_Oeggerli.pdf (16. 8. 2011).

("google-like") durchsuchbar machen,[19] könnte diesen kritischen Trend verstärken. Eine höhere Informationsleichtigkeit müsste demnach zu einer geringeren Bedeutung von Informationskompetenz führen. Dabei wird allerdings übersehen, dass diese Literatursuchmaschinen vor allem die Entdeckung relevanter Literatur (Discovery) vereinfachen wollen, was sie auf Einsteiger-Niveau auch zweifellos tun. Ein Erstsemester, der noch keinen IK-Kurs seiner Bibliothek besucht hat, wird sich mit diesen Literatursuchmaschinen sehr viel einfacher die Literatur zu seiner ersten Seminararbeit zusammensuchen können als das mit der bisherigen Vielfalt von Quellen möglich war: Die Unübersichtlichkeit von Lokalem Katalog, weiteren Katalogen und Verbundkatalogen, bibliographischen Datenbanken unter verschiedenen Oberflächen, Volltextdatenbanken etc. haben viele Studienanfänger den allgemeinen Suchmaschinen (Google) in die Arme getrieben. Wenn man jedoch von der reinen Recherche absieht, erleichtern die Literatursuchmaschinen nicht die Übersetzung von Forschungsfragen in Rechercheanfragen, nicht die qualitative Bewertung von Ergebnissen, nicht die Verwaltung in angemessenen Literaturverwaltungs-Tools oder den korrekten Umgang mit Zitaten und Volltexten, um kein Plagiat zu produzieren. Diese Teilgebiete der Informationskompetenz sind trotz Discovery weiterhin von großer Bedeutung.

Für Fortgeschrittene löst sich zusätzlich auch das Rechercheproblem nicht vollständig, denn die Discovery-Systeme sind zwar einfach bedienbar, durchsuchen im besten Fall den gesamten gedruckten wie elektronischen Bestand einer Institution und stellen die Ergebnisse mittels eines ausgeklügelten Rankings dar. Für Graduierte aber passt häufig das allgemeingültige Ranking nicht, denn je spezieller die Forschungsfrage, desto wichtiger wird jeder spezialisierte Treffer – und dieser ist eben doch nicht immer alleine mit dem jeweiligen Ranking-Algorithmus zu finden. Zudem bieten spezialisierte Datenbankoberflächen in der Regel Suchmöglichkeiten (Thesauri u. ä.), die von den Discovery-Systemen gar nicht angeboten werden können. Die Kenntnis spezialisierter Suchsysteme wird auf diesem Level deshalb weiterhin nötig sein, und auch die Vermittlung vieler Bestandteile von Informationskompetenz für alle Zielgruppen.

Fazit: Informationskompetenz für Fortgeschrittene – Cui bono?

Auch Informationskompetenz für Fortgeschrittene sollte im Portfolio einer Bibliothek ihren Platz finden. Gerade weil Discovery-Systeme die Recherche nach Literatur vereinfachen und damit dieser Bereich der Informationskompetenz zumindest

---

19 Genannt seien hier Systeme wie Primo von ExLibris, Summon von SerialsSolutions, EDS Ebsco Discovery Service oder auch WorldCatLocal von OCLC Pica.

auf dem Einsteiger-Niveau weniger Kapazität erfordern wird, kann das Angebot für Fortgeschrittene deutlich ausgeweitet werden. Dabei spielen inhaltlich neben der Vermittlung von Recherchekompetenz auch die Themen Publikationskultur, Plagiatsvermeidung, Literaturverwaltung, Informationsbewertung und ökonomische sowie juristische Rahmenbedingungen eine wichtige Rolle.

Graduierte verfügen in der Regel über ein erprobtes Set von Arbeitstechniken in den klassischen Feldern der Informationskompetenz. Wenn diese Individualität bei der Konzeption und Durchführung von Lehrangeboten berücksichtigt wird, können diese auch auf dem Niveau von Fortgeschrittenen sehr gewinnbringend sein. Die lehrenden Bibliothekar/innen dürfen sich dabei ihrer eigenen Kompetenzen bewusst sein und ihr Licht nicht unter den Scheffel stellen. Allerdings müssen Veranstaltungen für Fortgeschrittene sowohl inhaltlich als auch didaktisch anders geplant sein als solche für Erstsemester. Viele Themen werden sehr viel mehr im Detail behandelt werden, was ein größeres Wissen und eine andere methodische Vorgehensweise erfordert, wofür teils auch didaktische Fortbildungsmaßnahmen für Bibliothekare nötig sein können. Von den Lehrenden wird zudem mehr Flexibilität verlangt, um auf die jeweiligen Bedürfnisse in sehr heterogenen Gruppen eingehen zu können. Der Standardvortrag aus der Schublade hat auf diesem Niveau ausgedient.

Für die Bibliothek stellt ein dediziertes Angebot für Master-Studierende, Doktorand/innen und andere Fortgeschrittene eine hervorragende Möglichkeit dar, sich innerhalb der Hochschule als Beratungs- und Service-Institution für Nachwuchswissenschaftler/innen zu positionieren. Dabei wird eine Kernkompetenz von Bibliotheken, nämlich die Beratung in Informationskompetenz, besser wahrgenommen und damit gestärkt.

Von der Lehre und Beratung in Informationskompetenz für Fortgeschrittene profitieren somit letztlich sowohl die Studierenden und Nachwuchswissenschaftler als auch die lehrenden Bibliothekare und die Institution Bibliothek selbst.

Informationskompetenz in der Wissenschaft

Manuela Rohrmoser

Informationskompetenz für Doktoranden und Wissenschafter

Abstract: Doktoranden und Wissenschafter sind im europäischen Raum noch nicht sehr lange Gegenstand bibliothekarischer Aufmerksamkeit, obwohl sie mindestens die gleiche, wenn nicht eine vermehrte Notwendigkeit haben, informationskompetent zu sein. Denn gerade Doktoranden und Wissenschafter müssen Fähigkeiten aufweisen, mit besonders großen Mengen an Informationen umzugehen, da sie aufgrund des Umfangs ihrer Untersuchungen eine große Menge an Literatur sammeln und verwalten müssen. Dieser Artikel beschäftigt sich mit der Entwicklung der Angebote für diese Zielgruppe in verschiedenen Ländern, zeigt ihre spezielle Stellung auf und beschreibt Praxisbeispiele für den Umgang von Bibliotheken mit dieser Gruppe. Abschließend wird auch das derzeit in Wien praktizierte Modell vorgestellt.

Keywords: Doktoranden, PhDs, Promovenden, Graduierte, Wissenschafter, Informationskompetenz, Benutzerschulung

Dr. Manuela Rohrmoser: Studierte Biologie/Studienzweig Mikrobiologie an der Universität Innsbruck und absolvierte die postgraduelle Ausbildung für den Bibliotheks-, Informations- und Dokumentationsdienst. Sie war Assistentin in der Medizinischen Forschung und ist seit 1999 an der Universitätsbibliothek Wien in verschiedenen naturwissenschaftlichen Bereichen tätig (Fachreferentin für Medizin und Chemie, Leiterin der Fachbereichsbibliothek Biologie). Seit 2001 leitet sie das Zentrum für elektronische Recherchen an der Hauptbibliothek und ist Fachreferentin für Biologie und Naturwissenschaften. Sie ist u. a. verantwortlich für die Teaching Library und beschäftigt sich in diesem Zusammenhang besonders mit DoktorandInnen als Zielgruppe.

Entwicklungen in den USA/Australien

Erste Angebote und Studien bei Doktoranden und Wissenschaftern

Spürbare Mängel an Recherchefähigkeiten bei Graduierten führten zu zahlreichen Initiativen für diese Gruppe, jedoch gab es noch keine eigenen Programme für Doktoranden. Bibliothekare nahmen aber ihre Rolle als Einzelberater bei der Projektierung, Literatursuche und dem Verfassen einer Dissertation wahr.[1] Ein Report des

---

1 Vgl. Lipow, Anne Grodzins: Library Services to the Graduate Community: The University of California, Berkeley. In: College & Research Libraries (1976) H. 37. S. 252–256.

American Library Association (ALA) Presidential Commitee on Information Literacy (1989) unterstrich die wichtige Rolle der Informationskompetenz in der Ausbildung von Lehrern.[2] Daraufhin wurde auch in Schulungsprogrammen für Doktoranden Informationskompetenz als zentrales Thema hervorgehoben. Libutti[3] beschrieb vier unterschiedliche Schulungsprogramme am Fordham University College of Education, davon ein Seminar speziell für Doktoranden, bei dem Unterstützung bei der Literatursuche für Fortgeschrittene angeboten wurde. Nur sehr wenige Studien befassten sich allerdings noch mit dem Bereich der Doktoranden.[4] An der Rutgers University untersuchte man das Suchverhalten von Doktoranden der Bildungswissenschaften, um geeignete Schulungsmethoden für diese Zielgruppe zu entwickeln.[5] Eine Initiative von Master[6] zielte darauf ab, die Recherchefähigkeiten von graduierten Assistenten im College of Education der University of Las Vegas zu verbessern. Um den Erfolg des Programms zu sichern, arbeiteten die Bibliothekare dieses in Zusammenarbeit mit dem Verantwortlichen für die Collegeausbildung aus. Insgesamt wurde zunehmend die Zusammenarbeit der Bibliothek mit der Fakultät als wichtig erachtet.

Ausbau der Informationskompetenz bei Doktoranden

Studien zur Informationskompetenz wurden aufgrund des von der ALA herausgegebenen Reports „Information Literacy Competency Standards for Higher Education"[7] vermehrt durchgeführt, Schulungsprogramme wurden ausgebaut und auch für Doktoranden angeboten. An der Northwestern University gab es einen eigenen Einführungstag in elektronische Ressourcen für Doktoranden der Geisteswissenschaften, an dem auch das Literaturverwaltungsprogramm Endnote geschult

---

2 Vgl. American Library Association: Presidential Committee on Information Literacy. Final Report (1989). http://www.ala.org/ala/mgrps/divs/acrl/publications/whitepapers/presidential.cfm (17. 6. 2011).
3 Vgl. Libutti Patricia: Library Support for Graduate Education Research and Teaching. (Report No. IR 054101). East Lansing, MI: National Center for Research on Teacher Learning 1991. (ERIC Document Reproduction Service No. ED 349007) http://www.eric.ed.gov/PDFS/ED349007.pdf (17. 6. 2011).
4 Vgl.Libutti Patricia u. Mary Kopala: The Doctoral Student, the Dissertation, and the Library. A Review of the Literature. In: The Reference Librarian (1995) H. 22. S. 5–25.
5 Vgl. Fabiano, Emily: Casting the „Net". Reaching out to Doctoral Students in education. In: Research Strategies (1996) H. 14. S. 159–168.
6 Vgl. Master, Nancy: Taking the Mystery out of the Library. User Education at UNLV's Dickinson Library. In: Reference Librarian (1995) H. 48. S. 115–129.
7 Vgl. Association of College and Research Libraries (ACRL): Information Literacy Competence Standards for Higher Education (2000).http://www.ala.org/ala/mgrps/divs/acrl/standards/ informationliteracycompetency.cfm (17. 6. 2011).

wurde,[8] um eine Brücke zwischen Recherche- und Computerfähigkeiten zu bilden. Besondere Anstrengungen, die ACRL Standards im Rahmen von bibliotheksspezifischen Veranstaltungen umzusetzen, gab es wiederum im Bereich Bildungswissenschaften. An der San Diego State University wurden die ACRL Standards in die Doktoratsprogramme integriert,[9] ein anschließender Evaluationsprozess zur Integration aller Standards zeigte ein erhöhtes Bewusstsein der Doktoranden und der Fakultät für das Thema Informationskompetenz. Fokusgruppeninterviews dienten der Untersuchung, ob Informationskompetenz bei Doktoranden eingeführt und angewendet werden soll, und erbrachten den Beweis, dass solche Programme gebraucht werden.[9] Bereits 2001 hatte Macauley[10] Beispiele von Bibliotheksservicemodellen für Fortgeschrittene gezeigt, die für Doktoranden in speziellen Programmen entwickelt wurden. Beschrieben wurden auch Initiativen seitens der Bibliothek der Deakin Universität für Doktoranden, die ihre Arbeiten außerhalb des Campus durchführen und sich daher eher isoliert fühlen. Dabei kann der Bibliothekar die Rolle eines Co-Betreuers übernehmen und die Informationskompetenzfähigkeiten von Doktoranden und Betreuern verbessern.[11]

Informationsverhalten und besondere Bedingungen der Doktoranden

Eine Untersuchung an 100 Graduierenden (davon 64 Doktoranden) der Carnegie-Mellon University ergab, dass sich diese Studierenden auf die Hilfe und den Input von Fakultätsmitgliedern und Kollegen verlassen und dass das Informationsverhalten von Fach zu Fach stark variiert.[12] 189 Doktoranden gaben bei einer Umfrage an, dass sie ein hohes Vertrauen in ihr Informationssuchverhalten haben, ihre Antworten zeigten aber, dass sie wenig Bewusstsein über die spezifische Nutzung der Suchtools in ihrem

8 Vgl. Lightman, Harriet u. Ruth N. Reingold: A Collaborative Model for Teaching E-resources. Northwestern University's Graduate Training Day. In: Portal: Libraries and the Academy (2005) H. 5. S. 23–32.

9 Vgl. Grant, Maria u. Marlowe Berg: Information Literacy Integration in a Doctoral Progam. In: Behavioral & Social Sciences Librarian (2003) H. 22. S. 115–128.

10 Vgl. Macauley, Peter: Menace, Missionary Zeal or Welcome Partner? Librarian Involvement in the Information Literacy of Doctoral Researchers. In: New Review of Libraries and Lifelong Learning (2001) H. 2. S. 47–65.

11 Vgl. Macauley, Peter u. Anthony K. Cavanagh: Doctoral Dissertations at a Distance. A Novel Approach from Downunder. In: Journal of Library Administration (2001) H. 32. S. 331–346.

12 Vgl. George, Carole, Alice Bright, Terry Hurlbert, Erika C. Linke, Gloriana St. Clair u. Joan Stein: Scholarly Use of Information. Graduates Students' Information Seeking Behaviour. In: Information Research (2006) H. 11. S. 11–14. http://informationr.net/ir/11-4/paper272.html (17. 6. 2011).

Fachgebiet hatten.[13] In einer Untersuchung im amerikanisch-australischen Zusammenhang wurden sowohl die Erfahrungen der Doktoranden als auch der Bibliothekare[14] beschrieben. Schulungsprogramme könnten demnach mehr auf das, was Doktoranden brauchen zugeschneidert sein, wenn mehr auf die speziellen Fähigkeiten und Bedürfnisse dieser Gruppe eingegangen wird. Studien zum Informationssuchverhalten bei Doktoranden der Sozialwissenschaften ergaben zudem ein fehlendes Bewusstsein über die Services, die Bibliothekare zur Verfügung stellen. Die Studierenden hatten zwar wiederum das Gefühl, dass sie einen mühelosen Umgang mit den Suchtools haben, jedoch zeigen Lücken im Wissen um den Umgang mit der Bibliothek und deren Ressourcen durchaus Bedarf nach Anleitung.[15] Die Studierenden stellten bei Fokusgruppeninterviews fest, dass sie als Quellen vermehrt Zeitschriftenartikel verwenden, der physische Raum Bibliothek wird nicht oder wenig besucht und nur vernachlässigbar Hilfe der Bibliothekare in Anspruch genommen, eher noch jene von Kollegen. Bei einer anschließende Befragung von Bibliothekaren, gab ein Großteil der Bibliothekare an, nicht über den Prozess des Doktoratsstudiums informiert zu sein, einige jedoch beschrieben Programme und Services für Doktoranden und zeigten, dass diese Programme erfolgreich sind und Notwendigkeit zur Verbesserung der Services für Doktoranden besteht.[15] An der Southeastern Louisiana University machte man die Erfahrung, dass Studierende oft erst nach längerer Studienunterbrechung an die Universität zurückkehren, um ihr Doktorat zu machen, sodass diese Gruppe keine geeigneten Informationskompetenzfähigkeiten mehr aufweist. Zudem sind diese Studierenden nicht dauernd am Campus und sind über eine virtuelle Lernumgebung besser zu erreichen. Ein entsprechendes Programm wurde daher in Zusammenarbeit mit der Fakultät unter Verwendung eines virtuellen Klassenzimmers entwickelt.[16] Andere Studien berichten darüber, aus welchen Gründen Doktorarbeiten vielfach nicht abgeschlossen werden, darunter auch der, dass diese Gruppe meist vollzeitbeschäftigt ist und relativ isoliert an der Dissertation arbeitet, sodass sie auch keine physischen Bibliotheken mehr benutzen kann und daher nur Onlinequellen verwendet.[17] Als Zusatzprogramm zu den üblichen Kursen und Distance-learning wurden deshalb

---

13 Vgl. Mazurkiewicz, Orchid u. Claude H. Potts: Researching Latin America. A Survey of How the New Generation is Doing Its Research. In: Latin America Research Review (2007) H. 42. S. 161–182.
14 Vgl. Green, Rosemary. u. Peter Macauley: Doctoral Students' Engagement with Information: An American-Australian Perspective. In: Portal: Libraries and the Academy (2007) H. 7. S. 317–332.
15 Vgl. Fleming-May, Rachel. u. Lisa Yuro: From Student to Scholar. The Academic Library and Social Sciences PhD Students' Transformation. In: Portal: Libraries and the Academy (2010) H. 9. S. 199–221.
16 Vgl. Rhodes, Elizabeth u. Lynette Ralph: Information Literacy and Doctoral Students. Avatars and Educators Collaborate for Online Distance Learning. Proceedings of Informing Science & IT Education Conference (InSITE) 2010. S. 227–235.
17 Vgl. Yeager, Bradley John: PhD or ABD. To be or not to be? Dissertation. University of Denver 2008. Proquest Dissertation and Theses Database. (UMI No. 3310970).

für Doktoranden regionale 2-tägige Workshops in verschiedenen Gebieten der USA angeboten,[18] um den Studierenden beim Vorantreiben der Dissertation zu helfen. Eine weitere Studie befasste sich mit Unterschieden von Teilnehmern von vor Ort Programmen und Fernprogrammen.[19] Die Studierenden, die an Fernprogrammen teilnahmen, fühlten sich demnach isoliert und wünschten traditionelle Unterstützung.

Eignung unterschiedlicher Modelle für Doktoranden

An der Lupton Library der University at Chattanooga hat man Erfahrungen mit verschiedenen Angeboten gemacht:[20] so eignen sich Online-Tutorials aufgrund ihrer Kürze und einmalige Workshops eher weniger für die längerfristige Entwicklung von Recherchefähigkeiten von Doktoranden. In Lehrveranstaltungen integrierte Bibliotheksprogramme, bei denen ein Fakultätsmitglied eng mit einem Bibliothekar zusammenarbeitet, sind für Doktoranden sehr empfehlenswert, ebenso akkreditierte Recherchepraktika. Die Lupton Library engagiert sich hier im Bereich der Prädissertationsseminare.[20] Die Studierenden werden dabei in geeigneter Weise auf die Recherche auf fortgeschrittenem Level vorbereitet. Der persönliche Recherchetermin ist für Doktoranden besonders geeignet, da man sich ganz spezifisch mit dem Forschungsthema des Studierenden befasst. Die positive Auswirkung von Bibliotheksprogrammen ist stärker, wenn Recherchefähigkeiten über einen längeren Zeitraum vermittelt werden. Es waren sogar statistisch signifikante Unterschiede in der Zitatverwendung und der Benotung von Studierenden, die so einen Kurs besucht hatten und jenen, die das nicht taten, festzustellen.[21]

Höhere Ausgaben und höhere Anzahl von Fachkräften tragen zum Erfolg der Doktoranden bei

Mezick[22] zeigte, dass es einen starken Zusammenhang zwischen den Aufwendungen für Ressourcen und Services der Bibliothek und dem Verbleib von Graduierten gibt.

---

18 Vgl. Tuñón, Johanna u. Laura Ramirez: ABD or EdD? A Model of Library Training for Distance Doctoral Students. In: Journal of Library Administration (2010) H. 50. S. 989–996.
19 Vgl. Brahme, Maria E.: The Differences in Information Seeking Behavior between Distance and Residential Doctoral Students. Dissertation. Pepperdine University 2010. Proquest Dissertation and Theses database. (Umi No 3397982).
20 Vgl. Harris, Colleen S.: The Case for Partnering Doctoral Students with Librarians. A Synthesis of the Literatures. In: Library Review (2011) H. 60.
21 Vgl. Wang, Rui: The Lasting Impact of a Library Credit Course. In: Portal: Libraries and the Academy (2006) H. 6. S. 79–92.
22 Vgl. Mezick, Elizabeth M.: Return on Investment. Libraries and Student Retention. In: The Journal of Academic Librarianship (2007) H. 33. S. 561–566.

Sehr stark wirkt sich auf den Verbleib von Doktoratsstudierenden professionelles Bibliothekspersonal aus. Es ist daher sinnvoll, Studierende und besonders Doktoranden mit akademischen Bibliothekaren zu verbinden, um die Fertigstellungsraten der Dissertationen zu verbessern und den Abgang aufgrund mangelnder Recherchefähigkeiten zu verringern.

Entwicklungen in Europa

Vereinigtes Königreich

Erhöhung der Teilnahme an Kursen bei Doktoranden und Wissenschaftern

Als Antwort auf die Ergebnisse von Studien, die zeigten, dass sowohl Nichtgraduierte als auch Postgraduierte ihre Informationskompetenzfähigkeiten überschätzen und daher nicht an entsprechenden Kursen teilnehmen,[23] hat man an der Loughborough University postgraduierte Forscher dazu angeregt, ihre Informationssuchfähigkeiten mittels Checklisten und Onlinetests zu überdenken. Daraufhin haben die Postgraduierten vermehrt Kurse entsprechend ihren Informationskompetenzbedürfnissen besucht.[24] Da die postgraduierten Forscher überzeugt von ihren Fähigkeiten zur Informationssuche sind, hat man an der Durham Universität Kurse zur Informationssuche mit bibliographischer Referenzmanagementsoftware gekoppelt. Die Kurse wurden in Folge besonders gut angenommen.[25]

Untersuchungen zu Unterschieden zwischen den Fächern und verschiedenen Ländern bei Doktoranden

In einer vergleichenden Studie zum Informationssuchverhalten von PhD-Studierenden der Physik und der Astronomie stellten Jamali und Nicholas[26] fest, dass man

---

23 Vgl. Urquhart, Christine, Rhian Thomas, Chris Armstrong, Roger Fenton, Ray Lonsdale, Sian Spink u. Alison Yeoman: Uptake and Use of Electronic Information Services. Trends in UK Higher Education from the JUSTEIS Project. In: Program: Electronic Library and Information System (2003) H. 37. S. 168–180.

24 Vgl. Stubbings, Ruth u. Ginny Franklin: More to Life than Google – a Journey for PhD Students. In: Journal of eLiteracy (2005) H. 2. S. 93–103.

25 Vgl. Heading, David, Nicola Siminson, Christine Purcell u. Richard Pears: Finding and Managing Information. Generic Information Literacy and Management Skills for Postgraduate Researchers. In: International Journal for Researcher Development (2010) H. 1. S. 206–220.

26 Vgl. Jamali, Hamid R. u. David Nicholas: Communication and Information-Seeking Behaviour of Research Students in Physics and Astronomy. ASIST Annual Conference Austin, Texas,

in beiden Fächern in erster Linie E-Journals und nur selten die Bibliothek benutzt. Unterschiede ergeben sich zwischen theoretischer und experimenteller Forschung. Die Studie zeigt daher auch, dass eher kleine Fachgruppen innerhalb einer akademischen Disziplin anstatt Benutzer eines breiten Gebietes wie der gesamten Physik untersucht werden sollten. Es wird auch darauf hingewiesen, dass ein Unterschied in der Literatursuche bei PhD-Studierenden der Geisteswissenschaften und Naturwissenschaften besteht. Außerdem weisen die Autoren auf Unterschiede zwischen den Doktoratsprogrammen von UK und USA hin, da in UK die Studierenden sofort in die Forschung involviert sind und keine Seminare mehr besuchen müssen.[26]

Großprojekte bei Doktoranden und Wissenschaftern

Eine von der AIMTech Research Group der Leeds University Business School und Information Management Associates (IMA) 2007/2008 durchgeführte Studie behandelte das Thema „Mind the skills gap: Information-handling training". Es handelt sich dabei um ein Projekt des Research Information Network, bei dem es an Universitäten in England und Schottland Untersuchungen dazu gab, wie gut die Rolle der Universitätsbibliotheken im Training zur Informationssuche und Informationsmanagement der postgradualen und postdoktoralen Forscher koordiniert und diese Arbeit in die Institution integriert ist. Der abschließende Report (Research Information Network 2008) zeigte, dass die Trainings unkoordiniert sind und sich nicht auf eine systematische Feststellung der Bedürfnisse stützen.[27]

Streatfield[28] zieht im Bereich Informationskompetenztraining Schlüsse aus diesem Report und zeigt eine Reihe von Handlungsfeldern auf. Wege, die nach vorne führen, müssten in dem Bewusstsein gesucht werden, dass das Fehlen von erfolgreicher Unterstützung zur Marginalisierung der Bibliothek und ihrer Services und Verlust der Basis der Institution in der stark konkurrenzbetonten Forschung nach sich ziehen wird. Man solle sich mehr auf andere Arten der Unterstützung wie die Integration von Bibliothekspersonal in Forschungsteams, andere Dimensionen wie Management von Information, Department- oder Fakultäts-basiertes Training und Umstieg auf E-learning oder Blended-Learning konzentrieren. Dazu wird es mehr Personal und Geldmittel brauchen. Lernen basierend auf Zielformulierungen, koordinierter Planung, regio-

---

November 3–8, 2006. http://eprints.rclis.org/bitstream/10760/15359/1/Jamali%26Nicholas-ASIST.pdf (20. 6. 2011).
27 Vgl. Research Information Network: Mind the Skills Gap: Information-handling Training for Researchers. http://www.rin.ac.uk/our-work/researcher-development-and-skills/mind-skills-gap-information-handling-training-researchers (10. 11. 2011).
28 Vgl. Streatfield, David, David Allen u. Tom Wilson: Information Literacy Training for Postgraduates and Postdoctoral Researchers. A National Survey and its Implications. In: Libri (2010) H. 60. S. 230–240.

nalen und nationalen Initiativen, effektives Training basierend auf Bedarfsanalyse, Informationskompetenztraining soll zum Transfer von Fähigkeiten führen.[28]

An der Cardiff University führt gegenwärtig Curtis+Cartwright Consulting eine großangelegte Studie über die Rolle der Betreuer bei der Literatursuche und dem Erwerb von Informationskompetenz der PhD-Studierenden durch.[29]

Skandinavien

Verbesserung der Informationskompetenz und Untersuchungen zum Informationsmanagement und Informationsverhalten von Doktoranden

An der Skövde Universität in Schweden wurde 2003 für PhDs der Computerwissenschaften einen akkreditierter Kurs angeboten, der die Doktoranden zur Entwicklung eigener Konzepte von Informationskompetenz ermutigen und zur Reflexion des Informationsmanagement-Prozesses beitragen sollte. Die Doktoranden wurden gebeten, ihre Erfahrungen mit der Informationsarbeit niederzuschreiben und gleichzeitig einen Log zu führen.[30] Die Doktoranden berichteten davon, dass das Schreiben – von der Formulierung spezifischer Fragen bis zum Aufzeichnen der Suchresultate – den Level der Informationskompetenz erhöht.

Fünf norwegische Bibliotheken führen derzeit gemeinsam ein Projekt zum Informationsmanagement für PhD-Kandidaten durch. In diesem Projekt sollen basierend auf Voruntersuchungen zum Informationssuchverhalten und generell den Informationsbedürfnissen und, ob die existierenden Bibliotheksservices ihre Bedürfnisse abdecken können, Lehrmodule für die Doktoranden entwickelt werden, wie Informationssuche, Publikationsethik, Copyright, Wissenschaftliches Publizieren. Die Module sollen dann in die PhD-Programme integriert und anschließend evaluiert werden.[31]

Die Universitätsbibliotheken in Kopenhagen und Oslo haben gemeinsam mit der Universitätsbibliothek Wien (Lach K.) Untersuchungen zum Informationsverhalten und den Praktiken der PhD Studierenden durchgeführt.[32] Dabei stellte sich heraus, dass die Doktoranden am häufigsten Zeitschriftenartikel verwenden, wobei die bequeme Benutzbarkeit ein zentrales Anliegen ist, schwieriger zu benutzende Quellen

---

29 Vgl. Research Information Network: Research Supervisors and Information Literacy. http://www.rin.ac.uk/our-work/researcher-development-and-skills/information-handling-training-researchers/research-superv (10. 11. 2011).
30 Vgl. Pilerot Ola: Information Literacy Education for PhD-Students – a Case Study. In: Nord I&D, Knowledge and Change (2004). S. 92–98.
31 Vgl. Information Management for Knowledge Creation. http://inma.b.uib.no/ (10. 11. 2011).
32 Vgl. Drachen, Thea M., Asger V. Larsen, Eystein Gullbekk, Hilde Westbye u. Karin Lach: Information Behavior and Practices of PhD Students. HAL: hprints-00599034, version 1 (2010). http://hprints.org/hprints-00599034/en/ (20. 6. 2011).

werden nicht berücksichtigt. Die Online-Services der Bibliothek werden von vielen genützt, weniger physische Räumlichkeiten. Services werden nachgefragt, die bereits existieren, aber nicht wahrgenommen werden. Google wird als Suchwerkzeug nicht nur am Beginn des Suchprozesses verwendet, Referenzmanagementsoftware wird nicht so stark genützt wie erwartet. Suchgewohnheiten entwickeln sich während der PhD-Phase weiter, jedoch oft ohne Bibliothekssupport, Kurse für PhD-Studierende werden zwar gewünscht, sollen aber effizient, effektiv und maßgeschneidert sein. Daraus ergibt sich, dass das Marketing der Bibliotheksservices stark verbessert werden muss, es mehr spezialisierte ad hoc Angebote geben soll, Kurse sollen kurz und spezialisiert sein und zu Beginn des PhD-Studiums angeboten werden. Die Zahl der elektronischen Ressourcen soll ausgedehnt und auch Online-Kurse angeboten werden. Spezielle Arbeitsbereiche für PhD-Studierende wurden explizit in Oslo und Wien gefordert.[32]

Deutschland

Programme für Doktoranden an deutschen Bibliotheken (Websiteanalyse)

An der UB Konstanz hat man sich besonders intensiv mit der Informationskompetenz von fortgeschrittenen Benutzern wie Master-Studierenden, Doktoranden, Post-Docs, Wissenschaftern und Professoren auseinandergesetzt.[33] In dem von der Deutschen Forschungsgemeinschaft geförderten internationalen Projekt Informationskompetenz II erforschte man die Defizite in der Informationskompetenz und Wege und Methoden, wie man diese Zielgruppen besser erreichen und deren Informationskompetenz verbessern kann. Anschließend wurden entsprechende Schritte gesetzt. Es wurde auch ein neues Online-Tutorial KOPILOT Konstanz Postgraduate Information Literacy Online Tutorial, das für Masterstudierende, Doktoranden und Wissenschafter erstellt wurde, eingerichtet.[34] Mittlerweile hat sich an der UB Konstanz auch ein eigenes Programm für Doktoranden unter dem Titel „Informationskompetenz für Promovierende" etabliert. Viele Universitätsbibliotheken in Deutschland bieten mittlerweile spezielle Programme für Doktoranden an. Einige sollen hier stellvertretend erwähnt werden. An der UB Heidelberg gibt es unter dem Titel „Veranstaltungen für Doktoranden und Examenskandidaten" mehrere Angebote: „Strategien für eine erfolgreiche Literaturrecherche: Workshop für Abschlussarbeiten in den Geschichtswissenschaften", „Workshop Rechtsfragen beim Publizieren – Lösungen für die Praxis", „Höhere

33 Vgl. Kohl-Frey, Oliver: Beyond the Bachelor. Informationskompetenz für Anfänger und Fortgeschrittene an der Universität Konstanz. In: Teaching Library: Eine Kernaufgabe für Bibliotheken. Hrsg. von Ute Krauß-Leichert. Frankfurt a. M. [u. a.]: Peter Lang 2007. S. 149–164.
34 Vgl. Dammeier, Johanna: Fliegen Sie mit KOPILOT in die Informationskompetenz! In: Bibliothek aktuell (2009) H. 88. S. 27–28.

Mathematik – Literatur elektronisch finden und publizieren", „Effiziente Verwaltung von Literaturangaben mit Endnote für Doktoranden" und „Workshop: Plagiat und Plagiaterkennung". Die ULB Münster bietet Schulungen speziell für Promovenden an, wie „Von der Themenstellung zur Literatur" und „Wichtige Datenbanken und Internetquellen für Ihr Fachgebiet", sowie „Dissertationen online publizieren mit MIAMI" und „Den Überblick behalten – Literatur verwalten". Die Universitätsbibliothek der TU München hat im Programm „Fit für die Doktorarbeit – Intensivkurs Bibliothek" und „Informationskompetenz für Doktoranden". Die Universitätsbibliothek Duisburg-Essen bietet ebenfalls ein umfangreiches Programm für Promovierende an. Es gibt Angebote für die Literaturrecherche in einzelnen Fachgebieten, sowie für die Nutzung eines Literaturverwaltungsprogramms und zum wissenschaftlichen Publizieren mit Inhalt Urheberrecht und Open Access.

Schweiz

Angebote für Wissenschafter (Websiteanalyse)

An der Universitätsbibliothek Bern gibt es Schulungen für Dozierende im Rahmen der Hochschuldidaktik des Zentrums für universitäre Lehre, nämlich „Literaturverwaltung Endnote" und „Datenbank- und Internetrecherche professionell".

An der Bibliothek der ETH Zürich werden als Zielgruppe der Schulungen Angehörige der ETH sowie bei „Wissenschaftliche Berichte verfassen" explizit auch wissenschaftlich Mitarbeitende der ETH angesprochen.

Ebenso verhält es sich an der Universität Zürich, wo es Veranstaltungen zur Bibliometrie, „Publizieren mit Open Access", Datenbanken und Literaturverwaltungsprogrammen gibt, die auch von Institutsangehörigen besucht werden können.

Österreich

Zielgruppe Dissertanten (Websiteanalyse)

In österreichischen Bibliotheken gibt es vom Coaching für Dissertanten bis hin zu verschiedenen Workshops mehrere Angebote. So bietet man an der UB der Medizinischen Universität Wien „DiplDissCoaching: Gecoachtes Searching für MUW-DiplomandInnen/DissertantInnen" in Kleingruppen bis zu sechs Personen an, an der UB der Universität für Bodenkultur ein Workshopprogramm mit Literaturdatenbanken, Scopus, „Verfassen von wissenschaftlichen Arbeiten mit Microsoft Word", Zitatverwaltungsprogramme und Zitationsanalyse. An der UB der Veterinärmedizinischen Universität wird in einer Vorlesung, die als Freifach und Wahlfach für Doktoranden und Diplomanden angeboten wird, eine umfassende „Einführung in die wissenschaftliche Literatursuche" in mehreren Modulen gegeben. An der UB Innsbruck kann man als Diplomand oder Dissertant „Literaturverwaltung und Wissensorganisation mit Citavi" und „Literaturrecherche für Diplomanden und Dissertanten" besuchen. Die UB Linz bietet für mehrere Zielgruppen, darunter auch Dissertanten und Forschende eine „Literatursuche in Datenbanken, ejournals und ebooks" an.

Universitätsbibliothek Wien und Doktoranden – Wiener Modell der PhD-Betreuung

Über mehrere Jahre gab es für Lehrende der Universität Wien die Möglichkeit im Curriculum eCompetence der Personalentwicklung die Veranstaltung Nutzung digitaler Ressourcen zu wählen und somit die Recherchekompetenz zu verbessern. Mittlerweile gibt es auch ein Workshopprogramm für Doktoranden, das in mehreren Etappen an die Bedürfnisse der Doktoranden angepasst wurde und wird: das DoktorandInnenzentrum der Universität Wien ist vor zwei Jahren an die Bibliothek herangetreten, und es wurde ein Programm für Doktoranden ausgearbeitet, bei dem mehrere Mitarbeiter der Bibliothek engagiert sind (Phase 1). Das Workshopangebot wurde über das Vorlesungsverzeichnis beworben, die Workshops wurden durchgeführt und gemeinsam mit dem DoktorandInnenzentrum hinsichtlich Anzahl der Teilnehmer und deren Bewertung evaluiert (Phase 2). Ursprünglich wurde in jedem Fachgebiet Veranstaltungen zu E-Ressourcen angeboten. Es hat sich aber gezeigt, dass die fachspezifischen Kurse, vor allem von den Naturwissenschaften eher weniger genützt werden, das Programm wurde daher entsprechen angepasst (Phase 3). Es umfasst derzeit folgende Schwerpunkte:

„Von der Fragestellung zur Literatur", „Suchstrategien und Bibliotheksrecherche für DoktorandInnen der Geisteswissenschaften", „Suchstrategien und Bibliotheksrecherche für DoktorandInnen der Geschichtswissenschaften", „Suchstrategien und Bibliotheksrecherche für DoktorandInnen der Psychologie", „Finding and using information resources for your PhD project – Focus on English and American Studies", „Einführung in das Literaturverwaltungsprogramm Endnote", „Open Access Publishing: Die neue Art des Publizierens", „Einführung in die multidisziplinäre Datenbank Web of Science", „Einführung in Scopus – Ein multidisziplinärer Wissenszugang", „Copyright und Plagiarismus", „Einführung in die Bibliometrie". Weiterhin soll das Angebot nach jedem Semester evaluiert und entsprechend angepasst werden (Phase 4).

Parallel dazu nahm die Universitätsbibliothek Wien an einer Studie gemeinsam mit der Universitätsbibliothek in Oslo und Kopenhagen zum Informationsverhalten und den Praktiken der PhD Studierenden teil.[32] Die Erkenntnisse aus dieser Studie (für Wien: Lach K.) sowie jene der Phase 4 werden zusammenlaufen und sich somit im „Wiener Modell der PhD-Betreuung (Rohrmoser & Lach 2011)" am Bedarf der Doktoranden, an der Teilnehmerzahl und der Bewertung der Workshops orientieren. Parallel dazu gibt es im Rahmen des regulären Schulungsangebots auch den Kurs „Betreutes Recherchieren", der immer wieder von Dissertanten besucht wird, genauso wie Einzelrecherchetermine und Schulungen im Rahmen von Diplomanden- und

Dissertantenseminaren. Derzeit werden noch Erfahrungen mit dem Modell gesammelt und Konsequenzen überlegt. Die Dissertanten erhalten durch die Workshops in kurzer Zeit die Inputs, die sie für die weitere Recherchetätigkeit benötigen. Erstaunlich, dass beispielsweise bei der Evaluierung des Workshops „Von der Fragestellung zur Literatur" ein Großteil der Teilnehmer angab, dass die Inhalte des Workshops nur mittelmäßig vertraut sind (auf einer Skala 1 bis 5: 2,8 bei n=14 bzw. 2,6 bei n=5). In diesem Workshop werden alle Suchwerkzeuge nochmals vorgeführt und vermittelt, wie sie für das spezielle Thema anwendbar sind. Dies zeigt, wie wichtig die Abhaltung derartiger Veranstaltungen ist. Natürlich wäre es auch wünschenswert, Veranstaltungen mit längerer Dauer zu einem früheren Zeitpunkt und daher Möglichkeiten der Intensivierung der Recherchefähigkeiten anzubieten. Es ist jedoch fraglich, ob diese Angebote von den Studierenden dann auch wahrgenommen werden, wenn sie sich doch über eine längere Zeitspanne erstrecken und noch nicht die Notwendigkeit der Recherche für ein größeres Projekt besteht.

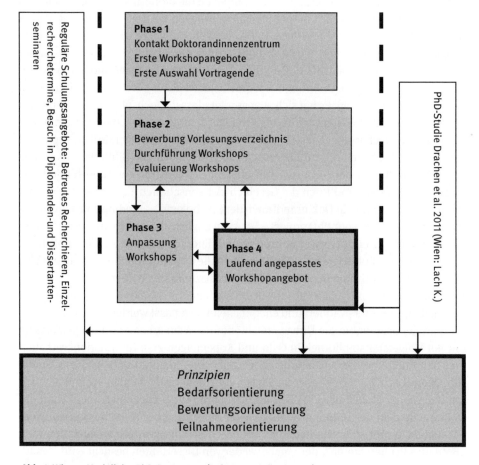

Abb. 1: Wiener Modell der PhD-Betreuung (Rohrmoser & Lach 2011)

Daher empfiehlt sich also, einen solchen längeren Kurs im Vorstadium der Dissertation bzw. am Beginn der Masterarbeit anzubieten, sodass die Workshops für Doktoranden nur mehr der kurzen Auffrischung dienen müssen.

Albert Raffelt
Theologische Informationskompetenz

Abstract: Der Beitrag spricht den in der Tradition wie Gegenwart vielfach problematisierten Wissenschaftsstatus der Theologie an und ihre fachliche Vielfalt, die es erschweren, das Fach kompetent zu beherrschen. Die durch ein Studium zu erwerbende Beurteilungskompetenz erfordert eine auf die Quellen und ihre Interpretationsgeschichte bezogene reflektierte Auseinandersetzung. Die traditionellen Medien bieten nach wie vor die Grundlage dazu. Die digitalen Möglichkeiten in Quellendarbietung und Recherche haben aber das Gesamtgebiet der theologischen Tradition durchsichtiger gemacht. Der heute sinnvolle Umgang mit dem Quellenbestand erfordert ein Eingehen auf die technischen Möglichkeiten und eine Kenntnis der zugrundeliegenden Mechanismen. Aus fachlicher qualifizierter Kenntnis und technischer Information baut sich fundierte Informationskompetenz auf. Die Relevanz von Religion und Theologie in vielen gesellschaftlichen Bereichen erfordert diese nicht nur für Spezialisten.

Keywords: Wissenschaftstheorie, Loci theologici, Beurteilungskompetenz, Digitale Revolution, Informationstechnologie, Bibliographische Recherche, Theologische Datenbanken

Prof. Dr. Albert Raffelt: Geb.1944, war nach dem Studium der Katholischen Theologie in Münster, München und Mainz ab 1971 Assistent am Lehrstuhl für Dogmatik und ökumenische Theologie bei Prof. Dr. Dr. Karl Lehmann in Freiburg i.Br. Er promovierte 1978 zum Dr. theol. und war ab 1979 an der UB Freiburg tätig, seit 1999 als Stellvertretender Direktor. Im Jahr 2000 wurde ihm eine Honorarprofessor für Dogmatik verliehen; seit 2009 ist er im Ruhestand.
http://www.theol.uni-freiburg.de/institute/ist/dog/raffelt.

Theologie als Wissenschaft

Über die Theologie[1] im Kontext der Wissenschaften zu sprechen, ist nicht leicht. Das Problem ist aber auch nicht neu: Schon die mittelalterliche Theologie stritt darüber, ob die sacra doctrina Wissenschaft (scientia) oder Weisheit (sapientia)

---

1 Die folgenden Ausführungen beziehen sich zunächst auf die christliche Theologie, wie sie an Theologischen Fakultäten und anderen Hochschuleinrichtungen in der Bundesrepublik Deutschland gelehrt wird. Die Beispiele sind zumeist aus dem Bereich der katholischen Theologie genommen.

sei.[2] Die Frage, wie sich theologisches Wissen konstituiert, war also auch hier nicht so einfach gesehen.[3]

Ein weiteres Problem entsteht dadurch, dass die Theologie eine größere Nähe zum faktischen Lebensvollzug als die übrigen Wissenschaften hat – vergleichbar höchstens der Philosophie, wenn man nicht hier ein zu enges Konzept zugrundlegt, das normative (vor allem ethische) Sachverhalte ausschließt.[4]

Ein drittes Problem entsteht durch den Bezug der (christlichen) Theologie zu historischen Daten, die ihr gleichzeitig normierend vorgegeben sind (Heilige Schrift, Tradition, Kirche – in den konfessionellen Theologien mit verschiedener Wertung).

Ein viertes Problem – damit verknüpft – ist die Anbindung der Theologie an konkrete kirchliche Gemeinschaften. Prägnant etwa bei Friedrich Schleiermacher,[5] nach dem die ganze Theologie auf „Kirchleitung" bezogen ist; katholischerseits sind etwa Karl Rahners Ausführungen zur Bedeutung des „Lehramts" der Kirche und seinem Verhältnis zur Theologie zu vergleichen.[6]

Von der faktisch gelehrten Theologie an Hochschuleinrichtung aus lässt sich die Problematik nochmals anders darstellen: Wissenschaftliche Theologie gliedert sich in philologische, historische, praktische und systematische Fächer. Sie enthält damit eine Vielfalt methodischer Zugänge zur Wirklichkeit.[7]

---

2 Vgl. Thomas von Aquin: Summa theologiae I, quaestio 1, articulus 1: Utrum sacra doctrina sit scientia, mit positiver Antwort. – Zur damaligen Diskussion Köpf, Ulrich: Die Anfänge der theologischen Wissenschaftstheorie im 13. Jahrhundert. Tübingen: Mohr 1974.
3 Wollte man das Thema historisch erweitern, müsste man natürlich bei den Kirchenvätern beginnen, für den lateinischen Westen etwa bei Augustins De doctrina christiana. Dt.: Die christliche Bildung. Übers von Karla Pollmann. Stuttgart: Reclam 2002 (Universal-Bibliothek 1816). Zur „Wissenschaftsgeschichte" der Theologie vgl. immer noch die Darstellung von Congar, Yves: Théologie. In: Dictionnaire de théologie catholique. Bd. 15/1. Paris: Letouzey et Ané 1946. Sp. 341–502, überarbeitet: Ders.: A history of theology. New York: Doubleday 1968.
4 Als Extremposition ließe sich hier noch die Einbindung der spirituellen Dimension in das Geschäft der wissenschaftlichen Theologie nennen, die Hans Urs von Balthasar mit seiner berühmten – oder berüchtigten – Forderung einer „knieenden Theologie" erhoben hat, vgl. von ihm Theologie und Heiligkeit. In: Balthasar, H. U. v.: Verbum caro. Einsiedeln: Johannes-Verlag 1960 (Skizzen zur Theologie 1). S. 195–225, hier 222; die plakative Formulierung lässt sich einerseits leicht missbrauchen gegen die von Balthasar so genannte (nur) „sitzende Theologie" (ebd.); andererseits verweist sie auf eine andere Kompetenz, die des „Guru", um einen anderen Kontext heranzuziehen, die für die Lebenswirklichkeit Religion und natürlich auch für ihr Bedenken in der Theologie zentral ist.
5 Vgl. Schleiermacher, Friedrich: Kurze Darstellung des theologischen Studiums zum Behuf einleitender Vorlesungen (1811). In: Ders.: Universitätsschriften. Berlin: de Gruyter 1998 (Kritische Gesamtausgabe I/6). S. 243–315; etwa Einleitung § 5, S. 249: „Die christliche Theologie ist der Inbegriff derjenigen wissenschaftlichen Kenntnisse und Kunstregeln, ohne deren Anwendung ein christliches Kirchenregiment nicht möglich ist."
6 Vgl. Rahner, Karl: Dogmatik nach dem Konzil. Teilband 2. Freiburg i.Br.: Herder 2008 (Sämtliche Werke 22/2). Teil D.
7 Vgl. Pascal, Blaise: Gedanken. Stuttgart: Reclam 2004: „Die Theologie ist eine Wissenschaft, doch aus wie vielen Wissenschaften besteht sie zugleich?" (Laf. 65, Br. 115).

Nun soll hier keine theologische Wissenschaftstheorie betrieben, sondern die Frage erörtert werden, wie sich Informationskompetenz im Fach Theologie darstellt und aufbaut. Dennoch ist die Problematisierung der Grundlagen der Theologie als Wissenschaft kein Umweg zu dieser Fragestellung. Sie dient vielmehr der Differenzierung.

Beurteilungskompetenz

Voraussetzung für ein sinnvolles Navigieren im Feld theologischer Informationskompetenz ist letzten Endes die Beurteilungskompetenz, die es erlaubt, Wissen strukturiert zu verarbeiten.

Der Theologie vorgegeben sind einerseits normative Quellenschriften (die Bibel) sowie die Quellen einer zweitausendjährigen Interpretationsgeschichte (Glaubensbekenntnisse, Kirchenväter, Konzilien, mittelalterliche Theologie, konfessionelle Bekenntnisschriften, neuzeitliche Traditionen usw.). Wer Theologie treibt, muss sich die Grundlagen christlicher Rede von Gott und seinem Heilshandeln aus diesem Quellenbestand – mit den „Abkürzungen", die ein Studiengang eo ipso bedeutet – erarbeiten. In dieser Hinsicht ist die Theologie zunächst einmal eine historisch-philologische Wissenschaft.[8]

Die christliche Theologie hat für ihre Interpretationsleistungen hermeneutische Voraussetzungen, die ein reflektierter Umgang mit der eigenen Tradition einbeziehen muss. Die westliche Theologie vereinigt Traditionsströme, die mit den Namen Jerusalem, Athen und – zumindest für die rechtlichen Komponenten – Rom plakativ bezeichnet werden können.

Damit ist das philosophische Erbe in der Theologie gegenwärtig, das schon die frühen Kirchenväter – Klemens von Alexandrien (ca. 150–ca. 215), Origenes (185–254) und spätere – aufgenommen haben, das über die christliche Spätantike auch dem Islam übermittelt wurde und – zum Teil direkt, zum Teil im Rückweg aus der islamischen Welt – die Scholastik geprägt hat, in Bestreitung wie Adaptation auch die reformatorische Theologie.

Die Wissensquellen der Theologie sind damit außerordentlich differenziert. Ein Versuch, sie zu systematisieren, stellt etwa die Lehre der loci, der theologischen Quellenorte, durch Melchior Cano (1509–1560) dar. Die loci theologici sind „Orte", an denen sich theologische Erkenntnis und damit Kompetenz bilden kann – aber nicht

---

8 Vgl. hierzu wiederum B. Pascal: Vorrede zur Abhandlung über die Leere. In: Ders.: Kleine Schriften zur Religion und Philosophie. Hamburg: Meiner 2005 (Philosophische Bibliothek 575). S. 59–68, aber auch Heidegger, Martin: Phänomenologie und Theologie. Frankfurt: Klostermann 1971, auch in Heidegger: Wegmarken. 3. Aufl. Frankfurt: Klostermann 2004 (Gesamtausgabe 9). S. 45–78.

muss, wie die Wikipedia schlau bemerkt.[9] Bei Cano sind es Schrift, Überlieferung, Kirche, Kirchenväter, Theologen, Vernunft, Philosophen, Geschichte. Auf evangelischer Seite ist der von Philipp Melanchthon (1497–1560) gebildete Begriff der loci auf die inhaltlichen „Hauptartikel und fürnehmsten Punkte der ganzen Hl. Schrift" bezogen.[10]

Die hier nur begrifflich-formal genannten Topoi der Theologie stellen einen Versuch dar, die Grundlagen der Beurteilungskompetenz – damit wieder die Grundlage der Informationskompetenz – im Kontext von Renaissance und Frühbarock zu erarbeiten.

Daraus ließe sich eine konfessionsdifferenzierte Anleitung zur Ausbildung theologischer Kompetenz entwickeln, die evangelischerseits das sola betonen und Schrift und Glaube herausstellen würde. Nach den Differenzierungen ökumenischer Bemühungen und der theologischen Arbeit des letzten Jahrhunderts etwa in der Exegese lässt sich das aber nicht so einfach durchführen. So wird Tradition in der katholischen Theologie nicht mehr schlicht wie in einer früheren polemischen Kontroverstheologie als „Ergänzung" zur Schrift gesehen und zumindest der Entstehungsprozess der Schrift ist auch evangelischerseits nicht ohne Kirche und Tradition erklärbar; schließlich ist die Vernunftarbeit der Theologie nicht ohne philosophisches Denken durchführbar. Die Rolle philosophischer Hermeneutik – die ihrerseits von der Theologie gelernt hat[11] – in der evangelischen Theologie nach Karl Barth ist etwa ein Zeichen dafür.

Theologische „Informationskompetenz" setzt also, wenn sie nicht rein formal als Wissen um theologische Informationsmedien gesehen wird, inhaltliche – historische wie systematische – Studien und Kenntnisse voraus.

Quellenbestand und theologische Literatur

Der Quellenbestand der Theologie zur Zeit Melchior Canos war zwar nicht gering, aber im Prinzip noch überschaubar. Die Sammlungen der Überlieferung bis zum hohen Mittelalter im 19. Jahrhundert durch den Abbé Migne mögen dafür stehen: Die Patrologie graeca umfasst 161 Bände, die Patrologia latina 217. Inzwischen liegt ein Großteil dieser Werke in kritischen Ausgaben in großen Editionsreihen vor, sind die großen späteren Autoren des Mittelalters weitgehend ediert, desgleichen die Refor-

---

9 http://de.wikipedia.org/wiki/Locus_Theologicus (22. 9. 2011).
10 Vgl. Seckler, Max: Loci theologici. In: Lexikon für Theologie und Kirche. 3. Aufl. Bd. 6. Freiburg: Herder 1997. Sp. 1014–1016.
11 Vgl. die Bemerkungen von Gadamer, Hans Georg: Klassische und philosophische Hermeneutik (1968). In: Ders.: Hermeneutik II: Wahrheit und Methode. Ergänzungen. Tübingen: Mohr, 1993 (Gesammelte Werke 2) (UTB 2115). S. 92–117, hier S. 105f.

matoren. Die Barocktheologie ist ein Gebiet für Spezialisten geblieben, aber vom 19. Jahrhundert an wächst das inzwischen editorisch-kritisch dargebotene Quellenmaterial wieder in großem Stil. Befördert wird dies zum Beispiel mit der kritischen Ausgabe der Werke von Friedrich Schleiermacher, im 20. Jahrhundert mit den großen Gesamtausgaben von Karl Barth[12] und Karl Rahner[13] oder – weniger umfangreich – Joseph Ratzinger,[14] um nur Beispiele aus dem deutschen Sprachraum zu nennen.

Der Umgang mit diesen Texten geschieht nicht ohne weiteres „direkt“. Auch nur die repräsentativen Texte durch eigene Lektüre zu bewältigen, ist nicht mehr möglich. Direkte Kenntnis der Bibel und mindestens des Neuen Testaments in der Ursprache sind notwendig, wobei letzteres schon nicht mehr ohne weiteres gegeben ist. Das Theologiestudium kennt aber sodann abkürzende Wege zumindest des Einstiegs. Ein ganzes Literatursystem der Lehr- und Referenzwerke liegt vor (im Grunde natürlich schon seit tausend Jahren, wenn man an die Sententiae des Petrus Lombardus und die exegetischen Catenen denkt). Die theologische Diskussion setzt damit an und greift zurück auf die Quellen, die im hermeneutischen Prozess immer neu beleuchtet werden. Beurteilungskompetenz setzt diesen Studienweg voraus.

Die digitale Revolution

Was wir hier „digitale Revolution“ nennen, ist aber ein Schritt dahin, die Traditionsmenge doch wieder „durchsichtiger“ zu machen. Es ist nicht zufällig, dass die großen theologischen Quellensammlungen und Werkausgaben (die Patrologia latina, die Werke Augustins und des Thomas von Aquin etwa) zu den frühen Digitalisierungsunternehmungen gehört haben. Inzwischen gibt es das Bestreben, das gesamte schriftliche Kulturerbe digital zu erfassen (stellvertretend seien die Programme von Google genannt). Die „Durchsichtigkeit“ der Tradition ist damit aber einerseits ermöglicht wie anderseits gefährdet, da die Monumentalität der Unternehmung nicht gleichzeitig ihre Erschließung bedeutet.

Man wird zumindest ein zweites dazu bedenken müssen, pathetisch gesagt: die „bibliographische Revolution“. Die elektronische Katalogisierung dieses Welterbes geht in vor kurzem noch unvorstellbar erscheinendem Tempo voran. Beides zusammen erlaubt inzwischen ganz neue Forschungsmöglichkeiten wie etwa die virtuelle Erstellung historischer Ensembles.

Es ist vielleicht auch von Interesse, auf die zeitlichen Schritte in diesem Prozess zu achten. Die Zugänglichkeit der großen Textmassen lässt sich in Fünfjahresschritten verdeutlichen. Mitte der 1990er Jahre war die Patrologia latina zu einem exorbi-

---

12 Gesamtausgabe. Zürich: TVZ 1973ff., derzeit ca. 50 Bände.
13 Sämtliche Werke. Freiburg i.Br.: Herder 1995ff., bislang 27 von 32 Bänden in 30 Teilbänden.
14 Gesammelte Schriften. Freiburg i.Br.: Herder 2008ff., bislang 5 von 15 Bänden in 6 Teilbänden.

tanten Preis auf lokalen Rechnern verfügbar, um 2000 netzgestützt recherchierbar zu sein. Ungefähr im Jahr 2005 sind in Deutschland die lateinischen Kirchenväter-Texte sogar in der Sammlung kritischer Editionen der Cetedoc Library of Christian Latin Texts als Nationallizenz jedem wissenschaftlich Arbeitenden zugänglich, die Texte der Patrologia graeca ebenfalls als solche in der Migne-Version. Inzwischen ist die Patrologia latina auch in frei zugänglichen Versionen im Netz vorhanden. Man wird extrapolieren dürfen, dass die Verfügbarkeit digitaler Medien für den Wissenschaftler in absehbarer Zeit Ausmaße erreicht haben wird, die eine virtuelle digitale Umwelt hinsichtlich der schriftlichen Welttradition darstellen.[15]

Es müsste nun über die Entwicklung und Vernetzung der Kommunikationsmedien nachgedacht werden. Auch hier könnten ähnliche „Quantensprünge" in eine solche Zeitschiene gelegt werden – vom PC über den Laptop zum Tablet-PC und Smartphone unter Verdrängung bestimmter Einzelgerätearten etc., von ftp über www zu web 2.0 usw.

Formale Erschließungswege

Die knappen Bemerkungen zum Weg der Theologie (Abschnitt 1 und 2) sollten deutlich machen, dass Kompetenz nicht „formal" erworben werden kann, sondern inhaltliche Arbeit voraussetzt. Auf dieser Basis ist aber der Umgang mit den erschließenden Medien zu perfektionieren. Traditionell wurde dies in einer theologischen Quellen-, Literatur- und Institutionenkunde erlernt.[16]

Die theologische Grundbibliographie fächert sich sowohl für die Quellenbestände wie für die bibliographischen Instrumente heute auf in die Fachgruppen der exegetischen, historischen, systematischen und praktischen Theologie.[17] Wegen der Breite des fachlichen Zugriffs sind die Grundinstrumente diverser Fächer hier heranzuziehen. Das betrifft die Grunddisziplinen (Kirchengeschichte/Geschichte; Exegese/ Orientalistik, Klassische Philologie; Systematische Theologie/Philosophie...), aber auch viele von den Kernfächern aus als Randgebiete zu bezeichnende Bereiche (Liturgik/Musikwissenschaft ...). Auf diesen weiteren Bereich kann hier nicht eingegangen werden.

---

15 Die derzeitige Buchproduktion zeigt, dass dies nicht das Ende dieser Medienform sein muss. Wohl aber wird es eine Verschiebung geben. Bestimmte Genera werden nicht mehr als Ausdrucke produziert werden (wie schon weitgehend geschehen bei den Bibliographien).

16 Vgl. meine vor und parallel mit der „digitalen Revolution" fortgeschriebenen Versuche: Raffelt, Albert: Proseminar Theologie. Freiburg i.Br.: Herder 1975, bis zur 7. Auflage unter dem Titel Theologie studieren. Freiburg i.Br.: Herder 2008.

17 Vgl. Raffelt, Albert: Theologie studieren. 7. Aufl. Freiburg i.Br.: Herder 2008, Abschnit 17: Bücher- und Medienkunde zur Theologie. S. 259–331.

Auch heute bieten die klassischen Medien die Grundlage theologischer Arbeit, aber vielfach schon in ihrer ins Digitale transferierten Form. Lexikalische Einstiege sind bereits auf höchstem Niveau möglich, etwa durch die Theologische Realenzyklopädie Online des Verlags de Gruyter,[18] die allerdings wohl nur größere Institutionen finanzieren können.[19]

Digitale Quellenbestände erlauben von einer inhaltlichen Wissensbasis aus die Erarbeitung komplexer Sachverhalte über Recherchestrategien, die früher un travail benédictin – deutsch weniger vornehm: Kärrnerarbeit – über Jahre verlangten.[20] Hier verbinden sich inhaltliche Wissensvorgaben und formale Kenntnisse im Umgang mit den neuen Technologien, sollen Ergebnisse nicht dem Recherchezufall überlassen werden. Zu den grundlegenden Volltextdatenbanken gehören vor allem bibelwissenschaftliche[21] sowie die Kirchenväter und mittelalterlichen Theologen enthaltende Sammlungen.[22] Neben den umfassenden Sammlungen sind auch spezialisierte Angebote wichtig, etwa das Corpus Augustinianum Gissense, das in der philologischen Aufbereitung des Materials eigene Maßstäbe gesetzt hat[23] oder wegen seiner freien Zugänglichkeit auch das Corpus Thomisticum (früher Index Thomisticus).[24]

Die wichtigsten fachtheologischen bibliographischen Erschließungsinstrumente sind inzwischen online verfügbar, teilweise frei,[25] teilweise den wissenschaftlich Arbeitenden über ihre Trägerinstitutionen zugänglich.[26] Die großen Katalogver-

---

18 Vgl. http://refworks.reference-global.com (15. 11. 2011).
19 Für die private Bibliothek sind die erstaunlich günstigen Taschenbuchausgaben aller großen theologischen deutschsprachigen Nachschlagewerke oft der bessere oder jedenfalls einzig finanzierbare Weg, wenn kein Bezug zur Institutionen gegeben ist.
20 Dass sie auch Bluff und Plagiat ermöglichen, ist die Kehrseite.
21 Unter den kommerziellen ist Bible works führend, vgl. http://www.bibleworks.com (15. 11. 2011); für manche Zwecke genügen auch freie Angebote wie das CrossWire Sword-Project der CrossWire Bible Societies http://www.crosswire.org/sword (15. 11. 2011); vgl. die Übersicht Bibelprogramme im Internet von Stefan Lücking http://www.stefanluecking.de/exegese/bibelprogramme.html (15. 11. 2011).
22 Auf die Migneschen Sammlungen und ihre immer noch vorhandene Bedeutung wurde schon hingewiesen. Maßgeblich von der Editionslage für den Gesamtbereich ist die Library of Latin Texts des Verlags Brepols, die als Nationallizenz in Deutschland zugänglich ist http://www.nationallizenzen.de/angebote/nlproduct.2006-03-20.6582213865 (15. 11. 2011). Sie umfasst Text aus der lateinischen Antike und dem Mittelalter.
23 Vgl. zu Stand und Planung http://augustinus.de/ (15. 11. 2011).
24 http://www.corpusthomisticum.org/ (15. 11. 2011).
25 Vgl. die grundlegende Aufsatzbibliographie des Index theologicus der Universitätsbibliothek Tübingen, leider derzeit (?) mit Einschränkungen bei der vormals ausgezeichneten Sacherschließung.
26 Das amerikanische Pendant zum Index theologicus, die von der American theological library association herausgegebene ATLA Religion Database, früher Religion index. Zu nennen wäre auch der Elenchus Bibliographicus der Zeitschrift Ephemerides Theologicae Lovanienses in seiner digitalen Version (1998ff.).

netzungen (Karlsruher Virtueller Katalog KVK, WorldCat etc.) erlauben bibliographische Recherchen schon annähernd im Gesamtbestand der Druckmedien und ersetzen die klassischen Allgemeinbibliographien. Auch das Aufsatztitelangebot – früher über Dietrichs „Internationale Bibliographie der Zeitschriftenliteratur aus allen Gebieten des Wissens" begrenzt und mühsam erschließbar, besser in fachlichen Schneisen unter Auslassung peripherer oder nicht fachbezogener Medien über die Fachbibliographien – wird inzwischen in zweistelligen Millionenmengen durchsuchbar.

Die quantitative Explosion verlangt Suchinstrumente, die – biblisch gesagt – die Spreu vom Weizen trennen (Mt 3,12). Suchmaschinen haben im Internet Millionen von Treffern doch so präsentiert, dass Relevantes am Anfang steht. Sie sind aber vielfach hinsichtlich der benutzten Algorithmen undurchsichtig. Dadurch ist eine Manipulierbarkeit der Sucherfolge mitgegeben. Dazu kommt, dass die in den Systemen angelegten Möglichkeiten meist ungenutzt bleiben oder nicht bekannt sind.[27] Die formale Seite der Informationskompetenz setzt voraus, dass die Voraussetzungen und die Möglichkeiten von Suchstrategien bewusst gemacht und die Möglichkeiten „trainiert" werden.

Klassische bibliothekarische Erschließungen haben bislang die „Gesamtmenge" des Bibliotheksguts nicht genügend spezifizieren können. Moderne Kataloge suchen ihr Heil vielfach im „Google-Schlitz", der es erlaubt, bei undifferenzierten Eingaben Relevantes – aber nicht unbedingt Spezifisches – zu ermitteln. Der Einbau zusätzlicher quantifizierender Elemente (Benutzer, die dies gesucht haben...; relevante Personen zu einer Suchanfrage), aber auch von „Qualitätselementen" (angefangen bei der Sprache) hilft zur Reduktion von Treffermengen. Der Anschluss an qualifizierte „Wissenswege" ist ein weiterer Schritt: Institutionen, die für Qualität stehen (etwa universitäre Angebote), Verlage, deren regulierende Wirkung im klassischen Wissenstransfer immer noch eine große Rolle spielt u. a. m. Solche formalen Beurteilungsschemata haben auch in traditionellen Beurteilungs- und Auswahlvorgängen (etwa in Bibliotheken) schon lange eine Rolle gespielt, um sinnvoll aus inhaltlich für den Auswählenden nicht mehr erschließbaren Beständen Relevantes auszufiltern. Das informelle Überangebot verlangt heute auch von dem Nichtfachmann für „Informationsselektion" die zumindest begrenzte Aneignung solcher Strategien.

---

27 Vgl. etwa zu Google: Einsporn, Norbert: Leitfaden zur Google Websuche. 2009. http://www.norbert-einsporn.com/Leitfaden_Google-Websuche.pdf (15. 11. 2011).

Kompetenz als komplexes, unabschließbares Zueinander

Die jüngsten aufsehenerregenden Plagiatsfälle von Politikern[28] haben für die Universitäten den peinlichen Nebeneffekt, dass sie deutlich zeigen, wie inhaltliche und formale Fach- und Informationskompetenz zusammenhängen. Auch wenn ein durch Täuschung erstelltes Produkt inhaltlich hochqualifiziert sein kann, stellt sich doch die Frage, ob der Fachspezialist nicht auch durch inhaltliche Kenntnisse Plagiate feststellen können sollte. Vor allem aber fehlte bei den spektakulären Fällen die heute geforderte formale Informationskompetenz, der Umgang mit den technischen Medien, die wirklich weitgehende Plagiierungen relativ leicht auffindbar machen.[29]

Das Beispiel zeigt, dass Bewertungs- und Informationskompetenz in einem Raum gefordert sind, der keineswegs neutral ist, sondern von ökonomischen oder Karriere-Interessen, von Ehrgeiz, auch Oberflächlichkeit und Leichtsinn und schlimmeren Verhaltensweisen geprägt ist. Erworbene Kompetenz bedeutet auch ein Stück Freiheit gegenüber manipulatorischen Versuchen. Der schnelle Wandel der gesellschaftlichen und technischen Realitäten sollte nicht entmutigen, die Möglichkeiten auch technischer Art sich anzueignen und zu nutzen, welche durch die digitale Revolution in unserer Umwelt geschaffen worden sind und ständig variierend erneuert werden. Die Aufgabe ist freilich unabschließbar.

Die gesellschaftliche Relevanz theologischer Fragestellungen

Die eingangs genannte Diskussion seit dem Mittelalter nach dem Status der Theologie ist auch heute nicht entschieden. Theologisches Wissen ist im Rahmen des Universitätsbetriebs bzw. der Wissenschaften unproblematisch einordenbar, solange es nur um die Anwendung der Methoden philologischer,[30] historischer, archäologischer, aber auch mancher empirischer Forschungen geht.[31] Die Theologie ist hier sozusagen

---

28 Es dürfte auch in anderen Bereichen vergleichbare Fälle geben, die nur mangelnden öffentlichen Interesses wegen nicht so leicht aufdeckbar sind. Es soll hier kein Politikerpranger aufgerichtet werden!

29 Entschuldbar ist dies freilich insofern, als der Vertrauensvorschuss gegenüber dem Doktoranden hier dreist missbraucht worden ist.

30 Immerhin darf der Theologie mit Stolz bemerken, dass wesentliche methodische Verfahren etwas der Philologie durch die Arbeit von Theologen entwickelt wurden, wofür etwa die Humanisten der Renaissancezeit, die Maurinermönche im Barock u. a. stehen.

31 Dass dies nicht ohne Spannungen geht, wäre geschichtlich leicht zu zeigen, steht aber hier nicht zu Diskussion.

eine Kulturwissenschaft, die für die Genese und die Gegenwart der „westlichen" Gesellschaften ein wichtiger Faktor ist und damit hohe gesellschaftliche Bedeutung hat.

Die gesellschaftliche Relevanz theologischer Fragestellungen lässt sich aber vielleicht noch allgemeiner formulieren. Der langjährige Direktor der Frankfurter Buchmesse Peter Weidhaas hat zum Buchmessethema „Religion" (1982) folgende Bemerkung gemacht: „Die offizielle Statistik des deutschen Buchhandels wies für die Sachgruppe Religion/Theologie 1981 einen Anteil von 5,2 Prozent an der Gesamtproduktion aus. … Was aber war mit der Belletristik, in der religiöse Themen – in welchen Kontexten auch immer – angesprochen werden, was mit den Kinder- und Jugendbüchern, was mit den diesbezüglichen Kunstbänden? Auch Veröffentlichungen zu aktuellen naturwissenschaftlichen Forschungen streiften oft das Phänomen ‚Religion' nicht nur, sondern berührten es geradezu in seinem Kern. Wer wollte widersprechen, dass an die 50 Prozent der auf dem Markt befindlichen Titel in der einen oder anderen Weise mit Religion zu tun haben?"[32]

Das ist eine empirische Beobachtung, die den Kulturwert religiös-theologischer Kompetenz zeigen mag. Schwieriger wird es, wenn es um die normativen Gehalte der Theologie nicht nur hinsichtlich ihrer philologischen Textform, Genese, soziokulturellen Bedingtheit etc. sondern um ihren Geltungsanspruch geht. Auch hier verzichtet die Theologie nicht auf ihren rationalen Anspruch.[33] Die Vermittlungsformen in einer pluralistischen Gesellschaft sind aber komplex. Die staatskirchenrechtliche Stellung der Theologie an den Universitäten kann von dieser aus als eine glückliche Konstruktion angesehen werden; sie bietet aber auch der Gesellschaft Chancen, da die Theologie in der rationalen Diskussion der Wissenschaften Gehalte formuliert, die ebenso unverzichtbar wie von den Methoden der übrigen Wissenschaften aus nicht konstruierbar sind.

Das wenn auch verkürzt meistzitierte Diktum zum Problem hat wohl der Verfassungsrechtler Ernst-Wolfgang Böckenförde geliefert: „Der freiheitliche, säkularisierte Staat lebt von Voraussetzungen, die er selbst nicht garantieren kann. […] Als freiheitlicher Staat kann er einerseits nur bestehen, wenn sich die Freiheit, die er seinen Bürgern gewährt, von innen her, aus der moralischen Substanz des einzelnen und der Homogenität der Gesellschaft, reguliert. Anderseits kann er diese inneren Regu-

---

32 Weidhaas, Peter: Zur Geschichte der Frankfurter Buchmesse. Frankfurt: Suhrkamp 2003 (suhrkamp taschenbuch 3538). S. 268.
33 Die Intention der vieldiskutierten Regensburger Rede 2006 von Joseph Ratzinger/Papst Benedikt XVI. war, Glaube und Vernunft nicht auseinanderfallen zu lassen. Vgl. Die „Regensburger Vorlesung" Papst Benedikts XVI. im Dialog der Wissenschaften. Hrsg. von Christoph Dohmen. Regensburg: Pustet 2007. Einen weiteren Schritt geht seine Rede vor dem Deutschen Bundestag 2011, die das gemeinsame – nicht offenbarungstheologisch begründete – Fundament für eine pluralistische Demokratie anzusprechen sucht: http://www.vatican.va/holy_father/benedict_xvi/ speeches/2011/september/documents/hf_ben-xvi_spe_20110922_reichstag-berlin_ge.html (15. 11. 2011).

lierungskräfte nicht von sich aus, das heisst, mit den Mitteln des Rechtszwanges und autoritativen Gebots zu garantieren versuchen, ohne seine Freiheitlichkeit aufzugeben und – auf säkularisierter Ebene – in jenen Totalitätsanspruch zurückzufallen, aus dem er in den konfessionellen Bürgerkriegen herausgeführt hat."[34]

Die Diskussion aufgenommen hat u. a. Jürgen Habermas, insbesondere seit seiner Frankfurter Friedenspreisrede, aber auch in seinem Dialog mit Joseph Ratzinger und in anderen Texten. Ein Spitzenzitat: „So glaube ich nicht, dass wir als Europäer Begriffe wie Moralität und Sittlichkeit, Person und Individualität, Freiheit und Emanzipation [...] ernstlich verstehen können, ohne uns die Substanz des heilsgeschichtlichen Denkens jüdisch-christlicher Herkunft anzueignen".[35] „Substanzaneignung" setzt aber einen hochreflektierten Umgang mit den Inhalten religiösen Weltverhältnisses voraus.[36]

Die kurzen abschließenden Hinweise sollen nur darauf verweisen, dass theologische Kompetenz nicht nur Handwerkszeug für Fachstudenten ist, sondern im heutigen gesellschaftlichen Dialog benötigt wird. Dies gilt vermehrt, da die Selbstverständlichkeit eines durch die Aufklärung hindurchgegangenen Christentums als quasi einzigem Dialogpartner der „säkularen Vernunft" nicht mehr gegeben ist, sondern eine Vielfalt relevanter religiöser Modelle inzwischen die pluralen Gesellschaften des Westens prägt. Der Schwerpunkt liegt dabei in der Fähigkeit der Bewertung religiöser und theologischer Sachverhalte und Argumentationen und der Darstellung im pluralistischen gesellschaftlichen Diskurs. Informationskompetenz ist dabei die Fähigkeit, im „Datenmeer" der Informationsgesellschaft gezielt und unter Ausnutzung der medialen Möglichkeiten zu navigieren.

---

34 Böckenförde, Ernst-Wolfgang: Staat, Gesellschaft, Freiheit. Frankfurt: Suhrkamp 1976 (Suhrkamp-Taschenbuch Wissenschaft 163). S. 60 [Erstveröffentlichung 1967].
35 Jürgen Habermas: Nachmetaphysisches Denken. Frankfurt a. M.: Suhrkamp 1992 (suhrkamp taschenbuch wissenschaft 1004). S. 23. – Die Fragen ließen sich auch von völlig anderen Voraussetzungen auf der Basis der Philosophie von Emmanuel Levinas thematisieren, etwa mit seinen Überlegungen zur „Religion für Erwachsene", vgl. Levinas, E.: Difficile liberté. Paris: Albin Michel 1963 bzw. 3. Aufl. 1984 (Livre de poche. Biblio essais 4019). S. 24–42; dt.: Eine Religion für Erwachsene. In: Ders.: Schwierige Freiheit. Versuch über das Judentum. 2. Aufl. Frankfurt a. M.: Jüdischer Verlag 1996. S. 21–37.
36 Ein wertvolles Modell scheint mir immer noch vom frühen Heidegger entwickelt worden zu sein. Vgl. Heidegger, Martin: Phänomenologie des religiösen Lebens. Frankfurt: Klostermann 1995 (Gesamtausgabe 60).

Karin Lach

Informationskompetenz in den Geistes- und Kulturwissenschaften: das Beispiel Anglistik und Amerikanistik

Abstract: Auch wenn sie durchaus zur Entwicklung von übertragbaren Schlüsselkompetenzen beiträgt, steht die Vermittlung von Informationskompetenz im fachwissenschaftlichen Kontext zusätzlich vor der besonderen Herausforderung, die Einführung von Studierenden in die Fachkultur unterstützend zu begleiten. Dabei ist es besonders wichtig, mit der Lehre und der Fachwissenschaft zusammenzuarbeiten und über Entwicklungen im Informationsverhalten von Fachleuten und in der Disziplin auf dem Laufenden zu bleiben. Diese Situation wird für die Geistes- und Kulturwissenschaften am Beispiel des Faches Anglistik und Amerikanistik dargestellt.

Keywords: Anglistik und Amerikanistik, Bibliothek, Fachdisziplin, Geisteswissenschaften, Informationskompetenz

Karin Lach: Ist Leiterin der Fachbereichsbibliothek Anglistik und Amerikanistik (UB Wien). Sie hat ein abgeschlossenes Lehramtstudium (Anglistik und Amerikanistik/Geschichte und Sozialkunde) und arbeitet an einer Masterthese zum „Informationsverhalten und Informationskompetenz im Fachbereich Anglistik und Amerikanistik: Sichtweisen von Lehrenden und Studierenden und ihre Bedeutung für die bibliothekarische Praxis der Informationskompetenzvermittlung". Zu ihren Aufgaben zählt die Vermittlung von anglistisch-amerikanistischer Recherchekompetenz (Anfänger bis Dissertierende). Sie war am Projekt Information Behaviour of PhD Students (Kopenhagen, Oslo und Wien) beteiligt. Ihr Blog http://infoliteracyforenglishetc.wordpress.com/behandelt anglistische Informationskompetenzthemen.

Informationskompetenz disziplinär

FachreferentInnen und Fach(bereichs)bibliothekarInnen an Universitätsbibliotheken haben ein vielfältiges Berufsbild. Immer wichtiger wird es, Studierende beim Erwerb von Informationskompetenz zu unterstützen.[1] Es gilt zunehmend nicht nur auf die besonderen organisatorischen Bedingungen der fachlichen Ausbildung einzugehen,

---

1 Hardy, Georgina u. Sheila Corrall: Revisiting the subject librarian. In: Journal of Librarianship and Information Science 39 (2007). S. 79–91. Jochum, Uwe: Informationskompetenz, Bibliothekspädagogik und Fachreferate. In: Bibliotheksdienst 37 (2003). S. 1450–1462.

sondern inhaltlich-methodisch in Bezug zum Fach zu stehen.[2] Dabei ist es von Vorteil, wenn BibliothekarInnen einen fachwissenschaftlichen Hintergrund haben[3] bzw. wenn FachspezialistInnen bei der Entwicklung von Kursen mitwirken.[4] Ausgangspunkt sollte jedenfalls die Einsicht sein, dass der Umgang mit Wissen und Information an der Universität disziplinär bestimmt ist. Auch wenn Informationskompetenz durchaus als fächerübergreifende Schlüsselkompetenz verstanden werden kann, gilt es aus fachbibliothekarischer Sicht doch auch, Studierende in wissenschaftliche Fachkulturen einzuführen und ihnen zu helfen, fachrelevante Kompetenzen zu entwickeln.[5]

Im deutschsprachigen Raum findet bibliothekarische Informationskompetenzvermittlung für die Geistes- und Kulturwissenschaften bzw. für das Fach Anglistik und Amerikanistik[6] in verschiedenen Formen statt. Dabei steht das Angebot der Bibliotheken in unterschiedlicher Weise mit Entwicklungen in der Studienarchitektur und dem Lehrplan in Verbindung. Mögliche Formen sind extracurriculare, intercurriculare oder intracurriculare Veranstaltungen,[7] die sowohl auf die Vermittlung von Schlüsselkompetenzen als auch auf den Umgang und das Kennenlernen von fachspezifischen Ressourcen abzielen.[8] Unter anderem werden auf die Anglistik zugeschnittene Angebote an folgenden Universitätsbibliotheken angeboten: an der Universitätsbibliothek Düsseldorf,[9] an der Universitätsbibliothek Freiburg,[10] an der Universitätsbibliothek

---

2 Jochum, Uwe: Informationskompetenz, Bibliothekspädagogik und Fachreferate. (Anm. 1), besonders S. 1452–1456. Vgl. auch Grafstein, Ann: A discipline-based approach to information literacy. In: The Journal of Academic Librarianship 28 (2002). S. 197–204.
3 Vgl. z. B. Armstrong, Jeanne. Designing a writing intensive course with information literacy and critical thinking learning outcomes. In: Reference Services Review 38 (2010). S. 445–457.
4 Jochum, Uwe: Informationskompetenz, Bibliothekspädagogik und Fachreferate. (Anm. 1), hier S. 1460. Siehe auch: Grafstein, Ann: A discipline-based approach to information literacy. (Anm. 2).
5 Vgl. Grafstein, Ann: A discipline-based approach to information literacy. (Anm. 2).
6 Anglistik und Amerikanistik wird stellvertretend für alle Teilfächer, die an verschiedenen Orten auch eigenständige Studien sind, verwendet, wie zum Beispiel für American Studies.
7 Zu dieser Unterscheidung vgl. Sühl-Strohmenger, Wilfried: Neue Entwicklungen auf dem Weg zur „Teaching Library" insbesondere bei den Wissenschaftlichen Bibliotheken. In: Teaching Library – eine Kernaufgabe für Bibliotheken. Hrsg. von Ute Krauß-Leichert. Frankfurt am Main: Peter Lang 2007. S. 18. Vgl. auch: Jochum, Uwe: Informationskompetenz, Bibliothekspädagogik und Fachreferate. (Anm. 1), hier S. 1457–1459.
8 Vgl. Jochum, Uwe: Informationskompetenz, Bibliothekspädagogik und Fachreferate. (Anm. 1), hier S. 1458–1459.
9 Nilges, Anemmarie u. Irmgard Siebert: Informationskompetenz im Curriculum. Das studienbegleitende Ausbildungskonzept zur Vermittlung von Informationskompetenz der Universitäts- und Landesbibliothek Düsseldorf. In: Bibliotheksdienst 39 (2005). S. 487–495. http://www.zlb.de/aktivitaeten/bd_neu/heftinhalte2005/Infverm010405.pdf. (18. 8. 2011).
10 Lux, Claudia und Wilfried Sühl-Strohmenger: Teaching Library in Deutschland. Vermittlung von Informations- und Medienkompetenz als Kernaufgabe für öffentliche und wissenschaftliche Bibliotheken. Wiesbaden: Dinges & Frick 2004. S. 154. Vgl. auch Universitätsbibliothek Freiburg:

der TU Dresden gemeinsam mit dem Anglistikinstitut,[11] an der Universitätsbibliothek Wuppertal[12] und an der Universitätsbibliothek Würzburg.[13] Es gibt, wie an der Brechtbau Bibliothek, der Fakultätsbibliothek für Neuphilologie der Universitätsbibliothek Tübingen, Schulungsangebote, die für Fakultäten oder verschiedene Fächer gemeinsam entwickelt wurden.[14] Außerdem gibt es Angebote innerhalb anderer Fächer, an denen Studierende der Anglistik und Amerikanistik teilnehmen können.[15]

Auch wenn eine formelle Einbettung ins Curriculum nicht möglich ist, können bibliothekarische Schulungen durch die Zusammenarbeit von Bibliothek und Lehre innerhalb von anglistisch-amerikanistischen Lehrveranstaltungen angeboten werden. Dies ist der Weg, der von der Autorin an der Fachbereichsbibliothek Anglistik und Amerikanistik der Universitätsbibliothek Wien gegangen wird. Dabei werden Schulungen zur Benützung von Informationsressourcen in verschiedenen Stadien des Studiums mit unterschiedlichen Schwerpunkten angeboten, um auf die sich ver-

---

Anglistik (und Sprach- und Literaturwissenschaften). Fachliche Einführungs- und Kursangebote. http://www.ub.uni-freiburg.de/index.php?id=2234 (18. 8. 2011); Reifegerste, E. Matthias: Anglistik elektronisch in Freiburg. Eine Einführung in die elektronischen Informationsmittel für das Fach Anglistik, (UB Tutor 14) Oktober 2006. http://www.freidok.uni-freiburg.de/volltexte/222/pdf/tutor14.pdf (18. 8. 2011).

11 Höppner, Kristina, Nicolina Lomb u. Udoka Ogbue: Von digital literacy zu information literacy. Die Etablierung des Programms „Grundlagen Informationskompetenz" in der Anglistik/ Amerikanistik. In: New Media – New Teaching Options? Hrsg. von Gabriele Linke. Heidelberg: Winter 2006 (Anglistik & Englischunterricht 68). S. 235–260, hier besonders S. 252–253.

12 Universitätsbibliothek Wuppertal: Anglistik, Germanistik, Romanistik. Wintersemester 2011/12. Grundlagen der Literaturrecherche und -beschaffung http://www.bib.uni-wuppertal.de/fuehrungen/pflichtkurse/angl_germ_rom.html (25. 9. 2011). Blume, Peter u. Anja Platz-Schliebs: Grundlagen der Literaturrecherche und -beschaffung für Studienanfänger der Sprach- und Literaturwissenschaften. Ein neues Schulungsangebot der Universitätsbibliothek Wuppertal. In: Bibliotheksdienst 42 (2008). S. 1222–1237.

13 Franke, Fabian u. Oliver Sticht: Integration von Kursen der Universitätsbibliothek in die Studiengänge an der Universität Würzburg. Bibliotheksdienst 38 (2004). S. 504–516, hier besonders S. 508–510.

14 Vgl. z. B. das Angebot der Universitätsbibliothek Tübingen, Schlüsselqualifikation Informationskompetenz an der Brechtbau Bibliothek, der Fakultätsbibliothek für Neuphilologie, das auf philologische Fächer zugeschnitten ist. Holl, Matthias u. Thomas Hilberer: Schlüsselqualifikation Informationskompetenz – Tübinger Fakultätsbibliothek Neuphilologie mit erweitertem Kursangebot. http://www.uni-tuebingen.de/fb-neuphil/aktuelles/schluesselqualifikation.pdf (18. 8. 2011).

15 Vgl. die in Graz angebotene Lehrveranstaltung Vermittlung von Informationskompetenz für das Fach Kunstgeschichte: Die Universitätsbibliothek als Partnerin im Hochschulbetrieb. Diese Lehrveranstaltung ist verpflichtend in einem Modul des Bachelorstudiums Kunstgeschichte vorgesehen aber auch als Wahlfach für andere geistes- und kulturwissenschaftliche Studienrichtungen anrechenbar, darunter auch im Bachelorstudium Anglistik und Amerikanistik. Vgl. Universität Graz: Vermittlung von Informationskompetenz für das Fach Kunstgeschichte. Die Universitätsbibliothek als Partnerin im Hochschulbetrieb. https://online.uni-graz.at/kfu_online/lv.detail?clvnr=290163&sprache=1 (12. 9. 2011).

ändernden Recherchebedürfnisse von Studierenden eingehen zu können.[16] Bis vor kurzem wurde von mir die Bibliotheksorientierung in Sprachkursen, die die meisten Studierenden gleich am Studienanfang besuchten, abgehalten. Um eine aktive Erarbeitung der Information zu gewährleisten, wurden die Kurse, an denen zwischen 18 und 24 Studierende und ihre Lehrkraft teilnahmen, nach der Karussellmethode nach Dannenberg abgehalten, d. h. die einzelnen Themen wurden in Gruppen erarbeitet, die Gruppen dann neu gemixt und alle Studierenden präsentierten dann das von ihnen erarbeitete Thema.[17]

Ein wichtiger Aspekt fachlicher Informationsrecherche ist natürlich die Verwendung von Fachdatenbanken, die Thema vieler Schulungen und Lehrveranstaltungen ist. Es werden hier auch fachspezifische Onlinetutorials angeboten, für die Anglistik zum Beispiel von den Universitätsbibliotheken Duisburg- Essen und der Justus Liebig Universität Gießen.[18]

Informationskompetenzvermittlung als Teil fachlicher Ausbildung – Best-Practice Beispiele aus den USA

Eine in den Kontext des Faches oder zumindest des fachwissenschaftlichen Schreibens eingebettete Vermittlung von Informationskompetenz kann es Studierenden ermöglichen, ein komplexes Verständnis von der Welt der wissenschaftlichen Information und ihrer eigenen Rolle darin zu entwickeln. Diese Art der Vermittlung von Informationskompetenz setzt gewisse Rahmenbedingungen voraus: Lehrende und BibliothekarInnen müssen unter anderem Formen der Zusammenarbeit entwickeln können und wollen, die über eine einmalige bibliothekarische Intervention hinausgehen. In der Literatur finden sich einige Best-Practice Beispiele aus den USA dazu.

---

16 Schulungsangebote bestehen für StudienanfängerInnen (bislang in einem Sprachkurs), für Proseminare, für DiplomandInnen- und DissertantInnenseminare und es gibt eigene Workshops für Dissertierende.
17 Dannenberg, Detlev u. Jana Haase: In 10 Schritten zur Teaching Library – erfolgreiche Planung bibliothekspädagogischer Veranstaltungen und ihre Einbindung in Curricula. In: Teaching Library – eine Kernaufgabe für Bibliotheken. Hrsg. von Ute Krauß-Leichert. Frankfurt am Main: Peter Lang 2007. S. 101–135, hier besonders S. 115. Vgl. auch Dannenberg, Detlev: Lernsystem Informationskompetenz. Komponenten. http://www.lik-online.de/komponenten.shtml. (25. 9. 2011).
18 UB Duisburg-Essen: Fachrecherche für Anglisten, Onlinelernmodul. http://moodle.uni-duisburg-essen.de/course/view.php?id=239 (25. 8. 2011); JLU Gießen: Lernmodul Fachdatenbanken für die Anglistik, adaptiert von der Universität Konstanz zur Verfügung gestellten Onlinelernmodulen. http://ilias.uni-giessen.de/ilias3/ilias.php?baseClass=ilLMPresentationGUI&ref_id=8938 (25. 8. 2011).

Dabei wird klar, wie in der Kooperation von Bibliothek und Lehre spezifische lokale Gegebenheiten genützt werden müssen.[19] In diesen Best-Practice-Beispielen wird Informationskompetenz nicht auf den Bereich des Suchens und Findens von wissenschaftlichen Informationen in fachlich relevanten bibliothekarischen Ressourcen beschränkt, sondern auf Fragen des kritischen Umgangs mit Ressourcen und Quellen und der Fähigkeit zur kritischen Selbsteinschätzung ausgedehnt. Auch die pädagogischen Ansätze, die gewählt werden, unterstützen Studierende dabei, ihre Informationskompetenzen aktiv zu entwickeln.

An der University of Houston zum Beispiel erarbeiteten ein Fachwissenschaftler der anglophonen Literaturwissenschaft und eine Bibliothekarin einen gemeinsamen Kurs, um fortgeschrittene Studierende auf die Komplexität eigener Forschung vorzubereiten. Diese sollten die Fülle an möglichen Materialien und Suchinstrumenten, die für die Literatur des 18. Jahrhunderts zur Verfügung stehen, kennen und verwenden lernen. Dabei war der didaktische Ansatz von entdeckendem Lernen von großer Bedeutung, da er es Studierenden und Lehrenden erlaubte, sich auf den nichtlinearen Prozesscharakter von Forschung einzulassen und einen tatsächlichen Informationsbedarf als Ausgangspunkt des Lernens über wissenschaftliche Informationsbeschaffung und -verwendung zu nehmen. Kritisches Denken wurde als wesentliches Element des Umgangs mit Information gefördert.[20]

Auch Methoden des Blended Learning können zur Entwicklung von Informationskompetenz eingesetzt werden. Als Beispiel sei das Shakespeare-Wiki der University of Central Florida genannt, das Studierende gemeinsam während eines Shakespearekurses erstellten.[21]

Einige andere Best-Practice Beispiele aus den USA entstanden durch die Zusammenarbeit zwischen Schreibkursen und Bibliothek. So zum Beispiel erarbeiteten SprachlehrerInnen und BibliothekarInnen an der Utah State University gemeinsam auf Basis sozialkonstruktivistischer und soziokultureller Lerntheorien Komponenten für zwei Schreibkurse, bei denen es um die Problemlösungskompetenz von Studierenden bei Aufgaben ging, die von ihnen persönlich als relevant empfunden wurden.[22] In

---

19 An der Universität von Arizona z. B. fand die Zusammenlegung von Schreibkursen und Informationsvermittlung nicht nur aus inhaltlichen sondern auch aus institutionellen Gründen statt. Vgl. Sult, Leslie u. Vicki Mills: A blended method for integrating information literacy instruction into English composition classes. In: Reference Services Review 34 (2006). S. 368–388.
20 Mazella, David. u. Julie Grob: Collaborations between faculty and special collections librarians in inquiry-driven classes. In: portal. Libraries and the Academy 11 (2011). S. 467–487.
21 Venecek, John u. Katheryn Giglio. Shakespeare is ot a one-shot deal. An open wiki model for the humanities. In: Teaching information literacy online. Hrsg. von Thomas P. Mackey u. Trudi E. Jacobson. London: Facet Publishing 2011. S. 5–24.
22 Holliday, Wendy u. Britt Fagerheim: Integrating information literacy with a sequenced English composition curriculum. In: portal. Libraries and the Academy (2006) H. 6. S. 169–184. Weitere Überlegung zum problemorientierten Lernen als pädagogischem Ansatz für Bibliotheksinterventionen im fachlichen Kontext von anglophoner Literaturwissenschaft bzw.

einem der beiden Kurse waren Studierende vor die Aufgabe gestellt, in Gruppen ein Problem des U.S.-amerikanischen Erziehungssystems zu identifizieren, Informationen dazu zu recherchieren, eine Bibliographie zu erstellen und Ergebnisse zu präsentieren. Dabei wurden ihnen sowohl Hilfestellung bei der Aufgabe als auch Raum und Zeit zur Problemlösung gegeben.[23] Damit war sichergestellt, dass Learning-by-Doing möglich war und dass Studierende nicht wie in anderen Formen der Vermittlung von Informationskompetenz den falschen Eindruck erhielten, dass, wenn man nur „richtig" nach von BibliothekarInnen oder Lehrenden vorgegebenen Regeln sucht und genug Informationen findet, diese dann einfach nur irgendwie zusammensetzen muss, um dann ein „gutes" Ergebnis zu erzielen, sondern dass es um eigene Problemlösungsansätze geht.[24] In einem anderen Best-Practice Beispiel ging es um das Evaluieren von Information und den Zusammenhang von Recherche und Schreiben, die als einander beeinflussende Teile eines Prozesses erfahren werden sollten. Dadurch dass die Studierenden ein Rechercheprotokoll abgeben mussten, wurde dieses Wissen für sie erfahrbar gemacht.[25] Bei einer anderen Kooperation von Bibliothek und Schreibkurs wurde das Instrument der Selbstevaluierung von Studierenden zur Förderung von Lernen eingesetzt.[26]

Cultural oder Regional Studies sowie zwei Arbeitsblätter zu zwei Einheiten zu den Themen „Psychology and Literature" und „Shakespeare from Page to Stage" finden sich bei: Peterson, Elizabeth: Problem-based learning as teaching strategy. In: Critical library instruction theories and methods. Hrsg. von Maria T. Accardi, Emily Drabinsky u. Alana Kumbier. Duluth, MN: Library Juice Press 2010. S. 71–80. Zu grundsätzlichen Überlegungen und praktischen Hinweisen zu lernerzentrierten, konstruktivistischen und forschungsorientierten Lernformen bei der Vermittlung von Informationskompetenz vgl. u. a.: Hepworth, Mark u. Geoff Walton: Teaching information literacy for inquiry-based learning. Oxford: Chandos 2009. (Chandos Information Professional Series).

23 Bowles-Terry, Melissa, Erin Davis u. Wendy Holliday: „Writing information literacy revisited". Application of theory to practice in the classroom. In: Reference & User Services Quarterly 49 (2010). S. 225–230.

24 Ebd., S. 226.

25 Brady, Laura, Nathalie Singh-Corcoran u. a.: A collaborative approach to information literacy. First-year composition, writing center, and library partnerships at West Virginia University. In: Composition Forum 19 (2009). http://compositionforum.com/issue/19/west-virginia.php (23. 9. 2011). Zu Informationskompetenz und wissenschaftlichem Schreiben als gemeinsame Lehr- und Lerninhalte in der der Zusammenarbeit zwischen Bibliothek und Schreibzentren siehe auch: Elmborg, James K.: Libraries and writing centers in collaboration. A basis in theory. In: Centers for learning. Writing centers and libraries in collaboration. Hrsg. von James K. Elmborg u. Sheril Hook. Chicago: ACRL 2005. S. 1–20. Vgl. auch: Sult, Leslie u. Vicki Mills: A blended method for integrating information literacy instruction into English composition classes. (Anm. 19). Ein weiteres aktuelles Beispiel für das Zusammenspiel von Informationskompetenzvermittlung und Schreibkursen findet an der Long Island University statt. Siehe: Stowe, Brook: „I can't find anything". Towards establishing a continuum in curriculum-integrated library instruction. In: Reference Services Review 39 (2011). S. 81–97.

26 Bussert, Leslie u. Norm Poulit: A model for information literacy self-assessment. Enhancing student learning in writing courses through collaborative teaching. In: Collaborative information

Wie wichtig in diesem Zusammenhang fachspezifische Zugänge sind, wird in einigen Best-Practice Beispielen deutlich. Zum Teil macht es in der Anglistik und Amerikanistik Sinn, fachwissenschaftliche Konzepte in die Vermittlung von Informationskompetenz einzubeziehen, besonders wenn das Ziel ist, vom reinen Suchen und Finden hin zu einem kritischen Umgang mit der Welt der wissenschaftlichen Information bzw. von Texten generell zu kommen. Margaret Rose Torrell zum Beispiel benützte in einem Kurs Mary Louise Pratts Konzept der „contact zone" als theoretische Grundlage für die Evaluierung von Quellen zum Bombenanschlag auf die Kirche in Birmingham/Alabama 1963 und zu Martin Luther King.[27] Auch Ansätze der Gender Studies und der feministischen Pädagogik wurden für die Vermittlung von Informationskompetenz verwendet.[28] In anderen Fällen betrafen gemeinsame Aufgabenstellungen Fragen, die sowohl aus der Sicht der Literatur- und Kulturwissenschaft als auch aus Sicht der Informations- und Medienkompetenz interessant waren, z. B. der soziokulturelle Kontext von Kanonbildung.[29]

Eine Frage, die sich in gemeinsam unterrichteten oder vorbereiteten Kursen stellt, ist, wie der Anteil an Informationskompetenzentwicklung schlussendlich bewertet werden kann und soll und von wem. Klar formulierte Lernziele und Erfüllungskriterien sind hier sinnvoll. Wie das im fachlichen Kontext der Anglistik und Amerikanistik bei einem gemeinsamen Kurs umgesetzt werden könnte, zeigt das Beispiel eines Kurses an der George Washington University. Sowohl die Entwicklung und Erforschung einer relevanten Fragestellung, der Umgang mit Fachliteratur gemäß fachwissenschaftlicher Praxis und das richtige Zitieren, alles in Anlehnung an die ACRL Standards der Informationskompetenz, wurden als Lernziele formuliert und es wurde eine abgestufte Bewertungsskala entwickelt, mit deren Hilfe je nach genau definiertem Erfüllungsgrad entsprechend hohe oder niedrige Punkte vergeben wurden.[30]

Gerade wenn Informationskompetenz in enger Verbindung mit dem wissenschaftlichen Fach gesehen wird, wird deutlich, wie wichtig der schon 1993 von Barba-

---

literacy assessments. Strategies for evaluating teaching and learning. Hrsg. von Thomas P. Mackey u. Trudi E. Jacobson. London: Facet Publishing 2010. S. 131–154.

27 Torrell, Margaret Rose: Negotiating virtual contact zones. Revolutions in the role of the research workshop. In: Critical library instruction theories and methods. Hrsg. von Maria T. Accardi, Emily Drabinsky u. Alana Kumbier. (Anm. 22), hier S. 89–103.

28 Ladenson, Sharon: Paradigm shift. Utilizing critical feminist pedagogy. In: Critical library instruction theories and methods. Hrsg. von Maria T. Accardi, Emily Drabinsky u. Alana Kumbier. (Anm. 22), hier S. 105–112.

29 Booth, Austin u. Laura Taddeo: The changing nature of the book. Literary research, cultural studies and the digital age. In: Maria T. Accardi, Emily Drabinsky u. Alana Kumbier (Hrsg.): Critical library instruction theories and methods. (Anm. 22), hier S. 143–165.

30 Gaspar, Deborah B. u. Pamela S. Presser: Vampires, philosophers, and graphic novels. Assessing thematic writing courses in The Big Read. In: Collaborative information literacy assessments. Strategies for evaluating teaching and learning. Hrsg. von Thomas P. Mackey u. Trudi E. Jacobson. (Anm. 26), hier S. 155–174.

ra Fister beschriebene und geforderte „rhetorische" Zusammenhang mit spezifischen Fachdiskursen und fachwissenschaftlichen Praktiken ist.[31] Einen solchen Zusammenhang beschreibt Kate Koppelmann aus der Sicht der Fachwissenschaftlerin für einen Literaturkurs, bei dem sie Informationskompetenz, zum Teil bezogen auf einzelne amerikanische ACRL Standards, dadurch entstehen lässt, dass sich Studierende zunächst ganz auf ein Gedicht von John Donne einlassen, mit Hilfe der im Oxford English Dictionary (OED) gefundenen Wortbedeutungen die Argumentationslinien des Gedichts festmachen, um dann darüber hinausgehend selbst eine Interpretation zu argumentieren. Wiederum mit der Hilfe von Bibliotheksressourcen und bibliothekarischer Unterstützung folgen die Studierenden der Entwicklung des Faches weg vom reinen Fokussieren auf den Text hin zu möglichen Kontexten des Gedichts, zu denen eine Bibliographie erstellt wird. Schlussendlich ist dann auf Basis der erworbenen Kompetenzen im Umgang mit Primärtexten und Fachliteratur ein eigener Aufsatz zu einem anderen literarischen Text zu verfassen. Die Metapher, die diesem Vorgehen zu Grunde liegt, ist die, dass Studierende von Neuankömmlingen bei einer Party, bei der sich alle über etwas unterhalten, von dem man noch nichts weiß, hin zu aktiven GesprächsteilnehmerInnen entwickeln.[32]

Informationskompetenzstandards für das Fach Anglistik und Amerikanistik

In den letzten Jahren wurde auch im deutschsprachigen Raum das Schulungsangebot von Bibliotheken vermehrt in Bezug zu Standards der Informationskompetenz gesetzt. Diese beziehen sich zum Teil auf die in den USA entwickelten und viel verwendeten Information Competency Standards for Higher Education.[33] Dieser Bezug auf anglophone Wissenschaftskulturen macht wohl gerade für das Fach Anglistik und Amerikanistik Sinn,[34] ohne dass man dabei aus dem Auge verlieren sollte, dass Standards

---

31 Fister, Barbara. Teaching the rhetorical dimension of research. Research Strategies 11 (1993). S. 211–219. http://homepages.gac.edu/~fister/rs.html (23. 9. 2011).
32 Koppelmann, Kate. Literary eavesdropping and the socially graceful critic. In: Teaching literary research. Challenges in a changing environment. Hrsg. von Kathleen A. Johnson u. Steven R. Harris. Chicago: ACRL 2009 (ACRL publications in librarianship 60). S. 41–60.
33 Vgl. z. B. DBV: Standards der Informationskompetenz für Studierende Juli 2009. http://www.informationskompetenz.de/standards-und-erklaerungen/ (25. 9. 2011) oder Netzwerk Informationskompetenz Baden-Württemberg Hrsg.: Standards der Informationskompetenz für Studierende 2006. http://www.informationskompetenz.de/fileadmin/user_upload/ Standards_der_Inform_88.pdf (25. 9. 2011).
34 Hier noch relevant sind das britische SCONUL Sieben-Säulen Modell, vgl. z. B. SCONUL: The seven pillars of information literacy. http://www.sconul.ac.uk/groups/information_literacy/ seven_pillars.html (25. 9. 2011) oder das australische und neuseeländische Modell, vgl: Bundy, Alan

bei der Formulierung von Lernzielen und Beurteilungskriterien zwar sehr hilfreich sein können, aber nicht einfach unkritisch übernommen werden sollten.[35] Neben diesen allgemein gehaltenen Informationskompetenzstandards gibt es einen eigenen Leitfaden für die anglophonen Literaturwissenschaften: Die Research Competency Guidelines for Literatures in English stellen eine Anpassung der Informationskompetenzstandards auf die disziplinären Bedürfnisse der anglophonen Literaturwissenschaften dar. Die Richtlinien sind Resultat eines Meinungsbildungsprozesses auf breiter Ebene und reflektieren das Verständnis von Informationskompetenz in der anglistisch-amerikanistischen Literaturwissenschaft Amerikas aus bibliothekarischer Sicht.[36] Sie sind als spezifische und fachbezogene Leitlinien ein guter Ausgangspunkt zur Entwicklung und Evaluierung eigener anglistisch-amerikanistischer Informationskompetenzschulungen für den Bereich Literatur- und Kulturwissenschaft. Weiters sind sie ein guter Ausgangspunkt für Gespräche mit FachwissenschaftlerInnen, da einige der angesprochenen Kompetenzen in das von ihnen vermittelte fachwissenschaftliche Wissen fallen, wie z. B. die Fähigkeit, Primärliteratur von Sekundärliteratur (I.1) oder Rezensionen von Literaturkritik (I.4) zu unterscheiden. Für die schon beschriebene Zusammenarbeit an der University of Houston zum Beispiel bildeten die LES Richtlinien eine wichtige Grundlage.[37]

(Hrsg.): Australian and New Zealand Information Literacy Framework: principles, standards and practice. 2. Aufl. Adelaide: Australian and New Zealand Institute for Information Literacy 2004. http://www.caul.edu.au/content/upload/files/info-literacy/InfoLiteracyFramework.pdf (25. 9. 2011).

35 Siehe z. B. die kritischen Kommentare zum Thema Standards in zwei Blogs: Hapke, Thomas: Standards zur Informationskompetenz werden zu wichtig genommen! 27. Februar 2009. http://blog.hapke.de/information-literacy/standards-zur-informationskompetenz-werden-zu-wichtig-genommen/ (23. 8. 2011) und Caffrey, Carolyn M.: Are the ACRL standards good or bad? 14. März 2011. http://carolyncaffrey.weebly.com/1/post/2011/03/are-the-acrl-standards-good-or-bad.html (25. 9. 2011). Vgl. z. B. auch das Argument, dass z. B. die ACRL Standards ein unkritisches Verständnis von Information unterstützen können, wenn man nicht auf besondere Weise damit umgeht: Harris, Benjamin: Encountering values. The place of critical consciousness in the competency standards. In: Critical library instruction theories and methods. Hrsg. von Maria T. Accardi, Emily Drabinsky u. Alana Kumbier. (Anm. 22), hier S. 279–291.

36 Siehe: American Library Association: Research competency guidelines for literatures in English. Association of College and Research Libraries Literatures in English Section. Juni 2007 http://www.ala.org/ala/mgrps/divs/acrl/standards/researchcompetenciesles.cfm (25. 8. 2011). Siehe auch: Appendix. Research competency guidelines for literatures in English. In: Teaching literary research. Challenges in a changing environment. Hrsg. von Kathleen A. u. Steven R. Harris. Chicago: ACRL 2009 (ACRL publications in librarianship 60). S. 257–260.

37 Mazella, David u. Julie Grob: Collaborations between faculty and special collections librarians in inquiry-driven classes. (Anm. 20), hier S. 473.

Informationskompetenz – was versteht die Fachwissenschaft Anglistik und Amerikanistik darunter?

Die Zusammenarbeit und das Gespräch mit der Fachwissenschaft ist ein roter Faden, der sich durch die Literatur zur Informationskompetenzvermittlung an Universitäten und Hochschulen zieht. Als zunehmend wichtig für die Verbesserung bibliothekarischer Angebote wird auch ein evidenzbasiertes Verständnis von Informationspraktiken und Sichtweisen von FachwissenschaftlerInnen und Studierenden gesehen.[38] Abgesehen davon, dass es sinnvoll ist, Entwicklungen im Informationsverhalten von Fachleuten und Studierenden im Auge zu behalten, ist es auch wichtig zu verstehen, wie die FachwissenschaftlerInnen, mit denen man in der Informationskompetenzvermittlung zusammenarbeiten möchte, zu den Zielen der Informationskompetenz stehen und ob sie diese auch teilen.

Eine britische Studie erfasste das Informationskompetenzverständnis von WissenschaftlerInnen aus verschiedenen Fachbereichen, darunter der anglophonen Literaturwissenschaften.[39] Es zeigte sich bei den interviewten LiteraturwissenschaftlerInnen eine positive Haltung gegenüber einigen Elementen von Informationskompetenz, die auch durch die Bibliotheksstandards der Informationskompetenz definiert werden. Dabei wurde deutlich, dass das Verständnis der FachwissenschaftlerInnen weniger ein „technologisch/technisch" orientiertes ist, sondern mehr auf der analytischen und reflexiven Ebene liegt. Die Förderung von Informationskompetenzen bei den Studierenden wird von den FachwissenschaftlerInnen als Teil der Entwicklung von Forschungs- und Recherchekompetenzen, die Teil der Fachausbildung ist, verstanden. Die AutorInnen der Studie sehen in den Gemeinsamkeiten und im bibliothekarischen Wissen um das fachwissenschaftliche Verständnis von Informationskompetenz einen wichtigen Ansatzpunkt für die Entwicklung von Kooperationen zwischen Fachwissenschaft und Bibliothek.[40]

---

38 Im Kontext der Geisteswissenschaften vgl. z. B.: Puckett, Caleb: Oh, the humanities. Understanding information behavior to foster information literacy. In: Emporia State Research Studies 46 (2010). S. 33–43. Vgl. auch: East, John W.: Information literacy for the humanities researcher: A syllabus based on information habits research. In: The Journal of Academic Librarianship 31 (2005). S. 134–142. Vgl auch: RIN: Reinventing research? Information practices in the humanities 2011. http://www.rin.ac.uk/our-work/using-and-accessing-information-resources/information-use-case-studies-humanities (24. 9. 2011).
39 Webber, Sheila, Stuart Boon u. Bill Johnston: A comparison of UK academics' conceptions of information literacy in two disciplines. English and marketing. In: Library and Information Research 29 (2005). S. 4–15.
40 Boon, Stuart, Bill Johnston u. Sheila Webber: A phenomenographic study of English faculty's conceptions of information literacy. In: Journal of Documentation 63 (2007). S. 204–228.

Im Zeitraum von März bis Juli 2010 wurden im Rahmen von Interviews für ein in Arbeit befindliches Masterthesisprojekt („Informationsverhalten und Informationskompetenz im Fachbereich Anglistik und Amerikanistik: Sichtweisen von Lehrenden und Studierenden und ihre Bedeutung für die bibliothekarische Praxis der Informationskompetenzvermittlung") 39 Studierenden, Lehrenden und Forschenden aus dem Fachbereich Anglistik und Amerikanistik an der Universität Wien dazu befragt, wie sie den Begriff Informationskompetenz aus ihrer eigenen Warte beschreiben würden. Wie schon in der britischen Studie enthielten die angebotenen Definitionen Elemente, die auch einem bibliothekarischen Verständnis von Informationskompetenz entsprechen. Die Befragten sahen Informationskompetenz meistens als unterschiedliche Kombinationen verschiedener Fähigkeiten und Fertigkeiten. Dabei ging es darum, (a) dass man generell Informationen suchen und finden kann, (b) Informationen für bestimmte Fragestellungen suchen und finden kann, (c) sich neue Bereiche erarbeiten kann, (d) Suchstrategien und Informationsressourcen kennt und anwenden kann, (e) mit gefundener Information weiter umgehen kann, (f) Quellen und Informationen selektieren kann, (g) Quellen und Inhalte (und zwar entweder generell oder nach Kriterien der Qualität, Relevanz, Wichtigkeit, Aktualität und ihrem Platz innerhalb fachlicher Diskurse) beurteilen und evaluieren kann, (h) schnell und effizient ist beim Suchen, Finden und Auswählen, (i) Informationen anwenden kann, (j) kritisch mit Quellen und Informationen umgehen kann, (k) im Fach Bescheid weiß und Informationen fachlich zuordnen kann und (l) Informationen angemessen weitergeben kann. Neben dem Suchen und Finden, das sich durch fast alle Definitionen zieht, weisen viele der Befragten auf die Bedeutung kritischen Denkens, des Einschätzen und Beurteilens, der Zuordnung zu einem Kontext, und des richtigen Umgehens mit Information hin. Spezifischere Evaluationskriterien wie Relevanz, Wichtigkeit für das eigene Forschungsthema, Aktualität, Bezogenheit auf wichtige oder aktuelle Fachdiskurse und die Fähigkeit, gefundene Informationen fachlich einschätzen zu können, kommen erst bei eigenständig forschenden Studierenden und FachwissenschaftlerInnen zur Sprache. Was sich als roter Faden durch viele Befragungen zieht, ist die Wichtigkeit von Wissen um den Stand der Forschung im Fach. Als wesentlich erachtet wird auch das Wissen, wie das Fach funktioniert (wer forscht woran, was sind wichtige Namen, was sind wichtige Verlage, Fachzeitschriften, welche sind die für das Fach wichtigen Informationsressourcen, Datenbanken oder Bibliographien).

Neben bibliothekarischen Konzepten der Informationskompetenz und Best-Practice Beispielen zur inhaltlichen und didaktischen Gestaltung von Kursen scheint es mir wesentlich, die Ansichten und Haltungen der FachwissenschaftlerInnen und Studierenden der Anglistik und Amerikanistik in Überlegungen zur Gestaltung von anglistischen Informationskompetenzangeboten einzubeziehen, damit diese auch im fachlichen Kontext tatsächlich relevant sind. Als abschließendes Beispiel soll eine geplante Zusammenarbeit der Autorin mit Sprachlehrenden für einen Sprachkurs, bei dem Vokabellernen ein wichtiges Thema ist, genannt werden. Es soll eine kombinierte Wortschatz/Suchvokabularübung entwickelt werden. Die Idee dazu ergab sich aus

Karen Bordonaros Studie, in der sie herausfand, dass bei der Datenbankrecherche in der Fremdsprache Englisch Spracherwerb stattfindet,[41] und einem Interview mit einer Studierenden, die von der Bibliotheksrecherche für ihr „vocabulary log" berichtete. Daher bot es sich an, in einer Bibliotheksintervention in Zusammenarbeit mit den Sprachlehrenden nicht nur das Thema Sprachwörterbücher aus bibliothekarischer Sicht zu behandeln sondern auch den Themenbereich Fachvokabular, Stichwörter, Synonyme, Thesauri/Indices, Schlagwörter und Suchbegriffe in Fachdatenbanken anzuschneiden, besonders da diese Sprachkurse zeitlich in etwa mit dem Einstieg in das wissenschaftliche Arbeiten korrelieren. Durch geeignete Anleitung und Übungen bzw. die Möglichkeit des eigenständigen Explorierens sollen Studierende ihre sprachlichen und ihre Fachrecherchekompetenzen weiterentwickeln.[42] Da im Sprachkurs ja ein „vocabulary log" bzw. ein Portfolio, bei dem es um das Thema Wortschatz geht, Teil der verlangten Leistung ist, kann in Zusammenarbeit mit Sprachlehrenden relativ leicht eine weitere Komponente dieses „logs" oder Portfolios erarbeitet werden.[43]

Weiterführende Literatur

Bowers, Jennifer: Knowledge out of bounds. Reflections on disciplinary and interdisciplinary research. In: Peggy Keeran u. a.: Research within the disciplines. Foundations for reference and library instruction. Lanham, MD: Scarecrow Press 2007. S. 241–254.

Browner, Stephanie, Stephen Pulsford u. Richard Sears: Literature and the internet. A guide for students, teachers, and scholars. New York: Garland 2000. (Wellesley Studies in critical theory, literary history and culture 21) (Garland reference library of the humanities 2167).

Ellis, David u. Hanna Oldman: The English literature researcher in the age of the internet. In: Journal of Information Science (2005) H. 31. S. 29–36.

---

41 Bordonaro, Karen: Is library database searching a language learning activity? In: College & Research Libraries 71 (2010). S. 273–284.

42 Vgl. zum Beispiel das Rechercheworkshop am Hostos Community College der City University of New York, wo es zwar darum ging, Literatur für einen Aufsatz zu suchen, das Augenmerk aber sehr wohl auf die Sprachkompetenzentwicklung der nichtenglischsprachigen Studierenden gelegt wurde. Siehe: Laskin, Miriam u. José Díaz: Literary research in a bilingual environment. Information literacy as a language-learning tool. In: Teaching literary research. Challenges in a changing environment. Hrsg. von Kathleen A. Johnson u. Steven R. Harris. (Anm. 32), hier S. 109–128; in diesem Zusammenhang besonders S. 116–118. Vgl. auch: Bagnole, John W. u. John W. Miller: An interactive information literacy course for international students. A practical blueprint for ESL learners. In: TESL-EJ 6 (2003). S. A-1+. http://tesl-ej.org/ej24/a1.html (23. 9. 2011).

43 Zur Verwendung von Portfolios um den Erwerb von Informationskompetenzen zu beurteilen, vgl. auch: Sonley, Valerie u. a.: Information literacy assessment by portfolio. A case study. In: Reference Services Review 35 (2007). S. 41–70. Vgl. auch: Radcliff, Carolyn u. a.: A practical guide to information literacy assessment for academic librarians. Westport, CT u. London: Libraries Unlimited 2007. S. 132–142.

Forbes, Carrie: Integrating discipline-based library instruction into the curriculum. In: Peggy Keeran u. a.: Research within the disciplines. Foundations for reference and library instruction. Lanham, MD: Scarecrow Press 2007. S. 223–240.

Gardner, Janet E. Writing about literature. A portable guide. 2. Aufl. Boston: Bedford/St.Martin's 2009.

Garrett-Petts, William Francis: Writing about literature. A guide for the student critic. Peterborough, Ontario: Broadview Press 2000.

Ge, Xuemei: Information-seeking behavior in the digital age. A multidisciplinary study of academic researchers. In: College & Research Libraries 71 (2010). S. 435–455.

Hockey, Susan: Electronic texts in the humanities. Principles and practice. Oxford: OUP 2000.

Keeran, Peggy u. Jennifer Bowers (Serien-Hrsg.): Literary research. Strategies and sources. Lanham, MD: Scarecrow Press 2005.

Keeran, Peggy: Research in the humanities. In: Peggy Keeran u. a.: Research within the disciplines. Foundations for reference and library instruction. Lanham, MD: Scarecrow Press 2007. S. 1–31.

Lightman, Harriet u. Ruth N. Reingold: A collaborative model for teaching e-resources. Northwestern University's Graduate Training Day. In: portal: Libraries and the Academy 5 (2005). S. 23–32.

Lightman, Harriet u. Marianne Ryan. Innovation in changing times. Two new approaches to user services. Paper presented at IFLA 77 (2011) http://www.buw.uw.edu.pl/images/mapa/IFLA_2011/papers/197-lightman-en.pdf (25. 9. 2011).

Pratt, Mary Louise: Arts of the contact zone. In: Profession (1991). S. 33–40.

Schreibman, Susan, Ray Siemens u. John Unsworth: A companion to digital humanities. Oxford: Blackwell 2004.

Schlaeger, Jürgen: The future of English studies in Europe. In: English Studies today. Recent developments and new directions. Hrsg. von Ansgar Nünning u. Jürgen Schlaeger. Trier: WVT 2007. S. 223–239.

Schubert, Verena (Hrsg.): Die Geisteswissenschaften in der Informationsgesellschaft. St. Ottilien: EOS 2002.

Toms, Elaine G. u. Heather L. O'Brien: Understanding the information and communication technology needs of the e-humanist. In: Journal of Documentation 64 (2008). S. 102–130.

Wisneski, Richard: Investigating the research practices and library needs of contingent, tenure-track, and tenured English faculty. In: The Journal of Academic Librarianship 31 (2005). S. 119–133.

Katharina Beberweil, Renke Siems

Informationskompetenz in den Sozial- und Wirtschaftswissenschaften

Abstract: Angebote zur Informationskompetenz treffen in den Sozialwissenschaften und den Wirtschaftswissenschaften gleichzeitig sowohl auf große Schnittmengen als auch auf große Unterschiede. Die Schnittmengen werden offenbar, wenn man bedenkt, dass sozial- wie wirtschaftswissenschaftliche Studiengänge vielfach innerhalb einer Fakultät angesiedelt sind und Sozialwissenschaftler wie Wirtschaftswissenschaftler teilweise sogar die gleichen Fachinformationsmittel verwenden. Die Unterschiede sind ebenfalls kaum zu übersehen: Die Fachkulturen sind deutlich anders, ebenso der Studierendenhabitus, und trotz Bologna gestaltet sich die Struktur des Studiums doch einigermaßen abweichend. Auch vor diesem Hintergrund skizziert dieser Beitrag unterschiedliche Herangehensweisen auf der Basis jeweils anderer universitärer Strukturen, mit der Folge entsprechend unterschiedlicher Veranstaltungsformate. Für die Wirtschaftswissenschaften wird ein strategisches Konzept der Bibliothek, das in einem entsprechenden Veranstaltungs-Portfolio kondensiert, dargelegt, während für die Sozialwissenschaften ein Modell der Initiative eines einzelnen Fachreferenten vorgestellt wird, die im Ergebnis ein weitgehend ähnliches Themenspektrum abdeckt. Ebenso hat sich bei beiden Modellen herausgestellt, dass die Einbettung in den fachspezifischen Diskurs wesentlich ist und aktivierende Methoden Lernerfolg und Transferleistung erheblich verbessern.

Keywords: Blended Learning, Dreisprachigkeit, Eberhard-Karls-Universität Tübingen, Fachreferat, Freie Universität Bozen, Free University of Bozen-Bolzano, Informationsmanagement, Individuelles Coaching, Interdisziplinäre Ausbildung, just in time, Recherche-Portfolio, Schlüsselqualifikationen, Semesterkurs, Soziologie, Standards der Informationskompetenz für Studierende, Veranstaltungsbündel, Wirtschaftswissenschaften im internationalen Kontext.

Katharina Beberweil: Laureat in Wirtschaft und Management (Bachelor), Freie Universität Bozen; Master of Arts (M.A.) in Global Studies, Universität Leipzig, Zentrum für höhere Studien. Seit 2006 Fachreferentin für Wirtschaftswissenschaften, Universitätsbibliothek Bozen Visiting Librarian an der Cecil H. Green Library, Stanford University, USA. Seit 2009 Mitglied der VDB-Kommission für Fachreferatsarbeit. Seit November 2011 „Chief Information Resource Officer" in der Bibliothek der Jacobs University Bremen.

Dr. Renke Siems: Fachreferent für Sozialwissenschaften an der UB Tübingen. Leiter der Benutzungsabteilung, stellvertr. Ausbildungsleiter, Beauftragter für Informationskompetenz. Mitglied im Netzwerk Informationskompetenz Baden-Württemberg, dort auch Organisation von Fortbildungen. Vorsitzender der VDB-Kommission für Fachreferatsarbeit. Weiteres zur Person und Publikationen: http://www.ub.uni-tuebingen.de/fachgebiete/fachreferenten-wissenschaftlicher-dienst/siems.html.

Förderung von Informationskompetenz in den Wirtschaftswissenschaften – Modell Bozen

Die Bedeutung von Informationskompetenz in den Wirtschaftswissenschaften wird am Beispiel der Studiengänge an der Wirtschaftsfakultät der Freien Universität Bozen exemplarisch behandelt.

Ausgangslage

Die Freie Universität Bozen wurde im Jahr 1997 gegründet und hat 1998 ihren Lehrbetrieb aufgenommen. In großen Teilen erfolgt die Ausbildung der Studierenden seit dem Start der Universität dreisprachig in den offiziellen Universitätssprachen Deutsch, Englisch und Italienisch.[1] Die zeitgleich eröffnete Universitätsbibliothek[2] misst der Förderung von Informationskompetenz dabei seit den Anfangszeiten eine hohe Bedeutung bei. Verantwortlich für die Konzeption und Durchführung von Veranstaltungen zur Informationskompetenz sind die Fachreferenten, die nach einem Schnittstellenmodell als fachlich kompetente Ansprechpartner für die jeweiligen Fakultäten und Fachbereiche dienen.[3]

An der Wirtschaftsfakultät der Freien Universität werden verschiedene Bachelor- und Masterstudiengänge zum Fächerspektrum Volks- und Betriebswirtschaftslehre, Politikwissenschaften und Recht sowie Tourismus und Sport/Eventmanagement gelehrt.[4] Die erstgenannten Fächerkombinationen BWL, VWL/Management und PPE werden am Universitätshauptsitz in Bozen angeboten, während die Fächer Tourismus und Sport/Eventmanagement am Außensitz der Universität und der Wirtschaftsfakultät in Bruneck studiert werden können.[5]

Die Vielfalt der Studiengänge und die damit verbundenen (wissenschaftlichen) Inhalte machen es notwendig, für die Konzeption und Durchführung von Seminaren

---

1 Freie Universität Bozen: Leitbild der Freien Universität Bozen. http://www.unibz.it/it/public/press/Documents/leitbild_profilo_mission.pdf (24. 6. 2011); Freie Universität Bozen: Mehrsprachig und international, Daten 2009. http://www.unibz.it/it/public/press/Documents/090701_zfk_def_de.pdf (24. 6. 2011).
2 University Library: About the Library. http://www.unibz.it/en/library/about/default.html (24. 6. 2011).
3 University Library: About the Library – Subject and Liaison Librarians. http://www.unibz.it/en/library/about/subjectlibrarians.html (24. 6. 2011).
4 School of Economics: Multilingual in the International Market. http://www.unibz.it/de/economics/welcome/default.html (24. 6. 2011).
5 Fakultät für Wirtschaftswissenschaften: Willkommen – Wie Sie uns erreichen. http://www.unibz.it/de/economics/welcome/reachus/default.html (24. 6. 2011).

und Trainings zur Informationskompetenz studienrichtungsspezifische Ansätze anzuwenden. Die größten inhaltlichen und didaktischen Unterschiede sind dabei zwischen den Studiengängen Betriebswirtschaftslehre, Volkswirtschaftslehre/Management und dem Studiengang PPE zu verzeichnen. Letzterer bietet eine interdisziplinäre Ausbildung in den Bereichen Politik, Philosophie und Ökonomie und fordert von den Studenten bereits ab dem ersten Semester die Auseinandersetzung mit und Anwendung von Techniken des wissenschaftlichen Arbeitens und der wissenschaftlichen Recherche.[6] Die Studierenden der Fächer Tourismus und Sport/Eventmanagement durchlaufen aufgrund der Ausrichtung des Studienplanes ein sehr praxisbezogenes Studium (inkl. verpflichtendem Auslandsaufenthalt), so dass hier die Auseinandersetzung mit wissenschaftlichen Instrumenten und Prozessen zumeist erst zum Studienende hin erfolgt.

Neben den inhaltlichen Unterschieden beeinflusst auch die Problematik der dreisprachigen Lehre und die sich daraus ergebende kulturelle Diversität die Gestaltung der Veranstaltungen zur Informationskompetenz. Um von Anfang an eine möglichst große Zielgruppe erreichen und deren Bedarf an Hilfestellung auch decken zu können, ist die Dreisprachigkeit bzw. der sprachlich flexible Veranstaltungsaufbau von Seiten des Kursleiters absolut notwendig. Für die Praxis bedeutet dies, dass eine einzelne Veranstaltung mehrsprachig abgehalten wird bzw. die Kommunikation mit den Teilnehmern in ihren jeweiligen Vorzugssprachen erfolgt.

Die Teilnehmer der Veranstaltungen spiegeln das gesamte Spektrum der wissenschaftlichen Ausbildungsstufen wieder: die größte Gruppe bilden die Studierenden der Bachelorstudiengänge, während die Master- und PhD-Studenten in geringerer Anzahl an den Kursen teilnehmen. Vereinzelt finden sich auch Forscher und/oder Dozenten in den Trainings wieder – in der Regel bevorzugen diese Wissenschaftler eher ein privates und individuelles Coaching.

Veranstaltungsstruktur

Die Seminargestaltung orientiert sich grundsätzlich an allgemeinverständlichen fachlichen Themen aus den Studiengängen der Wirtschaftsfakultät. Wenn möglich, wird aber zu Seminarbeginn noch auf die individuellen Wünsche der Teilnehmer eingegangen und der thematische Ansatz entsprechend angepasst. Diese Flexibilität erleichtert den Teilnehmern die praktische Anwendung der Werkzeuge an lebensnahen und „echten" Beispielen aus ihrer eigenen Realität. Gleichzeitig können sie so die kri-

---

6 Fakultät für Wirtschaftswissenschaften: Studienmanifest: Bachelor in Ökonomie und Sozialwissenschaften (DM 270/2004). Akademisches Jahr 2010/2011. S. 2. http://www.unibz.it/de/economics/progs/bacs/economics_social/studyplans/Documents/Manifesto_L-33_BZ_2010_Juli-d.pdf (23. 6. 2011).

tische Auseinandersetzung mit der Recherchekultur ihrer jeweiligen Studienfachrichtung üben und für sich selbst eine eigene persönliche Recherchestrategie entwickeln.

In den vergangenen fünf Jahren wurden die seit langem existierenden Blockseminare (Dauer: 4–5 Stunden), die ursprünglich für die Wirtschaftsfakultät entwickelt worden waren, zu kurzen Modulveranstaltungen von max. 120 Min. Dauer umgestaltet. Insgesamt gibt es derzeit fünf verschiedene Trainings,[7] die im Verlauf des Studienjahres regelmäßig angeboten werden (ca. 1–3 Termine pro Monat), online promotet werden[8] und prinzipiell allen Interessenten offen stehen, d. h. fakultätsübergreifend ausgerichtet sind (Stand Mai 2011). Die Mehrheit der Teilnehmer kommt derzeit aber (noch) aus der Wirtschaftsfakultät.

Die Veranstaltung Library Tools befasst sich mit der Einführung in grundlegende Werkzeuge und Dienstleistungen wie Kataloge und ihre Zusatzfunktionen, Fernleihservice, Buchbestellungen etc. Im Rahmen des Kurses zu „Core Databases" werden die Grundstrukturen und Funktionen von Datenbanken und datenbankähnlichen Suchportalen erläutert sowie die individuellen Sucherfahrungen und -erlebnisse der Teilnehmer diskutiert.

In den Trainings zur Abschlussarbeit („Getting started with your thesis") setzen sich die Studierenden mit bürokratischen Regelungen und Formalitäten der jeweiligen Studiengänge auseinander (part a)) und erhalten eine umfangreiche Einführung in die wichtigsten Grundregeln des wissenschaftlichen Arbeitens (part b)). Zu den Inhalten zählen hierbei Zeitmanagement, Recherchestrategie, Aufbau der Arbeit, Zitieren, unterstützende Programme etc.

Die Veranstaltung „Simulation – Get the feeling for the final examination" stellt in erster Linie eine Austauschmöglichkeiten für die Studenten untereinander dar, die kurz vor der Abschlussprüfung stehen und sich gerne auf dieses Ereignis vorbereiten möchten. Im kollegialen Austausch werden die Präsentationen geübt und die Situation der realen Endprüfung nachgestellt. So wird auf das Einhalten der Zeitvorgaben geachtet und Feedback zu den Präsentationstechniken gegeben. Ähnlich wie in der Abschlussprüfung sind Rückfragen zu den Inhalten der Präsentation aus dem Kreis der anderen Teilnehmer zugelassen. Der Seminarleiter der Bibliothek übernimmt in diesem Training in erster Linie die Aufgabe des logistischen Organisators, bei Bedarf steht er aber auch als Berater für allfällige Fragen in Zusammenhang mit der Abschlussprüfung zur Verfügung.

Neben diesen Standardangeboten, die an den Fakultätsstandorten in Bozen und Bruneck abgehalten werden, werden nach Bedarf und in Absprache auch individuelle

---

7 Die Namen der Veranstaltungen sind Eigenentwicklungen der Universitätsbibliothek Bozen. Es wird darum gebeten, die Autorin dieses Beitrages, Frau Dott. Katharina Beberweil M.A. unter kbeberweil@unibz.it zu kontaktieren, bevor die Bezeichnungen übernommen werden.
8 University Library: Information Literacy – Timetables. http://www.unibz.it/en/library/infolit/timetables.html (22. 6. 2011).

Coachings angeboten.[9] Die Inhalte dieser Privattermine reichen dabei von der detaillierten Einführung in einzelne Services oder Angebote (Datenbanken, sonstige Werkzeuge) bis hin zur Diskussion von individuellen Problemen und Schwierigkeiten bei der Anwendung von wissenschaftlichen Methoden oder der Auswertung der eigenen Forschungsergebnisse. Auch die Auseinandersetzung mit Fragen des Zitierens oder der stilistischen Gestaltung sind immer wieder Themen der privaten Tutorien.

Auf Wunsch von Professoren und Studiengangsleitern werden punktuell (mit zunehmender Tendenz) auch Veranstaltungen in einzelne Kurse eingebunden. Zielsetzung dieser Drop-In[10] oder Additional Sessions ist es, die Studierenden durch fachspezifische Fragestellungen an bestimmte Tools und Angebote heranzuführen und ihnen die Bedeutung der fundierten Kenntnis über wissenschaftliche Arbeitstechniken näher zu bringen. Je früher sich die Studenten dabei mit den vielfältigen Instrumenten des Informationsmanagements auseinandersetzen, umso einfacher fällt ihnen dann gegen Studienende das Abfassen von wissenschaftlichen Arbeiten unter Zeit- bzw. Erwartungsdruck. In den nächsten Jahren soll an der Wirtschaftsfakultät/ School of Economics das Angebot an Studiengängen noch weiter ausgebaut werden (u. a. im Bereich des Ph.D.). Solange die neuen Studienangebote aber nicht offiziell genehmigt sind, ist es schwierig, von Seiten der Bibliothek weitere Aktivitäten im Bereich der Informationskompetenz zu planen und zu entwickeln.

Fazit

Die Erfahrung aus knapp fünf Jahren Tätigkeit als Fachreferentin für die Wirtschaftsfakultät an der Freien Universität Bozen zeigt, dass die zunehmende Komplexität der Informationswelt gekoppelt mit dem verstärkten Zeit- und Erwartungsdruck durch die Einführung von Bachelor-/Masterstudiengängen den Erfolgsdruck für die Studenten stark erhöht hat. Es wird erwartet, dass die Studierenden möglichst effizient relevante Informationen auffinden und diese den wissenschaftlichen Regeln entsprechend verwerten können. Dass diese Fähigkeiten zumeist erst im Rahmen des Studiums erlernt werden müssen, scheint vielfach bei der Gestaltung der Lehrpläne nur unzureichend berücksichtigt zu werden.

Letztendlich sind es nicht nur die Studierenden, die mit diesen Fragen und Problemen zu kämpfen haben. Auch die akademischen Mitarbeiter (Assistenten, Forscher, Dozenten) suchen Rat und Hilfe im Umgang mit Informationsressourcen und

---

9 University Library: Information Literacy. Individual research assistance. http://www.unibz.it/ en/library/infolit/courses/courses_students.html, http://www.unibz.it/en/library/infolit/ courses/courses_staff.html (24. 6. 2011).
10 University Library: Information Literacy service for Teaching staff. Drop-In Sessions. http://www.unibz.it/en/library/infolit/courses/courses_staff.html (24. 6. 2011).

Rechercheinstrumenten. Im Unterschied zu den Studierenden, für die alle Bereiche neu und unbekannt sind, liegt bei den Akademikern die Auffrischung der Kenntnisse zu vorhandenen Werkzeugen und Dienstleistungen oftmals weit zurück. Wenn dieser Personenkreis Schulungsbedarf signalisiert, muss dieser unbedingt zeitnah und punktgenau befriedigt werden.[11]

Auch zukünftig werden die Aktivitäten dahingehend ausgerichtet sein, eine allumfassende Sensibilisierung für den verantwortungsvollen Umgang mit Informationen zu erreichen und somit insgesamt zu einer qualitativen Zunahme an Informationskompetenz an der Wirtschaftsfakultät (und darüber hinaus) beizutragen.

Informationskompetenz in den Sozialwissenschaften: das Modell Tübingen

Die Sozialwissenschaften umfassen eine ganze Reihe von wissenschaftlichen Disziplinen. Im Folgenden wird die Rolle der Informationskompetenz für den Studiengang Soziologie an der Eberhard-Karls-Universität Tübingen als exemplarische Anwendung mit Seitenblicken auf andere Veranstaltungsformate in benachbarten Disziplinen herausgegriffen.

Ausgangslage

Startpunkt der Aktivitäten an der Universitätsbibliothek zur Förderung von Informationskompetenz war eine Umfrage im Tübinger Bibliothekssystem, die darauf abzielte zu erfahren, welche Angebote zur Informationskompetenz dort bereits vorhanden waren oder als Dienstleistung der Zentralbibliothek gewünscht wurden. Das Echo war ungefähr gedrittelt: ein Teil der dezentralen Bibliotheken hatte bereits ein eigenes Programm auf die Beine gestellt und sah keinen zusätzlichen Bedarf, andere hatten kein Programm und sahen aber ebenfalls keinen Bedarf; nur ein überschaubarer Teil des Bibliothekssystems wünschte sich Unterstützung bei der eigenen Arbeit oder Angebote der Zentralbibliothek für die jeweilige Klientel.

Aufgrund dieser disparaten Ausgangslage und insbesondere angesichts der Tatsache, dass in den dezentralen Bibliotheken teilweise sehr viel Arbeit in die Angebote investiert wurde, war die Universitätsbibliothek bestrebt, gezielt Schwerpunkte zu setzen. Dies betraf insbesondere E-Learning-Materialien wie Online-Tutorials, die

---

11 University Library: About the Library. http://www.unibz.it/en/library/about/default.html (24. 6. 2011).

mithilfe von E-Learning-Plattformen und der Technik des Screencaming produziert werden. Auch die fachübergreifenden Informationskompetenzschulungen wurden sehr stark ausgebaut und im Zuge der Neustrukturierung des Informationszentrums zahlreiche Veranstaltungen zu folgenden Themenbereichen entwickelt: Literaturverwaltungsprogramme, Suchmaschinen, Bildserver, Pressedatenbanken, E-Medien allgemein, Sonderschulungen für Hilfskräfte und Angebote für Tutoren.[12]

Mit dem Besuch von mehreren Veranstaltungen können die Studierenden ECTS-Punkte (Creditpoints) im Rahmen des Grundkurses Informationskompetenz sammeln. Dieser wurde in Zusammenarbeit mit dem Career Service der Universität, der das Angebot zu überfachlichen Kompetenzen im Studium Professionale teils erstellt, teils koordiniert, entwickelt.[13] Fachliche Schulungen ergaben sich eher je nach Engagement der Fachreferenten und der „Marktlage" im einzelnen Institut. Auch hier entstanden verschiedene Formate von eigenständigen Bibliotheksveranstaltungen über „drop-ins" bei Einführungsvorlesungen bis hin zu kombinierten Präsentationen: Seitens des Fachreferenten werden hier die einschlägigen Fachinformationsmittel erläutert und eine Mitarbeiterin des Informationszentrums zeigt dann noch einmal detailliert den Weg zum tatsächlichen Zugriff auf das gewünschte Dokument.

In der Soziologie hielt der Fachreferent zur Zeit der letzten Magister-Jahrgänge im Rahmen eines Lehrauftrags eine Fachveranstaltung ab: Anhand eines soziologischen Klassikers, mit dem die Studierenden sich ohnehin einmal auseinandersetzen sollten wie Bourdieu oder Foucault wurden die fachliche Perspektive sowie daraus resultierende Forschungsfragen entwickelt und die nötigen Recherchetechniken geübt. Für den Leistungsnachweis wurden ebenfalls alternative Möglichkeiten gesucht: So erstellte der Kurs, der sich mit dem Positivismus-Streit in der deutschen Soziologie beschäftigte, gemeinsam eine Ausstellung über diese weitreichende Debatte, die von Tübingen aus seinerzeit ihren eigentlichen Ausgang genommen hatte – denn im von Dahrendorf eben neu gegründeten Institut fand die initiale Veranstaltung statt.

Veranstaltungsstruktur

Mit der Umstellung auf die gestuften Studiengänge wurde der Lehrauftrag in den Bereich der Schlüsselqualifikationen verschoben. Schlüsselqualifikationen sind explizit fachübergreifend definiert und werden auch fachübergreifend wahrgenommen:

---

12 Vgl. dazu die Übersicht unter http://www.ub.uni-tuebingen.de/lernen-lehren-forschen/information-einfuehrung-schulung.html (11. 8. 2011).
13 Vgl. http://www.career-service.uni-tuebingen.de/studium-professionale-kurse.html (14. 8. 2011).

da die Institute ihre einschlägigen Veranstaltungen gegenseitig zur Belegung durch ihre Studierenden freischalten, nimmt an dem Kurs, der von der Soziologie angeboten wird, ein großer Anteil von Studierenden der Philologien, der Geschichte, der Kulturwissenschaften und sogar der Rechtswissenschaft teil. In den vorhergehenden Kursen hatte sich deutlich gezeigt, dass die fachliche Einbindung und die Verknüpfung mit dem spezifischen Diskurs der Community für die Orientierungsleistung dieser propädeutischen Übungen sehr wichtig sind. Insofern erfordert der Lehralltag jetzt mehr Phantasie und Spontaneität beim Eingehen auf die einzelnen Studierenden.

Gleichwohl sollte die Grundstruktur des Kurses für alle Studierenden gleich sein. Auch der konzeptionelle Ansatz sollte einheitlich sein, darüber hinaus aber weitere Möglichkeiten eröffnen wie die Evaluierbarkeit der Veranstaltung zu erleichtern, ein gewisses Qualitätsmanagement zu ermöglichen und auch im Zweifel kritischen Rückfragen universitärer Gremien wie Dekanate, Prüfungsämter usw. standhalten zu können. Schließlich ist der Semesterkurs nun mit immerhin vier ECTS-Punkten bewertet.

Der Semesterkurs ist daher als praktische Ausformung der „Standards der Informationskompetenz für Studierende" angelegt worden. Diese Standards sind ursprünglich 2006 vom Netzwerk Informationskompetenz Baden-Württemberg entwickelt worden und in verschlankter Form seit 2009 über den DBV bundesweit verankert.[14] Mit ihnen hat man eine klare Basis, über welche Kompetenzen informationskompetente Studierende verfügen müssen, und kann damit sein Handeln als Dozent auch jederzeit gegenüber dem Institut oder übergeordneten Gremien transparent kommunizieren. Die Standards lassen sich zudem dafür benutzen, um für einen Semesterkurs bequem eine Veranstaltungsplanung in der Struktur und darunter in der einzelnen Sitzungsgestaltung zu entwickeln. Letztere kann dabei immer variiert werden, ohne dass man an die Gesamtplanung wieder herangehen muss.

Um diese Standards für die Veranstaltungsgestaltung des Soziologiekurses zur Informationskompetenz nutzen zu können, wurden sie zunächst in Fragen umformuliert und dabei etwas erweitert, um die fachliche Anbindung zu ermöglichen:

1. Perspektive: Wie blickt Ihre Fachdisziplin auf ihren Gegenstand?
2. Fragen: Wie werden aus Themen konkrete Fragestellungen?
3. Tools: Welche Hilfsmittel stehen zur Verfügung?
4. Relevanz: Welche Informationen werden ausgewählt? Wie werden sie gesichert und erschlossen?
5. Präsentieren: Wie fülle ich das Hirn meines Zuhörers und die Datei auf meinem Rechner?
6. Verantwortung: Wie beachte ich die Regeln guter wissenschaftlicher Praxis?

---

14 Alle Fassungen sind zugänglich über http://www.informationskompetenz.de/standards-und-erklaerungen/ (11. 8. 2011). Vgl. den Beitrag von Fabian Franke in diesem Band.

Die Frage der Perspektive der jeweils eigenen Disziplin ist für alle Studierenden virulent für die wissenschaftliche Sozialisation, da sich hierbei in einem längeren Prozess herauskristallisiert, was diese Disziplin überhaupt zum Gegenstand hat, haben kann – und somit auch, wie innerhalb der Grenzen der Disziplin überhaupt gefragt werden kann. In der Soziologie ist dies besonders bedeutsam aufgrund der charakteristischen reflexiven Schleife in ihrer Erkenntnishaltung: Die Soziologen stehen der Gesellschaft ja nicht in einer Laborhaltung gegenüber, sondern gehören immer auch zum Spiel selbst. Der Beobachter als Teil des Beobachteten, das sich durch ihn beobachtet; gerade Studienanfängern ist oft nicht klar, welche Escher-Welten sich hier auftun. Zusammen mit den Studierenden anderer Fachrichtungen lassen sich in der Diskussion die Unterschiede zwischen den Disziplinen wenigstens in Ansätzen bewusst machen. Als Grundlage dienen wechselnde Einführungstexte in die Soziologie, momentan eine Vorlesung von Armin Nassehi.[15]

Die zweite Frage, die den Bereich des ersten Standards mit umfasst, ist eigentlich die schwierigste. Der Unterschied zwischen Thema und Fragestellung wird auch in der propädeutischen Literatur häufig diskret umschifft, da er kaum allgemein zu beantworten ist, sondern immer nur aus dem jeweiligen Projekt heraus. Trotzdem lassen sich einige Richtpunkte aufzeigen für die entscheidende Differenz zwischen dem eher allgemeinen Thema und der operationalisierbaren Fragestellung, die überhaupt erst einen Arbeitsplan ermöglicht, die Identifikation der relevanten Literatur und die Überprüfung der Ergebnisse durch die kritische Fachöffentlichkeit.

Die vierte Sitzung ist im Semesterlauf hier schon erreicht, weil im Sitzungsplan ein Punkt aus dem Bereich der vierten und fünften Frage vorgezogen wird: eine Schulung im Literaturverwaltungsprogramm Citavi. Dies wird von einer Mitarbeiterin des Informationszentrums detailliert erklärt und kann dann von den Studierenden bereits im Laufe des Semesters insbesondere bei den Übungen zu Datenbanken, Fachportalen und Webressourcen gleich eingesetzt werden. Somit kann eine Reihe von Arbeiten, die nachher für den Leistungsnachweis nötig sind, schon im Laufe des Semesters getan und der Dozent bei Problemen gleich gefragt werden. Die Studierenden können dabei Fragestellungen auswählen, die sie in anderen Lehrveranstaltungen ohnehin bearbeiten müssen, so ist die Motivation, sich die Fachinformationsmittel und die handwerklichen Techniken anzueignen, umso mehr gegeben, da kein „l'art pour l'art" vorliegt.

Bei der dritten Frage wird der Umgang mit den Standarddatenbanken und den Fachportalen geübt, und es werden Möglichkeiten der professionelleren Webrecherche gezeigt. Aber auch die fachliche Orientierung innerhalb einer großen Universalbibliothek soll transparent gemacht werden. Durchaus im Sinne von Lobbyarbeit wird dabei offenbar, dass ein aktuelles Fachlexikon manche Fragen schneller und strukturierter beantwortet als eine Suchmaschine.

---

15 Vgl. Nassehi, Armin: Soziologie. Zehn einführende Vorlesungen. Wiesbaden 2008.

Nach diesem Block ist es an der Zeit, sich im Sinne der vierten Frage mit der Evaluation von Suchergebnissen zu beschäftigen und die Citavi-Kenntnisse aufzufrischen. Von dort aus geht es zur fünften Frage über, die Hilfen beim wissenschaftlichen Schreiben vom korrekten Zitieren bis zum Arbeiten mit Druckformatvorlagen behandelt und auch Übungen zur Präsentation in einer Lehrveranstaltung umfasst. Die sechste Frage zur Informationsethik verdeutlicht das Thema anhand von konkreten Fällen von Plagiat und Vandalismus bei Wikipedia-Artikeln. Insgesamt wird verdeutlicht, dass die Regeln guter wissenschaftlicher Praxis auch die Studierenden schützen sollen. In der Diskussion zeigt sich sehr deutlich, dass den Studierenden die Wichtigkeit der Regeln wissenschaftlichen Arbeitens durchaus bewusst ist.

Der Kurs wird durch Materialien und Dokumente von einer E-Learning-Plattform auf Basis des Lernmanagementsystems ILIAS begleitet. Aber auch Selbstlernmaterialien wie Online-Tutorials sind verlinkt sowie Hintergrundinformationen und weiterführende Literatur einbezogen. Die Struktur der E-Learning-Plattform ist nicht sitzungsorientiert, sondern gestaltet sich anhand der eingangs genannten sechs Fragen. Materialien, die in den Sitzungen entstehen, werden ebenfalls dort abgelegt – mit Semesterende ist der Kurs dann umfassend dokumentiert. Die Plattform bleibt den Studierenden später zugänglich, sodass sie den Kurs in elektronischer Form zum Nachschlagen nutzen können. Der Dozent kann sich die Rumpfform des Kurses kopieren und für den folgenden Kurs arbeitssparend wieder aufbereiten.

Kompetenzen adäquat zu prüfen, gerade wenn sie – wie die überfachlichen Schlüsselqualifikationen – nur begrenzt spezifisch verortbar sind, stellt sich nicht einfach dar. Um gerechtfertigt den Workload im Umfang von vier ECTS-Punkten bestätigen zu können, wird daher auf das Konstanzer Modell des Rechercheportfolios zurückgegriffen. Es hat den Vorzug, sich in den Ablauf des Kurses integrieren zu lassen und bereits im Laufe des Semesters bearbeitet werden zu können. Inhaltlich fokussiert es genau auf die im Kurs im Mittelpunkt stehenden Themen: Der Weg vom Thema zur Fragestellung, die Entwicklung einer Recherchestrategie, Auswahl der Suchinstrumente, Recherche und Evaluation der Treffer, abschließend eine korrekte Literaturliste. Eine Anleitung für das Rechercheportfolio so wie viele andere Materialien aus ihren DFG-geförderten Projekten zur Informationskompetenz haben die Konstanzer Kolleginnen und Kollegen über eine Creative Commons-Lizenz zur Verfügung gestellt.[16]

---

16 Vgl. http://www.ub.uni-konstanz.de/bibliothek/projekte/informationskompetenz/
material.html (15. 8. 2011). Die Materialien sind auch unter der Datenbank des Portals
„informationskompetenz.de" erreichbar, s. http://www.informationskompetenz.de/
materialiendatenbank/ (15. 8. 2011).

Fazit

Ein Semesterkurs verlangt einigen Aufwand, jedoch lässt sich dieser im Rahmen des Fachreferats durchaus erbringen. Als positiver Effekt für das Fachreferat ist festzuhalten, dass man sich wenigstens einmal im Jahr zwingt, alle relevanten Informationsmittel auf dem aktuellen Stand anzusehen – etwas, was in der Berufsroutine sonst leicht untergeht. Dadurch erleichtern sich Beratungssituationen im Alltag enorm. Auch der direkte Kontakt zu den Studierenden über eine gewisse Zeit hinweg und nicht nur bei einem Einzeltermin hilft sehr, Informationsbedürfnisse und -gewohnheiten besser einschätzen zu lernen. Das Feedback der Studierenden ist sehr positiv, da strukturierte Angebote in dem Bereich immer noch eher begrenzt sind, aber auf einen deutlichen Bedarf stoßen. „Alle denken, dass wir es können, aber keiner hat es uns je gezeigt", könnte als Motto über vielen Evaluationsbögen, die man als Dozent bekommt, stehen. Dies könnte man auch den Propheten der digital natives entgegenhalten: Literacy als strukturierte Kompetenz ist etwas ganz anderes als ein bloßes Bedienwissen, das man sich auch by doing problemlos aneignen könnte.

Auch der Kontakt zu den sozialwissenschaftlichen Instituten und der Austausch mit den Lehrenden dort verbessert sich durch die Lehrtätigkeit deutlich. Durch einen Kurs wird der Fachreferent der UB zwar noch nicht zum „embedded librarian", jedoch können durch die Präsenz in der Lehre viele Kontakte, Gespräche und Kooperationen bei anderen Themen leichter erfolgen.

Ein Semesterkurs wie der oben beschriebene kann nur ein Element auf dem Weg zum informationskompetenten Studierenden sein. Zwischen den positiven Selbsteinschätzungen der Studierenden zu den Effekten des Kurses auf der einen Seite und dem vorgelegten Leistungsnachweis mit dem Rechercheportfolio auf der anderen Seite liegt vielfach eine deutliche Diskrepanz. Dauernde Praxis der Studierenden und ergänzende, dann eher speziellere Veranstaltungen seitens der Bibliothek und der Fachreferenten sind gleichermaßen nötig. Und wie immer sind neben den offiziellen Veranstaltungen die Präsenz und die Ansprechbarkeit der Fachreferenten ein wesentlicher Schlüssel zum Erfolg.

Ergänzende Hinweise

Sowohl zu Wirtschaftswissenschaften wie zur Soziologie gibt es ein Lotse-Modul, siehe: http://lotse.uni-muenster.de/ (26. 8. 2011).
Ein Modell von Informationsarbeit in Blog-Form ist: http://sozwiss.blogspot.com/ (26. 8. 2011).
Für die Wirtschafts- und Sozialwissenschaften sind einige Publikationen des Konstanzer Projekts zur Informationskompetenz interessant. Diese sind aufgelistet unter: http://www.ub.uni-konstanz.de/bibliothek/projekte/informationskompetenz/publikationen.html (26. 8. 2011).

Ebenso findet sich für die Wirtschafts- und Sozialwissenschaften eine Anzahl Angebote unter: http://www.informationskompetenz.de/materialiendatenbank/
(26. 8. 2011).
Weitere Literatur (sowohl online wie offline) ist gesammelt auf der Webseite des Kompetenznetzwerks für Bibliotheken (knb): http://www.bibliotheksportal.de/
themen/bibliothek-und-bildung/informationskompetenz.html#c478 (26. 8. 2011).

Eric W. Steinhauer
Juristische Informationskompetenz

Abstract: Juristen benötigen Informationen über Rechtsquellen und Rechtsmeinungen, die meist überreich verfügbar sind. Um die Fülle des Materials zu strukturieren, hat die Rechtsordnung selbst eine Methode der Komplexitätsreduzierung durch Gesetzgebung entwickelt. Parallel dazu hat die Rechtswissenschaft mit dem juristischen Kommentar eine spezifische Literaturgattung zur Bewältigung von Informationsproblemen hervorgebracht. Juristische Informationskompetenz beschränkte sich vor diesem Hintergrund meist auf die Kenntnis der Gesetze und der einschlägigen Kommentare. Durch das Aufkommen von Datenbanken aber haben Recherchefähigkeiten einen höheren Stellenwert erhalten. Zugleich ist jedoch die Tendenz zu beobachten, die Fülle juristischer Informationen nicht durch professionelle Suchstrategien, sondern durch Rhetorik zu beherrschen. Hier ist bezeichnend, dass bei den mittlerweile als verbindliche Studieninhalte vorgeschriebenen Schlüsselqualifikationen für Juristen vom Gesetzgeber zwar die Rhetorik, nicht aber Informationskompetenz ausdrücklich vorgesehen ist.

Keywords: Datenbank, Rhetorik, Bücherkunde, Rechtsinformatik, Schlüsselqualifikation, Rechtsinformationssystem, Kommentar, Medien des Rechts, Juristische Methodenlehre, Rechtstheorie

Dr. jur. Eric W. Steinhauer: Dezernent für Medienbearbeitung an der Universitätsbibliothek Hagen. Studium von Rechtswissenschaft, Katholischer Theologie, Philosophie, Erziehungs- und Politikwissenschaft in Münster und Hagen, Promotion in Münster. Bibliotheksreferendariat in Freiburg/Brsg. und München. Bibliotheks- bzw. medienrechtliche Lehraufträge an der Humboldt-Universität zu Berlin, der Bergischen Universität Wuppertal, der Hochschule für Technik, Wirtschaft und Kultur in Leipzig, der Hochschule der Medien in Stuttgart sowie an der Bayerischen Bibliotheksschule in München. Homepage: http:www.steinhauer-home.de.

Problemstellung

Die verbindliche Lösung von Konflikten mit Hilfe von Argumenten bildet den Kern jeder juristischen Tätigkeit. Neben einer genauen Erfassung des strittigen Sachverhalts gehört hierzu auch seine umfassende rechtliche Bewertung. Letztere erfordert eine möglichst vollständige Sichtung der entscheidungsrelevanten Rechtsquellen, der einschlägigen Literatur und Rechtsprechung. Wird hier Wesentliches übersehen, macht dies die eigene Argumentation angreifbar. Eine erfolgreiche juristische Tätigkeit ist daher ohne die Fähigkeit, einschlägiges Material zu finden und zu bewerten, ist ohne juristische Informationskompetenz nicht denkbar. Überdies ist auch die Rechtsordnung selbst in ihrer konkreten Gestalt Ausdruck einer bestimmten Informationspraxis.

Der Zusammenhang zwischen juristischer Informationskompetenz und juristischem Arbeiten wird in Rechtswissenschaft und Rechtspraxis bislang nur ansatzweise reflektiert. Er ist offenbar zu selbstverständlich. Die nachfolgende Darstellung kann daher kaum auf Vorarbeiten zurückgreifen, wenn die Bedeutung juristischer Informationskompetenz im Wechselspiel zu der erheblich breiter diskutierten juristischen Argumentations- und Kommunikationskompetenz herausgearbeitet und Informationsprobleme als oft unerkannt wirkende Kräfte bei der Ausgestaltung der Rechtsordnung aufgezeigt werden.

Antikes Präludium

Juristisches Arbeiten ist Arbeiten mit Worten. Es zielt auf die Herstellung von Zustimmung und Überzeugung und ist daher auf das Engste verbunden mit rhetorischen Fähigkeiten. So wundert es nicht, dass die antike Rhetorik als Fundament der abendländischen Beredsamkeit in weiten Teilen eine juristische Rhetorik ist.[1] Autoren wie Cicero oder Quintilian haben hierzu wichtige, bis heute grundlegende Werke verfasst.[2] Die dort gebotene Theorie zielt darauf, für jede nur denkbare Lage die passende rhetorische Strategie zu finden. Die Kunst des Argumentierens macht die Kompetenz des Redners aus. Reden aber haben Inhalte. Auch der findigste Rhetor wird nicht erfolgreich sein, wenn er über den Gegenstand seiner Rede nicht Bescheid weiß. Geht es um juristische Fragen, muss man juristische Kenntnisse besitzen und die Rechtslage kennen. Zur Rechtslage aber gehören auch Rechtsquellen, bereits entschiedene Fälle und Ansichten gelehrter Juristen. Auch Cicero würdigt dieses Material und rechnet es – in rhetorischer Perspektive – zu den so genannten Beweismitteln. Im Gegensatz zu den rhetorischen Fähigkeiten des Argumentieren, die man üben und erlernen kann, werden hier nur schlichte Fakten wiedergegeben. Besondere Kenntnisse und Fähigkeiten, das richtig und vollständig zu tun, setzt Cicero nicht voraus.[3]

---

1 Von Schlieffen, Katharina: Rhetorik. In: Römermann, Volker u. Christoph Paulus: Schlüsselqualifikationen für Jurastudium, Examen und Beruf: ein Lehrbuch. München: Beck 2003 (Studium und Praxis). § 33, Rn. 6; Vesting, Thomas: Die Medien des Rechts. Bd. 2: Schrift. Weilerswist: Velbrück 2011. S. 166–170.
2 Es handelt sich hier insbesondere um Cicero, De oratore, sowie Quintilian, Institutio oratoria.
3 „So muss man bei der ersten Kategorie [also Gesetze, Urteile, Rechtsmeinungen, etc.] darüber nachdenken, wie man sie behandeln soll, bei der letzten aber [also bei der Argumentation], wie man sie auffinden kann", Cicero, De oratore II, 117 (nach der Übersetzung von Theodor Nüßlein, Düsseldorf: Artemis & Winkler 2007). In der antiken Rhetorik spricht man insoweit auch von „unkünstlichen" oder „untechnischen" Beweisen, weil ihr Vorbringen keiner besonderen

Offenbar konnte man damals die einschlägigen Quellen noch überblicken. In der Folgezeit aber ging dieser Überblick immer mehr verloren. Für die Rechtspflege ergab sich hier ein ernstes Problem, das in Gestalt Kaiser Justinians den Gesetzgeber zum Handeln bewegt und zur Herausgabe der Digesten, einer mit Rechtskraft ausgestatteten Sammlung von Rechtsmeinungen gelehrter Juristen geführt hat. In der einleitenden Konstitution Tanta aus dem Jahr 533 weist Justinian darauf hin, dass die Digesten aus etwa 2.000 Büchern mit rund 3 Millionen Zeilen eine sachlich geordnete Sammlung von etwa 150.000 Zeilen bieten, die den gesamten Rechtsstoff übersichtlich enthalten.[4] Justinian strebte damit eine Komplexitätsreduzierung der juristischen Materie an, die in der Praxis keiner mehr überblicken konnte. Um den Digesten überdies die nötige Bedeutung zu verleihen, ordnete er zudem an, dass künftig in Rechtsstreitigkeiten die Originalquellen der Zitate nicht mehr benutzt werden dürfen.[5] Es war zudem verboten, die Digesten zu kommentieren, da unterschiedliche Kommentare bloß eine verwirrende Meinungsfülle erzeugen.[6]

Justinians Gesetzeswerk ist eine sehr radikale Strategie, auf Probleme juristischer Informationsbeschaffung zu reagieren. Bewährt hat sie sich nicht.[7] Immer wieder wurden neue Gesetzessammlungen erstellt und kommentiert sowie Kompilationen juristischer Autoren herausgegeben. Der Kommentar, der den Rechtsstoff um den Gesetzestext herum in der Form einer Relation der einschlägigen Literatur und Rechtsprechung präsentiert und so das relevante juristische Wissen erschließt, kann als das typische juristische Buch schlechthin gelten.[8] Kennt man die richtigen Kommentare, hat man alle relevanten Informationen, um ein Problem juristisch zu bearbeiten.[9] Nur in seltenen Fällen ist darüber hinaus noch die Konsultation von Originalquellen erforderlich, deren genaue Fundstelle freilich der Kommentar ebenfalls bereithält. Ju-

---

Kunstfertigkeit bedarf, vgl. Klein, Josef: Beweis, Beweismittel. In: Historisches Wörterbuch der Rhetorik. Bd. 1. Hrsg. von Gert Ueding. Tübingen: Niemeyer 1992. Sp. 1533; Martin, Josef: Antike Rhetorik. München: Beck 1974 (Handbuch der Altertumswissenschaft ; Abt. 2, Teil 3). S. 97 f.

4 Const. Tanta c. 1. Die Konstitution ist abgedruckt in: Corpus Iuris Civilis. Text und Übersetzung, Band II: Digesten 1–10, Heidelberg: Müller 1995. S. 73–90.

5 Const. Tanta c. 19 (Anm. 4).

6 Const. Tanta c. 21 (Anm. 4).

7 Vgl. Becker, Hans-Jürgen: Art. „Kommentier- und Auslegungsverbot". In: Handwörterbuch zur deutschen Rechtsgeschichte. Bd. II. Berlin: Schmidt 1978. Sp. 963–974.

8 Vgl. Hirte, Heribert: Der Zugang zu Rechtsquellen und Rechtsliteratur,. Köln [u. a.]: Heymann 1991. S. 90–92; Kiesow, Rainer Maria: Das Alphabet des Rechts. Frankfurt am Main: Fischer Tb-Verl. 2004. S. 35; Kühl, Kristian, Hermann Reichold u. Michael Ronellenfitsch: Einführung in die Rechtswissenschaft München: Beck 2011 (Kurz-Lehrbücher für das juristische Studium). S. 25.

9 Vgl. Kohler-Gehrig, Eleonora: Die Literatursuche bei Haus-, Seminar- und Diplomarbeiten mit juristischen Fragestellungen. In: Juristische Arbeitsblätter 33 (2001). S. 846. Nach Gast, Wolfgang: Juristische Rhetorik. 4., neubearb. u. erw. Aufl. Heidelberg: C. F. Müller 2006. Rn. 440 ist die wichtigste Funktion des Kommentars der Ausweis der (allein interessierenden) herrschenden Meinung.

ristische Informationskompetenz beschränkt sich in diesem Fall auf die Kenntnis der einschlägigen Kommentarliteratur. So verwundert es nicht, wenn sich die traditionelle juristische propädeutische Literatur meist auf eine orientierend-systematische Darstellung der rechtswissenschaftlichen Fächer im Stil einer Wissenschaftskunde beschränkte und in der beigegebenen juristischen Bücherkunde das notwendige Handwerkszeug der juristischen Informationskompetenz bereitgestellt zu haben glaubte. Noch heute beginnen einführende Lehrbücher für ein bestimmtes Rechtsgebiet mit einem Überblick zu den wichtigen Kommentaren und Lehrbüchern.[10] Wer die Standardwerke kennt, der kennt das Recht. Mehr ist nicht notwendig.[11]

Die Herausforderung der Rechtsinformatik

Mit dem Einzug der elektronischen Datenverarbeitung in Bibliotheken, Justiz und Verwaltung ergab sich die Möglichkeit einer rechnergestützten Recherche juristischer Informationen. Dabei ging es nicht nur um den rein bibliographischen Nachweis juristischer Literatur, was für sich genommen schon eine große Arbeitserleichterung war und die in den Kommentaren und Rechtsbibliographien gebotenen Literaturhinweise ergänzte.[12] Das neue Fachgebiet der Rechtsinformatik untersuchte auch die Möglichkeiten, juristische Entscheidungen selbst zu automatisieren.[13] Außerdem wurde die Rechtsdokumentation, die es nur in Form gedruckter Fundhefte oder als Loseblattsammlungen gab,[14] durch Indexierung von Volltexten in Rechtsprechungs- und Gesetzesdatenbanken geradezu revolutioniert.[15] Hier ist vor allem die 1973 angestoßene Gründung des Rechtsinformationssystems JURIS zu nennen.[16] Durch das Aufkommen der Rechtsdatenbanken reichte für die professionelle juristische Arbeit

---

10 Eine typologische Buchkunde bieten etwa Tettinger Peter J. u. Thomas Mann: Einführung in die juristische Arbeitstechnik. 4., überarb. Aufl. München: Beck 2009. S. 62–88.

11 Beispielhaft Büdenbender, Ulrich, Patrick Bachert u. Doreen Humbert: Hinweise für das Verfassen von Seminararbeiten. In: Juristische Schulung 42 (2002). S. 24, die Kenntnisse im Auffinden einschlägiger Literatur einfach fraglos voraussetzen.

12 Vgl. Felgentreu, Fritz: Bibliotheken im World Wide Web. In: Juristische Ausbildung 22 (2000). S. 218 f.

13 Vgl. Gräwe, Svenja Lena: Die Entstehung der Rechtsinformatik. Hamburg: Kovac 2011. S. 244 f.; Suhr, Dieter: Zur Einführung: Recht und Kybernetik. In: Juristische Schulung 8 (1968). S. 355 f.; Winkler, Günther (Red.): Rechtstheorie und Rechtsinformatik. Voraussetzungen und Möglichkeiten formaler Erkenntnis des Rechts. Wien [u. a.]: Springer 1975 (Forschungen aus Staat und Recht 32).

14 Zu den Fundheften vgl. Hirte, Heribert: Der Zugang zu Rechtsquellen und Rechtsliteratur (Anm. 8). S. 105.

15 Dazu Fiedler, Automatisierung im Recht und juristische Informatik: 3. Teil Elektronische Rechtsdokumentation und juristische Informationssysteme. In: Juristische Schulung 10 (1970). S. 603–607.

16 Vgl. Hirte, Heribert: Der Zugang zu Rechtsquellen und Rechtsliteratur (Anm. 8). S. 133–137.

das Wissen um den einschlägigen Kommentar und die Fähigkeit, die dort genannten Fundstellen bibliographisch aufzulösen, nicht mehr aus. Nun musste auch die Recherche in elektronischen Datenbanken beherrscht werden.[17] Allerdings hat sich der neue Rechercheweg nur zögerlich durchgesetzt. Die lange Tradition der juristischen Kommentarliteratur mit ihren überreichen Nachweisen ließ die neuen elektronischen Möglichkeiten in den Augen nicht weniger, auch jüngerer Juristen als eine nette, im Grunde aber entbehrliche Spielerei erscheinen. War die Möglichkeit einer Literaturrecherche in Datenbanken in anderen Fächern eine große Arbeitserleichterung, bot sie dem Juristen im Grunde nur das, was er in gedruckter Form in seinen Kommentaren schon lange gewohnt war.[18]

Recherchekniffe als Randthema der Fallbearbeitung

Diese konservative Grundhaltung in juristischen Fachkreisen hat die Vermittlung juristischer Informationskompetenz bis in die jüngste Vergangenheit hinein geprägt. Das entsprechende Wissen wurde meist als eine fachbezogene Einführung in die Bibliotheksbenutzung und im Rahmen der juristischen Übungen als Hinweise zur Anfertigung juristischer Hausarbeiten vermittelt. In diesem Sinne wurde es auch in den juristischen Ausbildungszeitschriften und der Einführungsliteratur in die juristische Fallbearbeitung und das juristische Studium behandelt.[19] Die Nutzung von Datenbanken und der immer zahlreicher werdenden Internetressourcen wurde dabei nur am Rande berücksichtigt.[20] Einschlägige Lehrveranstaltungen an den juristischen Fakultäten oder den Universitätsbibliotheken waren selten und hatten meist einen

---

17 Vgl. Braun, Martin: Einführung in die juristische Internetrecherche. In: Juristische Schulung 44 (2004). S. 359 f.; Hofer, Thomas: Trau schau wem? – Kriterien für den Umgang mit elektronischer Fachinformation für Juristen. In: Juristische Ausbildung 27 (2005). S. 132–137. Wenig problembewusst freilich ist die Aussage von Beaucamp, Guy u. Lutz Treder: Methoden und Technik der Rechtsanwendung. 2., neu bearb. Aufl. Heidelberg: C.F. Müller 2011 (Start ins Rechtsgebiet). Rn. 491: „Im Zeitalter der Datenbanken stellt das Ermitteln der für eine Hausarbeit relevanten Texte keine große Schwierigkeit mehr dar."

18 Vgl. aber Zippelius, Reinhold: Juristische Methodenlehre. 10., neu bearb. Aufl. München: Beck 2006. S. 111, der drauf hinweist, dass Datenbanken mit einer Vielzahl von entschiedenen Rechtsfällen den Fallvergleich als juristische Methode erst möglich machen.

19 Vgl. etwa Rinken, Alfred: Einführung in das juristische Studium, 2., völlig neubearb. Aufl. München: Beck 1991. S. 311–318.

20 So werden bei Lahnsteiner, Eva: Seminar- und Abschlussarbeiten effektiv und erfolgreich schreiben. In: JURA 33 (2011) (!!). S. 583 noch Schlagwortkataloge als eigene Informationsquelle angegeben, um danach zu erwähnen, dass fachspezifische Datenbanken „auch" wertvolle Helfer sind. Vgl. zur frühen Phase des „juristischen" Internet Kuner, Christopher: Internet für Juristen. Zugang, Recherche, Kommunikation, Sicherheit, Informationsquellen. München: Beck 1996.

nur geringen Zulauf.[21] Der traditionelle Weg des Erwerbs juristischer Informationskompetenz durch die mehrmalige Bearbeitung juristischer Hausarbeiten im Laufe des Studiums galt als ausreichend.

Informationskompetenz als Schlüsselqualifikation

Diese Sichtweise wurde mit der Novelle des Deutschen Richtergesetzes (DRiG) im Jahre 2002 zunehmend fraglich.[22] Als Inhalte des juristischen Studiums werden nunmehr neben rechtsfachlichem Wissen in § 5a Abs. 3 Satz 1 DRiG auch „Schlüsselqualifikationen wie Verhandlungsmanagement, Gesprächsführung, Rhetorik, Streitschlichtung, Mediation, Vernehmungslehre und Kommunikationsfähigkeit" gefordert.[23] Diese beispielhaft zu verstehende Aufzählung übergeht zwar das Thema Informationskompetenz. Gleichwohl werden nach allgemeiner Auffassung juristische Lern- und Arbeitstechniken, wozu auch alle mit dem Begriff Informationskompetenz bezeichneten Themen gehören, ebenfalls zu den in § 5a Abs. 3 Satz 1 DRiG zu vermittelnden Schlüsselqualifikationen für angehende Juristen gerechnet.[24] Nicht nur im Deutschen Richtergesetz, auch in den Juristenausbildungsgesetzen bzw. Juristenausbildungsordnungen der Bundesländer und den Studienordnungen der einzelnen Juristischen Fakultäten finden sich Aussagen über eine Ausbildung in den Schlüsselqualifikationen. So werden nach § 18 der Studienordnung der Juristischen Fakultät Münster Veranstaltungen in „Lern- und Arbeitstechniken" ausdrücklich den Schlüsselqualifikationen zugerechnet.[25] Durch eine derartige Verankerung im universitären Ausbildungsbetrieb werden Angebote zur Vermittlung juristischer Informationskompetenz aufge-

---

21 Vgl. Möllers, Thomas M.: Juristische Arbeitstechnik und wissenschaftliches Arbeiten: Klausur, Hausarbeit, Seminararbeit, Studienarbeit, Staatsexamen, Dissertation. München: Vahlen 2010 (Vahlen-Lehrbuch). Rn. 178: „Neben dem Gesetz müssen regelmäßig Rechtsprechung und Literatur hinzugezogen werden. Diese Arbeitstechnik wird bisher an deutschen Universitäten leider nur unzureichend gelehrt."
22 Das Gesetz zur Reform der Juristenausbildung vom 11. Juli 2002 (BGBl. I, S. 2592) trat nach seinem Art. 4 am 1. Juli 2003 in Kraft.
23 Dazu umfassend Brinktrine Ralf u. Hendrik Schneider: Juristische Schlüsselqualifikationen: Einsatzbereiche, Examensrelevanz, Examenstraining. Berlin. Heidelberg: Springer 2008 sowie Römermann, Volker u. Christoph Paulus: Schlüsselqualifikationen für Jurastudium, Examen und Beruf: ein Lehrbuch. München: Beck 2003 (Studium und Praxis).
24 Lange, Barbara: Jurastudium erfolgreich: Planung, Lernstrategie, Zeitmanagement. 7. Aufl. München 2011. S. 370 f. rechnet ausdrücklich Informationskompetenz, Medienkompetenz und Wissensmanagement als Methodenkompetenzen zu den Schlüsselqualifikationen von § 5a DRiG.
25 Fundstelle: Art. 2 Nr. 2 der Ordnung zur Änderung der Studien- und der Prüfungsordnung für den Studiengang „Rechtswissenschaft" an der Westfälischen Wilhelms-Universität Münster vom 7. Mai 2004 vom 7. Oktober 2005. In: Amtliche Bekanntmachungen – Westfälische Wilhelm-Universität Münster (2005). S. 618.

wertet. Auch die einführende Studienliteratur gibt hier mittlerweile recht ausführliche Hilfestellungen.²⁶ Allerdings erschöpfen sich die Hinweise zumeist im Formalen. So wird dem Thema korrektes Zitieren und Bibliographieren breiter Raum eingeräumt,²⁷ während konkrete Recherchestrategien oder gar eine kritische Quellenlehre allenfalls am Rande berücksichtigt werden.²⁸

„Medien des Rechts" als rechtswissenschaftliches Thema

Die Verortung von Fragen juristischer Informationskompetenz innerhalb der juristischen Ausbildung unter der Bezeichnung Schlüsselqualifikation suggeriert, dass es hier um eine gegenständlich abgegrenzte juristische Kompetenz und um bloße Propädeutik geht. Tatsächlich aber stellt Informationskompetenz einen Aspekt juristischen Arbeitens dar, der in allen Rechtsgebieten nötig und daher unterschwellig allgegenwärtig ist. So ist es konsequent, wenn mittlerweile auch rechtswissenschaftliche Grundlagenfächer wie Rechtstheorie und Juristische Methodenlehre Themen und Fragestellungen juristischer Informationskompetenz als Forschungsgegenstände entdeckt haben.²⁹ Die Rechtstheorie etwa untersucht den Einfluss, den Medien und ihr Gebrauch auf das Rechtssystem und die Rechtsordnung haben.³⁰ Man denke

---

26 Lange, Barbara: Jurastudium erfolgreich (Anm. 24). S. 175–192; Möllers, Thomas M.: Juristische Arbeitstechnik und wissenschaftliches Arbeiten (Anm. 21). Rn. 178–251; Tettinger, Peter J. u. Thomas Mann: Einführung in die juristische Arbeitstechnik (Anm. 10). S. 7–15, 34–88. Aus der älteren Literatur sei Walter, Raimund-Ekkehard u. Frank Heidtmann: Wie finde ich juristische Literatur. 2. Aufl. Berlin 1984 genannt.

27 Beispielhaft Putzke, Holm: Juristische Arbeiten erfolgreich schreiben: Klausuren, Hausarbeiten, Seminare, Bachelor- und Masterarbeiten. 3. Aufl. München. Beck 2010 (Jurakompakt – Studium und Referendariat) sowie Bergmann, Christian, Marcus Schröder u. Michael Sturm: Richtiges Zitieren: ein Leitfaden für Jurastudium und Rechtspraxis. München: Vahlen 2010, die auch den Umgang mit Literaturverwaltungsprogrammen thematisieren; Keiler, Stephan u. Christoph Bezemek: Leg cit²: Leitfaden für juristisches Zitieren. 2. Aufl. Wien, New York: Springer 2010.

28 Eine Ausnahme stellt hier dar: Kerschner, Ferdinand: Wissenschaftliche Arbeitstechnik und Methodenlehre für Juristen: Leitfaden für juristische Seminar-, Diplom-, Master- und Bakkalaureatsarbeiten, Dissertationen und wissenschaftliche Artikel .Unter Mitwirkung bei EDV-Sachthemen von Rainer Weiß. 5., völlig neubearb. Aufl. Wien: WUV Universitätsverlag 2006. S. 108–179.

29 Vgl. Knauer, Florian: Juristische Methodenlehre 2.0? Der Wandel der juristischen Publikationsformate und sein Einfluss auf die juristische Methodenlehre. In: Rechtstheorie 40 (2009). S. 379–403.

30 Vgl. auch Krüper, Julian: Kulturwissenschaftliche Analyse des Rechts. In: ders. (Hrsg.): Grundlagen des Rechts. Baden-Baden: Nomos 2011 (Nomos Lehrbuch). § 14, Rn. 14; Vesting, Thomas: Die Medien des Rechts. Bd. 1: Sprache. Weilerswist: Velbrück 2011. S. 44 f.; ders.:

nur an die eingangs erwähnten Digesten. Das Prinzip der systematischen Ordnung juristischer Aussagen ebnete letztlich den Weg zu den Kodifikationen der modernen Gesetzbücher. Was als Fallrecht und Sammlung gelehrter Aussprüche begann, endete in systematisch geordneten, abstrakt normierenden Gesetzen.[31] Dieser Vorgang kann auch als Strategie juristischer Informationskompetenz im Sinne einer Straffung und Durchsichtigmachung des Rechtsstoffs begriffen werden.[32]

Diese Strategie gibt es noch heute. So entwickelte sich das Recht der Allgemeinen Geschäftsbedingungen (AGB) zunächst allein in Rechtsprechung und Literatur. Mit wachsender Stofffülle wurden Fallgruppen gebildet und Systematisierungen geschaffen, was dann in die Kodifikation eines „AGB-Gesetzes" mündete, dessen Regelungen vor einigen Jahren in das Bürgerliche Gesetzbuch (BGB) als Herzstück des deutschen Zivilrechts aufgenommen wurden.[33] Für den Juristen bedeutet dies, dass er nun nicht mehr aus einer Fülle von Urteilen und divergierenden Kommentarmeinungen allgemeine Rechtsprinzipien destillieren muss, sondern diese direkt und schnell dem Gesetz entnehmen kann. Die Rechtsquellen wuchern auf der einen Seite und werden immer zahlreicher. Auf der anderen Seite gibt es immer wieder Konzentrationsbewegungen, in Literatur und Rechtsprechung aufgestellte Grundsätze durch kodifizierende Gesetzgebung leichter zugänglich zu machen und aufwändige Recherchen zu erübrigen. So gesehen ist die politisch schnell erhobene Kritik an der wachsenden Gesetzgebung differenziert zu beurteilen.

Fragen juristischer Informationskompetenz betreffen aber nicht nur die Gesetzgebung. Sie wirken sich auch auf das alltägliche juristische Arbeiten aus. Dabei geht es nicht um bloße Fertigkeiten, Rechtsinformationen aufzufinden und zu bewerten. Vielmehr beeinflussen und verändern Strategien der Informationssuche die Methoden juristischen Arbeitens. Deutlich wird dies bei der Auslegung unklarer Rechtsnormen. Die klassische juristische Methodenlehre argumentiert neben dem Wortlaut einer Norm, ihrem systematischen Standort und ihrem Sinn und Zweck immer auch in Gestalt einer historisch-genetischen Auslegung mit dem Gang der Gesetzgebung und den dabei geäußerten Motiven und Argumenten, die in den Parlamentspapieren

---

Rechtstheorie: ein Studienbuch. München: Beck 2007 (Kurz-Lehrbücher für das juristische Studium). Rn. 274–297.

31 Dazu Caroni, Martina: Art. „Kodifikation". In: Enzyklopädie der Neuzeit. Im Auftrag des Kulturwiss. Instituts Essen und in Verbindung mit den Fachwissenschaftlern hrsg. v. Friedrich Jaeger. Bd. 6. Stuttgart, Weimar: Metzler 2007. Sp. 856 f.

32 Reimer, Franz: Das Parlamentsgesetz als Steuerungsmittel und Kontrollmaßstab. In: Grundlagen des Verwaltungsrechts. Hrsg. von Wolfgang Hoffmann-Riem, Eberhard Schmidt-Aßmann u. Andreas Voßkuhle. Band 1. München. Beck 2006. § 9, Rn. 111 beschreibt die Funktion von Gesetzen als Instrument zur Vermittlung von Wissen um das Recht. Vgl. auch Zippelius, Rechtssoziologie. 7. Aufl. München 2009 (Juristische Kurz-Lehrbücher). Rn. 126.

33 Vgl. Köhler, Helmut: Bürgerliches Gesetzbuch. Allgemeiner Teil. 34. Aufl. München: Beck 2010 (Juristische Kurz-Lehrbücher). § 15, Rn. 2 a.

der Landtage und des Bundestages zu finden sind.[34] Waren diese Materialien in der Vergangenheit nur in ausgewählten Bibliotheken vollständig zugänglich oder mussten mühsam über die Parlamente selbst beschafft werden, sind sie mittlerweile in beeindruckender Vollständigkeit über das Internet frei zugänglich und stehen daher jedem Juristen leicht zur Verfügung. Bedingt durch ihre einfache Zugänglichkeit werden Parlamentspapiere bei der Lösung juristischer Probleme künftig einen größeren Stellenwert erhalten.[35]

Man kann daher die These wagen, dass Gestalt und Arbeitsweise einer Rechtsordnung nicht nur von den Medien des Rechts, sondern auch von den Strategien der juristischen Informationssuche mithin von Praxis und Kultur einer entsprechenden Informationskompetenz geprägt werden.

Rhetorik und Recherche

Die auch in der juristischen Welt weit fortgeschrittene Digitalisierung der Rechtsquellen verändert das juristische Arbeiten. Dies wurde am Beispiel der wichtiger gewordenen historisch-genetischen Auslegung kurz aufgezeigt. Mächtige Datenbanken ermöglichen in einer Weise einen direkten Zugriff auf Urteile, Gesetze und Gesetzesmaterialien, der den Blick in dicke Erläuterungsbücher oft überflüssig macht. Die Fülle der Datenbanken freilich muss bezahlt werden mit einem Verlust an Struktur und Relevanzsichtung, die frühere Kommentare mit ihrer Auswahl und Gewichtung der einschlägigen Quellen geleistet haben.[36] Nebensächliches bekommt jetzt ein übergroßes Gewicht und zentrale Fragestellungen versinken in der Redundanz gleichlautender Entscheidungen.[37] An die Stelle der Qualität ist die Quantität getreten. Auch heute gilt, was schon im sechsten Jahrhundert Justinian feststellte, dass die Ausdauer, dass die Zeit fehlt, das Nützliche herauszusuchen.[38] Wie soll der heutige Jurist damit umgehen? Ein Weg ist sicher die stete Pflege der eigenen juristischen Informationskompetenz durch häufige Recherchen. Diese Praxis aber kostet Zeit. Und so besteht keine geringe Versuchung, sich bei der Lösung juristischer Probleme nur auf wenige, leicht verfügbare Informationen zu stützen und im Übrigen seine Zuflucht bei der Rhetorik

---

34 Vgl. Beaucamp, Guy u. Lutz Treder: Methoden und Technik der Rechtsanwendung (Anm. 17). Rn. 133–174, insbes. Rn. 159–165.
35 Vgl. Knauer, Florian: Juristische Methodenlehre 2.0? (Anm. 29). S. 399.
36 Die Funktion von Kommentaren betont Zippelius, Reinhold: Juristische Methodenlehre (Anm. 18). S. 112.
37 Das mag der Grund sein, warum Noltensmeier, Silke u. Jan C. Schuhr; Hinweise zum Abfassen von (Pro-)Seminararbeiten. In: Juristische Arbeitsblätter 48 (2008). S. 577 juristische Datenbanken nur subsidiär nach der Konsultation von Kommentaren empfehlen.
38 Vgl. Const. Dedoken c. 17 (Anm. 4).

zu nehmen. Die Kunst, Argumente selbst zu finden, soll die Mühe, diese Argumente bei anderen suchen zu müssen, überflüssig machen.[39] Im Gegensatz zur Informationskompetenz hat der Gesetzgeber die juristische Rhetorik explizit als Ausbildungsziel und wichtige Schlüsselqualifikation erwähnt. Von daher muss bei wachsender Stofffülle die Wertschätzung für die juristische Informationskompetenz nicht automatisch steigen. Man könnte sogar so weit gehen, die Recherche nach Argumenten als Strategie des wenig kreativen Kopfes zu diffamieren, während der eloquente Jurist die nötigen Argumente mit dem von ihm beherrschten rhetorischen Handwerkszeug selbst herleiten kann.[40]

Ausblick

Diese Entwicklung ist nicht ohne Risiko. Wie sich bei Justinian die Rechtsinformation auf das allein verbindliche Buch konzentrierte, was übrigens den nahezu totalen Verlust der antiken juristischen Literatur, an deren weiterer Überlieferung kein Interesse mehr bestand,[41] begünstigt hat, so verengt sie sich heute immer mehr auf die großen Portale bzw. Volltextdatenbanken einiger weniger Anbieter.[42] Juristische Informati-

---

39 Prägnant Christensen, Ralph u. Christian Pötters: Methodische Fehler in juristischen Prüfungen. In: Juristische Arbeitsblätter 50 (2010). S. 566: „Der Jurist als Jäger und Sammler von Zitaten ist eine Figur von gestern. Was heute zählt, ist der Jurist als Informationsdesigner ... Fußnotenkolonnen treten ... zurück hinter der methodischen Strukturierung ... an die Stelle von biederem Fleiß tritt der professionelle Stil." Vgl. auch von Schlieffen, Katharina: Rhetorische Rechtstheorie. In: Historisches Wörterbuch der Rhetorik. Bd. 8. Hrsg. von Gert Ueding. Tübingen: Niemeyer 2007. Sp. 209. Demgegenüber betont Pilniok, Arne: „h.M." ist kein Argument – Überlegungen zum rechtswissenschaftlichen Argumentieren für Studierenden in den Anfangssemestern. In: Juristische Schulung 49 (2009). S. 394, dass nur die vollständige Kenntnis und Würdigung publizierter Argumente den Ansprüchen wissenschaftlichen Argumentieren genügt.
40 Deutlich Gast, Wolfgang: Juristische Rhetorik (Anm. 9). Rn. 637: „Gesetzesauslegung ist rhetorische Arbeit." Die Konsequenz daraus ist, dass juristische Fachliteratur nur noch die Funktion eines – letztlich verzichtbaren – Arsenals möglicher Argumente hat, das allenfalls in Gestalt der Autorität einer herrschenden Meinung einen zusätzlichen Mehrwert gegenüber rhetorisch hergestellten Gründen bietet. Bemerkenswert ist auch die gewachsene Bedeutung rhetorischer Themen in der juristischen Einführungsliteratur, vgl. Muthorst, Olaf: Grundlagen der Rechtswissenschaft: Methode, Begriff, System. München: Beck 2011. S. 125–143. Allerdings rechnet von Schlieffen, Katharina: Schlüsselqualifikation Rhetorik. In: Juristische Arbeitsblätter 43 (2003). S. 724 auch einen reflektierten Umgang mit Quellen zu den Gegenständen juristischer Rhetorik.
41 Vgl. Manthe, Ulrich: Geschichte des römischen Rechts. 3., durchges. Aufl. München: Beck 2007 (C.H. Beck Wissen). S. 115; Schulz, Fritz: Geschichte der römischen Rechtswissenschaft. Weimar: Böhlau 1961. S. 418.
42 Die wichtigsten juristischen Ressourcen stellt Lauber-Reymann, Margrit: Informationsressourcen. Ein Handbuch für Bibliothekare und Informationsspezialisten. Berlin u. a.: de Gruyter Saur 2010. S. 35–360 vor.

onskompetenz kann und soll hier ein kritisches Potenzial entfalten und dabei die ganze Breite juristischer Quellen in den Blick nehmen.[43] Man kann juristische Informationskompetenz durch Rhetorik wohl ergänzen, nicht aber ersetzen.[44] Im Gegensatz zur Zeit Ciceros ist die Kenntnis der Rechtsquellen und der juristischen Literatur angesichts ihrer Fülle nicht mehr einfach gegeben, sondern ist ihrerseits eine Kunstfertigkeit, die es zu erlernen, zu trainieren und zu reflektieren gilt. Es ist daher sehr zu wünschen, dass neben den fachlich-methodischen und den rhetorisch-kommunikativen Kompetenzen auch die juristische Informationskompetenz im Sinne eines bewussten Umgangs mit juristischen Quellen in ihrer vollen Breite und nicht bloß als handwerklich korrektes Setzen von Zitaten ein stärkeres Gewicht in der juristischen Ausbildung bekommt. Die Argumente, einen Fall zu lösen, mag der geübte Rhetor aus dem Stand entwickeln. Die entscheidungserheblichen Rechtsquellen freilich, können nur im Rahmen einer kompetenten und sorgfältigen Recherche ermittelt werden.[45] Ein guter Jurist ist daher nicht nur eloquent. Er ist stets auch ausreichend informiert.

---

43 Perspektiven im Internet jenseits von JURIS und BeckOnline zeigen Pohl, Angela u. Ivo Vogel: Die digitale Welt des Rechts. In: Festschrift für Dietrich Pannier. Hrsg. von Detlev Fischer u. Marcus Obert. Köln: Heymann 2010. S. 349–371 auf, die insbesondere die Virtuelle Fachbibliothek Recht vorstellen.
44 Vgl. Mainberger, Gonsalv K.: Jäger und Sammler: Vom Buchwissen zum Nichtwissen um sich selbst. In: Metzger, Stefan u. Wolfgang Rapp: homo inveniens: Heuristik und Anthropologie am Modell der Rhetorik. Tübingen: Narr 2003 (Literatur und Anthropologie 19). S. 64, 71.
45 Vgl. Zippelius, Reinhold: Juristische Methodenlehre (Anm. 18). S. 86–88 zum Problem, einschlägige Rechtsnormen zu finden. An dieser Stelle kann topisches Denken helfen, die Recherche zu strukturieren, vgl. Zippelius, Reinhold: Rechtsphilosophie. 6., neu bearb. Aufl. München: Beck 2011 (Juristische Kurz-Lehrbücher). § 39 II, sowie von Schlieffen, Katharina: Rhetorische Rechtstheorie (Anm. 38). Sp. 199 f.: „topische Organisation ... [des] Wissensbestandes." Die beste Topik freilich nützt nichts, wenn man die Recherchewerkzeuge und ihre Funktionsweise nicht beherrscht.

Didaktik, Methodik

Ulrike Hanke

Lernförderliche Lehrstrategien für Veranstaltungen zur Informationskompetenz an Hochschulbibliotheken

Abstract: Veranstaltungen zur Vermittlung von Informationskompetenz an Hochschulbibliotheken zielen darauf, dass die Teilnehmenden einerseits Fakten- und Überblickswissen (deklaratives Wissen) und andererseits Fähigkeiten und Fertigkeiten (prozedurales Wissen) erwerben. Damit Lehrveranstaltungen dies leisten, können verschiedene Lehrstrategien genutzt werden: Um den Erwerb von Fakten- und Überblickswissen zu unterstützen, eignet sich besonders das sogenannte expositorische Lehrverfahren[1] oder das Model of Model-based Instruction (MOMBI);[2] um den Erwerb von Fähigkeiten und Fertigkeiten zu unterstützen, bietet sich das entdecken-lassende Lehrverfahren[3] oder ebenfalls MOMBI jedoch mit einer starken lernerzentrierten Umsetzung an. Beim expositorischen Lehrverfahren kommt den Lehrenden die zentrale Rolle zu: Sie präsentieren die neue Information so, dass es den Teilnehmenden ermöglicht wird, diese zu verstehen und in ihr bestehendes Wissen zu integrieren. MOMBI schlägt den Lehrenden fünf Schritte vor, die jeweils methodisch unterschiedlich realisiert werden können. Je nach Wahl der Methoden unterstützt MOMBI damit eher den Erwerb von deklarativem oder prozeduralem Wissen. Das entdecken-lassende Lehrverfahren als eine stark lernerzentrierte Lehrstrategie ist vor allem dann die Strategie der Wahl, wenn Fähigkeiten und Fertigkeiten erworben werden sollen. Den Lehrenden kommt hier die Aufgabe zu, Materialien zur Verfügung zu stellen, durch die die Teilnehmenden weitgehend selbständig Neues entdecken können, und den Lernprozess zu begleiten, indem sie gezielte Lernhilfen geben.

Keywords: Lehrstrategie, expositorisches Lehren, MOMBI, entdecken-lassendes Lehren, lehrendes Konzept, exploratives Konzept, Neugier und Zweifel, Informationskompetenz, Instructional Design

---

1 Vgl. Ausubel, David P.: A Cognitive Structure Theory of School Learning. In: Instruction. Some Contemporary Viewpoints. Hrsg. von Laurence Siegel. San Francisco: Chandler 1967. S. 207–257.
2 Vgl. Hanke, Ulrike: Model-Based Instruction. The Model of Model-Based Instruction. In: Understanding Models for Learning and Instruction. Essays in Honor of Norbert M. Seel. Hrsg. von Dirk Ifenthaler, Pablo Pirnay-Dummer u. Michael Spector. New York: Springer 2008. S. 175–186.
3 Siehe dazu: Bruner, Jerome S.: Der Akt der Entdeckung. In: Entdeckendes Lernen. Hrsg. von Heinz Neber. 2. Aufl. Weinheim u. Basel: Beltz 1975. S. 15–28; Söntgen, Willy u. Thomas Jechle: Grundkurs Lehren und Lernen, 1996. Basierend auf dem gleichnamigen Text von Eigler et al.: Reader zum Seminar an der Universität Freiburg.

Dr. Ulrike Hanke: Ist akademische Rätin an der Universität Freiburg i. Br. am Institut für Erziehungswissenschaft und Dozentin für Hochschuldidaktik. Sie hat langjährige Erfahrung im Bereich der didaktischen Professionalisierung von Bibliothekar(inn)en.

Wie wird gelernt?

Hochschulbibliotheken kommt zunehmend die Aufgabe zu, Studierende und andere Angehörige der Hochschulen dabei zu unterstützen, Informationskompetenz zu erwerben.[4] Dafür werden Lehrveranstaltungen wie Schulungen und Führungen zu unterschiedlichen Themen angeboten. Damit diese Lehrveranstaltungen wirklich effektiv sind, d. h. dass die Teilnehmenden wirklich etwas lernen und Informationskompetenz erwerben, müssen diese Lehrveranstaltungen wie jede Form von Unterricht so gestaltet sein, dass sie Lernen wirklich unterstützen; sie müssen sich am Lernprozess ihrer Lernenden orientieren.[5] Genau wie Waschmaschinen-Monteure nämlich nur dann zielgerichtet kaputte Waschmaschinen reparieren können, wenn sie berücksichtigen, wie eine Waschmaschine funktioniert, so können Lehrende nur dann zielgerichtet und effektiv lehren, also das Lernen ihrer Teilnehmenden unterstützen, wenn sie berücksichtigen, wie diese lernen. Berücksichtigen sie dies nicht, so kann ihr Lehren lediglich zufällig erfolgreich sein und kaum als professionelles Handeln charakterisiert werden.

Im Folgenden wird es daher darum gehen, zunächst zu skizzieren, wie Menschen lernen und wie dementsprechend Lehre gestaltet sein sollte. In einem nächsten Schritt werden dann Lehrstrategien vorgestellt, die den Lernprozess zu unterstützen vermögen, und gleichzeitig für die Vermittlung von Informationskompetenz geeignet sind.

Lernen und Ableitungen für das Lehren

Übereinstimmend wird Lernen heute als ein aktiver und konstruktiver Prozess verstanden, bei welchem Lernende ihr Wissen im Sinne von kognitiven Strukturen er-

---

4 Vgl. u. a. Sühl-Strohmenger, Wilfried u. Martina Straub: Pädagogische Überlegungen und didaktische Ansätze zur Vermittlung von Informationskompetenz an der Universitätsbibliothek Freiburg. In: Bibliothek – von außen und von innen. Aspekte Freiburger Bibliotheksarbeit. Für Bärbel Schubel. Hrsg. von Albert Raffelt. Freiburg i. Br.: Universitätsbibliothek (Schriften der Universitätsbibliothek Freiburg im Breisgau 28). S. 123–146. Online verfügbar: http://www.freidok.uni-freiburg.de/volltexte/5000/ (16. 10. 2011).
5 Vgl. Macke, Gerd, Ulrike Hanke u. Pauline Viehmann: Hochschuldidaktik. Lehren, Vortragen, Prüfen. Weinheim: Beltz 2008.

weitern und/oder verändern.[6] Lernen kann deshalb durch Lehre nicht erzwungen, sondern lediglich angeregt und unterstützt werden. Das Lernen als ein Erweitern und/oder Verändern von Vorwissen oder von bereits beherrschten Fähigkeiten und Fertigkeiten muss der/die Lernende letztlich selbst leisten.

Davon abgeleitet kommt dem/der Lehrenden also die Aufgabe zu, die Lernenden anzuregen, aktiv selbst ihr neues Wissen zu konstruieren oder neue Fähigkeiten und Fertigkeiten zu erproben. Dazu reicht es nicht, dass Lehrende nur neue Informationen darbieten oder Fähigkeiten und Fertigkeiten demonstrieren. Vielmehr müssen sie den Lernenden auch Zeit geben und sie individuell dabei unterstützen, diese neuen Informationen oder die kennengelernten Fähigkeiten oder Fertigkeiten intensiv zu verarbeiten, zu erproben und anzuwenden.

Um Lehrveranstaltungen auf diese Art und Weise zu gestalten, also so, dass sie das Lernen wirklich unterstützen, können unterschiedliche Lehrstrategien genutzt werden, die auf den berichteten Erkenntnissen über das Lernen entwickelt wurden. Lehrstrategien dieser Art einzusetzen, hat Vorteile: Erstens stellen sie sicher, dass das Lernen der Teilnehmenden in der Lehrveranstaltung wirklich unterstützt wird, und zweitens erleichtern sie den Lehrenden das Planen von Lehrveranstaltungen, weil sie eine Art Grundgerüst für den Ablauf einer Veranstaltung vorgeben.

Welche Lehrstrategie für einen bestimmten Zweck ausgewählt wird, sollte dabei abhängig von der Kompetenz entschieden werden, welche die Lernenden erwerben sollen. Sollen sie Faktenwissen und Überblickswissen (deklaratives Wissen) erwerben, so ist der Einsatz einer eher lehrerzentrierten Lehrstrategie ausreichend. Sollen sie dagegen Fähigkeiten und Fertigkeiten (prozedurals Wissen) erwerben, so muss eine eher lernerzentrierte Strategie gewählt werden.

Drei Lehrstrategien, die sich für Schulungen im Kontext von Hochschulbibliotheken zur Vermittlung von Informationskompetenz bewährt haben, und die auf Erkenntnissen über das Lernen basieren und deshalb gleichzeitig Lernen als einen aktiven, konstruktiven Prozess zu unterstützen vermögen, werden im Folgenden vorgestellt. Wie diese Lehrstrategien auf dem Kontinuum zwischen lehrer- und lernerzentriert angeordnet werden, zeigt Abb. 1.

---

6 Siehe dazu: Seel, Norbert M.: Psychologie des Lernens. Lehrbuch für Pädagogen und Psychologen. 2. Aufl. München u. Basel: Reinhardt 2003; Seel, Norbert M. u. Ulrike Hanke: Lernen und Behalten. Weinheim: Beltz 2010; Edelmann, Walter: Lernpsychologie. 6., vollständig überarbeitete Aufl. Weinheim: Beltz 2005; Sühl-Strohmenger, Wilfried: Neugier, Zweifel, Lehren, Lernen …? Anmerkungen zur Didaktik der Teaching Library. In: Bibliotheksdienst 42 (2008). S. 880–889.

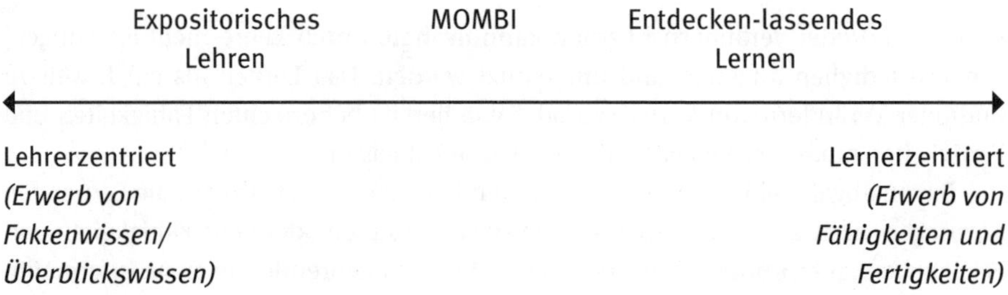

| | MOMBI | |
| Expositorisches Lehren | | Entdecken-lassendes Lernen |

◄───►

Lehrerzentriert   Lernerzentriert
(Erwerb von   *(Erwerb von*
Faktenwissen/   *Fähigkeiten und*
Überblickswissen)   *Fertigkeiten)*

Abb. 1: Lehrer- und lernerzentrierte Lehrstrategien

Expositorisches Lehren

Eine darstellende und damit vorwiegend lehrerzentrierte Lehrstrategie ist das soge-nannte expositorische Lehrverfahren nach Ausubel.[7] Diese Lehrstrategie vermag es, den Erwerb von Fakten- und Überblickswissen zu unterstützen.

Ausubel geht davon aus, dass das Wissen von Menschen in Form kognitiver Strukturen vorliegt, welche hierarchisch durch Begriffe strukturiert sind. Lernen ver-steht er als das Erweitern dieser hierarchischen Strukturen durch einen Prozess des Verstehens. Um diesen Prozess anzuregen und zu unterstützen, sieht das expositori-sche Lehrverfahren vier Prinzipien vor, die der/die Lehrende umsetzen und berück-sichtigen soll:

– Advance Organizer
– Progressives Differenzieren
– Konsolidieren
– Integrierendes Verbinden

Durch den „Advance Organizer" (Vorausstrukturierung) soll dem/der Lernenden zu Beginn des Lehr-Lernprozesses ein Überblick über die Begriffe und deren Struktur gegeben werden, die im folgenden Unterricht erworben werden sollen. Dies soll den Lernenden ermöglichen, erstens Anknüpfungspunkte für die neuen Begriffe zu akti-vieren und bereits grob erste neue Strukturen aufzubauen. Dann soll der/die Lehren-de progressiv differenzierend (Prinzip des progressiven Differenzierens), d. h. Schritt für Schritt die neuen Begriffe erklären, so dass die Lernenden dem folgend Schritt für Schritt ihr Wissen erweitern können. Dieses so aufgebaute neue Wissen soll dann durch Übung gefestigt/konsolidiert (Prinzip des Konsolidierens) werden. Außerdem soll der/die Lehrende immer wieder Zusammenfassungen geben (Prinzip des inte-

---

7 Ausubel, David P.: A Cognitive Structure Theory of School Learning. In: Instruction. Some Contemporary Viewpoints. Hrsg. von Laurence Siegel. (Anm. 1). S. 207–257.

grierenden Verbindens), um den Gesamtzusammenhang des Gelernten und dessen Zusammenhang mit anderen Wissensbereichen aufzuzeigen.

Da das expositorische Lehren also auf den Erwerb von Begriffen und Begriffsstrukturen zielt, ist es die Strategie der Wahl, wenn Fakten- und Überblickswissen (deklaratives Wissen) vermittelt werden soll.

Im Kontext der Teaching Library und dem bibliotheksdidaktischen Bereich bezeichnet Homann diese Lehrstrategie als lehrendes Konzept und sieht die wesentlichen Merkmale in der dominanten Stellung der Veranstaltungsleiter/innen und dem vorwiegenden Einsatz von Vorträgen.[8]

Sühl-Strohmenger[9] macht einen konkreten Vorschlag, wie das expositorische Lehrverfahren in diesem Kontext umgesetzt werden kann:
- „Dozent/In präsentiert Thema und Kontext (Advance Organizer)
- Lerner reflektieren ihr Vorwissen zum Thema
- Dozent/In vermittelt Wissen (Progressive Differenzierung)
- Lerner wiederholen, üben oder wenden das Gelernte an (Übung, dazu: ‚scaffolding', d. h. Unterstützung und Hinweise durch die Lehrenden)
- Dozent/In fasst zusammen
- Lerner transferieren ihr Tun auf einen anderen Bereich (integrierendes Verbinden)"[10]

Ein typisches und sehr geeignetes Szenario für den Einsatz des expositorischen Lehrverfahrens im Kontext der Teaching Library sind Führungen durch Bibliotheken.

MOMBI

Eine Lehrstrategie, die je nach methodischer Umsetzung sowohl lehrer- als auch lernerzentriert sein kann, und abhängig von der konkreten Ausgestaltung sowohl den Erwerb von Faktenwissen als auch von Fähigkeiten und Fertigkeiten unterstützen kann, ist das Model of Model-based Instruction (MOMBI).[11]

---

8 Vgl. Homann, Benno: Benutzerschulung – Vermittlung von Informationskompetenz. In: Erfolgreiches Management von Bibliotheken und Informationseinrichtungen. Hrsg. von Hans-Christoph Hobohm u. Konrad Umlauf. Hamburg: Loseblattsammlung, Aktualisierungsstand 2009. Nr. 27. S. 1–10 (8/3.2).
9 Sühl-Strohmenger, Wilfried: Neugier, Zweifel, Lehren, Lernen ...? (Anm. 6), hier S. 883.
10 Vgl. ebd., S. 880–889.
11 Vgl. Hanke, Ulrike: Model-Based Instruction. The Model of Model-Based Instruction. In: Understanding Models for Learning and Instruction. Essays in Honor of Norbert M. Seel. Hrsg. von Dirk Ifenthaler, Dirk, Pablo Pirnay-Dummer u. Michael Spector. (Anm. 2), hier S. 175–186.

Diese Lehrstrategie basiert auf der Annahme, dass der natürliche Lernprozess in fünf Subprozessen erfolgt und ein Lehrender/eine Lehrende diese fünf Subprozesse durch fünf Schritte des Lehrens unterstützen kann (vgl. Tab. 1).

Subprozesse des Lernens	Schritte des Lehrens
Mentales Ungleichgewicht wird ausgelöst	Provozieren
Vorwissen wird aktiviert	Vorwissen aktivieren lassen
Suchen	Informieren
Integrieren	Unterstützen
Festigen	Üben lassen

Tabelle 1: Subprozesse des Lernens und Schritte des Lehrens bei MOMBI

Die fünf Subprozesse wurden aus Erkenntnissen über das natürliche Lernen im Alltag abgeleitet, wo Lernen in der Regel durch eine Information oder Situation ausgelöst wird, die zunächst auf die eine oder andere Art und Weise erstaunt, irritiert, unverständlich oder nicht bewältigbar ist, die also ein mentales Ungleichgewicht auslöst (Subprozess 1: Ungleichgewicht wird ausgelöst). Da jeder Mensch das Bedürfnis nach Gleichgewicht (Äquilibrium) hat,[12] wird durch ein solches Ungleichgewicht im Alltag quasi automatisch ein Informationsverarbeitungsprozess in Gang gesetzt, der die Grundlage für das Lernen bildet.

Dieser Informationsverarbeitungsprozess beginnt damit, dass der Mensch, der in ein mentales Ungleichgewicht versetzt wurde, versuchen wird, diese Information für sich auf der Grundlage seines bestehenden Vorwissens zu erklären, d. h. für sich plausibel zu machen oder die Situation doch noch zu bewältigen. Dafür aktiviert er sein Vorwissen (Subprozess 2: Vorwissen aktivieren). In einigen Fällen wird das Vorwissen ausreichen, um das Ungleichgewicht aufzulösen. In den Fällen, wo dies nicht gelingt, wird dieser Mensch nun gezielt nach den nötigen Informationen suchen (Subprozess 3: Suchen), um das Gleichgewicht wieder herzustellen. Dazu wird er z. B. jemanden fragen, in einem Buch nachlesen oder im Internet recherchieren. Sobald die aus der Sicht dieses Menschen relevante Information gefunden wurde, die es ihm ermöglicht, das Gleichgewicht wiederherzustellen, beendet er sein Suchen und integriert die neue Information in sein bestehendes Wissen (Subprozess 4: Integrieren) oder bewältigt die Situation. Hat er dann die Absicht, dieses neu Kennengelernte längerfristig zu behalten oder ähnliche Situationen auch in Zukunft bewältigen zu können, so wird er nun üben, um die neu erworbene Kompetenz zu festigen (Subprozess 5: Festigen). Man kann nun davon sprechen, dass er etwas gelernt hat.

---

12 Vgl. Piaget, Jean: Die Äquilibration der kognitiven Strukturen. Stuttgart: Klett 1976.

Da Lehren Lernen unterstützen soll, sieht es MOMBI vor, jeden der beschriebenen fünf Subprozesse durch einen Schritt des Lehrens zu unterstützen (vgl. Tab. 1). Da das Lernen im Alltag also durch ein mentales Ungleichgewicht ausgelöst wird, muss der/die Lehrende dieses Ungleichgewicht provozieren (Schritt 1: Provozieren), indem er/sie den Lernenden eine Aufgabe stellt, die sie nicht lösen können, oder indem er/sie den Lernenden eine Information präsentiert, die sie nicht erklären können. Erkennen die Lernenden gleichzeitig die Relevanz der Aufgabe oder der Information für sie persönlich, so löst dies bei ihnen ein Ungleichgewicht aus, welches den Lernprozess quasi automatisch in Gang setzt. In einem zweiten Schritt (Schritt 2: Vorwissen aktivieren lassen) sollten die Lernenden aufgefordert werden, ihr Vorwissen zu aktivieren, d. h. versuchen, die Aufgabe zu lösen oder die Information für sich soweit als möglich zu erklären. Dafür bieten sich Methoden wie Brainstorming oder Gespräche mit Sitznachbarn an. Im dritten Schritt (Schritt 3: Informieren) muss der/die Lehrende den Lernenden dann die Informationen zur Verfügung stellen, die sie benötigen, um die Aufgabe lösen bzw. die Information verstehen zu können. Dies kann durch Präsentationen, Demonstrationen, Texte oder Rechercheaufgaben erfolgen, an die anschließend dann Zeit und Raum zum Integrieren des neu Kennengelernten gegeben wird. Der Prozess des Integrierens muss dabei durch den/die Lehrenden möglichst individuell unterstützt werden (Schritt 4: Unterstützen), weil die Lernenden zu diesem Zeitpunkt im Lernprozess noch keineswegs alles so umfassend verarbeitet haben, dass sie die Aufgaben völlig eigenständig bearbeiten können. Da es keineswegs reicht, etwas einmal verstanden oder einmal gemacht zu haben, um es auch längerfristig reproduzieren oder tun zu können, sollte jede Lehrveranstaltung auch Gelegenheiten zum Üben bieten (Schritt 5: Üben), damit die Lernenden das neu Kennengelernte festigen können.

Auf diese Weise werden durch die beschriebenen Lehrschritte also die fünf Subprozesse des Lernens systematisch unterstützt, um das Lernen möglichst effektiv und erfolgreich zu machen.

Wie bereits angedeutet, können die Lehrschritte dabei methodisch unterschiedlich gestaltet werden (vgl. Tab. 2). Die Wahl der jeweilig passendsten Methode sollte dabei vor allem durch die angestrebten Lernergebnisse/Kompetenzen geleitet sein. Sollen die Lernenden Faktenwissen erwerben, sind lehrerzentrierte Methoden für die meisten Schritte ausreichend; sollen sie dagegen Fähigkeiten und Fertigkeiten erwerben, so sollten die Schritte vorwiegend lernerzentriert umgesetzt werden.

Provozieren	Aktivieren	Informieren	Unterstützen	Festigen
Frage	Brainstorming	Vortrag	Partnerinterview	Einzelarbeit
Fall	Brainwriting	Demonstration	Glückstopf	Lernstationen
Problem	Blitzlicht	Text lesen lassen	Aktives Struktu-	Lernslogan
Aufgabe	Partnerinterview	Gruppenpuzzle	rieren	(alles siehe
Karikatur/Bild	Glückstopf	Lernstationen	Lernstopp	Schritt zuvor
Geschichte	Mind Mapping		Mind/Concept	„Unterstützen")
	Concept Mapping		Mapping	
			Aufgabe	
			Gruppenarbeit	

Tabelle 2: Methodische Umsetzungsmöglichkeiten für die Schritte in MOMBI (genaue Erläuterungen zu den Methoden finden sich im Lehrbuch „Hochschuldidaktik" von Macke, Hanke & Viehmann)[13]

MOMBI ist damit eine Lehrstrategie, die durch die die Wahl der Methoden, durch die die einzelnen Schritte umgesetzt werden, sowohl lehrer- als auch lernerzentriert ausgerichtet werden kann und demzufolge auch sowohl den Erwerb von Faktenwissen als auch den Erwerb von Fähigkeiten und Fertigkeiten unterstützen kann. Sie realisiert damit auch die Forderung Lehrstrategien wie das expositorische Lehrverfahren und das entdecken-lassende Lehrverfahren, welches im Folgenden vorgestellt wird, nicht mehr als Gegensätze zu sehen, sondern miteinander zu kombinieren, um den besten Lernerfolg bei den Lernenden erzielen zu können.

Bezogen auf den bibliotheksdidaktischen Diskurs erinnert der erste Lehrschritt, das Provozieren, stark an das Prinzip „Neugier und Zweifel" von Rockenbach.[14] Rockenbach fordert, bei den Teilnehmenden von Bibliothekskursen Neugier und Zweifel auszulösen, um sie so zum Lernen, nicht nur im Kurs sondern lebenslang zu motivieren. Dem liegt die gleiche Idee wie dem Lehrschritt des Provozierens in MOMBI zugrunde: Lernen soll durch Neugier/mentales Ungleichgewicht ausgelöst und nicht erzwungen werden.

Diese Idee ist auch die Basis des entdecken-lassenden Lehrverfahrens, welches im Folgenden vorgestellt wird.

---

13 Macke, Gerd, Ulrike Hanke u. Pauline Viehmann: Hochschuldidaktik. Lehren, vortragen, prüfen. (Anm. 5).
14 Vgl. Rockenbach, Susanne: Neugier und Zweifel – Informationskompetenz anders! https://kobra.bibliothek.uni-kassel.de/bitstream/urn:nbn:de:hebis:34-2007100519309/1/ VortragRockenbach.pdf (16. 10. 2010).

Entdecken-lassendes Lehren

Das entdecken-lassende Lehren ist eine klar lernerzentrierte Strategie, die auf Bruners[15] theoretische Überlegungen zum entdeckenden Lernen zurückgeht, und es vermag, auch den Erwerb von Fähigkeiten und Fertigkeiten zu unterstützen. Es nimmt dabei vor allem Rücksicht darauf, dass Lernen nicht von außen gemacht werden, sondern eben nur angeregt werden kann, und dass Lernen ein Prozess des Konstruierens ist. Beim entdecken-lassenden Lehrverfahren, welches von einer Arbeitsgruppe um Eigler et al.[16] entwickelt wurde, werden die Lernenden dazu angeregt, sich selbständig Neues zu erarbeiten/zu entdecken. Der/Die Lehrende fungiert dabei als Lernbegleiter/in, der das Lernen durch das Bereitstellen eines Problems und notwendiger Materialien sowie durch Lernhilfen unterstützt, und den Lernprozess in einen Rahmen mit Beginn und Ende einbettet.

Zu Beginn gibt er/sie eine Übersicht über die angestrebten Lernziele und präsentiert das Problem. Am Ende ermöglicht er/sie es den Lernenden, unterschiedliche Lösungswege miteinander zu vergleichen, und fasst zusammen.

Dreh- und Angelpunkt des entdecken-lassenden Lehrens ist das Problem. Dieses sollte laut Bruner authentisch sein und Modellcharakter haben. Es soll die Lernenden zum Lernen motivieren, indem es sie in den bereits bei MOMBI angesprochenen mentalen Ungleichgewichtszustand versetzt, in dem es Neugier weckt und Zweifel auslöst.[17] Um das Gleichgewicht wieder herzustellen, folgt dann der Entdeckungsprozess, der vom Lehrenden/der Lehrenden unterstützt werden soll. Dabei hat der/die Lehrende die Aufgabe, die Lernenden genau zu beobachten und sie durch Lernhilfen zu unterstützen und auf den richtigen Weg zurückzuführen, falls sie diesen verlassen. Die Lernhilfen sollen die Lernenden also anregen, ihre Entdeckungen zu artikulieren und über sie zu reflektieren, und sie sollen Rückmeldung geben.

Im bibliotheksdidaktischen Diskurs stellt Homann[18] die entdecken-lassende Lehrstrategie dem lehrenden Konzept als exploratives Konzept gegenüber.

Auch das Konzept von Rockenbach[19] „Neugier und Zweifel" kann im weitesten Sinne als Umsetzung des entdecken-lassenden Lehrens für den bibliothekarischen Bereich angesehen werden. Rockenbach sieht vor, den Teilnehmenden von Bibliotheksveranstaltungen lediglich Arbeitsblätter mit Aufgaben zu geben, die die diese dann selbstständig bearbeiten und deren Ergebnisse sie im anschließenden Plenum vorstellen. Im Gegensatz zum entdecken-lassenden Lehrverfahren fungiert der/die

---

15 Vgl. Bruner, Jerome S.: Der Akt der Entdeckung. (Anm. 3).
16 Vgl. Eigler, Gunther, Heiko Judith, Marianne Künzel u. Anke Schönwälder: Grundkurs Lehren und Lernen. 2., durchgesehene Aufl. Weinheim u. Basel: Beltz 1975; Söntgen, Willy u. Thomas Jechle: Grundkurs Lehren und Lernen, 1996. (Anm. 3).
17 Vgl. Rockenbach, Susanne: Neugier und Zweifel – Informationskompetenz anders! (Anm. 14).
18 Vgl. Homann, Benno: Benutzerschulung – Vermittlung von Informationskompetenz (Anm. 8).
19 Vgl. Rockenbach, Susanne: Neugier und Zweifel – Informationskompetenz anders! (Anm. 14).

Lehrende beim Prinzip „Neugier und Zweifel" jedoch nur als Moderator, während nach Eigler et al.[20] und Söntgen und Jechle[21] beim entdecken-lassenden Lehren durchaus ein aktiver Lehrender/eine aktive Lehrende als Lernbegleiter/in zu fordern ist, der auch eingreift, sobald er/sie Schwierigkeiten erkennt. Die Gefahr, dass sich die Lehrenden in ihrem Entdeckungsprozess verirren, ist sonst zu groß.

Fazit

Alle drei dargestellten Lehrstrategien eignen sich für Veranstaltungen an Hochschulbibliotheken, die auf den Erwerb von Informationskompetenz zielen. Welche im Einzelfall zu wählen ist, ist abhängig von den jeweils konkret zu erwerbenden Kompetenzen: Wird angestrebt, dass die Teilnehmenden grundlegendes Wissen und Überblickswissen erwerben, so eignet sich das expositorische Lehrverfahren, welches auf die Erweiterung bestehenden Wissens zielt, oder MOMBI, das in diesem Falle durch lehrerzentrierte Methoden umgesetzt werden kann. Sollen dagegen Fähigkeiten und Fertigkeiten erworben werden, so muss eine stärker lernerzentrierte Strategie gewählt werden, da Fähigkeiten und Fertigkeiten nicht erworben werden können, wenn diese nicht auch angewendet und geübt werden. Hier bietet sich das entdecken-lassende Lehrverfahren oder MOMBI an, das in diesem Fall jedoch durch den Einsatz lernerzentrierter Methoden umgesetzt werden sollte.

---

20 Vgl. Eigler, Gunther, Heiko Judith, Marianne Künzel u. Anke Schönwälder: Grundkurs Lehren und Lernen. (Anm. 16).
21 Söntgen, Willy u. Thomas Jechle: Grundkurs Lehren und Lernen, 1996. (Anm. 3).

Brigitte Schubnell

Blended Learning in der Vermittlung von Informationskompetenz. Fallbeispiel Medizin

Abstract: An der Universität Zürich ist Informationskompetenz seit 2004 ein Teil des Medizinstudiums. Die ECTS-relevante Lehrveranstaltung Praktikum Wissenstransfer ist für alle rund 300 Studierenden im ersten Studienjahr obligatorisch. Anfänglich wurde die Lehrveranstaltung in der traditionellen Form des Frontalunterrichts und integrierter Übungen durchgeführt. Seit 2006 wird sie als Blended-Learning-Veranstaltung gehalten. Dank dieser didaktischen Methode wird die Aktivität der Studierenden erhöht, zudem steht der Lerninhalt als E-Learning-Kurs mittelfristig zur Verfügung. Der große Aufwand für die jährliche Aktualisierung und Weiterentwicklung des fachspezifischen E-Learning-Kurses ist durch die große Studierendenzahl gerechtfertigt.

Keywords: Blended Learning, E-Learning, Medizinische Fakultät, Medizinstudium, Bachelorstudium

------

Brigitte Schubnell, Dipl. Natw. ETH: Ist an der Hauptbibliothek Universität Zürich beschäftigt. Sie leitet dort die Forschungs- und Studienbibliothek Irchel und ist zugleich Koordinatorin Informationskompetenz. Zudem ist sie Gründungsmitglied der Arbeitsgruppe Informationskompetenz (AGIK) an Schweizer Hochschulen sowie Vorstandsmitglied des im Juni 2011 gegründeten Vereins AGIK, ferner Mitglied im Projektteam Informationskompetenz an Schweizer Hochschulen.

Die Begriffe E-Learning und Blended Learning

Eine allgemeingültige Definition von E-Learning existiert nicht. Eine im deutschen Sprachraum häufig verwendete Definition ist jene von Michael Kerres.[1] Diese umfasst mehr oder weniger alle Formen von Lernen, bei denen elektronische oder digitale Medien für die Präsentation, Distribution oder Kommunikation zum Einsatz kommen. Gemäß dieser Definition gilt beispielsweise auch das Ablegen von Unterrichtsmaterialien auf einer Lernplattform als E-Learning. Andere verstehen unter E-Learning interaktives Lehren und Lernen mit verschiedenen elektronischen Medien.

------

1 Kerres, Michael: Medien und Didaktik. In: Multimediale und telemediale Lernumgebungen. Hrsg. von Michael Kerres. 2. Aufl. München, Wien: Oldenbourg 2001.

In der Regel wird E-Learning mit Präsenzveranstaltungen kombiniert mit dem Ziel, die Vorteile der beiden Lehr- und Lernformen zu nutzen. „Blended Learning bezeichnet ein Lernmodell, in dem Online- und Präsenzphasen variationsreich verzahnt werden. In Präsenzphasen erfolgt in direkter Kommunikation eine Ergänzung und Vertiefung der Lerninhalte, -strategien und -prozesse der Onlinephase. Die Ansprüchlichkeit dieses Lernformates besteht für Lehrende und Lernende in der Transferproblematik zwischen differenten Lernumgebungen."[2] Die Anteile von Online- und Präsenzphasen können dabei ja nach Lehrveranstaltung stark variieren.

E-Learning an der Universität Zürich

1999 wurde an der Universität Zürich sowohl die Fachstelle Information and Communication Technology (ICT), welche 2003 in E-Learning Center (ELC) umbenannt wurde, gegründet wie auch das Open Source Learning Management System OLAT (Online Learning And Training)[3] entwickelt. OLAT ist die strategische Online-Lernplattform an der Universität Zürich. Seit dem Jahr 2008 sind alle zentralen E-Learning-Dienste innerhalb der Informatikdienste der Universität Zürich vereinigt. Die Abteilung MELS (Multimedia und E-Learning Services)[4] unterstützt Dozierende und Mitarbeitende beim Aufbereiten der (Lern-)Inhalte für moderne Medien. Das Angebot reicht von der technischen Planung über die Produktion von multimedialer Inhalte bis zur Bereitstellung von E-Learning Plattformen und audiovisueller Infrastruktur in Hörsälen. Neben den zentralen E-Learning Services verfügen die Fakultäten über dezentrale E-Learning-Koordinationen.[5] Die didaktische Unterstützung erfolgt durch die Arbeitsstelle für Hochschuldidaktik,[6] die als zentraler Dienst im Bereich Lehre angesiedelt ist.

Das in der E-Learning Strategie 2003–2007 der Universität Zürich angegebene Entwicklungsziel, bis im Jahr 2007 den E-Learning-Anteil im Lehrangebot auf 15 Prozent zu erhöhen, konnte realisiert werden. 2010 wurden neue Ziele in der E-Learning Strategie 2010–2014 formuliert.[7] Darin werden vorwiegend qualitative, aber auch quantitative Ziele festgehalten.

---

2 Brockhaus – Die Enzyklopädie: in 30 Bänden. 21., neu bearbeitete Auflage. Leipzig, Mannheim: F.A. Brockhaus 2005–06. Online-Ausgabe. (23. 10. 2011).
3 Universität Zürich, Informatikdienste: OLAT – Online Learning And Training. http://www.olat.uzh.ch/ (23. 10. 2011).
4 Universität Zürich, Informatikdienste: Willkommen bei den Multimedia & E-Learning Services (MELS). http://www.id.uzh.ch/org/mels.html (23. 10. 2011).
5 E-Learning an der Universität Zürich. http://www.elearning.uzh.ch/ (23. 10. 2011).
6 Universität Zürich, Bereich Lehre – Arbeitsstelle für Hochschuldidaktik. http://www.afh.uzh.ch/ (23. 10. 2011).
7 Universität Zürich, Informatikdienste: E-Learning Strategie 2010–2014. http://www.id.uzh.ch/org/mels/EL-Strategie_2010-2014.pdf (31. 10. 2011).

In der E-Learning Strategie wird die Verwendung des Begriffs E-Learning an der Universität Zürich dargestellt. Der Begriff wird breit gefasst angewendet und berücksichtigt sowohl die unterschiedlichen Anforderungen der Fächer und Fakultäten:

- Alle Lernangebote, bei denen digitale Medien zum Einsatz kommen
- Unterstützung der synchronen und asynchronen Kommunikation und Kooperation
- E-Assessment (formativ und summativ)
- Unterstützung der Lehr- und Forschungslogistik mit digitalen Medien.

Medizinstudium an der Universität Zürich

Das Medizinstudium an der Universität Zürich wurde auf das Wintersemester 2003/2004 neu gestaltet.[8] Die Fächer und Inhalte orientieren sich am Anforderungsprofil eines Absolventen. Die Studierenden bekommen innerhalb des Studiums nicht nur Wissen vermittelt, sondern haben sich ebenso die ärztlichen Kernkompetenzen anzueignen. Mit der Studienreform wurden unter anderem Lernmodule aus dem Bereich Informations- und Kommunikationstechnologie ins Curriculum aufgenommen. Ebenfalls eine Neuerung war die Vergabe von Kreditpunkten. Im Jahr 2007 erfolgte schließlich die Umstellung auf das Bologna-Modell. Der erste Masterstudiengang startete 2010 und 2013 wird dann auch das erste medizinische Doktoratsstudium nach dem Bologna-Modell an der Universität Zürich möglich sein.

Das Bachelorstudium in der Human- wie auch in der Zahnmedizin dauert drei Jahre, das Masterstudium umfasst in der Humanmedizin drei, jenes der Zahnmedizin zwei Jahre. Das Curriculum ist eingeteilt in das Kernstudium mit Pflichtveranstaltungen und in das Mantelstudium mit Wahlpflicht-Charakter. Jährlich können knapp 300 Studierende das Studium der Human- oder Zahnmedizin an der Universität Zürich beginnen. Aufgrund der Zulassungsbeschränkung müssen die Bewerberinnen und Bewerber vorgängig einen Eignungstest absolvieren. In der Schweiz wird der Numerus clausus bis jetzt einzig für das Medizinstudium angewendet.

Die Medizinische Fakultät der Universität Zürich fördert die Vielfältigkeit von Lehrveranstaltungsformen, so Plenarveranstaltungen, klinische Kurse in Skills Lab, Praktika, Kolloquien, problemorientiertes Lernen (POL), fallbasierte Seminare und das Lernen mit Hilfe elektronischer Medien.[9] Für den Kleingruppenunterricht in den

---

8 Schirlo, Christian, Peter Groscurth u. Gerke, Wolfgang: Das neue Zürcher Curriculum: Strategie und Struktur. In: GMS Zeitschrift für Medizinische Ausbildung 19 (2002) (Suppl. 2). S. 167–169.
9 Universität Zürich, Bereich Lehre – Arbeitsstelle für Hochschuldidaktik: Lehren und Lernen an der Medizinischen Fakultät der Universität Zürich. Dossier. Zürich: Universität Zürich, Arbeitsstelle für Hochschuldidaktik 2010. www.afh.uzh.ch/instrumente/dossiers/Lehren_Lernen_Mai_2010.pdf (31. 10. 2011).

vorklinischen Semestern wurde außerhalb des Irchel Campus das Lernzentrum Luegisland eingerichtet, in welchem neben diversen Kleingruppenräumen auch ein Computerkursraum mit 20 Computern zur Verfügung steht.

Lehrveranstaltung Praktikum Wissenstransfer[10]

Im ersten Studienjahr werden die naturwissenschaftlichen Grundlagen vermittelt. In klinischen Untersuchungskursen wird der direkte Bezug auf die ärztliche Tätigkeit genommen und interaktive sowie kommunikative Fähigkeiten werden eingeübt.[11] Das Praktikum Wissenstransfer, in welchem die Studierenden den Umgang mit wissenschaftlichen Informationsquellen sowie wissenschaftlicher Literatur kennen lernen, ist im Kernstudium des zweiten Semesters eingebettet.

Wie bereits beschrieben, sind die Lehrveranstaltungen des Kernstudiums Pflicht. Erbringen die Studierenden den geforderten Leistungsnachweis, erhalten sie einen halben ECTS-Punkt. Somit haben sie für das Praktikum Wissenstransfer einen entsprechenden Aufwand von etwa 15 Stunden zu leisten. Im Praktikum Wissenstransfer werden folgende Themen vermittelt:

- Kenntnisse der wichtigsten Informationsquellen im Bereich Medizin
- Nutzung der lokalen Bibliothekskataloge und von PubMed
- Erlernen der Recherchemethoden und Entwickeln von Suchstrategien
- Verwerten gefundener Literaturangaben

Lehr- und Lernmethode in den Jahren 2004 und 2005: traditionell

In den Jahren 2004 und 2005 wurde die Lehrveranstaltung in traditioneller Form durchgeführt. Die Theorie wurde während zwei Doppellektionen frontal oder mit Hilfe von gezielten Übungen am Computer vermittelt. Die rund 300 Studierenden waren in Gruppen von 14 bis 20 Personen aufgeteilt.

---

10 Vgl. Schubnell, Brigitte: Blended Learning – Mittel zur Aktivierung der Studierenden? In: Information und Ethik. Dritter Leipziger Kongress für Information und Bibliothek, Leipzig, 19. bis 22. März 2007. Hrsg. von Barbara Lison. Wiesbaden: Dinges & Frick 2007. S. 230–237.
11 Medizinische Fakultät der Universität Zürich (Hrsg.): 1. Studienjahr Bachelor Human- und Zahnmedizin. 5. Aufl. Zürich: Stiftung Zentralstelle der Studentenschaft der Universität Zürich, 2011. https://www.olat.uzh.ch/olat/m/9d4e44f0aeade7b56c8f096642d3f643/_info/pdfs/HS11_Broschuere (31. 10. 2011).

Zwischen den beiden Doppellektionen erhielten die Studierenden Hausauf-gaben, damit sie ihre erworbenen Kenntnisse anwenden und vertiefen konnten. Aus Kapazitätsgründen konnten die Hausaufgaben der Studierenden nicht kontrol-liert werden, was dazu führte, dass nur wenige die Hausaufgaben tatsächlich gelöst hatten. Die Vergabe des halben Kreditpunkts erfolgte einzig aufgrund der Präsenz-kontrolle.

Für die Durchführung der Lehrveranstaltung in traditioneller Form hatte die Hauptbibliothek Universität Zürich einen beträchtlichen Aufwand zu leisten. Fünf Mitarbeitende hielten insgesamt 32 Doppellektionen innerhalb der Monate April und Mai.

Lehr- und Lernmethode ab 2006: Blended Learning

Seit dem Jahr 2006 wird das Praktikum Wissenstransfer in Form von Blended Lear-ning durchgeführt. Mit dem Wechsel der Lehr- und Lernmethode konnte die Aktivität der Studierenden deutlich erhöht werden. Zudem steht der Inhalt über die Virtuelle Ausbildungsplattform Medizin (VAM)[12] – das auf OLAT basierende E-Information- und das E-Learning-Portal der Medizinischen Fakultät[13] – den Studierenden mittel-fristig zur Verfügung.

Die Blended-Learning-Veranstaltung besteht aus drei Phasen. Auf die 30-mi-nütige Initialveranstaltung im Plenum folgt eine Selbststudiumsphase, in welcher sich die Studierenden anhand des E-Learning-Kurses die Theorie aneignen. Ab-schließend vertiefen die Studierenden den Inhalt des Kurses in einer 90-minü-tigen Übungslektion im Computerkursraum. Als Leistungsnachweis müssen die Studierenden einen Online-Test bestehen und an den Präsenzveranstaltungen anwe-send sein.

In der 30-minütigen Initialveranstaltung werden die Studierenden ins Thema Informationskompetenz eingeführt, der Aufbau der Lehrveranstaltung sowie die Be-dingungen des Leistungsnachweises werden erklärt. Nach der Einführung sind die Studierenden verpflichtet, sich innerhalb von vier Wochen selbständig den Inhalt des E-Learning-Kurses anzueignen und den ETCS-relevanten Online-Test zu lösen. Das Vorgehen bei der Bearbeitung des E-Learning Kurses ist den Studierenden selbst überlassen. Während dieser Phase können sich die Studierenden über E-Mail, über Telefon oder persönlich an die für die Lehrveranstaltung hauptverantwortliche Do-zierende wenden.

---

12 VAM – Virtuelle Ausbildungsplattform Medizin. http://www.vam.uzh.ch/ (31. 10. 2011).
13 Universität Zürich, Medizinische Fakultät: Virtuelle Ausbildungsplattform Medizin (VAM)
http://www.med.uzh.ch/Medizinstudium/VAM.html (31. 10. 2011).

Den Abschluss des Praktikums bildet die 90-minütige Übung im Computerkursraum des Lernzentrums Luegisland. Die Studierenden sind in Gruppen von 14 bis 20 Personen aufgeteilt. Anhand einer vorgegebenen Fragestellung spielen die Studierenden eine Suche von der Auswahl der Suchbegriffe bis zum Bewerten der gefundenen Referenzen wie auch das Verwenden von in den Artikeln enthaltenen Informationen vollständig durch. Die Studierenden lösen die Übung alleine oder in Gruppen. Zwischendurch werden einige Punkte der Übung in der ganzen Gruppe behandelt und besprochen, so beispielsweise die Auswahl geeigneter medizinischer Fachwörterbücher, der Umgang mit Wikipedia-Artikeln oder auch Beurteilungskriterien für relevante Literatur.

Form	Inhalt	Aufwand
Vortrag im Plenum	– Motivation für Informationskompetenz – Praktikumsaufbau und -bedingungen – E-Learning Kurs	30 Min.
E-Learning (Selbststudium)	– Quellen für die Literatursuche – Recherchetechniken – Von der Referenz zum Dokument – Rechercheplan	ca. 10 Std.
Übung mit PC in Gruppen (14–20 Pers.)	– Nachbesprechung des Online-Tests – Lösen einer Fragestellung (ca. 1 Std.) – Evaluation des Praktikums (Befragung)	90 Min.

Tabelle 1: Übersicht der Blended-Learning-Veranstaltung Praktikum Wissenstransfer.

Der E-Learning-Kurs

Beim E-Learning-Kurs Informationsbeschaffung[14] handelt es sich um einen OLAT-Kurs, der in VAM eingebunden ist. Der größte Teil des Kurses ist frei zugänglich. Der ECTS-relevante Online-Test sowie die Kursunterlagen im PDF-Format stehen allerdings nur den Medizinstudierenden zur Verfügung. Der Aufbau des E-Learning-Kurses ist in der unten stehenden Tabelle, die dem E-Learning-Kurs entnommen wurde, dargestellt:

---

14 Hauptbibliothek Universität Zürich (2011): Praktikum Wissenstransfer – Informationsbeschaffung. https://www.olat.uzh.ch/olat/auth/repo/go?rid=744456201&guest=true &lang=de (31. 10. 2011).

Kapitel	Inhalt
Einführung	Sinn und Zweck, Lernziele, Lerninhalt, Kursbedingungen
Informationsquellen	Wissenschaftliche Informationsquellen im Bereich Medizin (insbesondere swissbib und IDS Zürich Universität sowie PubMed)
Recherchetechnik	Die Grundlagen der Recherchetechnik ermöglichen differenzierte Suchanfragen: Stichwort und Index, Suchoperatoren, Suche mit Hilfe eines kontrollierten Vokabulars bzw. Thesaurus. Anwendung der Recherchetechniken in swissbib und PubMed/Medline.
Zum Dokument	Animationen und Tutorials zu speziellen Anwendungen in swissbib und im IDS Zürich Universität sowie in PubMed/Medline wie z. B.: – Wie komme ich von der Referenz zum Dokument (Buch, Zeitschrift etc.) bzw. zum Volltext eines Zeitschriftenartikels? – Wie kann ich Referenzen oder auch Suchanfragen weiterverarbeiten (drucken, speichern, mailen etc.)?
Effiziente Recherche	Hinter einer effizienten und effektiven Literatursuche steckt eine gute Strategie: – Vorbereitung: Thema definieren und eingrenzen, Suchbegriffe, Auswahl der Datenbank(en) – Recherche: Suchstrategie (Anwendung der Recherchetechniken) – Evaluation der Ergebnisse: Zu viele oder zu wenige Resultate? Relevanz? Was machen? – Weiterverarbeitung der Ergebnisse
Glossar	Ausführungen zu den verwendeten Fachbegriffen
Links	Die wichtigsten Links des Kurses auf einer Seite zusammengefasst
Unterlagen	Präsentation der Einführung vom 23. 2. 2011, Unterlagen zur Übungslektion in Luegisland, Zusatzliteratur
Selbsttest	Kann als Vorbereitung für den Abschlusstest verwendet werden
Abschlusstest	Der obligatorische Abschlusstest entscheidet neben den Präsenzveranstaltungen über die Kreditpunktvergabe (Statistik und Wissenschaftliche Informationsbeschaffung geben zusammen ein Kreditpunkt).

Tabelle 2: Übersicht des E-Learning-Kurses Informationsbeschaffung

Ein großer der Teil der Studierenden eignet sich die Kenntnisse mit Hilfe des Selbsttests an. Der Selbsttest ist dem ECTS-relevanten Test sehr ähnlich, beinhaltet aber Feedbacks zu den Antworten und kann mehrmals durchgeführt werden. Den ECTS-relevanten Test können die Studierenden zu jedem beliebigen Zeitpunkt während der vorgegebenen vier Wochen zu Hause, an der Universität, alleine oder mit Kolleginnen oder Kollegen und mit den gesamten zur Verfügung stehenden E-Learning-Unterlagen lösen. Die Tests bestehen aus Single- und Multiple-Choice-Fragen. Der ECTS-relevante Test ist in Sektionen gegliedert, wobei jede Sektion aus einem Fragenpool besteht.

Dank dem Fragenpool erhalten die Studierende, die den Test gemeinsam lösen, höchst selten identische Fragen, sodass die Antworten nicht einfach abgeschrieben werden können.

Der Aufwand für die Selbststudiumsphase variiert je nach Vorwissen und Motivation der Studierenden stark. Der Bearbeitungsaufwand dürfte sich zwischen 5 bis 15 Stunden bewegen.

Der E-Learning-Kurs wird jährlich überarbeitet. Der Inhalt, die Links wie auch die Tests müssen laufend überprüft, aktualisiert und ergänzt werden. Eine gründliche Überarbeitung des E-Learning-Kurses ist auf das Frühjahrssemester 2014 geplant.

Vor- und Nachteile der Lehr- und Lernformen Blended Learning und E-Learning

Blended Learning bereichert den Unterricht und bietet eine Reihe von Vorteilen, ist aber nicht für jede Art von Lehrveranstaltung geeignet. Wenn E-Learning nicht nur aus dem Ablegen und Verteilen von PDFs besteht, ist das Erstellen von E-Learning-Teilen häufig zeitintensiv. So bietet sich Blended Learning vor allem bei mehrstündigen Lehrveranstaltungen und bei einer größeren Anzahl Studierenden an. Im Folgenden werden die Vor- und Nachteile des E-Learnings beschrieben.

Vorteile des E-Learnings

- Orts- und Zeitunabhängigkeit
- Individuelles Lerntempo
- Förderung der Selbstorganisation
- Höhere Interaktivität
- Verlinken von Inhalten und Begriffen (z. B. mit einem Glossar)
- „Kleiner" Kontrollaufwand von Online-Tests
- Gleichzeitige Förderung der Medienkompetenz
- Mittelfristige Verfügbarkeit des Inhalts

Nachteile des E-Learnings

- Hoher Zeitaufwand für die Erstellung und Weiterentwicklung (kleinere E-Learning-Einheiten wie z. B. ein Einstufungstest können aber z. T. mit einem vertretbaren Aufwand erstellt werden).

- Direkte Interaktionen zwischen Lehrpersonen und Studierenden sind eher selten.
- Gute Selbstorganisation der Lernenden ist notwendig.
- Single- und Multiple-Choice-Fragen können nur schwer Informationskompetenz messen.
- Das Erstellen von Online-Tests mit möglichst sinnvollen Fragen ist schwierig und zeitaufwändig.
- Lernen vor dem Bildschirm ist tendenziell ermüdend.

Ob E-Learning oder Blended Learning den Lernerfolg der Studierenden im Vergleich zu herkömmlichen Lern- und Lehrmethoden steigern, ist nicht nachgewiesen, doch das Variieren von Lehr- und Lernmethoden erhöht aber die Freude am Unterrichten wie auch am Lernen.

Fazit

Eine Blended-Learning-Veranstaltung zu planen und einen E-Learning-Kurs zu erstellen, ist aufwändig. Im Vergleich zu anderen Lern- und Lehrmethoden ist vor allem der Initialaufwand zur Erstellung zeitintensiv, aber auch das Überarbeiten und Weiterentwickeln ist nicht zu unterschätzen.

E-Learning hat den Vorteil von Orts- und Zeitunabhängigkeit, kann interaktiv sein und unterstützt unterschiedliche Lerntempi. Mit Hilfe von Online-Tests können mit relativ wenig Aufwand viele Studierende geprüft werden. Doch nicht allen Studierenden fällt das Lernen und Arbeiten mit dem Computer leicht, einige bevorzugen Präsenzveranstaltungen, während andere das selbständige Lernen sehr schätzen.

E-Learning kann auf unterschiedliche Art und Weise und verschieden aufwändig realisiert werden. Es muss nicht immer ein ganzer E-Learning-Kurs sein. So kann beispielsweise ein Online-Test als Eingangstest eingesetzt werden, um die Vorkenntnisse abzuchecken. Wichtig ist, dass sich Ertrag und Aufwand ungefähr die Waage halten. Meist stehen mehrere Lehr- und Lernformen zur Verfügung, um die gesteckten Lernziele zu erreichen und es ist jene Methode zu wählen, die den gegebenen Umständen (wie Personalressourcen, Infrastruktur, Anzahl Studierende etc.) am meisten entgegenkommt.

Katrin Steiner

Online-Tutorials zur Förderung von Informationskompetenz: das Beispiel LOTSE

Abstract: Seit vielen Jahren vervollständigen Online-Tutorials das Informationskompetenz-Angebot von Bibliotheken. Zunächst wurden die Tutorials häufig auf reiner Textbasis entwickelt, in den letzten Jahren sind verstärkt multimediale Elemente integriert worden. Online-Tutorials werden als Selbstlerninstrument zur Informationskompetenzvermittlung eingesetzt, aber auch als Bestandteil eines Blended Learning-Konzepts, also in Kombination mit Präsenzveranstaltungen. LOTSE, Library Online-Tour and Self-Paced Education, ist als eines der ersten Online-Tutorials vor zehn Jahren entwickelt und von 2008 bis 2010 überarbeitet und didaktisch auf aktuellen Stand gebracht worden. Von anderen Online-Tutorials unterscheidet sich LOTSE vor allem durch seine Konzeption und die erprobte kooperative Erstellung und Pflege des Angebots.

Keywords: Bibliothek, Blended Learning, E-Learning, Lernplattform, Multimedia, Selbstlerninstrument, Tutorial, Informationskompetenzvermittlung, Interoperabilität

Katrin Steiner: Arbeitet an der Universitäts- und Landesbibliothek Münster. Sie betreut die LOTSE-Geschäftsstelle und ist für den Bereich Informationskompetenz zuständig. Von 1995–2002 studierte sie Geschichte und Englisch für das Lehramt (Sekundarstufe I und II) in Marburg, York und Münster. Von 2006–2007 bildete sie sich zur Online-Redakteurin weiter und leitete von 2008–2010 das LOTSE-II-Projekt an der ULB Münster. Seit Sommersemester 2011 studiert sie im Masterstudiengang Bibliotheks- und Informationswissenschaft (MALIS) an der Fachhochschule Köln.

Zu den Begriffen E-Learning, Online-Tutorial und Informationskompetenz

Das E-Learning hat in den letzten Jahren immens an Bedeutung gewonnen und wird in Firmen ebenso wie in der Hochschullehre und anderen Institutionen eingesetzt. „Man versteht darunter alle Formen von Lernen, bei denen digitale Medien für die Distribution und Präsentation von Lernmaterialien einschließlich der Unterstützung zwischenmenschlicher Kommunikation in Lernprozessen zum Einsatz kommen."[1]

---

1 Klimsa, Paul u. Ludwig J. Issing (Hrsg.): Online-Lernen. Handbuch für Wissenschaft und Praxis. 2. Aufl. München: Oldenbourg Verlag 2011. S. 13–15.

Das E-Learning umfasst damit sowohl das Offline-Lernen, bei dem Inhalte etwa auf CDs gespeichert sind, als auch das Online-Lernen, bei dem ein Netz zur Verfügung steht.[2]

Beim Online-Lernen gibt es verschiedene Formen, die nicht eindeutig definiert sind. Neben Web Based Training finden sich insbesondere im bibliothekarischen Kontext mittlerweile die Begriffe „Online-Tutorial" oder „E-Tutorial".[3] Eine prägnante Definition findet sich bei Pfeffer:

> „Ein bibliothekarisches Online-Tutorial ist ein interaktives, multimediales Lernprogramm, das auf Basis eines fundierten inhaltlichen und mediendidaktischen Konzepts Informationskompetenz (ggf. auch nur Bibliothekskompetenz) vermittelt und dabei hinsichtlich des Lerneffekts potenziell für sich allein bestehen kann, d. h. ohne die Einbettung in ein Blended Learning-Modell auskommt."[4]

Der Begriff Lernprogramm in dieser Definition könnte allerdings so verstanden werden, dass ein Online-Tutorial von Anfang bis Ende durchlaufen werden muss. Dies ist jedoch beispielsweise bei LOTSE oder auch DISCUS nicht der Fall.[5] Im Folgenden wird Online-Tutorial synonym mit Tutorial gebraucht.

Der Begriff Informationskompetenz, bzw. im Englischen information literacy, wird in diesem Artikel in Anlehnung an die Beschreibung der ACRL gebraucht: „To be information literate, a person must be able to recognize when information is needed and have the ability to locate, evaluate, and use effectively the needed information."[6] Hapke hat dieses klassische Verständnis von Informationskompetenz kritisiert und fordert eine Informationskompetenz 2.0, die neben den Implikationen des Web 2.0 auch die Bedingungen der Medienproduktion und die sozio-ökonomischen Aspekte der Informationsgesellschaft in den Blick nimmt. Auch betont er die veränderte Rolle des Nutzers hin zum Mitproduzenten.[7]

---

2 Ebd.
3 Vgl. Hilliger, Kirsten: Einrichtung von E-Tutorials zur Benutzung digitaler Datenbestände in wissenschaftlichen Bibliotheken. Berlin 2010 (Berliner Handreichungen zur Bibliotheks- und Informationswissenschaft. 264). S. 13; außerdem Bühne, Birgit: Online-Tutorials im internationalen Vergleich ausgewählte Beispiele aus Deutschland, Skandinavien und dem englischsprachigen Raum. Masterarbeit. Köln 2005. S. 18–21.
4 Pfeffer, Jörgen: Online-Tutorials an deutschen Universitäts- und Hochschulbibliotheken. Verbreitung, Typologie und Analyse am Beispiel von LOTSE, DISCUS und BibTutor. Masterarbeit. Köln 2005. S.44.
5 Vgl. hierzu die folgenden Abschnitte dieses Beitrags.
6 American Library Association: Information Literacy Competency Standards for Higher Education. http://www.ala.org/ala/mgrps/divs/acrl/publications/whitepapers/presidential.cfm (30. 10. 2011).
7 Vgl. Hapke, Thomas: Informationskompetenz 2.0 und das Verschwinden des „Nutzers". In: Bibliothek 31 (2007). S. 137–149. Siehe auch den Beitrag von T. Hapke in diesem Band.

LOTSE im Kontext: Inhalte und Gestaltung anderer Tutorials zur Informationskompetenz

Im bibliothekarischen Bereich gibt es eine Vielzahl von Tutorials unterschiedlicher Prägung.[8] In den letzten Jahren sind neben LOTSE[9] vor allem die Tutorials DISCUS der TU Hamburg-Harburg,[10] das Düsseldorfer Online-Tutorial (DOT)[11] sowie „FIT für Pädagogen und Psychologen" der Universitätsbibliothek Heidelberg[12] immer wieder diskutiert worden. Ein recht neues Angebot ist Bib@InfoLit, das von den Universitätsbibliotheken Lüneburg und Hildesheim entwickelt wurde.[13] Auch in den Bereich der öffentlichen Bibliothek haben Online-Tutorials Einzug gehalten. Genannt sei hier beispielsweise „FIT für BIB" der Stadtbibliothek Heilbronn, das speziell für Kinder und Jugendliche entwickelt wurde.[14]

Inhaltlich decken die meisten Tutorials die Bereiche Suche in Katalogen, den Umgang mit Datenbanken, die Internetrecherche, Suchstrategien sowie die Beschaffung von Medien, aber auch das Verfassen von wissenschaftlichen Arbeiten ab. Selbst in „FIT für BIB" finden sich Inhalte zum Umgang mit Boole'schen Operatoren. Auch der Ermittlung des eigenen Informationsbedarfs wird einiges Gewicht beigemessen.

Neben rein auf ein Fach bezogene Tutorials, zum Beispiel „FIT für Pädagogen und Psychologen", finden sich häufig auch Angebote mit Anteilen aus verschiedenen Fä-

---

8 Eine Übersicht über interessante Fundstellen hierzu sowie ein PDF-Dokument findet sich unter Schulz, Steffi: Tutorials: Blick über den eigenen Tellerrand. http://lotse.sub.uni-hamburg.de/blog/2009/06/tutorials-blick-uber-den-eigenen-tellerrand/ (30. 10. 2011). An dieser Stelle können die ausgewählten Tutorials nur in einigen Aspekten näher beleuchtet werden, es sei jedoch auf die jeweilige Literatur in den folgenden Fußnoten verwiesen.
9 http://lotse.uni-muenster.de (30. 10. 2011).
10 http://discus.tu-harburg.de/login.php (30. 10. 2011). Vgl. hier auch Bieler, Detlev, Thomas Hapke u. Oliver Marahrens: Das Online-Tutorial DISCUS (Developing Information Skills & Competence for University Students) der Universitätsbibliothek der TU Hamburg-Harburg. In: ABI-Technik (2005) H. 3. S.162–181.
11 http://ilias.uni-duesseldorf.de/ilias/goto.php?target=root_1&client_id=UniRZ (30. 10. 2011). Vgl. hier auch Ullmann, Nadine u. Christian Hauschke: Personalisiertes Lernen in der Bibliothek. Das Düsseldorfer Online-Tutorial (DOT) Informationskompetenz. In: Bibliotheksdienst 40 (2006). S. 466–475.
12 http://www.ub.uni-heidelberg.de/helios/fachinfo/www/psycho/psyik/haupt/index.html (30. 10. 2011). Dieses Tutorial diente auch als Vorlage für weitere Tutorials der UB Heidelberg, darunter als neuestes FIT für Medizinstudierende unter http://www.ub.uni-heidelberg.de/helios/fachinfo/www/schulung/FITMED/index.html (31. 10. 2011).
13 http://www.bib-infolit.de/LG (31. 10. 2011), hier die Lüneburger Variante. Vgl. hierzu auch Theis, Nicole, Thorsten Ahlers u. a.: Das Online-Tutorial Bib@InfoLit – ein Kooperationsprojekt der Universitätsbibliotheken Lüneburg und Hildesheim. In: Bibliotheksdienst 44 (2010). S. 628–636.
14 http://www.stadtbibliothek-heilbronn.de/etutorial/start.html (30. 10. 2011). Vgl. hier auch Schoch, Nicole: Zum Bibliotheksexperten in 90 Minuten. „FIT für BIB". Jugendliche erlernen mit einem E-Tutorial Bibliotheks- und Recherchekompetenz. In: BuB 62 (2010). S. 191–193.

chern. So bietet das DOT eine Suche nach Literatur zu Krebsen im Ostseeraum, wählt bei bibliographischen Datenbanken aber ein Beispiel aus der Germanistik.

Strukturelle Gemeinsamkeiten

Strukturell lassen sich ebenfalls einige Gemeinsamkeiten feststellen. Zusätzlich zu einer Inhaltsübersicht werden teilweise auch die Lehrziele der verschiedenen Abschnitte bzw. Module explizit ausgewiesen.[15] Augenfällige Beispiele sind hier Bib@InfoLit sowie die FIT-Tutorials aus Heidelberg.

Auch auf die sinnvolle Verknüpfung verschiedener Medien wurde geachtet. Neben Informationen auf Textbasis werden Grafiken und Icons sowie Fotos eingesetzt. So weisen beispielsweise Bib@InfoLit und die Heidelberger FIT-Tutorials virtuelle Rundgänge in Form von Fotos auf. Auch Animationen oder Screencasts, also Filme von Bildschirmhandlungen oder in Form von ablaufenden Präsentationen, werden vielfach eingesetzt. Gerade in diesem Bereich zeigen sich die unterschiedlichen Aufwände, die in diese Medienformen geflossen sind. Während beispielsweise das DOT recht einfache Animationen zur Erläuterung Boole'scher Operatoren einsetzt, finden sich in Bib@InfoLit auch aufwändigere Präsentationen mit Tonunterlegung zu Funktionalitäten des Citavi-Literaturverwaltungsprogramms.[16]

Interaktivität und Kontakt

Daneben gibt es in allen Tutorials Quizangebote oder Übungen, die interaktiv von den Nutzern bearbeitet werden können. Festzustellen ist hier, dass es sich häufig um Multiple-Choice-Fragen oder um Kurztextantworten handelt. Freitextantworten werden nicht eingesetzt, vermutlich weil der individuelle Betreuungsaufwand zu hoch ist. Im Falle der Heidelberger FIT-Tutorials und des DOT werden sogar Prozentangaben gemacht, mit denen dem Nutzer signalisiert wird, ob er „bestanden" hat. Spezifisches Feedback, das weitergehende Hinweise zur Vertiefung von Sachverhalten auch bei

---

15 In der pädagogischen Literatur wird häufig der Begriff Lernziele verwendet. Die Frage, inwiefern der Nutzer diese vorgegebenen Lernziele aber tatsächlich zu seinen eigenen macht, wird bei dieser Verwendung verwischt. Daher wird in diesem Artikel der Begriff „Lehrziel" verwendet. Vgl. hierzu auch Steiner, Katrin: LOTSE Didaktisches Konzept. Ein Kunstwerk zur Vermittlung von Informationskompetenz im Internet. http://nbn-resolving.de/urn:nbn:de:hbz:6-30549573016 (30. 10. 2011). S. 47.
16 Vgl. http://ilias.uni-duesseldorf.de/ilias/ilias.php?baseClass=ilLMPresentationGUI&ref_id=24971 (30. 10. 2011) sowie http://www.bib-infolit.de/LitVerwaltung/CitaviMaterialien (31. 10. 2011).

richtigen Antworten aufzeigt, gibt es nicht. Hingegen machen einige Tutorials ihre Nutzer auf solche Materialien über andere Wege aufmerksam. So empfiehlt DISCUS beispielsweise das Angebot „DISCUS kompakt", die Heidelberger FIT-Tutorials lösen dies unter anderem über die Tipp-Funktion.

Ein Großteil der Tutorials ermöglicht die Kontaktaufnahme per Mail. Sehr prominent umgesetzt hat dies Bib@InfoLit; dort taucht die Adresse immer im unteren Content-Bereich auf. Bei anderen Tutorials scheint eine Kontaktaufnahme eher weniger gewünscht zu sein; so findet sich bei „FIT für BIB" die Mailadresse nur im Impressum.

Verarbeitung von Informationen, Personalisierung und Ansprache der Nutzer

Große Unterschiede finden sich auch in der Art und Weise, wie die Nutzer die ihnen dargebotenen Informationen verarbeiten sollen. So bauen die Module der Heidelberger FIT-Tutorials eindeutig aufeinander auf und werden mit kurzen Abschlussquiz oder Übungen beschlossen. Zudem gibt es noch ein modulübergreifendes Quiz.[17] Dem gegenüber betont DISCUS explizit, dass es zwar einen roten Faden gibt, den man verfolgen kann, die einzelnen Module jedoch auch nach Belieben, Anliegen oder Bedarf unabhängig voneinander genutzt werden können. Auch das Quizangebot ist entsprechend abgestimmt.

DISCUS ist auch in seinem Angebot eines persönlichen Bereichs hervorzuheben. Hier lassen sich nicht nur private Notizen abspeichern sondern auch die eigene Statistik einsehen. Auch sind nach Login andere angemeldete DISCUS-Nutzer sichtbar.[18]

Verschiedene Sprachausgaben finden sich, mit Ausnahme der englischsprachigen Ausgabe des DOT,[19] bei den Tutorials nicht. Bib@InfoLit in der Hildesheimer Variante bietet allerdings im Modul Katalogbenutzung englisch-, französisch- und sogar spanischsprachige Präsentationen.[20]

Unterschiede gibt es auch in der Ansprache der Nutzer. Während das DOT eine sachliche Sprache wählt, gibt es in DISCUS einen eher lockeren Ton. Die FIT-Tutorials wählen die Anrede „Du" und enthalten auch Dialogsequenzen. Während die FIT-Tutorials bewusst storybasiert sind, also einer mit realistischen Fotos dargestellten

---

17 Beispielsweise das Abschluss-Quiz in „FIT für Medizinstudierende": http://fitmedma.uni-hd.de/bist_du_fit.html (30. 10. 2011).
18 Auch das DOT bietet im Testbereich eine Übersicht der bisher absolvierten Fragen und Antworten.
19 http://ilias.uni-duesseldorf.de/ilias/ilias.php?baseClass=ilLMPresentationGUI&ref_id=86713 (30. 10. 2011).
20 http://www.bib-infolit.de/KatalogHI/PowerPointVersionDeEnSpaFran (30. 10. 2011).

Figur in verschiedenen Situationen folgen,[21] verwendet „FIT für BIB" eine Du-Anrede in Sprechblasen von Comic-Figuren, die Mangas nachempfunden sind.

Wie die Beispiele oben zeigen, gibt es eine Vielzahl an Möglichkeiten, ein Online-Tutorial zu gestalten. Wichtig ist ein stimmiges Konzept, das die Elemente unter didaktischen Gesichtspunkten sinnvoll miteinander verknüpft. Hier sollte die jeweilige Nutzergruppe berücksichtigt werden, aber auch eine gute Navigation, eine intuitive Handhabung (Usability) sowie eine ansprechende Gestaltung und möglichst weitgehende Barrierefreiheit (Accessibility) spielen eine Rolle.

Ebenso muss die Nachhaltigkeit des Angebots gewährleistet sein. Dies bezieht sich inhaltlich auf die Beispiele zur Erläuterung bestimmter Sachverhalte. Sie sollten so gewählt sein, dass sie für einen längeren Zeitraum Gültigkeit haben und bei denen die Transferleistung auf ähnlich gelagerte Sachverhalte betont wird. So sollten beispielsweise nicht so sehr Rechercheinstrumente und ihre spezifischen Oberflächen im Vordergrund stehen, sondern es sollte vermittelt werden, wie mit solchen Instrumenten grundsätzlich verfahren werden kann, selbst wenn sich eine Oberfläche verändert. Auch die Reflexion darüber, wie die Nutzer selbst beispielsweise bei der Literatursuche vorgehen, sollte in Online-Tutorials thematisiert werden.

Technisch gesehen muss die Kompatibilität mit verschiedenen Endgeräten wie Smartphones oder Tablet-PCs im Auge behalten werden. Auch die Möglichkeiten des Web 2.0 wie zum Beispiel das Social Bookmarking sollten berücksichtigt werden.

Von großer Bedeutung ist es jedoch, die Nachhaltigkeit auch strukturell über eine gewisse Projektlaufzeit hinaus sicherzustellen, da Tutorials wie jedes Internet-Angebot sonst schnell veralten.

LOTSE-Besonderheiten: Grundkonzeption und Zusammenarbeit

LOTSE hat in dieser Hinsicht eine gewisse Vorreiterrolle eingenommen, da es schon in seiner Grundkonzeption neben allgemeinen, also fach- und ortsübergreifenden Informationen, gleichzeitig auch in hohem Maße fach- und ortspezifische Informationen berücksichtigt. Hier besteht der entscheidende Unterschied zu den oben analysierten Tutorials. Diese Konzeption schlägt sich auch organisatorisch in der Einrichtung verschiedener Redaktionen nieder, die zusammen für die Pflege und Erstellung der Inhalte zuständig sind.[22]

---

21 Vgl. Homann, Benno: FIT für Medizinstudierende. Ein neues Online-Tutorial der UB Heidelberg. In: Theke aktuell (2010) H. 2. S. 4–9, hier S. 5.

22 Auch in Bib@InfoLit spielt die Nachhaltigkeit eine große Rolle. So ist die Nachnutzung und eine Anpassung an das jeweilige Corporate Design der eigenen Institution möglich. Vgl. Theis, Nicole u. Thorsten Ahlers: Das Online-Tutorial Bib@InfoLit. (Anm. 13). S. 630 u. 636.

Dies bedeutet, dass sich die Informationen in LOTSE aus drei verschiedenen Quellen speisen. Die fachübergreifenden, für alle Fächer gleichermaßen relevanten Informationen werden von der Gesamtredaktion erstellt und gepflegt. Fachspezifische Informationen werden von Fachredakteuren ergänzt, lokalspezifische Informationen fügen die Lokalredakteure hinzu. Die spezifischen Informationen werden über Platzhalter integriert, bei Bedarf können neue Platzhalter eingerichtet werden, wobei die Gesamtredaktion darauf achtet, dass ein solcher Platzhalter für möglichst viele Fächer und Lokalsichten Sinn ergibt. Damit ist sichergestellt, dass die multiperspektivische Qualität, die LOTSE auszeichnet, gewährleistet bleibt.

Das Modell dieser Zusammenarbeit macht LOTSE für viele Institutionen und Virtuelle Fachbibliotheken attraktiv, da so jeder Redakteur nur den Teil erstellen und pflegen muss, für den er auch verantwortlich ist. Gleichzeitig profitiert man von einem umfassenden Angebot zur Informationskompetenz, das allein nicht erstellt und nachhaltig betreut werden könnte.

Abb. 1: LOTSE-Artikel mit fachübergreifenden, fach- und ortsspezifischen Inhalten

Neben den Fachreferenten der beteiligten Bibliotheken arbeitet LOTSE verstärkt mit Virtuellen Fachbibliotheken zusammen, um eine qualitativ hochwertige Betreuung der Fächer sicherzustellen. Auch auf dieser Ebene werden Synergieeffekte erzielt, da die Virtuellen Fachbibliotheken ohnehin die fachlich relevanten Quellen einer Disziplin erschließen und so ihre Expertise auch in LOTSE einfließen lassen können.[23]

---

23 Eine solche Zusammenarbeit benötigt neben der Koordination auch finanzielle Ressourcen, die der technische Unterstützung sowie der inhaltlichen Weiterentwicklung durch die Gesamtredaktion dienen. Näheres hierzu findet sich auf den LOTSE-Seiten.

Ein didaktisches „Kunstwerk": Inhalte und Elemente in LOTSE und ihre didaktische Begründung

LOTSE wurde im Rahmen eines vom Bundesministerium für Bildung und Forschung geförderten Projekts entwickelt und ist 2002 online gegangen. Von 2008 bis 2010 ist es in einem von der Deutschen Forschungsgemeinschaft geförderten Projekt didaktisch auf den neuesten Stand gebracht und überarbeitet worden. Es wird kontinuierlich um weitere Fächer und Lokalinformationen ergänzt.[24]

In Anlehnung an die konstruktivistische Auffassung von Lernen ist LOTSE modular aufgebaut und richtet sich vor allem an Studierende. Es ist ein Orientierungsangebot, das einen ersten Einstieg in die Thematik bietet und auf weitergehende Angebote hinweist, wie zum Beispiel die Virtuellen Fachbibliotheken. Den Studierenden soll so ein reichhaltiges Lernangebot zur Verfügung stehen, das als Ausgangspunkt für eine vielfältige Beschäftigung mit den Themen der Informationskompetenz und des wissenschaftlichen Arbeitens dient. Das übergeordnete Lehrziel lässt sich also folgendermaßen skizzieren:

Durch die Beschäftigung mit LOTSE erwerben insbesondere Studierende Kenntnisse aus allen Bereichen der Informationskompetenz und können diese gezielt und effektiv einsetzen. Zudem schärfen sie ihre Wahrnehmung hinsichtlich der sozioökonomischen Dimension von Informationskompetenz und reflektieren ihre eigenen Recherche- und Lernprozesse sowie ihre Schritte des wissenschaftlichen Arbeitens.[25]

Zur Umsetzung dieses Ziels gründet die Konzeption von LOTSE auf vier Prämissen, die sich ebenfalls aus der konstruktivistischen Auffassung von Lernen speisen. Neben der Perspektivenvielfalt sind dies die Nutzerzentriertheit, die Begleitung und Unterstützung der Nutzer sowie die Integration in Blended-Learning-Konzepte. Unter Berücksichtigung dieser Prämissen werden die sechs verschiedenartigen, in LOTSE vorhandenen Elemente zu einem stimmigen didaktischen Gesamtaufbau zusammengefügt.

Als tragende Elemente sind die kurzen einführenden Artikel zur ersten Orientierung zu verstehen. Die Artikel sind einheitlich aufgebaut und enthalten Einstiegsfragen zur ersten Orientierung, aufgrund derer die Nutzer entscheiden können, ob die jeweilige Thematik für sie relevant ist. Es wird zudem mit Zwischenüberschriften gearbeitet und Bilder zur Illustration eingesetzt, um die Orientierung zu erleichtern und die Seiten ansprechend zu gestalten.

In vielen Artikeln sind annotierte Linklisten enthalten, die weitergehende relevante Links zum Thema aufweisen. Hier geht es keinesfalls um die vollständige Abde-

---

24 Die didaktische Konzeption kann hier nur in Grundzügen skizziert werden, die ausführliche Fassung findet sich in Steiner, Katrin: Didaktisches Konzept, die tiefgehende didaktische Begründung im Anhang im selben Dokument. S. 40–47.
25 Ebd., S. 31.

ckung der interessanten Links, sondern es soll nur eine Auswahl vorgestellt werden, die bei der ersten Orientierung weiterhilft. Durch die Annotationen ist sichergestellt, dass die Nutzer abwägen können, ob der betreffende Link tatsächlich hilfreich ist. Die obersten drei Links sind als Top-Links anzusehen, so dass die Nutzer auch hier eine schnelle Orientierung erhalten.

Daneben gibt es multimediale Videos zur Internetrecherche, zum Umgang mit Datenbanken, zu Recherchestrategien und zu Plagiarismus und korrektem Zitieren. Diese Videos dienen der Vertiefung der gegenwärtig von Studierenden stark nachgefragten Themen und werden durch ein Quizangebot vervollständigt, mit dem der eigene Kenntnisstand vor oder nach der Betrachtung der Videos ermittelt werden kann.[26]

Darüber hinaus bietet LOTSE auch eine Materialsammlung mit hilfreichen Softwaretipps, den Skripten zu den Videos und weiteren Hinweisen, beispielsweise zum Bewerten von Internetquellen. Auch ist auch ein kleines Glossar mit den wichtigen in LOTSE verwendeten Begriffen zur Informationskompetenz und zum wissenschaftlichen Arbeiten integriert. Dieses dient der Orientierung der Nutzer und ist als weiterer Einstieg in die Thematik zu verstehen. Die Möglichkeit zur Kontaktaufnahme schließlich ist auf jeder Seite prominent möglich, und auch ortsspezifische Kontaktinformationen können integriert werden.

Perspektivenvielfalt in LOTSE

Die Perspektivenvielfalt auf die präsentierten Inhalte wird in LOTSE so weitgehend wie möglich unterstützt. Dies trifft insbesondere für die Fächersichten zu.

Nach Auswahl eines Fachs auf der Startseite gelangt der Nutzer zu einer Themenübersicht, die die Schritte des wissenschaftlichen Arbeitens abbildet und die gesamte Ressourcenvielfalt des jeweiligen Fachs aufzeigt. Neben den häufig nachgefragten Bereichen „Literatur recherchieren und beschaffen" und „Arbeiten schreiben und veröffentlichen" finden sich Informationen zu „Fakten suchen und nachschlagen", „Auf dem Laufenden bleiben" sowie „Adressen und Kontakte finden". Damit gibt es in LOTSE neben den klassischen Aspekten der Informationskompetenz, wie sie beispielsweise in den ACRL-Standards zu finden sind, gerade in den beiden letztgenannten Themenbereichen auch viele Hinweise, die für ein erfolgreiches wissenschaftliches Arbeiten von Relevanz sind.[27]

---

26 Das Video „Einstiege ins Internet" enthält darüber hinaus ein spielerisches Angebot zur Problematik der unterschiedlichen Qualität von Informationen, die bei Nutzung von allgemeinen Suchmaschinen ermittelt werden. http://lotse.uni-muenster.de/tutorials/index-de.php#einstiege (30. 10. 2011).
27 Vgl. Anm. 6.

Die oben skizzierte Struktur wird für jedes Fach konsequent beibehalten. Ein Vergleich der verschiedenen Fachdisziplinen und ein interdisziplinäres Arbeiten ist so in LOTSE leicht möglich; Unterschiede und Selbstverständnisse der Fächer werden sofort deutlich. Während beispielsweise für Psychologie der Artikel „Tests" eine große Relevanz aufweist, findet er sich im Fach Niederlandistik/NL-Studien nicht wieder.

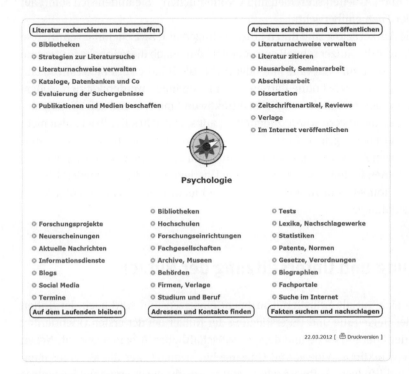

Abb. 2: LOTSE-„Fahrplan" für das Fach Psychologie mit den fünf Themengebieten

Die Perspektivenvielfalt findet sich zudem auch in der Konzeption der Videos wieder. Durch die Gesprächssituation zwischen zwei Studierenden wird beispielsweise im Video zur Plagiatsthematik deutlich, dass es unterschiedliche Auffassungen im Bereich des „geistigem Eigentums" gibt, und es bleibt dem Nutzer überlassen, wie er welche Aspekte bewertet. Auch im Quiz wird auf unterschiedliche Positionen eingegangen.[28] Schließlich existiert die Perspektivenvielfalt auch auf der Ebene der Meta-Lern-Inhalte. So wird in den Videos zu Recherchestrategien die systematische Literatursuche ebenso thematisiert wie die unsystematische Suche à la Schneeballeffekt und Stöbern am Regal.

---

28 http://lotse.uni-muenster.de/tutorials/index-de.php#plagiate (30. 10. 2011) sowie http://lotse.uni-muenster.de/moodle/ (31. 10. 2011).

Nutzerzentriertheit in LOTSE

Zur Nutzerzentriertheit gehört es, Themen anzubieten, die für die Studierenden von Interesse sind, und ihnen gleichzeitig möglichst viel Wahlfreiheit zu ermöglichen. Stark nachgefragt werden vor allem die Themengebiete „Literatur recherchieren und beschaffen" und „Arbeiten schreiben und veröffentlichen". Sie finden sich sofort auf der Ebene der Themenübersicht.

Auch die Artikel selbst sind durch Einstiegsfragen und Zwischenüberschriften so strukturiert, dass die Nutzer schnell entscheiden können, ob diese Inhalte für sie zum gegenwärtigen Zeitpunkt relevant sind oder nicht. Die Inhalte sind weiterhin so aufbereitet, dass sie möglichst ohne Barrieren wahrgenommen werden können. Zudem wurde darauf geachtet, Inhalte möglichst attraktiv und motivierend aufzubereiten.

Bei den Quizangeboten wurde zudem Wert auf spezifisches Feedback, also nicht nur richtig oder falsch, gelegt. Es sind vielmehr weitergehende Hinweise und Tipps auch bei richtigen Antworten integriert. Im Quiz zum Thema Plagiarismus gibt es zudem Freitextfelder, in denen die Nutzer eigene Überlegungen zu bestimmten Positionen anstellen können. Auf Anfrage erhalten sie hierzu individuelles Feedback von Seiten der Redaktion.[29]

Begleitung und Unterstützung der Nutzer

LOTSE lässt sich gut als Selbstlerninstrument einsetzen und wird auch der dritten Prämisse, der Begleitung und Unterstützung der Nutzer bei der ersten Orientierung im Bereich der Literatursuche und dem wissenschaftlichen Arbeiten gerecht. Neben den Artikeln, Linktipps, Videos und Quizangeboten bietet hier die Materialsammlung Tipps zu hilfreicher Software wie Literaturverwaltungsprogramme, kostenlose Textverarbeitungsmöglichkeiten und zum Austausch von Dateien.[30] In den Videos zu Suchstrategien wird des Weiteren angesprochen, welche Phasen es bei einer Literatursuche geben kann. Schließlich ist auf jeder LOTSE-Seite eine Kontaktaufnahme per Mail möglich. Anfragen gehen zunächst an die Gesamtredaktion und werden bei Bedarf an die Fachredakteure weitergeleitet. Eine weitergehende Begleitung, beispielsweise in Form eines Forums oder per Chat kann aufgrund der eingeschränkten Kapazitäten der Redakteure leider nicht angeboten werden, obwohl dies didaktisch wünschenswert wäre.

---

29 Eine individuelle Betreuung könnte durch die Integration von LOTSE in die Lernplattformen der jeweiligen Universitäten noch besser geleistet werden. Vgl. hierzu den folgenden Abschnitt.
30 Lotse auch für Social Bookmarking-Dienste und weitere Web 2.0-Möglichkeiten zu öffnen, sollte überlegt und umgesetzt werden. Auch dies muss natürlich in Abwägung zur Arbeitsbelastung der Redakteure geschehen.

Integration in Blended Learning-Konzepte

Diese Problematik lässt sich jedoch mit Hilfe der vierten Prämisse, nämlich der Integration in Blended-Learning-Konzepte, auffangen. So kann LOTSE als Selbstlerninstrument dienen und wie oben beschrieben gewinnbringend genutzt werden. Der didaktische Mehrwert entfaltet sich jedoch erst beim Einsatz von LOTSE im Zusammenhang mit Präsenzphasen. LOTSE lässt sich hier beispielsweise als Vor- oder Nachbereitung von Schulungen einsetzen oder direkt in die Veranstaltungen integrieren.[31]

Insbesondere Themen, die einen großen Anteil an persönlicher Auseinandersetzung und eine individuelle Positionierung erfordern, wie beispielsweise Diskussionen zu sozio-ökonomischen Fragestellungen der Informationskompetenz, können sich in einer Gruppe vor Ort besser entfalten. Auch eine Forums-Diskussion, beispielsweise in einer Lernplattform wie Moodle, ließe sich hier gezielt einsetzen. Hier wird jede Institution und jeder Dozent eine eigene Auswahl von LOTSE-Inhalten treffen müssen, die sich auch in Übereinstimmung mit der jeweils spezifischen Gruppe und ihren Anliegen befindet.[32]

Die Zukunft: LOTSE woanders einsetzen

LOTSE ist als ganzheitliches Angebot mit verschiedenen Elementen unter Berücksichtigung aktueller lernpsychologischer und (medien-)pädagogischer Erkenntnisse konzipiert und umgesetzt worden. In letzter Zeit zeichnet sich allerdings ab, dass es zukünftig verstärkt um eine Zusammenführung verschiedener Services unter einer Oberfläche, beispielsweise einem Studienassistenzportal oder einer Virtuellen Forschungsumgebung, gehen wird.[33]

Die Interoperabilität eines Angebots wie LOTSE ist damit von großer Wichtigkeit. Sie ist durch die Umsetzung der Quizsequenzen mit der Moodle-Software sowie über

---

31 An der ULB Münster setzen einige Fachreferenten LOTSE als Nachbereitungsmöglichkeit gezielt ein. An der Integration von LOTSE in das Informationskompetenz-Angebot ULB-Tutor wird gearbeitet.
32 Zu Möglichkeiten der verschiedenen Arbeitsformen im Bereich Informationskompetenz vgl. Hütte, Mario: Inhalte und Methoden der Vermittlung von Informationskompetenz. In: Bibliotheksdienst 44 (2010). S. 973–985. Mit Vorsicht zu genießen ist jedoch die dort auf Seite 978 dargestellte lernpsychologische Pyramide. Und zwar ist Lernen ein viel zu komplexer Prozess, als dass sich die Prozentangaben wissenschaftlich belegen ließen. Vgl. hierzu Weidenmann, Bernd: Multimedia, Multicodierung und Multimodalität beim Online-Lernen. In: Online-Lernen. Hrsg. von Paul Klimsa u. Ludwig J. Issing. 2. Auflage. München: Oldenbourg Verlag 2011. S. 73–86, hier S. 77.
33 Vgl. Neubauer, Karl W.: Wie lange braucht der Wissenschaftler noch ein Bibliotheksportal? In: B.I.T.online 13 (2010). S. 363–367.

eine XML-Schnittstelle gewährleistet.[34] Gleichzeitig ermöglicht der modulare Aufbau mit den verschiedenen Elementen eine neue Anordnung und Einbindung in andere Umgebungen.

Mit der technischen Weiterentwicklung der verschiedenen Rechercheinstrumente und der intuitiveren Handhabung wird es zudem zunehmend darauf ankommen, mehr Gewicht auf ein grundsätzlich erfolgreiches Vorgehen bei der Recherche und dem wissenschaftlichen Arbeiten, mögliche Problematiken und Lösungsstrategien zu legen.

Die Aufgabe, ein stimmiges Konzept zur Vermittlung von Informationskompetenz mit verschiedenen Angeboten, Arbeitsformen und Methoden zusammenzustellen bleibt also bestehen.[35] Hier wird auch die didaktisch-pädagogische Kompetenz in der Entwicklung und Umsetzung von Online-Tutorials und deren Einbindung in andere Webumgebungen gefragt sein. Konzeptionen von LOTSE und anderen Tutorials können dabei als Anregung für einen fruchtbaren Austausch gelesen werden, diese Angebote auch zukünftig inhaltlich und technisch so zu gestalten, dass sie zur Förderung der Informationskompetenz der jeweiligen Nutzergruppen dienen können.

Weiterführende Literatur

e-teaching.org – Informationsportal für Hochschullehrende. http:www.e-teaching.org
    (30. 10. 2011).
Kerres, Michael: Multimediale und telemediale Lernumgebungen. Konzeption und Entwicklung.
    3. Auflage. München: Oldenbourg Verlag 2011 (Erscheinen angekündigt).

---

34 Die Virtuelle Fachbibliothek Politikwissenschaft hat dies mit einer Java-Script-Lösung bereits umgesetzt: http://www.vifapol.de/tutorial/ (31. 10. 2011); weitere LOTSE-Mitglieder arbeiten an der Integration in ihre Webseiten.
35 Vgl. hier Anmerkung 31.

Martina Straub

Lernerfolgskontrolle, Evaluierung und Messung der Informationskompetenz

Abstract: Evaluationen werden in Lehrveranstaltungen und Schulungen mittlerweile standardmäßig eingesetzt, um während oder nach der Veranstaltung Erkenntnisse zu gewinnen, die für den weiteren Verlauf oder für die zukünftige Planung Konsequenzen für die Lehrenden und Lernenden haben. Zur Anwendung kommen dabei verschiedene Evaluationsmethoden, die sich in einigen Aspekten voneinander unterscheiden, u. a. dem Zeitrahmen, den die Evaluation einnimmt, dem Verwendungszweck, für welchen evaluiert wird und den Erstellungsaufwand für die Evaluation. Für eine zweckmäßige Evaluation sollten vorab Lehr- und Lernziele festgelegt werden, die letztendlich den Bewertungsmaßstab vorgeben.

Keywords: Evaluation, Evaluationsmethoden, Lernerfolgskontrolle, Aufgabenformen, Lernziel, Bloomsche Taxonomie, Umfragen

Martina Straub: Studium (Dipl.Bibl. WB) an der FH für Bibliothekswesen, Stuttgart. Fernstudien zur „Expertin für Neue Lerntechnologien" und zum „MAS Educational Technology". Universitätsbibliothek Freiburg: nach Tätigkeiten in unterschiedlichen Abteilungen: ab 2008 Leitung der Abteilungen Information und Benutzung UB 1.

Definition des Überbegriffes Evaluation

Bei Wottawa und Thierau[1] bedeutet Evaluation „die explizite Verwendung wissenschaftlicher Forschungsmethoden und -techniken für den Zweck der Durchführung einer Bewertung, um praktische Maßnahmen zu überprüfen, zu verbessern oder über sie zu entscheiden."

Scriven[2] beschreibt es mit allgemeineren Begriffen: „The process of determining the merit, worth, or significance of things".

---

1 Wottawa, Heinrich u. Heike Thierau: Lehrbuch Evaluation. 2., vollst. überarb. Aufl. Bern: Huber 1998, S. 13 f.
2 Scriven, Michael: Evaluation Theory and Metatheory. In: International Handbook of Educational Evaluation. Part 1. Dordrecht: Kluwer 2003. S. 15–30, hier S. 15.

Grundsätzlich können Evaluationen „mehr formativ, d. h. aktiv gestaltend, prozessorientiert, konstruktiv und kommunikationsfördernd angelegt sein, oder mehr summativ, d. h. zusammenfassend, bilanzierend und ergebnisorientiert."[3]

Da im Bereich der Informationskompetenz handlungsorientiertes Wissen, Fähigkeiten und Fertigkeiten vermittelt werden, bringt i. d. R. eine summative Evaluation die besseren Ergebnisse, die unmittelbar Anwendung in der Praxis (der Lehrenden und Lernenden) finden.

Einstiegsdiagnose

Motivation

Orientierung

Vermittlung

Übung

Wiederholung

Lernkontrolle/ Evaluation

Praxis

Abb. 1: Lernprozess[4]

Stockmann[5] verwendet zur Einführung des Begriffes „Evaluation" ein sehr plastisches Beispiel:[6] den Untergang der Titanic. Alle relevanten Stichworte können anhand von diesem historischen Ereignis erläutert werden: die Reise der Titanic mit dem Endziel New York ist das Projekt, die Zielerreichung unterliegt unterschiedlichen Interessen,

---

3 Stockmann, Reinhard: Handbuch zur Evaluation: eine praktische Handlungsanleitung. Münster: Waxmann 2007, S. 34.
4 Nach Meier, Rolf: Praxis E-Learning. Grundlagen, Didaktik, Rahmenanalyse, Medienauswahl, Qualifizierungskonzept, Betreuungskonzept, Einführungsstrategie, Erfolgssicherung. Offenbach: Gabal 2006, hier S. 96.
5 Ebd., S. 15–18.
6 Hier stark verkürzt dargestellt.

was zu Differenzen führen kann, die vorher bedacht werden müssen, was idealerweise Teil einer sorgfältigen Planung ist. Um ein solches Projekt erfolgreich durchführen zu können, wird qualifiziertes Personal benötigt, das in eine Organisationsstruktur eingebunden ist und klare Aufgabenbeschreibungen erhält. Eine weitere grundlegende Voraussetzung ist die Kommunikation zwischen den Projektpartnern. Finanzielle Ressourcen werden u. a. für die Technologien benötigt, die eingesetzt werden sollen. Das Projekt ist angesiedelt in einer spezifischen Umwelt und bedarf einer sachgerechten Steuerung, die das Ziel und den Weg dahin im Blick behält.

Verschiedene „W-Fragen" stellen sich vor einer Evaluation:

Wer soll durch wen evaluiert werden? Und warum? Wie soll die Evaluation durchgeführt werden und zu welchem Zeitpunkt?

Evaluiert werden können bei einer Schulung die Lernenden, aber auch die Lehrenden. Die Lernenden können sich auch zur Kontrolle des bisherigen Wissensstandes selbst kontrollieren. Der Grund für die Maßnahme „Evaluation" sollte auf jeden Fall vor Beginn der Planungen dafür festgelegt werden. Soll eine Schulung z. B. im Sinne eines Qualitätsmanagements überprüft werden, empfiehlt sich eine formative Evaluation, um Verbesserungen im laufenden Prozess zu erreichen. Soll eine Evaluation aber den Lernerfolg bei den Teilnehmern dokumentieren, werden die erforderlichen Daten summativ, also am Ende der Veranstaltung, erhoben. Eine qualitative Evaluation erhebt wenige, aber ausführliche Daten, eine quantitative Evaluation wertet große Datenmengen aus, die z. B. mit Hilfe von Fragebögen erhoben worden sind.

Evaluiert werden sollte immer anhand von Kriterien:

- Objektivität: sind die Ergebnisse der Evaluation unabhängig vom Evaluierenden erhoben worden – was die Erhebung, Auswertung und Bewertung betrifft. Käme eine andere Lehrperson zum selben Ergebnis.
- Reliabilität: sind die Evaluationsergebnisse zuverlässig – war die Erhebung der Daten korrekt.
- Validität: werden in der Evaluation die Daten erhoben, die auch gewollt sind – erfüllt die Evaluation ihren Zweck.
- Ökonomie: erhebt die Evaluation die gewünschten Daten in einem vertretbaren Rahmen, was z. B. Zeit und Personaleinsatz betrifft.
- Normierung: können die erhobenen Daten einer Evaluierung im Vergleich zu anderen Ergebnissen eingeordnet werden (z. B. anhand von Normskalen).

Die Evaluationsmethode wiederum hängt davon ab, zu welchem Zweck evaluiert werden soll.

Evaluationsmethoden: Lernerfolgskontrollen

Lernerfolgskontrollen als Evaluationsmethode sind spätestens seit PISA,[7] TIMSS[8] und IGLU[9] in aller Munde. Auch im Bereich der Informationskompetenz sind sie eine probate Methode, um die unmittelbare und nachhaltige Wirkung eines Schulungsangebotes zu überprüfen und tragen dazu bei, Verbesserungen und Weiterentwicklungen im Hinblick auf eine Professionalisierung des Angebotes anzustoßen.

Lernerfolgskontrollen (LEKs) können in unterschiedlicher Art und Weise durchgeführt werden.

Möglich sind z. B.

- eine mündliche Prüfung
- eine Präsentation/ein Vortrag
- ein Test (konventionell oder online)
  konzipiert als[10]
  - Single Choice/True/False (aus vorgegebenen Antworten muss die richtige ausgewählt werden)
  - Multiple Choice (aus vorgegebenen Antworten müssen mehrere richtige ausgewählt werden)
  - Lückentext (eine oder mehrere Lücken müssen (ohne Vorgabe oder z. B. erster Buchstabe des Wortes als Vorgabe oder mit Vorgabe einer Auswahlliste möglicher Antworten) korrekt ergänzt werden)
  - Freitext/Essay/Entwurf (die Antwort muss frei formuliert werden)
  - Zuordnungsaufgaben (aus zwei vorgegebenen Antwortgruppen müssen jeweils passende Paare erstellt werden. Als Variante können auch nicht zuzuordnende Paare vorgegeben werden)
    - Drag & Drop (eine graphisch aufbereitete Zuordnungsaufgabe)
  - Kausale Verknüpfung (eine vorgegebene These muss anhand vorgegebener Antwortmöglichkeiten begründet werden)

---

7 PISA = Programme for International Student Assessment, in Deutschland von 2000–2009 im Auftrag der Kultusministerkonferenz durchgeführt. Auswertungen s. OECD: PISA – Internationale Schulleistungsstudie der OECD. http://www.oecd.org/document/20/0,3746, de_34968570_39907066_39648148_1_1_1,00.html (17. 12. 2011).
8 TIMSS = Trends in International Mathematics and Science Study, zuletzt 2011 in Grundschulen durchgeführt. Auswertungen (von 2007) s. IFS: TIMSS 2007. http://timss.ifs-dortmund.de/ (17. 12. 2011).
9 IGLU = Internationale Grundschul-Lese-Untersuchung, zuletzt 2011 in den 4. Grundschulklassen durchgeführt. Auswertungen (von 2006) s. IFS: IGLU 2006. http://www.iglu.ifs-dortmund.de/ (17. 12. 2011).
10 Teilw. nach Schiefner, Mandy: E-Assessment in der Lehrerinnen- und Lehrerbildung. In: Beiträge zur Lehrerbildung 25 (2007). S. 59–72, hier S. 62.

- – Umordnungsaufgabe/Ranking (eine vorgegebene Antwortliste, die in eine bestimmte Reihenfolge gebracht werden muss)
  - – Kurzantwort-Aufgaben (eine kurze Freitextaufgabe)
  - – Korrekturaufgaben (vorgegebene Antworten müssen auf ihre Korrektheit überprüft und evtl. verbessert werden)
  - – Hotspot (eine vorgegebene Antwort muss mit der Maus markiert werden)[11]
  - – Likert-Skala (eine vorgegebene Aussage muss anhand einer Skala mit Zustimmung oder Ablehnung bewertet werden)[12]
- – Lernportfolio
- – Umfragen
- – Interviews
- – Teilnehmende Beobachtung
- – Simulationen
- – Praktische Aufgaben

Sacher[13] unterscheidet LEKs in „geschlossene", „halboffene" und „offene" Aufgabenformen. Zu den geschlossenen gehören z. B. Multiple Choice-Fragen, zu den halboffenen gehören kombinierte Aufgaben, z. B. eine Multiple Choice-Frage mit Freitextfeld zur Begründung der Antwort, und zu den offenen Formen gehört z. B. eine Präsentation.

Geschlossene Fragen sind eher für Wissens- und Verständnisabfragen geeignet und sind einfach (oder sogar automatisiert) zu korrigieren. Halboffene und offene Aufgabenformen benötigen einen verbindlichen Kontext für den Lerner und klare Vorgaben (z. B. über den Umfang der Antwort) – ermöglichen dem Lerner aber z. B. die Analyse einer Fragestellung oder Entwicklung eigener Lösungsansätze. Ob das Lernziel den erhöhten Korrekturaufwand rechtfertigt, muss der Lehrende entscheiden.

LEKs können auch anhand eines Bewertungsrasters vorgenommen werden. Ein Bewertungsraster wird oft in Tabellenform dargestellt und enthält Kriterien oder Lernziele (s. Abb. 2), die in ihren unterschiedlichen Kompetenzstufen möglichst präzise beschrieben werden, um die erbrachte Leistung genau bewerten zu können.

Mit einem Bewertungsraster können Lehrende Lernende bewerten oder die Lernenden bewerten sich selbst oder Lernende bewerten sich gegenseitig.[14]

---

11 Nur für Online-Aufgaben geeignet.
12 Aus Sicht der Autorin eher als summatives Evaluationsinstrument z. B. für eine Lehrveranstaltung geeignet.
13 Sacher, Werner: Leistungen entwickeln, überprüfen und beurteilen. Grundlagen, Hilfen und Denkanstöße für alle Schularten. 3. Aufl. Bad Heilbrunn: Klinkhardt 2001, hier S. 114 ff.
14 Vgl. Sächsisches Staatsinstitut für Bildung und Schulentwicklung – Comenius-Institut – Projektgruppe Leistungsermittlung und Leistungsbewertung: Leistungsermittlung und Leistungsbewertung mit einem Bewertungsraster. O.J. http://www.sn.schule.de/~nk/doc/ bg_le_beispiel_kompetenzraster.pdf (18. 12. 2011).

Lernziel	Kompetenzstufe 1	Kompetenzstufe 2	Kompetenzstufe 3	Kompetenzstufe 4
Formulierung eines Themas	Das Thema ist klar formuliert und sinnvoll eingegrenzt. Der zu erwartende Umfang wird richtig eingeschätzt. Sinnvolle Suchbegriffe werden umfassen abgeleitet.	Das Thema ist weitestgehend klar formuliert und sinnvoll eingegrenzt. Der zu erwartende Umfang wird in etwa richtig eingeschätzt. Sinnvolle Suchbegriffe werden abgeleitet.	Das Thema ist nicht ganz klar formuliert und nicht ausreichend eingegrenzt. Der zu erwartende Umfang wird nicht richtig eingeschätzt. Nur wenige geeignete Suchbegriffe wurden erkannt.	Das Thema ist sehr unklar formuliert und nicht sinnvoll eingegrenzt.
Lernziel 2	Kriterium	Kriterium	Kriterium	Kriterium
Lernziel 3	Kriterium	Kriterium	Kriterium	Kriterium
Lernziel 4	Kriterium	Kriterium	Kriterium	Kriterium
Punkte	3	2	1	0

Abb. 2: Bewertungsraster mit möglichst präzise formulierten Kriterien und Kompetenzstufen[15]

Aufgabenbeispiele für Lernerfolgskontrollen

LEKs erfüllen mehrere Funktionen: so wird zum einen statisch das neu angeeignete Wissen auf „Richtigkeit und Anwendbarkeit"[16] geprüft. Zum anderen findet eine dynamische „Prüfung des Lernfortschritts"[17] statt.

---

15 Nach Klein, Annette u. Martina Straub: IK-Assessment. Fortbildung hbz Köln 20. und 21. 10. 2008. http://www.informationskompetenz.de/fileadmin/DAM/documents/ Information%20Literacy_1848.pdf (17. 12. 2011).
16 Stark, Sebastian: Erfolgsermittlung des E-Learning: Methoden und Instrumente der Wissensüberprüfung. 2006. Ohne Seitenzählung. http://wiwi.uni-giessen.de/dl/down/open/ Schwickert/3810f573f7ede310a3dd957db31023635b2d741a19cc33462577548421adff7e8e5d382525 e89b4a709a66f1fe9a5cf1/RefSem_WI_WS0506_Vortrag_04_Stark.pdf (18. 12. 2011).
17 Ebd.

Beispiel einer Zuordnungsaufgabe:[18]

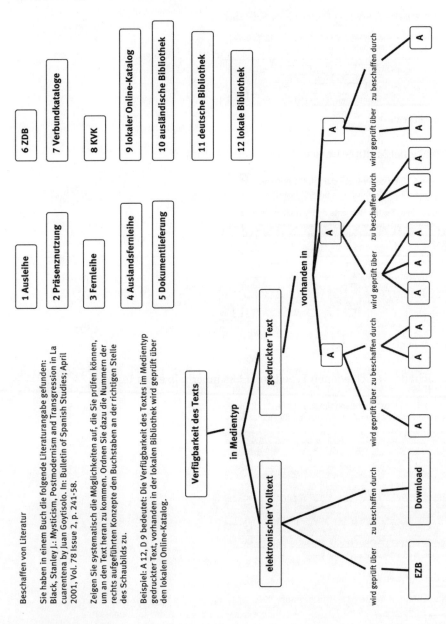

Abb. 3: Zuordnungsaufgabe

18 Nach Klein, Annette u. Martina Straub: IK-Assessment. Fortbildung hbz Köln 20. und 21. 10. 2008. (Anm. 15).

Beispiel eines Lückentextes:[19]

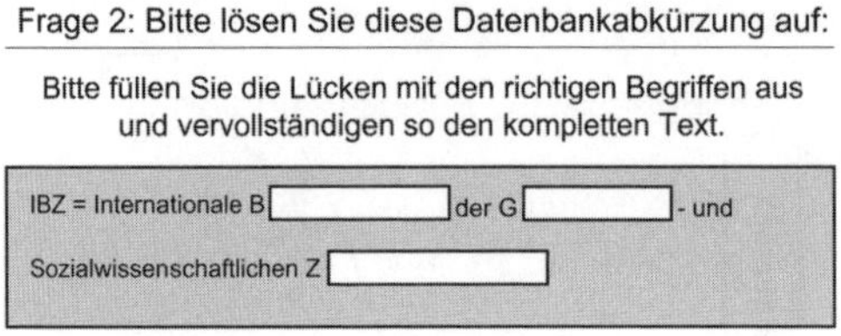

Frage 2: Bitte lösen Sie diese Datenbankabkürzung auf:

Bitte füllen Sie die Lücken mit den richtigen Begriffen aus
und vervollständigen so den kompletten Text.

IBZ = Internationale B[   ] der G[   ] - und

Sozialwissenschaftlichen Z[   ]

Abb. 4: Lückentext

Beispiel einer Multiple Choice-Frage in Tabellenform:[20]

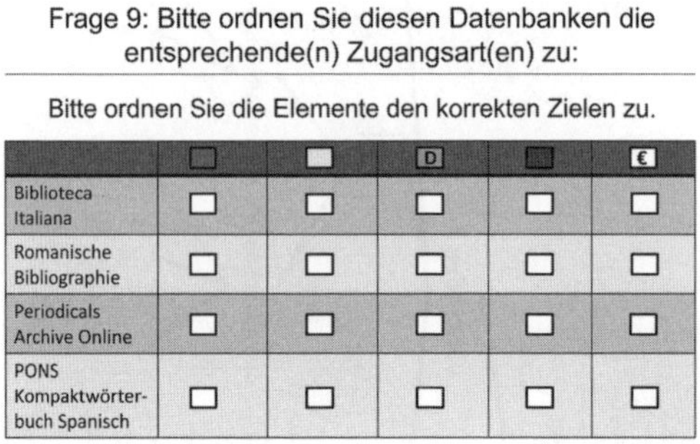

Frage 9: Bitte ordnen Sie diesen Datenbanken die
entsprechende(n) Zugangsart(en) zu:

Bitte ordnen Sie die Elemente den korrekten Zielen zu.

	☐	■	D	▨	€
Biblioteca Italiana	☐	☐	☐	☐	☐
Romanische Bibliographie	☐	☐	☐	☐	☐
Periodicals Archive Online	☐	☐	☐	☐	☐
PONS Kompaktwörterbuch Spanisch	☐	☐	☐	☐	☐

Abb. 5: Multiple-Choice-Frage

Übersicht der verschiedenen Typen von LEKs innerhalb eines Testes:[21]

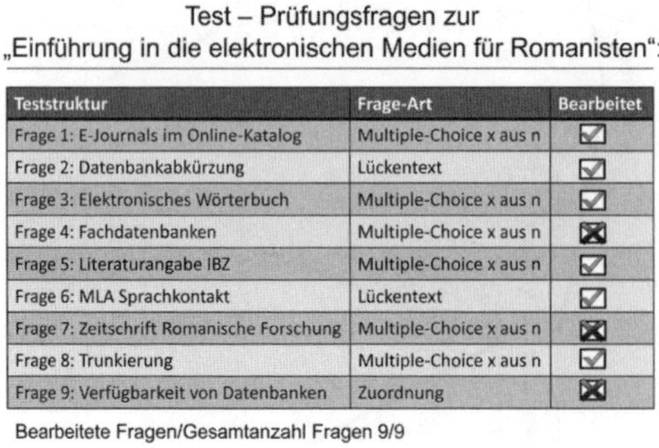

Test – Prüfungsfragen zur
„Einführung in die elektronischen Medien für Romanisten":

Teststruktur	Frage-Art	Bearbeitet
Frage 1: E-Journals im Online-Katalog	Multiple-Choice x aus n	☑
Frage 2: Datenbankabkürzung	Lückentext	☑
Frage 3: Elektronisches Wörterbuch	Multiple-Choice x aus n	☑
Frage 4: Fachdatenbanken	Multiple-Choice x aus n	☒
Frage 5: Literaturangabe IBZ	Multiple-Choice x aus n	☑
Frage 6: MLA Sprachkontakt	Lückentext	☑
Frage 7: Zeitschrift Romanische Forschung	Multiple-Choice x aus n	☒
Frage 8: Trunkierung	Multiple-Choice x aus n	☑
Frage 9: Verfügbarkeit von Datenbanken	Zuordnung	☒

Bearbeitete Fragen/Gesamtanzahl Fragen 9/9

Abb. 6: LEK-Typen

---

19 Aus einer Lehrveranstaltung der UB Freiburg: „Einführung in die elektronischen Medien für Romanisten." Die Lückentextfrage ist Teil des Abschlusstestes, der auf der Lernplattform „CampusOnline" der Universität bereitgestellt wird und zur Teilnahmebescheinigung führt. Der Test wurde mit der lernplattforminternen Software erstellt.
20 Ebd.
21 Ebd.

Evaluationsmethoden: Umfragen

Umfragen eignen sich dazu, subjektive Einschätzungen, Meinungen und bei Bedarf demographische Basisdaten von Lernenden einzuholen, die letztendlich dazu dienen, ein Schulungsangebot zu verbessern und dem Lehrenden Hilfestellung z. B. für alternative Lehrmethoden zu geben. Um die Lernenden zum Ausfüllen eines Fragebogens zu motivieren, sollte eine Umfrage möglichst kurz und verständlich sein. Umfragen können mündlich oder schriftlich erfolgen und (bei der schriftlichen Variante) online oder in Papierform durchgeführt werden. Unterschieden wird zwischen offenen und geschlossenen Fragen: bei geschlossenen Fragen sind die Antworten bereits vorgegeben und müssen ausgewählt werden. Sie sind leicht (auch maschinell) auszuwerten. Offene Fragen sind komplexer in der Auswertung, geben den Lernenden aber die Möglichkeit, die Antwort in eigene Worte zu fassen und erbringen damit eine größere Vielfalt an Antworten. Denkbar ist auch eine Kombination beider Fragetypen.

Für die Gestaltung und Durchführung von Online-Umfragen gibt es mittlerweile zahlreiche kostenlose und kommerzielle Tools, die hier in Auswahl aufgeführt werden.

SurveyMonkey (kostenlos im Basic-Modell)
  SurveyMonkey: http://www.surveymonkey.com/home.asp (22. 12. 2011)

Votations (kostenlos)
  Data Illusion: http://www.votations.com/ (22. 12. 2011)

echopoll com (kostenlos)
  Preyer GmbH: http://www.echopoll.com/html/de/sites/test.htm (22. 12. 2011)

LimeSurvey (kostenlos)
  http://www.limesurvey.org/de (22. 12. 2011)

Voycer (kostenlos)
  Voycer AG: http://www.voycer.de/ (22. 12. 2011)

WebMart (kostenlos in der Basis-Version)
  WebMart Online Tools Limited: http://www.webmart.de/dynasite.cfm?dsmid=102622
  (22. 12. 2011)

alluwant.de (kostenloses Homepagetool inkl. Umfragemöglichkeit)
  Jan Porath IT-Service: http://www.alluwant.de/kostenlose_umfrage.php (22. 12. 2011)

oFb-onlineFragebogen (für Bildungsbereich kostenlos)
  Dominik Leiner: https://www.soscisurvey.de/ (22. 12. 2011)

GrafStat (für Bildungsbereich kostenlos)
  Uwe W. Diener: http://www.grafstat.de/ (22. 12. 2011)

2ask (kommerziell)
  amundis communication GmbH: http://www.2ask.ch/?redirect=OFF (22. 12. 2011)

Vovici (kommerziell)

    Vovici Corp.: http://www.vovici.com/products/online-surveys/index.aspx (22. 12. 2011)

Rogator (kommerziell)

    Rogator AG: http://www.rogator.de (22. 12. 2011)

Tabelle 1: Umfragetools

Evaluationsmethoden: Kurzformen

Die hier dargestellten Evaluationsmethoden „tragen dazu bei, dass das Handeln von Lehrenden und Lernenden nicht beliebig oder gar chaotisch ist, sondern sich systematisch an den Handlungsbedingungen und den Handlungszielen orientiert."[22]

Feedback[23]

Ein „Feedback" ist eine organisierte Rückmeldung, die mehrere Zwecke erfüllt: die Lernenden werden mit in die Verantwortung genommen und dazu aufgefordert, eigene Einschätzungen und Wahrnehmungen zu äußern, die Klärung von Missverständnissen einzufordern und erhalten dafür eine Rückmeldung zu ihrem Handeln. Dabei gilt es, Feedbackregeln offen zu legen und einzuhalten.

    Die Grundform des Feedbacks setzt sich aus den folgenden Fragen zusammen:

1. „Wozu soll das Feedback dienen?
2. Welche Informationen soll das Feedback liefern?
3. Wie können die gewünschten Daten erhoben werden?
4. Wie können die gesammelten Daten ausgewertet werden?
5. Welche Konsequenzen können und sollen aus dem Feedback gezogen werden?"[24]

Blitzlicht[25]

Innerhalb einer Lerngruppe wird jedes Mitglied (auch der/die Lehrenden) um eine spontane Meinungsäußerung gebeten, die in der Ich-Form formuliert und (zunächst)

---

22 Macke, Gerd, Ulrike Hanke u. Pauline Viehmann: Hochschuldidaktik: lehren, vortragen, prüfen. Weinheim u. a.: Beltz 2008, hier S. 100.
23 Alle Methoden in detaillierter Form bei Macke, Gerd, Ulrike Hanke u. Pauline Viehmann: Hochschuldidaktik: lehren, vortragen, prüfen. (Anm. 22).
24 Vgl. ebd., hier S. 178–179.
25 Vgl. ebd., hier S. 159–160.

nicht von den anderen Lernenden kommentiert wird. Die Äußerung kann sich auf die eigene Befindlichkeit des Lerners beziehen oder offene Fragen oder Konflikte ansprechen.

Muddiest Point[26]

Bei dieser Evaluationsmethode werden die Lernenden gebeten, den aus ihrer Sicht bisher schwächsten Punkt der Schulung (oder des Schulungsabschnitts) zu benennen. Die Meinungsäußerung kann dabei mündlich oder schriftlich erfolgen und sich z. B. auf die Lehrveranstaltung, den Lehrenden oder auf die Inhalte der Veranstaltung/Schulung beziehen.

Evaluationsskulptur[27]

In einer Evaluationsskulptur wird ein Gegenstand, der einen Sachverhalt ausdrückt, aufgestellt oder ausgelegt und die Lernenden bringen sich, je nach Meinung über diesen Sachverhalt, in Position, also entweder näher oder entfernter zum Gegenstand. Durch diese „Meinungsäußerung" bezieht jedes Lerngruppenmitglied Stellung zu einem Sachverhalt, was im Laufe einer Schulung auch mehrfach eingesetzt werden kann, um eventuelle Veränderungen im Meinungsbild festzustellen.

Target[28]

Die Lernenden werden bei der Evaluationsmethode Target aufgefordert, Klebepunkte auf einer in vier Bereichen aufgeteilten Zielscheibe zu verteilen. Die Bereiche stehen dabei für vier verschiedene Evaluationsaspekte. Die Mitte der Zielscheibe repräsentiert dabei die höchste Bewertung eines Aspektes. Diese Evaluationsmethode sollte mit einem abschließenden Gespräch beendet werden, da die ansonsten nur nonverbal abgegebenen Meinungen am Target keinen klaren Schluss zulassen.

---

26 Vgl. ebd., hier S. 205–206.
27 Vgl. ebd., hier S. 174–175.
28 Vgl. ebd., hier S. 227–228.

Lehr-Lernziele[29]

Zu Beginn der Planungen für eine Lehrveranstaltung oder einen Kurs zur Vermittlung von Informationskompetenz[30] sollten Lehr- und Lernziele festgelegt werden, da anhand dieses Maßstabes letztendlich auch die Überprüfung des Erreichten (Evaluation) stattfindet.

Lehr- und Lernziele können in drei Dimensionen unterschieden werden: „Die erste Lehrzieldimension sind die affektiven Lehrziele. Diese beziehen sich auf die emotionale Ebene des Lernenden. Als zweite sind die kognitiven Lehrziele zu nennen. Diese basieren auf der Erkenntnisebene. Als letzte Lehrzieldimension werden dann die psychomotorischen Lehrziele bezeichnet. Diese beinhalten vom Willen abhängige Bewegungen oder auch durch seelische Vorgänge beeinflusste Motorik."[31]

Mit Hilfe der Bloomschen[32] Taxonomie können kognitive Lernziele strukturiert werden. Dabei sind die Lernziele in unterschiedliche Stufen unterteilt (von der höchsten Stufe „Bewertung" bis zur niedrigsten Stufe „Wissen"). Bei der Formulierung von Lernzielen kann das übergeordnete Lernziel z. B. so aussehen: „Die Teilnehmenden können für sie relevante Literatur umfassend recherchieren und auffinden."[33] Ein Detailziel dazu sieht z. B. so aus: „Sie können sich die für sie relevante Literatur per Ausleihe, im Lesesaal, anderen Bibliotheken, Fernleihe oder Dokumentenlieferdienste beschaffen."[34] Nach der Bloomschen Taxonomie fällt dieses Lernziel unter „Anwendung". Ein untergeordnetes Lernziel, z. B. Sie [die Teilnehmer] kennen den Lesesaal der Bibliothek, was im Bereich „Wissen" anzusiedeln wäre, wird bereits im Lernziel „Anwendung" vorausgesetzt und fällt deshalb weg.

---

29 Lehr- und Lernziele sind durch unterschiedliche Adressaten gekennzeichnet: das Lernziel bezieht sich auf den Mehrwert, den der Lernende z. B. aus einem Test gewinnen möchte, das Lehrziel beinhaltet das Ergebnis, das sich der Lehrende z. B. aus der Aufgabe verspricht.
30 Für diese Art der Veranstaltung eigenen sich die „Standards der Informationskompetenz für Studierende" (hrsg. vom Netzwerk Informationskompetenz Baden-Württemberg) besonders gut: http://www.informationskompetenz.de/fileadmin/user_upload/Standards_der_Inform_88.pdf (18. 12. 2011).Weitere hilfreiche Standards und Checklisten für die Durchführung von IK-Veranstaltungen finden sich ebenfalls auf http://www.informationskompetenz.de/ standards-und-erklaerungen/ (18. 12. 2011).
31 Kraatz, Sandra: Schriftliche Lernerfolgskontrollen. Studienarbeit. München: GRIN-Verlag 2005. S. 6.
32 Bloom, Benjamin S. (Hrsg.): Taxonomie von Lernzielen im Kognitiven Bereich. Weinheim u. a.: Beltz 1974.
33 Sühl-Strohmenger, Wilfried, Ulrike Hanke u. Martina Straub: Informationskompetenz professionell fördern. Berlin, Boston: De Gruyter 2012.
34 Ebd.

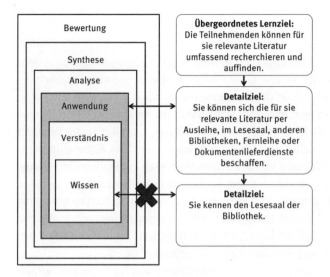

Abb. 7: Taxonomie kognitiver Lernziele nach Bloom[35]

Um nun Lernziele zu formulieren, genügt es die Verben aus der Abbildung 8 zu übernehmen und thematisch zu verknüpfen, also z. B. „Die Teilnehmer können die drei wichtigsten Online-Datenbanken ihres Faches benennen."

Stufe	Definition	Verben
Wissen	Inhalte/Sachverhalte wörtlich wiedergeben können	aufzählen, nennen
Verstehen	Inhalte/Sachverhalte mit eigenen Worten wiedergeben können	beschreiben, erläutern, erklären
Anwenden	Anwenden, tun können	benutzen, durchführen, gebrauchen, anwenden
Analysieren	Sachverhalte in ihre Struktur zerlegen können	analysieren, unterscheiden, vergleichen, zuordnen
Synthetisieren	Aussagenelemente zu einem neuen Aussagenkomplex zusammenfügen können	entwerfen, entwickeln, kombinieren, konstruieren, planen
Bewerten	Sachverhalte nach Kriterien beurteilen können	bewerten, beurteilen, entscheiden, auswählen

Abb. 8: Stufen der Bloomschen Taxonomie kognitiver Lernziele mit Definition und Verben[36]

---

35 Nach Macke, Gerd, Ulrike Hanke u. Pauline Viehmann: Hochschuldidaktik: lehren, vortragen, prüfen. (Anm. 22), hier S. 79.
36 Ebd., hier S. 79.

Fazit

Evaluation findet bisher bei Schulungen zur Vermittlung von Informationskompetenz meist summativ, am Ende der Veranstaltung statt. Da die technischen Möglichkeiten der Lehrenden und die Geduld der Lernenden beschränkt sind, liegt die Dauer einer Evaluation oft bei wenigen Minuten, was quantitativ zu kleinen Datenmengen und qualitativ zu oberflächlichen Ergebnissen führt. Dabei kann das Instrument der Evaluation bei der Qualitätssicherung gute Dienste leisten: es bietet Argumentationshilfe zum Fortbestand und Ausbau von Schulungsangeboten gegenüber der eigenen Institution oder z.B. auch gegenüber einem Fachbereich der Hochschule, der eine Integration von bibliotheksbezogenen Veranstaltungen ins Curriculum in Erwägung zieht, motiviert die Lehrenden und verhilft zu Verbesserungen in Veranstaltungsplanung- und Ablauf, verständlichem Inhalt, professionellem Auftreten und führt den Lernenden transparent vor Augen, dass ihre Meinung gefragt ist.

Zur Verbesserung von Evaluationsergebnissen und -mengen könnte z.B. grundsätzlich das Vorwissen der Lernenden erfragt werden, um Vergleichsdaten, die den (subjektiven) Lernfortschritt dokumentieren, zu sammeln. Auch das Einrichten einer Kontrollgruppe wäre denkbar (so hat z.B. eine Gruppe im 2. Semester die erste größere Hausarbeit geschrieben und davor eine Bibliotheksführung und einen „Kurs zur Vermittlung von Informationskompetenz" gemacht und die Kontrollgruppe nicht).

Zusammenfassend bleibt zu sagen, dass sich in der Praxis eine Kombination von Evaluationsmethoden als sinnvoll erwiesen hat, um möglichst viele und möglichst differenzierte Daten zu sammeln, die die Grundlage jeder Auswertung darstellen und die den Erfolg einer Schulungsmaßnahme belegen.

Weiterführende Literatur

Echterling, Nathalie: Entwicklung einer Lernerfolgskontrolle – Kritische Darstellung wichtiger Grundlagen und eigener Anwendung. Studienarbeit. Norderstedt: GRIN Verlag 2004.

e-teaching.org – Qualitätssicherung. http://www.e-teaching.org/didaktik/qualitaet/ (22. 12. 2011).

Reinmann, Gabi: Studientext Evaluation. München: Universität der Bundeswehr 2011. http://lernen-unibw.de/sites/default/files/eval_studientext11.pdf (22. 12. 2011).

Schaumburg, Heike u. Sebastian Rittmann: Evaluation des Web-basierten Lernens. Ein Überblick über Werkzeuge und Methoden. In: Unterrichtswissenschaft 29 (2001). S. 342–356.

Lehr-Lernort Bibliothek im Wandel

Christine Gläser
Informationskompetenz und neue Lerninfrastrukturen in der Hochschulbibliothek

Abstract: Die Begriffe Learning Resource Center, Learning Center, Information Commons und Learning Commons stehen für Bibliotheksneu- und -umbauten aber vor allem für neue inhaltliche Konzepte von Lerninfrastrukturen, die in den letzten 10 bis 15 Jahren im anglo-amerikanischen Raum in Hochschulbibliotheken entstanden sind.[1] Diese Konzepte orientieren sich primär an den Bedürfnissen der studierenden Nutzer. Dabei stehen nicht nur Bibliotheksbau, Bibliotheksdesign und die komfortable IT-Nutzung im Mittelpunkt, sondern vor allem Serviceorientierung und Lernunterstützung. Bibliotheken als Orte des Lernens – diese Rolle ist gewiss nicht neu. Es geht in den Bibliotheken als Lernorten jedoch nicht mehr nur um Bestand und Zugang sondern um die Inhalte und was Studierende daraus machen – die damit verbundenen Aktivitäten und Prozesse gewinnen an Bedeutung.[2] Mit neuen Lerninfrastrukturen liegt der Fokus auf den Lernenden, ihren Lernaktivitäten und Bedürfnissen an die Lernumgebung. Das bietet neue Ansatzpunkte, die Vermittlung/Entwicklung von Informationskompetenz mit diesen Servicekonzepten zu verbinden.

Keywords: Information Commons, Learning Commons, Learning Center, Lernort Bibliothek, Virtueller Lernort, E-Kompetenz, Informelles Lernen, Erfahrungslernen, Kooperatives Lernen, Soziales Lernen, Peer-to-Peer-Konzept

Prof. Christine Gläser: War von 1989 bis 2008 am Bibliotheks- und Informationssystem der Universitätsbibliothek Oldenburg in unterschiedlichen Funktionen tätig, mit inhaltlichen Schwerpunkten in den Bereichen Informationskompetenz, Nutzerforschung und elektronische Dienstleistungen sowie Managementverantwortung. Seit dem Wintersemester 2008/2009 ist sie Professorin am Department Information der HAW Hamburg mit den Fachgebieten Informationsdienstleistungen sowie Metadaten/Datenstrukturierung. Lehr- und Forschungsschwerpunkte bilden die Themen Informationsdienste, Teaching Library und Servicekonzepte wissenschaftlicher Bibliotheken.

---

1 Vgl. Gläser, Christine: Die Bibliothek als Lernort. Neue Servicekonzepte. In: Bibliothek Forschung und Praxis (2008) H. 2. S. 171–182; Götz, Martin: Lernzentren. Ein Überblick und eine kurze Einführung. In: Bibliothek Forschung und Praxis (2010) H. 2. S. 145–147.
2 Vgl. Bonnand, Sheila u. Tim Donahue: What's in a Name? The Evolving Library Commons Concept. In: College & Undergraduate Libraries (2010) H. 2–3. S. 225–233, hier S. 231.

Lernort-Entwicklungen

In den USA sind die Entwicklungen von Information Commons (IC) zu Learning Commons (LC) mittlerweile weit fortgeschritten, so dass diese bereits als „commons phenomenon in academic libraries"[3] beschrieben werden. Commons haben sich als vielfältige Lernorte entwickelt, die neben bibliothekarischen Angeboten auch Service-angebote anderer Hochschuleinrichtungen für Studierende an einem Ort bündeln.

> „Typically, the learning commons houses a range of academic services, often including the writing center, the speech center, technology support, library reference, services for students with disabilities, subject area tutoring, and first-year student programs. Usually, the commons includes many types of work spaces: soft seating, tables, group study rooms, traditional study carrels, multimedia bays, and more. In this environment, students can work two or three to a computer, debate with their peers in casual lounge settings, collaborate at project tables, and engage with library, technology, or media staff."[4]

Die starke Nutzerorientierung wird an Angeboten wie denen des 2007 eingerichteten Learning Commons[5] an der North Carolina State University (NCSU) deutlich. Neben vielfältigen Arbeitsplätzen steht ein umfangreiches Angebot an Geräten für die Ausleihe zur Verfügung, dazu gehören auch iPod und iPad, E-Book-Reader oder GPS-Einheiten. Darüber hinaus stehen den Studierenden Videospiele und konventionelle Spiele für Lernpausen zur Verfügung.

In Großbritannien sind nach den Anfängen der Lernortentwicklung mit den Learning Resource Centers in den 1990er Jahren zu Beginn des 21. Jahrhunderts Learning Centers neuer Generation entstanden. Das Saltire Centre der Glasgow Caledonian University und Learning Grid in Warwick sind hierfür die oft zitierten „Flaggschiffe".[6] Sie bieten herausragendes Design, Flexibilität, Innovation, umfassende technische Infrastruktur und Komfort. Das Saltire Centre bietet einen zentralen Anlaufpunkt für Services, die sich an die Studierenden richten (Studien- und Finanzberatung, Career Service, etc.) und dient gleichzeitig als Treffpunkt und sozialer Raum (Atrium, Lern-Café).[7]

---

3 Ebd., S. 230.
4 Holmgren, Richard A: Learning Commons: A Learning-Centered Library Design.
In: College & Undergraduate Libraries (2010) H. 2–3. S. 177–191, hier S. 178.
5 Vgl. North Carolina State University: Learning Commons: NCSU Libraries http://www.lib.ncsu.edu/learningcommons/ (25. 8. 2011).
6 Vgl. Jackson, Maureen u. Andrew K. Shenton: Independent learning areas and student learning.
In: Journal of Librarianship and Information Science (2010) H. 4. S. 215–223, hier S. 221.
7 Vgl. Glasgow Caledonian University: Home/Library. http://www.gcu.ac.uk/library/index.html (25. 8. 2011).

Lernverhalten und Lernaktivitäten

Bevor die Charakteristika der Lernorte herausgearbeitet werden, sollen die Hauptakteure, die Studierenden, und ihre Lernaktivitäten betrachtet werden.

Das Wissen um das Wesen der „Netzgeneration" (Generation Google) scheint offenbar, sie gilt als medienerfahren, medienkompetent, hoch kommunikativ und „web-sozial" geprägt. Diese Allgemeinplätze reichen jedoch nicht aus, um Lernortkonzepte einer Hochschule auf den Bedarf der Studierenden auszurichten. Umfangreiche Kenntnisse über die Nutzer müssen Ausgangspunkt jeder konzeptionellen Entwicklung sein. Dazu muss die Bibliothek systematische Kenntnisse darüber haben, wie Studierende lernen.[8] Das individuelle Informationsverhalten und der daraus resultierende Bedarf werden zum Forschungsgebiet von Nutzerstudien[9] einer neuer Generation, die sich mithilfe qualitativer sozialwissenschaftlicher Methoden intensiv mit den Studierenden auseinandersetzen.

Studierende rezipieren nicht mehr nur, sondern arbeiten gemeinsam und produzieren. Das aktive „Learning by Doing" gehört zu den zentralen Lernaktivitäten. „Constructivist learning theory shifts the locus of knowledge from the professor to the collective discovery of students. Individuals make meanings through experience and interaction with others. Learning is now an active process that emphasizes the need for collaboration".[10]

Die Studierenden gestalten ihren Lernprozess selbstständig und übernehmen Verantwortung für ihr Lernen. Selbstgesteuertes Lernen spielt im Zusammenhang mit E-Learning eine wichtige Rolle, findet aber auch im realen Lernort statt.

Lernen muss in einen Kontext integriert werden („integrative learning")[11] – es geht um das Anwenden, Vernetzen und letztlich um das Verstehen der Inhalte. Diese fortgeschrittenen Lernaktivitäten wie Kontextualisierung und Reflexion sind eng verbunden mit sozialen Prozessen, zum Beispiel dem Austausch mit Kommilitonen beim Mittagessen oder beim Uni-Sport.[12] Kontakte und Kommunikation sind unabdingbar für diese lernfördernden sozialen Prozesse.[13]

---

8 Vgl. Bennett, Scott: First questions for Designing Higher Education Learning Spaces. In: The Journal of Academic Librarianship (2006) H. 1. S. 14–26.
9 Siehe dazu: Foster, Nancy Fried u. Susan Gibbons: Studying Students. The Undergraduate Research Project 2007 and Ethnographic Research in Illinois Academic Libraries. http://www.erialproject.org/ (25. 8. 2011).
10 Sullivan, Rebecca M.: Common Knowledge. Learning Spaces in Academic Libraries. In: College & Undergraduate Libraries (2010) H. 2–3. S. 130–148, hier S. 140.
11 Association of American Colleges and Universities u. Carnegie Foundation for the advancement of teaching: A statement on integrative learning (2004). March. S. 1.
12 Vgl. Anm. 8. S. 17.
13 Vgl. Hawelka, Birgit: Problemorientiertes Lehren und Lernen In: Förderung von Kompetenzen in der Hochschullehre. Hrsg. von Birgit Hawelka, Marianne Hammerl u. Hans Gruber. Kröning: Asanger 2007. S. 45–58.

Lernaktivitäten zielen heute verstärkt auf Kompetenzaufbau, sie entwickeln die Potenziale der Lernenden, indem sie die dynamische Anpassung auf sich immer wieder verändernde Bedingungen ermöglichen. Das ist umso wichtiger, da das Lernen nicht mehr nur in formalen Lernzusammenhängen, wie in den Vorlesungen und Seminarräumen stattfindet. Das Informelle Lernen vollzieht sich ungeplant als Erfahrungslernen in verschiedenen Lebenslagen und Tätigkeitszusammenhängen.[14]

Lernorte

Wie muss die Lernumgebung beschaffen sein, wie unterstützten neue Lernorte die genannten Lernaktivitäten?

Die Bedeutung der sozialen Dimension des Lernens spiegelt sich auch im Lernort wider. Studierende benötigen ein „scholarly home".[15] Der Grad der Selbstbestimmung und Eigenverantwortung der Studierenden ist groß, hier schafft der Austausch mit anderen Studierenden wichtige soziale aber auch inhaltliche Brücken: „As learning becomes more personalized and individually designed, it will be even more important to provide social spaces where students can work together to derive meaning from their online experience."[16] Neben den vielen virtuellen Aktivitäten (auch Lernaktivitäten) ist der reale Ort als Treffpunkt, gemeinschaftlicher Arbeitsplatz oder Entspannungszone (zum Beispiel als Chill-Out-Zone oder im eingebundenen Café) wichtig. Es entstehen offene und geschlossene Gruppenräume für Kleingruppenarbeit in Projekten oder die Arbeit an gemeinsamen Präsentationen. Eine Zonierung der Räume je nach Grad der Aktivität und Kollaboration ermöglicht die Trennung von stiller Einzelarbeit und Gruppenarbeit.[17]

Der Prozess der Recherche, der Zugang zu Information und deren Verarbeitung zu neuen Wissen kann ohne Brüche umgesetzt werden.[18] Die komfortable Nutzung von IT-Infrastruktur ist hierfür eine Selbstverständlichkeit; zur Basisausstattung gehören öffentliche Workstations wie auch die Nutzung von Notebooks, die Verfügbarkeit von WLAN und der Zugang zu virtuellen Lernumgebungen und Kursmanagementsyste-

14 Vgl. Dohmen, Günther: Informelles Lernen und Lernservice-Zentren. In: Bibliotheken und lebenslanges Lernen. Lernarrangements in Bildungs- und Kultureinrichtungen. Hrsg. von Richard Stang und Achim Puhl. Bielefeld: Bertelsmann 2001. S. 188 f.
15 Mirtz, Ruth: From Information to Learning. Pedagogies of Space and the Notion of the Commons. In: College & Undergraduate Libraries (2010) H. 2–3. S. 248–259, hier S. 257.
16 November, Alan: Space, the Final Frontier. Media Centers for the 21st Century In: School Library Journal (2007) H. 5. S. 44–45.
17 Vgl. Beard, Jill u. Penny Dale: Library design, learning spaces and academic literacy. In: New Library World (2010) H. 11/12. S. 480–492, hier S. 480.
18 Vgl. Anm. 10. S. 131.

men. Spezielle ausgestattete Gruppen-Carrels, „techno booths",[19] ermöglichen das technisch unterstützte Arbeiten in Gruppen beispielsweise für Präsentationen. Je nach Bedarf wird die IT-Infrastruktur weiter aufgebaut und spezialisiert, auch für die Medienproduktion in entsprechend ausgestatteten Medienlaboren.[20]

Bei den von Andrew McDonald erarbeiteten Qualitäten für zeitgemäße Bibliotheksräume mit „key qualities of good learning space"[21] gilt Flexibilität als eine der wichtigsten Anforderungen. Raum und Ausstattung sollte in hohem Maße an studentische Bedürfnisse anpassbar sein. Das bietet Freiraum für spontane, kreative Prozesse. Nutzer können Möbel nach Bedarf positionieren, Ausstattungsgegenstände ausleihen oder angebotene Technik und Infrastruktur (zum Beispiel große Bildschirme für den gemeinsamen Blick auf eine Präsentation oder Flipcharts für Brainstorming) nutzen. Das Learning Grid in Warwick hat diese Anpassbarkeit zum Prinzip gemacht, Nutzer richten sich ihre Arbeits- und Lernplätze dort selbst ein (Mobiliar, Tafel, Bildschirm).

Das Bedürfnis nach Inspiration, Stimulation und Motivation in Lernzusammenhängen ist groß. Die Architektur des Baus, das Design und die daraus entstehende Raumatmosphäre mit Licht, Farben, Mobiliar, Teppichen sowie dekorative Elemente tragen hierzu bei.[22] Bei McDonald taucht dieser Aspekt als „ ‚oomph' or ‚wow' factor"[23] auf. Das Rolex Learning Centre in Lausanne[24] oder auch das IKMZ in Cottbus[25] sind eindrucksvolle Beispiele für inspirierende Gesamtarchitekturen.

Die Nutzung von Bibliotheken geht bislang oft mit einer Fülle von Regeln einher: angemessene Lautstärke, keine Getränke, kein Essen, keine Handys, keine rein private Web-Nutzung. Diese schränken das persönliche Wohlbefinden ein und erschweren Interaktion. Die informelle, private Computernutzung ist heute eng verbunden mit der Studiennutzung. Mit den aktuellen Lernortentwicklungen ändert sich diese restriktive Haltung zunehmend „... toward this more place-conscious focus, from an exhaustive list of ‚don'ts' to basically two rules: don't bother other people trying to

---

19 Bournemouth University: Techno Booths. Library and Learning Support.
http://www.bournemouth.ac.uk/library/building/techno_booths.html (25. 8. 2011).
20 Siehe hierzu als Beispiel: ULB Münster: DigiLab. http://www.ulb.uni-muenster.de/service/lernort/digilab.html (25. 8. 2011).
21 Mcdonald, Andrew: The Ten Commandments revisited. The qualities of good library space.
In: LIBER quarterly (2006) H. 2. Online unter http://liber.library.uu.nl/publish/articles/000160/article.pdf (25. 8. 2011).
22 Vgl. Weiner, Sharon A., Tomalee Doan u. Hal Kirkwood: The Learning Commons as a Locus for Information Literacy. In: College & Undergraduate Libraries (2010) H. 2–3. S. 192–212, hier S. 204.
23 Vgl. Anm. 21.
24 Vgl. Rolex Learning Center: Learn/Obtain/Live. http://www.rolexlearningcenter.ch/ (25. 8. 2011).
25 Vgl. Informations-, Kommunikations- und Medienzentrum der BTU Cottbus: IKMZ http://www.tu-cottbus.de/einrichtungen/de/ikmz/ (25. 8. 2011).

study and clean up your mess".[26] Auf diese Weise werden Gemeinschaftssinn und Verantwortung des Einzelnen für die gemeinschaftliche Nutzung gestärkt.

Ergänzend zum realen Lernort werden virtuelle Lernorte angeboten. Das Beispiel des Virtual Learning Commons der University of Manitoba zeigt typische Angebote, hier werden ergänzende Tutorials, Kurse und Ressourcen angeboten und auch für die soziale Komponente des Lernorts wird gesorgt, indem Foren und Chat angeboten werden.[27]

Der Lernort Bibliothek ist im Gesamtkontext des Lernraums Hochschule zu sehen. Aus dieser erweiterten Perspektive entstehen Verbindungen zu den anderen Einrichtungen, die Service an Studierende liefern, neue Partnerschaften entstehen und bilden die Grundlage für funktionale Integration.[28] Das Profil der funktionalen Integration variiert je nach Einrichtung, IT-und Medien-Service, Studienberatung und Schreibzentrum sind bereits bewährte Partner dieser Modelle,[29] wie auch das Learning Commons der Queens University/Kingston, Ontario in Kanada zeigt.[30]

Vermittlung und Entwicklung von Informationskompetenz

Aus den vorangegangenen Ausführungen wird deutlich, dass die aktuellen Lernortentwicklungen den zeitgemäßen Lernbedürfnissen mit ebenso funktionalen wie innovativen Angeboten Rechnung tragen. Welche Möglichkeiten bieten sich nun in diesen spezifischen Konzepten und Umgebungen für die Entwicklung und Vermittlung von Informationskompetenz?

Die Anforderungen wachsen mit den neuen Lernorten, wie Beard und Dale aus Ihren Erfahrungen mit dem Bibliotheksneubau der University of Bournemouth[31] berichten. „... there needs to be more than simply good design and effective information literacy programmes."[32] Dazu wird das inhaltliche Verständnis der Informationskom-

---

26 Vgl. Anm. 15. S. 254.

27 Vgl. University of Manitoba: Virtual Learning Commons. http://www.umanitoba.ca/virtuallearningcommons/ (25. 8. 2011).

28 Im Gegensatz dazu haben die Entwicklungen in GB in den 1990er Jahren zu strukturellen Veränderungen geführt, sog. Converged Services, die vielfach Bibliothek, IT und Medien-Zentren integrierten.

29 Vgl. Anm. 10. S. 135.

30 Vgl. Queen's University, Kingston: The Queen's Learning Commons. http://library.queensu.ca/learningcommons/ (25. 8. 2011).

31 The Sir Michael Cobham Library: Library & Learning Support Home. Library and Learning Support – Bournemouth University http://www.bournemouth.ac.uk/library/index.html (25. 8. 2011).

32 Beard, Jill u. Penny Dale: Library design, learning spaces and academic literacy. In: New Library World (2010) H. 11/12. S. 480–492, hier S. 481.

petenz erweitert. „Whilst recognising the continuing importance of IL, it is probably more productive to see it as a component of broader academic literacies. To encompass these, librarians need to step outside of their traditional areas and work with colleagues from other disciplines".[33]

Mit dem Begriff der E-Kompetenz[34] wird bereits die Konvergenz mit der digitalen Kompetenz zum Ausdruck gebracht. Der Kontext mit den „academic skills",[35] die neben dem kritischen Denken, dem wissenschaftlichen Schreiben auch Selbst- und Kommunikationskompetenz im Studium beinhalten, erweitert die Perspektive noch deutlicher und macht die ganzheitliche Sicht auf das notwendige Kompetenzprofil deutlich.

Bei der strategischen Ausrichtung und Planung der IK-Aktivitäten ist die erweiterte Perspektive der gesamten Hochschule notwendig: „Information literacy is not a library initiative but an integrated institutional commitment ".[36] Diese gemeinsame strategische Positionierung führt, wie das Beispiel des Kate Edgar Information Commons der University of Auckland zeigt, zu neuen Kooperationen in der Kompetenzvermittlung. „The development of computer and information literacy skills in the University community, especially undergraduate students, is a key focus area of the Information Commons. The University Library's Learning Services department seeks collaboration with faculty, the Student Learning Centre and other University units to develop the IT and information literacy of students".[37] Mountifield beschreibt diese Zusammenarbeit, die durch die Umsetzung des IC-Konzepts in Auckland forciert wurde, als sehr fruchtbar und sieht darin einen Katalysator für die Kompetenzinitiativen.

Die curriculare Einbindung in Veranstaltungen ist nicht neu und wird bereits erfolgreich praktiziert. Mit den Lernortentwicklungen geraten diese aber noch stärker in den Fokus. Die Ausrichtung auf den Lernenden, die Kenntnisse über das Lernverhalten und die Lernbedürfnisse ermöglichen eine intensive Zusammenarbeit mit den Fakultäten. „Embedded Librarians"[38] werden in Lehrangebote der Fakultäten mit IK-Themen eingebunden und beraten Projektgruppen in ihrer Arbeit."[39] Auch die Unterstützung der Studierenden bei der Erbringung ihrer Studienleistung, z. B. der

---

33 Ebd., S. 486.
34 Vgl. Strauch, Thomas: E-Kompetenzentwicklung im öffentlichen Hochschulraum.
Herausforderung für zentrale Einrichtungen. In: Bibliothek Forschung und Praxis (2008) H. 2. S. 1–11.
35 Kope, Maryann: Understanding e-literacy. In: Digital literacies for learning. Hrsg. von Allan
Martin u. D. Madigan. London: Facet. 2006. S. 68–79.
36 Vgl. Anm. 22. S. 198.
37 Mountifield, Hester: The Kate Edger Information Commons. A student-centred learning
environment and catalyst for integrated learning support and e-literacy development.
https://researchspace.auckland.ac.nz/handle/2292/435 (25. 8. 2011).
38 Dewey, Barbara I.: The Embedded Librarian. Strategic Campus Collaborations. In: Resource
Sharing & Information Networks (2004) H. 1–2. S. 5–17, hier S. 5.
39 Vgl. Weiner, Sharon A., Tomalee Doan u. Hal Kirkwood: The Learning Commons as a Locus for
Information Literacy. In: College & Undergraduate Libraries (2010) H. 2–3. S. 197.

Entwicklung und Produktion ihrer ePortfolios[40] macht deutlich, dass curriculare Einbindung nicht nur in formellen Rahmen, sondern darüber hinaus möglich ist.

Die Unterstützung der Lernenden bei der aktiven Umsetzung ist wesentlicher Bestandteil von Lernorten. Studierende werden durch die Angebote stärker involviert und können eine Vielzahl von Kompetenzen ganz praktisch erproben und entwickeln. So zeigt sich auch bei den IK-Angeboten, dass traditionelle Frontalvermittlung nicht adäquat für die Lernumgebung Learning Commons ist.[41]Demonstrationen, Workshops oder auch Spiele[42] gehören zu den Formaten, die erfolgreich im Kontext der Lernortwicklungen zur Anwendungen kommen. Weiner, Doan und Kirkwood von der Purdue University berichten von Workshops in Zusammenarbeit mit dem Career-Service, bei dem ein Wiki mit Verbindung zu Bibliotheksressourcen aufgebaut wurde.

Um der sozialen Komponente des Lernens gerecht zu werden und die Kommunikation zu fördern, ist es wichtig, Kommunikationsbarrieren in Lernorten zu senken. Jenseits von Hierarchien fällt der Austausch der Studierenden untereinander über Fragen und Probleme oft leichter. Diese Peer-to-Peer-Komponente wurde bereits in vielfach in Lernortkonzepte aufgenommen und auch für die Kompetenzvermittlung genutzt. Das Learning Grid in Warwick[43] mit seinem konsequenten Einsatz von „Student Advisors" ist hierfür ein gutes Beispiel. Auch der Learning Commons in Harrisburg setzt studentische Tutoren als „First-line service providers"[44] ein, sie helfen bei Fragen zum WLAN-Zugang, zu Druckern, zur Katalogsuche aber auch bei der Datenbankrecherche und im Zusammenhang mit dem wissenschaftliches Schreiben. Auch in Deutschland werden inzwischen Beratungsangebote in Bibliotheken, meist für IT-verwandte Themen, durch studentische Mitarbeiter ergänzt.[45]

„Commons environments allow library staff to provide formal and informal instruction in innovative ways, responding to needs of students and faculty".[46] Kasowitz-Sheer zeigt verschiedene Beispiele für Learning Commons auf, die ganz bewusst sowohl informelle wie auch formelle Lernumgebungen berücksichtigen. Offene Gruppenräume lassen den Studierenden Freiräume für selbstgesteuerte Gruppenprozesse. Unterrichtsräume werden sowohl von der Bibliothek wie auch von den Fakultäten

---

40 Vgl. Adams, Nancy u. James Young: Users Learning from Users. Building a Learning Commons from the Ground Up at a New University. In: College & Undergraduate Libraries (2010) H. 2. S. 149–159, hier S. 159.

41 Vgl. Anm. 15. S. 257.

42 Vgl. Anm. 22. S. 204–205.

43 Vgl. Hohmann, Tina: Neue Lernorte. Learning und andere Grids an der Universität von Warwick. In: Bibliothek Forschung und Praxis (2010) H. 2. S. 163–170.

44 Vgl. Anm. 40. S. 154.

45 Siehe hierzu als Beispiel das eLearning Helpdesk in Hannover: http://www.tib.uni-hannover. de/de/tibub/lernraum-tibub/elearning-helpdesk.html (25. 8. 2011).

46 Kasowitz-Scheer, Abby: Instruction and „The Commons". In: Educators Spotlight Digest (2009). Nr. Spring/Summer.

im Rahmen von Lehrveranstaltungen genutzt. Nach dem Erfahrungsbericht einer Bibliothekarin am Learning Commons der North Carolina State University (NCSU) sind spontane Hilfen, Beratungen und auch Schulungen im Commons möglich: „Every moment is a teachable moment in the Learning Commons if you're watching body language"[47] Drop-In-Workshops gehören auch im Learning Grid in Warwick zum Angebot[48] und unterstützen den offenen, informellen Charakter des Lernorts. Mit ihren digitalen Angeboten sind Bibliotheken als Partner für E-Learning- und Blended Learning-Aktivitäten der Hochschulen prädestiniert. Die Integration von Bibliotheksressourcen in Kursmanagementsysteme ist wichtig, um die Zugänglichkeit zu verbessern und die Nutzung von E-Books und –Journals, Katalogen und Datenbanken zu erhöhen.[49] Tutorials zu IK-Themen unterstützen das selbstbestimmte Lernen, die Studierenden können dabei Zeit und Ort der Teilnahme selbst wählen.[50]

Fazit

Die Lernortentwicklungen zu Learning Commons und Learning Centers schaffen wie selbstverständlich den praktischen Kontext für Informationskompetenzentwicklung. Die Anforderungen an die Vermittlung und Entwicklung von Informationskompetenz wandeln sich mit den Lernortkonzepten, die Formate werden aktiver und offener. Sie integrieren sich in die informelle Lernatmosphäre und nutzen die Dynamik der Lernorte.

Die Fokussierung auf den Lernenden schärft den Blick für das Wesentliche – weg von der institutionellen Sicht hin zum tatsächlichen Bedarf. Die ganzheitliche Perspektive auf das umfassende Kompetenzprofil, das Studierende in ihrem studentischen Alltag entwickeln müssen, bereichert und erweitert auch die Sicht der Bibliotheken auf die Vermittlung von Informationskompetenz. Partnerschaften entstehen und mit der Zusammenarbeit wertvolle Synergien, die gemeinsame Angebote auf dem Campus ermöglichen.

---

47 Ebd.
48 Vgl. Joint Information Systems Committee (JISC): Designing Spaces for Effective Learning. A Guide to 21st Century Learning Space Design 2006. S. 26.
49 Vgl. Anm. 40. S. 154.
50 University of Manitoba: Virtual Learning Commons http://www.umanitoba.ca/ virtuallearningcommons/ (25. 8. 2011).

Werner Hartmann
Learning Library: Welche pädagogisch-didaktischen Qualifikationen brauchen Bibliothekarinnen?

Abstract: In der früheren Ausbildung von Bibliothekarinnen und Bibliothekaren war die Vermittlung von Themen im Umfeld von Informationskompetenz kein zentraler Bestandteil. Auch heute beinhalten noch nicht alle Lehrgänge im Bereich Bibliotheken, Information und Dokumentation eine pädagogisch-didaktische Befähigung des Bibliothekspersonals. Erschwerend kommt dazu, dass eine pädagogisch-didaktische Nachqualifikation des Bibliothekspersonals allein zu kurz greifen würde. Im Vordergrund der Stärkung von Informationskompetenz sollte nicht Produktwissen stehen, sondern langlebiges Konzeptwissen. Bibliothekspersonal muss die grundlegenden Konzepte rund um Information in einfacher Form verständlich machen können. Dazu gehören auch Methoden zum Umgang mit den andauernden Veränderungen und den Grenzen des eigenen Wissens. Pädagogisch-didaktisch kompetente BibliothekarInnen zeichnen sich durch Offenheit gegenüber neuen Entwicklungen aus, und sie lehren wie man lernt, mit diesen Entwicklungen umzugehen. Die Zukunft gehört der Learning Library: Bibliotheks-Lehrpersonal vermittelt Wissen und erweitert gleichzeitig auf verschiedenen Wegen das eigene Wissen.

Keywords: Didaktik, Fundamentale Ideen, Konzeptwissen, Learning Library, Mentoring, Pädagogik, Produktwissen, Teaching Library, Unterrichtsinhalte, Unterrichtsmethoden

Prof. Dr. Werner Hartmann: Jahrgang 1953, lange Lehrer für Mathematik und Informatik am Gymnasium Baden (Schweiz). 1993–2005 Leiter der Informatikdidaktik-Ausbildung an der ETH Zürich. Seit 2006 Dozent für Informations- und Kommunikationstechnologien und Leiter Medienbildung an der Pädagogischen Hochschule Bern. Autor verschiedener Lehrmittel zu Informatikthemen, speziell zu Programmieren und Information Retrieval. Initiant der Bildungsportale EducETH und SwissEduc. Mitbeteiligt an den Plattformen wikibu.ch und learningapps.org sowie der Exploration Engine horizobu.com.

Teaching Library: Didaktik und Fachwissen sind gleichzeitig gefragt

Heute besteht weitgehend Einigkeit darüber, dass den Bibliotheken auch die Aufgabe der Vermittlung von Medien- und Informationskompetenz zukommt. So entnimmt man etwa der „Hamburger Erklärung" des VDB (Verein Deutscher Bibliothekare): „Die Universitäts- und Hochschulbibliotheken gelten [...] als anerkannte Lehr-Lern-orte für Informations- und Medienkompetenz zur Unterstützung der Hochschullehre und des von den Studierenden [...] verstärkt geforderten selbstständigen Lernens."[1] Der VDB hält weiter fest, dass pädagogisch-didaktisch ausgebildetes Bibliotheksper-sonal versehen mit dem notwendigen Fachwissen eine Voraussetzung darstellt, da-mit die Vermittlung von Informationskompetenz erfolgreich stattfinden kann. Neben der Lehrbefähigung des Bibliothekspersonals wird explizit das Fachwissen betont. Ein genauerer Blick zeigt, dass mit diesem Fachwissen in erster Linie Kompetenzen im weiteren Bibliotheksumfeld angesprochen sind, etwa der Umgang mit Katalogen, Datenbanken, digitalen Volltextsammlungen, Literaturverwaltungssystemen oder Fragen rund um das Urheberrecht und das Zitieren.

Das Konzept einer „Informationskompetenz 2.0"[2] dehnt das Spektrum explizit auf den virtuellen Raum aus und impliziert, dass eine Auseinandersetzung mit den neuen Diensten im Web 2.0 für eine Beurteilung der Nutzbarkeit unabdingbar ist: „Nur wer weiß, wie neue Dienste funktionieren und im Idealfall selbst schon damit gearbeitet hat, kann einschätzen, ob und wie diese für den Einsatz in Bibliotheken geeignet sind!"[3] Der Fokus liegt also wieder bei der Anwendung im Bibliotheksum-feld selbst. Informationskompetenz ist heute aber nicht nur Voraussetzung für das erfolgreiche Absolvieren eines Studiums oder einer Tätigkeit in der Forschung, son-dern eine Schlüsselqualifikation für die Teilhabe an der heutigen Gesellschaft. Im Bericht der Expertenkommission des BMBF zur Medienbildung von 2009 heißt es:[4] „Informationsverarbeitung und Wissensgenerierung stellen für die Bundesrepublik Deutschland als ein rohstoffarmes Land eine zentrale gesellschaftliche Ressource dar. Angesichts der globalen Reichweite des Internet und der damit einhergehenden Informationsvielfalt sind eigenverantwortliche Informationsverarbeitung und Wis-sensarbeit in und mit Digitalen Medien eine wichtige Voraussetzung zur Wahrneh-mung beruflicher Aufgaben und Anforderungen."

Die Teaching Library steht vor zweierlei Herausforderungen: Zum einen muss das Personal pädagogisch-didaktisch aus- und weitergebildet werden, zum anderen

---

1 Hamburger Erklärung des VDB vom 9. November 2009. http://www.vdb-online.org/ publikationen/einzeldokumente/2009-11-09_informationskompetenz-hamburger-erklaerung.pdf (8. 8. 2011).
2 Vgl. dazu auch den Beitrag von Thomas Hapke in diesem Band.
3 Hauschke, Christian u. Edlef Stabenau: Lernen 2.0 – Bericht aus der Praxis. In: Handbuch Bibliothek 2.0. Hrsg. von Julia Bergmann u. Patrick Danowski. Berlin u. a.: de Gruyter Saur 2010. S. 353–370.
4 Schelhowe, Heidi: Kompetenzen in einer digital geprägten Kultur: Medienbildung für die Persönlichkeitsentwicklung, für die gesellschaftliche Teilhabe und für die Entwicklung von Ausbildungs- und Erwerbsfähigkeit. Bericht der Expertenkommission des BMBF zur Medienbildung. Bonn, Berlin 2010. http://www.bmbf.de/pub/kompetenzen_in_digitaler_kultur.pdf (8. 8. 2011).

müssen zusätzlich auch die nötigen fachlichen Kenntnisse vermittelt werden. Vom informationskompetenten Bibliothekar erwartet heute die Gymnasiastin bei der Suche nach Informationen zu den Auswirkungen des Klimawandels auf den Lebensraum der Bienen auch Unterstützung und Hinweise bei der gezielten Nutzung der Online-Enzyklopädie Wikipedia sowie von Foto- und Video-Austauschplattformen. Und die Hochschulbibliothekarin wird dem Studenten bei seiner Masterarbeit auch auf die Möglichkeiten hinweisen, sich über Social Media-Dienste die Forschenden in einem speziellen Themengebiet zu erschließen.

Die Frage stellt sich, wie sich Mitarbeitende einer Bibliothek sowohl das Fachwissen als auch die pädagogisch-didaktischen Kenntnisse zur Vermittlung von Informationskompetenz aneignen können. Bei der Frage nach der Didaktik zur Informationskompetenz und bei der Ausgestaltung von Fortbildungskursen für Bibliothekspersonal lassen sich Anleihen in verwandten Disziplinen machen. So stehen die allgemein bildenden Schulen seit rund zwei Jahrzehnten vor der in weiten Teilen vergleichbaren Herausforderung, die Informations- und Kommunikationstechnologien (ICT) vermehrt im Unterricht zu integrieren. Zum einen sind hier neue pädagogische und didaktische Methoden gefragt, zum anderen fehlt vielen Lehrpersonen aber das nötige Fachwissen. Trotz vieler breit abgestützter Initiativen und Fortbildungsmaßnahmen für Lehrpersonen erfüllt heute die Nutzung von ICT im Unterricht die hohen Erwartungen nicht. Als Gründe dafür werden unter anderem fehlende Zeit und fehlende Anerkennung bzw. Belohnung bei Fortbildungsanstrengungen seitens der Lehrpersonen genannt. Diese Gründe dürften auch für Bibliotheken zutreffen. Die Teaching Library ist nicht zum Nulltarif zu haben!

Neben den offensichtlichen, ressourcenbedingten Gründen gibt es bei der Integration von ICT in den Schulen auch tiefer liegende Gründe. Unter anderem zeigt es sich, dass die Wirksamkeit klassischer Fortbildungen in Form von Kursen mit Referenten und primär lehrerzentrierter Vermittlung nicht ausreichend ist. Auch selbstständiges Lernen in Form von E-Learning-Lehrveranstaltungen hat bei der ICT-Integration nicht den erhofften Erfolg gezeigt. Im Beitrag „Lernen 2.0 – Bericht aus der Praxis"[5] wird dieser Befund auch für Bibliotheken bestätigt. In gängigen Workshops für Bibliothekspersonal erfahren die Teilnehmenden zwar eine Menge neuer Informationen und nehmen viele Ideen mit. Im Berufsalltag fehlen dann aber für den Transfer des neu erworbenen Wissens in die Praxis meist die Zeit und die Unterstützung. Verschiedene breit angelegte Studien legen für die Ausbildung von Lehrpersonen bei der Integration von ICT neue Weiterbildungsmodelle nahe. Im Vordergrund stehen nicht mehr Workshop-Modelle, sondern Mentoring-Modelle: Erfahrene Mentoren begleiten und unterstützen die Lehrpersonen vor Ort in den Schulen bei der Integration

---

5 Hauschke, Christian u. Edlef Stabenau: Lernen 2.0 – Bericht aus der Praxis (Anm. 3). S. 353–370.

von ICT.[6] Dieser Ansatz lässt sich auf das Umfeld von Bibliotheken übertragen. Der entscheidende Vorteil von Mentoring-Modellen gegenüber Workshop-Modellen liegt im direkten Bezug zum Tätigkeitsfeld der Lernenden. Eine Bibliothekarin an einem Forschungszentrum ist mit anderen Aspekten der Informationskompetenz konfrontiert als ein Bibliothekar in einer großen öffentlichen Bibliothek. Mentoring-Modelle nehmen auch Rücksicht auf individuelle Lerntempi sowie unterschiedliche Vorkenntnisse und Lerntypen. Mentoring-Modelle haben aber auch strukturelle Nachteile. Sie setzen genügend finanzielle Ressourcen voraus und ein klares Bekenntnis der Bibliotheksleitung zur Teaching Library.

Methodik und Didaktik zur Informationskompetenz

Das Angebot an Lehrmitteln zum Thema Informationskompetenz ist heute noch sehr klein. Die Gründe dafür sind vielfältig: Während wir heute längst klare Vorstellungen etwa zum Begriff Energie haben, fehlt uns weiterhin ein Verständnis, was Information wirklich ist. In den Schulen gibt es zwar vielerorts ein Fach Informatik mit einer technischen Ausrichtung oder ein Fach Medienkunde mit einer sozialwissenschaftlichen Ausrichtung. Ein für die Informationsgesellschaft zentrales Fach Information oder Informationslehre[7] findet sich aber nicht, so dass Lehrmittelverlage wenig motiviert sind, Materialien zum Thema Informationskompetenz bereitzustellen.

Unter den speziell auf Bibliotheken ausgerichteten Kursangeboten ist das Projekt Learning 2.0[8] von Helene Blowers erwähnenswert. Es wurde 2006 an der Public Library of Charlotte & Mecklenburg County initiiert und wird inzwischen von vielen anderen Bibliotheken weltweit adaptiert und genutzt. Learning 2.0 fokussiert auf die mit dem Web 2.0 einhergehenden Veränderungen im Bibliothekswesen. Informationskompetenz insgesamt umfasst aber ein viel breiteres Spektrum an Themengebieten. Der Kurs eignet sich dennoch für die Gestaltung von Weiterbildungsangeboten: Er ist konsequent als Selbstlernkurs konzipiert und kann als Grundlage zur Konzipierung eines Leitfadens „Didaktik der Informationskompetenz für Bibliotheken" dienen. Wie die Kernpunkte eines solchen Leitfadens aussehen könnten und mit welchen spezifischen Fragen er sich auseinandersetzen müsste, wird nachfolgend zumindest in Ansätzen skizziert. Themen wie didaktische Determinanten von Unterrichtserfolg, das richtige Schreiben von Lehrtexten, Präsentationstechniken, Fragen und Antworten

---

6 Yilmazel-Sahin, Yesim u. Rebecca L. Oxford: A comparative Analysis of Teacher Education Faculty Development Models for Technology Integration. In: Journal of Technology and Teacher Education 2010. S. 693–720.
7 Fassler, Manfred: Understanding Information. Zur Neubestimmung der Verhältnisse von Informatik und Schule. In: It – Information Technology 2010. S. 232–236.
8 Learning 2.0: http://plcmcl2-about.blogspot.com/ (18. 7. 2011).

im Unterricht, Durchführen von Prüfungen oder Umgang mit schwierigen Kursteilnehmern sind Teil jeder Allgemeinen Didaktik und finden sich in Handreichungen zur Gestaltung erfolgreichen Unterrichtes. Sie werden hier deshalb nicht speziell thematisiert.

Lernziele: Konzeptwissen statt Produktwissen

Die Vermittlung von Informationskompetenz wird zusätzlich zu den bereits geschilderten Problemen erschwert durch den weiterhin raschen Wandel, bedingt durch laufend neue Angebote im Bereich der Online-Medien. Damit verbunden ist eine große Erwartungshaltung an das Bibliotheks-Lehrpersonal. Klar formulierte und wohl überlegte Lernziele sind deshalb bei der Vermittlung von Informationskompetenz besonders wichtig. Die Lernziele dürfen nicht nur auf kurzfristiges Faktenwissen ausgerichtet sein, sondern müssen auch affektive Aspekte adressieren. So fördert eine zukunftsgerichtete Vermittlung von Informationskompetenz die selbstständige Arbeitsweise der Lernenden. Aufgabe der Bibliotheken ist es, die Lernenden zu lehren, wie man sich selbst zu einem informationskompetenten Mitglied unserer Gesellschaft weiterbildet. Dieser Paradigmenwechsel von der Teaching Library zur Learning Library vollzieht sich bereits heute, insbesondere im Umfeld von Hochschulbibliotheken.

In engem Zusammenhang mit der Befähigung zum eigenen lebenslangen Lernen steht bei der Formulierung von Lernzielen die Gewichtung von Produkt- und Konzeptwissen. Konzeptwissen umfasst die längerfristig gültigen, grundlegenden Zusammenhänge eines Sachgebietes. Produktwissen umfasst die Kenntnisse, die zur Bedienung eines konkreten Produktes, z. B. einer Softwareanwendung, nötig sind. Bei der Informationsbeschaffung zählt zum Beispiel die Syntax einer Boole'schen Suche bei einem bestimmten Informationsdienst zum Produktwissen. Um den Alltag bewältigen zu können, ist solches Produktwissen unabdingbar. Dieses Wissen ist aber oft schon heute überholt und damit wenig nachhaltig. Zum Konzeptwissen würde bei der Informationsbeschaffung etwa das Verständnis für die grundlegenden Größen Ausbeute und Präzision gehören und dass nicht geeignet formulierte Boole'sche Suchanfragen oft die Ausbeute drastisch reduzieren.

Gerade ein sich rasch veränderndes Gebiet verleitet dazu, das Schwergewicht im Unterricht auf das Produktwissen zu legen. Oft ist auch der Druck seitens der Lernenden sehr groß, das Gelernte unmittelbar in der Praxis einsetzen zu können. Nicht zuletzt scheint für die Lernenden auf den ersten Blick Produktwissen weniger anspruchsvoll als Konzeptwissen. Zur Methodik und Didaktik einer Teaching Library gehört deshalb, dass sich die Lehrenden bei jedem Themenbereich Gedanken zu den zugrundeliegenden Konzepten und Zusammenhängen machen und diese im Unterricht auch aufzeigen. Solche Konzepte sind in aller Regel langlebiger Natur, sie lassen sich in ein größeres Ganzes einordnen und auch auf andere Themengebiete transferieren. Eine angemessene Gewichtung des Konzeptwissens entlastet das Bibliothekspersonal von der dauernden Auseinandersetzung mit neuen Entwicklungen. Im Umfeld neuer Medien treten die Lehrenden auch weniger in Konkurrenz mit den Lernenden, die oft gerade beim Produktwissen einen Vorsprung haben. Gelingt es der Bibliothekslehrperson zudem nach dem Motto „The best teachers learn from their students" das Wissen und die Kenntnisse der Lernenden einzubeziehen, entsteht ein sich gegenseitig befruchtendes Lernklima.

Fundamentale Ideen als Leitschnur bei der Auswahl von Unterrichtsinhalten

Die vorangehenden Empfehlungen zum Mentoring-Modell, „Lehren wie man lernt" sowie das Plädoyer für eine stärkere Gewichtung langlebigen Konzeptwissens helfen natürlich der Bibliothekarin bei der Gestaltung von Kursen wenig. Gefragt ist ein Unterrichtskatalog zur Informationskompetenz, in dem bei den einzelnen Themenfeldern sowohl die zugrundeliegenden Konzepte, mögliche Methoden bei der Vermittlung, überzeugende Beispiele aus der Praxis, typische Probleme der Lernenden bei der Verarbeitung des neuen Wissens usw. verzeichnet wären. Ein solcher Katalog wäre aber fast zwingend allgemeiner Natur, nicht ausgerichtet auf das spezifische Zielpublikum einer Bibliothek und würde wohl wiederum stark im Fakten- und Produktwissen verharren. Gewinn versprechender ist es, wenn sich ein Bibliotheksteam selbst Gedanken zur Auswahl der Unterrichtsinhalte macht. Als Instrument haben sich hier die auf Bruner[9] zurückgehenden Fundamentalen Ideen bewährt. Angelehnt an Bruner beschreiben wir[10] Fundamentale Ideen mittels fünf Kriterien als Sachverhalt der,
- in verschiedenen Bereichen vielfältig anwendbar oder erkennbar ist (Horizontalkriterium)
- auf jedem intellektuellen Niveau aufgezeigt und vermittelt werden kann (Vertikalkriterium)
- in der historischen Entwicklung deutlich wahrnehmbar ist und langfristig relevant bleibt (Zeitkriterium)
- einen Bezug zur Sprache und zum Denken des Alltags- und der Lebenswelt besitzt (Sinnkriterium)
- sich auf verschiedenen kognitiven Repräsentationsstufen darstellen lässt (Repräsentationskriterium).

---

9 Bruner, Jerome S.: The Process of Education. Cambridge, MA: Harvard University Press 1960.
10 Hartmann, Werner, Michael Näf u. Raimond Reichert: Informatikunterricht planen und durchführen. Berlin, Heidelberg u. a.: Springer 2006.

Als Beispiel betrachten wir die Verwaltung von Medien in einem Bibliothekssystem.
Die hier verwendeten Methoden zur effizienten Verwaltung von Informationen finden
sich unter dem Stichwort Informationsarchitektur auch in anderen Bereichen wieder
wie etwa der Strukturierung großer Websites, aber auch bei der Einrichtung eines
Supermarktes (Horizontalkriterium). Die Bedeutung der strukturierten Ablage von
Objekten kann auch einem Kind etwa am Beispiel eines Spielzeug-Baukastens aufgezeigt werden (Vertikalkriterium). Zeit- und Sinnkriterium sind offensichtlich erfüllt.
Die Bedeutung einer Systematik bei der Ordnung von Daten kann in einer Lerngruppe
spielerisch aufgezeigt werden: Anhand eines gedruckten, alphabetisch geordneten
Telefonbuchs, eines nach Branchen geordneten Firmenregisters und eines Ordners
mit ungeordneten, aber von Hand verlesenen Firmen-Werbeflyern lassen sich Vor-
und Nachteile verschiedener Erschließungsmethoden anschaulich aufzeigen.

Komplexe Sachverhalte einfach (be)greifbar machen

Die Diskussion im Bibliotheksteam, welches die einem Themengebiet zugrundeliegenden Konzepte sind, hilft bei der Vorbereitung des Unterrichts viel. Die Überprüfung anhand der fünf Kriterien für fundamentale Ideen verhindert, dass man bei der
Auswahl der Unterrichtsinhalte letztlich doch wieder beim Faktenwissen landet, das
sich ebenso gut oder noch besser in der Wikipedia nachschlagen lässt. Man stellt sich
automatisch die Frage, welche Bedeutung der Sachverhalt hat, warum das Thema
für die Lernenden wichtig ist, welche Rolle es in der Praxis und im Alltag der Lernenden einnimmt und wie es anschaulich und anhand von Analogien vermittelt werden
kann. Gerade bei Themen aus dem virtuellen Bereich, etwa der Funktionsweise von
algorithmischen Suchmaschinen wie Google, dem Prinzip der Crowd Wisdom wie bei
Wikipedia oder den Möglichkeiten zur Nutzung von Social Bookmarking-Diensten als
Informationsdiensten, genügt die Vermittlung von reinen Bedienerfertigkeiten nicht.
Hinter diesen Diensten verbergen sich komplexe, auf den ersten Blick nicht sichtbare
Prinzipien, ohne deren tieferes Verständnis man sie nicht wirklich kompetent nutzen kann. Den Bibliotheken kommt die wichtige Aufgabe zu, diese Sachverhalte so
einfach wie möglich darzustellen. Als Vorbilder können Wissenschaftssendungen im
Fernsehen dienen oder Lehrmittel für Kinder. Abstrakte Modelle für einen Lerninhalt
sind zwar nützlich, aber für die Lernenden anspruchsvoll. Unterricht muss nicht formal und abstrakt sein. Neben Text helfen einfache Visualisierungen und gute Alltags-
analogien gerade beim Einstieg in ein schwieriges Thema. Analogien und geeignete
Beispiele kann man aber im Unterricht nicht spontan aus dem Ärmel schütteln. Als
effizient hat sich auch hier das gemeinsame Vorbereiten des Unterrichts im Team
erwiesen. „Wie erkläre ich das meinem Großvater oder meiner kleinen Nichte?" ist
eine gute Leitschnur für ein gemeinsames Brainstorming. Und noch besser: Warum nicht zusammen mit den Lernenden gute Alltagsbeispiele zu schwierigen Themen suchen?

Die Bibliothek als Ort des Miteinander-Lernens

Wollen sich Bibliotheken neu auch als Teaching Library oder besser Learning Library positionieren, betreten sie Neuland und begeben sich eventuell in Konkurrenz zu den klassischen Ausbildungsstätten. Diese verfügen über eine lange Tradition und viel Erfahrung bei der Gestaltung von Unterricht. Ziel und Aufgabe einer Teaching Library kann es deshalb nicht sein, zu versuchen, mit Bildungsangeboten in Form von eigentlichen Lehrveranstaltungen oder gar Lehrgängen im Bildungsbereich Fuß zu fassen. Die Kernaufgaben einer Bibliothek waren bislang Dienstleistungen und Beratungsangebote. An diese Erfahrungen sollten Weiterbildungsangebote einer Teaching Library anknüpfen. Im Vordergrund sollten individualisierende Unterrichtsmethoden stehen. Dazu zählen insbesondere verschiedene Formen von Gruppenarbeiten, die auch die Methodenkompetenz des selbstständigen Lernens fördern. Der Unterricht in Kleingruppen, die enge Begleitung der Lernenden, selbstständige Lernformen, eine hohe Eigenverantwortung der Lernenden und ein enger Bezug der Unterrichtsinhalte zur Praxis bieten Gewähr für eine nachhaltige Vermittlung von Informationskompetenz.

Im Zentrum der pädagogisch-didaktischen Ausbildung von Bibliothekslehrpersonal sollten damit nicht klassische Themen der Allgemeinen Didaktik wie Präsentationstechnik, Classroom Management oder fragend-erarbeitender Unterricht stehen. Vielmehr sollte der Fokus auf Unterrichtsmethoden mit hoher Partizipation der Lernenden liegen, neben Gruppenarbeit auch forschend-entdeckendes Lernen bis hin zu Werkstattunterricht oder der Entwicklung und dem Einsatz von Selbststudienmaterialien. Die wichtigste pädagogisch-didaktische Schlüsselqualifikation von Bibliothekslehrpersonen ist aber die Offenheit gegenüber neuen Entwicklungen, eine gesunde Portion Neugier und Begeisterungsvermögen sowie die Bereitschaft, das eigene Wissen und die eigenen Erfahrungen mit anderen zu teilen.

Weiterführende Literatur

Frey, Karl u. Angela Frey-Eiling: Ausgewählte Methoden der Didaktik. Stuttgart: UTB 2009.
Krauß-Leichert, Ute: Teaching Library – eine Kernaufgabe für Bibliotheken. Frankfurt:
    Peter Lang 2007.
Meyer, Hilbert: Was ist guter Unterricht? 6. Aufl. Berlin: Cornelsen Scriptor 2004.

Konstanze Söllner

Kernaufgabe „Teaching Library": Organisatorische Verankerung und Gestaltung des Serviceportfolios von Hochschulbibliotheken

Abstract: Hochschulbibliotheken begreifen sich als „Teaching Library", d. h. als Lernorte, die die Vermittlung von Informations- und Medienkompetenz zu ihren Kernaufgaben zählen. Das Serviceportfolio von Hochschulbibliotheken orientiert sich am Nutzen für die Hochschule. Die im Bibliotheksbereich vorherrschende funktionale Organisation kann die Integration der Kernaufgabe Informationskompetenzvermittlung in das Serviceangebot erschweren. Der Stellenwert von Schulungsinhalten sollte den Prioritätensetzungen und Bedürfnissen der Zielgruppen entsprechen. Optimierte Suchwerkzeuge der Bibliotheken ersetzen die zielgruppenorientierten Informationskompetenzangebote der Bibliotheken nicht, da diese über die Vermittlung allgemeiner Recherchefähigkeiten hinausgehen. Das wachsende Angebot und der steigende Aufwand der Bibliotheken sind in der bibliothekarischen Ausbildung noch nicht ausreichend berücksichtigt.

Keywords: Bibliotheksmanagement, Hochschulbibliothek, Informationsinfrastruktur, Informationskompetenz, Lernort, Organisationsstruktur, Serviceangebot, Zielgruppenorientierung

Konstanze Söllner: Geb. 1967, studierte Mathematik und Evangelische Theologie und war zunächst zehn Jahre an der Universitätsbibliothek München tätig, zuletzt als Leiterin der Benutzungsabteilung. Sie trug die Projektverantwortung für den Bau der „Bibliothek Theologie – Philosophie" und den Betriebsübergang der Studentenbibliothek des Studentenwerks München an die Universitätsbibliothek. Im Rahmen der Informationskompetenzvermittlung lag ihr beruflicher Schwerpunkt bisher auf fachlich ausgerichteten Kursangeboten und der Einführung, Ausgestaltung und praktischen Durchführung von Schulungen für Literaturverwaltungsprogramme. Seit 2010 leitet sie die Universitätsbibliothek Erlangen – Nürnberg.

Informationskompetenz und Organisationsstruktur von Hochschulbibliotheken

Unter dem Oberbegriff „Informationskompetenz" ist im Hochschulkontext die Fähigkeit zu verstehen, diejenigen Informationen, die für Forschung, Lehre und Studium benötigt werden, umfassend und systematisch zu suchen, zu finden, zu bewerten, zu teilen sowie effektiv und nach den Regeln guter wissenschaftlicher Praxis zu nutzen. In Fragen des Inhalts und der Methoden der Informationskompetenz-Vermittlung gibt es dabei eine große Vielfalt, die aus der Vielfalt der Nutzerbedürfnisse resultiert. Bibliotheken begreifen sich als „Teaching Library", d. h. als Lernorte, die die Vermittlung von Informations- und Medienkompetenz zu ihren Kernaufgaben[1] zählen. Das Serviceportfolio einer Hochschulbibliothek beschreibt alle geplanten, in Entwicklung befindlichen und aktuellen Leistungen des Dienstleisters Bibliothek im Hinblick auf den Nutzen für die Hochschule. Zusammengefasst geht es dabei um drei Fragenkomplexe: Was leistet die Bibliothek bei der Gewinnung der Studierenden und ihrer Bindung an die Hochschule, und was trägt sie zur Ausbildung der Studierenden bei? Wie gut unterstützt die Bibliothek die wissenschaftliche Forschung? Was ist ihr Beitrag zur Erhöhung der Reputation ihrer Hochschule?[2]

Die Vermittlung der Kernaufgabe Informationskompetenz wird an den Bibliotheken durch ein System von Fachreferenten, Fachbibliothekaren mit Diplom-, Bachelor-oder Fachangestellten-Ausbildung und studentischen Tutoren geleistet. Diese Arbeitsteilung ist unterschiedlich stark ausgeprägt an Universitäten und Hochschulen für angewandte Forschung und orientiert sich an der üblichen Praxis der Hochschullehre. Barbara I. Dewey prägte für den Grad organisatorischer Vernetzung und sozialer Einbettung der Bibliothek in ihre Hochschule die Metapher vom „embedded librarian". Die wesentlichen Aspekte dieser „embeddedness" sind räumliche Einbettung und institutionelle Vernetzung der Bibliothek, der Einbezug der Bibliothekare in die Forschung, ihre Präsenz in der Lehre und ihr Kontakt zu den Studierenden.[3] In der deutschsprachigen Literatur wurden Organisationsprinzipien und Management von Hochschulbibliotheken unter dem Aspekt „Teaching Library" bisher nur wenig reflektiert.[4]

---

1 Vogel, Bernd u. Silke Cordes: Bibliotheken an Universitäten und Fachhochschulen. Organisation und Ressourcenplanung. Hannover: HIS 2005 (Hochschulplanung 179). S. 76; Lux, Claudia u. Wilfried Sühl-Strohmenger: Teaching library in Deutschland. Vermittlung von Informations- und Medienkompetenz als Kernaufgabe für Öffentliche und Wissenschaftliche Bibliotheken. Wiesbaden: Dinges & Frick 2004 (B.I.T. online : Innovativ 9). S. 69 u. 113.
2 Oakleaf, Megan: The value of academic libraries. A comprehensive research review and report. American Library Association. Chicago, IL: Association of College and Research Libraries American Library Association 2010. S. 19.
3 Dewey, Barbara: The Embedded Librarian. In: Resource Sharing & Information Networks 17 (2005). S. 5–17, hier S. 8.
4 Eine Checkliste, die aufzeigt, wie sich die Vermittlung von Informationskompetenz in einer Bibliothek organisatorisch manifestiert, findet sich bei Umlauf, Konrad: Management der Teaching Library. In: Erfolgreiches Management von Bibliotheken und Informationseinrichtungen. 8/3.5. Hrsg. von Hans-Christoph Hobohm u. Konrad Umlauf. Hamburg: Dashöfer. Aktualisierungsstand: Nummer 32.2010. S. 18 ff.

Funktionale Organisation von Hochschulbibliotheken

Zur Erbringung der Dienstleistung Informationskompetenzvermittlung muss die Hochschulbibliothek physisch wie virtuell zu einem Raum werden, in dem diese Kompetenz entwickelt werden kann. Informationskompetenzvermittlung steht gerade im Hochschulkontext unter dem ständigen Druck der Aktualisierung ihrer Inhalte. Für große Hochschulbibliotheken ist das Organisationsprinzip der funktionalen Organisation typisch. Möglichst gleichartige Tätigkeiten werden in einem Funktionsbereich vereinigt. Meist sind dies die Funktionsbereiche Informationstechnik, Medienbeschaffung/Erwerbung, Benutzung/Informationsdienste sowie Handschriften/Altes Buch. In stark dislozierten Hochschulbibliotheken kommt es häufig noch zu einer zusätzlichen divisionalen Organisation, die etwa Bibliotheken eines entfernteren Standorts oder dezentrale Instituts- und Teilbibliotheken in einer Funktionseinheit zusammenzufasst. Die im Bibliotheksbereich vorherrschende funktionale Organisation kann dazu führen, dass die Integration der Kernaufgabe Informationskompetenzvermittlung über verschiedene Arbeitsfelder hinweg erschwert wird.

Die Ergänzung der funktionalen Organisation durch Produkt- oder Projektmanagement wird in Hochschulbibliotheken selten praktiziert. Zum Ausbau der Informationskompetenzvermittlung werden vielmehr häufig Stabsstellen und Schulungsteams etabliert, um Organisationseinheiten zu entlasten und Funktionsbereiche zu koordinieren. Viele Hochschulbibliotheken, insbesondere an Hochschulen für angewandte Wissenschaften, nutzten die Einführung von Studienbeiträgen, um Mittel für – meist befristete – Stabsstellen zur Vermittlung von Informationskompetenz zu akquirieren. Ähnliche Effekte hat die Ausbau- und Hochschulentwicklungsplanung der deutschen Länder. Die Einrichtung dieser Stabsstellen brachte häufig einen Innovationsschub an den betroffenen Hochschulbibliotheken mit sich. Neue Themenstellungen konnten in die Schulungsprogramme nachhaltig integriert werden, tiefergehende konzeptionelle Arbeit war erstmals möglich.

Informationskompetenzvermittlung in nationalen Infrastrukturkonzepten

Die Aufgabe Vermittlung von Informationskompetenz fand mehrfach Eingang in übergreifende Infrastrukturkonzepte, zuletzt etwa in die Empfehlungen des Wissenschaftsrates zu Informationsinfrastrukturen von 2011. Der Wissenschaftsrat sprach sich darin erneut dafür aus, bei der Entwicklung von Studiengangscurricula die Vermittlung der für einen sachgerechten Umgang mit den fachspezifisch relevanten Informationsinfrastrukturen notwendigen Kenntnisse und Kompetenzen als Lernziele zu berücksichtigen.[5] Der Wissenschaftsrat beabsichtigt, die Empfehlungen unter Einbeziehung eines Gesamtkonzepts der Kommission „Zukunft der Informationsinfrastruktur" (KII) zu erweitern und zu konkretisieren. Ziel ist eine nationale Gesamtstrategie für das System der Informationsinfrastrukturen. Die KII sieht in ihrem Gesamtkonzept die Themenbereiche Informationskompetenz und Ausbildung als ein Handlungsfeld an. Sie empfiehlt eine Reihe von Maßnahmen zum Ausbau der Informationskompetenzvermittlung als Teil von Informationsinfrastrukturen. Dies sind im Einzelnen: die Ausweitung zielgruppenorientierter Maßnahmen für Studierende und Wissenschaftler, die Übertragung der Koordination des Themas an eine bestehende Institution (Hochschulrektorenkonferenz) bis zum Entstehen einer nachhaltigen Organisations- und Koordinationsstruktur, die Entwicklung und Bereitstellung fachspezifischer Angebote im eLearning-Bereich und im Bereich Fortbildungen, die Verankerung in Curricula und Lehrplänen, die Integration in die informationswissenschaftlichen und disziplinspezifischen Studiengänge, die Etablierung neuer Berufsbilder sowie der Auf- und Ausbau von Forschungsprogrammen und die Weiterbildung.[6]

Aufwand und Professionalisierung der Informationskompetenzvermittlung

Der Aufwand für professionelle Informationskompetenz-Vermittlung ist hoch. Mit zunehmender fachlicher Detaillierung und Integration kann der zeitliche Aufwand für eine Doppelstunde Lehre auf 6 bis 7 Stunden anwachsen.[7] Erfahrungswerte zeigen, dass an einer größeren Universität mit 20.000 oder mehr Studierenden durchschnittlich wenigstens eine ganze Personalstelle für Schulungsangebote und Kurse eingesetzt wird.[8]

---

5 Wissenschaftsrat: Übergreifende Empfehlungen zu Informationsinfrastrukturen. Drs. 10466-11. http://www.wissenschaftsrat.de/download/archiv/10466-11.pdf (6. 8. 2011). S. 56.
6 Kommission Zukunft der Informationsinfrastruktur: Gesamtkonzept für die Informationsinfrastruktur in Deutschland. Empfehlungen der Kommission Zukunft der Informationsinfrastruktur im Auftrag der Gemeinsamen Wissenschaftskonferenz des Bundes und der Länder. http://www.leibniz-gemeinschaft.de/?nid=infrastr (6. 8. 2011). S. 53.
7 Sühl-Strohmenger, Wilfried: Aufwand und Ertrag der Teaching Library. Wie viel Zeit, Geld und Personal sollen/können wissenschaftliche Bibliotheken in Kurs- und Schulungsangebote investieren? In: The Ne(x)t Generation. Das Angebot der Bibliotheken. 30. Österreichischer Bibliothekartag, Graz, 15.–18. 9. 2009. Hrsg. von Ute Bergner u. Erhard Göbel. Graz u. a.: Neugebauer 2010. S. 137–143, hier S. 140 f.
8 Ebd., S. 143.

Deutschlandweite Standards der Informationskompetenz in Anlehnung an die Standards der „Association of College and Research Libraries" (ACRL)[9] existieren nicht. Allgemeine Leitlinien für die Durchführung von Informationskompetenz-Veranstaltungen gaben sich etwa die bayerischen Universitäts- und Hochschulbibliotheken.[10] Die Qualifikation der Bibliothekare erfolgt selten systematisch im Rahmen von Ausbildung oder Hochschuldidaktik. Bibliothekare erwerben die benötigten Kenntnisse und Fähigkeiten meist im Selbststudium, im Training am Arbeitsplatz und durch berufliche Fortbildung.[11] Typisch sind stark teilnehmerbestimmte Fortbildungsformen, wie etwa die kollegiale Beratung. Im Bereich technologiebasierter Informationskompetenzlehre gibt es informelle Treffen oder „unconferences" bzw. „bar camps", auf denen Praxislösungen demonstriert und diskutiert werden. Diese Form kollegialer Beratung findet häufig am Rande größerer bibliothekarischer Kongresse und Konferenzen statt.

„Emerging Technologies", Selbstbedienungs- und soziale Funktionen

Die Hochschulbibliothek ist nicht mehr ausschließliche Quelle der von Forschern und Studierenden benötigten Informationen. Diese stellen selbst Inhalte her, kommunizieren und lernen in Netzwerken. Auch die Rollen von Lehrenden und Lernenden verschwimmen in dem Maße, wie Nutzer und Informationsproduzent nicht mehr auseinanderzuhalten sind. Darüber hinaus verändert sich das Lese-, Aufnahme- und Lernverhalten. Online-Portale und statische eLearning-Angebote der Bibliotheken erfordern kurze Aktualisierungszyklen. Dynamische Dienste wie die klassischen Recommender Systems (Empfehlungsdienste) „BibTip" oder „bX Recommender", die die vorhandene Informationskompetenz von Bibliotheksnutzern aufnehmen und nutzbar machen, können mit den Anforderungen der Nutzer besser Schritt halten.

---

9 American Library Association: Information Literacy Competency. Standards for Higher Education. http://www.ala.org/ala/mgrps/divs/acrl/standards/standards.pdf (6. 8. 2011).
10 Leitlinien für die Durchführung von Veranstaltungen zum Erwerb von Informationskompetenz an den bayerischen Universitäts- und Hochschulbibliotheken. Empfehlungen der Direktoren der Universitätsbibliotheken und der Leiter der Hochschulbibliotheken im Bibliotheksverbund Bayern für die bayerischen Universitäten und Hochschulen. http://www.informationskompetenz.de/fileadmin/user_upload/Leitlinien_f%C3%BCr_die__2799.pdf (6. 8. 2011).
11 Rauchmann, Sabine: Bibliothekare in Hochschulbibliotheken als Vermittler von Informationskompetenz. Eine Bestandsaufnahme und eine empirische Untersuchung über das Selbstbild der Bibliothekare zum Thema Informationskompetenz und des Erwerbs methodisch-didaktischer Kenntnisse in Deutschland. http://edoc.hu-berlin.de/dissertationen/rauchmann-sabine-2009-11-11/HTML/front.html (6. 8. 2011). S. 623f.

Online-Ratgeber-Communities wie das vom Holtzbrinck eLAB begründete „gutefrage.net" gehören zwar zu den populärsten Websites in Deutschland, haben aber kein Pendant im Informationsmanagement von Bibliotheken. Mediennutzung und Online-Kollaboration findet außerhalb der realen und virtuellen Bibliotheksräume auch in wissenschaftlichen Netzwerken wie „Mendeley" oder „ResearchGate" statt. Die komfortable Recherche, Paper- und Literaturverwaltung, Empfehlungsdienste und sicheres Content Sharing auch über die Grenzen der eigenen Wissenschaftsinstitution und die Beschränkungen der großen Informationsanbieter hinaus führen dazu, dass diese Netzwerke die Providerfunktion von Bibliotheken bereits weitgehend übernehmen. Die Hochschulbibliotheken müssen sich der Herausforderung durch die neuen sozialen Netzwerke und der Frage stellen, warum viele der von ihnen propagierten Dienste so kompliziert sind. Einige Bibliotheken reagieren darauf, indem sie ihren Online Katalog besser als zentrale Suchmaschine für alle relevanten Publikationen und Informationen positionieren.[12] Optimierte Suchwerkzeuge können allerdings die über Fragen der reinen Recherchekompetenz hinausgehenden Angebote der Bibliotheken nicht ersetzen.

Neue Handlungsfelder in der Bibliothek: Serviceangebote für Lehrende und Wissenschaftler

Die inhaltlichen Prioritäten und Erwartungshaltungen der Lehrenden für die Vermittlung von Informationskompetenz durch die Bibliothek an Studierende sind unterschiedlich. Die Priorität von Kenntnissen zum Zitieren, zur Plagiatsvermeidung, Informationsbewertung, Themenwahl und Informationsverarbeitung kann dabei durchaus höher ausfallen als der Stellenwert, den diese Inhalte in den Schulungsveranstaltungen tatsächlich haben.[13] Die Entwicklung von Dienstleistungen, die stärker als bisher die Erwartungen und Prioritäten der Lehrenden aus den Fächern aufnehmen, ist für das Serviceportfolio von Hochschulbibliotheken daher zentral.

---

12 Umfragen zeigen, dass der weit überwiegende Teil der Studierenden den Online Katalog ihrer Hochschulbibliothek für wichtig oder sehr wichtig für die Informations- und Literaturrecherche erachtet (UB Freiburg 2008–2010): den Online Katalog halten 80 Prozent der Bachelor-Studierenden für wichtig bis sehr wichtig, die fachbezogenen Literaturdatenbanken dagegen 95 Prozent, die Google-Suche 61 Prozent, die Nutzung der Wikipedia 32 Prozent. Sühl-Strohmenger, Wilfried: Informationskompetenz im Bachelor- und im Masterstudium. Befunde von Studierendenbefragungen (2008–2010) an der Universität Freiburg. In: B.I.T. online 14 (2011). S. 11–18, hier S. 16.
13 Rauchmann, Sabine: Bibliothekare in Hochschulbibliotheken als Vermittler von Informationskompetenz. (Anm. 11). S. 570.

Auch als direkte Zielgruppe von Informationskompetenzvermittlung stellten Wissenschaftler und Lehrende 2010 nur ein Prozent aller Teilnehmer an Veranstaltungen der Hochschulbibliotheken. Dies kann kaum überraschen, werden doch weit überwiegend Inhalte vermittelt, die wenig auf die Situation und Erwartungen von graduierten Wissenschaftlern zugeschnitten sind, wie allgemeine Bibliotheksbenutzung, Kataloge und Datenbanken sowie Suchstrategien.[14] Wissenschaftsadäquate Dienstleistungen finden nur allmählich Eingang in die praktische Informationskompetenzvermittlung.

Das britische „Research Information Network" (RIN) untersuchte 2009 und 2011 die Informationsbedürfnisse in den Life Sciences und den Geisteswissenschaften. Der Zugang der Life Sciences zu den Informationsressourcen ist primär pragmatisch: der genutzte Dienst soll unmittelbaren und unbegrenzten Online-Zugriff auf die benötigte Ressource bieten.[15] Regelmäßig besteht hoher Informationsbedarf zur Formalisierung der Inhalte nach den Vorgaben der Wissenschaftsverlage. Zusätzlicher Aufwand entsteht beim Ablegen von Quellcode in Open Source Repositorien, beim Erstellen von Ontologien und Indices oder beim Einspeisen von Gensequenzen in öffentlich zugängliche Datenbanken. Geisteswissenschaftler schätzen die schnelle Erreichbarkeit digitaler Texte und Archive. Allerdings sind sie in der Regel nicht bereit, auf gedruckte oder handschriftliche Quellen zugunsten digitaler Kopien zu verzichten. Die neuen Methoden und Konzepte der „digital humanities" sind als Standardmerkmale wissenschaftlicher Praxis bisher nicht ausreichend etabliert.[16] Wissenschaftliche Fragestellungen in den Geisteswissenschaften werden durch die konkreten Interaktionsmöglichkeiten der jeweiligen digitalen Angebote besonders stark beeinflusst.

In den Wirtschaftswissenschaften wird etwa die Gestaltung von Autorenverträgen mit Verlagen von einem Viertel der Befragten als besonders schwierig empfunden, insbesondere aufgrund fehlender Kenntnis urheberrechtlicher Regelungen. 48 Prozent der Forschenden empfinden den Aufwand für Formatierungen, Quellenverwaltung und Übersetzungen nach Verlagsvorgaben als beschwerlich.[17] Faktenda-

---

14 Deutscher Bibliotheksverband e.V. – Kompetenznetzwerk für Bibliotheken:
Informationskompetenz. Veranstaltungsstatistik. http://www.informationskompetenz.de/
veranstaltungsstatistik (6. 8. 2011).
15 Research Information Network (London): Patterns of information use and exchange. Case studies of researchers in the life sciences. http://www.rin.ac.uk/system/files/attachments/
Patterns_information_use-REPORT_Nov09.pdf (6. 8. 2011). S. 37.
16 Resarch Information Network (London): Reinventing research? Information practices in the humanities. http://www.rin.ac.uk/our-work/using-and-accessing-information-resources/
information-use-case-studies-humanities (6. 8. 2011). S. 8.
17 ZBW – Leibniz-Informationszentrum Wirtschaft: World Wide Wissenschaft.
Informationsmanagement von Wirtschaftswissenschaftler/inne/n. Zusammenfassung der qualitativen und quantitativen Ergebnisse einer Untersuchung zum Informationsmanagement von Studierenden und Forschenden der Wirtschaftswissenschaften, insbesondere BWL und VWL.

tenbanken wie etwa „Amadeus" und „Dafne" von „Bureau van Dijk" werden in den Wirtschafts- und Sozialwissenschaften in den letzten Jahren zunehmend genutzt und stellen zusätzliche Anforderungen an die Informationskompetenz.

Unabhängig vom Fach sind Bibliotheken an ihrer Hochschule die genuinen Ansprechpartner für sichere Wege der Zweitveröffentlichung und bibliometrische Verfahren.[18] Bibliometrische Untersuchungen werden benötigt für nationale und internationale Benchmarkings, für Vergleiche von Forschungseinheiten, für die leistungsorientierte Mittelvergabe und zur Ermittlung der wissenschaftlichen Reputation einzelner Wissenschaftler, etwa im Zusammenhang mit Berufungsverfahren. „Web of Science", „SCOPUS", „Google Scholar Citations" und „Microsoft Academic Search" halten unterschiedliche Werkzeuge zur Ermittlung von Impacts bereit, deren unkritische Nutzung aber zu Ergebnisverzerrungen führen kann. In Bibliothekskursen können die bekanntesten bibliometrischen Methoden (Journal Impact Factor, Hirsch-Index) dargestellt, ihr Aussagewert beurteilt und praktische Kenntnisse zur Sicherung der eigenen wissenschaftlichen Reputation vermittelt werden.

Serviceangebote für Promovenden und junge Wissenschaftler

Die Unterstützung Graduierter beim Erwerb von Informationskompetenz hat in den Bibliotheken unterschiedlichen Stellenwert. In den letzten Jahren stieg der Anteil der Doktoranden unter den Schulungsteilnehmern nur minimal an und lag 2010 bei lediglich 4,3 Prozent aller Studierenden,[19] dies bei einem Anteil von ca. 8 Prozent bestandener Promotionen an allen bestandenen Abschlussprüfungen.[20] Forciert zuletzt durch die Exzellenzinitiative des Bundes und der Länder zur Förderung von Wissenschaft und Forschung an deutschen Hochschulen gibt es andererseits ein wachsendes Angebot von strukturierten Programmen für Graduierte. Graduiertenschulen existieren sowohl als fachlich ausgerichtete Forschungsprogramme wie auch als zentrale Infrastruktureinrichtungen (Graduate Center), die sich an alle Promovenden der Hochschule richten. Im Rahmen der Graduiertenprogramme werden auch spezielle

http://www.zbw.eu/presse/pressemitteilungen/docs/World_Wide_Wissenschaft_ZBW-Studie.pdf (6. 8. 2011). S. 4.

18 Kommission Zukunft der Informationsinfrastruktur: Gesamtkonzept für die Informationsinfrastruktur in Deutschland. (Anm. 6). S. 30.

19 Deutscher Bibliotheksverband e.V. – Kompetenznetzwerk für Bibliotheken: Deutscher Bibliotheksverband e.V. – Kompetenznetzwerk für Bibliotheken.

20 Statistisches Bundesamt: Prüfungen an Hochschulen 2009. Wiesbaden (=Fachserie 11 Reihe 4.2). S. 10.

Lehrveranstaltungen zur Vermittlung fehlender methodischer Grundlagen und fächerübergreifender Fähigkeiten angeboten.

Bibliotheksveranstaltungen für Graduierte können eine Reihe von Themenschwerpunkten haben: wissenschaftliches Schreiben, Zitationsanalyse, Einreichung von Konferenzbeiträgen, Urheberrecht und Copyright, elektronische Zeitschriften, Publizieren in Fachzeitschriften, Reports und graue Literatur, korrektes Zitieren, Verfolgen der aktuellen Forschungsentwicklung, Literaturverwaltungsprogramme, Fachdatenbanken und -indices, Statistik- und Faktendatenbanken, Veröffentlichung der Dissertation und Nutzung von Spezialsammlungen.[21] In Kooperation mit Graduiertenschulen und -programmen ergibt sich die Chance, diese auch als curriculares Angebot zu gestalten. Lerneinheiten zum Plagiarismusproblem sind im Regelfall nichtcurriculare Angebote. Wenig verbreitet ist die Anwendung von Plagiatsdetektions-Software auf freiwilliger oder verpflichtender Basis im Rahmen des Promotionsverfahrens. Das wissenschaftliche Schreiben selbst und die Optimierung von Papers und Aufsätzen sind bislang kaum Gegenstand von Bibliotheksangeboten zur Informationskompetenzvermittlung. Hier bestehen Verbindungen zu etablierten Inhalten der Bibliothek, wie Literaturverwaltung oder ethische Aspekte der Informationskompetenz, und das integrierte Vorgehen mit den Fachbereichen und Graduiertenschulen bietet sich an.[22]

Serviceangebote für Studierende in den BA- und MA-Studiengängen

Im Bereich des studentischen Lernens ist der Paradigmenwechsel der Bibliothek vom Informationsspeicher zur Bildungseinrichtung am deutlichsten zu erkennen. Die vollständige oder teilweise Integration von Informationskompetenzangeboten in die Bachelor- und Masterstudiengänge ist an vielen Hochschulen abgeschlossen. Bereits zu Beginn des Prozesses zeigte sich, dass sich die inhaltlichen Konzepte und Strategien der einzelnen Bibliotheken deutlich unterscheiden. Die bestehenden Abhängigkeiten von den lokalen Gegebenheiten machen es notwendig, dass Bibliotheken sehr flexibel reagieren, um Angebote mit hohem Verpflichtungsgrad zu schaffen. Im Fokus ist bisher vor allem die Zielgruppe Bachelorstudierende/Studierende im Grundstudium (2010: 49 Prozent aller Teilnehmer an Schulungsveranstaltungen).[23] Das selbst-

---

21 Allan, Barbara: Supporting research students. London: Facet 2010. S. 99 f.
22 Wissenschaftsverlage wie Elsevier haben Publikationskurse bereits in ihr Produktportfolio aufgenommen: Richtig publizieren. http://www.boersenblatt.net/450434/template/ bb_tpl_medien/ (6. 8. 2011).
23 Deutscher Bibliotheksverband e.V. – Kompetenznetzwerk für Bibliotheken: Informationskompetenz: Veranstaltungsstatistik. http://www.informationskompetenz/ veranstaltungsstatistik (6. 8. 2011).

ständige Recherchieren von Literatur hat allerdings in vielen Bachelorstudiengängen keinen hohen Stellenwert. Die Angebote der Bibliothek können in der Orientierungsphase des Studienbeginns untergehen bzw. werden von den Bachelorstudierenden als weniger relevant wahrgenommen. Umfragen zeigen, dass deutlich mehr Master- als Bachelorstudierende es für zutreffend halten, dass Informationskompetenz durch Schulungsangebote der Universitätsbibliothek erlangt wird.[24] Das kann damit zusammenhängen, dass die im Bachelorstudium erworbenen Fähigkeiten im Masterstudium überhaupt erst zum Tragen kommen. Der Stellenwert von Informationskompetenzvermittlung im Rahmen des grundständigen Studiums muss bei der Ausrichtung des Serviceportfolios der Bibliothek berücksichtigt werden. Eine dezidiert fachliche Ausrichtung wird von den Studierenden gewünscht und schafft größere Verbindlichkeit.[25]

Serviceangebote für Schulen

Viele wissenschaftliche Bibliotheken bieten Programme für Schüler der gymnasialen Oberstufe im Rahmen der Seminarkurse und des Seminarfachunterrichts als Beitrag zur Förderung der Studierfähigkeit an.[26] Lehrer und Schüler treten dabei mit teilweise sehr unterschiedlichen Erwartungen an die Hochschulbibliotheken heran. Die meisten Anfragen zielen auf eine einfache, kurze Einführung in die Angebote einer wissenschaftlichen Bibliothek ohne speziellen thematischen Bezug. In bibliothekarischen Standards noch wenig berücksichtigt sind dabei die Chancen, die das Arbeiten mit der „Wikipedia" und anderen freien Internetquellen bietet.[27]

---

24 Sühl-Strohmenger, Wilfried: Informationskompetenz im Bachelor- und im Masterstudium. (Anm. 12), hier S. 17.

25 Schüller-Zwierlein, André: Die Vermittlung der Schlüsselqualifikation Informationskompetenz an der LMU München. Ein Lagebericht. urn:nbn:de:bvb:19-epub-1349-7 (6. 8. 2011). S. 42; Franke, Fabian u. André Schüller-Zwierlein: Das Informations- und Schulungsangebot der bayerischen Hochschulbibliotheken aus Sicht der Studierenden. Ergebnisse einer Umfrage der AG Informationskompetenz im Bibliotheksverbund Bayern. In: Zeitschrift für Bibliothekswesen und Bibliographie 55 (2008). S. 3–17, hier S. 17.

26 Für die wissenschaftspropädeutischen (W-)Seminare in Bayern schlagen die Unterrichtsleitfäden explizit die Exkursion in eine Universitätsbibliothek vor Manhardt, Günter: Die Seminare in der gymnasialen Oberstufe. 2. Auflage. München: Bayerisches Staatsministerium für Unterricht und Kultus 2008. S. 15.

27 So wird etwa die Sensibilisierung für Alternativen zu Google und zur Wikipedia als Indikator für die kompetente Nutzung elektronischer Informationsquellen benannt: AG Informationskompetenz im Bibliotheksverbund Bayern: Standards der Informationskompetenz für Schülerinnen und Schüler. Das Angebot der wissenschaftlichen Bibliotheken. http://www.informationskompetenz.de/fileadmin/user_upload/Standards_IK_Schulen_2.pdf (6. 8. 2011).

Das Aufkommen an Veranstaltungen für Schüler an deutschen Hochschulbibliotheken war im Jahr 2010 fast doppelt so hoch (21 Prozent), wie das für Masterstudierende/Studierende im Hauptstudium (12 Prozent). Es steigt jährlich um 3–4 Prozent im Verhältnis zum Gesamtaufwand für alle Zielgruppen.[28] Das Angebot der Hochschulbibliotheken für diesen stark wachsenden Bereich ist daher aufwandsoptimiert zu gestalten.[29] Regionale Netzwerke und überregionale Kooperation auf verschiedenen Ebenen ermöglichen ein strukturiertes und abgestimmtes Angebot von öffentlichen und wissenschaftlichen Bibliotheken.[30]

Weiterbildungsveranstaltungen und Workshops für Lehrerinnen und Lehrer sind inzwischen fester Bestandteil der Informationskompetenzangebote von Hochschulbibliotheken. Angesprochen sind insbesondere die Pädagogen der jeweiligen Referenzgymnasien. Teils existieren auch Rahmenverträge mit kommunalen Schulverwaltungsämtern und Schulbehörden. Einzelne Bibliotheken praktizieren die Integration des Themas Informationskompetenz bereits in der Lehrerausbildung ihrer Hochschule. Schulbibliothekstage bieten zusätzliche Gelegenheit, die örtlichen Ansprechpartner zu erreichen. Da die Bibliotheken die wachsende Nachfrage nach Informationskompetenz-Angeboten für Schüler nicht allein decken können, sollen Lehrer als Multiplikatoren gewonnen werden. Die Angebote der Bibliotheken werden in Fortbildungsdatenbanken für Lehrer veröffentlicht, um so als empfohlenes Fortbildungsangebot, ähnlich den Angeboten der Fachdidaktiken der Hochschulen, wahrgenommen zu werden. Ob die Serviceangebote der Hochschulbibliotheken für Lehrerinnen und Lehrer tatsächlich zu einer Aufwandsoptimierung im Bereich der Informationskompetenzvermittlung an Schüler führen, ist nicht erforscht. Sie tragen aber dazu bei, Schülerkurse passgenau und bedarfsorientiert anzubieten.

---

28 Deutscher Bibliotheksverband e.V. – Kompetenznetzwerk für Bibliotheken: Informationskompetenz. Veranstaltungsstatistik. (Anm. 14).
29 Netzwerk Informationskompetenz Baden-Württemberg: Konzept zur Vermittlung von Informationskompetenz an Schüler der gymnasialen Oberstufe. Empfehlung der baden-württembergischen Hochschul- und Landesbibliotheken. http://www.informationskompetenz.de/fileadmin/DAM/documents/Konzept%20zur%20Vermittl_1555.pdf (6. 8. 2011). S. 2.
30 Sühl-Strohmenger, Wilfried: Hilfe im Kampf gegen die Informationsflut. Angebote wissenschaftlicher Bibliotheken für Gymnasiasten – Ein Überblick. In: BuB 63 (2011). S. 530–535, hier S. 534.

Klaus Ulrich Werner

Räumliche und gestalterische Anforderungen an Bibliotheken als Lehr- und Lernort zur Förderung von Informationskompetenz

Abstract: Die klassische Unterrichtssituation erscheint der tiefgreifend veränderten Lernkultur in einer vernetzten Umgebung nicht mehr angemessen. Die heutige Wissens-, Informations- und Erlebnisgesellschaft braucht Bibliotheken, die als kompetente Vermittler von Informationskompetenz erfolgreich und nachhaltig agieren. Dazu bedarf es neben der Didaktik und Methodik auch einer adäquaten technischen und räumlich-gestalterischen Ausstattung. Es sollten hier die gleichen Gestaltungs- und Ausstattungsanforderungen gelten, wie sie für die gesamte Bibliothek gestellt werden: Ziel muss eine qualitativ hochwertige, motivierende und anregende Lernumgebung sein. Zu den Voraussetzungen gehören die Gestaltung von flexiblen Räumen und Raumelementen, die Individualisierung von Lernsituationen, die Unterstützung von Kommunikation sowie Elemente zur Förderung der Balance von Arbeit und Entspannung. Eine Checkliste zur Ausstattung der Flächen und für die verschiedenen Formen der Vermittlung von Informationskompetenz ist angefügt: für das Selbstlernen, das beratende und begleitende Lernen, das Lernen in Gruppen, für mobile Formen und verschiedenste Schulungssituationen.

Keywords: Lernort Bibliothek, Arbeitsumgebung, Lernarchitektur, Lernzentrum, Learning Center, Lern-(Schulungs)umgebung, Vernetzungsarchitektur, Barrierefreiheit

Dr. Klaus Ulrich Werner: Studierte Germanistik und Geschichte, Promotion an der Universität Freiburg i.Br. Nach einer Ausbildung zum Wissenschaftlichen Bibliothekar arbeitete er zunächst im Verlagswesen, seit 1991 in verschiedenen Bibliotheken der Freien Universität Berlin. Von 2000–2005 war er Projektmanager des Neubaus der Philologischen Bibliothek („The Berlin Brain") des Architekten Lord Norman Foster. 2007–2010 koordinierte er die Planung eines neuen Integrationsprojekts von 24 Institutsbibliotheken in einem Neubau der Freien Universität. Er war 2006–2009 Mitglied der Fachkommission des Deutschen Instituts für Normung für die Empfehlungen zum Bibliotheks- und Archivbau. Er ist als Autor und Herausgeber von Büchern und Artikeln über Bibliotheksbau und Bibliotheksmanagement tätig und in diesem Bereich auch als Referent und Berater.
www.geisteswissenschaften.fu-berlin.de/bibliotheken/mitarbeiter/werner/index.html
klaus.werner@fu-berlin.de

Veränderung der Lernkultur

Die Vermittlung von Informationskompetenz bedarf heute einer vernetzten technischen Infrastruktur – das ist für Öffentliche und Wissenschaftliche Bibliotheken eine Selbstverständlichkeit. Die Ausstattung mit Hardware zur Recherche im Internet und die zur Nutzung von elektronischen Medien wie CDs, CD-ROMs und DVDs gehören ebenso zum Standard wie vernetzte Informationstheken zur Beratung. Zudem sind in der veränderten Lernkultur auch Gruppenarbeitsräume und Schulungsmöglichkeiten unabdingbar. Aber wie sieht die Gestaltung der Räume und Flächen aus, die den Nutzern hierfür angeboten werden? Die heute schon erreichten Standards für die Vermittlung von Informationskompetenz betreffen ihre Programmatik, ihre Didaktik und Methodik, es fehlen aber noch differenzierte Kriterien für eine zeitgemäße, räumlich-gestalterische Infrastruktur. Was die Bibliothek zum Lernort macht, darüber gibt es viel Literatur und anschauliche Referenzen im In- und Ausland. Viele Bibliothekare haben hierzu ähnliche Vorstellungen. Doch lassen sich für die Vermittlung von Informationskompetenz auch Umgebungsbedingungen, konkrete Einrichtungsdetails und gestalterische Elemente beschreiben, die über die üblichen Listen mit erforderlichen Geräten für einen Schulungsraum hinausgehen?

Die Ausgestaltung von Gruppenarbeitsmöglichkeiten und Schulungsumgebungen umfasst nicht nur bibliotheksspezifische Anforderungen. Es handelt sich vielmehr um die Gestaltung von „Lernarchitektur“, wie sie auch für andere Bildungseinrichtungen (z. B. für Schulen, Volkshochschulen und Hochschulen) gefordert wird, beispielsweise im Rahmen einer „Baukunst, die dem Lernen dient oder dienen soll, indem sie hierfür Häuser entwirft und verwirklicht, Räume ausstattet, Plätze inszeniert […], Plätze, um sich Wissen anzueignen, Fähigkeiten zu erweitern, die eigene Person weiter zu entwickeln, sich zu bilden“.[1] Die Bedeutung von Architektur und Ausstattung für die Bibliothek ist für deren Funktionalität kaum zu überschätzen und das kann insgesamt auch für die Schulungssituation und deren Umgebungsbedingungen gelten (Licht, Luft und Klima, Atmosphäre, Farbkonzept, Platzierung in der Bibliothek). Insofern sollten die gleichen Gestaltungs- und Ausstattungsanforderungen gestellt werden wie für die gesamte Bibliothek, nämlich die Schaffung einer qualitativ hochwertigen, motivierenden und anregenden Lernumgebung.[2]

Die klassische Schulungssituation erscheint der tiefgreifenden Veränderung der Lernkultur in einer vernetzten Umgebung daher nicht mehr angemessen, und eine

---

1 Knoll, Jörg: Lernen im geschaffenen Raum. Zum materiellen Verständnis des Begriffs „Lernarchitektur“. In: DIE Zeitschrift für Erwachsenenbildung 6 (1999). S. 24–25. http://www.diezeitschrift.de/499/lernenraum.htm (12. 9. 2011).
2 Zur Bedeutung des Raums in der Bibliothek siehe Fansa, Jonas: Bibliotheksflirt. Bibliothek als öffentlicher Raum. Bad Honnef: Bock + Herchen 2008. http://nbn-resolving.de/ urn:nbn:de:kobv:11-100175207 (12. 9. 2011).

adäquate Umgebung lässt sich in einem traditionellen Schulungsraum nicht mehr optimal realisieren: Reihenweise angeordnete Tische („Omnibus") mit PC-Ausstattung und Blick auf den instruierenden Bibliothekar am vernetzten Katheder vor einer Leinwand stehend. Der „IT-Schulungsraum", passt einfach nicht mehr zu dem, was die Bibliothek inhaltlich an „Information Literacy" vermitteln will, er steht dem teilweise sogar im Wege. So mancher Lesesaal ist von sichtbarer architektonischer und gestalterischer Qualität, der „IT-Schulungsraum" aber nicht! Es dominiert fast immer hässliche Hardware und tristes Mobiliar in den Farben „Lichtgrau" oder „Grauweiß": hier endet in der Regel jeglicher Gestaltungswille zu einer motivierenden und inspirierenden Lernumgebung der auf ‚Funktionalität' bedachten Bibliothekare. Aber auch die angebotene ästhetische Qualität der Produkte vieler Firmen, sogar derer von so manchem Bibliotheksausstatter, ist unbefriedigend.[3] Hier gibt es sichtbaren Nachholbedarf.

Was für die Arbeitsplätze und die Bibliothek generell gilt, sollte auch für die Flächen, Räumlichkeiten und Einrichtungen zur Beratung und Schulung gelten: „A learning space should be able to motivate learners and promote learning as an activity, support collaborative as well as formal practice, provide a personalized and inclusive environment, and be flexible in the face of changing needs."[4]

Räume, Orte, Flächen und Services für die „Teaching Library"

Historisch gesehen sind die bestimmenden Elemente von Lehr-Lern-Umgebungen mit der Verbreitung der Lese- und Schreibkompetenz entstanden – und deutlich mit dem Leitmedium Buch verbunden. Durch die digitale Vernetzung mit multimedialen und interaktiven Medien entstehen auch neue Formen der Vermittlung. Virtuelle Architekturen und Räume bleiben hier unberücksichtigt, ebenso das Verhältnis von virtuellem und physischem Lernraum. Der virtuelle Raum greift aber in den physischen über, was Auswirkungen auf die Methodik und das Curriculum, vor allem aber auf die Struktur der Kommunikation hat. Die Ausstattung einer zum „Learning Center", „Library and Learning Center" oder „Learning Resources Center" entwickelten Bibliothek schafft gute Voraussetzungen auch für eine Teaching Library. Die räumlichen Arrangements und Ausstattungsdetails lassen sich aber auch unabhängig von einem

---

3 Klein, Dorothea: Corporate Architecture? Der Bibliotheksbau als Zeichen im urbanen Raum. Masterarbeit im Fernstudium Bibliotheks- und Informationswissenschaft. Humboldt-Universität zu Berlin 2009. S. 34 [unveröffentlicht, zitiert mit Genehmigung der Autorin].
4 JISC: Designing spaces for effective learning. A guide to 21th century learning space design. HEFCE 2006. http://www.jisc.ac.uk/uploaded_documents/JISClearningspaces.pdf (12. 9. 2011), hier S. 3.

Label dieser Art beschreiben. Die verschiedenen Arbeitsplatzformen und -ausstattungen des modernen Lernorts Bibliothek sollen hier insofern betrachtet werden, als sie im Kontext mit dieser Teaching Library stehen.

Das Spektrum für die Vermittlung von Informationskompetenz in adäquaten Lernumgebungen ist breit: Kinder und Schüler in der Öffentlichen Bibliothek (Schüler der höheren Klassen zunehmend auch in den Hochschulbibliotheken), Lebenslanges (oder: „Lebensbegleitendes") Lernen (z.B. berufliche Weiterbildung, ehrenamtliche Tätigkeiten), für den Bachelorstudierenden und für Teilnehmer von Masterprogrammen. Öffentliche und Wissenschaftliche Bibliotheken werden hier mehr Gemeinsamkeiten als Unterschiede vorfinden.

Die Bibliotheken haben es in den letzten Jahren zu einer beträchtlichen Professionalisierung bei den pädagogisch-didaktischen Konzeptionen ihrer Anstrengungen zur Vermittlung von Informationskompetenz gebracht. Und auch die Unterrichtsmethodik, die multimediale Aufbereitung des Stoffes und die IT-basierte Evaluation sind weit entwickelt. Es mangelt allerdings an Reflexion und es fehlen Innovationen zu den räumlichen Situationen sowie zu adäquaten Ausstattungsideen zur flexiblen Gestaltung von Flächen des Lehr- und Lernorts Bibliothek. Die zentralen Orte und Flächen der Vermittlung sind die Informationsbereiche (Theken, Pulte, u.ä.), die Schulungsräume und andere Kommunikationsräume.

In der beratenden Dienstleistungsbranche haben sich Beratungstheken schon seit längerem deutlicher weiterentwickelt, als es in den meisten Bibliotheken der Fall ist. Noch größer ist die Diskrepanz zwischen pädagogisch-didaktischem Ansatz und räumlicher Realisierung beim Schulungsraum, der meist noch einem Klassenzimmer ähnelt, was es so in kaum einer modernen Grundschulklasse noch gibt. Der einzige Unterschied zum antiquierten Klassenzimmer ist das Vorhandensein einer fest installierten PC-Ausstattung! Bereits die Reformpädagogik im frühen 20. Jahrhundert hat den seit der Renaissance verbreiteten, auf den Lehrer zentrierten Unterrichtsraum durch räumliche Elemente der Dezentralisierung, Selbstorganisation und Selbstkontrolle abgelöst. Trotz aller negativer Raumerfahrungen, die die meisten der heutigen Entscheider in den Bibliotheken selbst in ihrer Schul- und Hochschulzeit gemacht haben, wird meist nur in den Öffentlichen Bibliotheken (und hier bei kinderorientierten Programmen) von der Raumkonstitution „Schulungsraum" abgewichen. Und das, obwohl Aufenthalts-, Lese- und Arbeitszonen in den Nutzerbereichen des Lernorts Bibliothek schon längst modifiziert worden waren, bevor die Bibliothek zum „Lernort" erklärt worden ist.

Was sich Nutzer wünschen

Bibliotheken und Bibliothekare neigen dazu, „bibliothekarisch" zu planen statt „bibliothekisch".[5] Dieser von Jonas Fansa in die Bibliothekswissenschaft eingeführte Begriff zielt auf eine stärker an den Wünschen und Bedürfnissen der Nutzer orientierte Gestaltung der Bibliothek. Hierzu bieten z. B. die Ergebnisse von Nutzerumfragen[6] Anregungen, die Ergebnisse von Kreativwettbewerben unter Studierenden oder auch die Beobachtung heutiger Arbeitsformen der Nutzer, international auch die positiven Erfahrungen der Learning Centers und Learning Grids in Großbritannien.[7] Gerade angesichts der vielen Umbauten und Sanierungen von Bibliotheken, die in den nächsten Jahren für Gebäude der 1960er bis 1980er Jahre anstehen, ist die Frage dringlich: Was wollen die Nutzer, was brauchen sie nach ihrer eigenen Selbsteinschätzung? Sowohl bei Befragungen in Wissenschaftlichen Bibliotheken wie auch bei den Wettbewerben[8] unter Studierenden aus den Bereichen Design und Architektur zeigen sich die gleichen Schwerpunkte: Vernetztes Lernen und Arbeiten (sowohl bezogen auf IT wie auf die Kombination von analog und digital), Gestaltung von flexiblen Räumen und Raumelementen, Individualisierung von Lernsituationen, Unterstützung von Kommunikation sowie Elemente zur Förderung der Balance von Arbeit und Entspannung.

„Lieber angeregt als unterrichtet"[9] – die instruierende, schulende Bibliothek ist dabei nicht im Fokus der Wahrnehmung, eher der Wunsch nach unterstützenden, fördernden und beratenden Angeboten. Auch die Anforderungen an die IT-Infrastruktur beziehen sich mit ihren innovativen Vorschlägen auf mehr Vernetzung, auf die Stärkung von kommunikativen und individualisierten Angeboten (z. B. Selbstverbuchungssysteme, kombiniert digitale und analoge Lernumgebungen, Zonierungen in unterschiedliche Lärm- und Konzentrationslevel). Der Studentische Ideenwettbe-

---

5 Zum Begriff „bibliothekisch" siehe Fansa, Jonas: Bibliotheksflirt. Bibliothek als öffentlicher Raum. (Anm. 2).

6 Z. B. Braun, Salina: Die UB Kassel als Lernraum der Zukunft: Alles unter einem Dach. Differenzierte Arbeitsplätze, Lernorganisation, Erholung und Entspannung. Berlin: Institut für Bibliotheks- und Informationswissenschaft 2010. (Berliner Handreichungen zur Bibliotheks- und Informationswissenschaft 268). http://edoc.hu-berlin.de/series/berliner-handreichungen/2010-268/PDF/268.pdf (12. 9. 2011) und Fansa, Jonas: Bibliotheksflirt. Bibliothek als öffentlicher Raum. (Anm. 2); für ekz-Ideenwettbewerb siehe Mittrowann, Andreas: Bibliotheken als Orte. Beispiele aus dem Wettbewerb „Die Bibliothek der Zukunft." In: Bibliotheken heute! Best Practice bei Planung, Bau und Ausstattung. Hrsg. von Petra Hauke u. Klaus Ulrich Werner. Bad Honnef: Bock + Herchen 2011. S. 276–287.

7 Siehe dazu den Beitrag von Christine Gläser in diesem Band.

8 DINI-Wettbewerb „Lebendige Lernorte" 2009. http://www.dini.de/lebendige-lernorte/beitraege (12. 9. 2011).

9 So ein Slogan des Bayerischen Bibliothekartages 2010. http://lfs.bsb-muenchen.de/Meldungen.775+M52e0e41c53f.0.html (12. 9. 2011).

werb „Lebendige Lernorte" der Deutschen Initiative für Netzwerkinformation e. V. (DINI) 2009 und der ekz-Ideenwettbewerb sind dabei sozusagen die gestalterischen Umsetzungen dessen, was Nutzer in den genannten Befragungen wünschten: studentisch inszenierte Lernorte, die die eigenen Lernstrategien unterstützen. Es fällt auf, dass immer wieder neue Formen von Arbeitsplätzen skizziert werden, es geht um das ideale Lernmobiliar, ganz konkret um den optimalen Stuhl für studentisches Lernen in der Bibliothek. Diese Sitzmöglichkeit soll flexibel, gepolstert und mit Armlehnen ausgestattet sein sowie ergonomisch an verschiedene Körpergrößen und -haltungen angepasst werden können.[10]

Die Nutzeranforderungen an die Teaching Library im Hochschulbereich konzentrieren sich räumlich auf:[11]

– Informationsräume, die das Lernen durch eine gute digitale und analoge Informationsumgebung unterstützt: Hierzu gehören die Angebote der individuellen Beratung und Hilfestellung der Bibliothek (und ggf. von IT-Fachleuten des Rechenzentrums o. ä.), sei es durch online- oder face-to-face-Kommunikation (Hotline-Support in Sachen Medienkompetenz oder traditionell: der „Info-Tresen").

– Arbeitsflächen für Gruppen zur Unterstützung des kooperativen Lernens. Mobiliar und Infrastruktur sollen das gemeinsame Erarbeiten, aber ebenso auch die Lehr-Lern-Situation in kleinen Gruppen mit Präsentationsflächen und Kooperationstools (Speichern, Verteilen, Weiterverwenden) unterstützen. Auch die Vernetzung mit nicht anwesenden Lehr- und Lernpartnern ist an dieser Stelle gefragt (Chat, Videokonferenz).

– Der Einzelplatz soll flexibel sein, d. h. beweglich, anpassungsfähig an den temporären Nutzer und soll in verschiedenen freiwählbaren Abstufungen von „Ruhe" und Abschottung bis „laut" (visuell und/oder akustisch) räumlich positioniert werden können. Das heißt, der Arbeitsplatz soll individuell konfigurierbar sein entsprechend der digitalen Arbeitsoberfläche („MyLibrary").

– Beseitigung von Barrieren beim Lernprozess und Förderung von Selbständigkeit beim Nutzen von Services durch stärkere Differenzierung, durch „Entgrenzung". Dies bezieht sich auch auf die Reduzierung von Festlegungen bei der Definition von Räumen und Ausstattungen hin zu flexiblerer Nutzung (der definierte Schulungsraum im Gegensatz zu temporären Lehr- und Lernzonen). Es werden Durchmischungen verschiedener Sozialformen des Lernens und verschiedener

---

10 Z. B. der „individuelle Schulstuhl flex". Siehe „Lebendige Lernorte". http://www.dini.de/lebendige-lernorte/beitraege/abstracts/#c2085 (12. 9. 2011).
11 Bezogen auf die Teaching Library in Anlehnung an: Meder, Norbert: Der Campus als didaktischer Raum. In: Deutsche Initiative für Netzwerkinformation e.V./Arbeitsgruppe Lernräume: Studentischer Ideenwettbewerb „Lebendige Lernorte" 2009. Betrachtungen der DINI-Arbeitsgruppe „Lernräume". Göttingen: DINI 2010. http://www.dini.de/fileadmin/docs/dini_lernraeume_web.pdf (12. 9. 2011). S. 87–98.

Level von Hilfsangeboten zur Unterstützung von „Selbstlernkompetenz" gewünscht. Es wird erwartet, dass sich die „realen" Raum- und Informationsangebote an dem hohen technischen Niveau webbasierter digitaler Informationsumgebungen orientieren.

Hochschulen sind Institutionen der (studentischen) Erwachsenenbildung, und unter diesem Aspekt sind die Angebote der Teaching Library wiederum mit denen der Öffentlichen Bibliotheken vergleichbar. – Hier kann für Kinder und Schüler durch den Kontrast zur vertrauten Schulsituation ein entscheidender Anreiz entstehen, die Angebote der Bibliothek zur Vermittlung von Informationskompetenz wahrzunehmen („Bibliothek ist cool"). Dadurch dass die Gestaltung von Räumen für Kinder- und Jugendbibliotheken insgesamt viele Spezifika aufweist, kann sich die Bibliothek originell von Schulangeboten absetzen.

Standards, Referenzen und Orientierungshilfen

Die einschlägige Literatur zur Vermittlung von Informationskompetenz in der Teaching Library thematisiert bisher in nur ganz geringem Umfang die Fragen der räumlichen, gestalterischen und ausstattungsbezogenen Voraussetzungen. Für die Öffentlichen wie die Wissenschaftlichen Bibliotheken listet der DIN Fachbericht „Bau- und Nutzungsplanung von Archiven und Bibliotheken"[12] die Flächenbedarfe und die bauseitig zu erbringende Ausstattung je nach Nutzungsbereich auf. Entsprechendes auf internationaler Ebene wird vom 2012 erscheinenden Technical Report „Information and documentation – Qualitative conditions and basic statistics for library buildings – Space, function and design" der ISO erwartet.[13] Für den Bereich der Wissenschaftlichen Bibliotheken sind darüber hinaus für viele Träger immer noch die einschlägigen Empfehlungen des Wissenschaftsrates und des HIS (Hochschul-Informations-System GmbH) relevant.[14] Perspektivisch hoch aktuell ist weiterhin die JISC-Publikation von 2006 „Designing spaces for effective Learning. A guide to 21st century

---

12 Deutsches Institut für Normung: Bau- und Nutzungsplanung von Bibliotheken und Archiven. Ersatz für DIN Fachbericht 13:1998. Vollst. überarb. Neuaufl. Berlin: Beuth 2009. (DIN Fachbericht 13).
13 ISO/TC 46/SC 8/WG 8.
14 Wissenschaftsrat: Empfehlungen zur digitalen Informationsversorgung durch Hochschulbibliotheken. Greifswald 2001. http://www.wissenschaftsrat.de/download/archiv/ 4935-01.pdf (12. 9. 2011) und Hochschul-Informations-System (HIS): Forum Hochschulbau. Bauen für Bologna – Veränderungen des Flächen- und Raumbedarfs durch Bachelor- und Masterstudiengänge. Hannover 10. 6. 2010. Tischvorlage.

learning space design".[15] Anschauliche Filmdokumente zur Veranschaulichung sind z. B. aus Großbritannien verfügbar.[16]

– DIN-Fachbericht: Gerade in den Öffentlichen Bibliotheken „wird großen Wert auf Schulungs-, Veranstaltungs- und Gruppenarbeitsräume [...] gelegt",[17] deshalb finden sich Angaben zu Flächen und zur bauseitigen Ausstattung von Gruppenräumen und Schulungsräumen „zur Vermittlung von Informationskompetenz" mit Ausstattung wie Vernetzung, Beamer, Leinwand, Lautsprecher, Computer, Abspielgeräte und geeignete Beleuchtungsszenarien.[18] Für die Flächen der Kinderbibliothek werden besondere Flexibilität, Veranstaltungs- und Vortragstechnik und die Möglichkeit zu den unterschiedlichsten Formen von kindgerechter Präsentation gefordert. In der Jugendbibliothek sollen durch flexible Flächen viele Kommunikations- und Lernformen unterstützt werden, „von der Schulung bis zur Party".[19] Gestalterisch sollen sich Lebensgefühl und Lebensstile von Jugendlichen wiederfinden, z. B. durch „lässige" Möblierung mit Lounge-Charakter.[20] Es werden Definitionen und der Flächenbedarf von einzelnen Arbeitsplatztypen inkl. der Gruppenarbeitsplätze empfohlen. Außerdem wird der „Informations- und Auskunftsplatz" behandelt.[21] Dabei liegt die Betonung u. a. auf den Implikationen von persönlicher Beratung für die räumliche und bauliche Gestaltung und die technische Ausstattung: Telefon, Fax, vernetzter PC. Auch in der hier relevanten neuen Auflage von 2009 gibt der DIN Fachbericht aber absichtlich (fast) keine Empfehlungen zur Ausstattung im Sinne von Möblierung.

– Die Empfehlungen des Wissenschaftsrats zur digitalen Informationsversorgung durch Hochschulbibliotheken von 2001 fordern mit Blick auf die Informationskompetenz baulich und organisatorisch ein synergetisches, multimediales Kommunikations- und Informationszentrum, das möglichst durch Vereinigung von Rechenzentrum, Medienzentrum und Bibliothek in einem Gebäude zustande kommen soll, um so optimale Flächen für das Lehren, Lernen und Üben beim Recherchieren zu konzentrieren.[22]

---

15 JISC: Designing spaces for effective learning. A guide to 21th century learning space design. (Anm. 4).

16 JISC: Designing spaces for effective learning. http://www.jisc.ac.uk/eli_learningspaces. html#downloads (12. 9. 2011).

17 Deutsches Institut für Normung: Bau- und Nutzungsplanung von Bibliotheken und Archiven. (Anm. 12), hier S. 20.

18 Ebd., S. 49.

19 Ebd., S. 21.

20 Ebd.

21 Ebd., S. 53.

22 Wissenschaftsrat: Empfehlungen zur digitalen Informationsversorgung durch Hochschulbibliotheken. (Anm. 14), hier S. 47.

– Die HIS-Studie 179[23] von 2005 und in der Weiterführung das HIS-Forum Hochschulbau[24] 2010 beschäftigen sich mit dem steigenden Bedarf von Lehr- und
  Übungsraum mit IT-Ausstattung an den Hochschulen. Hierfür wird gefordert,
  dass Lehrräume flexibel einsetzbar sein sollen und dass sie veränderbare
  Raumstrukturen aufweisen sowie innovative Lernumgebungen schaffen sollen.
  Das HIS beschäftigt sich hauptsächlich mit neuen Formen für das Selbststudium, besonders in Gruppen, Tutorien u. ä. und empfiehlt diese Bedarfe eher nicht
  innerhalb der Bibliotheken zu realisieren, sondern generell auf dem Campus
  vorzuhalten.
– Die einschlägige neueste Literatur zum Bau und zur Gestaltung der „Bibliothek
  der Zukunft" bietet insgesamt Orientierung und Hilfestellung bei der Gestaltung
  von Räumen und Flächen.[25]

Was Nutzer brauchen:
Verschiedene Settings und deren Ausstattung

Die Bereiche, in denen räumlich gesehen die aktive Vermittlung von Informationskompetenz durch die Bibliothek intendiert ist, können in verschiedene Settings zusammengefasst werden, für die unterschiedliche räumliche Anforderungen gelten.
Diese gehen über verschiedene bekannte Raumtypen hinaus: Multimedia-Semi-
narraum (-Schulungsraum), Medien-Übungsraum, PC-Raum, EDV-Schulungsraum,
Schulungsraum, Benutzungsbereich mit Benutzer-PCs (betreuter Bereich).[26]

Konstitutiv für alle diese lernfreundlichen Umgebungen ist, dass sie im werten-
den Sinne nicht konventionell „pädagogisch" sein sollten. Leitgedanke für diese „Vernetzungsarchitektur" (nach Derrick de Kerckhove)[27] ist, dass Multifunktionsflächen
und -räume motivierender und flexibler sind als fest definierte, zweckbestimmte Räume – mit dem Ziel „vernetztes Denken" zu fördern.

---

23 Vogel, Bernd u. Silke Cordes: Bibliotheken an Universitäten und Fachhochschulen.
Organisation und Ressourcenplanung. Hannover: Hochschul-Informations-System (HIS) 2005.
(Hochschulplanung 179).
24 Hochschul-Informations-System (HIS): Forum Hochschulbau. Bauen für Bologna –
Veränderungen des Flächen- und Raumbedarfs durch Bachelor- und Masterstudiengänge. (Anm. 14).
25 Siehe hierzu das umfangreiche Literaturverzeichnis bei: Hauke, Petra u. Klaus Ulrich Werner
(Hrsg.): Bibliotheken bauen und ausstatten. Bad Honnef: Bock + Herchen 2009. S. 218–226.
http://edoc.hu-berlin.de/miscellanies/bibliotheksbau/ (12. 9. 2011).
26 Siehe verschiedene Raumarten bei: Lux, Claudia u. Wilfried Sühl-Strohmenger: Teaching
Library in Deutschland. Vermittlung von Informations- und Medienkompetenz als Kernaufgabe für
Öffentliche und Wissenschaftliche Bibliotheken. Wiesbaden: Dinges und Frick 2004, hier S. 72–73.
27 Kerckhove, Derrick de: Die Architektur der Intelligenz. Wie die Vernetzung der Welt unsere
Wahrnehmung verändert. Basel u. a.: Birkhäuser 2002. (The IT revolution in architecture).

Selbstlernen mittels E-Learning

Räumliche Voraussetzungen und Ausstattungen von Einzelplätzen müssen nicht auf die Möglichkeiten des klassischen Multimedia-Arbeitsplatzes beschränkt sein. Ein nutzerspezifisches Angebot, wie z. B. das der „eLernBar" der Zentral- und Landesbibliothek Berlin im Haus Berliner Stadtbibliothek, definiert sich u. a. über seine „lernanregende Gestaltung".[28] Alle Erfahrungen und empirischen Belege sprechen dafür, dass das webbasierte Selbstlernen von den Nutzern in ganz unterschiedlichen Settings realisiert werden kann. Die Individualisierung des Einzelarbeitsplatzes sollte hierzu alle Freiheit lassen. Allerdings kann E-Learning auch Komponenten haben, die das Ausdrucken erforderlich machen, was zu einer räumlichen Separierung von akustisch sensiblen Bereichen führen sollte (bereits mittels einer traditionellen Zonierung in der Bibliothek ist das möglich, ohne dass andere Nutzer gestört werden). Erfolgt das E-Learning nicht allein, ist die räumliche Situation des „Lernens in Gruppen" gegeben (siehe Kapitel „Collaborative Learning", Lernen in Gruppen).

Begleitendes und beratendes Lernen

Der Ort für das beratende Lernen ist in den meisten Bibliotheken wohl noch die klassische Informationstheke. Gedacht ist sie für das Beratungsgespräch, die face-to-face-Kommunikation zwischen Bibliothekar und Nutzer. Zur Standardausstattung einer frontalen Thekensituation gehört hierdas gedoppelte Display (eines für den Berater und eines für den Nutzer, jeweils nicht als Sichtbarriere zu realisieren) leider immer noch nicht. Diese Dopplung des Monitors ist nur in einer $\leq 90°$-Gesprächssituation verzichtbar, denn nur dann können beide gleichzeitig auf dasselbe Display blicken. Die Infotheke kann für die Vermittlung von Informationskompetenz in verschiedenen Abstufungen an Bedeutung gewinnen, wenn z. B. in unmittelbarer räumlicher Nähe Plätze zur Vertiefung, zum Nachvollziehen des exemplarisch Erklärten oder zu anderen Zwecken der Betreuung angesiedelt sind. So kann durchaus eine interaktive Schulungssituation entstehen, die über das punktuelle Frage-Antwort-Muster hinausgeht. Idealerweise ist die Theke höhenverstellbar und bietet die Möglichkeit, ein Beratungsgespräch im Sitzen und/oder im Stehen zu führen. Die Beratungstheke erfordert bei einem sitzenden Bibliothekar auch für den Nutzer ein adäquates Sitzangebot. Für die Gesprächssituation im Sitzen bietet ein rundes oder gerundetes Möbel kommunikativ die besten Voraussetzungen, für die Situation im Stehen ebenso. Die Bestuhlung für Mitarbeiter und Nutzer sollte gleichberechtigt komfortabel sein. Die

---

28 Lux, Claudia u. Wilfried Sühl-Strohmenger: Teaching Library in Deutschland. Vermittlung von Informations- und Medienkompetenz als Kernaufgabe für Öffentliche und Wissenschaftliche Bibliotheken. (Anm. 26), hier S. 108.

verbreitete Kombination aus Bürostuhl für den Bibliothekar hinter der Theke und ein Besucher- oder „Wartezimmerstuhl" für den Nutzer vor der Theke dokumentiert Hierarchie und realisiert keine gleichberechtigte, einladende Situation. Ein Diskretionsabstand für wartende Nutzer sollte möglich sein. Eine Büro-ähnliche Atmosphäre des Thekenplatzes (sozusagen „wie auf einem Amt") ist zu vermeiden. Für den Flächenbedarf setzt der DIN Fachbericht 10m² an.[29] Zur technischen Ausstattung gehören ein vernetzter Internet-Zugang, Telefon, Drucker, Scanner/Kopierer. – In gewisser Weise sind hier auch kooperative Formen mit Rechenzentren zu nennen, die einen persönlichen IT-Support in das Bibliotheksportfolio integrieren (z. B. im Learning Center der Staats- und Universitätsbibliothek Göttingen oder im Jacob-und-Wilhelm-Grimm-Zentrum der Humboldt-Universität zu Berlin).

„Collaborative Learning", Lernen in Gruppen

Die Bedeutung von Gruppenarbeitsmöglichkeiten, d. h. von Gruppenräumen und Gruppenflächen, ist sowohl in Öffentlichen wie in Wissenschaftlichen Bibliotheken kaum zu überschätzen. Der DIN Fachbericht spricht von „Gruppenarbeitsplätzen für Lerngruppen".[30] Dabei handelt es sich nicht ausschließlich um den Gruppen- oder Arbeitsgruppenraum, den sich eine Kleingruppe von Lernenden bucht oder reservieren lässt, sondern auch um die Flächen und Ausstattungen für „freie" Gruppenarbeit, die evtl. ad hoc entsteht und die nicht unbedingt die Abgeschirmtheit eines geschlossenen Raumes benötigt. Genau diese Art von Zusammenarbeit ziehen viele Schüler und Studierenden dem gemeinsamen Lernen hinter einer geschlossenen Tür vor. Bewegliche Tische (evtl. auf Rollen) gehören zur Grundausstattung (Tischgröße nicht unter 160x80 cm), um sich eine eigene Gruppenarbeitsatmosphäre schaffen zu können. Der Flächenbedarf in geschlossenen Gruppenräumen wird mit 3,00 bis 3,50 m² pro Nutzerplatz angesetzt. Die Ausstattung sollte Flipchart/Whiteboard/Smartboard, idealerweise Präsentationsmedien (Beamer, Projektionsfläche) und in jedem Falle großzügig Strom- und Netzanschlüsse (bzw. WLAN) umfassen. Stühle auf Rollen sind dynamischer und für die Zusammenarbeit förderlich. In britischen Learning Center (z. B. Saltire Center, Glasgow Caledonian University) sieht man auch innovative Raumobjekte, die – auf offenen Flächen – Gruppen zur Zusammenarbeit dienen: sie sind flexibel, offen und signalisieren trotzdem eine Teamsituation. „Learning Center" und „Selbstlernzentren" bieten solche differenzierten Möglichkeiten in Gruppen zu arbeiten per se an. Interessante neue Konzepte gab es vor einigen Jahren z. B. an der Eidgenössischen Technischen Hochschule Zürich mit „ETHWorld", wo generell das

---

29 Deutsches Institut für Normung: Bau- und Nutzungsplanung von Bibliotheken und Archiven. (Anm. 12), hier S. 53.
30 Ebd., S. 48.

kollaborative Arbeiten in einer digitalen Umgebung in allen Ausstattungsdetails weitergedacht wurde (für den Gruppenarbeitsraum das Projekt VirealLab).[31] In gewisser Weise handelt es sich um eine Entwicklung parallel zu der von neuen Büroarbeitswelten. Ein Projekt des Fraunhofer Instituts hat in diesem Sinne bereits eine neue Hardware definiert, die Roomware®, als „interface to information and for the cooperation of people".[32] Interessant ist daran z. B. die Zusammenarbeit mit einem Möbelhersteller zum Entwerfen neuer Möbel für „Smart Environments", in denen störende und „hässliche" IT-Hardware nicht mehr sichtbar ist.[33]

Schulungsarchitektur

Die klassischen „Schulungsräume zur Vermittlung von Informationskompetenz sind mit Präsentationstechnik (Beamer, Leinwand, Lautsprecher, Computer, Abspielgeräte usw.) und Computerarbeitsplätzen auszustatten",[34] so die knappe Empfehlung des DIN Fachberichts, die aber noch kein Rezept für eine anregende und angenehme Lernumgebung darstellt. Alle kennen den Horror der überhitzten, schlecht belüfteten IT-Schulungsräume in ihrer sterilen Farblosigkeit und statischer Möblierung für Frontalunterricht. Ein solcher Raum ist mit dem Vernetzungs- und Cloud-Denken nicht in Einklang zu bringen – und auch nicht mit dem Bemühen der Bibliothek des 21. Jahrhundert, die sich als Erlebnisraum versteht und die um die Bedeutung des Wohlfühlfaktors weiß. Schon die heute standardmäßig eingesetzten digitalen Kommunikationsmedien stehen im Widerspruch zu einer solchen Raumorganisation. Empfehlungen aus Großbritannien zielen sowohl auf die räumliche und organisatorische Gestaltung des Lernens wie auf die des Lehrens ab, deshalb sind die Konzepte wie das von „Learning Grid" und „Teaching Grid" so interessant.[35]

Aber selbst für den klassischen IT-Schulungsraum gibt es alternative Gestaltungsmöglichkeiten, die nicht die Frontal-Pädagogik, sondern ein „supported learning" räumlich umsetzen. „Teaching spaces"[36] gebührt mehr Aufmerksamkeit, auch wenn das den Trägern gegenüber nicht leicht zu vermitteln ist. Denn die orientie-

---

31 ETH: Vireal Lab. http://www.ethworld.ethz.ch/projects/details_DE?project_id=31 (12. 9. 2011).
32 Frauenhofer IPSI. http://www.ipsi.fraunhofer.de/ambiente/english/projekte/projekte/roomware.html (12. 9. 2011).
33 Projekt „Ambiente". http://www.itec08.de/mm/S03_Streitz_Norbert.pdf. Bei dem Möbelhersteller handelt es sich um den Büro- und Konferenzmöbelhersteller Wilkhahn.
34 Deutsches Institut für Normung: Bau- und Nutzungsplanung von Bibliotheken und Archiven. (Anm. 12), hier S. 49.
35 Siehe hierzu die Beiträge von Tina Hohmann. http://www.slideshare.net/guacamole1 (12. 9. 2011).
36 JISC: Designing spaces for effective learning. A guide to 21th century learning space design. (Anm. 4), hier S. 10–15.

ren sich meist an den Schulungsräumen der Rechenzentren! Aber die Kooperation mit Rechenzentren kann eine interessante (Mit-)Finanzierungsoption sein. Auch die gemeinsame Nutzung solcher Schulungsräumlichkeiten mit der regulären wissenschaftlichen Lehre ist aus wirtschaftlichen Gründen eine Option, sofern der Raum so schaltbar ist, dass die jeweilige Nutzung durch die Lehre wie durch die Bibliothek unabhängig voneinander möglich ist. Andererseits können solche Einrichtungen außerhalb von Schulungs- oder Lehrbetrieb anderweitig „frei" nutzbar gemacht werden. Eine elektronische Buchung via Internet, die für alle Nutzer transparent ist, empfiehlt sich dabei sehr.

Lernarrangements mit Schulungscharakter für Gruppen in Öffentlichen Bibliotheken, das berührt am ehesten neue Konzepte wie die „Lernateliers" der Stadtbücherei Stuttgart.[37] Kooperationen mit anderen Bildungseinrichtungen wie z. B. den Volkshochschulen sind für Öffentliche Bibliotheken nach den örtlichen Gegebenheiten zu prüfen. Das Ambiente ist für diese Nutzer hier noch entscheidender: „Die entspannte und angenehme Lernatmosphäre zu schaffen ist ein wichtiger Aspekt für den Lernort Bibliothek, der auch von Schulkindern anders als die Schule und der Unterricht wahrgenommen wird".[38]

Mobile Formen der Vermittlung

Für mobile Formen der Vermittlung von Informationskompetenz ist ein flexibler Einsatz von Recherchegeräten, Präsentationsmöbeln und -technik erforderlich. Im wissenschaftlichen Bereich sind hier die Roadshows der Universitätsbibliothek Freiburg zu nennen.[39] Aus dem Öffentlichen Bibliothekswesen fällt z. B. die Stadtbibliothek Gütersloh mit ihren attraktiven, beweglichen Internet-Plätzen als Einzelplatz-Lösung auf, die für Kurse zu Klassenraum-Situationen zusammenschiebbar sind.[40] Ein anderes Beispiel für ein interessantes räumliches Arrangement mit einer flexiblen technischen Ausstattung bietet die Queens Library in New York: Schulungen finden offen, mitten in der Bibliothek statt, sozusagen auf einer Aktionsfläche. Eine Personenführungsanlage/ein Tourguidesystem ermöglicht das akustisch wenig störende Unter-

---

37 Bussmann, Ingrid: Die Bibliothek der Zukunft – ein multimedialer Ort des Lernens, Stuttgart 2004. http://www5.stuttgart.de/stadtbibliothek/druck/fachtexte/lernortbiblart.pdf (12. 9. 2011).
38 Lux, Claudia u. Wilfried Sühl-Strohmenger: Teaching Library in Deutschland. Vermittlung von Informations- und Medienkompetenz als Kernaufgabe für Öffentliche und Wissenschaftliche Bibliotheken. (Anm. 26), hier S. 42.
39 Albert-Ludwigs-Universität Freiburg/Universitätsbibliothek: Roadshow. http://www.ub.uni-freiburg.de/index.php?id=1121 (12. 9. 2011).
40 Umlauf, Konrad: Lernarrangements in der Öffentlichen Bibliothek – heute und in Zukunft. Berlin 2001. (Berliner Handreichungen zur Bibliothekswissenschaft 96). http://webdoc.sub.gwdg.de/ebook/serien/aw/Berliner_Handreichungen/h96.pdf (12. 9. 2011), hier S. 19.

richten, ähnlich wie bei einer Führung im Museum: Somit muss die Schulung nicht in einem akustisch geschützten bzw. abgetrennten Bereich stattfinden, sondern ist werbewirksam und motivierend in ihrem Setting und ihrem Ablauf sichtbar!

Ausstattungsdetails und -checkliste[41]

Innenraumgestaltung
- Kapazitäten der Schulungsflächen: konzeptabhängig
- Flächen für Lerngruppen und klassische Schulungssituationen
- geschlossene oder offene Architektur (mobile Trennwände)
- inspirierende und motivierende Atmosphäre

Technik
- WLAN und LAN
- Telefon, Drucker, Kopierer, Scanner
- Beamer und Leinwand (oder Projektions-Spezialanstrich für die Wand)
- Tafel/Whiteboard/Smartboard
- Flipchart
- Nutzung auch von eigenen Notebooks in Schulungssituationen ermöglichen
- Online-Buchung von Räumen (Touchscreen und Online),
- Notebook oder Tablet in mobiler Lehrsituation für den Lehrenden
- niedrigschwellige Technik, einfache Bedienung
- Notebook-orientierte Hardware statt traditionelle PC-Welt
- „normal" große TFT-Bildschirme mit verstellbarem Winkel (wie Notebook)
- TFT-Bildschirm für Multimedia-Schulungen in Übergröße 42"–60"
- „zeitgemäße", neuwertige Geräteausstattung
- leicht zugängliche Stromanschlüsse für Nutzer
- Mikrofonanlage (fest und mobil)
- Audioanlage
- Technik für Online-Übertragung der Schulung

Möblierung
- IT-spezifische Möbel altern aufgrund der rasanten Veränderungen im Bereich der Hardware schneller als andere Möbel
- flexibles Mobiliar ist tendenziell besser geeignet
- Tische mit und ohne Tablar

---

41 Im Einzelfall gelten die Empfehlungen des Deutsches Institut für Normung: Bau- und Nutzungsplanung von Bibliotheken und Archiven, (Anm. 12) als Referenz.

- versenkbare TFT-Bildschirme im Tisch, aber: besser schräg ausfahrbar als barriereartig vertikal vor dem Nutzer aufragend
- großzügig dimensionierte Beinfreiheit für Nutzer (keine Einschränkung durch unter den Tischplatten fixierte Hardware
- hochwertige, höhenverstellbare Nutzerstühle auf Rollen

Licht
- ausreichende Beleuchtung der Flächen nach DIN
- keine individuelle Arbeitsplatzleuchte
- Blendschutz gegen Sonnenlicht

Klima
- gute Belüftung, Mindest-Umluftwerte nach DIN.
- wünschenswert: erhöhte Anforderung an den Stündlichen Luftwechsel in IT-Schulungsräumen

Organisation
- Gruppenräume: Gruppenarbeit hat Vorrang vor Einzelarbeit
- Transparenz der Raumnutzung, Buchen der Veranstaltungen online
- separate „Schaltbarkeit" von Schulungsräumen (auch bei geschlossener Bibliothek bespielbar)

Besonderes Augenmerk gilt der IT-Infrastruktur, die nicht hässlich und auch kein Fremd- oder Störfaktor sein muss.[42] Nutzer, vor allem in den wissenschaftlichen Bibliotheken, messen die Bibliotheksausstattung an IT-Geräten nicht nur an der eigenen Hardware (i. d. R. ein modernes Notebook), sondern setzen diesen aktuellen Standard geradezu voraus. Eigentlich müsste die Bibliothek das übertreffen, wenn sie einen Schulungsanspruch erhebt und als innovativ gelten will. Welchen Wert der Träger der Informationsvermittlung beimisst, zeigt sich für die Nutzer auch in der Qualität der Gestaltung und Ausstattung der dafür genutzten Räume.

Barrierefreiheit und das Lebenslange Lernen

Die klassischen Aspekte der Barrierefreiheit gelten auch für die Schulungs- und Vermittlungsflächen (nach DIN). In dem innovativen und zukunftsgewandten Bereich wie der Informationskompetenzvermittlung sollten sich aber weiterreichende

---

42 Siehe Fansa, Jonas: Bibliotheksdesign – Zur gestalterischen Verantwortung im bibliothekischen Raum. In: Hauke, Petra u. Werner, Klaus Ulrich (Hrsg.): Bibliotheken bauen und ausstatten. (Anm. 25), hier S. 218–226.

Aspekte der sog. Inklusion durchsetzen.[43] Temporäre wie auch krankheits- oder altersbedingte Einschränkungen der Sensorik oder der Beweglichkeit sollten in einer Bibliothek keine Hindernisse darstellen. Die älter werdende Gesellschaft stellt neue Anforderungen an das Sitzen, das Sehen und das Hören. Bei der Einrichtung von Vermittlungs- und Schulungsflächen sollten Induktionsschleifen für Hörgerät-Träger gleich mitgeplant werden, um die Kommunikation mit den im Hören eingeschränkten Nutzern zu erleichtern.

Fazit

„What is important is that designs of physical spaces are linked to the institution's strategic vision for teaching and learning, and that this is articulated in every detail of the design and shared with all stakeholders, including learners".[44] Für die Teaching Library kann man eine Reihe von räumlichen Konsequenzen aus einer zeitgemäßen Didaktik und Methodik der Informationskompetenzvermittlung beschreiben, wobei die Unterstützung von Kommunikation und die soziale Interaktion hohe Priorität haben. Gerade auch bei „Blended Learning" wird die Adäquatheit des physischen Raums besonders wichtig. Für die Bedürfnisse der heutigen Wissens-, Informations- und Erlebnisgesellschaft braucht es Bibliotheken, die in den Inhalten wie in der Form und ebenso in der räumlich-gestalterischen Ausstattung als kompetente Vermittler von Informationskompetenz nachhaltig erfolgreich agieren können.

---

43 Siehe hierzu Rau, Ulrike (Hrsg.): Barrierefreiheit. Bauen für die Zukunft. 2. Aufl. Berlin: Bauwerk-Verlag 2011.
44 JISC: Designing spaces for effective learning. A guide to 21th century learning space design. (Anm. 4), hier S. 31.

Richard Stang

Lernarrangements in Bibliotheken – Support für informelles Lernen

Abstract: Das Lebenslange Lernen ist zu einer Grundvoraussetzung bei der Bewältigung gesellschaftlicher und technologischer Transformationsprozesse geworden. Dabei findet Lernen nicht nur in formalen oder nicht-formalen Bildungszusammenhängen statt, sondern in zunehmendem Maße in informellen Kontexten. Vor allem Schlüsselkompetenzen wie Informationskompetenz lassen sich heute nicht mehr nur in Kursangeboten vermitteln. Durch die zunehmende Bedeutung des Internets entwickeln vor allem auch die Menschen, die nicht in eine digitale Welt geboren wurden, Strategien der Informationsverarbeitung. Doch hat das Learning by Doing Grenzen, und es bedarf der Unterstützung informeller Lernprozesse besonders durch Institutionen, die einen offenen Zugang ermöglichen. Bibliotheken bieten einen solchen Zugang und stellen Lernarrangements bereit. Doch sind diese nur selten forschungsbasiert entwickelt. Die Bibliotheken könnten eine wichtige Funktion bei der Förderung von Lernoptionen einnehmen, wenn sie konzeptionell fundierter und selbstbewusster ihre Kompetenz in neu entstehende Verbünde einbringen würden. Dazu bedarf es allerdings auch einer Intensivierung der Forschungsaktivitäten in diesem Bereich, die die Grundlage dafür liefert, wie aus Bibliotheken Informations- und Bildungsdienstleister werden.

Keywords: Bibliothek, informelles Lernen, Lebenslanges Lernen, Lernarrangement, Lernen, Schlüsselkompetenz, Teaching Library, Wissensgesellschaft

Prof. Dr. Richard Stang: Ist Professor für Medienwissenschaft im Studiengang „Bibliotheks- und Informationsmanagement" der Hochschule der Medien Stuttgart. Er leitet den Forschungsschwerpunkt „Lernwelten". Seit Juli 2008 als Senior Researcher wissenschaftlicher Berater beim Deutschen Institut für Erwachsenenbildung (DIE) in Bonn. Er leitet derzeit Forschungsprojekte zu folgenden Themen: „Vernetzung von Bibliotheken und Volkshochschulen", „Konzepte für Lernzentren" und „Lernarchitekturen". Er berät in diesen Themenfeldern Kommunen und Einrichtungen.

Gesellschaftliche Entwicklungen und Lebenslanges Lernen

Bereits vor ungefähr vierzig Jahren haben Peter F. Drucker[1] und Daniel Bell[2] auf die Bedeutung von Wissen, Information und Technologie als zentrale Dimensionen gesellschaftlicher und wirtschaftlicher Entwicklung hingewiesen. Der Bedeutungszuwachs der Ressource „Wissen" hat im Laufe der Zeit zu einer immer stärkeren gesellschaftlichen Ausdifferenzierung geführt[3] und die Multioptionalität individueller und milieuspezifischer Ausdrucks- und Kommunikationsformen ist ein konstitutives Moment der Gesellschaft geworden. Besonders die technologische Revolution, allem voran die Informationstechnologie, hat zu sozialen und wirtschaftlichen Transformationsprozessen geführt, deren kulturelle Auswirkungen Manuel Castells in seiner Trilogie „Das Informationszeitalter"[4] eindrücklich beschrieben hat.

Diese Transformationsprozesse erfordern individuelle und gesellschaftliche Bewältigungsstrategien, in deren Zentrum Bildung und Lernen stehen. Es erstaunt deshalb nicht, dass einhergehend mit der Sichtbarkeit der Konsequenzen dieser Transformationsprozesse Mitte der 1990er Jahre das Konzept des „Lebenslangen Lernens" in Europa vorangetrieben wurde. Zwar lernt der Mensch von jeher sein Leben lang, doch war der Blick auf Bildungsbiographien sehr stark auf die einzelnen Etappen der schulischen und beruflichen Ausbildung, des Studiums und der Weiterbildung fokussiert. Dies änderte sich mit der Perspektivenverschiebung auf das Lernen im gesamten Lebenslauf. Auch wenn es bereits seit den 1970er Jahren international intensive Bemühungen gab, Bildung als übergreifendes Gesamtkonzept zu betrachten, dauerte es in Europa doch bis Mitte der 1990er Jahre, ehe die entscheidenden politischen Impulse kamen, um entsprechende Strategien zu entwickeln.[5]

Die Anforderungen an dieses Konzept wurden im „Memorandum über Lebenslanges Lernen" der Europäischen Union formuliert:

> „Lebenslanges Lernen ist nicht mehr bloß ein Aspekt von Bildung und Berufsbildung, vielmehr muss es zum Grundprinzip werden, an dem sich Angebot und Nachfrage in sämtlichen Lernkontexten ausrichten. [...] Alle in Europa lebenden Menschen – ohne Ausnahme – sollten gleiche

---

1 Vgl. Drucker, Peter F.: The Age of Discontinuity. Guidelines to Our Changing Society. New York: Harper & Row 1969.
2 Vgl. Bell, Daniel: The Coming of Post-Industrial Society. A Venture in Social Forecasting. New York: Basic Books 1973.
3 Vgl. Stehr, Nico: Arbeit, Eigentum und Wissen. Zur Theorie von Wissensgesellschaften. Frankfurt a. M.: Suhrkamp 1994.
4 Vgl. Castells, Manuel: Das Informationszeitalter. 3 Bde. Opladen: Leske + Budrich 2001–2003.
5 Vgl. Gerlach, Christiane: Lebenslanges Lernen. Konzepte und Entwicklungen 1972 bis 1997. Köln [u. a.]: Böhlau 2000.

Chancen haben, um sich an die Anforderungen des sozialen und wirtschaftlichen Wandels anzupassen und aktiv an der Gestaltung von Europas Zukunft mitzuwirken."[6]

Als einer der Entwicklungsschwerpunkte wurde die Einbeziehung des informellen Lernens genannt. Auch die Bund-Länder-Kommission für Bildungsplanung und Forschungsförderung hatte in ihrem Strategiepapier für Lebenslanges Lernen in der Bundesrepublik Deutschland 2004 darauf hingewiesen, dass neben dem formalen und nicht-formalen Lernen das informelle Lernen stärker in den Blick rücken sollte.[7] In beiden Papieren werden der Zugang zu vielfältigen Lernmöglichkeiten sowie die Förderung der Kompetenzentwicklung in der Breite der Bevölkerung hervorgehoben. Wichtig ist dabei auch die Perspektive, dass die Lernmöglichkeiten den Menschen räumlich näher gebracht werden sollen.

Bei der Unterstützung des Lebenslangen Lernens sind deshalb in den letzten fünfzehn Jahren immer stärker Kulturinstitutionen und Bibliotheken in den Blick geraten, wenn es um veränderte Bildungsstrukturen geht.[8] Auch die internationale Diskussion über Learning Centres, in denen unterschiedliche Lernarrangements und Informationsmöglichkeiten zur Verfügung gestellt werden, hat Fragen der Gestaltung von Angeboten, die informelles Lernen unterstützen, aufgeworfen.[9]

Informelles Lernen und Informationskompetenz

Wenn heute über informelles Lernen gesprochen wird, ist damit das Lernen außerhalb formaler und nicht-formaler Bildungszusammenhänge gemeint. Das heißt, informelles Lernen erfolgt in alltäglichen Lebens- und Erfahrungszusammenhängen „en passant". Durch die Diskussion über das Lebenslange Lernen hat das informelle Lernen genauso viel Relevanz in der Betrachtung von Bildungsbiographien erhalten, wie das Lernen in formalen oder nicht-formalen Zusammenhängen, die das zielgerichtete Lernen im Rahmen institutionalisierter didaktisch-methodischer Settings

---

6 Kommission der Europäischen Gemeinschaften: Memorandum über Lebenslanges Lernen. Brüssel: Kommission der Europäischen Gemeinschaften 2000. http://www.die-frankfurt.de/esprid/ dokumente/doc-2000/EU00_01.pdf (24. 10. 2011). S. 3.
7 Bund-Länder-Kommission für Bildungsplanung und Forschungsförderung: Strategie für Lebenslanges Lernen in der Bundesrepublik Deutschland. Bonn: BLK 2004 (Materialien zur Bildungsplanung und Forschungsförderung 125).
8 Vgl. Behrens, Heidi, Paul Ciupke u. Norbert Reichling: Neue Lernarrangements in Kultureinrichtungen. Essen: Books on demand 2002; Stang, Richard u. Achim Puhl (Hrsg.): Bibliotheken und lebenslanges Lernen. Lernarrangements in Bildungs- und Kultureinrichtungen. Bielefeld: W. Bertelsmann 2001.
9 Stang, Richard u. Claudia Hesse (Hrsg.): Learning Centres. Neue Organisationskonzepte zum lebenslangen Lernen in Europa. Bielefeld: W. Bertelsmann 2006.

beschreiben. Für Günther Dohmen entwickelt sich das informelle Lernen aus ganzheitlichen Umwelterfahrungen, für deren Bewältigung die Lernenden vor besonderen Anforderungen stehen.[10]

Bezogen auf Erwachsene hat das Forschungsprojekt „BSW-AES 2007" bei der Untersuchung zum Weiterbildungsverhalten von Erwachsenen herausgefunden, dass 53 Prozent der 19- bis 64-Jährigen in der Arbeitszeit oder der Freizeit selbstlernen; dies geschieht unter anderem durch Lesen von Büchern und Fachzeitschriften, Nutzung von Computer und Internet oder Besuch von Bibliotheken und offenen Lernzentren.[11] Durch das Internet und die Durchdringung der Gesellschaft mit mobilen Endgeräten und Hotspots gewinnt der informelle „Lernzugang" Internet immer mehr an Bedeutung.[12] Auf ein Problem, dass sich dabei stellt, weisen Hesse und Tibur hin: „Eine ordnende und qualitätssichernde Instanz ist nicht gegeben, sodass es dem Nutzer überlassen bleibt, die Qualität von Informationen zu bewerten."[13]

Das Problem der Bewertung von Informationen erweist sich allerdings als grundlegendes Problem beim informellen Lernen – nicht nur bezogen auf das Internet. Die Bewertung und Einordnung von Inhalten von Informationsressourcen – seien es Zeitschriften, Bücher, Medienproduktionen oder eben das Internet – werden zu zentralen Herausforderungen in Anbetracht der zunehmenden Informationsfülle. Informationskompetenz als eine der Schlüsselkompetenzen des 21. Jahrhunderts hat in diesem Zusammenhang immens an Bedeutung gewonnen.[14] Dabei geht es vor allem darum, „bezogen auf ein bestimmtes Problem den Informationsbedarf zu erkennen, die relevanten Informationen zu ermitteln und zu beschaffen sowie gefundene Informationen zu bewerten und effektiv zu nutzen".[15]

Solche komplexen Kompetenzen lassen sich nur punktuell in strukturierten Bildungsangeboten vermitteln. Die Lernenden müssen sich diese Kompetenzen selbst in einem permanenten Learning by Doing erarbeiten. Doch nur auf der Basis von „trial and error" ist der Kompetenzaufbau sehr langwierig, wenn er überhaupt gelingt. Dies gilt insbesondere für Erwachsene, die nicht in eine digitale Welt hineingeboren wurden, sondern sich die permanenten technologischen Innovationen durch meist

---

10 Vgl. Dohmen, Günther: Das informelle Lernen. Bonn/Berlin: BMBF 2001. http://www.bmbf.de/pub/das_informelle_lernen.pdf (24. 10. 2011). S. 18 ff.
11 Vgl. Rosenbladt, Bernhard von u. Frauke Bilger: Weiterbildungsbeteiligung in Deutschland. Eckdaten zum BSW-AES 2007. München 2008. http://www.bmbf.de/pubRD/weiterbildungsbeteiligung_in_deutschland.pdf (25. 8. 2011), S. 30–33.
12 Vgl. Hesse, Friedrich W. u. Maike Tibus: Informelles Lernen im Internet. Perspektiven aus lernpsychologischer Sicht. In: UNESCO heute (2008) H. 1. S. 30–32.
13 Ebd., S. 31.
14 Vgl. Gapski, Harald u. Thomas Tekster: Informationskompetenz in Deutschland. Überblick zum Stand der Fachdiskussion und Zusammenstellung von Literaturangaben, Projekten und Materialien zu einzelnen Zielgruppen. Düsseldorf: Landesanstalt für Medien Nordrhein-Westfalen (LfM) 2009. S. 12 ff.
15 Ebd., S. 13.

aufwändige Lernprozesse aneignen müssen. Die Frage, die sich in diesem Zusammenhang stellt, lautet, wie lassen sich Lernarrangements gestalten, die diese Aneignung unterstützen? Gerade die Bibliotheken haben es in den letzten Jahren als ihre Aufgabe gesehen, solche Lernarrangements zu entwickeln.

Bibliotheken und Lernarrangements[16]

Bibliotheken bieten unter anderem mit Einführungsangeboten zur Vermittlung von Informationskompetenz nicht-formale Lernangebote, die freiwillig genutzt werden können. Mit der Strukturierung von Informationsangeboten rund um Wissensthemen werden informelle Lernangebote zur Verfügung gestellt. Bibliotheken schaffen in immer größerem Umfang die räumlichen und technischen Voraussetzungen, um das Lebenslange Lernen zu unterstützen.[17]

Mit Konzepten wie „Teaching Library"[18] wurde bereits Mitte/Ende des 20. Jahrhunderts der Fokus bei Bibliotheken auf die Vermittlung von Informationskompetenz gelegt. Allerdings erfolgte dies von Seiten der wissenschaftlichen Bibliotheken vor allem in Richtung Studierende und von Seiten der öffentlichen Bibliotheken in Richtung Schüler. Außerdem orientiert sich dieses Konzept an der curricularen Struktur der jeweiligen Bildungseinrichtung – sei es die Hochschule oder die Schule. Elemente der Vermittlung sind dabei unter anderem Kursangebote und E-Learning.

Ein offeneres Konzept des Lernarrangements wird im Projekt „Lernort Bibliothek" des Landes Nordrhein-Westfalen verfolgt. Neben den Fragen, wie neue Online-Angebote aussehen könnten oder wie das Personal für die neuen Aufgaben qualifiziert sein sollte, wurde vor allem der reale Raum Bibliothek als Lernort in den Fokus gerückt.[19] Das im Rahmen des Projektes entwickelte Konzept „Q-thek – innovative Bibliotheksräume" eröffnet Perspektiven in Richtung eines offenen Lernarrangements, das durch ein flexibles Möbelangebot eine lernförderliche Atmosphäre schafft und Lernoptio-

---

16 Die folgende Argumentation basiert auf Erkenntnissen, die ich im Rahmen des Forschungsschwerpunkts „Lernwelten" während meines Forschungssemesters 2011 bei Besuchen in Bibliotheken in Deutschland, den Niederlanden, in Russland und in den USA gewonnen habe.
17 Stang, Richard u. Alexandra Irschlinger (Mitarbeit): Bibliotheken und Lebenslanges Lernen. Kooperationen, Netzwerke und neue Institutionalformen zur Unterstützung Lebenslangen Lernens. Expertise zum aktuellen Stand. Bonn: Deutsches Institut für Erwachsenenbildung 2005. http://www.die-bonn.de/esprid/dokumente/doc-2005/stang05_02.pdf (25. 8. 2011).
18 Lux, Claudia u. Wilfried Sühl-Strohmenger: Teaching Library in Deutschland. Vermittlung von Informations- und Medienkompetenz als Kernaufgabe öffentlicher und wissenschaftlicher Bibliotheken. Wiesbaden 2004 (B.I.T.-Online Innovativ 9).
19 Vgl. „Lernort Bibliothek" – auf dem Weg in eine digitale Zukunft. Ein Pilotprojekt des Landes Nordrhein-Westfalen. http://www.bezreg-duesseldorf.nrw.de/schule/privatschulen_sonstiges/pdf/Lernort_Bibliothek_-_auf_dem_Weg_in_eine_digitale_Zukunft.pdf (24. 10. 2011).

nen eröffnet, die unterschiedlichen Lerntypen entgegenkommen.[20] Die Besucher der Bibliothek erhalten einen Anregungsraum, der ihnen „en passant" Lernanregungen liefert. Die fünf Aspekte des Konzepts sind: Präsentieren, Relaxen, Lernen, Kommunizieren und Informieren[21] – ideale Voraussetzungen für informelles Lernen.

Betrachtet man die beiden Konzepte „Teaching Library" und „Q-thek", wird das Dilemma in dem Bibliotheken stecken, deutlich. Für die Frage, wie viel didaktisch-methodische Steuerung notwendig ist, um Menschen zum Lernen anzuregen, gibt es hier zwei unterschiedliche Optionen: die didaktisch stark strukturierte und die offene. Das Problem ist weniger, dass man sich zwischen beiden entscheiden muss – beide haben ihre Berechtigung. Das Problem oder Dilemma ist vielmehr, dass die Konzeptentwicklung kaum forschungsbasiert erfolgt. Betrachtet man die vielfältigen räumlichen Umsetzungskonzepte heutiger Bibliotheken,[22] entsteht der Eindruck, dass auch die Bibliotheken ihre didaktisch-methodische Kompetenz bei der Generierung von Lernarrangements durch Learning by Doing erwerben.

Das Potenzial offener Orte wie Bibliotheken zur Unterstützung informellen Lernens und des Lebenslangen Lernens insgesamt ist immens,[23] doch orientieren sich heute noch viele Angebote an den Konzepten der traditionellen Bildungseinrichtungen. Doch auch dort verändern sich langsam die didaktisch-methodischen Settings hin zu offeneren Strukturen. Die weltweite Entwicklung von Lernzentren, in denen verschiedene Institutionen ihre Kompetenzen bündeln, bis hin zu Lernlandschaften, in denen funktionale Lernräume aufgelöst und multifunktionale Lernoptionen zur Verfügung gestellt werden, zeigt, dass dem informellen Lernen mehr Augenmerk geschenkt wird.

Die Bibliotheken könnten in dieser Entwicklung eine wichtige Funktion einnehmen, wenn sie konzeptionell fundierter und selbstbewusster ihre Kompetenz bei der Förderung von Informationskompetenz in neu entstehende Verbünde einbringen würden. Dazu bedarf es allerdings auch einer Intensivierung der Forschungsaktivitäten in diesem Bereich, die die Grundlage dafür liefert, wie aus Bibliotheken Informations- und Bildungsdienstleister werden. Während man in den anglo-amerikanischen Ländern sehr pragmatisch damit umgeht und immer mehr Lernräume in Bibliotheken

---

20 Vgl. Q-thek – innovative Bibliotheksräume. http://www.bezreg-duesseldorf.nrw.de/schule/privatschulen_sonstiges/pdf/Lernort_Bibliothek_Q-thek_-_innovative_Bibliotheksr__ume_2011_04_20.pdf (24. 10. 2011).

21 Vgl. ebd., S. 5.

22 Vgl. Hauke, Petra u. Klaus Ulrich Werner (Hrsg.): Bibliotheken heute! Best Practice bei Planung, Bau und Ausstattung. Bad Honnef: Bock + Herchen 2011.

23 Vgl. Schüller-Zwierlein, André u. Richard Stang: Bibliotheken als Supportstrukturen für Lebenslanges Lernen. In: Tippelt, Rudolf u. Aiga von Hippel (Hrsg.): Handbuch Erwachsenenbildung/Weiterbildung. 3. überarb. u. erw. Aufl. Wiesbaden: VS Verlag für Sozialwissenschaften 2009. S. 515–526.

schafft, wird in Deutschland oft noch um den Erhalt jedes Mediums in der Bibliothek gerungen.

Der reale Raum Bibliothek gewinnt sowohl im wissenschaftlichen als auch im öffentlichen Bereich immer mehr an Bedeutung und dies trotz – oder vielleicht gerade wegen – der technologischen Transformationsprozesse. Mit der Zunahme virtueller Optionen der Kommunikation und Information scheint der Bedarf an realen, strukturierten Orten der Kommunikation und Information zu steigen. Dass dabei auch informelle Lernprozesse gefördert werden, ist ein wichtiger Aspekt, den es zu berücksichtigen gilt, wenn man die Zukunft der Bibliotheken gestalten möchte.

Weiterführende Literatur

Krauß-Leichert, Ute (Hrsg.): Teaching library. Eine Kernaufgabe für Bibliotheken. 2., durchges. Aufl. Frankfurt a. M. u. a.: Lang 2008.

Puhl, Achim u. Richard Stang (Hrsg.): Bibliotheken und die Vernetzung des Wissens. Bielefeld: W. Bertelsmann 2002.

Stang, Richard: Strukturen und Leistungen von Lernzentren. Bonn: Deutsches Institut für Erwachsenenbildung. http://www.die-bonn.de/doks/2011-lernzentrum-01.pdf (25. 8. 2011).

Stang, Richard: Lernzentren als Experimentierfeld. Kooperationsstrukturen für neue Lernarchitekturen. In: DIE Zeitschrift für Erwachsenenbildung (2010). H. 1. S. 37–40.

Sühl-Strohmenger, Wilfried: Digitale Welt und Wissenschaftliche Bibliothek – Informationspraxis im Wandel. Determinanten, Ressourcen, Dienste, Kompetenzen. Eine Einführung. Wiesbaden: Harrassowitz 2008 (Bibliotheksarbeit 11).

Informationskompetenz in Deutschland, Österreich, Südtirol und der Schweiz

Heike vom Orde, Franziska Wein

Entwicklungsstand und Perspektiven der Informationskompetenz in Deutschland

Abstract: Der folgende Beitrag beleuchtet die Entstehung, den gegenwärtigen Stand und die Entwicklungsperspektiven der Vermittlung von Informationskompetenz in Deutschland aus international vergleichender Perspektive. Er gibt einen Einblick in Organisation, institutionelle Anbindung und kommunikative Vernetzung der Akteure. Herausgearbeitet wird die für die Situation in Deutschland charakteristische und institutionell unterfütterte Aufteilung des Lebenslangen Lernens in die Abschnitte Schule, Studium und Weiterbildung.

Keywords: Deutschland, Lebenslanges Lernen, Standards, Medienwandel, Bildungspolitik, Schule, Studium, Weiterbildung

Heike vom Orde: Diplom-Bibliothekarin (FH) und M. A. Germanistik und Psychologie. Seit 2001 Leitung der Dokumentation des Internationalen Zentralinstituts für das Jugend- und Bildungsfernsehen (IZI) beim Bayerischen Rundfunk in München. Das IZI ist ein internationales Dokumentations- und Forschungszentrum mit dem Auftrag zur Förderung der Qualität im Kinder-, Jugend- und Bildungsfernsehen. Neben dokumentarischen Aufgaben auch Vortrags- und Publikationstätigkeit für das IZI. Gewähltes Mitglied der IFLA-Sektion „Information Literacy" und der Advisory Group des UNESCO-Netzwerks „Adult Learning Documentation and Information Network (ALADIN)".

Dr. Franziska Wein: BOR, Dr. Phil., 1. Staatsexamen Lehramt Gymnasien Geschichte, Romanistik. Seit 1996 Erwerbungsleiterin und Fachreferentin an der Universitäts- und Forschungsbibliothek Erfurt, seit 2006 Mitglied und seit 2009 Vorsitzende der Kommission Erwerbung und Bestandsentwicklung im dbv, seit 2007 gewähltes und seit 2011 korrespondierendes Mitglied der IFLA-Sektion „Information Literacy", seit 2008 Mitglied des Library Advisory Board des DeGruyter-Verlags, seit 2011 Mitglied und Vorsitzende der AG Erwerbung der Direktorenkonferenz der Thüringer Wissenschaftlichen Bibliotheken.

Einführung

Die Vermittlung von Informationskompetenz gehört nach dem Selbstverständnis der in Deutschland tätigen Bibliothekarinnen und Bibliothekare zu den Kernaufgaben ihres Berufsstands.[1] Sie verstehen darunter die Vermittlung einer Schlüsselqualifikation für

---

1 Vgl. Gapski, Harald u. Harald Tekster: Informationskompetenz in Deutschland. Überblick zum Stand der Fachdiskussion und Zusammenstellung von Literaturangaben, Projekten und

das lebenslang begleitende Lernen, genauer für eine einzelne Phase dieses umfassenden Lernprozesses.[2] Die Aufteilung des Lebenslangen Lernens in einzelne Abschnitte – Schule, Studium, Weiterbildung – ist charakteristisch für die Situation in Deutschland; sie beruht auf einem arbeitsmarkt- und sozialpolitisch motivierten Verständnis des Begriffs „Schlüsselqualifikation". Darüber hinaus akzentuiert sie die bibliotheksspartenspezifische Diversität in der Vermittlung der Informationskompetenz. 1974 rief Dieter Mertens dazu auf, die Menschen mit Schlüsselqualifikationen auszustatten, die es ihnen ermöglichen sollen, mit dem beschleunigten technischen, wirtschaftlichen und sozialen Wandel Schritt zu halten und auf dem Arbeitsmarkt wettbewerbsfähig zu sein.[3] In Mertens' Systematik wird die Informationskompetenz – verstanden als die Fähigkeit, Informationen ausfindig zu machen, effizient zu nutzen und verarbeiten zu können – als die wichtigste horizontale Schlüsselqualifikation genannt. Hier wird ein eher funktionales, nutzungsorientiertes und nicht umfassendes Verständnis des Begriffs „Informationskompetenz" deutlich. Hinsichtlich der Vermittlung von Informationskompetenz bedeutet diese Perspektive, dass nicht die Metaebene, „das Lernen des Lernens", sondern spezifische Anforderungen in Schule, Studium und Weiterbildung im Vordergrund stehen. Die Aktivitäten zur Aneignung und Förderung von Informationskompetenz an Hochschulbibliotheken spiegeln dies exemplarisch wider.

Entwicklung

In Deutschland wurde die Diskussion über die Vermittlung von Informationskompetenz durch angloamerikanische Konzepte zur „Information Literacy" beeinflusst und befördert. Seitdem hat sich das Thema Informationskompetenz vor allem im Kreis der Hochschulbibliotheken etabliert. Vor dem Hintergrund der Entwicklung und Verbreitung von Informationskompetenz in Europa ist generell zu konstatieren, dass die meisten Publikationen, Standards und Initiativen aus dem formalen Bildungsbereich entstammen, während Beispiele aus dem Arbeitsleben, der Zivilgesellschaft oder der Weiterbildung sehr selten sind. Während in Deutschland und den skandinavischen Ländern die Hochschulbibliotheken die treibenden Kräfte bei der Einführung des Themas waren, begannen in Großbritannien, in den Niederlanden und in Spanien die Initiativen zur Förderung von Informationskompetenz im schulischen Bereich.[4]

Materialien zu einzelnen Zielgruppen. Düsseldorf: Landesanstalt für Medien Nordrhein-Westfalen 2009.

2 Vgl. Hamburger Erklärung des Vereins Deutscher Bibliothekare e. V. vom 9. 11. 2009.

3 Mertens, Dieter: Schlüsselqualifikationen. Thesen zur Schulung für eine moderne Gesellschaft. In: Mitteilungen aus der Arbeitsmarkt- und Berufsforschung (1974). S. 36 ff.

4 Vgl. Virkus, Sirje: Information literacy in Europe. A literature review. In: Information Research (2003). Paper Nr. 159. Online unter: http://informationr.net/ir/8-4/paper159.html (30. 8. 2011).

Unter dem Leitbild der „Teaching Library" wird in Deutschland vorwiegend eine Bibliothek verstanden, die über die üblichen Bibliothekseinführungen und Nutzerschulungen hinaus die Vermittlung von Informationskompetenz (und Medienkompetenz) zu ihren Aufgaben zählt. Ein kurzer Blick in die Geschichte der „Lehrenden Bibliothek" in Deutschland[5] zeigt, dass ihre Anfänge in die späten Neunzigerjahre des letzten Jahrhunderts zu datieren sind. Damals wuchs das Angebot digitaler Informationsquellen, die von wissenschaftlichen Bibliotheken bereitgestellt wurden, erstmals enorm. 2001 veröffentlichte die Sozialforschungsstelle in Dortmund eine Studie[6] über die Fähigkeiten von Studierenden, diese digitalen Ressourcen auch kompetent nutzen zu können. Die Ergebnisse waren ob der festgestellten Defizite ernüchternd und einmal mehr ein Anlass zur Verstärkung der Anstrengungen auf dem Sektor der Vermittlung von Informationskompetenz an deutschen Hochschulbibliotheken.

Hinzu kommt, dass die Hochschulen in Deutschland seit Beginn des 21. Jahrhunderts mit dem Bologna-Prozess und dem Rückzug des Staates aus der Hochschulverwaltung einem tief greifenden Wandel unterworfen sind: Rollen und Positionen der Beteiligten werden vielfach neu definiert und abgesteckt. Deutsche Hochschulbibliotheken mischen mit, sie bieten sich als Partner in der Lehre an, indem sie für die im Kontext der Bologna-Reform ausdrücklich geforderte Aneignung der Schlüsselkompetenz „Informationskompetenz" Sorge tragen. Die Hamburger Erklärung des VDB[7] konstatiert:

> „Informations- und Medienkompetenz sind unverzichtbare Schlüsselqualifikationen für ein erfolgreiches Lernen, Studieren und Forschen, insbesondere auch mit Blick auf die Bachelor- und Masterstudiengänge. Die dort geforderten hohen Anteile selbst organisierten Lernens setzen eine gut fundierte Informationskompetenz voraus. Sie beinhaltet differenzierte Fähigkeiten der Recherche, der Auswahl, der Bewertung und der Verarbeitung wissenschaftlich relevanter Informationen und Medien sowie die Beachtung rechtlicher und ethischer Implikationen. Diese Kompetenzen müssen frühzeitig entwickelt und gefördert werden ..."

Folglich sind Programme und Veranstaltungen zur Förderung der Informations- und Medienkompetenz von Gymnasiastinnen und Gymnasiasten keine Seltenheit an Hochschulbibliotheken mehr; diese unterstützen auch die Bemühungen der jeweiligen Hochschulleitungen um Studierende aus der Region. Es lässt sich festhalten,

---

5 Vgl. Lux, Claudia u. Wilfried Sühl-Strohmenger: Teaching Library in Deutschland. Vermittlung von Informations- und Medienkompetenz als Kernaufgabe für Öffentliche und Wissenschaftliche Bibliotheken. Wiesbaden: Dinges & Frick 2004; Krauß-Leichert, Ute (Hrsg.): Teaching Library – eine Kernaufgabe für Bibliotheken. Frankfurt a. M.: Lang 2007; Schwerpunkt Teaching Library. In: BuB. Forum Bibliothek und Information (2007) H. 11/12.
6 Klatt, Rüdiger (u. a.): Nutzung elektronischer wissenschaftlicher Information in der Hochschulausbildung. Barrieren und Potentiale der innovativen Mediennutzung im Lernalltag der Hochschulen. Endbericht, Dortmund 2001. http://www.stefi.de (30. 8. 2011).
7 Vgl. Anm. 2.

dass die Vermittlung von Informations- und Medienkompetenz an deutschen Hochschulen – ausgelöst durch den Medienwandel und begünstigt durch die Studien- und Hochschulreformen – fest etabliert und, wie in der Hamburger Erklärung eindrücklich formuliert, auf das Anforderungsprofil „Studium" zugeschnitten ist und damit nur einen begrenzten Ausschnitt des lebenslangen Lernprozesses im Blick hat.

Der in Deutschland zunächst fast ausschließlich im hochschulbibliothekarischen Kontext geführte Diskurs über eine inhaltliche und organisatorische Neupositionierung von Bibliotheken mit erweitertem Aufgabenprofil im Bereich der Vermittlung von Medien- und Informationskompetenz hat vor geraumer Zeit auch auf die Öffentlichen Bibliotheken übergegriffen. Diese sehen sich neuen Herausforderungen in der Organisationsentwicklung und der Qualitätssicherung gegenüber gestellt. Der Wandel zu einem öffentlichen „Lehr- und Lernzentrum" ist mit organisatorischen Veränderungen und einer Erweiterung von Qualifikationen und Kompetenzen für die dort Beschäftigten verbunden. Im Zuge dieser Neuausrichtung des Aufgabenprofils Öffentlicher Bibliotheken gewinnen Kooperationen zwischen Bibliotheken und anderen Bildungseinrichtungen, aber auch Netzwerke zum Erfahrungsaustausch zwischen Organisationen des Bibliothekswesens zunehmend an Bedeutung.[8]

Zudem haben die Öffentlichen Bibliotheken in Deutschland vor dem Hintergrund erodierender öffentlicher Haushalte immer mehr gute Gründe, sich als „Teaching Libraries" und verlässliche Bildungspartner zu positionieren.[9] Sie können dabei auf langjährige Erfahrungen auf dem Gebiet der Leseförderung zurückgreifen und mit Aktivitäten zur Förderung der Medienkompetenz ihr Gewicht bei der Vermittlung grundlegender Formen von Informationskompetenz verstärkt geltend machen. Sie besetzen damit die entscheidende erste Phase des Lebenslangen Lernens.

Schulbibliotheken sind weitere wichtige Akteure bei der Vermittlung von Informationskompetenz. Sie wirken hier sowohl in enger Kooperation mit Öffentlichen Bibliotheken als auch in Zusammenarbeit mit Schulen. Jüngstes und voraussichtlich richtungweisendes Resultat der Zusammenarbeit von Schulen und Bibliotheken auf diesem Gebiet ist der „Referenzrahmen Informationskompetenz", ein von Kommission Bibliothek und Schule im Deutschen Bibliotheksverband (dbv) initiiertes Projekt.[10] Bibliothekare und Lehrer treten hier in einen produktiven Dialog und entwickeln auf Augenhöhe ein gemeinsames didaktisches Konzept zur Vermittlung von Informations- und Medienkompetenz an Schülerinnen und Schüler.

Die Deutsche Gesellschaft für Informationswissenschaft und Informationspraxis (DGI) publizierte 2008 eine Denkschrift zur Förderung von Informationskompetenz im Bildungssektor, die sich auf die Vermittlung von Informationskompetenz an Schu-

---

8 Vgl. Anm. 1. S. 26.
9 Vgl. Dannenberg, Detlev: Die kleine Öffentliche Teaching Library. In: Büchereiperspektiven (2008). S. 20–21.
10 Vgl. http://www.schulmediothek.de/index.php?id=1046&news_id=366 (30. 8. 2011).

len konzentriert.[11] Der Tatsache Rechnung tragend, dass im Schulbereich Konzepte zur Vermittlung von Informationskompetenz nahezu unbekannt sind, strebt die DGI eine systematische Vermittlung von Informationskompetenz an, die einerseits Schüler(innen) zur adäquaten Anwendung professioneller Informationsdienste befähigt, andererseits aber die gesellschaftlichen Dimensionen der Informationsnutzung und -produktion berücksichtigt. Eine umfassende Maßnahme stellt hier das Subportal „Informationskompetenz in Schulen" auf dem Deutschen Bildungsserver dar, welches dbv und DGI gemeinsam mit dem Deutschen Bildungsserver betreiben.[12]

Für die Zielgruppe der Schüler gibt es mittlerweile sowohl auf der Ebene der Öffentlichen und Wissenschaftlichen Bibliotheken als auch auf Verbandsebene Initiativen zur Förderung der Informationskompetenz. Allerdings muss hierzu angemerkt werden, dass diesen Aktivitäten oftmals ein spezifisch bibliothekarisches und eng begrenztes Verständnis von Informationskompetenz zugrunde liegt, welches sich auf Bibliotheksführungen, OPAC- und Datenbankschulungen beschränkt. Die Medienwelten und das Medienhandeln von Heranwachsenden außerhalb der Bibliothek werden weitgehend ignoriert und in den Aktivitäten der Bibliotheken nicht berücksichtigt.[13] Problematisches Medienhandeln von Kindern und Jugendlichen wie Cyber-Mobbing, Plagiarismus, Datenschutzverletzungen u. ä. m. kommen in der bibliothekarischen Praxis deshalb zu kurz.

Politik und Verbände

Das erste Bibliotheksgesetz in Deutschland, das vom Thüringer Landtag 2008 verabschiedete Bibliotheksrechtsgesetz,[14] erkennt den Bildungsauftrag von Öffentlichen und Wissenschaftlichen Bibliotheken an. Auch in der „großen" Politik sind die Schlagworte „Lebenslanges Lernen", „Schlüsselkompetenzen", „Medien- und Informationskompetenz" und dergleichen mehr in vieler Munde: Verwiesen sei auf die „Empfehlung des Europäischen Parlamentes und des Rates vom 18. 12. 2006 zu Schlüsselkompetenzen für lebensbegleitendes Lernen"[15] oder auf den Bericht „Kom-

---

11 Vgl. http://www.dgd.de/Userfiles/DenkschriftInfokompetenzBildung.pdf (30. 8. 2011).
12 Informationskompetenz in Schulen. Ein Subportal des Deutschen Bildungsservers, http://www.bildungsserver.de/Informationskompetenz-in-Schulen-6055.html (zuletzt aufgerufen am 30. 8. 2011).
13 Vgl. Anm. 1. S. 30.
14 Vgl. http://www.bibliotheksverband.de/lv-thueringen/Thueringer-Bibo-Gesetz.pdf (30. 8. 2011).
15 2006/962/EG. In: Amtsblatt der Europäischen Union vom 30. 12. 2006.

petenzen in einer digital geprägten Kultur" einer Expertengruppe des Bundesministeriums für Bildung und Forschung.[16]

Diese Konjunktur der mit der Aneignung und Vermittlung von Informations- und Medienkompetenz verwandten Begriffe in der Politik findet ihre Erwiderung in Positionen, Empfehlungen und Projekten der informationswissenschaftlichen und bibliothekarischen Verbände DGI, BID und dbv. Wichtig sind:

– die „Denkschrift der DGI zur Förderung der IK im Bildungssektor"[17]
– das Papier „Medien- und Informationskompetenz – immer mit Bibliotheken und
  Informationseinrichtungen! Empfehlungen von Bibliothek & Information
  Deutschland (BID) für die Enquete-Kommission ‚Internet und digitale Gesellschaft' des Deutschen Bundestages"[18]
– die Kampagne „Treffpunkt Bibliothek" des dbv im Herbst 2010 mit dem Schwerpunkt „Informations- und Medienkompetenz"
– das Hosting durch das Kompetenznetzwerk Bibliothek des zentralen Portals
  „http://www.informationskompetenz.de" im Auftrag des dbv

Ziel der Verbandsaktivitäten auf den verschiedenen Ebenen ist es, alle laufenden Aktivitäten von Bibliothekarinnen und Bibliothekaren zur Förderung von Medien- und Informationskompetenz wirkungsvoll zu unterstützen und durch geeignete Lobbyarbeit dafür zu sorgen, dass die Bibliotheken diese Form der Bildungspartnerschaft sicher ausüben und weiter ausbauen können.

Informationskompetenz an Hochschulen und Standards

Hochschulbibliotheken sind in Deutschland die sichtbarsten Player auf dem Gebiet der Informationskompetenzvermittlung. Die wissenschaftlichen Bibliothekare haben sich meist aus eigenem Antrieb dieser Aufgabe zugewandt und im Laufe der letzten zehn Jahre sowohl eine bemerkenswerte Integration der Vermittlung von Informationskompetenz in die Lehre ihrer Hochschulen erreicht als auch eine stabile Vernetzung und Kommunikation untereinander geschaffen. Gradmesser der universitären Integration ist die methodische Orientierung an den Standards der Hochschuldidaktik,[19] die curriculare Einbindung der Veranstaltungen und damit ein-

---

16 Vgl. http://www.bmbf.de/pub/kompetenzen_in_digitaler_kultur.pdf (30. 8. 2011).
17 Vgl. http://www.dgd.de/Userfiles/DenkschriftInfokompetenzBildung.pdf (30. 8. 2011).
18 Vgl. http://www.bideutschland.de/download/file/BID_Positionspapier_Medien%20und%20
Informationskompetenz_Enquete_Internet.pdf (30. 8. 2011).
19 Vgl. http://www.bildungsserver.de/zeigen.html?seite=121 und
http://www.hochschuldidaktik.net/ (30. 8. 2011).

hergehend die Teilnahmepflicht der Studierenden und die Anerkennung in Form von Credit Points. Dies schließt auch Prüfungen des vermittelten Wissen über Information[20] in konventioneller Form, wie zum Beispiel Klausuren, ein; innovative Formen des Assessments (beispielsweise Portfolios) sind noch die Ausnahme. Die Notwendigkeit einer möglichst nahtlosen Integration von bibliothekarischen IK-Aktivitäten in die universitäre Lehre wird allgemein als unerlässlich anerkannt, um eine nachhaltige Aneignung von Fertigkeiten im Umgang mit wissenschaftlichen Informationen durch die Studierenden zu erreichen.

Standardisierungen wiederum sind einerseits Ausdruck der Verankerung einer Aufgabe in einem Arbeitsfeld und andererseits auch Spiegel der Fachdiskussion. Die Geschichte der deutschen Standards zur Informationskompetenz begann 2002 mit der Übersetzung der „Information Literacy Competency Standards for Higher Education" der Association of College and Research Libraries (ACRL).[21] Es folgten Standards, die von (ursprünglich informellen) Arbeitskreisen und -gemeinschaften aus Nordrhein-Westfalen[22] und Baden-Württemberg[23] erarbeitet wurden und die auf die Vermittlung von Informationskompetenz im Hochschulbereich zielen.

In Bayern erfuhren die von der dortigen AG Informationskompetenz erarbeiteten „Leitlinien für die Durchführung von Veranstaltungen zum Erwerb von Informationskompetenz an den bayerischen Universitäts- und Hochschulbibliotheken" 2009[24] die Approbation der Direktoren und Leiter bayerischer Hochschulbibliotheken: Diese empfahlen ihren Hochschulen nachdrücklich, die angebotene Partnerschaft zur Förderung der Studierenden hinsichtlich der Aneignung von Informationskompetenz anzunehmen.[25] Es mag in der zentralistischen Tradition des Freistaats begründet liegen, dass Standards schnell auf die Agenda der Entscheidungsträger, in diesem Fall

---

20 Vgl. Checkliste für die Durchführung von IK-Veranstaltungen der AG IK des BVB http://www.informationskompetenz.de/fileadmin/user_upload/Checkliste_f%C3%BCr_die__2800.pdf (30. 8. 2011).

21 Vgl. Homann, Benno: Standards der Informationskompetenz. Eine Übersetzung der amerikanischen Standards der ACRL als argumentative Hilfe zur Realisierung der „Teaching Library". In: Bibliotheksdienst (2002). S. 625 ff.

22 Vgl. Nilges, Annemarie (u. a.): Standards für die Vermittlung von Informationskompetenz an der Hochschule. In: Bibliotheksdienst (2003). S. 463 ff.

23 Vgl. Arbeitsgruppe „Netzwerk Informationskompetenz Baden-Württemberg": Standards der Informationskompetenz für Studierende. http://www.informationskompetenz.de/fileadmin/DAM/documents/Standards%20der%20Inform_88.pdf (30. 8. 2011).

24 Vgl. die entsprechenden Empfehlungen der Direktoren der Universitätsbibliotheken und der Leiter der Fachhochschulbibliotheken im Bibliotheksverbund Bayern für die bayerischen Universitäten und Hochschulen. http://www.informationskompetenz.de/fileadmin/user_upload/Leitlinien_f%C3%BCr_die__2799.pdf (30. 8. 2011).

25 Vgl. Franke, Fabian: Mit Informationskompetenz zum (Studien-)Erfolg. Die bayerischen Universitäts- und Hochschulbibliotheken beschließen Standards für die Durchführung von Informationskompetenz-Veranstaltungen. In: Bibliotheksdienst (2009). S. 758 ff.

der Bibliotheksdirektorinnen und -direktoren, gelangen und auf diesem Weg auch verbindlich werden.

Die bereits genannte AG Informationskompetenz hat darüber hinaus ebenso wie das Netzwerk Informationskompetenz in Baden-Württemberg Standards zur Förderung der Medien- und Informationskompetenz von Schülerinnen und Schülern entwickelt:

– „Konzept zur Vermittlung von Informationskompetenz an Schüler der gymnasialen Oberstufe. Empfehlung der baden-württembergischen Landesbibliotheken" 2008[26]

– „Standards der Informationskompetenz für Schülerinnen und Schüler. Das Angebot der wissenschaftlichen Bibliotheken" 2011[27]

2009 nahm sich auch die Dienstleistungskommission des dbv des Themas Informationskompetenz an und stellte der Sektion IV im dbv auf ihrer Frühjahrstagung „Standards der Informationskompetenz für Studierende" vor, die der dbv-Vorstand anschließend verabschiedete.[28] Mit den Standards[29] für die Vermittlung von Informationskompetenz definieren die Bibliotheken Inhalte und Adressaten ihrer Aktivitäten. Die Standards sind einmal mehr Ausdruck der Fokussierung auf den Lernabschnitt „Studium" (bzw. die gymnasiale Vorbereitung darauf) im Prozess des Lebenslangen Lernens und der weitgehenden Anverwandlung an das universitäre Umfeld hinsichtlich Organisation und Methodik der Lehrveranstaltungen.

In Bezug auf die vorhandenen Standards und den zugrunde liegenden Begriff von „Informationskompetenz" gibt es in Deutschland eine fortwährende Diskussion der Akteure aus dem Bibliotheksbereich über die Ausrichtung des deutschen Konzepts und dessen Umsetzung in Standards. Wohl sei Informationskompetenz ein Praxiskonzept, was grundsätzlich überzeuge, „in zentralen Bereichen aber theoretisch zu wenig fundiert und empirisch belegt"[30] sei. Tatsächlich lassen sich in der Praxis

---

26 http://www.informationskompetenz.de/fileadmin/user_upload/Konzept_zur_Vermittl_ 1555.pdf (30. 8. 2011).

27 http://www.informationskompetenz.de/fileadmin/user_upload/Standards_IK_Schulen_2.pdf (30. 8. 2011).

28 http://www.bibliotheksverband.de/fileadmin/user_upload/Kommissionen/ Kom_ Dienstleistung/Publikationen/Standards_Infokompetenz_03.07.2009_endg.pdf (30. 8. 2011).

29 Vgl. auch: Standards der Informations- und Medienkompetenz für deutsche Bibliotheken. In: Lux, Claudia u. Wilfried Sühl-Strohmenger: Teaching Library in Deutschland. Vermittlung von Informations- und Medienkompetenz als Kernaufgabe für Öffentliche und Wissenschaftliche Bibliotheken. Wiesbaden 2004. S. 169ff.; Homann, Benno: Internationale und deutsche Standards der Informationskompetenz. Beitrag zum Roundtable Informationskompetenz: Brauchen wir nationale Standards? Köln. HBZ am 6. November 2008. http://www.hbznrw.de/dokumentencenter/ tagungen/roundtable/homann_ikstandards_081106.ppt#2 (30. 8. 2011).

30 Ingold, Marianne: Das bibliothekarische Konzept der Informationskompetenz. Ein Überblick. Berlin: Institut für Bibliothekswissenschaft der Humboldt-Universität Berlin 2005. S. 99.

viele verwandte und einander überschneidende Begriffe und Konzepte von Informationskompetenz finden. Hier sind vor allem die Medienkompetenz, die digitale Kompetenz (oder auch „e-literacy"), die Computerkompetenz („ICT-literacy") oder auch Sammelbegriffe wie „21st century literacy" oder „multiliteracies" zu nennen. Dem zu eng (oder auch zu weit gefassten) und wissenschaftlich noch zu wenig aufgearbeiteten Konzept der „Informationskompetenz" liegt zudem häufig ein Defizit-Modell des Nutzenden zugrunde, welches soziale Aspekte des Informationsverhaltens zu wenig berücksichtigt.

Die Fokussierung auf bibliothekarische Arbeitsinhalte, Begrifflichkeiten und Operationalisierungen in deutschen Standards werden in der Bibliotheksfachwelt kontrovers beurteilt. So trage die einseitige Perspektive aus Sicht von Informationsspezialisten nicht der individuellen und kontextgebundenen Natur von Informationskompetenz Rechnung.[31] Außerdem sollten jedem Informationssuchenden und -nutzenden individuelle Strategien und Muster zugestanden werden, die nicht unbedingt bibliotheksspezifischen Standards entsprechen müssen. Weiterhin kritisieren einige Autoren, dass es nicht nur eine bibliothekarische oder wissenschaftliche Perspektive, sondern auch eine „betriebliche, unternehmensorientierte" oder verbraucherorientierte Sicht auf die Informationskompetenz gibt, beispielsweise die Fähigkeit informationskompetenter Verbraucher, aufgeklärte und bewusste Konsumentenentscheidungen zu treffen.[32] Auch die staatsbürgerliche Dimension von Informationskompetenz („civic literacy"), deren Förderung in den USA oder Skandinavien allgemein anerkannter Teil der Zielsetzung bibliothekarischer Aktivitäten ist, wird in der deutschen Diskussion bisher noch kaum berücksichtigt. Vielmehr zielen die deutschen Initiativen in Bibliotheken „noch zu sehr auf die Suche nach Information und zu wenig auf die Nutzung der Information".[33]

Die meist auf Länderebene entstandenen oder eingesetzten Arbeitsgruppen und Netzwerke[34] sind der eigentliche Ort und Motor der fachlichen Diskussion und Wei-

---

31 Sühl-Strohmenger, Wilfried: Neue Entwicklungen auf dem Weg zur „Teaching Library" insbesondere bei den Wissenschaftlichen Bibliotheken. In: Teaching Library – eine Kernaufgabe für Bibliotheken. Hrsg. von Ute Krauß-Leichert. Frankfurt a. M.: Lang 2007. S. 17.

32 Wie z. B. bei: Hapke, Thomas: Informationskompetenz 2.0 und das Verschwinden des Nutzers. In: Bibliothek (2007). S. 137–149.

33 Hapke, Thomas: Perspektive E-Learning – Die Rolle von Universitätsbibliotheken in neuen Lernumgebungen. In: Teaching-Library – eine Kernaufgabe für Bibliotheken. Hrsg. von Ute Krauß-Leichert. (Anm. 31). S. 51.

34 Vgl. Schultka, Holger: Bibliothekspädagogik und die Arbeit der AG Benutzerschulung des Landesverbandes Thüringen im dbv. In: Bibliothek – Forschung und Praxis (2005). S. 59 ff.; Sühl-Strohmenger, Wilfried: Das Netzwerk Informationskompetenz Baden-Württemberg (NIK-BW). In: Expressum. Informationen aus dem Freiburger Bibliothekssystem (2005) H. 5. S. 3 f.; Franke, Fabian: Bayern: Arbeitsgruppe Informationskompetenz im Bibliotheksverbund Bayern. In: Bibliotheksdienst (2006). S. 754 ff.; Hütte, Mario: Zur Vermittlung von Informationskompetenz an Hochschulbibliotheken – Entwicklung. Status quo und Perspektiven. Masterarbeit. Köln 2008.

terentwicklung der Förderung der Informationskompetenz an Hochschulen. Sie sind auch die Träger der Fortbildungen für dort tätige und engagierte Bibliothekarinnen und Bibliothekare. Folgende Gruppierungen sind in Deutschland aktiv:

- AG Informationskompetenz in Nordrhein-Westfalen
- Thüringenweite AG Benutzerschulung
- Netzwerk Informationskompetenz in Baden-Württemberg
- Arbeitsgemeinschaft Informationskompetenz (AGIK) im GBV
- AG Informationskompetenz in Bayern
- AG Informationskompetenz in Rheinland-Pfalz und im Saarland
- Netzwerk Informationskompetenz Hessen
- Netzwerk Informationskompetenz Sachsen
- AG Informationskompetenz der Konferenz der Direktoren der Thüringer Wissenschaftlichen Bibliotheken
- Arbeitsgruppe Bildung und Informationskompetenz der DGI
- Arbeitsgruppe Informationskompetenz der BID

Die beiden zuletzt genannten Arbeitsgruppen operieren überregional und kommunizieren das Anliegen Informationskompetenz über Memoranden und Positionspapiere in die Politik. Die zentrale Plattform der IK-Community in Deutschland, die Internetseite „www.informationskompetenz.de", bündelt alle Grundlagen, Fakten, Materialien, News und Diskussionen zur Vermittlung von Informationskompetenz an Bibliotheken.

Dort befindet sich – getragen von den drei großen Stakeholders der Informationskompetenz Bayern, Baden-Württemberg und Nordrhein-Westfalen – die seit 2007 geführte Veranstaltungsstatistik,[35] welche über Veranstaltungstyp, Methodik und Teilnehmerzahl Auskunft erteilt. Danach sind die Veranstaltungen mehrheitlich durch folgende Merkmale charakterisiert: Es handelt sich vor allem um bibliotheksseitige Angebote basierend auf freiwilliger Teilnahme. Der Großteil der Teilnehmer besteht aus Undergraduates und es dominiert die lehrerzentrierte Instruktion.

Die – in der Theorie – allseitig angestrebte Integration der Vermittlung von Informationskompetenz innerhalb der Hochschullehre, belegbar durch curriculare Einbindung, Teilnahmepflicht und Bewertung mit Credit Points, ist in Deutschland noch unvollständig. Die inputorientierte Methodik erstaunt im verschulten Umfeld der reformierten Studiengänge nicht; sie widerspricht jedoch dem international anerkannten Information Literacy Standards des auf Nachhaltigkeit angelegten selbstständigen und selbst organisierten „Lernens des Lernens". Der Vollständigkeit hal-

---

http://www.informationskompetenz.de/fileadmin/DAM/documents/ Zur%20Vermittlung%20von%20_69.pdf (30. 8. 2011).
35 Vgl. auch DBS-Kategorie 177 „Benutzerschulungen (Stunden)" seit 2002 und DBS-Kategorie „Teilnehmer an Benutzerschulungen" seit 2007.

ber muss erwähnt werden, dass die deutschen Bibliothekarinnen und Bibliothekare zahlreiche E-Learning-Angebote zur Aneignung von Informationskompetenz für Studierende entwickelt haben.[36] Die unbefriedigende Nutzung derselben dürfte mit der vom Bologna-Prozess beförderten Praxis des non vitae sed universitati discimus zu erklären sein.

Fazit

Ein Charakteristikum der Förderung und Vermittlung von Informationskompetenz in Deutschland besteht darin, dass die Aktivitäten in Theorie und Praxis – abweichend vom international vorherrschenden ganzheitlich ausgerichteten Konzept des lebensbegleitenden Lernens – auf einzelne Bildungsabschnitte wie frühe Kindheit, Schulzeit und vor allem die Hochschulbildung fokussiert sind. Die Inhalte und die Didaktik sind auf die unterschiedlichen Zielgruppen und (Medien-)Generationen abgestimmt. So werden jedoch keine lebenslangen und selbstgesteuerten Lernprozesse in einem ganzheitlich verstandenen individuellen Bildungsprozess angestoßen. In der bibliothekarischen Diskussion in Deutschland wird diese Situation nicht als Defizit wahrgenommen.

Dagegen verweisen neuere Entwicklungen aus den USA, Großbritannien oder auch Skandinavien im Kontext von „Transliteracy" oder „Learning Literacies" auf die Notwendigkeit, das Konzept der Informationskompetenz in einen umfassenderen (Bildungs-) Zusammenhang zu stellen. Man muss jedoch den engagierten deutschen Kolleginnen und Kollegen bescheinigen, dass sie dem Paradigma der Nutzerorientierung folgend ihre Veranstaltungen so konzipieren, dass sie den kurzlebigen Bedürfnissen ihrer Klientel entsprechen. Deutsche Bibliotheken beginnen gerade, ihre Perspektiven und Chancen als „lebenslange Bildungspartner" zu entdecken und entsprechende Ziele zu entwickeln. Ein erster Schritt in diese Richtung könnte ein Bibliothekssparten übergreifendes konsekutives Curriculum für die Vermittlung von Informationskompetenz sein. Dies ist ohne Zweifel eine lohnenswerte Herausforderung für Bildungsträger in Deutschland.

---

36 Vgl. vom Orde, Heike u. Franziska Wein: Information Literacy. An International State-of-the-art Report. Germany. IFLA. Oct. 2009. Chapter A „Information Literacy Products for users". http://www.ifla.org/files/information-literacy/publications/il-report/germany-2009.pdf (30. 8. 2011).

Thomas Henkel, Brigitte Schubnell
Entwicklungsstand und Perspektiven der Informationskompetenz in der Schweiz

Abstract: Nach 2000 sind an den Schweizer Universitätsbibliotheken erste Aktivitäten im Bereich Informationskompetenz zu beobachten. Die Fachhochschulen folgten mit etwas Verzögerung. Verschiedene exemplarische Einzelprojekte und das Entstehen von Netzwerken dokumentieren die weitere Entwicklung. Auf nationaler Ebene versucht das e-lib.ch-Teilprojekt „Informationskompetenz an Schweizer Hochschulen", durch die Erarbeitung schweizerischer Standards, Schaffung einer Plattform und Erarbeitung von Empfehlungen für die bibliothekarische Ausbildung, die Aktivitäten im Bereich der Informationskompetenz auf Hochschulebene zu bündeln. Der aus einer aktuellen Umfrage ermittelte Stand der Vermittlung und Förderung von Informationskompetenz im schweizerischen Hochschulbereich zeigt Unterschiede sowohl im Entwicklungsstand als auch in den (Lern-)Zielen bei den drei Hochschultypen Universität, Fachhochschule und Pädagogische Hochschule.

Eine eingehende Erforschung und Analyse des Entwicklungstandes der Informationskompetenz in der Schweiz steht nach wie vor aus und wird es vermutlich noch für einige Zeit bleiben. Der nachfolgende Beitrag kann daher nur eine Skizzierung vornehmen. Die Bemühungen um die Vermittlung und Förderung von Informationskompetenz im Hochschulbereich sind zum Teil recht gut dokumentiert oder können relativ einfach in Erfahrung gebracht werden. Da es aufgrund des föderalistisch strukturierten Bildungswesens jedoch kaum möglich ist, einen umfassenden Überblick über die gesamten laufenden Aktivitäten zu erhalten, wird der Hochschulbereich im Folgenden bewusst ins Zentrum gerückt.

Keywords: Schweiz, Universität, Fachhochschule, Pädagogische Hochschule, Studium, Mittelschule, Netzwerk

Thomas Henkel, lic. phil.: Ist an der Kantons- und Universitätsbibliothek Freiburg als Koordinator Informationskompetenz tätig und ist zudem Gründungsmitglied der Arbeitsgruppe Informationskompetenz an Schweizer Hochschulen (AGIK) sowie Präsident des im Juni 2011 gegründeten Vereins AGIK. Ferner ist er Mitglied im Projektteam Informationskompetenz an Schweizer Hochschulen.
Brigitte Schubnell, Dipl. Natw. ETH: Ist an der Hauptbibliothek Universität Zürich beschäftigt. Sie leitet dort die Forschungs- und Studienbibliothek Irchel und ist zugleich Koordinatorin Informationskompetenz. Zudem ist sie Gründungsmitglied der Arbeitsgruppe Informationskompetenz (AGIK) an Schweizer Hochschulen sowie Vorstandsmitglied des im Juni 2011 gegründeten Vereins AGIK, ferner Mitglied im Projektteam Informationskompetenz an Schweizer Hochschulen.

Hochschulsystem Schweiz

Die Schweizer Hochschullandschaft besteht aus den beiden universitären Eidgenössischen Technischen Hochschulen in Zürich und Lausanne, den zehn kantonalen Universitäten, den Fachhochschulen, den Pädagogischen Hochschulen sowie anderer Institutionen im Hochschulbereich.

Die Fachhochschulen[1] sind in den späten 1990er Jahren entstanden und werden von einem oder mehreren Kantonen getragen. Daneben existieren auch ein paar wenige private Fachhochschulen. Sie dienen der praxisnahen Ausbildung auf Hochschulniveau und sind in der Regel auf mehrere, meist fachlich spezialisierten Standorte aufgeteilt. In der Schweiz zählen die Pädagogischen Hochschulen zum Fachhochschulbereich.[2] Einige werden als selbstständige Hochschulen geführt, andere sind einem Fachhochschulverbund oder einer Universität angeschlossen.

Ebenso heterogen wie die Hochschulen sind auch die Hochschulbibliotheken organisiert. Die meisten Universitäten führen ein funktional-zweischichtiges Bibliothekssystem, einzelne sind einschichtig. Viele der großen Universitätsbibliotheken sind gleichzeitig auch Stadt- oder Kantonsbibliothek. Die Fachbibliotheken der Fachhochschulen werden zurzeit vermehrt zu größeren Einheiten umstrukturiert. Die Organisationsstrukturen der Bibliotheken der Pädagogischen Hochschulen divergieren stark. Die personelle Ausstattung der Fachhochschulbibliotheken ist mit jener der Universitätsbibliotheken nicht zu vergleichen. Aufgrund der großen Heterogenität und der Viersprachigkeit in der Schweiz können Synergien häufig nicht optimal genutzt werden.

Entwicklung der Informationskompetenz in der Schweiz

Die Initiative zur Förderung von Informationskompetenz ging von den Hochschulbibliotheken aus. 1999 fand erstmals eine Tagung zum Thema „Ausbildung mit neuer Informationskompetenz", organisiert von der Kantons- und Universitätsbibliothek Freiburg, statt.[3] Nach 2000 sind erste Aktivitäten an den universitären Hochschulbibliotheken zu beobachten. Koordinationsstellen wurden eingerichtet und Schu-

---

1 Schweiz – Bundesamt für Berufsbildung und Technologie: Fachhochschulen.
http://www.bbt.admin.ch/themen/hochschulen (23. 9. 2011).
2 Schweiz – Bundesamt für Berufsbildung und Technologie: Die Schweizer Fachhochschulen.
Ein Überblick für Gutachterinnen und Gutachter in Akkreditierungsverfahren. [Bern]: Bundesamt für
Berufsbildung und Technologie BBT, 2009.
3 Etudes et recherche de l'information = Ausbildung mit neuer Informationskompetenz. Fribourg:
BCU, 1999. http://doc.rero.ch/record/22812 (23. 9. 2011).

lungskonzepte erarbeitet. Bestehende Bibliothekseinführungen wurden zu modular aufgebauten Kursangeboten umgearbeitet, die in die Studiengänge integriert werden konnten. Erste eigenständige Lehrveranstaltungen im Curriculum sind ab 2003 zu verzeichnen. Die Entwicklungen im Fachhochschulbereich vollzogen sich leicht verzögert. Einzelne Fachhochschulbibliotheken engagierten sich aber bereits 2003.

Der erste E-Learning Kurs auf Hochschulebene wurde 2001 bis 2003 im Rahmen des „Swiss Virtual Campus"[4] an der Haute école de gestion de Genève entwickelt. „CALIS" (Computer-assisted learning for information search)[5] wurde ursprünglich für Studierende der Wirtschaftswissenschaften und der Zahnmedizin konzipiert.

Ebenfalls 2003 entwickelten Mediothekarinnen des Kantons Zürich unter der Projektleitung des Mediotheksbeauftragten des Mittelschul- und Berufsbildungsamts Zürich das Webportal „digithek" mit dem Ziel, die Informationskompetenz der Schülerinnen und Schülern der Sekundarstufe II zu verbessern. Mittlerweile wird „digithek" in 13 Kantonen gepflegt und weiterentwickelt.[6]

Arbeitsgruppen Informationskompetenz

Auf Initiative von vier Hochschulbibliothekaren der deutsch- und französischsprachigen Schweiz wurde 2005 die „Arbeitsgruppe Informationskompetenz an Schweizer Hochschulen" (AGIK)[7] ins Leben gerufen und am 28. Juni 2011 in einen Verein überführt. Das Ziel der AGIK ist die Förderung der Vermittlung von Informationskompetenz an Schweizer Hochschulen durch Kontaktpflege, Organisation von bedarfsgerechten Weiterbildungsveranstaltungen, nationale und internationale Zusammenarbeit sowie Lobbying für das Thema Informationskompetenz.

Die Bibliothekare der Medien- und Informationszentren der Pädagogischen Hochschulen der deutschen Schweiz (MIPHD) haben 2008 eine eigene Arbeitsgruppe gegründet, da sich die Zielgruppe von jener des Vereins AGIK unterscheidet. Die beiden Arbeitsgruppen stehen im Austausch.

Lokal entstanden weitere Austauschnetzwerke, so in Zürich, Bern und Luzern. In Genf ist der Aufbau eines lokalen Netzwerks geplant.

---

4 Swiss Virtual Campus = Virtueller Campus Schweiz – Ein Bundesprogramm der Schweizer Hochschulen. http://www.virtualcampus.ch (23. 9. 2011).
5 Haute école de gestion de Genève, Filière Information documentaire: CALIS – Computer-assisted learning for informationsearch. http://campus.hesge.ch/calis (23. 9. 2011).
6 digithek – Die Recherchierwebseite für Mittel- und Berufsfachschulen der Schweiz. http://www.digithek.ch (23. 9. 2011).
7 infoliteracy.ch – Arbeitsgruppe an Schweizer Hochschulen. http://www.infoliteracy.ch (23. 9. 2011).

Elektronische Bibliothek Schweiz: Teilprojekt Informationskompetenz an Schweizer Hochschulen[8]

Das Ziel des nationalen Innovations- und Kooperationsprojekts „e-lib.ch" (2008–2012) ist es, einen nationalen Zugang zu wissenschaftlichen Inhalten unterschiedlicher Art zentral bereitzustellen, um den Wissenschaftsstandort Schweiz zu stärken.

„Informationskompetenz an Schweizer Hochschulen" läuft als Teilprojekt von „e-lib.ch" über drei Jahre (2009–2011) und soll die Grundlage für eine effiziente und effektive Nutzung der elektronischen Bibliothek bilden. Das von sechs Projektpartnern getragene Projekt verfolgt drei Ziele:

1. Anpassung bestehender ausländischer Standards zur Vermittlung von Informationskompetenz an die Verhältnisse an Schweizer Hochschulen sowie die Erstellung eines mehrstufigen Rasters mit Kompetenzbeschreibungen für spezifische Zielgruppen.
2. Aufbau eines Webportals mit freiem Zugang zu bestehenden Lehrmaterialien.
3. Entwicklung eines Ausbildungs- und Weiterbildungskonzepts für Bibliothekare.

Das viersprachige Webportal „informationskompetenz"[9] (Deutsch, Französisch, Italienisch, Englisch) wird ab 2012 von den Projektpartnern mit Unterstützung der AGIK weitergeführt.

Datenerhebung

Die Grundlage für die nachfolgende Darstellung des aktuellen Standes der Vermittlung und Förderung von Informationskompetenz an Schweizer Hochschulen bilden die Ergebnisse einer elektronischen Umfrage, die im Juni 2011 an alle Informationskompetenz-Koordinationsstellen der Universitäten sowie an Fachhochschulbibliotheken verschickt wurde. Die Kontaktpersonen im universitären Bereich konnten aufgrund der überschaubaren Anzahl Universitäten alle befragt werden. Die Situation an den Fachhochschulen und speziell an den Pädagogischen Hochschulen ist deutlich komplexer. Nicht alle in der Förderung von Informationskompetenz engagierten Hochschulbibliotheken konnten mit der Umfrage erreicht werden. Insgesamt haben sich 45 Institutionen an der Umfrage beteiligt, einige davon haben für weitere Institutionen ihrer Organisation geantwortet. Zusätzliche Experteninterviews und eine unveröffentlichte Masterarbeit an der HTW Chur zur Vermittlung von Informations-

---

8 e-lib.ch: Elektronische Bibliothek Schweiz. Informationskompetenz. http://e-lib.ch/de/
Angebote/Informationskompetenz (23. 9. 2011).
9 Informationskompetenz an Schweizer Hochschulen: informationskompetenz.
http://www.informationskompetenz.ch (23. 9. 2011).

kompetenz an Pädagogischen Hochschulen der Deutschschweiz[10] erlaubten, das aus der Umfrage resultierende Bild zu vervollständigen.

Der zweisprachige Fragebogen (Deutsch und Französisch) wurde knapp gehalten, um den Beantwortungsaufwand gering zu halten. Im September 2011 wurden jene Institutionen, die auf die Umfrage reagiert haben, gezielt nochmals angesprochen, um offene Fragen zu klären.

Entwicklungsstand Informationskompetenz an Universitäten

An allen Universitäten werden seit einigen Jahren zielgruppenorientierte Kurs- und Lehrveranstaltungen angeboten, die das Spektrum von Studienanfängerinnen und -anfängern bis zu wissenschaftlichen Mitarbeitenden abdecken und zum Teil darüber hinaus das allgemein interessierte Publikum und die Sekundarstufe II einschließen. Die meisten bieten Module an, die in Lehrveranstaltungen integriert oder immer häufiger auch als selbstständige (Wahl-)Pflichtveranstaltungen durchgeführt werden. Die Angebote sind je nach Fachgebiet sehr unterschiedlich. In den Naturwissenschaften und den technischen Fächern sowie in den Rechts- und Wirtschaftswissenschaften sind selbständige (Wahl-)Pflichtveranstaltungen noch selten, während sie in den Geistes- und Sozialwissenschaften heute häufig anzutreffen sind. Im Allgemeinen wird das Schwergewicht auf die ins Curriculum integrierten Lehrveranstaltungen gelegt, während das weitere Kursangebot zunehmend reduziert wird.

Inhaltlich reichen die Lehrveranstaltungen von der Kenntnis der verschiedenen Informationsquellen und geeigneten Suchtechniken über Literaturverwaltung und Bibliometrie bis hin zu Textsatz (LaTex), korrektem Zitieren und elektronischem Publizieren mit Open Access. Informationskompetenz wird vermehrt umfassend verstanden. Die Weiterverarbeitung von Informationen sowie ethische Aspekte gewinnen immer mehr an Bedeutung.

Online-Lernplattformen werden vermehrt für den Unterricht eingesetzt, nur drei Institutionen nutzen keine. Am meisten verbreitet sind Moodle und OLAT, ILIAS wird nur einmal erwähnt. Die häufigste Nutzungsform der Online-Lernplattformen ist die Ablage, gefolgt vom Kontakt mit den Kursteilnehmenden über das Forum. Bereits an dritter Stelle stehen Blended-Learning-Szenarien, die an knapp der Hälfte der Standorte eingesetzt werden. Ein Viertel nutzt die Online-Plattform für die Bewertung und Kontrolle von Leistungsnachweisen. Die Wiki-Funktion findet nur selten Verwendung.

---

10 Signer, Ernst: Vermittlung von Informationskompetenz an Pädagogischen Hochschulen der Deutschschweiz. Masterarbeit MAS Information Science an der Hochschule für Technik und Wirtschaft Chur. Chur 2010 (unveröffentlicht).

Mehr als die Hälfte der Universitätsbibliotheken verfügt über einen bibliothekseigenen Computer-Kursraum. Daneben stehen in der Regel auch Computerkursräume der Hochschule zur Verfügung. Vermehrt werden heute die tragbaren Computer der Studierenden in den Lehrveranstaltungen eingesetzt. Mit WLAN ausgerüstet Räume sind heute an den Hochschulen weitverbreitet.

Mit der Durchführung der Kurse sind meist wissenschaftliche Bibliothekarinnen und Bibliothekare betraut, welche für die fachspezifischen Inhalte verantwortlich sind. Teilweise verfügen sie über didaktische Zusatzausbildungen.

Entwicklungsstand Informationskompetenz an Fachhochschulen

1996 wurde das Fachhochschulgesetz in Kraft gesetzt. Aus den bestehenden Höheren Technischen Lehranstalten, den Höheren Wirtschafts- und Verwaltungsschulen sowie den Höheren Fachschulen wurden sieben Fachhochschulen aufgebaut. Neu für diese Schulen ist unter anderem, dass sie neben den Diplomstudiengängen auch ein Weiterbildungsangebot anzubieten und anwendungsorientierte Forschungs- und Entwicklungsarbeit zu leisten haben. Wissenschaftliches Arbeiten und Publizieren von Forschungsergebnissen werden noch nicht lange praktiziert. Diese Tatsache hat Einfluss auf die Vermittlung und Förderung der Informationskompetenz.

Neben Einführungen, die inner- oder außerhalb von curricularen Lehrveranstaltungen durchgeführt werden, bieten einige Fachhochschulbibliotheken auch weiterführende Module oder eigenständige Lehrveranstaltungen an. Drei Viertel der Bibliotheken geben an, auch auf Masterstufe die Förderung von Informationskompetenz zu betreiben. Dies ist bemerkenswert, da Masterstudiengänge an den Schweizer Fachhochschulen erst seit kurzem angeboten werden oder erst im Aufbau sind. Viele der Veranstaltungen sind heute obligatorisch und nicht nur auf freiwilliger Basis. Zwei der befragten Fachhochschulbibliotheken bieten auch ECTS-relevante Lehrveranstaltungen an.

Während an den Universitäten Informationskompetenz immer mehr umfassend verstanden wird, liegt der inhaltliche Schwerpunkt an den Fachhochschulen nach wie vor bei der Kenntnis der Informationsquellen und den Recherchmethoden.

Die Verwendung von Online-Lernplattformen ist an Fachhochschulbibliotheken deutlich weniger verbreitet, dennoch setzen einige diese für den Unterricht ein. In der Regel kommt Moodle zur Anwendung, ILIAS wird nur einmal erwähnt, OLAT gar nicht. Die Online-Lernplattformen werden fast nur für die Ablage von Dokumenten genutzt. E-Learning-Kurse und Blended Learning wurden nur je einmal angegeben.

Nur wenige verfügen über einen bibliothekseigenen Computerkursraum, die meisten setzen Computerkursräume der Hochschule oder tragbare Computer der Studierenden ein. Die Einführungsveranstaltungen finden häufig in Form von Frontalunterricht statt.

An den Fachhochschulen werden die Veranstaltungen mehrheitlich durch I+D-Spezialistinnen und -Spezialisten bestritten, zum Teil mit didaktischer Zusatzausbildung.

Entwicklungsstand Informationskompetenz an Pädagogischen Hochschulen

Die Pädagogischen Hochschulen gehören in der Schweiz zwar zum Fachhochschulbereich, sind aber dennoch von den Fachhochschulen zu unterscheiden und gelten als eigener Hochschultypus. Sie sind aus früheren Institutionen der Lehrerinnen- und Lehrerbildung entstanden. Wie bereits bei den Fachhochschulen beschrieben, ist mit der Bildung der Pädagogischen Hochschulen der Aspekt der Forschung neu hinzugekommen. Masterstudiengänge sind im Aufbau, erste wurden im Herbst 2011 in die Studienangebote aufgenommen.

An den Pädagogischen Hochschulen wird Informationskompetenz vorwiegend in Einführungsveranstaltungen thematisiert, welche inner- oder außerhalb von curricularen Lehrveranstaltungen stattfinden. ECTS-relevante Lehrveranstaltungen bieten zum heutigen Zeitpunkt nur zwei Bibliotheken an. Ein weiterführendes Kursangebot für alle Angehörigen der Hochschulen ist nur selten anzutreffen, so zum Beispiel in Bern, St. Gallen oder im Thurgau. Einige Bibliotheken haben bis heute noch kein Kurs- und Lehrveranstaltungskonzept entwickelt.

Inhaltlich wird meist nur die Kenntnis der Informationsquellen und Recherchemethoden vermittelt. Literaturverwaltung und korrektes Zitieren werden auch an den Pädagogischen Hochschulen gelehrt und sind Teil des Studiums. Diese Inhalte werden jedoch in der Regel nicht von den Bibliotheken thematisiert.

Online-Lernplattformen kommen selten zum Einsatz, meistens werden sie für die Ablage von Dokumenten genutzt, einmal wird die Verwendung als Tool für den Leistungsnachweis genannt. Die Forschungsabteilung der Pädagogischen Hochschule Thurgau hat hingegen einen Blended-Learning-Kurs „Information Literacy" nach Konstanzer Vorlage entwickelt.

Bibliothekseigene Computerkursräume sind an den Pädagogischen Hochschulen selten. Computerkursräume stehen in der Regel an den Hochschulen zur Verfügung und werden auch für die Vermittlung und Förderung von Informationskompetenz genutzt. Ebenso werden tragbare Computer der Studierenden für die Veranstaltungen eingesetzt.

Auch an den Pädagogischen Hochschulen sind meist I+D-Spezialistinnen und -Spezialisten in der Vermittlung und Förderung von Informationskompetenz tätig. Einige bringen eine vorhergehende Lehrerausbildung mit.

Zusammenfassung und Perspektiven

	Universitäre Hochschulen	Fachhochschulen
Zielgruppe	Maturanden bis wissenschaftliche Mitarbeiter	Bachelor bis wissenschaftliche Mitarbeiter
Lehrveranstaltungstyp	Veranstaltungen meist ins Curriculum eingebunden	Einführungsveranstaltungen überwiegend, häufig curricular eingebunden
	Tendenz zu eigenständigen Lehrveranstaltungen	einige eigenständige Lehrveranstaltungen
	Module häufig ECTS-relevant	Module selten ECTS-relevant, aber z. T. obligatorisch
Lerninhalt	Informationsquellen + Recherchemethoden	Informationsquellen + Recherchemethoden
	Literaturverwaltung, korrektes Zitieren	z. T. auch Literaturverwaltung, korrektes Zitieren
	Bibliometrie, Publizieren mit Open Access	–
Leistungsnachweis	aktive Teilnahme, Lösen von Übungen, Kurzreferate, Tests, schriftliche Prüfungen und/oder Erarbeiten von Portfolios	aktive Teilnahme, Lösen von Übungen und Präsentieren, Rechercheprotokolle
Infrastruktur	häufig bibliothekseigene Computerkursräume	selten bibliothekseigene Computerkursräume
	Computerkursräume der Universität häufig genutzt	Computerkursräume der Fachhochschule häufig genutzt
	Einsatz von tragbaren Computern der Studierenden	Einsatz von tragbaren Computern der Studierenden
Einsatz von LMS*	Einsatz von LMS häufig	Einsatz von LMS selten
	Ablage, Forum viel genutzt, z. T. auch für Bewertung + Kontrolle von Leistungsnachweisen	v. a. für Ablage
	öfters für Blended Learning, z. T. nur als E-Learning-Kurs	Blended Learning + E-Learning-Kurse sehr selten
Ausbildung des Lehrpersonals	meist wissenschaftliche Bibliothekare, z. T. mit didaktischer Zusatzausbildung	meist I+D-Spezialisten, z. T. mit didaktischer Zusatzausbildung

Pädagogische Hochschulen	
Zielgruppe	Bachelor bis wissenschaftliche Mitarbeiter
Lehrveranstaltungstyp	v. a. Einführungsveranstaltungen, z. T. obligatorisch
	eigenständige Lehrveranstaltungen nur 1x erwähnt
	Module selten ECTS-relevant, einige obligatorisch
Lerninhalt	Informationsquellen + Recherchemethoden
	Literaturverwaltung, korrektes Zitieren wird i. d. R. von der Lehre, nicht von den Bibliotheken vermittelt
	–
Leistungsnachweis	Präsenzkontrollen, Tests
Infrastruktur	ganz selten bibliothekseigene Computerkursräume
	Computerkursräume der Pädagogischen Hochschule genutzt
	Einsatz von tragbaren Computern der Studierenden
Einsatz von LMS*	Einsatz von LMS selten
	v. a. Ablage, 1x auch Bewertung + Kontrolle von Leistungsnachweisen
	Blended-Learning-Modul in Thurgau
Ausbildung des Lehrpersonals	meist I+D-Spezialisten, z. T. mit didaktischer Zusatzausbildung oder ehemalige Volksschullehrer

* LMS: Learning Management System (elektronische Lernplattformen wie z. B. Moodle, ILIAS oder OLAT).

Die durch das Drittmittelprojekt „Informationskompetenz an Schweizer Hochschulen" erarbeiteten Dokumente unterstützen die Hochschulbibliotheken bei der Neu- und Weiterentwicklung von Lehrveranstaltungen. Das Webportal „informationskompetenz" ermöglicht die Nachnutzung vorhandener Lehr- und Lernmaterialien im schweizerischen Kontext. Das Webportal wird durch verschiedene Projektpartner nach dem Projektende weitergepflegt. Der Austausch zwischen den schweizerischen Hochschulbibliotheken wird regelmäßig gepflegt, eine Verstärkung des Austauschs über die Sprachgrenzen wird angestrebt. Die internationalen Kontakte, vor allem mit dem angrenzenden Ausland, sollten intensiviert werden.

Obwohl an den Universitäten die Vermittlung und Förderung von Informationskompetenz ein hohes Niveau erlangt hat, werden noch lange nicht alle Studierenden erreicht. Eine Ausweitung des Lehrveranstaltungsangebots auf weitere Fachbereiche wird die Herausforderung der Zukunft sein.

Die Vermittlung und Förderung von Informationskompetenz an den Fachhochschulen ist noch im Aufbau. Die letzten zwei bis drei Jahre wurden aber respektable

Fortschritte erzielt. Es ist davon auszugehen, dass diese Entwicklung die nächsten Jahre weitergeht. Ein inhaltlicher Ausbau hin zu einem umfassenderen Informationskompetenzbegriff ist zu erwarten.

Die Pädagogischen Hochschulen bilden Lehrpersonen der Volksschule aus, so dass die Vermittlung und Förderung von Informationskompetenz von besonderer Bedeutung und ein Ausbau des Lehrveranstaltungsangebots speziell wünschenswert ist. Das Thema ist aufgegriffen, und es ist zu erwarten, dass die Angebote ausgebaut werden.

Die Vermittlung und Förderung von Informationskompetenz ist sehr personalintensiv. Die Hochschulbibliotheken scheinen gewillt zu sein, diesen Aufwand auf sich zu nehmen. In der heutigen Zeit, in welcher Forschende immer weniger die Bibliotheken vor Ort aufsuchen, ist es wichtig, präsent zu sein. Mit den Lehrveranstaltungen zu Informationskompetenz werden die Bibliotheken als kompetente Partner und Dienstleister wahrgenommen.

Michaela Zemanek
Informationskompetenz in Österreich

Abstract: Der Beitrag bietet eine erste Bestandsaufnahme zur Informationskompetenz in Österreich.[1] Primär für den Bildungsbereich, aber auch für die Nutzung im Alltag werden Ergebnisse aus empirischen Studien zur Informationskompetenz in Österreich berichtet. Von besonderem Interesse sind die Internetkompetenz im Bildungsbereich und die Kompetenz im Umgang mit elektronischen Fachressourcen der Bibliotheken, es wird aber auch die Relevanz im Alltag, z.B. in Bereichen wie Gesundheits- und VerbraucherInnenbildung aufgezeigt. Es werden Rahmenbedingungen, Initiativen und Aktivitäten zur Förderung der Informationskompetenz beschrieben, und es wird Handlungsbedarf, der sich aus den Problemfeldern ergibt, aufgezeigt.

Keywords: Informationskompetenz, Österreich, Internet, Kindergarten, Schule, Hochschule, Studium, Schüler, Lehrer, Student, Benutzerschulung, Bibliothek, Teaching Library, Erwachsenenbildung, Gesundheitsbildung, Verbraucherbildung.

Dr. Michaela Zemanek: Studium der Psychologie und Pädagogik an der Universität Wien. Leiterin der Fachbereichsbibliothek Psychologie der Universität Wien, Lektorin an der Fakultät für Psychologie der Universität Wien.
Kontakt: michaela.zemanek@univie.ac.at

Abgrenzung und Gegenstandsbereich

Informationskompetenz stellt in einer „digital geprägten Kultur" eine wichtige Kompetenz dar. Die Expertenkommission des BMBF zur Medienbildung bezeichnet in ihrem Positionspapier „Kompetenzen in einer digital geprägten Kultur"[2] Informationsverarbeitung und Wissensgenerierung als „zentrale gesellschaftliche Ressource". Der informationskompetente Umgang mit Informationen ist nicht nur für den Bildungsbereich von Bedeutung, sondern soll auch im Beruf und im alltäglichen Leben Wissen

---

1 Aus diesem Grund überschreitet der nachfolgende Beitrag in Abstimmung mit dem Herausgeber den ansonsten für die Artikel in diesem Band zugrunde gelegten Textumfang deutlich.
2 Bundesministerium für Bildung und Forschung (Hrsg.): Kompetenzen in einer digital geprägten Kultur. Medienbildung für Persönlichkeitsentwicklung, für die gesellschaftliche Teilhabe und für die Entwicklung von Ausbildung- und Erwerbsfähigkeit. Bonn: Bundesministerium für Bildung und Forschung 2010. http://www.bmbf.de/pub/kompetenzen_in_digitaler_kultur.pdf (17. 7. 2011).

liefern und Problemlösungen ermöglichen.[3] „Information Literacy" soll eine Person in die Lage versetzen, „für jede Aufgabe die benötigten Informationen zu finden und entsprechende Entscheidungen zu treffen."[4] Sie ist auch eine wesentliche Voraussetzung für das lebenslange Lernen.

Die OECD beschreibt die „Fähigkeit zur interaktive Nutzung von Wissen und Informationen" wie folgt:[5] „Die Erkennung und Bestimmung des Unbekannten/die Identifikation, Lokalisierung und den Zugriff auf geeignete Informationsquellen (einschließlich der Beschaffung von Wissen und Informationen im Cyberspace)/Bewertung der Qualität, der Eignung und des Wertes der Information und ihrer Quellen/ Organisation von Wissen und Information."

Die verschiedenen Konzepte und Standards von Informationskompetenz beinhalten zumeist folgende Aspekte: das Erkennen des jeweiligen Informationsbedarfs, die Formulierung von Suchanfragen, Wählen geeigneter Zugangswege, die Bewertung von Information, die Integration von Wissen in den eigenen Wissensbestand, die zieladäquate Nutzung der Information und die ethische und gesetzeskonforme Nutzung.[6]

Das Konzept der Informationskompetenz wurde zunächst hauptsächlich im bibliothekarischen Feld entwickelt und verwendet[7] und wird zunehmend erweitert. Kompetenzen im Umgang mit (digitalen) Informationen werden in der Literatur außerhalb des bibliothekarischen Kontexts auch unter den Begriffen Informationskompetenz, Medienkompetenz, digitale Kompetenz, Internetkompetenz und Computerkompetenz abgehandelt, mit jeweils unterschiedlicher Schwerpunktsetzung. Bibliothekskompetenz, Medienkompetenz und Computerkompetenz können als „implizite Teilkompetenzen von Informationskompetenz" angesehen werden.[8]

---

3 Swertz, Christian u. Clemens Fessler: Literacy – Facetten eines heterogenen Begriffs.
In: Medienimpulse online (2010). S. 1–22. http://www.medienimpulse.at/pdf/Medienimpulse_
Literacy_Swertz_20101109.pdf (30. 8. 2011).
4 American Library Association, zit. nach Swertz, Christian u. Clemens Fessler: Literacy
– Facetten eines heterogenen Begriffs. (Anm. 3), hier S. 7. http://www.medienimpulse.at/pdf/
Medienimpulse_Literacy_Swertz_20101109.pdf (23. 8. 2011).
5 OECD (Hrsg.): Definition und Auswahl von Schlüsselkompetenzen. Zusammenfassung. 2005.
S. 13. http://www.oecd.org/dataoecd/36/56/35693281.pdf (21. 7. 2011).
6 Vgl. Sühl-Strohmenger, Wilfried: Digitale Welt und Wissenschaftliche Bibliothek
– Informationspraxis im Wandel. Determinanten, Ressourcen, Dienste, Kompetenzen. Wiesbaden:
Harrassowitz Verlag 2008. (Bibliotheksarbeit 11). S. 246 ff.
7 Vgl. Gapski, Harald u. Thomas Tekster: Informationskompetenz in Deutschland. Überblick zum
Stand der Fachdiskussion und Zusammenstellung von Literaturangaben, Projekten und Materialien
zu einzelnen Zielgruppen. Düsseldorf. Landesanstalt für Medien Nordrhein-Westfalen (LfM) 2009.
http://lfmpublikationen.lfm-nrw.de/catalog/downloadproducts/Informationskompetenz_in_
Deutschland.pdf (23. 8. 2011).
8 Hütte, Mario: Zur Vermittlung von Informationskompetenz an Hochschulbibliotheken –
Entwicklung, Status quo und Perspektiven. In: Bibliothek 30 (2006). S. 137–167, hier S. 139.
http://www.bibliothek-saur.de/2006_2/137-167.pdf (25. 8. 2011).

Im Schulbereich wird Informationskompetenz oft als Teil der Medienkompetenz behandelt.

Besondere Bedeutung kommt der kompetenten Nutzung des Internet zu. „Der kompetente Umgang mit dem Internet als wichtiger Subkomponente der Medienkompetenz wird von der Europäischen Kommission als vordringliche Entwicklungs- und Bildungsaufgabe für dieses Jahrzehnt eingeschätzt".[9] Das Internet ist im Alltag die Informationsquelle geworden, seine Nutzung erfolgt aber oft in wenig reflektierter Weise. Auch im Bildungsbereich gewinnt die Internetrecherche zunehmend an Bedeutung. Informationskompetenz im Alltag – aber auch in der Schule – manifestiert sich hauptsächlich als Kompetenz im Umgang mit dem Internet; im tertiären Bildungsbereich steht der Umgang mit den fachspezifischen elektronischen Ressourcen im Vordergrund.

Altersspezifische Einschränkungen beim Umgang mit dem Internet

Vorschulkindern bereiten primär die fehlende bzw. mangelnde Schreib- und Lesefähigkeit, die geringere Aufmerksamkeitsspanne und die noch ungenügende Auge-Hand-Koordination Probleme. Die für die Suche im Internet notwendige richtige Rechtschreibung wird von Grundschülern erst gelernt und eingeübt, die Computer- und Internetsprache mit ihren Anglizismen und Latinismen (z. B. „Bildschirm minimieren") und ihren Metaphern (z. B. „Fenster schließen") kann auch 12-jährigen noch Probleme bereiten.[10] Medienkompetenz braucht als Grundlage auch kognitive Fähigkeiten wie Abstraktionsvermögen. Voraussetzung für die Erfassung von Inhalten im Internet ist die Lesekompetenz; „Online-Lesen" erfordert zusätzlich, die Navigationsstruktur mit allen Elementen „lesen" zu können.[11] Auch die Vorstellung, die Personen vom Internet haben, hat Einfluss auf den Umgang mit Inhalten im Internet.

---

9 Parycek, Peter, Ursula Maier-Rabler u. Gertraud Diendorfer (Hrsg.): Internetkompetenz von SchülerInnen. Themeninteressen, Aktivitätsstufen und Rechercheverhalten in der 8. Schulstufe in Österreich. Studienbericht. Wien/Salzburg/Krems: Juli 2010. http://www.icts.sbg.ac.at/media/pdf/pdf2166.pdf, S. 7. (21. 8. 2011).
10 Vgl.: Feil, Christine, Regina Decker u. Christoph Gieger: Wie entdecken Kinder das Internet? Beobachtungen bei 5–12-jährigen Kindern. Wiesbaden: VS Verlag für Sozialwissenschaften 2004; Glaznieks, Alvara: Computer- und internetspezifische Sprache: Verständnisschwierigkeiten bei Kindern. Bericht aus dem Projekt „Wie entdecken Kinder das Internet?" München: Deutsches Jugendinstitut 2004. http://www.dji.de/www-kinderseiten/335/glaznieks_sprache.pdf (20. 5. 2011).
11 Vgl. Richter, Susanne: Die Nutzung des Internets durch Kinder. Eine qualitative Studie zu internetspezifischen Nutzungsstrategien, Kompetenzen und Präferenzen von Kindern im Alter zwischen 11 und 13 Jahren. Frankfurt a. M.: Peter Lang 2002.

Dieses „mentale Modell" wird erst mit der altersabhängigen kognitiven Entwicklung realistischer;[12] ein adäquates mentales Modell sollte in der Schule im Rahmen des Informatikunterrichts vermittelt werden.[13] Auch die Bewertung der Glaubwürdigkeit von Inhalten im Internet wird mit zunehmendem Alter kritischer: 40 Prozent der Jugendlichen in Deutschland im Alter von 12–13 Jahren stimmten zumindest weitgehend zu, dass die Inhalte im Internet vorher jemand auf die Richtigkeit überprüft hat, bei den 18–19jährigen sank die Zustimmung auf – immer noch hohe – 19 Prozent.[14]

Kindergarten

„Schon im Kindergartenalter [...] werden die Weichen dafür gestellt, wie Heranwachsende mit der Fülle neuer Medien umzugehen lernen".[15] Da Kinder in ihrer alltäglichen Lebenswelt mit neuen Medien konfrontiert sind, sollten die Kinder auch in der Elementarerziehung Erfahrungen mit digitalen Medien machen und damit eine Grundlage für die spätere Auseinandersetzung mit neuen Technologien geschaffen werden. Der Bildungsbereich Kindergarten fällt in Österreich nicht in den Kompetenzbereich des Schulsystems, sondern in den der einzelnen Bundesländer; die Ausbildung der Kindergartenpädagog(inn)en erfolgt in Österreich im sekundären Bildungssektor. Seit 2009 gibt es in Österreich aber einen gemeinsamen Bildungsplan für sprachliche Bildung für Kinder im Alter von 0–6 Jahren.[16] Dieser schließt auch die Förderung von Medienkompetenz ein. „Die Förderung der Medienkompetenz bedeutet, Kinder zur selbst gesteuerten und sinnvollen Nutzung analoger und digitaler Medien zu befähigen".[17] Ein Beispiel für Initiativen, die Kinder im Kindergarten mit den IK-Technologien vertraut machen sollen, ist das Projekt „Computerunterstütztes

---

12 Yan, Zheng: What influences children's and adolescents' understanding of the complexity of the internet. Developmental Psychology 42 (2006). S. 418–428.

13 Papastergiou, M.: Students Mental Models of Internet Services and Their Didactical Exploitation in Informatics Education. Education and Information Technologies 10 (2005). S. 341–360.

14 Medienpädagogischer Forschungsverbund Südwest: JIM-Studie 2007. Jugend, Information, (Multi-) Media. Basisstudie zum Medienumgang 12 bis 19-Jähriger in Deutschland. 2007. S. 48. http://www.mpfs.de/fileadmin/JIM-pdf07/JIM-Studie2007.pdf (29. 8. 2011).

15 Paus-Hasenbrink, Jadin, Wijnen 2007, zit. nach Paus-Hasenbrink, Ingrid u. Christine Ortner: Online-Risiken und -Chancen für Kinder und Jugendliche: Österreich im europäischen Vergleich. Bericht zum österreichischen EU Kids Online-Projekt. Salzburg: Universität Salzburg. 2008. S. 91. http://www.bmukk.gv.at/medienpool/17370/eukidsonlineabschlussbericht.pdf (28. 8. 2011).

16 Hartmann, Waltraud, Martina Stoll, Lisa Kneidinger, Michaela Hutz, Martina Pfohl-Chalaupek, Michaela Hajszan, Anita Giener, Ute Vogl u. Luise Hollerer: Bildungsplan-Anteil zur sprachlichen Förderung in elementaren Bildungseinrichtungen. Charlotte Bühler Institut. Wien: 2009. S. 37. http://www.sprich-mit-mir.at/app/webroot/files/file/bildungsplananteilsprache.pdf (27. 8. 2011).

17 Ebd., S. 37.

Lernen im Kindergarten", eine Kooperation von Kindergärten der Stadt Linz und dem Institut für Datenverarbeitung in den Sozial- und Wirtschaftswissenschaften an der Johannes Kepler Universität Linz.[18]

Der Einsatz von Informations- und Kommunikations-Technologien (im Folgenden als IKT abgekürzt) im Kindergarten erforderte eine entsprechende Medien- und Informationskompetenz der KindergartenpädagogInnen. Dazu liegt keine bundesweite Erhebung für ganz Österreich vor; es gibt jedoch eine umfassende Studie zur Situation im Bundesland Steiermark;[19] 435 Kindergärten nahmen an der Befragung teil. Untersucht wurden Faktoren, die Einfluss auf die Implementierung von neuen Technologien im Kindergarten haben, darunter auch, über welche Medienkompetenz KindergartenpädagogInnen in der Steiermark verfügen. Die Mehrzahl gab an, über mittelmäßige Computerkenntnisse zu verfügen und diese großteils autodidaktisch erworben zu haben; nur 23 Prozent der IKT-Kenntnisse wurden im Rahmen von Fortbildungen erworben. 40 Prozent haben nie an einer IKT-Fortbildung teilgenommen. Die eher geringe Motivation, sich im IKT-Bereich weiterzubilden lässt sich möglicherweise dadurch erklären, dass der Medienbildung im Kindergarten von den KindergartenpädagogInnen nicht genug Wichtigkeit beigemessen wird.[20] In nur 26 Prozent der Kindergärten werden Computer eingesetzt; 51 Prozent der KGP gaben an, dies aus Eigeninitiative zu tun. Die Ergebnisse zeigen einen Zusammenhang zwischen Kenntnissen und Einsatz von IK-Technologien: die KindergartenpädagogInnen würden vermehrt neue Medien für Lehr-und Lernprozesse einsetzen, wenn sie bessere Kenntnisse hätten.

Schule

Bereits in der Grundschule sollen die SchülerInnen erste Kenntnisse im Umgang mit dem Internet erwerben.[21] Dabei muss aber Bedacht auf ihre altersspezifischen Möglichkeiten und Grenzen genommen werden.[22] Mit zunehmendem Alter steigt die In-

---

18 Institut für Datenverarbeitung in den Sozial- und Wirtschaftswissenschaften: Forschungsprojekt BLIK. Blended Learning im Kindergarten. 2003. http://www.idv.uni-linz.ac.at/kindergarten/info2.ssi (24. 8. 2011).
19 Gartler, Claudia: Informations- und Kommunikationstechnologien (IKT) im elementaren Bildungsbereich Kindergarten – Empirische Datenerhebung Steiermark. Diplomarbeit. Graz 2009.
20 Vgl. Six, Ulrike u. Gimmler, Roland zit. nach Gartler, Claudia: Informations- und Kommunikationstechnologien (IKT) im elementaren Bildungsbereich Kindergarten – Empirische Datenerhebung Steiermark. (Anm. 19).
21 IKT Grundschule, BMUKK (Hrsg.): Empfehlungen der IKT Grundschulexpertengruppe des bm:ukk. Wien: BMUKK 2008. http://www.bmukk.gv.at/medienpool/16205/ikt_grundschule.pdf (17. 8. 2011).
22 Zum Rechercheverhalten von GrundschülerInnen im Internet und den Folgerungen für die pädagogische Praxis. vgl. Seib, Sibylle: Internet-Recherche von Grundschulkindern. Eine

ternetnutzung im schulischen Kontext an. In einer Befragung von VolksschülerInnen an UNESCO-Schulen in Österreich[23] antworteten auf die Frage „wie oft verwendest Du das Internet zur Arbeit für Schulfächer" 40 Prozent mit „nie" und 57 Prozent mit „selten" und nur 3 Prozent mit „häufig"; SchülerInnen der Oberstufe verwenden das Internet zur Arbeit für Schulfächer hingegen bereits in großem Ausmaß: 5 Prozent antworteten mit „immer", und 82 Prozent mit „häufig", 10 Prozent mit „selten". Eine Studie zur Mediennutzung von Jugendlichen in Österreich[24] ergab, dass das Internet dasjenige Medium ist, auf das Jugendliche am wenigsten verzichten können. 45 Prozent der befragten Schüler(inn)en aus der 7. bis 13. Schulstufe nannten das Internet als am wenigsten verzichtbar (davon 55 Prozent Buben und 44 Prozent Mädchen); es wird von 95 Prozent der Jugendlichen regelmäßig genutzt, 99 Prozent verfügen zu Hause über einen Zugang zum Internet.

Im Informationserlass „Digitale Kompetenz an Österreichs Schulen" des österreichischen Bundesministeriums für Unterricht, Kunst und Kultur heißt es „Schulen ohne Internet und neuen [sic] Medien sind undenkbar geworden".[25] „Die Fähigkeiten zum Finden von validen Quellen, zum differenzierten Diskurs mit unterschiedlichen Standpunkten und die Verwertung in der eigenen Arbeit, sind in allen Gegenständen zu erwerben".[26] Die Verwendung von Informationstechnologien wird in den Lehrplänen für die Schulen vorgegeben.[27] Der Lehrplan für die Oberstufe der AHS (allgemein bildende höhere Schulen)[28] sieht u.a. vor, dass mit Hilfe von Informationstechnologien Informationsquellen erschlossen, Informationen bearbeitet und ausgewertet und Ergebnisse und deren Interpretation kritisch hinterfragt werden sollen. Die

---

qualitativ-empirische Studie mit dem Schwerpunkt auf Kindergesprächen. München: kopaed. 2006.

23 Yanni, Dina: Informationskompetenz an österreichischen UNESCO-Schulen: Ein Projekt der IFAP-Arbeitsgemeinschaft Informationskompetenz. Wien: Österreichische UNESCO-Kommission 2009.

24 Misar-Dietz, Christina: Mediennutzung von Jugendlichen. Buch, Internet, Fernsehen, Hörfunk, Zeitung/Zeitschrift. Erhebung zum Medienalltag von Österreichs SchülerInnen der 7. bis 13. Schulstufe. Wien: Buchmarketing 2010. http://www.literacy.at/fileadmin/literacy/redaktion/pdf/Mediennutzung_Publikation.pdf (16. 8. 2011).

25 bmukk (Hrsg.): Informationserlass „Digitale Kompetenz an Österreichs Schulen" im Rahmen der neuen IT- Strategie des bmukk „efit-21". Wien: Bundesministerium für Unterricht, Kunst und Kultur 2010. http://www.bmukk.gv.at/medienpool/20116/dig_erlass.pdf (16. 8. 2011).

26 bmukk (Hrsg.): Digitale Kompetenz an Österreichs Schulen (Zl. 17.200/110-II/872010) Wien: Bundesministerium für Unterricht, Kunst und Kultur 2011. S. 9. http://www.bmukk.gv.at/medienpool/20117/dig_erlass_bl1.pdf (23. 8. 2011).

27 http://www.bmukk.gv.at/schulen/unterricht/index.xml (21. 8. 2011). Vgl. auch: Gramlinger, Franz: Kompetenzerwerb im österreichischen beruflichen Bildungswesen am Beispiel der kaufmännischen Vollzeitschulen. 2005. http://www.gramlinger.net/f_arbeit/publ/2005_kompetenzerwerb_in_AT.pdf (22. 8. 2011).

28 BMUKK (Hrsg.): AHS Lehrplan Broschüre. Wien: BMUKK o. J. http://www.bmukk.gv.at/medienpool/11755/ahs_lp_broschuere.pdf (20. 8. 2011).

Schüler(innen) zu befähigen, „Informationen alleine oder in Teamarbeit zu finden, aufzunehmen, zu verarbeiten und zu vermitteln" zählt zu den Lehr- und Bildungszielen für den Deutschunterricht an der AHS-Oberstufe; der Unterricht soll „Methoden und Kompetenzen wissenschaftlichen Arbeitens" vermitteln.[29] Der Kurs „Einführung in die Praxis des wissenschaftlichen Arbeitens" wird ab dem 9. bzw. 10. Schuljahr als „unverbindliche Übung" angeboten. Der Lehrplan für den Informatikunterricht an der AHS führt für die 5. Schulstufe das Erlernen von Informationsmanagement einschließlich der erforderlichen Recherchekompetenzen an.[30] Die geplante Einführung der neuen Reifeprüfung (Zentralmatura) an den österreichischen AHS sieht die Abfassung einer „vorwissenschaftlichen Arbeit" als eine der Säulen der neuen Reifeprüfung vor. Die AutorInnen der Handreichung „Vorwissenschaftliche Arbeit" im Auftrag des BMUKK schreiben dazu:

„Zum Verfassen der vorwissenschaftlichen Arbeit ist eine Reihe von Kompetenzen notwendig, auf deren Erwerb der Unterricht der Oberstufe ausgerichtet sein muss und die unter dem Begriff „Informationskompetenz" subsumiert werden: bezogen auf ein spezifisches Interesse eine Forschungsfrage formulieren zu können, den daraus resultierenden Informationsbedarf zu erkennen, Informationen zu ermitteln und zu beschaffen sowie Informationen zu bewerten und effektiv zu nutzen."[31]

Empirische Ergebnisse zur Informationskompetenz an Österreichischen Schulen

Die Studie „Internetkompetenz von SchülerInnen"[32] untersuchte, wieweit die Altersgruppe der 14jährigen in Österreich, die bereits als „Digital Natives"[33] bezeichnet werden können und in der Regel großes technisches Bedienungswissen haben, über

---

29 Republik Österreich: Bundesgesetzblatt für die Republik Österreich. Jahrgang 2004. Teil II. 277. Verordnung: Änderung der Verordnung über die Lehrpläne der allgemein bildenden höheren Schulen, Bekanntmachung der Lehrpläne für den Religionsunterricht. S. 16. http://www.bmukk.gv.at/medienpool/11649/lp_ahs_ost.pdf (20. 8. 2011).
30 BMUKK (Hrsg.): Informatik. Wien: BUKK o. J. http://www.bmukk.gv.at/medienpool/11866/ lp_neu_ahs_14.pdf (16. 8. 2011).
31 Liebscher, Marlies, Edgar Mayrhofer, Jürgen Rathmayr, Elisabeth Schallenberg, Werner Schöggl, Adelheid Schreilechner, Karin Tscherne u. Friederike Zillner: 1. Säule: „Vorwissenschaftliche Arbeit". Eine Handreichung. Standardisierte, kompetenzorientierte Reifeprüfung an AHS. Schuljahr 2013/2014. Wien: BMUKK 2011.
32 Siehe Parycek, Peter, Ursula Maier-Rabler u. Gertraud Diendorfer (Hrsg.): Internetkompetenz von SchülerInnen. Themeninteressen, Aktivitätsstufen und Rechercheverhalten in der 8. Schulstufe in Österreich. Studienbericht. (Anm. 9).
33 Definition nach Palfrey, John u. Urs Gasser: Generation Internet. Die Digital Natives: wie sie leben, was sie denken, wie sie arbeiten. München: Hanser 2008.

Kompetenzen im Internet verfügen. Es wurde u. a. untersucht, wie sich die Jugendlichen bei der Informationssuche nach und der Informationsnutzung von Inhalten zu den Themen Staat, Politik und Behörden im Internet verhalten und welche demographischen Unterschiede es dabei gibt. Es wurde ein Online-Fragebogen vorgegeben, in einer webbasierten Testreihe wurden Aufgaben gestellt und das Surf-Verhalten wurde aufgezeichnet; an der Befragung nahmen 379 SchülerInnen teil, von 172 wurden die Logfiles ausgewertet. Die Ergebnisse zeigen wesentliche Defizite: Die Jugendlichen hatten Probleme, für ihre Suchanfragen geeignete Suchbegriffe zu formulieren (es wurde meistens mit Wörtern aus der Alltagssprache gesucht), sich auf den gefundenen Websites zu orientieren sowie die dort vorhandenen Inhalte zu erfassen und zeigten Mängel bei der Identifikation und der Bewertung von Quellen. Die Suchen wurden meistens mit Google gestartet und die Vielzahl der im Internet vorhandenen Quellen kaum genutzt. Unterschiede in der Kompetenz gab es hinsichtlich der Schultypen, des Sozialstatus und des Geschlechts. Die StudienautorInnen empfehlen zur Verbesserung der Recherchekompetenz eine intensivere Vermittlung von Internetkompetenz in der Schule; Recherchetechniken sollten als Bildungsinhalt aufgenommen werden und diese Inhalte sollten auch in die LehrerInnenausbildung Eingang finden.

Die vom BMUKK beauftragte Studie „Internet in der Schule – Schule im Internet"[34] untersuchte die Bedeutung des Internet für Lehr- und Lernprozesse in der Schule. Die Erhebung wurde österreichweit an verschiedenen Schultypen in Form von Gruppengespräche durchgeführt, an denen sich 117 SchülerInnen der 8. und 10. Schulstufe sowie 47 LehrerInnen beteiligten.

Greift man die Ergebnisse in Bezug auf die Informationskompetenz heraus, ergibt sich folgendes Bild: Das Internet stellt für die SchülerInnen die hauptsächliche Informationsquelle für schulische Aufgaben dar; die Startseiten für ihre Suchen sind fast ausschließlich Google und Wikipedia. Von ihren Lehrenden erhalten sie meistens keine explizite Anweisung oder Hilfestellung zur Suche. Die SchülerInnen schreiben sich selbst eine relativ hohe Informationskompetenz zu und sehen für sich auch keinen Nachholbedarf bezüglich der Recherche im Internet und bezüglich der Auswahl und Bewertung der gefundenen Informationen. Demgegenüber schreiben die Studienautoren: „Die SchülerInnen haben besonders auffällige Defizite in Bezug auf die analytische bzw. evaluative Kompetenz. Besonders starken Nachholbedarf haben sie in Hinblick auf die Informationsbeurteilungsfähigkeit"[35] [Hervorhebung im Original]. Dabei gibt es aber graduelle Unterschiede zwischen Altersstufen und Schultypen. SchülerInnen und LehrInnen unterscheiden sich in ihrer Zuschreibung

---

34 Bauer, Thomas A. u. a.: Internet in der Schule – Schule im Internet. Schulische Kommunikationskulturen in der Informationsgesellschaft. Forschungsbericht. Wien: Fakultät für Sozialwissenschaften. Institut für Publizistik und Kommunikationswissenschaft 2009. http://www.bmukk.gv.at/medienpool/18687/internetschule_forschungsber.pdf (24. 8. 2011).
35 Ebd., S. 115.

von Glaubwürdigkeit der Quellen: SchülerInnen glauben denjenigen Informationen, die sie öfter vorfinden, weil sie sie durch Wiederholung bestätigt sehen; Lehrende schreiben denjenigen Informationen Glaubwürdigkeit zu, die von autorisierten Quellen stammen und beurteilen sie oft auf der Grundlage ihres Fachwissens. Die Qualität der Informationen wird von den SchülerInnen für nicht so relevant erachtet, weil die Lehrenden kaum Feedback zu den mit Hilfe des Internet erstellten Aufgaben geben und diese oft auch nicht oder nur oberflächlich beurteilt werden. Die Art der Informationssuche und -verarbeitung hängt also stark von der Bewertungspraxis der Lehrkräfte und der Relevanz der Aufgaben für die Leistungsbeurteilung ab. Kriterien für die Beurteilung von Informationen werden den Lernenden von den Lehrenden nicht explizit vermittelt.

In Diskussionen der Studienautoren mit ExpertInnen aus der Unterrichtspraxis, aus Schulverwaltung und Forschung wurde auch die derzeitige Aus- und Weiterbildung der Lehrenden als Problem gesehen: Die Aus- und Weiterbildung konzentriert sich auf die Vermittlung von technischen Kompetenzen, die Vermittlung kritischer Informationskompetenz sowie methodisch-didaktischer Kompetenzen zur Integration des Internet in den Unterricht als Objekt des Unterrichts oder als fachliches Informationsmittel wird vernachlässigt. Bemängelt wurde auch, dass der Einsatz von IKT zwar in der Präambel der Lehrpläne für alle Fächer vorgesehen ist, aber Informationskompetenz nicht verpflichtend in den Lehrplänen verankert ist.

Die Studienautoren empfehlen zur Förderung der Informationskompetenz folgende Maßnahmen:

- Vermittlung von Informationskompetenz und Internetdidaktik in der Aus- und Weiterbildung der LehrerInnen
- Festschreibung der Kompetenzen im Umgang mit den IK-Technologien als Lehrziele in den Lehrplänen
- Bildung von schuleigenen Kompetenzteams
- Initiierung themenbezogener Forschung

Die „IFAP-Arbeitsgemeinschaft Informationskompetenz" führte eine Untersuchung zur Informationskompetenz an österreichischen UNESCO-Schulen durch.[36] An 67 Schulen aller Schultypen wurden Fragebogen an SchülerInnen, LehrerInnen und Eltern ausgesandt, 673 Fragebogen wurden retourniert. Der Rücklauf der SchülerInnengruppe betrug 73 Prozent, der LehrerInnengruppe 18 Prozent und der Elterngruppe 9 Prozent. Das Internet wird in der Oberstufe das bevorzugte Mittel zur Informationsbeschaffung: 97 Prozent geben an, das Internet für die Informationsbeschaffung heranzuziehen; 41 Prozent nutzen die Schulbibliothek und 14 Prozent „Sonstiges". Es wurden u. a. auch Daten zur Vertrauenswürdigkeit des Internet, zur Angabe von

---

36 Yanni, Dina. Informationskompetenz an österreichischen UNESCO-Schulen: Ein Projekt der IFAP-Arbeitsgemeinschaft Informationskompetenz. (Anm. 23).

Quellen in Arbeiten für die Schule (41 Prozent der Oberstufen-SchülerInnen machen nie, 34 Prozent machen selten Quellenangaben) und zur Thematisierung von Plagiaten erhoben. Die Studienautorin zieht folgendes Fazit aus den Ergebnissen: „Alle drei Zielgruppen zeigen ein zu geringes Problembewusstsein, was [...] einen verantwortungsvollen Umgang mit Informationen betrifft" und empfiehlt: „Da Informationskompetenz in allen Schulfächern wichtig ist, sollten Bausteine zur Vermittlung von Informationskompetenz ständig in den Unterricht integriert und mit konkreten Unterrichtsinhalten verknüpft werden".[37]

Im Rahmen der Untersuchung „Informationskompetenz im Schulalltag"[38] wurden Interviews mit SchülerInnen der sechsten bis achten Klassen und mit einem Lehrer des BG/BRG/BORG Polgarstraße im 23. Gemeindebezirk in Wien durchgeführt. Die befragten SchülerInnen gaben an, hauptsächlich im Internet nach Informationen zu suchen; bevorzugte Einstiegsseiten waren wieder Google und Wikipedia; zur Bewertung von Informationen im Internet zogen sie keine geeigneten Kriterien heran. Die Notwendigkeit von Quellenangaben und der Vermeidung von Plagiaten sei von den Lehrenden im Unterricht selten vermittelt worden. Die SchülerInnen hatten den Umgang mit dem Internet hauptsächlich autodidaktisch bzw. im Freundeskreis gelernt. Auch in dieser Befragung schätzten die SchülerInnen ihre eigene Informationskompetenz höher ein, als sie tatsächlich war.

Im Bericht „Pisa 2009 – Lesen im elektronischen Zeitalter" schreiben die Autorinnen im Vorwort, „dass die Fähigkeit, elektronische Texte sinnerfassend lesen zu können, zu den Kernkompetenzen des 21. Jahrhunderts gehört".[39] Sie beschreiben diese Kompetenz folgendermaßen. „Das Lesen elektronischer Medien ist gekennzeichnet durch das Suchen nach relevanten Informationen, dem Einsatz von Navigationstools, dem Verknüpfen nichtlinearer Strukturen, der Veränderbarkeit der Inhalte sowie der Fülle an Informationen".[40] Im Rahmen der PISA-Erhebung 2009, deren Schwerpunkt die Erfassung der Lesekompetenz war, wurde auch die Kompetenz, elektronische Texte sinnerfassend lesen zu können, getestet. An diesem Test nahmen in Österreich 2622 SchülerInnen im Alter von 15–16 Jahren an insgesamt 256 Schulen teil. Den SchülerInnen wurde eine simulierte Website präsentiert, zu denen Aufgaben gegeben wurden. Je nach Schwierigkeitsgrad der Aufgaben wurden 4 Kompetenzstufen (Level 2–4) für das Lesen elektronischer Texte unterschieden. Die Schwierigkeitsgrade reichten vom Auffinden und Interpretieren von Informationen aus einem vertrauten Kontext in der Test-Website (Level 2) bis zur Anforderung, Informationen in der Testwebsite zu lo-

37 Ebd., S. 17.
38 Schubert, Victoria: Informationskompetenz im Schulalltag. Das Internet als Lern- und Rechercheinstrument. Magisterarbeit. Universität Wien 2008.
39 Schwantner, Ursula u. Claudia Schreiner: PISA 2009 – Lesen im elektronischen Zeitalter. Die Ergebnisse im Überblick. Wien: Bundesinstitut bifie 2011. S. 5. https://www.bifie.at/system/files/dl/PISA-2009_era-erste-ergebnisse_2011-06-28.pdf (21. 8. 2011).
40 Ebd., S. 19.

kalisieren, zu analysieren und zu bewerten, wobei für diese Informationen Kriterien für die Bewertung zu entwickeln waren, sich diese Informationen auf einen nicht vertrauten Kontext bezogen und mehrdeutig sein konnten (Level 5). Die Leistungen der österreichischen SchülerInnen bei diesem Test liegen deutlich (statistisch signifikant) unter dem OECD-Durchschnitt, sie sind auch signifikant schlechter als ihre Leistungen beim Lesen gedruckter Inhalte. Betrachtet man die einzelnen Kompetenzstufen, so liegen nur 3 Prozent der österreichischen SchülerInnenim Spitzenfeld (zum Vergleich: im am besten abschneidenden Land Korea finden sich 19 Prozent im Spitzenfeld; OECD-Durchschnitt 8 Prozent); 28 Prozent der getesteten österreichischen SchülerInnen gehören zu den „RisikoschülerInnen", d.h. sie liegen unter der Kompetenzstufe 2 (in Korea: 2 Prozent, OECD-Durchschnitt: 17 Prozent). Mädchen erzielen statistisch signifikant bessere Ergebnisse als Burschen; 33 Prozent der Burschen in Österreich gehören zur Risikogruppe (OECD-Durchschnitt für Burschen: 21 Prozent). Es zeigt sich außerdem ein starker Zusammenhang der Leistungen der österreichischen Schüler mit dem Bildungsniveau und dem Beruf der Eltern.[41]

Die Ergebnisse dieser Studien – wie auch schon anderer[42] – zeigen, dass die „Digital Natives" zwar in der Bedienung der IK-Technologien meistens sehr versiert, darüber hinaus aber meistens eher „informationsinkompetent" sind. Dazu kommt, dass die Orientierung in und die kritische Erfassung von Informationsangeboten auch von der Fähigkeit zu sinnerfassendem Lesen abhängt. Die Bedeutung dieser Fähigkeit nimmt im Zeitalter des Internet also nicht ab, sondern zu. Zu beachten ist auch, dass die kognitive Verarbeitung von in Hyperstrukturen verteilten Informationen einen höheren Aufwand an kognitiven Ressourcen erfordert und zu „kognitiver Überlastung" führen kann.[43] Für die Orientierung auf Websites ist auch eine benutzerfreundliche Gestaltung wichtig.

Die wesentlichsten Empfehlungen aus diesen Studien sind eine – auch konkret und aufgabenbezogen erfolgende – Vermittlung von Informationskompetenz im Un-

---

41 Diesen Zusammenhang findet man in der Fachliteratur auch für der Art der Nutzung des Internet: Vgl. z.B. Mauch, Martina: Digital Divide und Wissenskluft-Hypothese. In: Medienpsychologie. Schlüsselbegriffe und Konzepte. Hrsg. von Nicole C. Krämer, Stephan Schwan, Dagmar Unz u. Monika Suckfüll. Stuttgart: Kohlhammer 2008. S. 188–192. Iske, Stefan, Alexandra Klein, Nadia Kutscher u. Hans-Uwe Otto: Virtuelle Ungleichheit und informelle Bildung. Eine empirische Analyse der Internetnutzung Jugendlicher und ihrer Bedeutung für Bildung und gesellschaftliche Teilhabe. In: Grenzenlose Cyberwelt? Zum Verhältnis von digitaler Ungleichheit und neuen Bildungszugängen für Jugendliche. Hrsg. vom Kompetenzzentrum informelle Bildung. Wiesbaden: VS Verlag für Sozialwissenschaften 2007.
42 Vgl. Rowlands, Ian, David Nicholas, Peter Williams, Paul Huntington u. Maggie Fieldhouse: The Google generation: the information behaviour of the researcher of the future. Aslib Proceedings: New information perspectives 60 (2008) S. 290–310. http://www.emeraldinsight.com/journals.htm?articleid=1733495&show=abstract (22. 8. 2011).
43 Vgl. Heiß, Andrea: Desorientierung beim Lernen mit Hypermedien. Münster: Waxmann 2007.

terricht, diesbezügliche Aus- und Weiterbildungsangebote für LehrerInnen und die Festschreibung von Informationskompetenz als Lehrziel in Lehrplänen.

Initiativen und Angebote zur Förderung von Kompetenzen im Umgang mit IK-Technologien an Schulen in Österreich

In Österreich wurden vom BMUKK in den letzten Jahren viele Initiativen gesetzt, um die Medien und Informationskompetenz – meist im Rahmen von e-learning – zu fördern; auch auf regionaler Ebene gibt es Angebote.[44]

eFit Austria ist eine Initiative der österreichischen Bundesregierung und bezieht sich direkt auf den „eEurope 2000"-Aktionsplan der EU. Folgende Initiativen von eFit Austria im Schulbereich wurden gesetzt:

- Das Projekt der „Notebook-Klassen" startete 2000 an 33 Schulstandorten.[45]
- E-Lisa Academy bietet Internet-Training für LehrerInnen als Unterstützung für den Einsatz von E-Learning an (http://www.e-lisa-academy.at/).
- Die CD-ROM „eFit" wurde im Rahmen des Online-Trainings-Systems „eFit" allen LehrerInnen zur Verfügung gestellt und enthält Inhalte zu grundlegenden und weiterführenden Internet-Kompetenzen.
- „Intel Lehren für die Zukunft" bietet in Kooperation mit der Industrie Kurse für LehrerInnen zum Erwerb von IT-Fertigkeiten für den Unterricht an.
- eEducation ist eine Initiative des BMUKK, die „die digitale Kompetenz der Schülerinnen und Schüler im gesamten Schulsystem – von der Volksschule bis zur Universität" fördern soll (http://eeducation.at/).

Die FutureLearning-Initiative[46] des BMUKK soll die Einbeziehung von Informations- und Kommunikationstechnologien für das „Lernen in einer digitalen Welt" fördern.[47] Sie bietet innovative Programme an; einer der Schwerpunkte ist eine „moderne Lehr-

---

44 Vgl. Krucsay, Susanne: Media Literacy in Austria: State of the art. 2005. https://www.zsi.at/attach/MEDIALITERACYINAUSTRIA.pdf (17. 8. 2011).

45 Zur Evaluation des Projekts s.: Spiel, Christiane u. Vera Popper: Evaluierung des österreichweiten Modellversuchs „e-Learning und E-Teaching mit SchülerInnen-Notebooks". Abschlussbericht der Evaluierungsergebnisse und Maßnahmenkatalog mit Handlungsempfehlungen zur Implementierung von Notebook-Klassen. Wien: 2003. http://www.e-teaching-austria.at/evaluierung/evaluation.pdf (17. 8. 2011).

46 bmukk (Hrsg.): Future-Learning II – Perspektiven 2010 – Gender und IT. http://www.bmukk.gv.at/schulen/efit21/fl2.xml (16. 8. 2011).

47 Bundesministerium für Unterricht, Kunst und Kultur, IT-Lenkungsgruppe: Futurelearning II. Wien: 2008. http://www.bmukk.gv.at/medienpool/17328/fl_ii.pdf (23. 8. 2011).

erfortbildung auf allen Ebenen", die sich am LehrerInnenfortbildungsmodell EPICT (European Pedagogical ICT Licence orientiert, das weltweit eingesetzt wird und den didaktischen Einsatz des Computers zum Inhalt hat.[48]

Die Bundeskoordinationsstelle LITERACY erarbeitet im Auftrag des österreichischen Bundesministeriums für Unterricht, Kunst und Kultur Konzepte für die Aus-, Fort- und Weiterbildung und veranstaltet „schulartenübergreifende Bundesseminare", z. B. „Train-the-Trainer"-Angebote für das „vorwissenschaftliches Schreiben". Unter „Literacy" ist hier Kompetenz im Umgang mit Sprache, Schrift und neuen Medien zu verstehen (http://www.literacy.at/).

Die österreichische Informations- und Koordinationsstelle im Rahmen des Safer Internet Programms der EU (http:www.saferinternet.at) hat ihre Zielgruppen bei Eltern, LehrInnen und Jugendlichen. Sie bietet u. a. Unterrichtsmaterialien für Lehrende, beispielsweise „Sicher im Internet" – Unterrichtsmaterialien-Handbuch für LehrerInnen", das für den Unterricht von 6 bis 10jährigen entwickelt wurde. Die Lernmodule enthalten auch Aufgaben zur Suche und zur Bewertung von Inhalten im Internet sowie zur Angabe von Quellen bzw. Vermeidung von Plagiaten.[49] Von Saferinternet Österreich und dem BMUKK wurde im Februar 2011 der „Safer Internet-Aktions-Monat" initiiert, in dem in verschiedenen Schultypen Österreichs Unterrichtsideen zum „Safer Internet", (u. a. auch zur Quellenkritik im Internet) umgesetzt wurden[50] (http://www.saferinternet.at/).

Der ECDL an österreichischen Schulen

An den Schulen werden die Inhalte des „Europäischen Computerführerschein" (ECDL bzw. European Computer Driving Licence) oft als Grundlage für den Informatikunterricht herangezogen. Der ECDL kann auch im Rahmen des Informatikunterrichts (mit zusätzlichen Inhalten) absolviert werden und wird vor allem im Pflichtschulbereich erworben.[51] Eines seiner 7 Module, „Internet und E-Mail", beinhaltet auch die Suche im Internet. Die Ablegung des ECDL in Schulen wird von einem eigenen Verein betreut.[52]

---

48 EPICT (Hrsg.): EPICT – European Pedagogical ICT Licence. http://www.epict.at/ (22. 8. 2011).
49 Saferinternet.at (Hrsg): Sicher im Internet. Unterrichtsmaterialien-Handbuch für LehrerInnen. Wien. 2005. http://www.saferinternet.at/uploads/tx_simaterials/LehrerInnenhandbuch.pdf (22. 8. 2011).
50 Saferinternet.at u. Österreichisches Institut für Angewandte Telekommunikation (Hrsg.): Safer Internet in der Schule. Unterrichtbeispiele. 2011. http://www.saferinternet.at/uploads/tx_simaterials/Safer_Internet_Aktions_Monat_Beispielssammlung_Mai2011.pdf (20. 8. 2011).
51 Vgl. Parycek, Peter, Ursula Maier-Rabler u. Gertraud Diendorfer (Hrsg.): Internetkompetenz von SchülerInnen. Themeninteressen, Aktivitätsstufen und Rechercheverhalten in der 8. Schulstufe in Österreich. Studienbericht. (Anm. 9).
52 Verein ECDL an Schulen: https://www.edu.ecdl.at/index.aspx (23. 8. 2011).

ENIS Austria, das europäische Netzwerk innovativer Schulen in Österreich, vernetzt Schulen, in denen die Nutzung von IKT für Lehren und Lernen eine besondere Rolle spielt. Die vernetzten Schulen müssen bestimmten Kriterien genügen und werden zertifiziert (http://www.enis.at/joomla/).

Das österreichische Schulportal (http:www.schule.at) wird vom BMUKK und der „Education Group" betrieben; es stellt schulrelevante Materialien und Links zur Verfügung.

Die Vermittlung von Informationskompetenz durch Schulbibliotheken in Österreich

Österreich hat eine hohe Dichte von Schulbibliotheken an höheren Schulen, deren Größe, Öffnungszeiten und Ausstattung je nach Größe der Schule variieren und gesetzlich geregelt sind.[53] Ursprünglich als „Schulbüchereien" eingerichtet, um „den Schülern Möglichkeiten zum weiterführenden Lesen zu geben",[54] verwandeln sich die Schulbibliotheken immer mehr in Bibliotheken mit multimedialen Inhalten und zu Lernorten, an denen auch der kompetente Umgang mit digitalen Informationen eingeübt werden kann. Die Schulbibliotheken werden von SchulbibliothekarInnen betreut, die LehrerInnen mit bibliothekarischer Zusatzausbildung sind. Es gibt ein Schulbibliotheksportal (http://www.bib.schule.at),[55] das Materialien für Schulbibliotheken zur Verfügung stellt, u. a. auch zu Informationskompetenz und wissenschaftlichem Arbeiten. Das BMUKK hat eine Arbeitsgruppe zur Weiterentwicklung der Schulbibliotheken an höheren Schulen zu „Multimedialen Schulbibliotheken an höheren Schulen unter Mitwirkung von SchülerInnen und Schülern" eingesetzt. Diese „Arbeitsgemeinschaft multimediale Schulbibliothek" legte dazu 2003 einen Bericht[56] vor, der eine Bestandsaufnahme und Evaluation der Schulbibliotheken an höheren Schulen liefert, Einstellungen und Erwartungen der SchulbibliothekarInnen ermittelt sowie Zielvorstellungen und notwendige Ressourcen für die Entwicklung von multimedialen Schulbibliotheken aufzeigt.

---

53 Hladej, Johanna: Die Schulbibliothek als „Ableger" der Bibliothek? Wien: Büchereiverband Österreichs 1999. http://www.bvoe.at/mediafiles/73/hladej.pdf (16. 8. 2011).
54 Grundsatzerlass des Unterrichtsministeriums zur Leseerziehung aus dem Jahr 1981, zit. nach: Bibliothekenservice für Schulen. http://www.bibliothekenservice.at/sb-praxis/gesetzeerlaesse/grundsatzerlass-leseerziehung.html (14. 8. 2011).
55 Education Group GmbH: bib.schule.at: http://bib.schule.at/ (24. 8. 2011).
56 Arbeitsgemeinschaft multimediale Schulbibliothek: Die multimediale Schulbibliothek. Wien: Bundesministerium für Bildung, Wissenschaft und Kunst 2003. http://www.bmukk.gv.at/medienpool/11285/SB_Multimedia.pdf (20. 8. 2011).

In dem im Bericht entwickelten Modell wird die multimediale Schulbibliothek als Lehr- und Lernort postuliert, sie „ist idealer Ort für Einbindung der IKT (Informations- und Kommunikationstechnologien) in den Unterricht, Fächer übergreifenden Unterricht, Projektunterricht, das Erlernen von Schlüsselkompetenzen".[57] Der Unterricht müsste nicht notwendigerweise in der Bibliothek stattfinden, sondern könnte auch in anderen schulischen Räumen stattfinden und mit Online-Angeboten unterstützt werden. Als Inhalte der Unterrichtsangebote der Schulbibliothek werden „bibliotheksspezifische Inhalte, fachbezogenen bzw. fächerübergreifende Inhalte, Schulungen für LehrerInnen und Lehrer, Hilfestellungen und Beratung für einzelne Bibliotheksbenutzer"[58] genannt. Auch betreutes Recherchieren könnte angeboten werden. Es wird empfohlen. die im Unterricht der multimedialen Schulbibliothek zu erwerbenden Fertigkeiten in das Curriculum zu integrieren. Die Umsetzung des Konzepts ist auch von der Verfügbarkeit von Ressourcen am jeweiligen Schulstandort abhängig. Nicht zuletzt stellt der Paradigmenwechsel für Schulbibliotheken große Ansprüche an die SchulbibliothekarInnen, die den Wandel mit vollziehen müssten. 59 Prozent der im Rahmen der Evaluation befragten SchulbibliothekarInnen stimmen völlig oder eher zu, dass „die Schulbibliothek ein Ort sein sollte, an dem der Umgang mit neuen Medien geübt werden kann", 39 Prozent teilen diese Meinung eher bzw. gar nicht.[59]

Informationskompetenz von Studierenden

Zur Informationskompetenz von Studierenden und Lehrenden gibt es im deutschen Sprachraum die hinlänglich bekannte SteFi Studi[60] und Folgearbeiten. Nachfolgend einige Ergebnisse zur Nutzung der bibliothekarischen elektronischen Fachressourcen in Österreich.

Die österreichische Studierenden-Sozialerhebung 2006 „Neue Medien im Studium" stellte fest: „Mehr als 80 Prozent der Studierenden (die Hälfte davon häufig) nutzen über ihre Hochschule den Online-Zugang zu wissenschaftlicher Literatur oder Datenbanken".[61] Dabei zeigte sich allerdings ein Alterseffekt: die bibliothekarischen

---

57 Ebd., S. 83.

58 Ebd., S. 86.

59 Ebd., S. 23.

60 Klatt, Rüdiger, Konstantin Gavriilidis, Kirsten Kleinsimlinghaus u. Maresa Feldmann: Nutzung elektronischer wissenschaftlicher Information in der Hochschulausbildung. Barrieren und Potentiale der innovativen Mediennutzung im Lernalltag der Hochschulen. Eine Studie im Auftrag des Bundesministeriums für Bildung und Forschung, Projektträger Fachinformation. 2001. http://www.stefi.de/download/bericht2.pdf (23. 8. 2011).

61 Unger, Martin u. Angela Wroblewski: Neue Medien im Studium. Ergebnisse der Studierenden-Sozialerhebung 2006. Studie im Auftrage des Bundesministeriums für Wissenschaft und Forschung.

Ressourcen wurden hauptsächlich von höhersemestrigen Studierenden verwendet und von den bis zu 20jährigen am seltensten genutzt.

Eine Befragung von Studierenden der Technischen Universität Graz[62] hat u. a. auch Daten zum Rechercheverhalten erhoben. Auf die Frage „Wie häufig nutzen Sie die folgenden Wege zur Informationsbeschaffung?", auf einer 5-stufigen Skala (1 = sehr häufig bis 5 = sehr selten) wurden die Antwortalternativen „frei zugängliche Texte im Internet" und „Google" mit einem Mittelwert von jeweils 1,67 am häufigsten gewählt; die Nutzung von Datenbanken/elektronische Zeitschriften hatte einen Mittelwert von 2,95.

Eine Befragung von BibliotheksbenützerInnen der Universitätsbibliothek Wien[63] ergab, dass 95 Prozent den Bibliothekskatalog als Quelle für wissenschaftliche Recherche benützen, 79,9 Prozent verwenden Google, 77, 3 Prozent ziehen die Literaturverzeichnisse von Büchern heran; wissenschaftliche Datenbanken werden von 59,9 Prozent genutzt. 10 Prozent der Befragten bezeichneten ihre Kenntnisse bezüglich wissenschaftlicher Recherche als sehr gut, 46 Prozent als gut, 37 Prozent als befriedigend. 82,7 Prozent der befragten BibliotheksbenützerInnen sind dafür, dass die Vermittlung von Kompetenzen für wissenschaftliche Recherche in die Curricula als Lehrveranstaltung aufgenommen werden sollte.

In einem gemeinschaftlichen Projekt der Universitätsbibliotheken von Kopenhagen, Oslo und Wien wurde das Informationsverhalten von mehr als 4000 PhD-Studierenden untersucht.[64] Für die PhD-Studierenden aller drei Universitäten ist Google das am meisten verwendete Recherche-Tool, in Wien gefolgt vom Online-Bibliothekskatalog. Die vertiefenden Interviews zeichnen aber ein differenzierteres Bild: Abhängig davon, ob eine Thema vertraut oder neu ist, ob man eine Suche beginnt oder sich zu einem Thema auf dem Laufenden hält, werden verschiedene Werkzeuge verwendet.

Die in Österreich durchgeführten Untersuchungen zur Informationskompetenz an Hochschulen liefern meistens nur Häufigkeitsangaben zur Nutzung verschiedener Suchwerkzeuge und greifen damit mittlerweile eigentlich zu kurz. Es wird kaum erhoben, wie und wofür mit den genutzten Werkzeugen tatsächlich gesucht wird. Da zunehmend wissenschaftliche Berichte – z. B. im Zuge der Selbstarchivierung – auch im Internet zu finden sind, kann die wissenschaftliche Literatursuche auch eine mit

Projektbericht. Wien. 2007. S. 9. http://www.bmwf.gv.at/uploads/tx_contentbox/ergebnis_studierenden-sozialerhebung.pdf (24. 8. 2011).

62 Puster, Elisabeth: Lernort Bibliothek. Diplomarbeit. Graz 2010.

63 McNeill, Gerda: Der medienpädagogische Beitrag wissenschaftlicher Bibliotheken, den kompetenten Umgang ihrer BenutzerInnen mit wissenschaftlichen Ressourcen zu fördern" Am Beispiel der Universitätsbibliothek Wien. Diplomarbeit. Wien 2009.

64 Drachen, Thea M., Asger V. Larsen, E. Gullbekk, H. Westbye u. K. Lach: Information behaviour and practices of PhD students 2011. http://hprints.org/hprints-00599034/en/ (16. 8. 2011). Siehe auch den Beitrag von M. Rohrmoser in diesem Band.

entsprechender Kompetenz durchgeführte und ausgewertete Suche im Internet mit einschließen. Ein wichtiger, aber meist eher vernachlässigter, Aspekt der Informationskompetenz ist dabei das Erkennen des jeweiligen Anspruchsniveaus einer Information. Je nach Erkenntnisbedürfnis, Ziel der Anwendung und Kenntnisstand sind andere Textsorten relevant; Studierende sollten diese differenzieren können. Der kompetente Umgang mit dem Internet sollte den Studierenden verstärkt vermittelt werden. Die Deutsche Forschungsgemeinschaft empfiehlt die „Systematische Entwicklung fachbezogener Übungen zum Recherchieren im Internet, die verpflichtend in die universitären Curricula integriert werden".[65]

Die Vermittlung von Informationskompetenz an Hochschulen in Österreich

In Deutschland haben die SteFi-Studie und die Empfehlungen des Wissenschaftsrates Dringlichkeit für die Vermittlung von Kompetenzen im Umgang mit elektronischer Fachinformation erzeugt. In Österreich wurden Schulungsangebote zunächst auch mit der Motivation, die Nutzung der elektronischen Fachressourcen zu erhöhen, entwickelt; konzeptgeleitete Initiativen zur Informationskompetenz starteten hier manchmal „bottom-up". Wissenschaftliche Bibliotheken sehen die Vermittlung von Informationskompetenz zunehmend als ihre Aufgabe an und entwickeln – abhängig von den jeweiligen Fachrichtungen und den zur Verfügung stehenden Ressourcen – ein entsprechendes Angebot. Einige Universitätsbibliotheken haben den Wandel zur „Teaching Library" vollzogen.

Durch die Entwicklung der neuen Studiengänge, die den Erwerb von Schlüsselqualifikationen betonen und neue Lehr- und Lernformen einführen wurde auch die Vermittlung von Informationskompetenz forciert. In den neuen Bachelor- und Diplom-Studiengängen in Österreich ist im ersten Semester eine Studieneingangs- und Orientierungsphase verpflichtend vorgesehen, die in der Regel aus einem fachspezifischen und einem allgemeinen Teil besteht. Der allgemeine Teil bietet auch Raum für die Einführung in das wissenschaftliche Arbeiten bzw. in die wissenschaftliche Literaturrecherche. In den Curricula wird Informationskompetenz meistens im Rahmen von Lehrveranstaltungen zu Techniken des wissenschaftlichen Arbeitens oder zu Informations- bzw. Wissensmanagement vermittelt, es werden aber

---

65 Deutsche Forschungsgemeinschaft: Elektronisches Publizieren im wissenschaftlichen Alltag. Überlegungen zur Integration elektronischer Publikationsformen in die Geisterwissenschaften. Empfehlungen des Unterausschusses für elektronisches Publizieren und des Ausschusses für wissenschaftliche Bibliotheken und Informationssysteme vom Juno 2006. S. 5. http://www.dfg.de/ download/pdf/foerderung/programme/lis/elektr_publizieren.pdf (24. 8. 2011).

auch eigenständige Kurse zu Informations- oder Internetkompetenz angeboten.[66] Die Lehrveranstaltungen werden vom wissenschaftlichen Personal der Institute, aber auch von Lehrbeauftragten aus dem Personal der Universitätsbibliotheken abgehalten.

Eine erfolgreiche Strategie zur Förderung von Informationskompetenz an Hochschulen ist die Integrierung in das jeweilige Fachstudium.[67] Universitätsbibliotheken in Österreich suchen daher zunehmend Möglichkeiten, Informationskompetenz als Lernziel in die Curricula (insbesondere die Bachelor-Curricula) einzubringen. Die Vermittlung von Informationskompetenz geht dabei über Kenntnisse, die sich auf Einrichtungen einer bestimmten Bibliothek oder den Umgang mit einem einzelnen Suchwerkzeug beziehen hinaus und soll „das Erlernen von Strategien im Kontext längerfristiger Ziele und des lebenslangen Lernens"[68] ermöglichen.

Die Vermittlung von Informationskompetenz an den (staatlichen) Universitätsbibliotheken in Österreich

„Die Bibliothek ist eine Lernstätte, nicht ein Lager für Bücher" formulierte Melvil Dewey schon 1876.[69] Die Bedeutung der Bibliotheken nimmt im Zeitalter des Internet nicht ab, im Gegenteil: Die Aufgabe der Bibliotheken ist es vielmehr, Studierende dabei zu unterstützen, sich in der die Fülle der Informationen zurechtzufinden, indem sie die Ressourcen entsprechend strukturiert anbieten und zu einem kompetenten Umgang mit digitalen Informationen anleiten.[70]

Um einen Überblick über die Aktivitäten der (staatlichen) Universitätsbibliotheken in Österreich zu gewinnen hat die Autorin des vorliegenden Beitrags im Jahr 2011

---

66 Als Beispiel für eine innovative Blended-Learning-Veranstaltung s. Hipfl, Iris: LELEO – Online Lehrgang Webliteracy erfolgreich abgeschlossen. Newsletter Februar 2003. Graz: FH-Johanneum 2003. http://train-the-trainer.fh-joanneum.at/allgemein/nl-februar03.pdf (2. 8. 2011).

67 Vgl. Heinze, Nina, Thomas Sporer, u. Tobias Jenert: Projekt i-literacy: Modell zur Förderung von Informationskompetenz im Verlauf des Hochschulstudiums. In: Zauchner, Sabine, Peter Baumgartner, Edith Blaschitz u. Andreas Weissenbäck: Offener Bildungsraum Hochschule: Freiheiten und Notwendigkeiten. Münster: Waxmann 2008.

68 Lux, Claudia u. Wilfried Sühl-Strohmenger: Teaching Library in Deutschland. Vermittlung von Informations- und Medienkompetenz als Kernaufgabe für Öffentliche und Wissenschaftliche Bibliotheken. Wiesbaden: Dinges u. Frick 2004. (B.I.T. online – Innovativ 9). S. 39.

69 Hütte, Mario: Zur Vermittlung von Informationskompetenz an Hochschulbibliotheken. Entwicklung, Status quo und Perspektiven. Master's Thesis. Fachhochschule Köln 2006. o. S. http://www.informationskompetenz.de/fileadmin/DAM/documents/ Zur%20Vermittlung%20von%20_69.pdf (17. 8. 2011).

70 Vgl. Palfrey, John u. Urs Gasser: Generation Internet. Die Digital Natives: wie sie leben, was sie denken, wie sie arbeiten. (Anm. 33).

eine schriftliche Umfrage durchgeführt; 17 der angeschriebenen 20 Universitätsbibliotheken haben sich an der Umfrage beteiligt.

Zwölf der 20 Universitätsbibliotheken in Österreich führen im Leitbild bzw. in der Selbstdarstellung auf ihrer Website die Vermittlung von Informationskompetenz als ihre Aufgabe an. Genauso viele Universitätsbibliotheken geben auch an, eine/n eigene/n Informationsbeauftragte/n zu haben; an einigen gibt es Arbeitsgruppen, deren Aufgabe es ist, Konzepte zur Vermittlung von Informationskompetenz zu entwickeln und die Entwicklung zu einer „Teaching Library" voranzutreiben.

Fast alle befragten Bibliotheken bieten Orientierungskurse,[71] alle bieten Grundkurse und fast alle zumindest einzelne vertiefende bzw. aufbauende Veranstaltungen an (s. Tab. 1), zudem werden vereinzelt auch Kurse zu Zitierregeln und Plagiaten bzw. Copyright gehalten; sechs Bibliotheken halten Schulungen zu Literaturverwaltungsprogrammen. Schulungen zur Suche im Internet und der Bewertung von Informationen im Internet werden von sechs Bibliotheken gehalten, drei weitere planen dies für das nächste Studienjahr.

Schulungsinhalt	Anzahl Bibliotheken
Bibliothekseinführungen	15
Grundkurse	17
Vertiefende Kurse	16

Tabelle 1: Überblick über die verschiedenen Schulungsinhalte der Universitätsbibliotheken in Österreich.

Die Art der Vermittlung sollte nutzerzentriert, zielgruppenorientiert, interaktiv und möglichst aufgabenbezogen sein sowie auch Materialien für zeit- und ortsunabhängiges Selbstlernen bieten.

- 14 der erfassten 17 Universitätsbibliotheken halten Schulungen in PC-Räumen ab, die es erlauben, in kleineren Gruppen interaktiv zu arbeiten. Nur 11 Bibliotheken verfügen aber über eigene Kursräume.
- 13 Bibliotheken bieten Unterlagen zu ihren Schulungen an, acht stellen Online-Tutorials zur Verfügung.
- Bis auf eine Bibliothek machen alle spezielle Angebote für bestimmte Zielgruppen (s. Tab. 2).

---

71 Zur Einteilung der Veranstaltungsangebote vgl. Lux, Claudia u. Wilfried Sühl-Strohmenger: Teaching Library in Deutschland. Vermittlung von Informations- und Medienkompetenz als Kernaufgabe für Öffentliche und Wissenschaftliche Bibliotheken. (Anm. 68).

Zielgruppen	Anzahl Bibliotheken
Zielgruppenspezifische Angebote	16
für Erstsemestrige	15
für DiplomandInnen	14
für DissertantInnen	14
für Angehörige des wissenschaftlichen Personals der Universität	11
für Sonstiges Universitätspersonal	13
für SchülerInnen	11
für die interessierte Öffentlichkeit	8

Tabelle 2: Schulungen für bestimmte Zielgruppen

Möglichkeiten einer Einbindung in das Studium sind Schulungen mit Teilnahmebestätigungen für Lehrveranstaltungen, die eine Teilnahme verpflichtend verlangen, Schulungseinheiten in fachlichen Lehrveranstaltungen und die Abhaltung von Lehrveranstaltungen mit bibliotheksbezogenem bzw. auf Informationskompetenz bezogenem Inhalt bzw. Beteiligung als Lehrbeauftragte/r an einer Lehrveranstaltung (s. Tab. 3).

Art der Einbindung	Anzahl Bibliotheken
Schulungen mit verpflichtender Teilnahme (Teilnahmebestätigungen)	8
Schulungseinheiten in fachlichen Lehrveranstaltungen	14
Abhaltung von/Beteiligung an Lehrveranstaltungen	11
davon als Wahlfach/Freifach	8
als Pflichtfach	8
im Bachelor-Curriculum	4
mit Leistungsnachweis	8
Unterstützung durch Lernplattform	5

Tabelle 3: Einbindung in das Studium

Zur Umsetzung bedarf es einer entsprechenden Infrastruktur und es sind auch zusätzliche Kompetenzen des Personals erforderlich.[72] Als wichtigste organisatorische

---

[72] Vgl. Sühl-Strohmenger, Wilfried: Neue Entwicklungen auf dem Weg zur „Teaching Library" – insbesondere bei den Wissenschaftlichen Bibliotheken. Krauß-Leichert, Ute (Hrsg.): Teaching Library – eine Kernaufgabe für Bibliotheken. Frankfurt a. M: Peter Lang 2008. S. 11–33.

Probleme werden genannt: „Es wollen sich nicht alle Personen beteiligen" (in sieben von 17 Bibliotheken ein Problem); „(zu) große Arbeits- und Zeitbelastung für das Personal" (sechs Nennungen); „keine geeigneten Schulungsräume" und „zu wenig geeignetes Personal" (jeweils vier Bibliotheken).

Im Jahr 2007 wurde eine Erhebung zur Vermittlung von Informationskompetenz an Universitätsbibliotheken in Wien durchgeführt.[73] Im Rahmen dieser Studie fanden Interviews mit den für die Schulungsangebote zuständigen MitarbeiterInnen der Universitätsbibliotheken statt , die eine ausführliche Darstellung ihrer Lehrpraxis lieferten. Der Vergleich der Befragung 2011 mit den Ergebnissen von Schatovich zeigt, dass die Bibliotheken ihr Angebot seither noch etwas ausgebaut haben.

Beispiele für die Einbindung in die Lehre

An der Medizinischen Universität Wien gibt es seit 2003 einen neuen Studienplan für das Diplomstudium der Humanmedizin; der sich an neuen Lehr- und Lernformen orientiert. Als Unterstützung für diese Neuorganisation des Studiums „erwarten Dozenten und Studierende nun von ihrer Medizinbibliothek [...] die Vermittlung von Informationskompetenz".[74] Daher ist die Universitätsbibliothek der Medizinischen Universität als Teaching Library in das Curriculum integriert: Es gibt eine verpflichtende Einführung in die Benützung der Einrichtungen der Universitätsbibliothek für die StudienanfängerInnen; der Inhalt wird sowohl als Vorlesungseinheit als auch in Kleingruppenunterricht vermittelt.[75] Es wird auch eine Lernplattform verwendet. MitarbeiterInnen der Bibliothek sind auch als AutorInnen mit entsprechenden Inhalten am Lehrbuch für dieses Modul beteiligt.[76]

Die Universitätsbibliothek der Karl-Franzens-Universität Graz hat sich aktiv um die Teilnahme am Basismodul der Universität Graz bemüht. Dieses Basismodul hat zwei obligatorische Teile (fächerübergreifend und fachspezifisch) und einen universitätsweiten Teil als freies Wahlfach. Im Rahmen dieses freien Wahlfachs gibt es eine 1-stündige Vorlesung, von BibliotheksmitarbeiterInnen als Ringvorlesung gehalten, mit begleitenden Übungen, E-Learning-unterstützt und mit zwei ECTS Punkten

73 Schatovich, Anna Katharina: Zur Vermittlung von Informationskompetenz an österreichischen Universitätsbibliotheken. Diplomarbeit. Fachhochschule Eisenstadt 2007.
74 Bauer, Bruno: Medizin Curriculum Wien. GMS Medizin – Bibliothek – Information 5 (2005). S. 22. http://www.egms.de/static/pdf/journals/mbi/2005-5/mbi000006.pdf (16. 8. 2011).
75 Bauer, Bruno, Karin Cepicka, Helmut Dollfuß, Elisabeth Erasimus, Margrit Hartl, Ruth Lotter,: Universitätsbibliothek der Medizinischen Universität Wien – größte Medizinbibliothek Österreichs: Hybridbibliothek als Zukunftskonzept, In: GMS Medizin – Bibliothek – Information 9 (2009). http://www.egms.de/static/pdf/journals/mbi/2009-9/mbi000183.pdf (17. 6. 2011).
76 Trappl, Robert u. Harald Trost: Wissenschaft und Medizin. Ein Lehrbuch für das erste Spezielle StudienModul (SSM 1) – Block 7. 8., aktualisierte Aufl. Wien: facultas.wuv 2010.

bewertet.[77] Außerdem gibt es noch eine Pflichtlehrveranstaltung im Fach Kunstge-schichte. Alle Lehrenden aus dem Personalstand der Universitätsbibliothek Graz haben an einem Didaktik-Training teilgenommen.

Die Universitätsbibliothek Bodenkultur in Wien vermittelt in Wahlfach-Lehrveranstaltungen Kompetenzen für das wissenschaftliche Arbeiten. Es kann zwischen einer Präsenzlehrveranstaltung und einer Blended Learning-Variante gewählt werden. Die Blended Learning-Veranstaltung wird in deutscher und englischer Sprache angeboten und nutzt eine e-Learning-Plattform. Die auf der Plattform für ein selbst gesteuertes Lernen angebotenen Materialien beinhalten neben schriftlichen Unterlagen auch Übungen und Selbsttestaufgaben, auf die individuelle Rückmeldungen erfolgen. Es werden auch Themen wie Copyright oder Literatursuche im Internet angeboten.[78] Deklariertes Ziel der Lehrveranstaltung ist die Vermittlung von Informationskompetenz.

Unter Zuziehung eines externen Experten für Informations- und Kulturvermittlung erarbeitete das Team der Bibliothek der Medizinischen Universität Graz ein Schulungsprogramm für Informationskompetenz. Dieses ist für neue wissenschaftliche bzw. ärztliche MitarbeiterInnen im Rahmen der Aus- und Weiterbildungsangebote der Personalentwicklung verpflichtend zu absolvieren. Entsprechend angepasste Module sind auch im Curriculum Pflegewissenschaft sowie in die DiplomandInnen- bzw. DissertantInnenausbildung integriert.[79] Begleitend wird ein umfangreiches Skriptum angeboten.[80] In ihrem Mission Statement nennt die Bibliothek als eines ihrer Ziele: „Die Förderung der Fähigkeiten zum selbständigen lebenslangen Lernen".

An der Veterinärmedizinischen Universität gibt es sowohl eine in das Curriculum integrierte Lehrveranstaltung im ersten Studienjahr als auch eine Lehrveranstaltung im Wahlfach für DiplomandInnen und DissertantInnen. Die Pflichtvorlesung im 2. Se-

---

77 Vgl. Hörzer, Birgit Maria: Das universitätsweite Basismodul an der Universität Graz. 2009. http://www.b-i-t-online.de/archiv/2009-04/fach1.htm (11. 8. 2011); Michaela Linhardt u. Judith Tinnacher: Die Geister, die ich rief ... Vermittlung von Informationskompetenz an der Universitätsbibliothek Graz. Vortrag gehalten auf der Tagung ODOK 2010, Leoben. http://www.odok.at/2010/de/vortraege/0026/ (20. 7. 2011).
78 Heindl, Markus: Der Einsatz von E-Learning und Web 2.0-Tools an der Universität für Bodenkultur. B.I.T. online (2009) S. 423–424; Heindl, Markus: Das eLearning-Projekt „Einführung in die Benützung der Universitätsbibliothek Bodenkultur". In: Wa(h)re Information. 29. Österreichischer Bibliothekarstag Bregenz 2006. Graz, Feldkirch: W. Neugebauer Verlag GmbH 2007. S. 260–265.
79 Kortschak, Ulrike: Die Bibliothek der Medizinischen Universität Graz: Visionen – Konzepte – Fakten, In: GMS Medizin – Bibliothek – Information 9 (2009). S. 2–3. http://www.egms.de/static/pdf/journals/mbi/2009-9/mbi000181.pdf (23. 8. 2011).
80 Steinrisser, Gregor H.: Informationskompetenz I. http://user.meduni-graz.at/gerold. schwantzer/informationskompetenz_i.pdf (2. 7. 2011); Steinrisser, Gregor H.: Informationskompetenz II. http://user.meduni-graz.at/gerold.schwantzer/ informationskompetenz_ii.pdf (2. 8. 2011).

mester behandelt umfassend die Informationsquellen und Suchwerkzeuge im Wissenschaftsbetrieb; sie nutzt eine Lernplattform, wird von Übungen begleitet und mit einer Prüfung abgeschlossen.

Angehörige des Personals der Universitätsbibliothek Wien halten Lehrveranstaltungen bzw. Teile von Lehrveranstaltungen,[81] die in zwei Fachrichtungen (Psychologie, Allgemeine und Vergleichende Sprach- und Literaturwissenschaft) in den Bachelor-Studiengang integriert sind. In der Studieneingangs- und Orientierungsphase Psychologie kommt ein Methoden-Mix aus Frontalunterricht mit begleitenden Übungen und einer Betreuung der StudienanfängerInnen durch höhersemestrige Studierende im Rahmen eines „Supervised Orientation Tutoring" zur Anwendung; es wird auch eine Lernplattform genützt. Die Inhalte sind prüfungsrelevant und orientieren sich an den Lernzielen für „Information Literacy" der Richtlinien der American Psychological Association für den „Undergraduate Psychology Major".[82]

Kooperation mit Schulen

Ein Beispiel guter Praxis sind die Kooperationen der Universitätsbibliothek der Karl-Franzens-Universität Graz. Die UB Graz pflegt eine Zusammenarbeit mit der ARGE der SchulbibliothekarInnen, dem Bibliothekenservice für Schulen und dem Pädagogischen Institut des Bundes in der Steiermark.[83] In Kooperation mit der Oberstufe einer Grazer AHS (allgemeinbildende höhere Schule), dem BG und BRG Pestalozzi Graz wurde von MitarbeiterInnen der UB Graz und Grazer GymnasiallehrerInnen gemeinsam ein Konzept für ein 2-tägiges Fortbildungsseminar für LehrerInnen aller Fächer entwickelt, das von UB-MitarbeiterInnen und LehrerInnen gemeinsam gehalten wurde. In diesem Seminar wurden die LehrerInnen mit den Bibliothekseinrichtungen und Recherchemöglichkeiten vertraut gemacht und es wurden auch Unterrichtsmodelle entwickelt, um den SchülerInnen bibliotheksspezifische Kenntnisse und Informationskompetenz zu vermitteln. In weiterer Folge wurde dann als gemeinsames Projekt von LehrerInnen und MitarbeiterInnen der UB Graz in einer 6. Klasse des Grazer

---

81 Vgl., auch zum reichhaltigen Schulungsangebot der Universitätsbibliothek Wien,: Rohrmoser, Manuela: Aus der Praxis – BenutzerInnenschulung am Beispiel der Universitätsbibliothek Wien. GMS Medizin – Bibliothek – Information 7 (2007). http://www.egms.de/static/pdf/journals/mbi/2007-7/mbi000062.pdf (23. 8. 2011).
82 American Psychological Association: APA Guidelines for the Undergraduate Psychology Major. Washington, DC: 2007. http://www.apa.org/ed/precollege/about/psymajor-guidelines.pdf (13. 5. 2010).
83 Karpf, Roswitha: Kooperation von wissenschaftlichen Bibliotheken und Schulen (Bericht aus Graz). In: Mitteilungen der Vereinigung Österreichischer Bibliothekarinnen und Bibliothekare 54 (2001). S. 26–28.

Pestalozzi-Gymnasiums ein Projektunterricht durchgeführt und von den SchülerInnen in einem Portfolio dokumentiert.[84]

Vermittlung von Informationskompetenz an anderen wissenschaftlichen Bibliotheken

Die Österreichische Nationalbibliothek bietet sowohl einführende Überblicksveranstaltungen und Schulungen zum Aufbau grundlegender Kenntnisse und Fertigkeiten als auch aufbauende und vertiefende Kurse (darunter auch Schulungen zur Suche im Internet und der Bewertung von Quellen) an. Diese Veranstaltungen werden für BibliotheksbenützerInnen, aber auch für geschlossene Gruppen, z. B. für Schulklassen bzw. StudentInnen derselben Fachrichtung abgehalten. Es gibt auch Schulungen für Kleingruppen und Einzelpersonen, vor allem für SeniorInnen und SeniorstudentInnen.

Die Bibliothekskooperation NÖ-Mitte[85] ist „eine Kooperation der öffentlichen wissenschaftlichen Bibliotheken im Niederösterreichischen Zentralraum", deren Bibliotheken z. T. auch Einführungen in das wissenschaftliche Arbeiten und Internet-Recherche-Workshops anbieten."[86]

Eine Erhebung an den Bibliotheken der zehn Kirchlichen Pädagogischen Hochschulen und der acht öffentlichen Pädagogischen Hochschulen zur Vermittlung von Informationskompetenz[87] ergab, dass an den Bibliotheken der Kirchlichen Pädagogischen Hochschulen als Standard Bibliothekseinführungen angeboten werden, die zwar „Bibliothekskompetenz", aber nicht im eigentlichen Sinn Informationskompetenz vermitteln. An den öffentlichen Pädagogischen Hochschulen sieht bereits die Hälfte der Bibliotheken die Vermittlung von Informationskompetenz als ihre Aufgabe an.

---

84 Karpf, Roswitha: Die Faszination von realen und virtuellen Welten – wie SchülerInnen zu NutzerInnen von wissenschaftlichen Bibliotheken werden. In: Bibliothek. Forschung und Praxis. 28 (2004). S. 114–118.
85 Bibliothekskompetenz NÖ-Mitte: http://www.bibliothekskompetenz.at/index.html (16. 8. 2011).
86 Bibliothekskooperation NÖ-Mitte: Informationsfolder. http://www.bibliothekskompetenz.at/Download/Bibliothekskompetenz%20NOE-Mitte_Folder.pdf (23. 8. 2011).
87 Sproger, Sylvia: Lernziel Informationskompetenz – eine Vision für die Bibliotheken der kirchlichen Pädagogischen Hochschulen? Masterarbeit. Graz 2008.

Arbeitsgruppe Informationskompetenz der VÖB (Vereinigung Österreichischer Bibliothekarinnen und Bibliothekare)

Auf Initiative der Arbeitsgruppe Informationskompetenz an der UB Graz wurde eine österreichweite „Arbeitsgruppe Informationskompetenz" innerhalb der Kommission für Entwicklung und betriebliche Steuerung der Vereinigung Österreichischer Bibliothekarinnen und Bibliothekare eingerichtet. In dieser Arbeitsgruppe sind nicht nur Universitätsbibliotheken, sondern auch Fachhochschulen sowie einzelne Landesbibliotheken und Bibliotheken Pädagogischer Hochschulen vertreten. Diese Arbeitsgruppe soll gemeinsame Strategien entwickeln und fachlichen Austausch und Synergien ermöglichen.

Vermittlung von Informationskompetenz durch Öffentliche Bibliotheken

Die „Richtlinien für die Weiterentwicklung der Dienstleistungen der Öffentlichen Bibliotheken[88] von IFLA und UNESCO betonen den Bildungsauftrag der öffentlichen Bibliotheken und fordern, dass sie den Gebrauch der Lernmedien, die sie anbieten, unterstützen sollen, also auch Orte des Lernens sein sollen. Öffentliche Bibliotheken in Österreich sehen sich als Informationszentren, die Zugang zu den neuen Medien für alle ermöglichen und Betreuung und Beratung beim Umgang mit den neuen Medien bieten.[89] „Leseförderung und Informationskompetenz, insbesondere für sozial benachteiligte Schichten, war seit jeher ein Daueranliegen der Öffentlichen Bibliotheken[90] Das Leitbild der Öffentlichen Bibliotheken Österreichs schreibt die Vermittlung von Informationskompetenz, insbesondere für benachteiligte Gruppen, fest.[91] Dem entsprechend findet sich im Tätigkeitsprofil für die BibliothekarInnen an öffentlichen

---

88 Zit. nach Krauß-Leichert, Ute: Teaching Library. In: Büchereiperspektiven (2008). S. 2–5. http://publikationen.bvoe.at/perspektiven/bp1_08/s2-s5.pdf (23. 8. 2011).
89 Leitner, Gerald: Österreichischer Konsultationsprozess Memorandum über lebenslanges Lernen. Gesellschaft und Bibliotheken im Wandel: Stellungnahme von Mag. Gerald Leitner, Geschäftsführer des Büchereiverbandes Österreichs. http://erwachsenenbildung.at/downloads/themen/Buechereiverband_StN_0601.pdf (17. 8. 2011).
90 Pfoser, Alfred: Die Bibliothek als Bühne. Am Beispiel der Wiener Hauptbücherei. In: Bibliothek. Forschung und Praxis. 31 (2007). S. 51–60, hier S. 60.
91 Büchereiverband Österreichs: Die Bibliothek der Zukunft – Die Zukunft der Bibliotheken. Leitbild der Öffentlichen Bibliotheken Österreichs. http://www.bvoe.at/mediafiles/3/Leitbild_Download.pdf. (23. 8. 2011).

Bibliotheken die „Wissensvermittlung im Umgang mit Online-Angeboten und dem Internet"[92] und es wird eine entsprechende Aus- und Weiterbildung angeboten. Für Kinder und Jugendliche werden Programme in Kooperation mit Kindergärten und Schulen entwickelt. Dabei sollen kooperativ in einem Spiralcurriculum für die jeweiligen Zielgruppen Angebote entwickelt werden. Der Büchereiverband Österreichs bietet entsprechende Fortbildungen für die BibliothekarInnen an, um diese Curricula zu erstellen. Die einzelnen Module orientieren sich an den Entwicklungs- und Bildungsphasen von Kindern und Jugendlichen, z. B. gibt es für Schulklassen und Jugendliche ab der 10. Schulstufe das Modul „Systematische Informationssuche und kritische Rezeption".[93]

Beispiele guter Praxis

Die Hauptbücherei Wien beschreibt sich selbst als Lernort und als Teaching Library,[94] die niedrigschwellige Angebote für alle Bevölkerungsschichten machen möchte. In ihrer Selbstbeschreibung heißt es: „den sinnvollen Umgang mit Neuen Medien fördern wir durch EDV-Literatur, Beratung, Schulungen und Workshops".[95] Sie sucht als Teaching Library auch aktiv die Kooperation mit anderen Kultur- und Bildungseinrichtungen. Da die Hauptbücherei hauptsächlich von jüngeren Altersgruppen frequentiert wird, bemüht sie sich verstärkt darum, auch ältere Menschen als BenützerInnen zu gewinnen, um auch älteren Menschen die Teilhabe an der Informationsgesellschaft zu ermöglichen.[96]

Im „Lernzentrum im Wissensturm" sind die Stadtbibliothek Linz und die Volkshochschule der Stadt Linz untergebracht. Das Lernzentrum im Wissensturm gehört zur Bibliothek und bietet nicht nur einen reichhaltigen Medienbestand und die Möglichkeit der Nutzung von Informationstechnologie, sondern auch Unterstützung durch LernberaterInnen.[97]

92 Büchereiverband Österreichs: Aus- und Fortbildung. http://www.bvoe.at/Aus-_und_Fortbildung/Ausbildungsinfo/?ArtikelId=62. (17. 8. 2011).

93 Smrzka, Barbara: Von XXS bis XL: Vielfalt mit System. Zielgruppenarbeit für Kinder und Jugendliche in der Öffentlichen Bibliothek. In: Büchereiperspektiven (2009). http://publikationen. bvoe.at/perspektiven/bp1_09/s1-5.pdf (16. 8. 2011).

94 Jahl, Christian: Die Hauptbücherei Wien als Lernort. In: Büchereiperspektiven (2008) S. 16–18. http://publikationen.bvoe.at/perspektiven/bp1_08/s16-s18.pdf (17. 8. 2011).

95 Büchereien Wien: Standorte & Öffnungszeiten: Hauptbücherei. http://www.buechereien.wien. at/de/standorteoeffnungszeiten/hauptbuecherei (21. 8. 2011).

96 Harder, Elise: Die Hauptbücherei Wien – ein Haus voller Innovationen. Magisterarbeit. Berlin: Humboldt-Universität 2009. http://www.buechereien.wien.at/media/file/ 321_Magisterarbeit_Elise_Harder_HB.pdf (23. 8. 2011).

97 Diwischek, Astrid: LeWis – das Lernzentrum im Wissensturm. In: Büchereiperspektiven (2008). http://publikationen.bvoe.at/perspektiven/bp1_08/s14-s15.pdf (22. 8. 2011).

Informationskompetenz als Bildungsziel für das lebenslange Lernen

Lebenslanges Lernen ist ein „zentraler Schwerpunkt" der österreichischen Bildungspolitik.[98] Die Europäische Kommission nennt im „Memorandum über Lebenslanges Lernen" die IT-Fertigkeiten als eine der „neuen Basisqualifikationen" für das lebenslange Lernen in der Wissensgesellschaft.[99] Um allen BürgerInnen die Teilhabe an der Wissens- und Informationsgesellschaft zu ermöglichen, genügt es nicht, möglichst vielen Menschen den Zugang zu den IK-Technologien zu ermöglichen und das Wissen für die Handhabung der Technik zu vermitteln, sondern es müssen auch die grundlegenden Kenntnisse vermittelt werden, um mit der Fülle an Informationen umgehen zu können. „Die Schlüsselkompetenz schlechthin in diesem Zusammenhang ist ‚kritisches Denken', d.h. die Fähigkeit, relevante Informationen zu erkennen, Wissen von Werbung zu unterscheiden und Fakten von Manipulationsversuchen zu trennen".[100]

Die Koordinierung der politischen Aktivitäten in Bezug auf die Informationsgesellschaft wird in Österreich vom Bundeskanzleramt wahrgenommen; dabei werden auch EU-Initiativen im nationalen Bereich umgesetzt. Ziel der Aktivitäten ist „die Schaffung einer Informationsgesellschaft für alle";[101] verschiedene Beiräte und Gremien koordinieren die Aktivitäten. Vom BMUKK wurde die Initiative „eFit Austria" gestartet, die u.a. mit „eLearning", „eCulture", „eScience" und „eTraining" Schwerpunkte gesetzt hat.[102] Die „Internetoffensive Österreich" hat die „Österreichische Internetdeklaration" herausgegeben, in der auch Maßnahmen zur Verbesserung der „e-skills" für den Bildungsbereich und verschiedene Alters- und NutzerInnengruppen vorgeschlagen werden.[103]

---

98 Gruber, Heinz: Auf dem Weg in die Wissensgesellschaft, Momentaufnahmen zum lebenslangen Lernen in Österreich. http://erwachsenenbildung.at/downloads/themen/ TagungLLL_Gruber.pdf (22. 8. 2011).
99 Kommission der Europäischen Gemeinschaften: Memorandum über Lebenslanges Lernen. http://www.bologna-berlin2003.de/pdf/MemorandumDe.pdf (23. 8. 2011).
100 Vgl. Gruber, Heinz: Auf dem Weg in die Wissensgesellschaft, Momentaufnahmen zum lebenslangen Lernen in Österreich. (Anm. 98), hier S. 4.
101 Bundeskanzleramt: Digitale Integration in Österreich. Handlungsfelder und Beispiele. 2008. http://www.bka.gv.at/DocView.axd?CobId=34375 (22. 8. 2011).
102 Vgl. Gruber, Heinz: Auf dem Weg in die Wissensgesellschaft, Momentaufnahmen zum lebenslangen Lernen in Österreich. (Anm. 98), hier S. 4.
103 Internetoffensive Österreich: Österreichische Internetdeklaration. Wien: Internetoffensive Österreich 2010. http://www.internetoffensive.at/fileadmin/user_upload/IO_neu/ OesterreichischeInternetdeklaration.pdf (22. 8. 2011).

Vermittlung von Informationskompetenz in der Erwachsenenbildung

Die österreichischen Volkshochschulen sind Erwachsenenbildungseinrichtungen, die Programme für berufliche und persönliche Fortbildung anbieten. Die Volkshochschulen bemühen sich auch um die Vermittlung von digitaler Kompetenz, hier definiert durch die Fähigkeiten „Informationen zu recherchieren, zu sammeln und zu verarbeiten und diese kritisch und systematisch zu verwenden und ihre Relevanz zu beurteilen".[104] Auch den „Europäischen Computerführerschein" (ECDL bzw. European Computer Driving Licence) kann man an den Volkshochschulen ablegen. Für ältere Menschen werden spezielle Kurse zur Digitalen Kompetenz angeboten; über die Grundlagen hinaus z. B. Kurse für Teilkompetenzen wie informationskompetentes KonsumentInnenverhalten (z. B.: „Risikofreies Einkaufen im Internet für 50+ bzw. 60+").[105]

Eltern und Erziehungsberechtigten fehlt oft das nötige Wissen, um die Internetnutzung ihrer Kinder zu begleiten und zu kontrollieren. Um ihnen die notwendigen Kompetenzen im Umgang mit dem Internet zu vermitteln, gibt es – meist auf regionaler Ebene – speziell für diese Zielgruppe entsprechende Angebote.[106]

Das Internet kann für ältere Menschen eine wichtige Informationsquelle sein, besonders in Bereichen wie Gesundheit und Konsum. Die Nutzung von IKT durch Ältere zu fördern ist ein deklariertes politisches Ziel und daher fördert der österreichische Staat entsprechende Maßnahmen.[107] Die Angebote, die für SeniorInnen gemacht werden, sollen sowohl Bedienungswissen als auch Informationskompetenz vermitteln. Das Österreichische Bundesministerium für Arbeit, Soziales und Konsumentenschutz stellt auf saferinternet.at Materialien für die Internetnutzung von SeniorInnen zur Verfügung;[108] angeboten werden sowohl Materialien zum Selbstlernen[109] als auch Unterlagen für TrainerInnen, die Kurse für SeniorInnen halten.[110]

---

104 Hack, Wilfried u. Birgit Aschemann: Weißbuch Programmplanung. Wien, Graz: Wiener Volkshochschulen GmbH 2009. http://www.vhs.at/fileadmin/uploads_vhsat/downloads/pdf/ Wiener_VHS_Wei%C3%9Fbuch_Programmplanung_Teil_1.pdf (24. 8. 2011).
105 Siehe: Die Wiener Volkshochschulen. http://www.vhs.at/kurse.html (6. 8. 2011).
106 Vgl. Paus-Hasenbrink, Jadin, Wijnen 2007, zit. nach Paus-Hasenbrink, Ingrid u. Christine Ortner: Online-Risiken und -Chancen für Kinder und Jugendliche: Österreich im europäischen Vergleich. Bericht zum österreichischen EU Kids Online-Projekt. (Anm. 15), hier S. 90.
107 Bundeskanzleramt: Digitale Integration in Österreich. Handlungsfelder und Beispiele. 2008. (Anm. 100).
108 http://www.saferinternet.at/senioren (6. 8. 2011).
109 Saferinternet.at u. Österreichisches Institut für angewandte Telekommunikation: Seniorenbroschüre: Das Internet sicher nutzen. Wien: 2010. http://www.saferinternet.at/uploads/ tx_simaterials/Das_Internet_sicher_nutzen.pdf (27. 8. 2011).
110 Saferinternet.at u. Österreichisches Institut für angewandte Telekommunikation: Internet-SeniorInnenkurse – Leitfaden für TrainerInnen. Didaktische Empfehlungen,

Das Webportal „Seniorkom.at" ist eine Kooperation des Österreichischen Senio-
renrates mit verschiedenen Wirtschaftspartnern. Es veranstaltet kostenlose Schulungen, bei denen SchülerInnen den SeniorInnen den Umgang mit Computer und
Internet beibringen und bietet auch eine Sammlung von Unterlagen für den Umgang
mit dem Internet an.[111] Eine österreichische Zeitung veranstaltete in Kooperation mit
Schulen generationenübergreifende Schulungen für SeniorInnen[112] und stellt auf ihrer Website Unterlagen für einen Internet-Kurs zur Verfügung.[113]

Informationskompetenz in Beruf und Alltag

In Österreich nutzen bereits 78 Prozent der Bevölkerung ab 14 Jahren das Internet.[114]
Die ÖsterreicherInnen schätzen sich selbst im Umgang mit dem Internet als ziemlich
kompetent ein. In den im Rahmen von SIBIS (Statistical Indicators Benchmarking the
Information Society, einem Projekt des „Information Society Programme" der EU) von
2001 bis 2003 erhobenen Daten für 19 Staaten liegen die Werte für die Selbsteinschätzung von Personen im Alter ab 15 Jahren in Österreich hinsichtlich ihrer Internet-
Fähigkeiten auf Rangplatz 6 bzw. 7 (die Fragen waren konkret auf die kompetente
Verwendung von Suchmaschinen und die Fähigkeit, bei gefundenen Informationen
die Urheber zu eruieren, bezogen).[115]

Im „European Survey on Working Conditions" 2010 gaben 74 Prozent der österreichischen ArbeitnehmerInnen an, bei ihrer Arbeitstätigkeit Neues lernen zu müssen.[116]

Wissensbestände können rasch veralten und „Lebenslanges Lernen" ist auch im
beruflichen Kontext notwendig. „Durch die Veränderungen der Arbeitswelt gehört
die qualifizierte Recherche schon seit längerem zum unverzichtbaren Repertoire der

Kurssequenzen und Präsentationsvorlagen. Wien. 2010.http://www.saferinternet.at/uploads/
tx_simaterials/Internet_SeniorInnenkurse_Leitfaden_fuer_TrainerInnen_01.pdf (17. 8. 2011).

111 Seniorkom.at http://www.seniorkom.at/ (22. 8. 2011).

112 Vgl. Rieger-Kirnbauer, Anita: Ältere Menschen und neue Medien – ein Widerspruch?
Intergeneratives Lernen als möglicher Weg zur Medienkompetenz. Graz: Masterarbeit.
Karl-Franzens-Universität Graz 2009.

113 Kleine Zeitung. http://www.kleinezeitung.at/system/galleries/upload/6/2/0/2522000/
lernunterlage2010fapc_download.pdf (23. 8. 2011).

114 GfK Austria: Online Monitor 2011. http://www.gfk.at/imperia/md/content/gfkaustria/data/
press/2011/gfk_online_monitor_austria__2_qu_11.pdf (17. 8. 2011).

115 SIBIS – Statistical Indicators Benchmarking the Information Society. http://www.sibis-eu.org/
statistics/stat_ind.htm (22. 8. 2011).

116 Eurofound: Fifth European Working Conditions survey. Dublin: Eurofound 2010.
http://www.eurofound.europa.eu/surveys/smt/ewcs/results.htm (23. 8. 2011).

Lern- und Wissensarbeit".[117] Die Wirtschaft erwartet von den SchulabgängerInnen, vor allem aber von den HochschulabsolventInnen, dass sie in der Lage sind, kompetent mit Informationen umzugehen. Auch in der Lehrlingsausbildung wird neben der fachlichen Ausbildung die Wichtigkeit der Vermittlung von Schlüsselqualifikationen betont, dazu gehört auch „Informationen selbständig beschaffen, auswählen und strukturieren".[118]

Im Alltag geht es oft darum, auf der Grundlage von Informationen Probleme lösen bzw. richtige Entscheidungen treffen zu können. Diese Informationen werden in der Informationsgesellschaft zunehmend mit Hilfe von Informationstechnologien gewonnen, daher wächst auch die Bedeutung von Informationskompetenz im Alltag.

Informationskompetenz bei der Nutzung von Gesundheitsinformationen im WWW: „eHealth Literacy"

Im Gesundheitsbereich wurde der Begriff „Health Literacy" geprägt; seine Definition „The degree to which individuals have the capacity to obtain, process and understand basic health information and services needed to make appropriate health decisions"[119]beinhaltet auch die Informationskompetenz. „eHealth Literacy" ist „the ability to seek, find, understand, and appraise health information from electronic sources and apply the knowledge gained to addressing or solving a health problem."[120] Gesundheitsinformationen im Internet werden oft als eher glaubwürdig eingestuft und die Quelle der Informationen nicht hinterfragt.[121] Problematisch ist

---

117 bmukk (Hrsg.): Informationserlass „Digitale Kompetenz an Österreichs Schulen" im Rahmen der neuen IT- Strategie des bmukk „efit-21". (Anm. 25).
118 Wirtschaftskammer Österreichs: Schlüsselqualifikationen. Wie vermittle ich sie Lehrlingen. Wien: Wirtschaftskammer Österreichs 2003. http://www.ausbilder.at/pdf/schlusselqualifikationen. pdf (27. 8. 2011).
119 Ratzan, Scott u. Parker, Ruth M., 2000, zit. nach Nielsen-Bohlman, Lynn, Alison M. Panzer u. David A. Kindig (Eds.): Health literacy: a prescription to end confusion/Committee on Health Literacy, Board on Neuroscience and Behavioral Health. Washington, DC: National Academies Press 2004. S. 32.
120 Norman, Cameron D. u. Skinner, Harvey A., 2006, zit nach Piso, Brigitte: Health Literacy – Schwächen und Stärken des Konzepts sowie praktische Konsequenzen für die Gesundheitskommunikation. Masterarbeit. Medizinische Universität Graz: 2007.
121 Stetina, B. u. I. Kryspin-Exner: Gesundheitsrelevante Aspekte neuer Medien. In: Gesundheit und Neue Medien. Hrsg. von Birgit U. Stetina u. Ilse Kryspin-Exner. Wien: Springer 2009, hier S. 1–36.

dabei, dass 70 Prozent der im Internet vorhandenen Gesundheitsinformationen eher schlecht sind.[122] Daher sollte die Qualitätssicherung und Zertifizierung von Inhalten im Internet intensiviert werden,[123] darüber hinaus sollten aber auch Hilfestellung und Trainings für eine adäquate Nutzung von Gesundheitsinformationen im Netz angeboten werden.

In Österreich wird häufig nach gesundheitsbezogenen Informationen im Internet gesucht; sie werden von ca. 50 Prozent der Personen mit Internetzugang abgefragt.[124] Im Rahmen des österreichischen Forschungsprojekts „Virtuell informiert – das Internet im medizinischen Feld"[125] wurden „Szenario-Experimente" durchgeführt, bei denen Personen nach Gesundheitsinformationen zu suchen hatten; die Suchverläufe wurden aufgezeichnet. Danach wurden die StudienteilnehmerInnen zu ihren Suchstrategien, der Auswahl und Bewertung der Funde und zu ihrer Vorstellung vom Internet befragt. 75 Prozent der Personen hatten Matura (Abitur) oder einen Hochschulabschluss, 22 Prozent hatten einen Pflichtschulabschluss bzw. eine Lehrausbildung abgeschlossen; die meisten waren zwischen 26 und 40 Jahre alt. Weiters wurden mit PatientInnen, die den Fragebogen dieses Projekts in österreichischen Arztpraxen ausgefüllt hatten, Interviews darüber geführt, wie sie das Internet in Zusammenhang mit ihrer Krankheit nutzen. Die Studie zeigte, dass hauptsächlich mit Google gesucht wurde. Die Liste der Treffer wurde eher linear abgearbeitet, d. h. die StudienteilnehmerInnen gingen von Unterseite zu Unterseite aus der Trefferliste von Google und folgten dabei eher nicht den auf den gefundenen Seiten angebotenen Links. Die Funde aus der Trefferliste wurden oft wie eine in eine Rangreihe gebrachte lineare Abfolge von einzelnen Texten behandelt. Die zugehörigen Websites wurden meist nicht in ihrer gesamten Komplexität genutzt, daher wurden die Seitenanbieter und eventuell vorhandene Gütesiegel oft nicht wahrgenommen und auch nicht für die Beurteilung der Funde herangezogen. Für die Beurteilung war eher relevant, ob die Informationen wiederholt gefunden worden waren.

---

122 Vgl. Stetina, Birigit U. u. Ilse Kryspin-Exner: Gesundheit und Neue Medien: Psychologische Aspekte der Informations- und Kommunikationstechnologien. In: Psychologie in Österreich. (2008). S. 300–305.
123 Vgl. Kryspin-Exner, Ilse, Reinhold Jagsch u. Birgit U. Stetina: E-Health: Über Wirkungen und Nebenwirkungen informiert Sie??? In: Psychologie in Österreich (2002). 148–155.
124 Statistik Austria: Aktuelle Ergebnisse über den IKT-Einsatz in Haushalten und von Personen 2010. http://www.statistik.at/web_de/statistiken/informationsgesellschaft/ikt-einsatz_in_haushalten/024571.html (22. 8. 2011).
125 Felt, Ulrike, Lisa Gugglberger, Bernhard Höcher, Astrid Mager u. Sonja Österreicher: Virtuell informiert? Möglichkeiten und Herausforderungen für die Medizin im Internetzeitalter. Abschlussbericht. Wien: Institut für Wissenschaftsforschung. Universität Wien. Januar 2008. http://sciencestudies.univie.ac.at/fileadmin/user_upload/dep_sciencestudies/pdf_files/VIRINFO_Brosch%C3%BCre.pdf (21. 8. 2011).

Initiativen für eine kompetente Nutzung von Gesundheitsinformationen in Österreich

Auf der Grundlage einer Masterarbeit an der Medizinischen Universität Graz wurde der Praxisleitfaden „Wie finde ich seriöse Gesundheitsinformationen im Internet?" von der Niederösterreichischen Patientenanwaltschaft in Kooperation mit dem Hauptverband der Österreichischen Sozialversicherungsträger und der „Gesundheit Österreich" herausgegeben und im Internet zur Verfügung gestellt.[126] Er gibt Hilfen für die Suche nach Gesundheitsinformationen im Internet und für die Beurteilung der Qualität der gefundenen Quellen.

Das Grazer Frauengesundheitszentrum startete – gefördert vom Österreichischen Bundesministerium für Arbeit, Soziales und Konsumentenschutz – das Projekt „Wissen macht stark und gesund" nach einem Konzept, das ursprünglich an der Universität Hamburg entwickelt und für Graz adaptiert worden war und 2007 in einem Pilotprojekt für Österreich evaluiert wurde. Das Kompetenztraining „Wissen macht stark und gesund"[127] wurde österreichweit durchgeführt und vermittelte u. a. Kompetenzen bei der Recherche nach Gesundheitsinformationen in Datenbanken und im Internet und bei der Bewertung der Informationen. Das Grazer Frauengesundheitszentrum bietet auf seiner Website auch Hinweise auf vertrauenswürdige Websites und Tipps zur Bewertung von Gesundheitsinformationen im Internet an.

Informationskompetenz in der VerbraucherInnenbildung

Die DOLCETA-Plattform (Development of On Line Consumer Education Tools) definiert vier Themenbereiche für die VerbraucherInnenbildung: Gesundheit, Finanzmanagement, verantwortungsbewusster Konsum, Konsum und Dienstleistungen.[128] In die letzten beiden Bereiche wird auch die Informationskompetenz einbezogen. Das „Thematische Netzwerk Ernährung" hat in seinem EVA-Projekt („Ernährungs- und Verbraucherbildung Austria") einen „Kompetenzkatalog für Ernährungs- und VerbraucherInnenbildung" erstellt; einer der fünf Kompetenzbereiche lautet „Kon-

---

126 Riegler, Alexander u. Gerald Bachinger: Wie finde ich seriöse Gesundheitsinformation im Internet? 2011. http://www.goeg.at/cxdata/media/download/praxisleitfaden.pdf (21. 8. 2011).
127 frauengesundheitszentrum. http://www.fgz.co.at/Wissen-macht-stark-und-gesund.335.0.html (22. 8. 2011).
128 Zit. nach Köberl, Simon: Auf dem Weg zur Konsumkompetenz. Zugänge zur VerbraucherInnenbildung vor dem Hintergrund eines veränderten Anforderungsprofils an VerbraucherInnen. Diplomarbeit. Graz 2009. S. 47.

sumspezifische Informationen beschaffen und bewerten".[129] Eines der Ziele des EVA-Projekts ist die Entwicklung eines Methodentrainings für Ernährungs- und VerbraucherInnenbildung.[130] Die Volkshochschulen bieten Kurse zur Internetrecherche für VerbraucherInnen an (s. S. 20).

Ausblick

Informationskompetenz ist nicht nur im Bildungsbereich von Bedeutung, sondern hat in der Informations- und Wissensgesellschaft auch hohe Relevanz in Beruf und Alltag. Bei österreichischen SchülerInnen wurde sie in verschiedenen Kontexten untersucht: bei der Erarbeitung von Schulaufgaben, bei der Suche nach Informationen im Alltag und beim sinnerfassenden Lesen von Online-Texten. Die Ergebnisse zeigen, dass die Digital Natives zumeist über eher geringe Informationskompetenz verfügen, ihre Kompetenz aber falsch einschätzen. Es bestehen nicht nur Defizite bei der Formulierung von Suchanfragen und der Auswahl von Quellen, sondern auch bei der Bewertung und Nutzung der Funde (auch bei Erwachsenen zeigten sich ähnliche Muster bei der Bewertung von Informationen im Internet).[131] Besonders interessant sind diejenigen Studien, die durch Interviews und Aufzeichnung des Suchverhaltens Aufschluss über die tatsächliche Vorgangsweise bei der Suche nach und der Nutzung von Informationen geben. Sie zeigen Problemfelder auf und verdeutlichen den entsprechenden Handlungsbedarf. Die wichtigsten Empfehlungen der StudienautorInnen für den Schulbereich beinhalten eine intensivere – mit konkreten Unterrichtsinhalten verknüpfte – Vermittlung von Informationskompetenz im Unterricht, die Festschreibung von Informationskompetenz als Lehrziele in den Lehrplänen sowie Angebote zu allgemeiner und didaktischer Informationskompetenz in der Aus- und Weiterbildung für die Lehrende.

Die wissenschaftlichen Bibliotheken können die Schulen durch Kooperationen unterstützen. Die Ergebnisse zur Informationskompetenz von SchülerInnen sind auch für die Planung der Angebote von Universitätsbibliotheken sehr relevant und sollten bei ihren Schulungsangeboten stärker berücksichtigt werden. Universitätsbibliotheken bieten in der Regel Einführungen für SchülerInnen an, die sich aber meistens auf die bibliothekarischen Ressourcen beschränken, den Umgang mit der

---

129 Ebd., S. 48.
130 Buchner, Ursula: Thematisches Netzwerk „Ernährung". Dokumentation .2009. Salzburg. 2009. http://imst.uni-klu.ac.at/programme_prinzipien/rn_tn/thema/ernaehrung/berichte/TNE_Schlussdokumentation_2009.pdf (17. 8. 2011).
131 Vgl. Felt, Ulrike, Lisa Guggberger, Bernhard Höcher, Astrid Mager u. Sonja Österreicher: Virtuell informiert? Möglichkeiten und Herausforderungen für die Medizin im Internetzeitalter. Abschlussbericht. (Anm. 125).

von den SchülerInnen oft exklusiv herangezogenen Informationsquelle Internet aber nicht thematisieren;[132] die Angebote sollten daher entsprechend erweitert werden. Auch für die MultiplikatorInnen im Bildungsbereich, vor allem für die Lehrenden an Schulen und Hochschulen, hätten – insbesondere die wissenschaftlichen – Bibliotheken vermehrt Angebote zu machen.

Die österreichischen Hochschulbibliotheken haben auf dem Weg zur „Teaching Library" im Vergleich zu Deutschland teilweise (z. T.) noch Nachholbedarf. Es gibt aber schon Universitätsbibliotheken, die sich als Teaching Library positionieren. In diesem Entwicklungsprozess ist eine Vernetzung der Bibliotheken hilfreich; die Arbeitsgruppe Informationskompetenz der VÖB unterstützt diesen Prozess.

Untersuchungen zur Informationskompetenz bzw. zum Nutzerverhalten sind dann besonders interessant, wenn sie sich nicht nur auf quantitative Kennwerte beschränken, sondern auch mit qualitativen Methoden Aufschluss über das „wie" geben; die Planung von Angeboten zur Vermittlung von Informationskompetenz kann sich dann an empirischen Ergebnissen orientieren. Hier gäbe es (z. B.) noch Forschungsbedarf hinsichtlich des Rechercheverhaltens von Studierenden, aber auch von Forschenden und Lehrenden.

Informationskompetenz ist nicht nur im Bildungsbereich von Bedeutung, sondern hat in der Informations- und Wissensgesellschaft auch in Beruf und Alltag hohe Relevanz. Sie geht über das technische Bedienungswissen weit hinaus. Wenn Kompetenz im Umgang mit IK-Technologien mit technischem Bedienungswissen gleichgesetzt wird, verstellt das den Blick auf die Notwendigkeit, Kompetenzen im Umgang mit digitalen Informationen zu fördern. Die Förderung dieser Kompetenzen soll sich aber nicht nur auf die Rechercheprozesse konzentrieren, sondern auch der Bewertung und Verwendung von digitalen Informationen vermehrt Beachtung schenken.

---

132 Für Deutschland vgl. Gapski, Harald u. Thomas Tekster: Informationskompetenz in Deutschland. Überblick zum Stand der Fachdiskussion und Zusammenstellung von Literaturangaben, Projekten und Materialien zu einzelnen Zielgruppen. (Anm. 7).

Gerda Winkler, Eva Moser, Elisabeth Frasnelli
Informationskompetenz in Südtirol: Entwicklungsstand und Perspektiven

Abstract: In Südtirol gibt es derzeit keine zentrale Koordinierungs- oder Arbeitsgruppe im Bereich Informationskompetenz. So vielfältig wie die Bibliothekslandschaft in Südtirol zeigt sich daher auch das Angebotsspektrum im Bereich Informationskompetenz, das von der traditionellen Bibliotheksführung über einfache Benutzerschulungen bis hin zu ausdifferenzierten Informationskompetenzmodulen reicht. Letztere wurden bisher ausschließlich in Ausbildungsbibliotheken[1] umgesetzt und von Mitarbeitern der einzelnen Bibliotheken selbstbestimmt und eigenverantwortlich in Anlehnung an die internationalen Standards erarbeitet.

Der Beitrag unternimmt den Versuch, die aktuellen Aktivitäten zur Stärkung von Informationskompetenz durch Südtirols Bibliotheken darzustellen, wobei der Exkurs über die Aktivitäten der Ausbildungs- und Forschungseinrichtungen im Bereich Informationskompetenz keinen Anspruch auf Vollständigkeit erhebt. Landesbibliotheken, öffentliche Bibliotheken und Schulbibliotheken[2] werden am Rande gestreift. Die Darstellung widmet sich hingegen schwerpunktmäßig dem Entwicklungstand des Angebotes der Bibliothek der Freien Universität Bozen und den Perspektiven, die visionär von dieser Einrichtung eingeschlagen werden.

Keywords: Südtirol, Bibliothekslandschaft, Universitätsbibliothek, Ausbildung, Forschung, Informationskompetenz

Dr. phil. Elisabeth Frasnelli: Ist Direktorin der Bibliothek der Freien Universität Bozen. Sie absolvierte ein Studium der Germanistik und Kunstgeschichte, sodann den Ausbildungslehrgang für Bibliotheks-, Informations- und Dokumentationsdienst, einen Lehrgang für die öffentliche Verwaltung sowie den Lehrgang für General Management. Seit 1992 im Bibliotheksbereich.
Eva Moser, Mag. Dipl.Bibl.: An der Bibliothek der Freien Universität Bozen, Customer Service und Öffentlichkeitsarbeit. Studium wissenschaftliches Bibliothekswesen und Vergleichende Literaturwissenschaft. Seit 2000 im Bibliotheksbereich.
Gerda Winkler, Mag. MSc: Tätig an der Bibliothek der Freien Universität Bozen, Fachreferat für die Fakultät für Bildungswissenschaften und seit 2004 Lehrbeauftragte an der Fakultät für den Bereich Informationskompetenz. Studium der Geschichte und Erziehungswissenschaften, Master of Science in Library and Information Management. Seit 2003 im Bibliotheksbereich.

---

1 Mit Ausbildungsbibliotheken sind die Bibliothek der Freien Universität Bozen, die Bibliothek der Philosophisch-Theologischen Hochschule Brixen und die Bibliothek der Landesfachhochschule für Gesundheitsberufe „Claudiana" gemeint.
2 Vgl. den Beitrag von M. Fritz in diesem Band.

Bibliothekslandschaft in Südtirol

Die Südtiroler Bibliothekslandschaft setzt sich aus mehreren wissenschaftlichen Bibliotheken, über 200 Schulbibliotheken und etwa 100 Bibliothekssystemen öffentlicher Bibliotheken zusammen. Ergänzt wird dieses Angebot durch die Fach- und Studienbibliotheken, deren Spektrum sich von großen hauptamtlich geführten Einrichtungen (z. B. Forschungsbibliothek und ECO Library der EURAC oder der Bibliothek der Landesfachhochschule für Gesundheitsberufe Claudiana) bis hin zu kleineren Bibliotheken mit spezifischen Sammlungen (z. B. Frauenzentrum – Frauenbibliothek oder OEW-Fachbibliothek Eine Welt) erstreckt.[3] Trotz dieser inhomogenen Struktur und der sprachlichen Vielfalt, welche durch die drei offiziellen Landessprachen Deutsch, Italienisch und Ladinisch gegeben ist, gelang es 1983 ein Bibliotheksgesetz für das öffentliche Bibliothekswesen zu verabschieden, das für jeden Bürger das Recht auf Weiterbildung vorsieht.[4] Damit war die Basis geschaffen, die Bibliotheksarbeit aus der ehrenamtlichen Ecke herauszuführen, das Berufsbild des Bibliothekars aufzuwerten und gleichzeitig ein dichtes Netz an öffentlichen Bibliotheken zu knüpfen. Die bestehenden Einrichtungen wurden systematisch modernisiert und neue attraktive Bildungsräume sogar für kleinere und entlegenere Ortschaften geschafft. Sieben Jahre später folgte für den Bereich Schulbibliotheken das Schulbibliotheksgesetz[5] mit der entsprechenden Durchführungsverordnung. Südtirol verfügt damit als eines von wenigen europäischen Ländern über gesetzliche Bestimmungen im Bibliotheksbereich. Während die öffentlichen Bibliotheken von Beginn an einen mehrsprachigen Bestandsaufbau verfolgten, wurde der Bestandsaufbau in den großen wissenschaftlichen Bibliotheken gemäß deren Sammelauftrags[6] vorwiegend sprachlich getrennt vorangetrieben. Erst mit der Gründung der Bibliothek der Freien Universität Bozen, die als erste wissenschaftliche Bibliothek von Anfang an

---

3 Vgl. Weger, Daniel: Die Südtiroler Bibliothekslandschaft 2008. In: Zum Lesen (2008) H. 3. S. 20.
4 Landesgesetz vom 7. November 1983, 41: Regelung der Weiterbildung und des öffentlichen Bibliothekswesens. Jeder Bürger hat im Rahmen der zur Verfügung stehenden Einrichtungen ein Recht auf Weiterbildung, durch die er Kenntnisse und Fähigkeiten zur Bewältigung seiner persönlichen, staatsbürgerlichen, beruflichen und gesellschaftlichen Aufgaben erwerben und verbessern kann. (Abs. 1).
5 Landesgesetz vom 7. August 1990, Nr. 17, Art. 2 Maßnahmen zur Förderung der Schulbibliotheken.
6 „Sammelschwerpunkte der Landesbibliothek ,Dr. Friedrich Teßmann' Die Landesbibliothek sammelt vorwiegend deutschsprachiges Schrifttum aus den verschiedenen Wissensgebieten ...". http://www.tessmann.it/script/pages/site.asp?m1=4979&m2=4982&modId=0&linkid=0&L=de und „La Biblioteca Provinciale Italiana ,Claudia Augusta' è stata istituita con L.P. 6/1999 e regolata dal DPGP 4/2000. Si raccolgono scritti e opere di autori altoatesini, studi e ricerche locali, documenti su aspetti storico culturali, letterari, scientifici ed artistici dell'Alto Adige su ogni tipo di supporto, cartaceo e multimediale." http://www.bpi.claudiaugusta.it/serviziepatrimonio.cfm (2. 12. 2011).

der Sprachenvielfalt[7] verpflichtet war, entstand eine wissenschaftliche Bibliothek mit stark öffentlichem Charakter und sprachlich gemischten Themenbeständen. Der Ansatz der sprachlichen Öffnung prägte nicht zuletzt auch die interne Betriebskultur der Bibliothek.

Die Bibliothek der Freien Universität sah sich von Beginn an als mehrsprachiges Informationszentrum für Universität und Region. Eine ihrer Kernaufgaben ist die Informationsbeschaffung und -vermittlung, die sich an den aktuellen und zukünftigen Bedürfnissen ihrer Nutzer orientiert. Dass hierbei auch die Vermittlung von Informationskompetenz eine Schlüsselrolle spielt, liegt auf der Hand. Immer dem Zeitgeist verpflichtet wurden von der Bibliothek der Freien Universität Bozen viele Impulse für Innovationen angestoßen. Mit dem Projekt Wissenschaftsnetz wurde und wird der fortschreitenden Fragmentierung einzelner Informationseinrichtungen entgegengewirkt, indem beispielsweise die Fachbestände getrennt operierender Fachbibliotheken unter einer Suchoberfläche zusammengeführt wurden oder der Bestandsaufbau in koordinierter Weise durchgeführt wird.

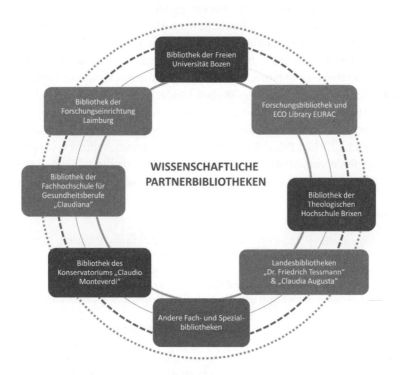

Abb. 1: Wissenschaftliche Partnerbibliotheken

---

7 „Die Freie Universität Bozen wurde als mehrsprachige Universität mit internationaler Ausrichtung am 31. Oktober 1997 gegründet." http://www.unibz.it/it/public/press/Documents/ leitbild_profilo_mission.pdf (2. 12. 2011).

Informationskompetenz an der Freien Universität Bozen

Die Freie Universität Bozen[8] umfasst heute die Fakultäten Wirtschaftswissenschaften, Bildungswissenschaften, Informatik, Design und Künste, sowie Naturwissenschaften und Technik mit 3500 Studierenden und 700 Dozenten und Wissenschaftlern. Die Lehrveranstaltungen werden in deutscher, italienischer, englischer und ladinischer Sprache abgehalten. Die Bibliothek, die zeitgleich mit der Universität gegründet wurde,[9] ist eine zentrale Einrichtung für Forschung, Lehre und Studium und ist genauso wie die Universität auf drei Standorte in Südtirol verteilt. Sie ist eine einschichtige, zentral geführte Bibliothek mit einer flachen Hierarchie, die Mitarbeiter arbeiten standortübergreifend in Teams. Als große wissenschaftliche und öffentlich zugängliche Bibliothek, deckt sie nicht nur den Informationsbedarf der Universitätsangehörigen, sondern auch jenen der externen Nutzer ab.[10] Mit dem Bologna-Prozess von 1999, der einen einheitlichen europäischen Hochschulraum schuf, bekamen Schlüsselqualifikationen wie Informationskompetenz innerhalb des Studiums eine besondere Bedeutung und eröffneten den Hochschulbibliotheken neue Arbeitsfelder.

Da die Universität nur zwei Jahre vor dem Bologna-Prozess und zudem in einer Zeit grundlegender informationstechnologischer Veränderungen gegründet wurde, sah sich die junge Bibliothek durch die neuen Technologien nicht wie Traditionsbibliotheken großen Widerständen ausgesetzt, sondern widmete sich von Anfang an auch verstärkt der Konzeption und Umsetzung zur Vermittlung und Förderung von Informationskompetenz. Waren es anfänglich einzelne Veranstaltungsbausteine, die für Studierende außerhalb der Pflichtlehrveranstaltungen angeboten wurden, so gelang es rasch, die Anzahl der Seminare zu erhöhen und mehr und mehr Teilnehmer zu gewinnen. So bewerteten beispielsweise die Verantwortlichen der Fakultät für Bildungswissenschaften 2001 das Lehrangebot der Bibliothek als ausgereift für die Einbindung in den regulären Vorlesungsbetrieb: im vierjährigen Laureatsstudiengang Bildungswissenschaften wurde daher im Wintersemester 2001 das Wahlfach Informationskompetenz in deutscher Sprache und in italienischer Sprache das entsprechende Wahlfach mit dem Titel „Ricerca e trattamento delle informazioni" eingerichtet und wird bis heute angeboten. Die sprachliche Trennung musste aufgrund der in Südtirol zweisprachig und parallel organisierten Ausbildung der Grundschullehrerinnen und Kindergärtnerinnen umgesetzt werden. Das Wahlfach setzt sich aus 15 Modulen zu je 2 Stunden zusammen und sieht bei erfolgreicher Absolvierung die Vergabe von

---

8 Siehe unter: Free University of Bozen – Bolzano: http://www.unibz.it/en/public/university/default.html (9. 12. 2011).

9 Siehe auch den Beitrag von Beberweil/Siems in diesem Band.

10 Free University of Bozen – Bolzano: Bibliothek. http://www.unibz.it/de/library/about/default.html (02. 11. 2011).

ECTS-Punkten vor.[11] Eine maximale Teilnehmergrenze von dreißig Plätzen soll gute Lehr- und Lernvoraussetzungen gewährleisten. Als einer der wichtigsten Aspekte bei der Planung der Lehrveranstaltungen gilt der Grundsatz, eine für die Lernenden relevante Lernsituation zu schaffen und damit differenzierte Inhalte und Methoden an den Niveaustufen der Teilnehmer auszurichten. Um dies zu garantieren, entwickelte die Bibliothek der Freien Universität Bozen das Schulungsangebot gemäß den Modellen aus dem angloamerikanischen Raum, insbesondere den „Information Literacy and Competency Standards for Higher Education" und setzte dazu ein verbindliches Papier auf, in welchem Lernziele und Bewertungskriterien definiert werden. Anhand der vorgegeben Kriterien werden Inhalte den unterschiedlichen Lernsituationen angepasst und somit sichergestellt, dass unabhängig von Dozenten dieselben Inhalte vermittelt werden.[12] In die Praxis übertragen bedeutet dies, dass die Studierenden anhand einer konkreten Aufgabenstellung wie einer Seminar- oder Laureatsarbeit lernen, ihren Informationsbedarf zu identifizieren und einzugrenzen. Im Verlauf der Lehrveranstaltung werden die Grundlagen wissenschaftlichen Arbeitens trainiert und beim Verfassen der schriftlichen Prüfungsarbeit angewandt. Die Studierenden entwickeln Suchstrategien und Recherchetechniken, sie werden mit den wichtigsten Suchwerkzeugen wie Katalogen, Datenbanken, Internetanwendungen, traditionellen und innovativen Informationsressourcen vertraut gemacht, wobei über den Prozess der Literaturbeschaffung und Literaturverwertung nicht nur Technologiekompetenzen erworben, sondern auch Themen des verantwortungsvollen Umganges mit Information vertieft werden.

Diese im Curriculum verankerten Lehrveranstaltungen stellen den Kern der Angebotspalette zur Förderung der Informationskompetenz dar. Ergänzend dazu stehen für die Fakultät für Design und Künste sowie für jene der Naturwissenschaften und Technik so genannte „Drop-In Sessions" im Mittelpunkt, in denen der Fachreferent als Gastvortragender in einer Lehrveranstaltung ausgewählte Rechercheinstrumente vorstellt, die thematisch mit speziellen Aufgabenstellungen des Kurses abgestimmt sind. Flexibel gestaltete Vertiefungen werden für PhD-Studierende der Fakultäten für Naturwissenschaften und Technik und für Forschungsdoktoranden der Allgemeinen Pädagogik, Sozialpädagogik und Allgemeinen Didaktik angeboten: Die Inhalte und die Termine werden größtenteils von den Teilnehmern selbst definiert. Die Besonderheiten der Angebote für die Fakultät für Wirtschaftswissenschaften werden in einem eigenen Beitrag in diesem Band dargestellt.[13]

---

11 Vgl. Schatovich, Anna Katharina: Zur Vermittlung von Informationskompetenz an österreichischen Universitätsbibliotheken. Entwicklung, Status quo und Perspektiven im Raum Wien. Dipl.Arb. Eisenstadt 2007. S. 19–24 http://eprints.rclis.org/handle/10760/8849 (3. 12. 2011).
12 Kugler, Ulrike: Integration der ACRL Standards in Informationskompetenz für das Hochschulwesen in das Wahlfach Informationskompetenz an der Fakultät für Bildungswissenschaften. Unveröffentlichtes Manuskript, Freie Universität Bozen.
13 Vgl. den Beitrag von Beberweil/Siems in diesem Band.

Daneben haben sich noch zahlreiche andere zielgruppenorientierte Aktivitäten für die Universität in diversen Ausprägungen etabliert. Das Spektrum reicht von Erstsemestereinführungen über Informationskompetenz-Programmen für Masterstudierende und Einzelberatungen zur speziellen Rechercheunterstützung, zur Klärung von Fragen des Zitierens und wissenschaftlichen Arbeitens bis hin zu Unterstützungsmaßnahmen bei Schwierigkeiten mit IT-Anwendungen. Abgerundet wird dieses Sortiment von Gastpräsentationen mit Praxiseinheiten in Pflichtveranstaltungen und Coaching-Angeboten zur Präsentation der Thesis. Ziel der Bibliothek ist die kompetente Betreuung von Studierenden und Wissenschaftlern während des gesamten Werdeganges an der Universität. Die wachsende Vielfalt der Aktivitäten spiegelt sich deutlich in den statistischen Messwerten wie etwa der Teilnehmerquote und der Gesamtdauer aller Veranstaltungen wider. Betrug die Schulungsdauer im Jahr 2008 noch 297 Stunden, so war sie zwei Jahre später bereits um die Hälfte angestiegen. Im Jahr 2008 besuchten insgesamt 3628 Personen, die genannten Veranstaltungen, in den Folgejahren betrug der Anstieg durchschnittlich 5 Prozent. Der Nachweis eines positiven Outputs aller genannten Programme ist allerdings nur schwer mess- und darstellbar. Als vorsichtiges Indiz für einen solchen dürfen die Untersuchungsergebnisse der Umfrage „Do you know the digital library", die im Jahr 2005 an der Freien Universität Bozen durchgeführt wurde, genannt werden, bei der 84,7 Prozent der Befragten angaben, die Online-Ressourcen der Universitätsbibliothek genutzt zu haben.[14]

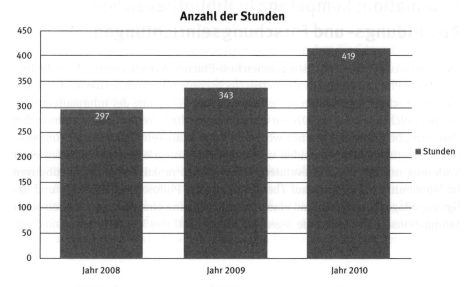

Abb. 2: Schulungsdauer in Stunden Information-Literacy-Veranstaltungen 2008–2010

---

14 Free University of Bozen – Bolzano: Surveys. http://www.unibz.it/en/library/about/surveys.html (25. 11. 2011).

den Einrichtungen verfügt jedoch über ausgearbeitete Module mit festgesetzten Themeninhalten.

Informationskompetenz in Landes-, Schul- und öffentlichen Bibliotheken

Landesbibliotheken

Die deutsche Landesbibliothek Dr. Friedrich Teßmann bietet nach Bedarf Bibliotheksführungen für Schulklassen gekoppelt mit Tipps und Anleitungen zu den verschiedenen Bibliotheksdiensten und erweiterte ihr Angebot 2009 um modular aufgebaute Informationsschulungen für Oberschüler der Abschlussklassen mit dem Titel „Fit für die Facharbeit" und den Schwerpunkten: Recherchemöglichkeiten und -strategien, Bewertung von Informationsquellen und Recherche für die eigene Facharbeit. Die italienische Landesbibliothek, die Biblioteca Provinciale Italiana Claudia Augusta, hat ihren Schwerpunkt in der Leseförderung und in der Veranstaltungstätigkeit.

Öffentliche Bibliotheken und Schulbibliotheken

2009 wurde vom Ufficio educazione permanente, biblioteche e audiovisivi eine Broschüre über Informationskompetenz in den italienischen Schulbibliotheken herausgegeben. Die Publikation „Percorsi di information literacy nelle biblioteche scolastiche: le best practices attuate nella Provincia di Bolzano"[18] zeigt genauso wie die vom Pädagogischen Institut für die deutsche Sprachgruppe gemeinsam mit dem Amt für Bibliotheken und Lesen herausgegebene Publikation „Lernwelten.net. Lernkompetenz in der Schulbibliothek fördern"[19] an ausgearbeiteten Beispielen Arbeitstechniken für das selbst gesteuerte Lesen. Die konkrete Umsetzung in der Bibliothek hängt vom Engagement der Schulbibliothekare ab. Sowohl Schulbibliotheken als auch öffentliche Bibliotheken aller Landessprachen bieten in erster Linie Informationskompetenz in Form von Bibliothekseinführungen und Bibliotheksrallyes mit spielerischem, visuellem und handlungsorientiertem Charakter an. Die öffentlichen Bibliotheken sehen

---

18 Provincia autonoma di Bolzano – Alto Adige. Cultura italiana, Ufficio Educazione permanente, Biblioteche e Audiovisivi. Percorsi di information literacy nelle biblioteche scolastiche: le best practices attuate nella Provincia di Bolzano. 2009. http://www.provincia.bz.it/cultura/download/ Percorsi_di_information_literacy_nelle_biblioteche_scolastiche.pdf (2. 12. 2011).
19 Siehe auch den Beitrag von M. Fritz in diesem Band.

nach wie vor ihren Hauptauftrag in der Lese- und Literaturförderung mit dem Ziel einer verstärkten Bewusstseinsbildung hinsichtlich der Wichtigkeit der Kulturtechnik Lesen.[20]

Perspektiven zur Vermittlung von Informationskompetenz an der Bibliothek der Freien Universität Bozen

Angesichts der Entwicklungen der letzten zehn Jahre geht die künftige Orientierung in Richtung qualitativer Ausdehnung der bestehenden Angebote. Nach wie vor wird die Verankerung eines verpflichtenden Unterrichtsfaches Informationskompetenz im Curriculum aller Fakultäten angestrebt und das Hauptaugenmerk dabei auf die Entwicklung spezifischer und zielgruppenorientierter Angebote für den Studien- und Forschungsbereich gelegt. Darüber hinaus müssen weitere Entfaltungsmöglichkeiten gefunden werden. Diese lassen sich überall dort definieren, wo neue und unkonventionelle Lehrangebote im Entstehen sind. Waren es vor einigen Jahren noch die erstmalig angebotenen Master- und PhD-Studiengänge, welche den Innovationsbedarf im Angebotsspektrum der Fachreferenten vorgaben, so sind es derzeit Aktivitäten im Feld des Life-Longe-Learning wie etwa das sogenannte „Studium Generale", welches seit dem Wintersemester 2011/12 an der Freien Universität Bozen angeboten wird und nach neuen Konzepten im Umgang mit höchst heterogenen Alters- und Lerngruppen verlangt. Gleichzeitig kommen mit dem Projekt „Junior Uni" und anderen Weiterbildungsprogrammen Zielgruppen an die Universität, für welche eigene Information-Literacy-Programme konzipiert werden müssen. Die Kooperation der Freien Universität Bozen mit den Forschungseinrichtungen der Region wird künftig eine noch intensivere Nutzung der Bibliothek durch Forscher zur Folge haben, die nicht Mitglieder der Universitätsgemeinschaft sind. Berufsfeldorientierte Recherchetrainings oder ortsunabhängige didaktische Angebote – wie etwa Webinare – werden diesen zu erwartenden Nutzerkreisen entgegen kommen und die Positionierung der Bibliothek neu definieren. Lag die Akademikerquote in Südtirol bei der Volkszählung im Jahr 2001 lediglich bei 6,4 Prozent,[21] so ist nach der aktuell laufenden Zählung eine nicht unerhebliche Steigerung dieses Prozentsatzes und somit eine gesteigerte Nachfrage nach den zuvor genannten Bildungsmöglichkeiten zu erwarten. Nicht nur in diesem Zusammenhang scheint eine hochgradige Medien- und IT-Kompetenz der Bibliothek zunehmend

---

20 Saurer, Otto: Schulische Wirklichkeit in Südtirol – Vorbild für andere Länder? 2008.
http://www.fes-regensburg.de/files/FES/2008/Referat%20LR%20Dr_%20Saurer.pdf
(39. 10. 2011).
21 Ebd.

an Bedeutung zu gewinnen. Die Auseinandersetzung mit unterschiedlichsten Text- und Literaturverwaltungsprogrammen, Präsentationssoftware-Produkten und Social-Media-Instrumenten bildet hier die Voraussetzung dafür, Transferkompetenzen und nicht reines Bedienungswissen zu vermitteln. Wollen die Aktivitäten im Bereich Informationskompetenz allerdings in eine neue Generation übergeführt werden, müssen sie systematisch den Eintritt in konkrete Forschungsprojekte finden, wobei unter anderem Supportleistungen bei der Auswertung, Verwaltung und Archivierung von Forschungsdaten und in den Recherche- und Publikationsprozessen denkbar sind. Letztere erfordern eine fundierte Einschätzung und Kenntnis der wissenschaftlichen Publikationslandschaft. Übergeordneter Wert und Motor ist dabei das Prinzip Informationsqualität, welchem sich die Akteure der Informationskompetenz von Beginn an verschrieben haben. Ihre enge Verbindung zu wissenschaftsethischen Fragestellungen spiegelt sich auf allen Niveaus der akademischen Tätigkeitsbereiche wider. Sie werden folglich auch in Zukunft für die Einhaltung der Regeln guten wissenschaftlichen Verhaltens, für das Ethos der Wissenschaften,[22] eintreten – sei es durch Sensibilisierungskampagnen oder ganz praktisch als Instanzen der Plagiatsprüfung.

Weiterführende Literatur

Biblioteca Provinciale Italiana Claudia Augusta. Servizi e patrimonio.
    http://www.bpi.claudiaugusta.it/serviziepatrimonio.cfm (2. 12. 2011).
Buoso, P. u. G. Winkler: Do you know the digital library? University Library of Bolzano User Survey
    2005. Results. http://www.unibz.it/en/library/about/surveys.html (2. 12. 2011).
Frasnelli, Elisabeth: Unser Selbstverständnis. http://www.unibz.it/de/library/about/
    default.html (2. 12. 2011).
Kugler, U.: Integration der ACRL Standards in Informationskompetenz für das Hochschulwesen
    in das Wahlfach Informationskompetenz an der Fakultät für Bildungswissenschaften.
    Unveröffentlichtes Manuskript. Freie Universität Bozen 2008.
Landesbibliothek Dr. Friedrich Teßmann: Bibliotheksprofil. http://www.tessmann.it/script/
    pages/site.asp?m1=4979&m2=4982&modId=0&linkid=0&L=de (2. 12. 2011).
Leitbild der Freien Universität Bozen. http://www.unibz.it/it/public/press/Documents/
    leitbild_profilo_mission.pdf (2. 12. 2011).
Mission Amt 14.4 [Amt für Bibliotheken und Lesen der Autonomen Provinz Bozen]. http://
    www.provinz.bz.it/kulturabteilung/bibliotheken/bibliotheken-ueber-uns.asp (2. 12. 2011).
Provincia autonoma di Bolzano – Alto Adige. Cultura italiana, Ufficio Educazione permanente,
    Biblioteche e Audiovisivi. Percorsi di information literacy nelle biblioteche scolastiche:
    le best practices attuate nella Provincia di Bolzano. 2009. http://www.provincia.bz.it/cultura/
    download/Percorsi_di_information_literacy_nelle_biblioteche_scolastiche.pdf
    (2. 12. 2011).

---

22 Fuchs, Michael: Dimensionen der Forschung. In: Forschungsethik. Eine Einführung. Hrsg. von Michael Fuchs u. a. Stuttgart: Metzler 2010, hier S. 41.

Schatovich, Anna Katharina: Zur Vermittlung von Informationskompetenz an österreichischen Universitätsbibliotheken. Diplomarbeit im Fachhochschul-Studiengang Informationsberufe Eisenstadt. 2007. http://eprints.rclis.org/bitstream/10760/8849/1/AC06004960.pdf (2. 12. 2011).
Weger, Daniel: Die Südtiroler Bibliothekslandschaft. In: Zum Lesen (2008) H. 3. S. 20–22.

Renate Vogt

Der Beitrag der regionalen und nationalen Vernetzung zur effizienten Vermittlung von Informationskompetenz in Hochschulen

Abstract: Für die in der Vermittlung von Informationskompetenz engagierten Bibliothekare spielt nach wie vor der unmittelbare Kontakt zu den Studierenden und Wissenschaftlern eine wichtige Rolle. Trotz der Orientierung an speziellen Zielgruppen und lokalen Rahmenbedingungen stellen sich jedoch überall ähnliche grundsätzliche Anforderungen. Durch einen strukturierten Erfahrungsaustausch, die kooperative Erarbeitung von Rahmenvorgaben und Materialen und durch die Nachnutzung von Produkten gelingt es, mit vertretbarem Aufwand qualitativ hochwertige Schulungen, Lehrveranstaltungen und E-Learning-Module anzubieten. Die Vernetzung der Bibliotheken wird vor allem durch die regionalen Arbeitsgemeinschaften zur Informationskompetenz getragen. Das Portal „www.informationskompetenz.de" mit der gemeinsamen Veranstaltungsstatistik bildet das Scharnier für die überregionale Zusammenarbeit, die in Hinblick auf die wirksame Vertretung der Positionen der Hochschulbibliotheken in der Öffentlichkeit und gegenüber der Politik zunehmend wichtig wird.

Keywords: Hochschulbibliothek, Kooperation, Nachnutzung, Vernetzung, Netzwerk Informationskompetenz, Arbeitsgemeinschaft Informationskompetenz, Bibliotheksregion

Dr. Renate Vogt: Diplom-Mathematikerin, Dr. rer. nat., seit 2000 Direktorin der Universitäts- und Landesbibliothek Bonn, seit 2002 Vorsitzende der Arbeitsgruppe Informationskompetenz der Arbeitsgemeinschaften der Universitätsbibliotheken und der Fachhochschulbibliotheken in Nordrhein-Westfalen, 2010 Mitarbeit in der AG Informationskompetenz der Kommission Zukunft der Informationsinfrastruktur.

Neue Kooperationsstrukturen für neue Aufgaben

Die Förderung der Informationskompetenz von Studierenden und Wissenschaftlern an den Hochschulen vollzieht sich weitgehend im lokalen Umfeld. Die Bibliotheken orientieren sich mit ihren Angeboten stark an den jeweiligen Zielgruppen, den speziellen Studiengängen, den Wünschen der Dozenten und den Rahmenbedingungen der Informationsversorgung an der eigenen Hochschule. So individuell die thematische Aufbereitung und die organisatorische Durchführung sich auch gestalten: Jeder der in der Lehre aktiven Bibliothekare ist mit ähnlichen grundsätzlichen Fragen und praktischen Herausforderungen konfrontiert. Die Gleichartigkeit der zu bewältigenden Probleme, das Streben nach Qualität und der Zwang zur wirtschaftlichen Leistungserbringung – auf diesen Grundlagen entwickeln sich Kooperationen zwischen Bibliotheken. Dies gilt auch für die als strategisch wichtig eingestufte, noch relativ neue Aufgabe der Vermittlung von Informationskompetenz.

Die Veröffentlichung der „SteFi-Studie"[1] im Jahr 2001 wirkte wie eine Initialzündung. Unter dem Begriff „Informationskompetenz" wurden die Schulungsaktivitäten in einen Gesamtzusammenhang gestellt und aufgewertet. Zugleich waren die Bibliotheken mit einem höheren Anspruch konfrontiert hinsichtlich der strukturierten Aufbereitung der Lehrinhalte und ihrer didaktischen Vermittlung.

Die Arbeitsgemeinschaft der Universitätsbibliotheken in Nordrhein-Westfalen beschloss im Dezember 2001 die Gründung einer Arbeitsgruppe Informationskompetenz Nordrhein-Westfalen (AG IK NRW), „die sich mit dem Ausbau und der verlässlichen universitären Einbindung von bibliothekarischen Schulungs- und Kursangeboten (Vermittlung von Schlüsselqualifikationen, Einbindung in die Curricula der Hochschulfächer, Zertifizierung von Kursangeboten usw.) beschäftigen soll."[2]

Sie bestand aus acht Vertretern von Universitäts- und Fachhochschulbibliotheken und hatte folgenden Auftrag:[3]

„Die Arbeitsgruppe hat sich das Ziel gesetzt, durch konkrete Empfehlungen und praktische Vorarbeiten den einzelnen Hochschulbibliotheken bei der Erarbeitung ihres Schulungskonzeptes Hilfestellung zu geben. Durch arbeitsteilige Ausarbeitung und Sammlung von Materialien und durch Organisation des Erfahrungsaustausches will sie die Arbeit in den einzelnen Bibliotheken unterstützen und zu einer hohen Qualität der Angebote beitragen. Im Einzelnen hat sich die AG folgende Aufgaben gestellt:

- Erstellung von Rastern der zu vermittelnden Inhalte/Lernziele nach Studienabschnitten und Studienfächern
- Empfehlung zu den jeweils einzusetzenden Methoden
- Qualitative Bewertung existierender Angebote zu virtuellen Schulungen und Informationsmaterialien
- Sondierung der Möglichkeiten zur kooperativen Erstellung und Pflege virtueller Schulungsangebote

---

1 Nutzung elektronischer wissenschaftlicher Information in der Hochschulausbildung. Barrieren und Potenziale der innovativen Mediennutzung im Lernalltag der Hochschulen. Endbericht. Dortmund 2001. http://www.stefi.de/download/bericht2.pdf(25. 7. 2011).
2 Protokoll der Sitzung der AGUB am 13. Dezember 2001 in Köln, TOP 8.
3 Zwischenbericht vom 7. Juli 2002 der AG IK für die AGUB. http://www.ulb.uni-bonn.de/die-ulb/AGIK/protokolle/agik_nrw_zwischenbericht-0207.pdf (25. 7. 2011).

– Empfehlungen zu den technischen, räumlichen und personellen Rahmenbedingungen
– Erstellung eines Anforderungsprofils an Informationsvermittler zur Ermittlung
  des Fortbildungsbedarfs
– Empfehlungen zur Einbindung in das Lehrangebot (Analyse von Studiengängen,
  um Ankerpunkte für Schulungsangebote zu finden)
– Entwicklung eines Marketingkonzeptes"

Nach dem Vorbild der AG IK NRW wurden zunächst in Baden-Württemberg und
Bayern regionale Netzwerke gegründet. Inzwischen existieren sie bundesweit fast
flächendeckend:[4]
– Arbeitsgruppe Informationskompetenz der Arbeitsgemeinschaften der
  Universitätsbibliotheken und der Fachhochschulbibliotheken in Nordrhein-
  Westfalen (AGIK NRW), gegründet 2002, beteiligt sind 27 Hochschulbibliotheken
– Netzwerk Informationskompetenz Baden-Württemberg (NIK-BW), gegründet
  2005, Teilnehmer sind 11 Hochschul- und 2 Landesbibliotheken
– Arbeitsgruppe Informationskompetenz im Bibliotheksverbund Bayern (AGIK
  BAY), gegründet 2006, Teilnehmer sind 10 Hochschulbibliotheken, 1 Landes-
  bibliothek und die Bayerische Staatsbibliothek
– Arbeitsgemeinschaft Informationskompetenz im Gemeinsamen Bibliotheks-
  verbund (AGIK GBV), gegründet 2006, Teilnehmer sind 15 wissenschaftliche
  Bibliotheken aus Bremen, Hamburg, Mecklenburg-Vorpommern, Niedersachsen
  und Schleswig-Holstein
– Netzwerk Informationskompetenz Sachsen (NIK Sachsen), gegründet 2007,
  Teilnehmer sind 9 Hochschulbibliotheken
– Netzwerk Informationskompetenz Hessen (NIK Hessen), gegründet 2007,
  Teilnehmer sind 10 Hochschulbibliotheken, 1 Landesbibliothek und 1 Stadt-
  bücherei
– Netzwerk Informationskompetenz Berlin/Brandenburg, beteiligt sind
  10 wissenschaftliche Bibliotheken
– AG Informationskompetenz Rheinland-Pfalz und Saarland, beteiligt sind
  16 Hochschul-, Landes- und Stadtbibliotheken

Die Organisationsform dieser Zusammenschlüsse ist uneinheitlich: in Bayern fungiert
sie als Arbeitsgruppe des Bibliotheksverbundes, im GBV als „offene Netzwerkstruktur
unter informeller Federführung".[5] Die Ziele der regionalen Kooperation sind jedoch
sehr ähnlich:

---

4 Präsentation der Netzwerke unter http://www.informationskompetenz.de/regionen/
(25. 7. 2011).
5 http://www.informationskompetenz.de/regionen/niedersachsen/ (25. 7. 2011).

- Formulierung von Empfehlungen und Standards
- Gemeinsame Entwicklung und Austausch von Lehr- und Lernmaterialien
- Qualifizierung der Mitarbeiter (vor allem durch didaktische Weiterbildung)
- Evaluation und Qualitätskontrolle
- Marketing
- Überregionale Zusammenarbeit

Erfahrungsaustausch

Der kollegiale Erfahrungsaustausch ist ein bewährtes Instrument, um alternative Wege für die Bewältigung derselben Aufgabe kennenzulernen, Hilfestellung bei aktuellen Problemen zu erhalten und im Sinne von best practice Optimierungsmöglichkeiten im eigenen Umfeld zu erkennen.

In den meisten Regionen entsendet jede am Netzwerk beteiligte Bibliothek einen Vertreter in die regionale AG. Diese AG-Mitglieder bringen die Erfahrungen aus ihren Häusern gebündelt in die Diskussionen ein und tragen umgekehrt die Ergebnisse der AG-Aktivitäten zurück in den Kreis ihrer lokalen Kolleginnen und Kollegen. In dem an Hochschulen reichen Land NRW sieht sich die mit jetzt sieben Mitgliedern recht kleine AG IK vorrangig als koordinierende und steuernde Instanz. Daneben benennt jede der 27 kooperierenden Hochschulbibliotheken einen Multiplikator für Informationskompetenz, der das Scharnier zwischen den regionalen und lokalen Aktivitäten bildet. Die Multiplikatoren treffen sich jedes Jahr zu einem ein- oder zweitägigen Workshop, in dem der persönliche Austausch kombiniert wird mit Fachvorträgen zu aktuellen Fragestellungen und mit didaktischer Fortbildung.

Regional wurden Workshops zu bestimmten Themen organisiert, z. B. 2004 in Bonn: „Informationskompetenz als Schlüsselqualifikation in den Bachelor-Studiengängen", 2009 in München: „Forum Information Literacy Assessment" sowie 2011 in Würzburg: „Können wir Informationskompetenz? Information Literacy Assessment in der Praxis II".

Eine wichtige Plattform für die nationale Vernetzung bilden die jährlichen Bibliothekartage: Seit 2002 ist dem Thema Informationskompetenz in Hochschulen jeweils ein Vortragsblock gewidmet, den die regionalen AGs gemeinsam gestalten. Die hohen Teilnehmerzahlen dieser Veranstaltungen belegen das nicht nachlassende Interesse am kollegialen Austausch.

Portal www.informationskompetenz.de

Das Portal www.informationskompetenz.de ist die zentrale Plattform für den Informationsaustausch unter den Bibliothekaren, das Einstellen und Nachnutzen von

Materialien, die Präsentation von regionalen Aktivitäten und die gemeinsame Veran-staltungsstatistik.

Bereits 2002 hatte die Universitäts- und Landesbibliothek Bonn damit begonnen, eine strukturierte Linksammlung zum Themenkomplex Informationskompetenz auf-zubauen, die später in eine Datenbank überführt wurde. Nach und nach präsentier-ten sich alle regionalen Arbeitsgruppen in dem Portal, das von einem aus verschiede-nen regionalen Arbeitsgemeinschaften zusammen gesetzten Redaktionsteam betreut wird. Wegen fehlender Personalkapazitäten in Bonn ging die technische Betreuung des Portals 2006 vorübergehend an die UB der Ludwig-Maximilians-Universität Mün-chen über, verbunden mit der Portierung auf ein Content Management System und der Neustrukturierung des Internetauftritts. Nach mehrjährigen Bemühungen um eine stabile technische Anbindung und langfristige Absicherung des Portals konnte der Deutsche Bibliotheksverband (dbv) im Februar 2010 dafür gewonnen werden, im Rahmen des Kompetenznetzwerks für Bibliotheken (KNB) das Hosting zu überneh-men. Damit ist zwar der Betrieb gesichert, aber die geringen verfügbaren KNB-Mittel reichen nicht einmal für die dringendsten Anforderungen,[6] erst recht nicht für eine bedarfsgerechte Weiterentwicklung des Portals.

Standards

Die „Information Literacy Competency Standards for Higher Education" der Associati-on of College and Research Libraries vom 18. 1. 2000 wurden in Deutschland aus dem Bedürfnis nach einem gemeinsamen stabilisierenden Rahmen für alle regionalen und lokalen Aktivitäten zur Vermittlung von Informationskompetenz aktiv aufgenommen. Im November 2008 fand in Köln ein Runder Tisch zum Thema „Informationskompe-tenz – Nationale Standards?" statt, um gemeinsame Standards der Informationskom-petenz für Studierende, basierend auf den Vorarbeiten des NIK BW,[7] zu erarbeiten.

Nach engagierter Diskussion und redaktioneller Überarbeitung konnten die Stan-dards in der Frühjahrssitzung 2009 der Sektion 4 des dbv vorgestellt und wenig später im Vorstand verabschiedet werden.[8]

---

6 Um wichtige Verbesserungen am Portal im Bereich der Veranstaltungsstatistik realisieren zu können, haben beispielsweise die Teilnehmerbibliotheken des NIK Baden-Württemberg in einer einmaligen Sammelaktion die notwendigen Mittel zur Verfügung gestellt.
7 Die wissenschaftlichen Bibliotheken Baden-Württembergs hatten 2006 Standards für die Informationskompetenz von Studierenden formuliert und verabschiedet.
8 http://www.bibliotheksverband.de/fileadmin/user_upload/Kommissionen/ Kom_Dienstleistung/Publikationen/Standards_Infokompetenz_03.07.2009_endg.pdf (25. 7. 2011).

Professionalisierung

Da die Mehrzahl der Bibliothekare, die Schulungen durchführen oder Tutorials entwickeln, methodisch-didaktische Unterstützung benötigen, ist es eine wesentliche
Aufgabe der regionalen Netzwerke, geeignete Fortbildungsveranstaltungen für die
Schulungsbibliothekare zu organisieren. Das Themenspektrum reicht von Präsentationstechniken bis zu technischen und didaktischen Hilfestellungen bei der Entwicklung von eLearning-Bausteinen.

Als praxisbezogener Ansatz zur persönlichen Weiterbildung wurde das Instrument der kollegialen Beratung in bayerischen Hochschulbibliotheken erfolgreich
erprobt.[9] Organisiert durch die regionale AG IK, aber auf freiwilliger Basis, beteiligten sich 15 Bibliothekare aus drei Fachhochschulen sowie 16 Kollegen aus 7 Universitätsbibliotheken. In kleinen, nach Interessenschwerpunkten zusammengesetzten
Gruppen besuchten sie sich wechselseitig bei regulären Lehrveranstaltungen und
gaben den Kollegen durch kritische Rückmeldung ein strukturiertes Feedback zur
Gestaltung ihrer Lehrveranstaltungen. Anschließende Workshops unter der Leitung
der Bayerischen Bibliotheksschule dienten der systematischen Aufarbeitung der Beobachtungen und der Erarbeitung methodischer Grundlagen.

Für die Verbindung zwischen der bibliothekarischen Ausbildung und der Praxis
spielen die regionalen Netzwerke eine wichtige Rolle, indem sie Dozenten in die Ausbildungsstätten vermitteln oder Projekte betreuen.

Statistik und Qualitätsmanagement

Als Kennzahl für die Schulungsaktivitäten erhebt die Deutsche Bibliotheksstatistik
seit 2002 den Umfang der Benutzerschulungen in Stunden sowie der Zahl der Teilnehmer.[10] Um Entwicklungen über mehrere Jahre beobachten und die Leistungen
der Bibliotheken miteinander vergleichen zu können, werden wesentlich detaillier-
tere Angaben benötigt. Die Hochschulbibliotheken in NRW haben daher ein einheit-
liches Raster für die statistische Auswertung von Schulungsmaßnahmen erarbeitet
und im Wintersemester 2004/05 erstmals eingesetzt. Die Erhebung lieferte sowohl

---

9 Das Konzept stellte Fabian Franke auf der Verbundkonferenz des Bayerischen
Bibliotheksverbundes am 25. 11. 2008 vor www.bib-bvb.de/vk2008/franke_bvbvk2008.pdf
(25. 7. 2011); Zur Durchführung in den Fachhochschulbibliotheken vergleiche Renner, Jens: Neue
Kooperationen in der Lehre. Kollegiales Feedback und externe Methodenberatung zur Verbesserung
der Informationskompetenzvermittlung durch Fachhochschulbibliotheken. In: Buch und Bibliothek
(2008). S. 527–528.
10 DBS Deutsche Bibliotheksstatistik. Variable Auswertung: Kategorien 177 u. 178. Köln:
Hochschulbibliothekszentrum (hbz). http://www.hbz-nrw.de/angebote/dbs/ (25. 7. 2011).

für die jeweilige Bibliothek wie auch für die gemeinsame Leistungsbilanz wichtige Anhaltspunkte z. B. zu den curricular eingebundenen Schulungen oder zur Wirkung unterschiedlicher Marketinginstrumente. Im Jahr 2007 einigten sich NRW, Baden-Württemberg und Bayern auf eine gemeinsame Veranstaltungsstatistik, an der sich inzwischen auch Bibliotheken aus weiteren Bundesländern beteiligen.[11] Über das Portal wird seit 2008 ein Online-Formular mit automatisierter Auswertung zur Verfügung gestellt. Die anonymisierte Gesamtauswertung mit den aggregierten Daten von derzeit 66 Bibliotheken wird im Portal veröffentlicht. Das auf den bibliotheksspezifischen Daten beruhende Benchmarking ist jedoch nur auf regionaler Ebene im Konsens der beteiligten Bibliotheken möglich.

Ein Desiderat ist eine umfassende Studie zur Evaluierung des nachhaltigen Erfolgs von Schulungsaktivitäten. Der Nachweis, dass die von den Bibliotheken angebotenen Kurse tatsächlich dazu beitragen, dass Studierende ihr Studium schneller und erfolgreicher absolvieren und dass Wissenschaftler weniger Zeit mit Informationsbeschaffung verbringen müssen, wäre nicht zuletzt ein wichtiges politisches Argument, das die Rolle der Hochschulbibliotheken stärkt.

Relativ einfach ist es, mit Hilfe von Feedback-Fragebögen Aussagen zur Zufriedenheit der Studierenden mit den Schulungsveranstaltungen zu erhalten. Diese Form der unmittelbaren Rückmeldung an den Dozenten wurde z. B. in NRW mit einheitlichen – differenziert nach Veranstaltungstypen – Fragebögen erprobt. Verstärkt im Fokus stehen Instrumente, die es ermöglichen, den Lernerfolg zu messen. Dazu finden sich im Portal unter dem Themenblock IK-Assessment[12] grundsätzliche Hinweise zu verschiedenen Methoden, zahlreiche Beispiele für Online-Tests und eine Linksammlung von Software-Tools zum Erstellen von Tests. Viele Bibliotheken experimentieren mit Lernkontrollen und Wissenstests und tauschen sich darüber aus. Eine weitergehende Kooperation erscheint wegen der stark an der jeweiligen Veranstaltung auszurichtenden inhaltlichen Gestaltung nicht sinnvoll.

Nachnutzbare Produkte

Schulungsunterlagen, Präsentationen, Testaufgaben, Beispielsammlungen, Online-Tutorials können für andere Bibliothekare Anregungen liefern und ihnen die Arbeit erleichtern. Diese Materialen und Dokumente werden im Portal differenziert nach unterschiedlichen Aspekten aufbereitet und kooperativ gepflegt.

Die Erfahrung zeigt, dass existierende Produkte nur in ganz seltenen Fällen unverändert übernommen, sondern fast immer mit mehr oder weniger Aufwand für die

11 Siehe unter: http://www.informationskompetenz.de/veranstaltungsstatistik/ (25. 7. 2011).
12 Siehe unter: http://www.informationskompetenz.de/im-fokus/ik-assessment/ (25. 7. 2011).

eigenen Rahmenbedingungen modifiziert werden. Auch wenn die positiven Effekte nicht messbar sind, so sind nach Auskunft aktiver Schulungsbibliothekare die Gewinne an Zeit und Qualität, die durch Verwertung von Vorleistungen erzielt werden, signifikant.

Die Bibliotheken stellen ihre Tutorials zur Informationskompetenz nach Möglichkeit über die eLearning-Plattform ihrer Hochschule zur Verfügung. Durch Standardschnittstellen ist der Austausch von Modulen inzwischen sogar zwischen Hochschulen möglich, die nicht dieselbe Plattform einsetzen. Die zahlreichen deutsch- und englischsprachigen Lernmaterialien und Tests, die die UB Konstanz als freie Lernmodule in der ILIAS-Umgebung zur Verfügung stellt, haben zahlreiche Nachnutzer gefunden, ähnlich das „Düsseldorfer Online-Tutorial".[13]

Im Unterschied zu den Materialien, die primär für den eigenen, lokalen Bedarf entwickelt und anderen zur Verfügung gestellt werden, gibt es mehrere Anläufe, virtuelle Lehrangebote gezielt zum Zweck der breiten Nachnutzung zu entwickeln.

Das „Online-Tutorial Informationskompetenz" wurde von einer aus dem Kreis der Multiplikatoren gebildeten Arbeitsgruppe entwickelt und im November 2006 fertig gestellt. Die Basisversion besteht aus vier Modulen (Suche vorbereiten, Suche durchführen, Informationen beschaffen, Information weiterverarbeiten). Insgesamt 9 Bibliotheken aus NRW haben im Wintersemester 2006/07 erste Praxiserfahrungen gesammelt und den puristischen Ansatz positiv bewertet.[14] In einem weiteren Arbeitsschritt hat die Arbeitsgruppe ein begleitendes Fallbeispiel ausgearbeitet und eine Lernstandskontrolle eingebunden. Ende 2009 hatte das Online-Tutorial 26 Nachnutzer, davon 16 aus NRW.

Als wichtigen Programmpunkt hatte sich die AGIK Bayern die kooperative Erstellung von eTutorials zu Einzelthemen mit geringem lokalspezifischem Bezug vorgenommen.[15] Inzwischen existieren 30 Tutorials z. B. zu einzelnen Datenbanken, zur Fernleihe, zur Zeitschriftensuche, zu SFX oder zur Literaturverwaltung. Durch die einheitliche Vorgabe der Struktur der Powerpoint-basierten Tutorials bis hin zum Folienmaster sollen Qualität und Wiedererkennung garantiert werden. Vier Universitätsbibliotheken[16] haben kooperativ erstellte Tutorials in ihr Webangebot eingebaut. Durch Modifikationen im Design erscheinen sie wie Produkte der eigenen Bibliothek.

---

13 Die Universitätsbibliothek Mannheim beispielsweise nutzt zwei Online-Tutorials der Bibliothek der Universität Konstanz und jeweils ein Tutorial der Universitätsbibliothek Heidelberg und der Württembergischen Landesbibliothek Stuttgart nach.
14 Schirra, Doris: Ein Produkt – viele Möglichkeiten. Das Online-Tutorial Informationskompetenz. In: Bibliotheksdienst 41 (2007). S. 773–779. http://www.zlb.de/aktivitaeten/bd_neu/heftinhalte2007/Infovermittlung010707.pdf (25. 7. 2011).
15 Vorgestellt von Fabian Franke in der Verbundkonferenz 2008 des BVB; vgl. Anm. 9.
16 Nach Auskunft von Herrn Franke sind dies die Universitätsbibliotheken Augsburg, Bamberg, Bayreuth und Regensburg.

Ein Glossar mit Begriffen zur Informationskompetenz wurde als Gemeinschafts-
projekt von Bibliothekaren aus Baden-Württemberg und Nordrhein-Westfalen und
der UB Kaiserslautern entwickelt, wobei die UB Kaiserslautern die technische Seite
betreut. Die Übersetzung ins Englische gelang durch die Kooperation mit englischen
Kollegen.[17] Das bilinguale Glossar wurde Anfang 2010 als Open Source Produkt zur
Verfügung gestellt.[18]

Zunächst gefördert vom BMFT im Rahmen von Global Info, entwickelte die ULB
Münster ab 2001 das Navigationssystem LOTSE, das Studierende und Wissenschaftler
zu den fachlich relevanten Informationsressourcen hinführen soll.[19]

Politische Vertretung

Die auf den ausgeprägt regionalen Strukturen beruhende überregionale Vernetzung
ist erfolgreich darin, die Kooperation der Hochschulbibliotheken bei der Vermittlung
von Informationskompetenz zu fördern und so die Effizienz und Qualität der bibliothekarischen Angebote zu verbessern. Die verteilten und im Zusammenwirken komplexen Strukturen sind jedoch nicht geeignet, die Interessen und Positionen der
Hochschulbibliotheken in der Öffentlichkeit und gegenüber der Politik wirksam zu
vertreten oder Finanzmittel für zentrale Dienste wie das Portal einzuwerben.

Das fehlende überregionale Mandat für die Vertretung aller Hochschulbibliotheken hinsichtlich ihrer Aufgabe der Vermittlung von Informationskompetenz erweist
sich zunehmend als Problem. Den Vertrag mit dem dbv zur Betreuung des Portals haben die Vorsitzenden der drei ältesten Netzwerke unterschrieben, stellvertretend für
alle regionalen AGs, aber ohne expliziten Auftrag. In die Arbeitsgruppe Informationskompetenz der „Kommission Zukunft der Informationsinfrastruktur in Deutschland"
wurden die Vorsitzenden der AGIK NRW und des NIK BW als Experten und zugleich
aber auch als Repräsentanten der regionalen Netzwerke berufen.

In den aktuellen Studien[20] zu den übergreifenden Informationsinfrastrukturen
für die Wissenschaft ist die Bedeutung der Informationskompetenz ebenfalls deutlich

---

17 Nilges, Annemarie u. Birgit Oberhausen: Informationskompetenz goes international.
Workshop zur Arbeit an einem deutsch-englischen Glossar zu Begriffen der Informationskompetenz.
In: Bibliotheksdienst 43 (2009). S. 753–757. http://www.zlb.de/aktivitaeten/bd_neu/
heftinhalte2009/Informationsvermittlung010709BD.pdf (25. 7. 2011).
18 Die Einbindung des englischen Glossars in das Portal ist bisher nicht gelungen, weil die Mittel
für die Programmierung der Schnittstelle nicht zur Verfügung stehen.
19 LOTSE. Wegweiser zur Literatursuche und zum wissenschaftlichen Arbeiten. Münster:
Universitäts- und Landesbibliothek. http://lotse.uni-muenster.de/ (25. 7. 2011).
20 Gesamtkonzept für die Informationsinfrastruktur in Deutschland. Empfehlungen der
Kommission Zukunft der Informationsinfrastruktur im Auftrag der Gemeinsamen
Wissenschaftskonferenz des Bundes und der Länder. April 2011. S. 65–66 und B127–B138.

herausgearbeitet worden. Die bevorstehenden Diskussions- und Umsetzungsprozesse bieten die Gelegenheit, den Stellenwert der Informationskompetenz im wissenschaftlichen Umfeld den Hochschulen und der Politik nachdrücklich zu verdeutlichen und Unterstützung dafür einzuwerben. Die Hochschulbibliotheken sollten dabei durch ein von ihnen autorisiertes Gremium vertreten sein, das als zentraler Ansprechpartner für die Hochschulrektorenkonferenz, für wissenschaftliche Fachgesellschaften oder für bibliothekarische Ausbildungsstätten fungiert. Dieses Gremium sollte darüber hinaus Förderprogramme anregen, Drittmittel für Projekte einwerben, überregionale Tagungen veranstalten und die vielen guten Ansätze bündeln, die nicht nur in den regionalen Arbeitsgruppen, sondern auch in Zusammenschlüssen wie dem Verein deutscher Bibliothekare (VDB)[21] und Bibliothek & Information Deutschland (BID)[22] bereits existieren.

http://www.leibniz-gemeinschaft.de/?nid=infrastr&nidap=&print=0 (25. 7. 2011);
Wissenschaftsrat: Übergreifende Empfehlungen zu Informationsinfrastrukturen. Berlin 2011.
S. 55–57 http://www.wissenschaftsrat.de/download/archiv/10466-11.pdf (25. 7. 2011).
21 Hamburger Erklärung des Vereins Deutscher Bibliothekare. November 2009.
http://www.informationskompetenz.de/fileadmin/user_upload/
2009-11_informationskompetenz-hamburger-erklaerung.pdf (25. 7. 2011).
22 Positionspapier der BID zur Medien- und Informationskompetenz. Februar 2011.
http://www.bideutschland.de/download/file/Medien-%20und%20Informationskompetenz.pdf
(25. 7. 2011).

Ute Krauß-Leichert

Vermittlung von Informationskompetenz in der bibliothekarisch-orientierten Hochschulausbildung

Abstract: In dem Artikel wird nochmals zusammengefasst, dass mittlerweile Konsens darin besteht, dass das Konzept der Teaching Library und damit das Konzept der Vermittlung von Informations- und Medienkompetenz zu den Kernaufgaben von Bibliotheken gehörten. Durch die Akzentuierung solcher Aufgaben für bibliothekarische Fachkräfte muss gewährleistet sein, dass die bibliothekarisch-orientierte Hochschulausbildung diesen Anforderungen gerecht wird. Nach Durchsicht der Modulhandbücher und Websites aller deutschen bzw. deutschsprachigen Hochschulen mit bibliothekarisch-orientierten Studiengängen wird festgestellt, dass die Vermittlung von Informationskompetenz fest in den Curricula der Hochschulen verankert ist. In dem Bericht werden zwei Hochschulangebote näher dargestellt, die nachahmenswerte Beispiele sein können: ein Master-Studiengang mit einem Profilbereich für eine Teaching Library und eine besondere didaktische Veranstaltungsform in einem Bachelor-Studiengang. Die Durchsicht von gedruckten und online-Stellenausschreibungen von 2005 bis 2007 und 2009–2011 macht deutlich, dass die Vermittlung von Informations- und Medienkompetenz sehr häufig als Anforderung in den Annoncen aufgeführt wird. Es kann daher konstatiert werden, dass die Vermittlung von Informationskompetenz Bestandteil des gegenwärtigen Berufsbildes ist und von zukünftigen Bibliothekaren erwartet wird.

Keywords: Bibliothekarisch-orientierte Hochschulausbildung, Vermittlung von Informations- und Medienkompetenz, Berufsbild

Prof. Dr. Ute Krauß-Leichert: Ist seit 1995 Professorin für Dienstleistungen im Informationssektor an der Hochschule für Angewandte Wissenschaften Hamburg (HAW), seit 2005 außerdem Prodekanin der Fakultät Design, Medien und Information und Leiterin des Departments Information. Sie ist Mitglied im Vorstand der Konferenz der informations- und bibliothekswissenschaftlichen Ausbildungs- und Studiengänge (KIBA) und im wissenschaftlichen Beirat des interuniversitären Universitätslehrgangs Master of Science (MSc) Library and Information Studies (Österreich). Zahlreiche Veröffentlichungen und Vorträge im In- und Ausland vor allem zu Themen von Ausbildung und Berufsbild sowie zu Lehr- und Lernformen (Japan, Indien, Mexiko, Kuba, Türkei, Serbien, Slowakei, Litauen, Griechenland etc.). Ihr derzeitiger Forschungsschwerpunkt liegt auf den Gebieten: Leseförderung und Wirkungsforschung.

Berufsbild und die Vermittlung von Informationskompetenz durch die Teaching Library

Medien- und Informationskompetenz gehören zu den Kernaufgaben von Bibliotheken und Informationseinrichtungen.[1] Dies wird auch jüngst in der Broschüre „Medien- und Informationskompetenz – immer mit Bibliotheken und Informationseinrichtungen!" postuliert, die von Bibliothek & Information Deutschland (BID) 2011 anlässlich der Enquete-Kommission „Internet und digitale Gesellschaft" des Deutschen Bundestages herausgegeben worden ist.[2]

Schon im „Berufsbild 2000" wurden die Bibliotheken als lernende Organisationen dargestellt, aber auch als Institutionen, die ihren Kunden eine Kultur des lebenslangen Lernens schaffen.[3] Daher spricht man auch heute von „Teaching Libraries". In Teaching Libraries bereiten Bibliotheken „durch Leseförderung von Kindern und Jugendlichen auf die Kulturtechnik des Lesens vor. Bibliotheken sind Stützpunkte für selbstgesteuertes Lernen. Neben der Lesefähigkeit „literacy" entwickeln sie die „information literacy".[4] Für den Begriff „information literacy" hat sich im deutschsprachigen Raum der Terminus „Informationskompetenz" durchgesetzt.[5]

Das Konzept der Teaching Library geht weit über herkömmliche Bibliothekseinführungen und Nutzerschulungen hinaus. Bibliotheken verändern sich ständig, sie erweitern ihr mediales Portfolio und werden zu multimedialen Lernzentren. Daher kann es nicht mehr nur um einmalige, punktuelle Einweisungen in die Benutzung der Bibliothek gehen. Es geht um grundlegende und längerfristig wirksame Kompetenzen beim Umgang mit Informationen und Medien. Es geht um die Vermittlung von Informations- und Medienkompetenz, d. h. von Schlüsselqualifikationen. Bei der Vermittlung dieser Kompetenzen steht nicht mehr allein im Vordergrund, Informationen zu recherchieren, zu selektieren, zu verarbeiten und zu nutzen. Konzeptionen der Informationssuche und der Informationsnutzung dürfen nicht statisch sein, sondern

---

1 Vgl. dazu das Vorwort in Krauß-Leichert, Ute: Teaching Library – eine Kernaufgabe für Bibliotheken . 2., durchges. Aufl. Frankfurt a. M. [u. a.]: Lang 2008.
2 Bibliothek & Information Deutschland (BID) (Hrsg.): BID. Medien- und Informationskompetenz – immer mit Bibliotheken und Informationseinrichtungen! Stand: Februar 2011. Berlin 2011. S. 2.
3 Vgl. Bundesvereinigung Deutscher Bibliotheksverbände e.V.: Berufsbild 2000. Bibliotheken und Bibliothekare im Wandel. Erarbeitet von der AG Gemeinsames Berufsbild der BDB unter Leitung von Ute Krauß-Leichert. Berlin 1998. S. 54.
4 Ebd., S. 55.
5 Vgl. u. a. Hütte, Mario: Zur Vermittlung von Informationskompetenz an Hochschulbibliotheken – Entwicklung, Status quo und Perspektiven. Master's Thesis. FH Köln. 2006. S. 7; siehe auch Gapski, Harald u. Thomas Tekster: Informationskompetenz in Deutschland. Überblick zum Stand der Fachdiskussion und Zusammenstellung von Literaturangaben, Projekten und Materialien zu einzelnen Zielgruppen. 6. März 2009, geringfügig aktualisiert am 27. Mai 2009. Düsseldorf: LfM 2009. S. 9.

es muss individualistische und kontextgebundene Konzeptionen geben. Es müssen solche Kompetenzen vermittelt werden, die es Menschen ermöglichen, Informationen und Informationsumgebungen aktiv nutzen zu können. Es reicht nicht mehr nur aus die Informationen zu beherrschen sondern auch das Arbeiten in virtuellen Räumen muss selbstverständlich sein. Bibliothekskunden werden in Zukunft Produzenten von Informationen werden und nicht mehr nur Rezipienten von Informationen sein.[6] Gapski und Tekster formulieren es in ihrer Studie zur Informationskompetenz folgendermaßen: „Gegenüber dem klassisch rezeptiven Informationsverhalten fordern Web 2.0-Anwendungen eine aktiv-produzierende Dimension der Informationskompetenz ein".[7] Alle diese Komponenten müssen bei der Vermittlung von Informationskompetenz berücksichtigt werden.

Die Entwicklung von Informationskompetenz wie auch von Medienkompetenz ist eng verbunden mit der Entwicklung der Lesekompetenz[8] – und dieses Aufgabengebiet war schon von jeher ein wichtiges Aufgabenfeld für Öffentliche Bibliotheken. In den IFLA/UNESCO-Richtlinien für die Weiterentwicklung der Dienstleistungen der Öffentlichen Bibliothek (2001) wird die Bildungsfunktionen der Öffentlichen Bibliotheken herausgestellt, indem konstatiert wird, dass die Öffentlichen Bibliotheken nicht nur Medien zum Lernen anbieten, sondern dass sie den Gebrauch der Lernressourcen unterstützen, d. h. dass sie Lernen fördern. In dem Zusammenhang wird die Zusammenarbeit mit anderen Bildungspartnern besonders hervorgehoben.[9] In der Broschüre „Wenn Bibliothek Bildungspartner wird ..." wird explizit betont, dass die „Förderung von Lese- und darauf aufbauend Informations- und Medienkompetenz (...) nicht als eindeutig terminierbare bzw. einer Institution zuzuordnende Aufgabe zu verstehen (ist)."[10]

---

6 Vgl. Krauß-Leichert, Ute: Teaching Library – eine Einführung. In: Krauß-Leichert, Ute (Hrsg.): Teaching Library – eine Kernaufgabe für Bibliotheken. 2., durchges. Aufl. Frankfurt a. M. [u. a.]: Lang 2008. S. 7.
7 Gapski, Harald u. Thomas Tekster: Informationskompetenz in Deutschland (Anm. 5). S. 27.
8 Siehe dazu auch den Beitrag von Keller-Loibl in diesem Band.
9 Vgl. IFLA: Die Dienstleistungen der Öffentlichen Bibliothek IFLA/UNESCO Richtlinien für die Weiterentwicklung. Aufgestellt von einer AG unter dem Vorsitz von Philip Gill im Auftrag der Sektion Öffentliche Bibliotheken. 2001. S. 2. http://www.ifla.org/VII/s8/news/pg01-g.pdf (29. 8. 2011).
10 Hachmann, Ute u. Helga Hofmann (Hrsg.): Wenn Bibliothek Bildungspartner wird ... Leseförderung mit dem Spiralcurriculum in Schule und Vorschule. Hrsg. Im Auftrag der Expertengruppe Bibliothek und Schule und Kinder- und Jugendbibliotheken im Deutschen Bibliotheksverband. Frankfurt a. M. 2007. S. 4. http://www.bibliotheksportal.de/fileadmin/user_upload/content/themen/bildung/dateien/spiralcurriculum.pdf (29. 8. 2011). In dieser Broschüre werden unterschiedliche Best-Practice-Beispiele aufgelistet.

Teaching Library flächendeckend im Einsatz: Konsequenzen für Aus- und Fortbildung

Mittlerweile ist ein flächendeckender Konsens festzustellen, der das Konzept der Teaching Library und damit der Vermittlung von Informations- und Medienkompetenz als Kernaufgabe für Bibliotheken beschreibt. Festzumachen ist dies an folgenden Punkten:[11]

- Zunahme an Bibliotheken, die sich nachhaltig auf diesem Feld engagieren[12]
- Der Gedanke der Teaching Library beschränkt sich nicht mehr nur auf große Bibliotheken sondern ist auch ein Anliegen von mittleren und kleineren Bibliotheken[13]
- Stärkere Vernetzung der Bibliotheken[14]
- Emanzipation von den amerikanischen Standards zur Vermittlung von Informationskompetenz
- Ausdifferenzierung und Weiterentwicklung der Konzepte von Teaching Libraries
- Größere Anzahl und stärkere Integration von Bibliotheksschulungen im Zusammenhang mit der Einführung von Bachelor- und Masterstudiengängen
- Komplexere Anforderungsprofile der lehrenden Bibliothekarinnen und Bibliothekare
- Erweiterung des Berufsbildes hin zu einer pädagogisch-didaktischen Professionalisierung

Die beiden letzten Punkte „komplexere Anforderungsprofile" und „Erweiterung des Berufsbildes" können nur erfüllt werden, wenn Aus- und Fortbildung sich dieses

---

11 Vgl. dazu: Simon, Ingeborg: Teaching Library – schon wieder?! Aktueller Sammelband verschafft Übersicht zur dynamischen Entwicklung der Materie. In: BuB (2007) H. 11/12. S. 814 f.; Krauß-Leichert, Ute: Teaching Library. Ein Überblick. In: Büchereiperspektiven. Fachzeitschrift des Büchereiverbandes Österreich. (2008) H. 1. S. 3 f.; Sühl-Strohmenger, Wilfried: Neugier, Zweifel, Lehren, Lernen ...? Anmerkungen zur Didaktik der Teaching Library. In: Bibliotheksdienst 42 (2008). S. 880–889.

12 Vgl. dazu die Darstellung bzw. Berichte in unterschiedlichen Veröffentlichungen wie Lux, Claudia u. Wilfried Sühl-Strohmenger: TeachingLibrary in Deutschland. Vermittlung von Informations- und Medienkompetenz als Kernaufgabe für Öffentliche Bibliotheken. Wiesbaden: Dinges & Frick 2004 (B.I.T. online – Innovativ 9); Krauß-Leichert, Ute (Hrsg.): Teaching Library – eine Kernaufgabe für Bibliotheken (Anm. 1); siehe ferner die Schwerpunkthefte zur „Teaching Library". In: BuB (2007) H. 11/12 und (2005) H. 1.

13 Siehe dazu die Veröffentlichung von Dannenberg, Detlev u. Jana Haase: Die Teaching OPL. BIB, Kommission für One-Person-Libaries. 2006 (Checkliste 13). http://www.bib-info.de/fileadmin/media/Dokumente/Kommissionen/Kommission%20f%FCr%20One-Person-Librarians/Checklisten/check13.pdf (29. 8. 2011).

14 Siehe dazu das Portal: Vermittlung von Informationskompetenz an deutschen Bibliotheken. http://www.informationskompetenz.de.

Themas annehmen. Das Bibliothekspersonal, das für die Vermittlung von Informationskompetenz zuständig ist, bedarf didaktischer und methodischer Weiterbildung. Einzelne, punktuelle Schulungen sind zwar wichtig, reichen aber nicht aus. Der Anspruch, flächendeckend das Konzept der Teaching Library voranzubringen, erfordert flächendeckende Fort- und Weiterbildungsangebote für die Bibliothekskräfte, die diese Angebote durchführen.

Durch die Akzentuierung solcher Aufgaben für bibliothekarische Fachkräfte muss gewährleistet sein, dass die bibliothekarisch-orientierte Hochschulausbildung diesen Anforderungen gerecht wird. Auch in der Medien- und Informationskompetenz-Broschüre der BID wird gefordert, dass die Ausbildungscurricula von Bibliothekaren und Informationsfachleuten um Methoden der Informations- und Medienkompetenz unter Berücksichtigung von Evaluationsmethoden erweitert werden soll.[15]

Wenn man die Curricula der bibliothekarisch-orientierten Studiengänge an deutschen, schweizerischen und österreichischen Ausbildungseinrichtungen untersucht, stellt man fest, dass die „Teaching Library" mit ihrer Vermittlung von Informationskompetenz ein Basisgrundwissen darstellt, das überall vermittelt wird. In folgenden Hochschulen werden Module bzw. Lehreinheiten zur Thematik „Vermittlung von Informationskompetenz bzw. Teaching Library" angeboten: Hochschule für Technik Wirtschaft Kultur (HTWK) Leipzig, Fachhochschule Darmstadt, Fachhochschule Potsdam, Bayerische Bibliotheksschule, Fachhochschule für öffentliche Verwaltung und Rechtspflege in Bayern, Hochschule für Angewandte Wissenschaften (HAW) Hamburg, Humboldt-Universität zu Berlin, Hochschule der Medien (HdM) Stuttgart, Fachhochschule Köln, Fachhochschule Genf, Hochschule für Technik und Wirtschaft (HTW) Chur, Universität Graz, Universitätslehrgang (ULG) Library and Information Studies, Österreich.

Die didaktischen und methodischen Grundlagen zur Vermittlung bzw. Schulung von Informationskompetenz incl. der Konzeption fachspezifischer Schulungsveranstaltungen oder Tutorials werden dabei sowohl in Bachelor- als auch in Masterstudiengängen angeboten.

Die Modellangebote der HTWK Leipzig und der HAW Hamburg

Im Folgenden werden zwei Angebote näher dargestellt, die nachahmenswerte Beispiele sein können: ein Master-Studiengang mit einem besonderen Profilbereich für eine Teaching Library und eine besondere didaktische Veranstaltungsform in einem

---

15 Vgl. Anm. 2. S. 15.

Bachelor-Studiengang, die für die Vermittlung von Informationskompetenz nachahmenswert oder zumindest beispielhaft sein kann.

Die Hochschule für Technik, Wirtschaft und Kultur Leipzig (HTWK) bietet in ihrem Masterstudiengang „Bibliotheks- und Informationsmanagement" die Möglichkeit, sich für unterschiedliche Schwerpunktthemen zu profilieren: Musikbibliotheken, historische Bestände und Bibliothekspädagogik. Der Student muss sich bei Beginn des Studiums für eine Profillinie entscheiden. „Die Profillinie Bibliothekspädagogik zielt vor allem darauf, Bibliotheken zu attraktiven Lernorten zu entwickeln und Konzepte der Informationskompetenzvermittlung für verschiedene Zielgruppen zu entwerfen."[16] Durch diese Lehrveranstaltungen sollen den Studierenden u. a. die Kompetenzen vermittelt werden, um vor allem zielgruppenspezifische Lernangebote unter Berücksichtigung pädagogischer und didaktischer Aspekte zu konzipieren.[17]

Diese Kompetenzen werden teilweise auch von den anderen Hochschulen in den unterschiedlichsten Lehrveranstaltungen vermittelt, aber in Leipzig sind die Möglichkeit der Spezialisierung und damit die Akzentuierung solcher Aufgaben am deutlichsten fokussiert.

Bei der Vermittlung von Informationskompetenz reicht es nicht nur, die Techniken zu beherrschen. Der Erfolg oder Misserfolg solcher Lernarrangements hängt zum großen Teil von der pädagogischen und didaktischen Fähigkeit der Bibliothekare ab. Wenn es im Grundschulalter um die Vermittlung von Lesekompetenz oder im Hochschulbereich um die Vermittlung von Medien- und Informationskompetenz geht, müssen die Lehrenden und damit die bibliothekarischen Fachkräfte Kenntnisse über die Prozesse des Lehrens und Lernens, über didaktisch-methodische Konzepte, Grundlagen der Erwachsenenbildung, aber auch über Methoden der Spielpädagogik haben. Allerdings sind Bibliothekspädagogik – oder besser allgemeine Pädagogik und Didaktik – Fächer, die in der bibliothekarisch-orientierten Hochschulausbildung eher vernachlässigt werden. Diese Kenntnisse, die vielfach von der Praxis eingefordert werden,[18] müssen sich die Bibliothekare meist in Eigeninitiative bzw. in Fort- und Weiterbildungsangeboten in ihrem späteren Job selbst aneignen. Daher wird es zunehmend wichtiger, dass solche Inhalte selbstverständlicher Teil von Curricula werden.

Das nächste Beispiel soll zeigen, welch neue Formen in der Lehre bei der Vermittlung von Informationskompetenz benutzt werden können. In der Hochschule für

---

16 http://www.fbm.htwk-leipzig.de/de/studium/studiengaenge/bibliotheks-und-
informationswissenschaft/studienablauf/ (29.08.211).
17 Vgl. http://www.fbm.htwk-leipzig.de/fileadmin/ordnungen/amtliche_bekanntmachungen/
studien_und_pruefungs_ordnungen/Master/Bibliotheks-_und_Informationswissenschaft/
2011-03-03_-_StudO_BKM_manl_RK_VOE_online_red_ber.pdf (29. 8. 2011).
18 Ein unermüdlicher Vertreter ist u. a. Holger Schultka, der dazu auch vieles veröffentlicht hat,
u. a.: Schultka, Holger: Gedanken zur (Bibliotheks-)Pädagogik. In: Teaching Library – eine
Kernaufgabe für Bibliotheken. Hrsg. von Ute Krauß-Leichert. Frankfurt [u. a.]: Lang 2008. S. 165–186.

Angewandte Wissenschaften Hamburg (HAW) werden in der Hochschullehre zur Zeit WebQuests für die Ausbildung von Teaching Librarians eingesetzt.[19]

WebQuests sind computergestützte Lehr-Lern-Arrangements im Internet, die das handlungsorientierte und selbstgesteuerte, teilweise auch autonome Lernen fördern.[20] WebQuests entstammen konstruktivistischen Lerntheorien. „In der Regel geht ein WebQuest von einem Szenario aus und teilt den Lernenden unterschiedliche Rollen zu, die es ihnen ermöglichen, sich innerhalb dieses Szenarios mit unterschiedlichen Sichtweisen auseinander zu setzen. Fast immer fordert das WebQuest die Lernenden auf, ihre Erkenntnisse aus den Informationsquellen als Präsentation aufzubereiten."[21]

An der HAW Hamburg werden im Bachelor-Studiengang Bibliotheks- und Informationsmanagement zur Thematik „Teaching Libraries" zwei Module angeboten.

Im ersten Modul[22] führen sich die Studierenden anhand eines WebQuests[23] selbst in das Thema ein, indem sie die angebotenen Materialien durcharbeiten. Im Anschluss daran konzipieren sie eine Lerneinheit für eine Zielgruppe (Schulklasse, Studierende), führen sie durch und evaluieren diese. Die Durchführung findet dabei nicht mit fiktiven Beispielen statt sondern erfolgt konsequent mit konkreten Partnern in der Praxis. In Zusammenarbeit mit den Hamburger Bücherhallen wurden bereits zahlreiche Veranstaltungen für verschiedene Klassenstufen realisiert. Mit dem Career-Service der HAW wurde beispielsweise ein Workshop umgesetzt, in dem sich Studierende der HAW im fortgeschrittenen Studium auf das Schreiben der Abschlussarbeit vorbereiten konnten.

In dem zweiten Modul „Die Teaching Library vertreten" führen sich die Studierenden wieder anhand eines WebQuests[24] in didaktisches Grundwissen und Lerntheorien ein. Zweier-Teams suchen sich je ein Teaching Library-Tutorial im Internet aus und präsentieren es auf einer fiktiven Tagung unter Verwendung der neu gelernten didaktischen Konzepte, indem sie das Tutorial in möglichst gutem Licht darstellen. Über diese Präsentation schreibt jeweils ein anderes Team einen kritischen, fachjour-

---

19 Diese Methodik wurde an der HAW von Ursula Schulz eingeführt und wird von ihr und Christine Gläser im Bachelorstudium Bibliotheks- und Informationsmanagement eingesetzt. Für die Veranstaltung „Teaching Library" werden zwei Module mit je 4 Stunden durchgeführt. An dieser Stelle gebührt mein besonderer Dank meiner Kollegin Ursula Schulz, die mir Erläuterungen für diese Veröffentlichung zur Verfügung gestellt hat.

20 Vgl. http://de.wikipedia.org/wiki/WebQuest (29. 8. 2011).

21 Schulz, Ursula: Trainingswerkstatt für Teaching Librarians. Hamburger Studierende lernen das Unterrichten/WebQuests für Lehrende und Praktiker. In: BuB (2007) H. 11–12. S. 808.

22 Dieses Modul wurde früher von Ursula Schulz und Detlev Dannenberg durchgeführt und jetzt von Christine Gläser. Mein Dank gilt Frau Gläser für fachliche Hinweise.

23 Hier die URL zum entsprechenden WebQuest: http://www.bui.haw-hamburg.de/pers/ursula.schulz/teaching_library_1/ (29. 8. 2011).

24 Hier die URL zum entsprechenden WebQuest: http://www.bui.haw-hamburg.de/pers/ursula.schulz/teaching_library_2/index.html. (29. 8. 2011).

nalistischen Artikel für eine fiktive Fachzeitschrift. Zum Schluss bereiten Teams von Studierenden je eine Präsentation vor, die geeignet sein soll, eine Zielgruppe potentieller Auftraggeber von der Dienstleistung einer Teaching Library zu überzeugen, z. B. Lehrerkollegium, Professorensitzung, Volkshochschule.

Hier die Einstiegseite des WebQuests:[25]

Dieses WebQuest initiiert und strukturiert Ihren Lernprozess auf dem Weg zu einem Teaching Librarian. Bringen Sie eine neue und reflektierte Qualität in die Praxis der Teaching Libraries:

- Sie erfahren mehr darüber, wie Lernen „funktioniert" und wie Lehren begründet wird
- Mit diesem Wissen können Sie Ihre Dienstleistung professioneller gestalten und vermarkten
- Sie lernen unterschiedliche Teaching-Library-Angebote kennen
- und Sie vertreten Ihr Dienstleistungskonzept gegenüber potentiellen Auftraggebern

Nach dem Prinzip Walk-Your-Talk verfolgen beide WebQuests[26] einen möglichst konstruktivistischen Lernansatz, bei dem die lehrende Person moderiert und Feedback gibt.

Diese beiden Beispiele sollen verdeutlichen, dass die Hochschulen die Vermittlung von Informations- und Medienkompetenz in ihren Curricula akzentuieren, um damit den Anforderungen der Praxis aber auch neuen Lehrmethoden gerecht zu werden.

Informationskompetenz als Anforderung in Stellenausschreibungen

Die Forderungen der Praxis nach entsprechenden Vermittlungskompetenzen werden durch Stellenausschreibungen der letzten Jahre unterstrichen.

In einem studentischen Projekt[27] an der HAW Hamburg wurden im WS 07/08 468 bibliothekarisch orientierte Stellenausschreibungen der Jahre 2005–2007 ausgewer-

---

25 http://www.bui.haw-hamburg.de/pers/ursula.schulz/teaching_library_2/index.html (29. 8. 2011) .

26 Beide WebQuests wurden von einer Studentin konzipiert, das eine Mal im Rahmen ihrer Diplomarbeit, das andere Mal im Rahmen eines Werkvertrags.

27 Das Projekt „profi.l" wurde geleitet von Prof. Ursula Schulz und hatte u. a. zum Ziel, die vielfältigen Berufsperspektiven der zukünftigen BA-Absolventen des Studiengangs Bibliotheks- und Informationsmanagement zu verdeutlichen: http://www.bui.haw-hamburg.de/pers/ursula.schulz/profil/skripte/arbeitsmarkt_e2.html (29. 8. 2011).

tet. Wenn man diese Stellenbeschreibungen unter dem Aspekt betrachtet, ob Tätigkeiten aufgeführt worden sind, die notwendig sind, um Teaching Library-Aktivitäten durchzuführen, kann folgendes festgestellt werden: in den Annoncen sind bei den zu erledigenden Aufgaben 25 mal die Vermittlung von Informationskompetenz bzw. Benutzerschulungen und -führungen genannt worden.

Bei einer gleichgerichteten, nachfolgenden Analyse[28] der Stellenangebote der Fachzeitschriften „BuB – Forum Bibliothek und Information", „Bibliotheksdienst" (für die Jahre 2009 bis Juni 2011), der Online-Stellenbörse „bibliojobs" vom BIB sowie Online-Stellenmärkte[29] von der Bundesagentur für Arbeit, bund.de, Cesar, jobs.ch, arbido, der Bayerischen Staatsbibliothek München, B.I.T. online und dem Verband der Bibliotheken und der Bibliothekarinnen/Bibliothekare der Schweiz wurden allein 17 Stellenangebote gefunden, für die Kenntnisse im Bereich der Vermittlung von Informationskompetenz notwendig waren. Das reichte von Stellenangeboten für Bachelor-Absolventen wie auch für Fachreferenten. Dabei suchten nicht nur Bibliotheken solche Mitarbeiter, sondern beispielsweise auch der Career Service von Universitäten. Die Anforderungen umschrieben Tätigkeiten wie Mitarbeit bei Bibliothekskursen, Unterstützung bei der Durchführung von Führungen und weiterführenden Benutzerschulungen, Weiterentwicklung und Umsetzung des Lern- und Bildungskonzepts mit Schulen oder Beratung und Betreuung der Lehrenden im Bereich E-Learning.

Diese Stellenangebote unterstreichen, dass die Betreuung dieses Aufgabengebiets von den zukünftigen Absolventen erwartet wird. Das bedeutet, dass Kompetenzen im Bereich der Teaching Library zum gegenwärtigen Berufsbild gehören.

„Blended Librarian" als Perspektive?

Abschließend kann man konstatieren, dass die Hochschulen mit bibliothekarisch-orientierten Studiengängen nicht erst seit Beginn des Bologna-Prozesses und der Umstellung auf Bachelor- bzw. Masterabschlüsse die Vermittlung von Informationskompetenz in ihre Curricula aufgenommen haben. Dieses Tätigkeitsfeld wurde schon immer als eine grundlegende Aufgabe für Bibliothekare und Informationsfachleute gesehen. Dessen ungeachtet wird sowohl in den Lehrkonzepten als auch in der formalen Ausgestaltung von Studiengängen weiterhin experimentiert, um den Studierenden in diesem Bereich Kenntnisse und Kompetenzen, Theorie und Praxis optimal zu vermitteln, damit sie später selbst ihren Kunden Informationskompetenz vermitteln können.

---

28 Die Untersuchung wurde ebenfalls von Naomi Banek und Sophia Metzger durchgeführt, denen ich hiermit meinen großen Dank für die Unterstützung ausspreche.
29 Die Online-Abfragen fanden in der Zeit vom 10. 7.–29. 7. 2011 statt.

In einem Seminar der Association of College & Research Libraries der American Library Association wurden die unterschiedlichen Kompetenzen, die der Bibliothekar in einer Teaching Library haben muss, unter dem Begriff des blended librarian zusammengefasst.

> „A blended librarian is one who combines traditional library and information skills with instructional design and technology skills and knowledge of collections of instructional resources and current trends in developing and distributing instructional resources. The blended librarian uses this combination, along with a heightened emphasis on pedagogy, to collaborate with faculty, information technologists, and instructional technologists/designers on the design of information literacy that is tightly integrated into the individual instructor's courses and with broader programmatic goals."[30]

Dieser bzw. diese „blended librarian" wird die Teaching Library und damit die Vermittlung für Informations- und Medienkompetenz in der bibliothekarischen Berufswelt forcieren.

---

[30] Nach Krauß-Leichert, Ute: E-learning – a learning method for the future? Examples and evaluation. In: The Saga of Librarianship. International Symposium, 21–24 Oct., Ankara (Proceedings). Ed. by Sacit Arslantekin and Fahrettin Özdemirci. Ankara: Ankara Üniversitesi 2004. S. 81.

Zusammenfassung, Schluss

Wilfried Sühl-Strohmenger
Zukunftsfähigkeit des Konzepts der Informationskompetenz und weiterer Forschungsbedarf

Abstract: Ausgehend von einigen internationalen, nationalen und lokalen Studien zur Informationskompetenz und zu den Veränderungen des Informationsverhaltens in der digitalen Welt werden Bezugspunkte eines zukunftsfähigen Konzepts der Förderung von Informationskompetenz heraus gearbeitet. Dabei liefern neuere Empfehlungen wichtiger Institutionen der Wissenschaftsförderung sowie des Bibliotheks- und Informationswesens Eckpunkte einer Verankerung des Konzepts im nationalen gesellschaftlichen Rahmen sowie in allen Sektoren des Bildungswesens. Schließlich mündet ein kurzer Blick über die Landesgrenzen hinaus in einige abschließende Thesen für eine nachhaltige Einbindung von Informationskompetenz in Gesellschaft und Bildungswesen.

Keywords: Informationsverhalten, CIBER-Studien, Net Generation, E-Shopper, Bachelor, Master, Arbeitsverhalten, Studium, Wirkungsforschung, evidenzbasierte Informationskompetenz

Dr. Wilfried Sühl-Strohmenger: Ist Bibliotheksdirektor und leitet an der Universitätsbibliothek Freiburg im Breisgau das Dezernat Bibliothekssystem. In seiner Funktion als Fachreferent für Pädagogik, Psychologie, Politikwissenschaft, Soziologie und Sportwissenschaft sowie als Lehrbeauftragter an verschiedenen Universitäten in Deutschland, Österreich und der Schweiz ist er seit gut 15 Jahren mit der Konzeption und Realisierung von Kursangeboten zur Förderung von fachübergreifender und fachbezogener Informationskompetenz befasst. Er hält Vorträge und publiziert zu den Themenfeldern der Teaching Library, der Informationskompetenz und des Informationsverhaltens im Hochschulbereich.

Studien zur Informationskompetenz

Nach der Jahrtausendwende wurden die ersten empirischen Untersuchungen zur Informationskompetenz und zum Informationsverhalten junger Menschen initiiert, auf internationaler, auf nationaler und auf lokaler Ebene. Hochholzer/Wolff hoben im Jahr 2006 die Bedeutung der aus dem nordamerikanischen Bildungsbereich adaptierten Schlüsselqualifikation Informationskompetenz in einer Informations- und Wissensgesellschaft, die umfassend von den Informationstechnologien geprägt sei, hervor.[1] Die auf den Umgang mit digitaler Information und Kommunikation zielende Informationskompetenz sei im Bildungswesen zunehmend wichtig – von der Grundschule bis zur Hochschule und der Erwachsenen- und der Weiterbildung. In den bayerischen Lehrplänen für das Gymnasium seien Komponenten der Informationskompetenz unter „Fächerübergreifendes Lernen und überfachliche Kompetenzen" subsumiert. Wichtig sei die Informationsbeschaffung, unter Zuhilfenahme unterschiedlicher Informationsquellen (Wörterbuch, Bibliothek, Internet), sodann die Nutzung des Computers als Arbeits- und Kommunikationsmittel. Schon im Lehrplan der bayerischen Grundschulen würden unter den Primärstrategien die „Techniken und Methoden der Organisation, der Beschaffung und Aufnahme, der Verarbeitung und Speicherung, der Weitergabe und Anwendung von Informationen"[2] aufgeführt.

Dennoch werde laut Hochholzer/Wolff Informationskompetenz als Teil einer umfassenden Medienkompetenz im Unterricht noch zu wenig beachtet. Handlungsbedarf bestehe auch im Hochschulbereich, wie Hochholzer/Wolff unter Berufung auf die bereits 2001 vorgelegte „SteFI-Studie"[3] konstatieren. Sie beklagen verkürzte Sichtweisen bei der Verwendung der Begriffe Informationskompetenz, Medienkompetenz und Computerwissen sowie einen bisweilen recht leichtfertigen Umgang mit wissenschaftlicher Information, die sich, wie eine Befragung an der Universität Regensburg erheben hat, viele hauptsächlich über Suchmaschinen wie Google besorgen. Dies hatte bereits die SteFi-Studie ergeben.

Als Desiderate der Forschung nennen Hochholzer/Wolff die Ausarbeitung einer differenzierten Theorie der Informationskompetenz, unter Einschluss der Teilkomponenten technische, kulturelle, kommunikative, soziale und organisationsbezogen sowie sprachliche Kompetenz, sodann die Erhebung qualitativer und quantitativer empirischer Daten zum tatsächlichen Stand der Informationskompetenz, für den Bereich der Schule, der Hochschule und auch für die Berufs- und Lebenswelt, weil dort täglich relevante Information aus Informationssystemen auszuwählen sei, schließlich die Formulierung von Standards auf verschiedenen Bildungsstufen. Für die Gruppe der Studierenden liegen mittweile nationale Standards vor.[4]

Drei Jahre später publizierten Gapski/Tekster eine von der Landesanstalt für Medien Nordrhein-Westfalen (LfM) veranlasste Bestandsaufnahme zur Informations-

---

1 Siehe Hochholzer, Rupert u. Christian Wolff: Informationskompetenz – Status quo und Desiderate für die Forschung. Regensburg: Philosophische Fakultät IV, Sprach- und Literaturwissenschaften 2006. http://www.opus-bayern.de/uni-regensburg/volltexte/2006/747/ (5. 12. 2011).
2 Ebd., S. 4.
3 Vgl. Klatt, Rüdiger, Konstantin Gavriilides, Kirsten Kleinsimlinghaus u. Maresa Feldmann: Elektronische Information in der Hochschulausbildung: innovative Mediennutzung im Lernalltag der Hochschulen. Opladen 2001.
4 Vgl. dazu den Beitrag von F. Franke in diesem Band.

kompetenz in Deutschland.[5] Im Zeitraum Dezember 2008 bis Februar 2009 waren dazu Internet-, Literatur- und Datenbankrecherchen durchgeführt worden. Ziel der Abhandlung war ein erster Gesamtüberblick über die Aktivitäten und Materialien zur Förderung von Informationskompetenz. Neben den Zielgruppen aus dem Hochschulbereich kamen auch die Schule, die Berufswelt und „Sozialgruppen" wie Kinder und Jugendliche, Bürger und Verbraucher, Migranten und Senioren in das Blickfeld der Untersuchung. Die Studie zeigte in bislang unbekannter Deutlichkeit, dass Informationskompetenz über den Bereich der Bibliotheken hinaus an gesellschaftlicher Bedeutung für alle Zielgruppen gewonnen hat. Es bedürfe indes weiterer empirischer Daten über den Grad der Kompetenzen (auch der Medien- und der Computerkompetenz) bei bestimmten Zielgruppen, sodann sollten neue Projekte zur Informationskompetenz – eventuell mit Anbindung an bestehende Projekte im Schulbereich – initiiert werden. Gapski/Tekster sehen das Thema Informationskompetenz als durchaus relevant auch für Unternehmen, für neue berufliche Weiterbildungsstrategien, für die Organisationsentwicklung und für das Wissensmanagement an.[6] Der letztgenannte Bereich hat, wie einige Beiträge in diesem Band zeigen,[7] bereits Zuwendung erfahren, insbesondere im Hinblick auf das individuelle Wissensmanagement.

Nationale empirische Untersuchungen zum Informationsverhalten

Zur Informationskompetenz Studierender und zum Informationsverhalten gibt es mittlerweile zahlreiche empirische Untersuchungen. Sowohl auf internationaler als auch auf nationaler Ebene. Eine Studie für die Universität Augsburg[8] bestätigte zentrale Befunde der SteFI-Studie: Nahezu jeder Studierende besitzt demnach einen eigenen Rechner oder Laptop; auch die von der Universität bereitgestellte Hardware

---

5 Vgl. Gapski, Harald u. Thomas Tekster: Informationskompetenz in Deutschland. Überblick zum Stand der Fachdiskussion und Zusammenstellung von Literaturangaben, Projekten und Materialien zu einzelnen Zielgruppen. Düsseldorf: Landesanstalt für Medien Nordrhein-Westfalen (LfM) 2009. http://lfmpublikationen.lfm-nrw.de/catalog/downloadproducts/ Informationskompetenz_in_Deutschland.pdf (5. 12. 2011).

6 Siehe ebd., S. 68f.

7 Vgl. die Beiträge von G. Reinmann und von S. Gust von Loh.

8 Vgl. Heinze, Nina: Bedarfsanalyse für das Projekt i-literacy: Empirische Untersuchung der Informationskompetenz der Studierenden der Universität Augsburg. Arbeitsbericht Nr. 19. Augsburg: Universität Augsburg, Medienpädagogik. 2008. http://www.imb-uni-augsburg.de/ files/Arbeitsbericht_19.pdf (5. 12. 2011); Fink, Julia: Informationskompetenz bei der Suche nach wissenschaftlichen Quellen. Eine empirische Studie unter Studierenden der Universität Augsburg. w.e.b.Square 02 (2008). Verfügbar unter http://websquare.imb-uni-augsburg.de/files/ BA_JFink_2008_w.e.b.Square.pdf (2. 12. 2011).

wird von den meisten Befragten genutzt. Die Angaben zur Nutzung verschiedener Informationsmöglichkeiten lassen allerdings darauf schließen, dass die Studierenden ihre Suche nach wissenschaftlichen Quellen sowohl im Internet als auch in der Bibliothek wenig zielgerichtet, zudem breit und einseitig gestalten. „Einfache" Suchstrategien werden anscheinend bevorzugt. Kommilitonen und Freunde werden von deutlich mehr Befragten bei der Suche nach wissenschaftlichen Informationen zu Hilfe genommen als Dozenten und Professoren. Auch die Hilfe von Mitarbeitern der Universitätsbibliothek wird von mehr als drei Vierteln der Befragten nicht in Anspruch genommen. Insgesamt kennen und schätzen die Studierenden eher die „einfachen" und breiten Recherchemethoden als relevant für ihr Studium ein. Komplexere Informationssysteme sind ihnen zum Großteil unbekannt.

In einer Bielefelder Untersuchung zum Arbeitsverhalten von Bachelor-Studierenden[9] kam man zu dem Ergebnis, dass die Hauptprobleme der Studierenden bei der Eingrenzung der Themen und bei der Auswahl relevanter Information aus großen Informationsmengen bestanden. Schulungen der Bibliothek würden das Problem tendenziell verschärfen, indem sie noch mehr Informationsressourcen aufzeigten statt weniger. Die Lehrenden sähen nur geringe Möglichkeiten, in ihren Seminaren Strategien effizienter Literaturrecherche zu vermitteln, erwarteten aber eine ausreichende Informationskompetenz seitens der Studierenden.

Nach Erhebungen der Universitätsbibliothek Freiburg im Zeitraum 2008–2010 bei Bachelor- und bei Masterstudierenden[10] fiel die Selbsteinschätzung der Informationskompetenz bei gut 50 Prozent der Befragten positiv aus, aber relativ viele sind sich unsicher (34 Prozent). Das Verständnis von Informationskompetenz konzentriert sich dabei auf das Bewältigen der Informationsflut (70 Prozent), den Überblick (73 Prozent), sodann darauf, relevante Informationsquellen herauszufinden (83 Prozent), effiziente Recherchen der Informationssuche zu beherrschen (80,5 Prozent) und genau die Informationen zu finden, die man für das eigene Arbeitsvorhaben benötigt (70,7 Prozent). Man will wertvolle wissenschaftliche Information von wertlosem „Informationsmüll" unterscheiden (85,4 Prozent), gefundene Information effizient verarbeiten können (58,5 Prozent), wichtige Fachinformationsressourcen kennen (53,7 Prozent). Knapp 93 Prozent der Befragten lehnen die Auffassung ab, dass es bei Informationskompetenz auf das Finden möglichst vieler Informationen ankomme.

---

9 Vgl. Herb, Silvia: „Ich muss einen Punkt haben, wo ich sage, jetzt ist Schluss". Welche Rolle spielen Bibliotheken für die Arbeitsprozesse der Bachelor-Studierenden. In: BuB. Forum Bibliothek und Information 59 (2007). S. 800–802.
10 Vgl. Sühl-Strohmenger, Wilfried: Informationskompetenz im Bachelor- und im Masterstudium. Befunde von Studierendenbefragungen (2008–2010) an der Universität Freiburg. In: B.I.T.online 14 (2011). S. 11–18.

Die an der Deutschen Zentralbibliothek für Wirtschaftswissenschaften Kiel (ZBW) im Jahr 2011 veröffentlichte Studie[11] widmete sich auch dem Recherchealltag von Forschern und Studierenden: Als Einstieg wird in der Regel das Internet, insbesondere die Suchmaschinen Google oder Google Scholar, gewählt, mit Bevorzugung einfacher Stichwortsuchen. Wenig Erfolg verspricht man sich von der Schlagwortnutzung, und auch die erweiterte Suche genießt keine besondere Wertschätzung. Die Recherche in einschlägigen spezialisierten Literaturdatenbanken des Fachs gibt eine gewisse Sicherheit, wesentliche Publikationen zu dem eigenen Thema gefunden zu haben. Nicht selten bildet jedoch der wissenschaftliche Text eines geschätzten Kollegen oder einer Kollegin den Ausgangspunkt weiterer Suchstrategien, indem man die dort aufgeführten Zitierungen und Literaturhinweise verfolgt. Grundsätzlich verfahren viele Forscher und Studierende nach dem der Grundsatz, dass es nichts Weiteres geben könne, wenn es nicht im Internet auffindbar ist.

Schließlich legte das Karlsruhe Institute for Technology (K.I.T.) ebenfalls im Jahr 2011 eine Mediennutzungsstudie vor,[12] die sich auch der Nutzung von Medien im Studium widmete.

Folgende Befunde seien besonders hervorgehoben:

- Google und Wikipedia haben eine herausragende Rolle im Studium.
- Elektronische Lehr- und Fachbücher haben sich im Studienalltag klar etabliert.
- Studierende sind mit externen Diensten insgesamt etwas zufriedener als mit internen Diensten.
- Web 2.0-Dienste gehören zu den Angeboten mit den höchsten und den niedrigsten Akzeptanzraten, sind also differenziert zu betrachten.
- Lernplattformen insgesamt haben sich im Lernumfeld der Studierenden etabliert, liegen im Mittelfeld der Akzeptanzraten.

Als mögliche Einflussfaktoren der Mediennutzung im Studium nennen die Autoren zum einen die Einstellung der Dozenten zur Verwendung neuer Medien im Studium, sodann die Freizeitnutzung, zum anderen aber die vorhandenen Informations-, Medien- und IT-Kenntnisse und -Skills der Studierenden, während andere Einflussfaktoren eher niedrig zu sein scheinen.

---

11 Siehe ZBW-Leibniz-Informationszentrum Wirtschaft: World Wide Wissenschaft. Informationsmanagement von Wissenschaftler/inne/n. Zusammenfassung der qualitativen und quantitativen Ergebnisse einer Untersuchung zum Informationsmanagement von Studierenden und Forschenden der Wirtschaftswissenschaften, insbesondere BWL und VWL. Studienbetreuung: Dr. Doreen Siegfried, Elisabeth Flieger. Februar 2011. http://www.zbw.eu/presse/ pressemitteilungen/docs/world_wide_wissenschaft_zbw_studie.pdf (26. 8. 2011).
12 Vgl. Grosch, Michael u. Gerd Gidion: Mediennutzungsgewohnheiten im Wandel. Ergebnisse einer Befragung zur studiumsbezogenen Mediennutzung. Karlsruhe 2011. http://www.uvka.ubka. uni-karlsruhe.de/shop/download/1000022524 (19. 8. 2011).

Internationale Studien zum Informationsverhalten von Studierenden und Wissenschaftlern

International wichtig sind die OCLC-Studien und die CIBER-Untersuchungen in Großbritannien zum Typus des „e-shopper", ferner die ECAR-Erhebungen zur „Net-Generation."[13] Die CIBER-Studien haben erbracht, dass sich bei den Studierenden und Wissenschaftlern der Typ des digitalen Konsumenten sich auch im Informationssektor durchsetzt, verbunden mit begrenzten Fähigkeiten des Umgangs mit Informationstechnologien, mit dem Hang zum „Bouncing" und Zappen von Webseite zu Webseite, das keine ausgeprägte Konzentration beim Betrachten von Informationsinhalten zulässt. Man verweilt höchstens 30 Sekunden auf einer Seite und belässt es bei der kursorischen Lektüre von Abstracts und Inhaltsverzeichnissen. Vollständig gelesen werden die digitalen Volltexte nur von wenigen Wissenschaftlern, eher noch von Studierenden.

Der Mangel an Recherche-, Auswahl- und Verarbeitungskompetenzen im Umgang mit Information ist – nicht nur infolge der CIBER-Studien – erneut deutlich geworden. Wie Schulmeister ermittelte, ist die junge Generation, also auch die Gruppe der Studierenden, keineswegs so stark auf den Computer und das Internet fixiert, wie es bislang den Anschein hatte, sondern nutzt diese Medien eher moderat und dezidiert zweckgerichtet. Auch schätzt man die Präsenzlehre. Erhärtet werden diese Befunde durch weitere Studien aus dem internationalen Raum, wie sie ECAR (EDUCAUSE Center for Applied Research) und OCLC (Online Computer Library Center) durchgeführt haben. Die Auffassung einer computer- und internetkompetenten jungen Generation lässt sich demnach nicht ohne weiteres aufrechterhalten.

Das eröffnet Perspektiven für die Förderung der Informationskompetenz durch Bibliotheken, zumal diese – wie auch die OCLC-Befragungen gezeigt haben – nach wie vor auch bei den jungen Menschen einen guten Ruf genießen. Diese erhoffen sich

---

13 Eine gute Übersicht über die neueren Untersuchungen bietet: Schulmeister, Rolf: Gibt es eine „Net Generation"? Erw. Version 3.0. Universität Hamburg, Zentrum für Hochschul- und Weiterbildung. Hamburg 2009. http://www.zhw.uni-hamburg.de/uploads/schulmeister_net-generation_v3.pdf (5. 12. 2011); zu den CIBER-Studien siehe: Nicholas, David u. Ian Rowlands (Eds.): Digital consumers. Reshaping the information professions. London: Facet 2008; zur „Net Generation" vgl. Lippincott, Joan K.: Net generation students and libraries. In: Oblinger, Diana J. u. James L. Oblinger (Eds.): Educating the net generation (chapter 13). Boulder, CO: EDUCAUSE 2005. http://net.educause.edu/ir/library/pdf/pub7101m.pdf. (20. 7. 2011); die neueste OCLC-Untersuchung ist von: De Rosa, Cathy: Perceptions of libraries, 2010: context and community. A report to the OCLC membership. Dublin (Ohio) 2011. http://www.oclc.org/de/de/reports/2010perceptions/2010perceptions_all.pdf (25. 7. 2011); siehe ferner: Smith, Shannon D., Gail Salaway u. Judith B. Caruso: The ECAR study of undergraduate students and information technology. Boulder, CO: EDUCAUSE 2009. S. 101 (Research Study 6). http://net.educause.edu/ir/library/pdf/EKF/EKF0906.pdf (28. 7. 2011).

zwar von den Internetsuchmaschinen, rascher zu Suchergebnissen zu kommen, vertrauen aber den Bibliotheken hinsichtlich der Qualität und Zuverlässigkeit der von ihnen bereit gestellten Medien und Informationen erheblich mehr als den Suchmaschinen. Insofern bestehen hier in Zukunft wohl noch bessere Voraussetzungen für die Hochschulbibliotheken, mit ihren Kursangeboten die Studierenden in großer Zahl zu erreichen.

Informationskompetenz im Konflikt mit ICT-Kompetenz oder Medienkompetenz?

Die Beiträge in diesem Handbuch veranschaulichen die erhebliche Bandbreite dessen, was zur Informationskompetenz zu zählen ist, nicht nur hinsichtlich der damit befassten Akteure und Institutionen, sondern auch hinsichtlich der inhaltlichen Erstreckung. Die Frage, ob wir nicht besser von ICT-Literacy – also informationstechnische Informationskompetenz – oder von Medienkompetenz sprechen sollten, ist einerseits berechtigt, andererseits aber auch wenig zielführend. Die nationale Bildungspanelstudie (German National Educational Panel Study/NEPS) an der Universität Bamberg erstreckt sich auch auf die Kompetenzorientierung des Lernens.[14] Dabei wird weder auf Informationskompetenz noch auf informationstechnische Kompetenz verzichtet:[15]

– Information literacy: ability to recognize when information is needed and have the ability to locate, evaluate, and use the needed information effectively
– Technological literacy: underlying knowledge of hardware, software applications, networks, and elements of digital technology.

Was das Verhältnis von Informations- und Medienkompetenz betrifft, so spricht Gapski[16] treffend von einem „begrifflichen Geschwisterpaar", denn beiden Begriffen sei die Sorge um das rechte Maß zwischen Be- und Entgrenzung gemeinsam. Insofern sind beide Konzepte aufeinander verwiesen, stehen also nicht in einem Gegensatz zueinander. Information erscheint im bibliothekarischen Kontext vielfach in der Form von Medien (Printmedien, elektronische Medien, audiovisuelle Medien, Mikroformen), so dass schon aus diesem Grund die Kongruenz von beidem einleuchtet.

---

14 Vgl. Weinert, Sabine, Cordula Arttelt, Manfred Prenzel, Martin Senkbeil, Timo Ehmke u. Claus H. Carstensen: Development of competencies across the life span/Kompetenzentwicklung über die Lebensspanne. In: Zeitschrift für Erziehungswissenschaft 14 (2011). S. 67–86.
15 Siehe ebd., S. 82.
16 Vgl. den Beitrag von H. Gapski in diesem Band.

Zukunft der Informationskompetenz als Schlüsselqualifikation in digital geprägten Lern-, Studien- und Forschungsumwelten

Weiterentwicklungen im Internet, in der Strukturierung der digital verfügbaren Information beispielsweise durch semantische Netzwerke u. a. machen nicht Informationskompetenzvermittlung überflüssig. Vielmehr entstehen beispielsweise durch die Entwicklung virtueller Forschungsumgebungen, vielfach in engem Zusammenhang mit der e-Science, neue Anforderungen an die Informationskompetenz. In den übergreifenden Empfehlungen des Wissenschaftsrats zu Informationsinfrastrukturen wird hervorgehoben, dass bei mangelnder Informationskompetenz „ (...) das wissenschaftliche Potential einer Informationsinfrastruktur nicht hinreichend erkannt und ausgeschöpft wird und teilweise kostenintensive Nutzungszeiten für die Einarbeitung verwendet werden müssen."[17] Empfohlen wird die Einbindung von Lehrveranstaltungen zur Informationskompetenz in die Studiengangscurricula sowie ausreichende Schulungs- und Betreuungsangebote der Informationsinfrastruktureinrichtungen für Nutzerinnen und Nutzer.

In ihrem Papier zur Zukunft der Informationsinfrastruktur in Deutschland hat die entsprechende Kommission im Auftrag der Gemeinsamen Wissenschaftskonferenz ebenfalls und noch ausführlicher den zunehmenden Stellenwert der Informationskompetenz herausgestellt.[18] Insbesondere empfiehlt die Kommission eine stärkere Vernetzung und überregionale Kooperation der Akteure, und zwar mithilfe einer überregionalen, zentralen Koordinierungsstelle, die gleichzeitig als Plattform für Informationsvermittler und Kompetenzträger dienen könnte.

In eine ähnliche Richtung zielt schließlich das Empfehlungspapier von Bibliothek & Information Deutschland (BID), dem nationalen Dachverband des Bibliotheks- und Informationswesens, zur Informations- und Medienkompetenz.[19] Allerdings beschränkt es sich nicht auf den Hochschulbereich, sondern nimmt alle gesellschaftlichen Gruppen und das Bildungswesen insgesamt in den Blick: Informa-

---

17 Wissenschaftsrat. Übergreifende Empfehlungen zu Informationsinfrastrukturen. Berlin 2011 (Drs. 10466-11). http://www.wissenschaftsrat.de/download/archiv/10466-11.pdf (07. 12. 2011), S. 56.
18 Vgl. Kommission Zukunft der Informationsinfrastruktur: Gesamtkonzept der Informationsinfrastruktur in Deutschland. Empfehlungen der Kommission Zukunft der Informationsinfrastruktur im Auftrag der Gemeinsamen Wissenschaftskonferenz des Bundes und der Länder. April 2011. (Insbes. AG InformationskompetenzAusbildung B127-B138). http://www.leibniz-gemeinschaft.de/?nid=infrastr (07. 12. 2011).
19 Vgl. Bibliothek & Information Deutschland (BID) (Hrsg.): Medien- und Informationskompetenz – immer mit Bibliotheken und Informationseinrichtungen. Erstellt von der AG Informationskompetenz der BID. Berlin 2011. http://www.bideutschland.de/download/file/Medien%20und%20 Informationskompetenz.pdf (08. 12. 2011).

tions- und Medienkompetenz auf nationaler Ebene gefördert und auf Länderebene in Bibliotheksgesetzen verankert werden. Zudem soll die Entwicklung dieser Schlüsselqualifikationen in den Lehr- und Bildungsplänen aller Schulformen sowie in den Rahmencurricula der Bachelor- und Masterstudiengänge verankert werden, und zwar als Voraussetzung für die Akkreditierung dieser Studiengänge. Dazu müsste ein zweisemestriges fachbezogenes Lehrangebot für das Thema Informations- und Medienkompetenz im Umfang von zwei Semesterwochenstunden realisiert werden.

Auch wenn manche dieser Empfehlungen und der darin enthaltenen Zielvorstellungen momentan noch unrealistisch erscheinen, so sollte klar geworden sein, dass maßgebliche Gremien der Wissenschaft und Forschung sowie des Bibliotheks- und Informationswesens dem Thema Informationskompetenz für die Zukunft des Lebenslangen Lernens einen hohen Stellenwert beimessen.

Forschungsbedarf besteht insbesondere auf den Gebieten der sich wandelnden Informationspraxis junger Menschen, bei der Integration der Teaching Library in die Curricula, bei der Erfolgsmessung der Lehraktivitäten, auch beim „Impact", der Wirkung von Kurs- und Schulungsmaßnahmen.

Blick über die Landesgrenzen: ganzheitlicher (holistischer) Ansatz der Informationskompetenz

In den USA, in Skandinavien und in Großbritannien wandelt sich das Verständnis der Information Literacy. Informationskompetenz wird umfassend verstanden (holistischer Ansatz), sie wird auf verschiedenen Ebenen (Bachelor, Master, Promotion) angesiedelt und ist eng mit der Hochschulpolitik verbunden, teilweise im Rahmen systematischer Entwicklungsprogramme. Man spricht von den „academic skills (AS)" oder auch von „generic skills", also allgemeinen Schlüsselqualifikationen für den Studien- und Lernerfolg, die mit der Förderung von Information Literacy in engem Zusammenhang gesehen werden müssen. Standards spielen dabei eine Rolle, allerdings nicht mehr in so starkem Ausmaß, wie das bisher der Fall gewesen ist. Mindestens genauso wichtig ist für viele Bibliothekarinnen und Bibliothekare der konkrete Praxisbedarf der Studierenden sowie Kreativität bei der Planung und Durchführung der Kurse. Man solle sich nicht in ein zu enges Korsett der Standards und der damit verbundenen Stufen pressen lassen, sondern sich Neues einfallen lassen, wie beispielsweise „Learning Grids" (so in den Bibliotheken der University of Warwick) und „Information Commons".[20] Mehr Flexibilität und Anpassung an den tatsächlichen Informationsbedarf der Schüler, Studierenden, Wissenschaftler und sonstigen Interessierten sei hilfreich.

---

20 Vgl. den Beitrag von C. Gläser in diesem Band.

Ein weiterer zunehmend wichtiger Begriff ist der der „evidence-based information literacy",[21] also evidenzbasierte Informationskompetenz. Man solle denken wie die Wissenschaftler: Herausforderungen der Lerner benennen, Handlungsansätze in die eigene Sitzung bringen, Verbindungen zwischen Assessment und Impactmessung bewerten. Der messbare Lernfortschritt, die Evidenz, spiele dabei eine entscheidende Rolle. Der engen Kooperation zwischen Bibliothekaren und Lehrenden, der Nähe zu Forschung und Studium käme große Bedeutung zu. Man müsse auf langfristig wirksames Wissen achten und das Vorher und das Nachher analysieren. Neue Ansätze des Lehrens in der Hochschulausbildung ergeben sich auch durch eine gut aufeinander abgestimmte Zusammenarbeit zwischen Wissenschaftler(inne)n, Bibliothekar(inne)n, Studierenden, IT-Personal und Verwaltungsmitarbeiter(inne)n. Dieses Netzwerk ist an deutschen Hochschulen noch ausbaufähig, wenn auch, insbesondere bei den Fachhochschulen, hoffnungsvolle Ansätze bestehen.

Ausblick

Informationskompetenz könnte als Schlüsselqualifikation für das Lebenslange Lernen gerade im Internetzeitalter enorm an Bedeutung gewinnen. Allerdings muss die Förderung von Informationskompetenz auf das tatsächliche, empirisch untersuchte Informationsverhalten abgestimmt sein, um nicht zu einer abstrakten Leerformel zu werden. Die zahlreichen lokalen und regionalen Initiativen bedürfen einer Koordinierung mithilfe einer zentralen Steuerungsinstanz, die empirische Forschung anstoßen wie auch für die didaktische Qualifizierung der Bibliothekare und Informationsspezialisten, die mit der Förderung von Informationskompetenz befasst sind, sorgen könnte. Die regionalen Informationskompetenz-Netzwerke und -Arbeitsgemeinschaften wie auch die Verbände des Bibliotheks- und Informationswesens wären prädestiniert, daran als Träger der Fortbildungsmaßnahmen aktiv mitzuwirken. Die Vernetzung der Initiativen mit den Schulen, den Hochschulen, den Einrichtungen der Lehrerbildung und der Weiterbildung wäre eine wesentliche Voraussetzung, um das Anliegen der Förderung von Informationskompetenz aus der Bibliothekssphäre heraus in den gesellschaftlichen Raum und in das Bildungswesen insgesamt zu tragen. Dann hätte das Konzept der Informationskompetenz eine realistische Zukunftsperspektive.

---

21 Vgl. Welsh, Teresa S. u. Melissa S. Wright: Information literacy in the digital age: an evidence-based approach. Oxford: Chandos 2010 (Chandos information professional series).

Abkürzungen

ACRL	Association of College & Research Libraries
ACRL	Association of College and Research Libraries
ALA	American Library Association
B.A.	Bachelor of Arts
BASE	Bielefeld Academic Search Engine
BID	Bibliothek & Information Deutschland
BOK	Berufsfeldorientierte Kompetenzen
DAI	Deutsch-Amerikanisches Institut
DBS	Deutsche Bibliotheksstatistik
dbv	Deutscher Bibliotheksverband = Deutscher Bibliotheksverband
DFG	Deutsche Forschungsgemeinschaft
DGI	Deutsche Gesellschaft für Informationswissenschaft und Informationspraxis
DINI	Deutsche Initiative für Netzwerkinformation e.V.
ECTS	European Credit Transfer System
ELC	E-Learning Center der Universität Zürich, früher ICT = Fachstelle Information and Communication Technology der Universität Zürich
GWK	Gemeinsame Wissenschaftskonferenz des Bundes und der Länder
HAW	Hochschule für Angewandte Wissenschaften
HIS	Hochschul-Informations-System GmbH
ICT	Fachstelle Information and Communication Technology der Universität Zürich, später umbenannt in ELC = E-Learning Center der Universität Zürich
IFLA	International Federation of Library Associations and Institutions
IK	Informationskompetenz
IKT	Informations- und Kommuniationstechnologien
IL	Information Literacy
KII	Kommission Zukunft der Informationsinfrastruktur
KNB	Kompetenznetzwerks für Bibliotheken
LEK	Lernerfolgskontrolle
LIK	Lernsystem Informationskompetenz
M.A.	Master of Arts
MELS	Multimedia und E-Learning Services (Universität Zürich)
NIK	Netzwerk Informationskompetenz Baden-Württemberg
OLAT	Online Learning And Training
PhD	Doktor of Philosophy
SBA	schulbibliothekarische Arbeitsstelle
SCONUL	Society of College, National and University Librarians
UB	Universitätsbibliothek
VAM	Virtuelle Ausbildungsplattform Medizin (der Universität Zürich)
VDB	Verein Deutscher Bibliothekare e. V.
WiOS	Wissenschaftszentrum Ost- und Südosteuropa

Index